全国教育科学“十一五”规划重点课题研究成果

ZHONGGUO JICHUJIAOYU XUEKENIANJIAN

中国基础教育学科年鉴

物理卷

WULIJUAN

2009

北京师范大学出版集团
BEIJING NORMAL UNIVERSITY PUBLISHING GROUP
北京师范大学出版社

图书在版编目(CIP)数据

中国基础教育学科年鉴．物理卷．2009/吴伟主编．—北京：北京师范大学出版社，2011.1
ISBN 978-7-303-11616-4

Ⅰ.①中… Ⅱ.①吴… Ⅲ.①基础教育—中国—2009—年鉴 ②物理课—教学研究—中学 Ⅳ.①G639.2-54②G633.72

中国版本图书馆 CIP 数据核字(2010)第 262999 号

出版发行：北京师范大学出版社 www.bnup.com.cn
北京新街口外大街 19 号
邮政编码：100875
印　　刷：江苏凤凰盐城印刷有限公司
经　　销：全国新华书店
开　　本：140 mm×260 mm
印　　张：47.5
字　　数：678 千字
版　　次：2011 年 3 月第 1 版
印　　次：2011 年 3 月第 1 次印刷
定　　价：158.00 元

责任编辑：梁志国　　装帧设计：揽胜视觉
责任校对：张春燕　　责任印制：马鸿麟

全国教育科学“十一五”规划
重点课题

课题负责人	曹志祥　夏锦文　刘　军
专家组组长	夏锦文
专家组副组长	张连红　刘　坚　郭宁生
年鉴总主编	刘　军
核心组成员	李水平　严华银　马　复
	王晓英　钱再见　吴小晴
	仇奔波　吴　伟　陆　真
	汪　忠　韩中健　周　兵
	姚　红　李　艺　朱家雄

学科年鉴编写委员会

专家指导委员会

主　　任　刘炳升

委　　员　郭玉英　胡炳元　彭前程　赵保钢　朱建廉

编写委员会

学科主编　吴　伟

本卷主编　吴　伟

核心成员　吴　伟　陈　娴　于玉琴　高　山　林明华　夏　艳　申继年　叶　兵　李　茹　梁文萃　吴慧玲　杨绍兰　祝令健　庄　琳

本卷作者　郭玉英　刘炳升　彭前程　吴　伟　陈　娴　于玉琴　夏　艳　申继年　李　茹　梁文萃　吴慧玲　杨绍兰　祝令健　乔松岭　赵阳阳　王劲存　黄　杰　周艳丽　丁秀梅　刘晓国　庄　琳　夏厚林　吴成娟　顾丹萍　梁志国

总　序

21世纪初启动的基础教育课程改革，从实验到推广，已经走过十年的历程了。十年改革，促进了先进教育理念的广泛传播，推动了教育教学实践的深刻变革，对我国基础教育的改革与发展、教育现代化水平的提高产生了重大而深远的影响。

伴随着课程改革的不断推进，我国基础教育课程资源的开发与建设工作受到了前所未有的重视，得到了前所未有的发展。十年来，经国家审查通过的基础教育教材已经覆盖义务教育22个学科、普通高中16个学科，共330余种，彻底改变了计划经济时代一纲一本的局面。不仅资源的数量种类空前丰富，而且质量和水平明显提升；现代信息技术推广使用，呈现方式和传输方式发生巨大变化；开发主体多元，社会参与资源开发的积极性日渐提高；国家和地方的基础教育资源中心相继成立。一大批具有中国特色、富有时代特点、体现素质教育要求的课程资源得到开发与应用，受到广大师生的喜爱，得到社会的好评，为培养青少年的创新精神和实践能力，为亿万学生的德、智、体、美全面发展，作出了重要贡献。课程资源开发、建设与应用的丰硕成果，既是课程改革成就的生动体现，也是课程改革得以健康、顺利开展的有力支撑。

当前，我国基础教育已经发展到一个新阶段。为了坚持教育的公益性和普惠性，保障人民群众享有接受良好教育的机会，最近颁布的《国家中长期教育改革和发展规划纲要（2010～2020年）》提出了努力办好每一所学校、教好每一个学生的奋斗目标。提高质量是基础教育改革发展的核心任务，促进公平是国家坚持的基本教育政策。面对基础教育改革发展的新形势、新任务，基础教育课程改革也进入总结经验、完善制度、突破难点、深入推进的新阶段。要在总结经验的基础上，清醒地分析课程改革面临的困难和问题，着力加强课程改革保障机制建设，深化基础教育课程改革。

对于与课程改革紧密相连的基础教育课程资源的开发、建设与应用，在充分肯定成绩的同时，也要客观地分析面临的困难和问题。比如，从总体上看，新开发的资源水平参差不齐，优质教育资源缺乏；资源的开发与深刻变革的教学模式不相适应，能为教学提供有效服务的资源不足；资源开发与应用缺乏规范的管理，资源分散，难以集中共享；即使是基于网络的资源，也由于缺乏协调机制，共享不充分；对于面广量大的学科资源，缺乏必要的汇总、分类、整理，更缺乏深入系统的研究，大大影响了资源的保护和综合开发应用。对这些问题，全国教育科学“十一五”规划重点课题“基础教育学科资源保护开发与应用研究”给予了关注。课题组的专家团队通过调查取样，对课程改革以来我国基础教育课程资源，主要是学科资源开发建设工作现状作了深入分析，并开展了实验研究和比较研究，总结课程改革以来我国基础教育课程资源开发与应用的成绩、经验，分析问题与不足，为我们全面把握和衡量基础教育学科资源开发与应用的状况与发展动态提供了富有价值的研究成果。尤为可贵的是课题组的专家们研究的步伐并未止于对现状的分析与总结，而是针对基础教育课程资源分散、难以为广大教师及专业工作者有效利用的突出问题，提出了编纂《中国基础教育学科年鉴》的对策性构想，并且直接参与编纂工作。这个课题从立项至今，两年有余，课题成果除了有关基础教育学科资源保护开发与应用的研究报告外，还包括语文、数学、英语、政治、历史、地理、物理、化学、生物、音乐、美术、体育与健康、信息技术、通用技术和学前教育煌煌十数卷的《中国基础教育学科年鉴》（以下简称《年鉴》），可喜可贺。

《年鉴》对我国基础教育课程改革与建设中产生的浩如烟海的资源与信息进行了分类与整理，对优秀资源和重要信息进行了汇总和推介。同时，拓宽视野，放眼世界，介绍了国外基础教育课程资源开发与应用的动态。提供的信息量大，覆盖面广，时效性强。《年鉴》对信息与资源不仅进行了汇总，同时也进行了梳理、分析、比较、鉴别。《年鉴》的编写不仅是资源收集聚合的过程，也是总结研究的过程。

《年鉴》的编纂和出版，是一项开创性的工作。《年鉴》不仅可作为从事课程资源开发的专业工作者的参考材料，而且将为教育行政管理者、教研人员和科研工作者的管理、决策和教研、科研工作提供资料和依据，对广大中小学教师从事教育和研修，也是有益的帮手。关注中国教育改革的国外同行和专家，也会把《年鉴》作为了解中国基础教育的一个重要窗口，开展交流的一个重要平台。

正因为《年鉴》的编纂是一项开创性的工作，它富有探索性，必定会留下不少需要完善和提高的空间。我想，走进这个平台，利用这个载体和工具的专业工作者和教育工作者，也一定会像关心基础教育课程资源开发和应用一样，关心《年鉴》，促进它的提高与成长。

王　湛

2010年9月30日

王湛，教育部原副部长，现任教育部总督学顾问、国家基础教育课程教材专家工作委员会主任.

总 前 言

课程改革以来，我国基础教育领域发生了巨大的变革，语文、数学、英语、政治、历史、地理、物理、化学、生物、音乐、美术、体育与健康、信息技术、通用技术和学前教育等学科在课程与教学方面都有了重大发展，涌现出一大批优秀的成果。对这些成果进行分类、整理与总结是十分必要的。为此，“基础教育学科资源保护开发与应用研究”课题应运而生，并且被列为全国教育科学“十一五”规划重点课题。

《中国基础教育学科年鉴》是该课题的重要成果之一，通过对我国基础教育学科资源进行搜集、整理、归纳，从而实现资源的综合应用、开发和保护。依据我国课程的设置，《中国基础教育学科年鉴》设置语文、数学、英语、政治、历史、地理、物理、化学、生物、音乐、美术、体育与健康、信息技术、学前教育等学科分卷，自2008年始，每学科每年出一卷，主要内容包括专家视野、政策文件、概况与摘要、学科动态、研究机构、学术团体、名校名师、大事记、著作及论文索引等。2008年之前的学科资源将以回顾版的形式进行整理保护。

《中国基础教育学科年鉴》的出版弥补了我国基础教育各学科一直以来没有年鉴的缺憾，意义重大。

1. 收集基础教育学科资料，总结基础教育课程改革过程中的经验

各级教育行政部门为指导课程改革下发了系列规范性文件，各级教研部门做出了许多有创意的举措，课程专家研究出了众多的理论成果，一线教师积极探索、勇于实践，积累了宝贵的经验。科学、全面、系统地总结经验，认定和推广优秀成果，推进国家基础教育发展，是一项重大历史使命。《中国基础教育学科年鉴》对浩如烟海的各学科信息资源进行分类、整理和总结，为基础教育课程改革提供翔实的资料，为各级行政管理者及教研人员提供有效的信息，为学校之间加强交流搭建平台，促使教育工作者及时总结基础教育课程改革过程中的经验。

2. 促进基础教育学科教学的发展

基础教育课程改革要求教师成为研究型的教师。要成为一名研究型的教师，就必须做一个终身学习者。《中国基础教育学科年鉴》有利于我国基础教育教师及时了解国内各地以及国外基础教育动态，开阔视野，完善自己的知识体系，提高自身的教学和科研能力，同时也为学生自主学习提供了丰富的素材，有利于提高学生的自主学习能力。

3. **有利于推进中外教育文化交流**

胡锦涛总书记在党的十七大报告中明确提出“加强对外文化交流”“增强中华文化国际影响力”的要求。《中国基础教育学科年鉴》总结我国基础教育学科教学发展状况，同时借鉴国外基础教育学科教学经验，加强中外文化教育特别是基础教育领域的交流与合作，向世界传播中华文明。

《中国基础教育学科年鉴》的编写是一个规模宏大、涵盖我国基础教育各个学科的工程，由南京红色历程文化教育有限公司策划，得到了教育界诸多专家、学者和一线教师的热情支持，特别是得到教育部基础教育课程教材发展中心和南京师范大学、北京师范大学等高校以及各省市教育部门的支持与帮助。参加编写的人员包括教授、副教授、研究员、副研究员，中学特级教师、高级教师和一级教师数百人。北京师范大学出版集团北京师范大学出版社担负了繁重的出版工作，付出了大量人力、财力和辛勤劳动。在此，向关心和支持这项工作的单位和个人，向工作在第一线的所有同志表示衷心感谢！

《中国基础教育学科年鉴》涉及我国基础教育学科资源的搜集、整理、总结，所以书中有大量已发表论文的摘要。因涉及范围太广，故无法一一通知原作者。如有稿费问题，请作者与教育部基础教育课程教材发展中心基础教育学科资源保护开发与应用研究课题办公室[①]联系，稿费将按国家标准支付。

尽管我们已经付出了极大的努力，但疏漏和谬误在所难免，敬请专家和广大教师指正。

《中国基础教育学科年鉴》编写委员会

2010 年 12 月 14 日

① 江苏省南京市宁海路 122 号南京师范大学专家东楼一楼．联系电话：025-83200848.

前　言

在经历了基础教育课程改革初期思想和观念的碰撞、争辩，中期基础教育课程改革实践的探索、创新，到现在对基础教育课程改革的回顾、反思。2008年我国基础教育在改革发展的道路上又向前迈出了坚实的一步，留下了属于2008年的深深印迹。2008年全国一线物理教师和物理教育研究的专家学者以极大的热情投入到基础物理教育课程的各项研究中，取得了丰硕的成果。为了及时总结、研究和推广这一年的研究成果，让中国的物理教育事业走得更高、更远，由教育部基础教育课程教材发展中心牵头，南京师范大学进行了全国教育科学规划“十一五”教育部重点项目“基础教育学科资源保护开发与应用研究”的研究工作，各学科基础教育年鉴是该项目研究的一项重要物化成果。

作为该课题的子课题，基础教育物理学科年鉴的研究、编纂工作由南京师范大学物理科学与技术学院吴伟副教授主持。本年鉴的宗旨是全面反映当年我国基础物理教育改革与发展的各个方面的研究成果，为全国中学物理教师和物理教育研究的专家、学者研究基础物理教育提供便捷的文献资料。本年鉴的板块包括：专家视野，政策文件，概况与摘要，学科动态，中学物理教科书，学术期刊，学术团体，中学名校、名师等。年鉴资料主要来自中国教育部、各省市自治区教育行政部门的官方网站、中国学术期刊网、各种物理教育研究期刊等。

在此要特别感谢中国教育学会物理教学专业委员会理事长、北京师范大学博士生导师郭玉英教授、南京师范大学博士生导师刘炳升教授的赐稿；也感谢相关出版社及主编、各有关物理教育杂志社的大力支持，给我们提供了中学物理课程标准教材、杂志的介绍文章；更要感谢为中国基础物理教育做出贡献的广大一线教师和专家学者们，特别要感谢被我们收集在年鉴中文章的各位作者，是他们的努力铸就了中国物理教育的基石。

鉴于我们是初次尝试编纂年鉴，特别是在当前信息时代，在浩瀚的文献海洋中收集的资料难免有所遗漏、欠缺，可能尚未全面反映所有的研究成果，今后将努力进一步扩大收录范围，逐步完善年鉴编纂。同时也希望得到更多的专家、学者和一线教师们的帮助和支持，使我们的工作做得更好。

本册年鉴由吴伟牵头负责并担任主编，由于玉琴、夏艳等对全书统稿与校对。参与文献收集、文稿编写工作的人员有吴伟、陈娴、于玉琴、夏艳、申继年、李茹、梁文萃、吴慧玲、杨绍兰、祝令健、乔松岭、赵阳阳、王劲存、黄杰、周艳丽、丁秀梅、刘晓国、庄琳、夏厚林、吴成娟、顾丹萍、梁志国等。

感谢教育部基础教育课程发展中心的鼎力主持。

编　者

2010年12月15日

目 录

专家视野

政策文件

概况与摘要

学术期刊

学术团体

中学名校、名师

著作、论文索引

专 家 视 野

新世纪中学物理课程改革若干问题的思考

郭玉英[①]

进入21世纪，我国开始了新一轮基础教育课程改革，物理课程改革是其中的一个重要组成部分。它既反映了这次课程改革的总理念和发展趋势，借鉴了中国香港、台湾地区和西方发达国家物理课程改革的经验，又具有自身继承、发展和创新的特征。这次课程改革尚在推进和研究过程之中，对其进行全面评价为时过早。它又是一场宏大的系统工程，涉及课程理念、课程理论、课程标准、课程实施和课程评价等多个层面，包含着从理论到实践诸多问题，在文章中全面探讨这些内容是不可能的。中学物理课程改革是与整个中学物理教育的发展联系在一起的，如果脱离了中国物理教育发展的大背景，就不能正确把握课程改革的方向，不能正确认识新课程实施中出现的问题，也就不能顺利推进新课程改革。因此，文章主要探讨以下问题：第一，本次课程改革继承了我国中学物理教育的哪些传统，在此基础上有哪些发展？第二，借鉴了国际物理课程改革的哪些思想和经验？这些思想和经验对我国物理教育发展有哪些影响？第三，这次改革给我国物理教育带来了哪些变化？文章对这些问题仅仅就其主要方面做初步的探讨，旨在抛砖引玉，引起物理教育研究领域对这些问题的普遍关注。

1. 继承与发展

物理新课程并不是专家建构的空中楼阁，而是我国物理教育优良传统的继承与发展。深入认识这一点对于课程改革的顺利推进具有重要意义。

在课程改革初期，专家在学术探讨和教师培训中较多地介绍新课程的理念，说明新课程与旧课程的差异，促进了教师观念的转变。但对新、旧课程之间的联系说明较少，导致了人们对新课程的片面认识，不利于新课程的实施。

---

① 郭玉英，北京师范大学物理系教授、博士生导师，中国教育学会物理教学专业委员会理事长.

事实上，自改革开放以来，为了适应社会和学生发展的需要，我国的物理教育在不断发展，中学物理课程也一直处在变革过程之中。从 1978 年教育部颁布《全日制十年制学校物理教学大纲（试行草案）》起，到 2000 年颁布《全日制普通高级中学物理教学大纲（试验修订版）》和《九年义务教育全日制初级中学物理教学大纲（试用修订版）》为止，共颁布了 8 个版本的物理教学大纲和 4 个调整教学要求的通知或意见。大纲的修订和调整过程反映了我国物理教育研究的发展，也反映了我国物理教育的实际，是一个物理课程理论与实践之间不断相互磨合、相互促进的过程，是一个不断探索适合中国国情的物理课程和教学模式的过程，也是一个认识中学物理课程的价值并确定其不同阶段的主要学习内容和教学要求的过程。这个过程为新世纪中学物理课程改革奠定了进一步发展的基础。

1.1　从教学目的到课程目标

《全日制义务教育物理课程标准（实验稿）》和《普通高中物理课程标准（实验）》（以下简称《标准》）都明确提出将提高全体学生科学素质、促进学生全面发展作为物理课程的总目标，并按照知识与技能、过程与方法、情感态度与价值观三方面分别列出具体目标，这是在原来课程基础上的继承和发展。以高中物理课程为例，2002 年颁布的《全日制普通高级中学物理教学大纲》（以下简称《大纲》）把物理教学目的分成 3 条叙述，分别对应知识、方法和能力、情感态度与价值观。《大纲》在教学中应该注意的问题中明确指出：要通过观察现象、观看演示和学生自己做实验，培养学生的观察能力和实验能力；要通过概念的形成、规律的得出、模型的建立、知识的运用等，培养学生抽象和概括、分析和综合、推理和判断等思维能力以及科学的语言文字表达能力；要通过知识的运用培养学生分析和解决实际问题的能力。①在物理教学中培养学生能力的问题，是改革开放以来我国物理教育研究领域一直关注的问题。能力是在学习知识和方法的过程中形成的，培养能力蕴涵着经历过程与学习方法。中学物理教学重视实验，重视概念、规律的得出过程是我国物理教育的优良传统，同时，对于物理教学中的科学方法教育、STS 教育、培养学生的兴趣、科学态度等方面也有大量研究。这些研究成果体现在《大纲》对教学目的的表述中，蕴涵着三维目标划分的思想。物理课程标准在此基础上进一步发展，按照知识与技能、过程与方法、

---

① 课程教材研究所．20 世纪中国中小学课程标准·教学大纲汇编 物理卷．北京：人民教育出版社，2000.

情感态度与价值观三个维度，分别提出了体现现代科学教育理念的课程的具体目标，对于物理课程培养学生科学素养提出了更明确的要求。

第一，知识与技能维度的具体目标是在原来知识目标的基础上，结合我国物理教学注重“双基（基础知识、基本技能）”的传统，进行了整合和扩展。将实验技能整合进来，并扩展了知识的范围，明确提出了解物理学的基本观点和思想、认识实验在物理学中的地位和作用、初步了解物理学的发展历程、关注科学技术的主要成就和发展趋势、增进学生对物理学的整体认识等更上位的目标。由于《大纲》中对知识表述的局限性和应试教育的影响，许多物理教师将基础知识片面理解为《大纲》中列出的知识点，忽略了将物理学作为一门基础科学的整体认识，而将物理学作为一个整体来认识一直是物理教育研究领域所倡导的。

第二，高中《大纲》的必修和限选内容中增加了课题研究，并给出了具体课题和学时，这是科学探究思想的体现，但未明确提出科学探究的具体目标和要求。能力目标的实现虽然需要经历相应的过程，但能力仍然是学生的学习结果。《标准》提出的过程与方法维度的具体目标体现了注重过程的教育理念，其中包括了物理学的研究过程和学生学习物理学科的过程。《标准》明确要求学生经历科学探究过程，这样就把物理学的研究过程和方法与学生的学习过程统一起来了。在第 5 条明确提出质疑能力，信息收集和处理能力，分析、解决问题能力和交流、合作能力，在能力范围上又有了较大扩展。

第三，情感态度与价值观目标则在《大纲》基础上有了更大的扩展和更高的要求，更加注重学生对自然界的态度和对科学的好奇心及求知欲，这是自主学习和自主探究所需要的内在动力，体现出以学生为主体和注重学生终身发展的教育思想。学生学习物理的探究过程应当是一个主动的过程，丧失了探索未知事物的内在欲望的学生，不可能体验到科学探究的喜悦与艰辛。

第四，发展自主学习能力是《标准》提出的新要求，体现了培养适应学习型社会的现代公民的教育理念。

《标准》对课程目标的表述方式也体现了以学生为主体、注重提高全体学生的科学素养的核心课程理念。《大纲》中规定的教学目的其主体是教育者，使用的许多动词如培养、进行教育等是教育者的行为；而课程目标的主体是学生，是对学生需要经历的物理学习过程和学完物理课程后应有的状态的描述。无论学生存在怎样的差异，每个学生都要经历课程目标所要求的学习过程，在认识、行为和情感态度价值观三方面发生变化，实现科学素养的全面发展。

1.2 高中物理课程选择性思想的发展

让不同的学生学习适合他们的物理课程是我国物理教育追求的理想，并在《大纲》的修订过程中逐渐有所体现。1978 年教育部颁布《全日制十年制学校物理教学大纲（试行草案）》，要求所有中学生学习同样的物理课程，其中只有极少打“*”的内容，如热力学第二定律浅说、人类对光的本性的认识过程等内容可以选学。在 1980 年 5 月教育部颁布的《全日制十年制学校物理教学大纲》高中教学内容中，打“*”的内容有所增加，如中子的发现、反冲运动、火箭等均改为选学内容。由于学生负担过重，教育部于 1983 年颁发了两种教学要求的教学纲要，将高中物理分为基本要求内容和较高要求内容，由学校根据学生基础和学校条件选择。1990 年颁布的《全日制中学物理教学大纲（修订本）》将高中物理分为必修和选修两部分，规定高一、高二年级全体学生学习必修物理课，高三年级为报考理工科的学生开设物理选修课，即“二一分段”。1996 年颁布的《全日制普通高级中学物理教学大纲（供实验用）》，第一次明确提供了两种物理课的教学内容和要求，供学校和学生选择，体现了不同学生学习不同物理课的思想。《标准》在此基础上有了更大发展，更注重学生的自主性和选择性，突破了传统的课程结构，设计了两个必修模块和三个不同系列的选修模块，每个选修系列都有鲜明的特色，适合具有不同兴趣和能力倾向的学生选择。高中物理采用模块课程形式在我国物理教育史上是一种大胆尝试，共同必修模块和对必修学分的要求体现了物理课程的基础性；不同选修系列体现了满足不同学生需要的课程设计理念，为不同兴趣和能力倾向的学生设计适合他们学习的物理课程。

1.3 物理教学思想的发展

通过对《大纲》和《标准》的比较可以看出，《大纲》在教学中应该注意的问题中已经体现了现代教育理念，如注重学生的全面发展、发挥学生学习的自主性、转变教师角色、落实课题研究等，为《标准》的制定和实施打下了基础。《标准》又向前迈进了一步，为了保证在物理教学过程中实现三维课程目标，落实课程内容标准，在科学探究、自主学习、教学方式多样化、STS 教育、突出物理学科特点等方面都提出了具体教学建议。需要特别指出，《标准》提出科学探究既是学习内容又是学习方式，这是对传统教学方式的突破。

2. **借鉴与创新**

本次课程改革受到世界第三次课程改革浪潮的影响，尤其是美国的国家科学教育标准对我国科学学习领域课程标准的制定影响较大，在物理课程中主要体现在课程内容的变化上。

第一，借鉴了国外大多数发达国家的课程标准，将科学探究纳入内容标准，体现了科学内容与科学过程并重的思想和培养创新型人才的要求。虽然高中物理必修部分的知识内容减少，义务教育阶段（7～9年级）对于部分物理知识的严密性和定量计算要求有所降低，但《标准》提高了对学生能力的要求。具体体现在将科学探究作为重要的学习内容列入了内容标准，提出了科学探究过程所包含的要素，对学生的科学探究能力提出了具体要求。与此相应，在课程内容中也更多地体现了物理学史和物理学研究方法的教育。科学探究是进入我国物理课程标准的新术语，经历科学探究过程，学习科学探究方法，培养科学探究能力是在我国物理教育史上首次明确提出的课程目标，其中包含了对物理学科和物理课程价值的新认识。物理学不仅仅是由概念、规律、理论等知识构成的严密的逻辑体系，对自然界的探究过程也是物理学的重要组成部分，科学探究是物理学的本质特征之一，是物理学科发展的生命力。科学探究能力是创新型人才必备的能力。物理课程不是仅仅将现成的知识传授给学生，而是要让学生在经历科学探究的过程中自主完成知识建构，实现科学素养的全面发展，对于培养创新型人才有着重要的教育价值。

第二，用更上位的科学观念统整课程内容，对物理知识内容进行了重新组织，是《标准》借鉴了国外科学课程注重科学的统一观念并进行的创新。《大纲》中的知识内容是按照学科体系列出知识点，并提出相应的教学要求。《标准》从注重知识点转向注重科学观念和知识结构，将课程内容划分为若干既体现科学重要观念又具有内在逻辑联系的主题。例如，义务教育物理课程标准将物质、运动和相互作用、能量三个重要科学观念作为主题组织知识内容，每个主题下面又分为若干个二级主题，使物理知识形成了一个完整的概念体系。高中的每个模块也划分为2～3个主题，每个主题包括内容标准和活动建议两部分，将物理知识内容的学习和科学探究统一起来，同时渗透了科学、技术与社会教育内容。

第三，在具体课程内容的选择和表述方面，《标准》研制的指导思想体现了国际科学课程改革注重学生发展的理念，注重物理学的发展过程和科学探究对培养学生科学素养的作用，关注学生的兴趣与经验，强化了课程内容与学生生活、现代社会和科技发展的联系。精选学生终身学习必备的基础知识和技能，采用描述学生学习过程和结果的语句表述，并用具体实例予以详细说明。在“活动建议”中列出了若干学生活动，一方面可以供教材编写者和教师参考；另一方面也为教师的教学和学生的自主学习留下了空间。

3. **新课程实施带来的变化**

第一，新课程实现了物理教材多样化。目前义务教育阶段依据国家课程标准编写的物理教材有 8 个版本（北京和上海又各有自己的版本），高中物理教材有 5 个版本，每个版本的教材在体现《标准》要求的同时具有自己的特色。与改革前的物理教材相比，教材的内容、结构和呈现方式有了很大变化，新教材注重根据学生的生活经验创设情境，设计多种栏目引导学生学习物理，增加了科学探究活动，让学生经历科学探究过程。反映了当代科技的新进展，内容丰富，图文并茂，更能引起学生对物理的兴趣。

第二，教师的观念发生了较大变化。我们在对骨干教师进行新课程培训的过程中进行了调查。从调查结果来看，教师对新课程理念普遍表示认同，有 86.8%的骨干教师认为物理新课程标准“比较好，但还需要适当进行改进、修订”①。物理课堂教学方式也有了一定变化，许多教师正在尝试采用探究的方式进行教学，并围绕课堂教学改革开展了大量研究，取得了一定的进展。教学评价的内容和方式也发生了一定的变化，在物理中考和高考中，脱离学生实际的繁杂的计算题正在逐渐减少，增加了联系学生生活实际和实验探究的题目。

第三，推动了物理教育研究。课程改革为物理教育领域提出了大批新的研究课题，激发了物理教育研究者和一线教师参与物理教育研究的热情，校本教研活动正在逐渐成为教师日常工作的一部分。通过校本教研活动，教师在解决新课程改革中遇到的问题的同时得到了专业发展，拓宽了知识范围，提高了教学和研究能力。

同时，我们必须看到，新课程实施是一个十分艰巨的过程。在这个过程中，一线教师承受了巨大的压力，却缺少必要的支持和帮助。课程实施遇到的困难是多方面的，长期以来应试教育的影响不仅积重难返，还有愈演愈烈之势，成为新课程实施的最大阻力；加之课程资源匮乏和经费不足，教学时间紧，班级规模

① 杨薇，郭玉英．骨干教师视阈下的新课程改革现状研究．教师教育研究，2008，5.

大，学生人数多，实验条件受到限制，探究教学很难真正开展，部分课堂教学存在单纯追求形式的现象；物理教师长期注重知识传授教学，对科学探究缺乏认识，加上应试教育的现实压力，很难改变传统的教学模式；课程评价虽然有了先进的理念，但技术支持依然严重欠缺，有许多现实问题无法解决。高中课程改革虽然得到多数教师和学生的认同，但由于高考压力和课程方案本身存在一些问题，推行过程难度较大，实验效果也与课程标准的要求存在较大差距。

总之，物理课程改革的方向是明确的。最大限度地发挥物理学对于中学生的教育价值，促进学生科学素养的全面发展，培养创新型人才，是新世纪中学物理教育追求的目标，物理课程改革也正在向这个目标推进。在这个过程中，对于物理学科教育价值的更全面的认识和对于学生发展规律的认识都需要在研究和实践基础上不断深入，需要物理教育工作者和研究者付出更大努力。

高中物理课程标准“模块结构”实施的现状与思考

刘炳升[①]　吴　伟[②]

1. 引言

2003 年 3 月，教育部颁布了《普通高中物理课程标准（实验）》并开始在我国一些省进行物理课程改革的实验。高中物理课程标准中的一个重要特点是课程的“模块结构”。高中物理课程标准设计了 2 个公共必修模块，3 个选修系列共 10 个选修模块，加上可根据学校条件开设的 2 个选修模块，总计 14 个模块。[③]在高中物理课程标准的解读中，标准的制定者阐述了编制这种模块结构的意图，大致是：“体现课程结构的基础性与选择性”“有利于学生灵活选择课程，实现有效学习”“根据自己的兴趣、发展潜能以及今后的职业需求等选修模块，……为进一步学习打下基础”[④]。

2. 研究方法

高中物理课程标准实施已经 5～6 年，实际的情况是否适应

---

① 刘炳升，南京师范大学课程与教学研究所教授，博士生导师．

② 吴伟，南京师范大学课程与教学研究所、物理科学与技术学院副教授，硕士生导师．

③ 中华人民共和国教育部．普通高中物理课程标准（实验）．北京：人民教育出版社，2003.

④ 廖伯琴，张大昌．高中物理课程标准解读．武汉：湖北教育出版社，2002.

这种模块结构呢？我们对来自江苏省、安徽省部分从事高中物理教学的在读教育硕士进行了问卷调查，被调查者来自江苏省的各个大市及安徽省的部分县市，所在学校既有城市学校，也有农村中学，大部分为各个学校的青年骨干教师，教龄一般在 5～15 年。问卷内容主要是调查教师所在学校学生参加高中物理必修、选修和各模块学习的人数和情况，还调查了教师对高中物理设置模块结构的看法。有的教师填写了所教班学生的情况；有的教师为年级组长或通过年级组长了解情况，填写了所在年级学生的情况；有的教师通过学校相关部门了解情况，填写了所在学校学生的情况，共计反映学生总数为 16 486 人。

3. 调查结果

从调查统计的情况来看，在 16 486 名学习物理必修课程的高中学生中，44%的学生选学 1－1 模块（人文特色模块），但坚持选学 1－2 模块的学生只占该系列的 6%；选学 2－1 模块（技术应用特色）的学生占必修人数的 0.7%，而且无一人继续选学 2－2 模块和 2－3 模块；选学 3 系列（理科特色）的学生占必修人数的 56%，其中 91%的学生不选 3－3 模块（分子动理论和热力学），9%的学生不选 3－5 模块（动量，原子物理部分）。由调查可知 29 所学校在选学过程中无一人跨越系列调整选学模块，3 所学校情况不详。96%的被调查教师认为高中物理设置必修和选修是必要的，必修部分必须面对全体学生；80%的教师认为高中物理以知识划分的模块结构是不合理的；85%的教师赞同划分不同的选修系列，但应当可行，并不赞同设置模块。

调查结果说明，普通高中的学生都能学习物理必修模块的内容。对选修的第 1 系列（人文特色）的必选模块，学生由于规定要学不得已而选之，其后继模块无人选学。选修的第 2 系列几乎无人问津，形同虚设。由此可见，对欲在人文和应用技术方向发展的学生，标准未能达到有效提高科学素养和根据自己的兴趣、发展潜能以及今后的职业需求选择学习的目的。在第 3 系列中，绝大多数学生不选学分子动理论和热力学的内容，其他人不选学有关动量和原子物理的内容，而这些模块的选择几乎不是学生自己的选择，由一个大市统一决定。各模块之间也几乎没有可能调整。可见模块结构设计的初衷难以实现。

4. 讨论与结论

仔细阅读课程标准不难发现，其中物理模块结构的一个特征是将为高中学生提供的“完整的物理学内容分解组合成若干相对完整的模块”。这种模块结构，有如下问题值得探讨：

以力学部分为公共必修模块，在后续模块中基本就不再学习这部分内容，这种安排从目标定位上产生一个难题，即它应当面向所有的高中学生还是面向一部分打算往理工科方向发展的学生？多数学校将目标定位在“理工方向”的学生群体上，因此造成大部分学生“陪公子读书”的现象，从初中到高中学习物理的“台阶”比以前更大了，大部分学生的学习积极性锐减。许多学生在高一上学期未结束时，已经不再想学物理了。由此看来，这样的必修模块既没有解决大多数学生的基础性的问题，也没有解决针对不同人群的选择性的问题。

将“完整的物理学内容分解组合成若干相对完整的模块”让学生选学，选学模块的依据是什么呢？是课程的价值、学生的兴趣还是后继学习的需要？很难做出合理的解释。以第 3 系列为例，绝大部分选择以理工科大学为发展方向的学生不选热学模块，而这部分知识是物理学中的一个重要领域，涉及从宏观认识微观世界的思想方法、树立能量及守恒的观念。同样对选学“人文”方向的学生，局限在经典力学和电学的初步知识，也很难发挥物理学的科学与人文的教育功能。

从课程标准与教材的关系上看，现有的模块结构如同一套物理教材的篇章结构，原有教材的第一、第二、第三章合并为一个模块，后继的几章又合并为另一模块，如此标准将教材的结构限定死了。某些内容，如机械振动与机械波，教材作者必须把它与电磁波放在一起；动量和动量定理也只能纳入到原子物理中。这种对教材结构过细的限定是没有道理的，不利于教材根据具体情况的多样化的建设。一个学习理工方向的学生，需要 7 本教材，因为课程标准规定了 7 个模块，而对人文和技术系列的后继模块，教材编写者和出版者花了很大的精力制作出来，但几乎无人使用。这是值得我们反思的。

查阅世界各国的科学课程可以发现，体现基础性与选择性相统一的理念有多种途径和模式。英国科学课程标准中以学段划分提出不同层次的要求；美国则提出三种不同类型和层次的选修课程（综合科学课程、常规物理课程和大学预科课程）；日本也是在综合理科课程的基础上，提供可选的物理 1 和物理 2 课程。除了课程标准中的相关规定外，还提供了许多不同特色、风格和要求的教材，让学校、教师和学生来选择。我国在 20 世纪八九十年代执行的高中物理教学大纲采取的“必修加选修”的两类课程模式也是值得吸取的，其必修课程比较关注共同的要求，选修课程分两个系列，内部不再分模块，大纲还规定了一些可供选择的知识点，不像现在的物理课程标准那样复杂。实践表明，它比较适合我国的基本国情，当然，大纲规定的两种课程比较偏重以知识的深度来划分，没能突出各类课程的特色，如1类物理定性的要求多一些，数学工具的应用少一些，但人文性和联系生活、社会的特点不够突出。我们完全可以在分析其优点和不足的基础上加以改进。为了研究高中物理课程结构，作者提出下列可能模式，并进行粗略的分析，以供制定者参考。

(1)“必修＋选修（理工)”模式

“必修”是所有高中学生的公共必修课程，它的目标定位应当是全体高中学生，可以是一种定性的物理课程，内容涵盖基础物理学的主要结构：力、热、电磁、能量与物质结构，偏重提供物理现象、实验、核心的物理规律。修学时间一年。

“选修（理工)”是为打算升理工科大学的学生提供的必选课程，学生在必修课的基础上，拓展和加深对物理概念、规律的理解及数学工具的应用。特色：定量，关注物理学的思想和方法。内容示例：牛顿运动定律的应用；动量与动能；机械振动与波动；电磁场与电磁波；理想气体；核物理初步；相对论与量子论初步。修学时间一年半。

这种模式较好地解决了必修模块的定位问题，“非理工发展”的学生在必修完成后，就不要求学习物理了。作者认为，它较适合我国现有的国情。

(2)“必选”模式

所有高中学生，必须选择一种适合于自己的物理课程，可供选择的课程是：物理1（人文类)；物理2（理工类)。这种模式以初中物理（或科学）课程为必修，高中不设公共必修的物理课程。各种课程开设不同时间，物理1开设一年；物理2开设二年。

这种模式，物理课程最好推迟半年或一年开设，学生在学完初中物理（科学)，再经过一段时间的高中数学、文学的学习后，决定自己分流方向。

(3)“必修＋任选”模式

类似（1）中的模式，不同的是再增加一些任选的物理课程（校本）供全体学生任意选修。这些任选课程可以是：物理学与科学、技术、社会；物理实验研究；电工与电子技术；物理课题研究等。

综上所述，作者认为，以“完整的物理学内容分解组合成若干相对完整的模块”所组成的模块结构从理论上和实践上都存在一些问题；构建课程结构模式应当考虑我国的基本国情，不宜过于复杂，也不宜统得过死；如何在课程结构中更好地体现基础性和选择性需要做深入的研究，应在小范围的实践检验的基础上取得经验，完善后再加以推广，这是一种科学的态度。

政 策 文 件

国务院关于基础教育改革与发展的决定

国发［2001］21号

各省、自治区、直辖市人民政府，国务院各部委、各直属机构：

改革开放以来，我国基础教育取得了辉煌成就。基本普及九年义务教育和基本扫除青壮年文盲（简称“两基”）的目标初步实现，素质教育全面推进。但我国基础教育总体水平还不高，发展不平衡，一些地方对基础教育重视不够。进入新世纪，基础教育面临着新的挑战，改革与发展的任务仍十分艰巨。

为了切实贯彻《中华人民共和国教育法》《中华人民共和国义务教育法》《中华人民共和国教师法》《中华人民共和国未成年人保护法》等有关法律，实施《中华人民共和国国民经济和社会发展第十个五年计划纲要》，全面贯彻党的教育方针，大力推进基础教育的改革和健康发展，特作如下决定。

一、确立基础教育在社会主义现代化建设中的战略地位，坚持基础教育优先发展

1. 高举邓小平理论伟大旗帜，以邓小平同志“教育要面向现代化，面向世界，面向未来”和江泽民同志“三个代表”的重要思想为指导，坚持教育必须为社会主义现代化建设服务，为人民服务，必须与生产劳动和社会实践相结合，培养德、智、体、美等全面发展的社会主义事业建设者和接班人。

基础教育是科教兴国的奠基工程，对提高中华民族素质、培养各级各类人才，促进社会主义现代化建设具有全局性、基础性和先导性作用。保持教育适度超前发展，必须把基础教育摆在优先地位并作为基础设施建设和教育事业发展的重点领域，切实予以保障。

2. “十五”期间，地方各级人民政府要坚持将普及九年义务教育和扫除青壮年文盲作为教育工作的“重中之重”，进一步扩大九年义务教育人口覆盖范围，初中阶段入学率达到90%以上，青壮年非文盲率保持在95%以上；高中阶段入学率达到60%左右，学前教育进一步发展。

按照“积极进取、实事求是、分区规划、分类指导”的原则，不同地区基础教育事业发展的基本任务是：

（1）占全国人口15%左右、未实现“两基”的贫困地区要打好“两基”攻坚战，普及初等义务教育，积极推进九年义务教育和扫除青壮年文盲，适度发展高中阶段教育，积极发展学前一年教育。

（2）占全国人口50%左右、已实现“两基”的农村地区，重点抓好“两基”巩固提高工作，义务教育学校办学条件明显改善，教育质量和办学效益进一步提高，高中阶段教育有较大发展，积极发展学前三年教育。

（3）占全国人口35%左右的大中城市和经济发达地区，高水平、高质量普及九年义务教育，基本满足社会对高中阶段教育和学前三年教育的需求，重视发展儿童早期教育。到2010年，基础教育总体水平接近或达到世界中等发达国家水平。

3. “十五”期间，基础教育改革进一步深化，素质教育取得明显成效。德育工作的针对性、实效性和主动性进一步增强，青少年学生健康成长的社会环境进一步优化。形成适应时代发展要求的新的基础教育课程体系及国家基本要求指导下的教材多样化格局，建立并进一步完善适应素质教育要求的考试评价制度和招生选拔制度，有条件的地方要取得新的突破。全国乡（镇）以上有条件的中小学基本普及信息技术教育。初步形成适应基础教育改革和发展的教师教育体系，中小学人事制度改革取得显著进展，教师队伍的职业道德和业务水平明显提高。农村教育管理体制进一步完善，基础教育尤其是农村义务教育投入和按时足额发放中小学教师工资的保障机制进一步落实，社会力量办学进一步发展和规范。

4. 大力发展高中阶段教育，促进高中阶段教育协调发展。有步骤地在大中城市和经济发达地区普及高中阶段教育。挖掘现有学校潜力并鼓励有条件的地区实行完全中学的高、初中分离，扩大高中规模。鼓励社会力量采取多种形式发展高中阶段教育。保持普通高中与中等职业学校的合理比例，促进协调发展。鼓励发展普通教育与职业教育沟通的高级中学。支持已经普及九年义务教育的中西部农村地区发展高中阶段教育。

5. 重视和发展学前教育。大力发展以社区为依托，公办与民办相结合的多种形式的学前教育和儿童早期教育服务。加强乡（镇）中心幼儿园建设并发挥其对村办幼儿园（班）的指导作用。

二、完善管理体制，保障经费投入，推进农村义务教育持续健康发展

6. 加强农村义务教育是涉及农村经济社会发展全局的一项战略任务。农村义务教育量大面广、基础薄弱、任务重、难度大，是实施义务教育的重点和难点。各级人民政府要牢固树立实施科教兴国战略必须首先落实到义务教育上来的思想；牢固树立解决好我国农业、农村和农民问题，要依靠大力发展农村教育，提高劳动者整体素质的思想，切实重视和加强农村义务教育。

7. 进一步完善农村义务教育管理体制。实行在国务院领导下，由地方政府负责、分级管理、以县为主的体制。国家确定义务教育的教学制度、课程设置、课程标准，审定教科书。中央和省级人民政府要通过转移支付，加大对贫困地区和少数民族地区义务教育的扶持力度。省级和地（市）级人民政府要加强教育统筹规划，搞好组织协调，在安排对下级转移支付资金时要保证农村义务教育发展的需要。县级人民政府对本地农村义务教育负有主要责任，要抓好中小学的规划、布局调整、建设和管理，统一发放教职工工资，负责中小学校长、教师的管理，指导学校教育教学工作。乡（镇）人民政府要承担相应的农村义务教育的办学责任，根据国家规定筹措教育经费，改善办学条件，提高教师待遇。继续发挥村民自治组织在实施义务教育中的作用。乡（镇）、村都有维护学校的治安和安全、动员适龄儿童入学等责任。

8. 确保农村中小学教师工资发放是地方各级人民政府的责任。省级人民政府要统筹制定农村义务教育发展和中小学布局调整的规划，严格实行教师资格制度，逐县核定教师编制和工资总额，对财力不足、发放教师工资确有困难的县，要通过调整财政体制和增加转移支付的办法解决农村中小学教师工资发放问题。县级人民政府要强化对教师工资的管理，从 2001 年起，将农村中小学教师工资的管理上收到县，为此，原乡（镇）财政收入中用于农村中小学教职工工资发放的部分要相应划拨上交到县级财政，并按规定设立“工资资金专户”。财政安排的教师工资性支出，由财政部门根据核定的编制和中央统一规定的工资项目及标准，通过银行直接拨入教师在银行开设的个人账户中。在此基础上，为支持国家扶贫开发工作重点县等中西部困难地区建立农村中小学教师工资保障机制，中央财政将给予适当补助。

各级人民政府要进一步加强对教师工资经费的监管，实行举报制度，对于不能保证教师工资发放，挪用挤占教师工资资金的地方，一经查实，要停止中央财政的转移支付，扣回转移支付资金，并追究主要领导人的责任。

9. 各地要依据《中华人民共和国教育法》《中华人民共和国义务教育法》的规定，继续做好农村教育附加费征收和管理工作。农村中小学危房改造的教育集资，必须严格按照有关规定执行。提倡农民通过义务劳动支持农村中小学危房改造。

实行农村税费改革试点的地区，要把农村税费改革与促进农村义务教育健康发展结合起来，对因税费改革而减少的教育经费，有关地方人民政府应在改革后的财政预算和上级转移支付资金中优先安排，确保当地农村义务教育投入不低于农村税费改革前的水平。

10. 地方各级人民政府要把农村学校建设列入基础设施建设的统一规划，高度重视农村中小学危房的改造，统筹安排相应的校舍建设资金。乡（镇）、村对新建、扩建校舍所必需的土地，应按有关规定进行划拨。

合理安排农村中小学正常运转所需经费。由省级人民政府根据当地农村中小学实际公用经费支出情况，核定本地区该项经费的标准和定额。除从学校按规定收取的杂费中开支外，其余不足部分由县、乡两级人民政府予以安排。

11. 采取有力措施，坚决刹住一些地方和学校的乱收费，控制学校收费标准，切实减轻学生家长特别是农村学生家长负担。在国家扶贫开发工作重点县等农村贫困地区义务教育阶段，实行由中央有关部门规定杂费、书本费标准的“一费制”收费制度；对其他地区，由省级人民政府按照国家有关规定，结合当地实际，确定本地区杂费、书本费的标准。杂费收入应全部用于补充学校公用经费的不足，不得用于教师工资、津贴、福利、基建等开支。地方各级人民政府和任何单位不得截留、平调和挪用农村中小学收费资金；严禁借收费搞不正之风和腐败行为。

进一步加强监管和检查，完善举报制度，对违反规定乱收费和挪用挤占中小学收费资金的行为，要及时严肃查处。政府有关部门和学校要进一步加强财务管理，努力提高经费使用效益。

12. 针对薄弱环节，采取有力措施，巩固普及九年义务教育成果。地方各级人民政府要把农村初中义务教育作为普及九年义务教育巩固提高的重点，努力满足初中学龄人口高峰期的就学需求，并采取措施切实降低农村初中辍学率。将残疾儿童少年的义务教育作为普及九年义务教育巩固提高工作的重要任务。要重视解决流动人口子女接受义务教育问题，以流入地区政府管理为主，以全日制公办中小学为主，采取多种形式，依法保障流动人口子女接受义务教育的权利，继续抓好农村女童教育。

13. 因地制宜调整农村义务教育学校布局。按照小学就近入学、初中相对集中、优化教育资源配置的原则，合理规划和调整学校布局。农村小学和教学点要在方便学生就近入学的前提下适当合并，在交通不便的地区仍需保留必要的教学点，防止因布局调整造成学生辍学。学校布局调整要与危房改造、规范学制、城镇化发展、移民搬迁等统筹规划。调整后的校舍等资产要保证用于发展教育事业。在有需要又有条件的地方，可举办寄宿制学校。

14. 规范义务教育学制。“十五”期间，国家将整体设置九年义务教育课程。现实行“五三”学制的地区，2005 年基本完成向“六三”学制过渡。有条件的地方，可以实行九年一贯制。

15. 抓住西部大开发有利时机，推动贫困地区和少数民族地区义务教育发展。继续实施第二期“国家贫困地区义务教育工程”，省级人民政府也应制定相关政策，加大对贫困地区和少数民族地区义务教育的投入力度。继续实施“东部地区学校对口支援西部贫困地区学校工程”“大中城市学校对口支援本地贫困地区学校工程”。采取切实措施，加大对少数民族地区实施义务教育的支持力度，提高适龄儿童入学率。重视加强边境地区义务教育。继续办好内地“西藏班”“新疆班”。

各级人民政府要完善并落实中小学助学金制度。从 2001 年开始，对贫困地区家庭经济困难的中小学生进行免费提供教科书制度的试点，在农村地区推广使用经济适用型教材。采取减免杂费、书本费、寄宿费等办法减轻家庭经济困难学生的负担。

16. 巩固扩大扫除青壮年文盲成果，大力推进贫困地区、少数民族和妇女扫除青壮年文盲工作。农村学校要积极参与扫除青壮年文盲工作，扫除青壮年文盲教育要与推广实用技术相结合。完善扫除青壮年文盲奖励机制，表彰先进。

三、深化教育教学改革，扎实推进素质教育

17. 实施素质教育，必须全面贯彻党的教育方针，认真落实《中共中央国务院关于深化教育改革全面推进素质教育的决定》（中发［1999］9 号），端正教育思想，转变教育观念，面向全体学生，加强学生思想品德教育，重视培养学生的创新精神和实践能力，为学生全面发展和终身发展奠定基础。

实施素质教育，促进学生德、智、体、美等全面发展，应当

体现时代要求。要使学生具有爱国主义、集体主义精神，热爱社会主义，继承和发扬中华民族的优秀传统和革命传统；具有社会主义民主法制意识，遵守国家法律和社会公德；逐步形成正确的世界观、人生观和价值观；具有社会责任感，努力为人民服务；具有初步的创新精神、实践能力、科学和人文素养以及环境意识；具有适应终身学习的基础知识、基本技能和方法；具有健壮的体魄和良好的心理素质，养成健康的审美情趣和生活方式，成为有理想、有道德、有文化、有纪律的一代新人。

18. 切实增强德育工作的针对性、实效性和主动性。加强爱国主义、集体主义和社会主义教育，加强中华民族优良传统、革命传统教育和国防教育，加强思想品质和道德教育并贯穿于教育的全过程。主动适应新形势的要求，针对不同年龄学生的特点，调整和充实德育内容，改进德育工作的方式方法。

小学从行为习惯养成入手，重点进行社会公德教育，进行爱祖国、爱人民、爱劳动、爱科学、爱社会主义教育，联系实际对学生进行热爱家乡、热爱集体以及社会、生活常识教育。初中加强国情教育、法制教育、纪律教育和品格修养。高中阶段注重进行马列主义、毛泽东思想和邓小平理论基本观点教育。对中学生进行正确的世界观、人生观、价值观教育。要对中小学生进行民族团结教育。加强中小学生的心理健康教育。

丰富多彩的教育活动和社会实践活动是中小学德育的重要载体。小学以生动活泼的课内外教育教学活动为主，中学要加强社会实践环节。中小学校要设置多种服务岗位，让更多学生得到实践锻炼的机会。要将青少年校外活动场所建设纳入社区建设规划。各地要多渠道筹集资金，建设一批青少年学生活动场所和社会实践基地。建立、健全各级青少年学生校外教育联席会议或相应机构，加强对青少年学生校外教育工作的统筹和协调。大力加强校园文化建设，优化校园育人环境，使中小学成为弘扬正气，团结友爱，生动活泼，秩序井然的精神文明建设基地。

19. 加快构建符合素质教育要求的新的基础教育课程体系。适应社会发展和科技进步，根据不同年龄学生的认知规律，优化课程结构，调整课程门类，更新课程内容，引导学生积极主动学习。小学加强综合课程，初中分科课程与综合课程相结合，高中以分科课程为主。从小学起逐步按地区统一开设外语课，中小学增设信息技术教育课和综合实践活动，中学设置选修课。普通高中要设置技术类课程。中小学都要积极开展科学技术普及活动。加强劳动教育，积极组织中小学生参加力所能及的社会公益劳动，培养学生热爱劳动、热爱劳动人民的情感，掌握一定的劳动技能。

农村中学的课程设置要根据现代农业发展和农村产业结构调整的需要，深化“农科教相结合”和基础教育、职业教育、成人教育的“三教统筹”等项改革，试行“绿色证书”教育并与农业科技推广等结合。

实行国家、地方、学校三级课程管理。国家制定中小学课程发展总体规划，确定国家课程门类和课时，制定国家课程标准，宏观指导中小学课程实施。在保证实施国家课程的基础上，鼓励地方开发适应本地区的地方课程，学校可开发或选用适合本校特点的课程。探索课程持续发展的机制，组织专家、学者和经验丰富的中小学教师参与基础教育课程改革。

20. 贯彻“健康第一”的思想，切实提高学生体质和健康水平。增加体育课时并保证学生每天参加一小时体育活动。开展经常性小型多样的学生体育比赛，培养学生团队精神和顽强意志。加强传染病预防工作和学校饮食卫生管理，防止传染病流行和食物中毒事件发生。制定并实施学生体质健康标准。有条件的地区要推行“学生饮用奶计划”。

21. 中小学要按照国家规定开设艺术课程，提高艺术教育教学质量。充分挖掘社会艺术教育资源，因地制宜地开展经常性的、丰富多彩的校内外艺术活动。各级人民政府和有关部门要重视艺术教育教师队伍建设、场地建设和器材配备工作，保证学校艺术教育的必要条件。

22. 教材编写核准、教材审查实行国务院教育行政部门和省级教育行政部门两级管理，实行国家基本要求指导下的教材多样化。国务院教育行政部门负责核准国家课程的教材编写，审定国家课程的教材及跨省（自治区、直辖市）使用的地方课程的教材；省级教育行政部门负责地方课程教材编写的核准和教材的审定。经国务院教育行政部门授权，省级教育行政部门可审定部分国家课程的教材。

改革中小学教材指定出版的方式和单一渠道发行的体制，试行出版发行公开竞标的办法，做到“课前到书，人手一册”。制定中小学教材版式的国家标准，保证教材质量，降低教材成本和价格。

23. 积极开展教育教学改革和教育科学研究。继续重视基础知识、基本技能的教学并关注情感、态度的培养；充分利用各种课程资源，培养学生收集、处理和利用信息的能力；开展研究性学习，培养学生提出问题、研究问题、解决问题的能力；鼓励合作学习，促进学生之间相互交流、共同发展，促进师生教学相长。各地要建立教育教学改革实验区和实验学校，探索、实验并推广新课程教材和先进的教学方法。各地要建设一批实施素质教育的示范性普通高中。有条件的普通高中可与高等学校合作，探索创新人才培养的途径。

广大教师要积极参加教学实验和教育科研，教研机构要充分发挥教学研究、指导和服务等作用。高等师范院校、教育科研院所要积极参与基础教育课程教材改革和教学实验。注意借鉴国外教学改革的先进经验。奖励并推广基础教育教学改革优秀成果。

24. 继续减轻中小学生过重的课业负担，尊重学生人格，遵循学生身心发展规律，保证中小学生身心健康成长。要加强教学管理，改进教学方法，提高教学质量。要丰富学生课余生活，组织好学生课外活动。

进一步加强对滥发学生用书、学具及其他学生用品的治理。任何部门和单位不得向学校搭售或强迫学校订购教辅材料，中小学校不得组织学生统一购买各种形式的教辅材料。

25. 改革考试评价和招生选拔制度。探索科学的评价办法，发现和发展学生的潜能，帮助学生树立自信心，促进学生积极主动地发展。改革考试内容和方法，小学成绩评定应实行等级制；中学部分学科实行开卷考试，重视实验操作能力考查。学校和教师不得公布学生考试成绩和按考试结果公开排名。推动各地积极改革省级普通高中毕业会考。要按照有助于高等学校选拔人才、有助于中学实施素质教育、有助于扩大高等学校办学自主权的原则，加强对学生能力和素质的考查，改革高等学校招生考试内容，探索多次机会、双向选择、综合评价的考试、选拔方式，推进高等学校招生考试和选拔制度改革。在科学研究、发明创造及其他方面有特殊才能并取得突出成绩的学生，免试进入高等学校学习。

26. 大力普及信息技术教育，以信息化带动教育现代化。各地要科学规划，全面推进，因地制宜，注重实效，以多种方式逐步实施中小学“校校通”工程。努力为学校配备多媒体教学设备、教育软件和接收我国卫星传送的教育节目的设备。有条件地区要统筹规划，实现学校与互联网的连接，开设信息技术课程，推进信息技术在教育教学中的应用。开发、建设共享的中小学教育资源库。加强学校信息网络管理，提供文明健康、积极向上的网络环境。

积极支持农村学校开展信息技术教育，国家将重点支持中西部贫困地区开展信息技术教育。

支持鼓励企业和社会各界对中小学教育信息化的投入。各级人民政府和教育行政部门要重视常规实验教学，因地制宜地加强中小学实验室、图书馆（室）及体育、艺术、劳动技术等教育设施的建设，并充分向学生开放，提高教学仪器设备、图书的使用效益。鼓励各地乡（镇）中小学建立中心实验室、图书馆等，辐射周边学校。

27. 要认真贯彻实施《中华人民共和国国家通用语言文字法》，进一步加强中小学推广普通话、用字规范化工作，推广普及国家通用语言文字，把普及普通话、用字规范化纳入教育教学要求，提高学生语言文字应用能力和规范意识。

四、完善教师教育体系，深化人事制度改革，大力加强中小学教师队伍建设

28. 建设一支高素质的教师队伍是扎实推进素质教育的关键。完善以现有师范院校为主体、其他高等学校共同参与、培养培训相衔接的开放的教师教育体系。加强师范院校的学科建设，鼓励综合性大学和其他非师范类高等学校举办教育院系或开设获得教师资格所需课程。支持西部地区师范院校的建设。以有条件的师范大学和综合性大学为依托建设一批开放式教师教育网络学院。推进师范教育结构调整，逐步实现三级师范向二级师范的过渡。有条件的地区要培养具有专科学历的小学教师和本科学历初中教师，逐步提高高中教师的学历，扩大教育硕士的培养规模和招生范围。制订适应中小学实施素质教育需要的师资培养规格与课程计划，探索新的培养模式，加强教学实践环节，增强师范毕业生的教育教学与终身发展能力。

以转变教育观念，提高职业道德和教育教学水平为重点，紧密结合基础教育课程改革，加强中小学教师继续教育工作，健全教师培训制度，加强培训基地建设。加大信息技术、外语、艺术类和综合类课程师资的培训力度，应用优秀的教学软件，开展多媒体辅助教学。加强中青年教师的培训工作。在教师培训中，要充分利用远程教育的方式，就地就近进行，以节省开支。对贫困地区教师应实行免费培训。

29. 加强骨干教师队伍建设。实施"跨世纪园丁工程"等教师培训计划，培养一大批在教育教学工作中起骨干、示范作用的优秀教师和一批教育名师。在教育对口支援工作中，援助地区的学校要为受援地区的学校培养、培训骨干教师。

30. 加强中小学教师编制管理。中央编制部门要会同教育、财政部门制定科学合理的中小学教职工编制标准。省级人民政府要按照国家有关规定和编制标准，根据本地实际情况，制定本地区的实施办法。各地要核定中小学教职工编制，规范学校内设机构和岗位设置，加强编制管理。对违反编制规定擅自增加教职工人数的，要严肃处理。

大力推进中小学人事制度改革。全面实施教师资格制度，严把教师进口关。优先录用师范院校毕业生到义务教育学校任教。高中教师的补充，在录用师范院校毕业生任教的同时，注意吸收具有教师资格的其他高等学校毕业生。推行教师聘任制，建立“能进能出、能上能下”的教师任用新机制。根据中小学教师的职业特点，实现教师职务聘任和岗位聘任的统一。建立激励机制，健全和完善考核制度，辞退不能履行职责的教师。

调整优化教师队伍。实施教师资格准入制度，严格教师资格条件，坚决辞退不具备教师资格的人员，逐步清退代课人员，精减、压缩中小学非教学人员。政府部门和事业单位不得占用或变相占用中小学教职工编制，清理各类“在编不在岗”人员。

31. 依法完善中小学教师和校长的管理体制。落实《中华人民共和国教师法》规定的中小学教师的管理权限。县级以上教育行政部门依法履行中小学教师的资格认定、招聘录用、职务评聘、培养培训和考核等管理职能。

改革中小学校长的选拔任用和管理制度。高级中学和完全中学校长一般由县级以上教育行政部门提名、考察或参与考察，按干部管理权限任用和聘任；其他中小学校长由县级教育行政部门选拔任用并归口管理。推行中小学校长聘任制，明确校长的任职资格，逐步建立校长公开招聘、竞争上岗的机制。实行校长任期制，可以连聘连任，积极推进校长职级制。

五、推进办学体制改革，促进社会力量办学健康发展

32. 基础教育以政府办学为主，积极鼓励社会力量办学。义务教育坚持以政府办学为主，社会力量办学为补充；学前教育以政府办园为骨干，积极鼓励社会力量举办幼儿园；普通高中教育在继续发展公办学校的同时，积极鼓励社会力量办学。

对民办学校在招生、教师职务评聘、教研活动、表彰奖励等方面与公办学校一视同仁。政府要对办学成绩显著者予以表彰奖励。社会力量举办的全日制中小学办学所得合法资金，在留足学校发展资金后，可适当安排经费奖励学校举办者。各级教育行政部门要加强对民办中小学、幼儿园教育教学的指导和监督，要认真审核其办学资格和条件，规范其办学行为，保证其全面贯彻党的教育方针。

33. 积极鼓励企业、社会团体和公民个人对基础教育捐赠，捐赠者享受国家有关优惠政策。对纳税人通过非营利的社会团体和国家机关向农村义务教育的捐赠，在应纳税所得额中全额扣除，具体办法另行制定。国家和地方对捐助基础教育有突出贡献的单位和个人予以表彰。

34. 稳妥地搞好国有企业中小学分离工作。制定政策，多渠道筹措资金，落实分离中小学的办学经费，保障企业所属中小学分离工作顺利实施。企业中小学的分离应尊重企业的意愿。统筹安排好编制内具备教师资格的企业中小学教师。转由地方人民政府管理的企业中小学的校园、校舍、设施、设备等，不得挪用、侵占和截留，确保校产不流失。可通过办学体制改革的试验探索企业中小学分离形式。企业要继续办好未分离的中小学。

35. 加强对公办学校办学体制改革试验的领导和管理。公办学校办学体制改革要有利于改造薄弱学校，满足群众的教育需求，扩大优质教育资源。薄弱学校、国有企业所属中小学和政府新建的学校等，在保证国有资产不流失的前提下，可以进行按民办学校机制运行的改革试验。地方人民政府和教育行政部门要加强领导和管理，确保义务教育的实施和办学体制改革试验工作的健康开展。

六、加强领导，动员全社会关心支持，保障基础教育改革与发展的顺利进行

36. 各级人民政府要努力实践“三个代表”重要思想和实施科教兴国战略，宁可在别的方面忍耐一点，也要保证教育尤其是基础教育优先发展。要将基础教育工作列入议事日程，及时研究新情况、新问题，制定促进基础教育发展的措施，努力增加对基础教育的投入。各级领导同志要经常深入中小学，了解情况，指导工作，帮助学校解决办学中的突出问题。要将基础教育工作的情况作为考核地方各级人民政府领导同志的重要内容。

各级人民政府及有关部门要认真履行各自的职责，切实将基础教育事业的发展纳入国民经济和社会发展计划，切实将基础教育作为基础设施建设和教育事业发展的重点领域，切实保障基础教育改革和发展的经费投入，切实保障中小学教师工资的足额按时发放，切实治理中小学乱收费，切实加强学校安全工作和周边治安环境的治理，切实加强青少年学生活动场所建设，切实加强文化市场的管理，为基础教育事业发展和青少年学生健康成长创造良好的条件和社会环境。

37. 坚持依法治教，完善基础教育法制建设。各级人民政府及有关部门要认真贯彻执行教育的有关法律、法规，提高依法治教意识，严格履行法律赋予的职责，完善行政执法监督机制，加大执法监督力度，加强学校管理，依法保障学校、教师和学生的合法权益。

将依法治教与以德治教紧密结合。各级教育行政部门和全体教育工作者，要提高以德治教的自觉性，不断加强职业道德建设，为人师表，教书育人，管理育人，服务育人，环境育人。学校教育要坚持把德育工作摆在素质教育的首要位置，以科学的理论武装人、以正确的舆论引导人、以高尚的精神塑造人、以优秀的作品鼓舞人，把学校建成社会主义精神文明建设的重要阵地。

38. 切实加强学校安全工作。各级人民政府及有关部门和学校要以对人民高度负责的态度，从维护社会稳定的大局出发，牢固树立“安全第一”的意识，建立、健全确保师生安全的各项规章制度。严格学校管理，狠抓落实，采取积极的预防措施，重点防范危及师生安全的危房倒塌、食物中毒、交通、溺水等事故。要重视和加强对师生的安全教育，增强安全防范意识和自我保护能力。尽快制定中小学生伤害事故处理的有关法规，建立、健全中小学安全工作责任制和事故责任追究制，确保师生人身安全和学校教育教学活动正常进行。切实维护学校及周边治安秩序，加强群防群治，警民合作，严厉打击扰乱学校治安的违法犯罪活动。

39. 加强和完善教育督导制度。坚持督政与督学相结合，继续做好贫困地区“两基”评估验收工作，保证验收质量；对已实现“两基”的地区，建立巩固提高工作的复查和督察制度。积极开展对基础教育热点难点问题的专项督导检查。在推进实施素质教育工作中发挥教育督导工作的保障作用，建立对地区和学校实施素质教育的评价机制。“十五”期间，国家和地方对实施素质教育的先进地区、单位和个人进行表彰。

40. 重视家庭教育。通过家庭访问等多种方式与学生家长建立经常性联系，加强对家庭教育的指导，帮助家长树立正确的教育观念，为子女健康成长营造良好的家庭环境。工会、共青团、妇联等团体要开展丰富多彩的家庭教育活动。

学校要加强和社区的沟通与合作，充分利用社区资源，开展丰富多彩、文明健康的教育活动，营造有利于青少年学生健康成长的社区环境。

基础教育是全社会的共同事业。继续支持开展“希望工程”“春蕾计划”及城镇居民对农村贫困学生进行“一帮一”等多种形式的助学活动。新闻媒体要进一步加大对实施科教兴国战略，推进基础教育改革与发展的宣传力度。国家机关、企事业单位、社会团体等要发挥各自优势，共同努力，形成全社会关心、支持基础教育的良好社会氛围。

普通高中课程方案（实验）

教基［2003］6 号

普通高中课程方案以教育要“三个面向”的指示和“三个代表”的重要思想为指导，坚持全面贯彻党的教育方针，认真落实《中共中央国务院关于深化教育改革全面推进素质教育的决定》和《国务院关于基础教育改革与发展的决定》，适应时代发展的需要，立足我国实际，借鉴国际课程改革的有益经验，大力推进教育创新，努力构建具有中国特色、充满活力的普通高中课程体系，为造就数以亿计的高素质劳动者、数以千万计的专门人才和一大批拔尖创新人才奠定基础。

一、普通高中教育的培养目标

普通高中教育是在九年义务教育基础上进一步提高国民素质、面向大众的基础教育。普通高中教育为学生的终身发展奠定基础。

普通高中教育应全面落实《国务院关于基础教育改革与发展的决定》所确定的基础教育培养目标，并特别强调使学生：初步形成正确的世界观、人生观、价值观；

热爱社会主义祖国，热爱中国共产党，自觉维护国家尊严和利益，继承中华民族的优秀传统，弘扬民族精神，有为民族振兴和社会进步作贡献的志向与愿望；

具有民主与法制意识，遵守国家法律和社会公德，维护社会正义，自觉行使公民的权利，履行公民的义务，对自己的行为负责，具有社会责任感；

具有终身学习的愿望和能力，掌握适应时代发展需要的基础知识和基本技能，学会收集、判断和处理信息，具有初步的科学与人文素养、环境意识、创新精神与实践能力；

具有强健的体魄、顽强的意志，形成积极健康的生活方式和审美情趣，初步具有独立生活的能力、职业意识、创业精神和人生规划能力；

正确认识自己，尊重他人，学会交流与合作，具有团队精神，理解文化的多样性，初步具有面向世界的开放意识。

为实现上述培养目标，普通高中课程应：

（1）精选终身学习必备的基础内容，增强与社会进步、科技发展、学生经验的联系，拓展视野，引导创新与实践。

（2）适应社会需求的多样化和学生全面而有个性的发展，构建重基础、多样化、有层次、综合性的课程结构。

（3）创设有利于引导学生主动学习的课程实施环境，提高学生自主学习、合作交流以及分析和解决问题的能力。

（4）建立发展性评价体系。改进校内评价，实行学生学业成绩与成长记录相结合的综合评价方式；建立教育质量监测机制。

（5）赋予学校合理而充分的课程自主权，为学校创造性地实施国家课程、因地制宜地开发学校课程，为学生有效选择课程提供保障。

二、课程结构

1. 课程结构

普通高中课程由学习领域、科目、模块三个层次构成。

（1）学习领域

高中课程设置了语言与文学、数学、人文与社会、科学、技术、艺术、体育与健康和综合实践活动八个学习领域。

设置学习领域能更好地反映现代科学综合化的趋势，有利于在学习领域的视野下研制各科课程标准，指导教师教学；有利于整体规划课程内容，提高学生的综合素养，体现对高中学生全面发展的要求；同时，要求学生每一学年在所有学习领域都获得一定学分，以防止学生过早偏科，避免并学科目过多，有利于学生全面发展。

（2）科目

每一领域由课程价值相近的若干科目组成。八个学习领域共包括语文、数学、外语（英语、日语、俄语等）、思想政治、历史、地理、物理、化学、生物、艺术（或音乐、美术）、体育与健康、技术等12～13个科目。其中技术、艺术是新增设的科目，艺术与音乐、美术并行设置，供学校选择。鼓励有条件的学校开设两种或多种外语。

(3) 模块

每一科目由若干模块组成。模块之间既相互独立，又反映学科内容的逻辑联系。每一模块都有明确的教育目标，并围绕某一特定内容，整合学生经验和相关内容，构成相对完整的学习单元；每一模块都对教师教学行为和学生学习方式提出要求与建议。

模块的设置有利于解决学校科目设置相对稳定与现代科学迅猛发展的矛盾，并便于适时调整课程内容；有利于学校充分利用场地、设备等资源，提供丰富多样的课程，为学校有特色的发展创造条件；有利于学校灵活安排课程，学生自主选择并及时调整课程，形成有个性的课程修习计划。

2. 课程设置及其说明

普通高中学制为三年。课程由必修和选修两部分构成，并通过学分描述学生的课程修习状况。具体设置如下：

<table>
<tr><th>学习领域</th><th>科目</th><th>必修学分
（共计 116 学分）</th><th>选修学分Ⅰ</th><th>选修学分Ⅱ</th></tr>
<tr><td rowspan="2">语言与文学</td><td>语文</td><td>10</td><td rowspan="15">根据社会对人才多样化的需求，适应学生不同潜能和发展的需要，在共同必修的基础上，各科课程标准分类别、分层次设置若干选修模块，供学生选择</td><td rowspan="15">学校根据当地社会、经济、科技、文化发展的需要和学生的兴趣，开设若干选修模块，供学生选择</td></tr>
<tr><td>外语</td><td>10</td></tr>
<tr><td>数学</td><td>数学</td><td>10</td></tr>
<tr><td rowspan="3">人文与社会</td><td>思想政治</td><td>8</td></tr>
<tr><td>历史</td><td>6</td></tr>
<tr><td>地理</td><td>6</td></tr>
<tr><td rowspan="3">科学</td><td>物理</td><td>6</td></tr>
<tr><td>化学</td><td>6</td></tr>
<tr><td>生物</td><td>6</td></tr>
<tr><td>技术</td><td>技术
（含信息技术和通用技术）</td><td>8</td></tr>
<tr><td>艺术</td><td>艺术或
音乐、美术</td><td>6</td></tr>
<tr><td>体育与健康</td><td>体育与健康</td><td>11</td></tr>
<tr><td rowspan="3">综合实践活动</td><td>研究性学习活动</td><td>15</td></tr>
<tr><td>社区服务</td><td>2</td></tr>
<tr><td>社会实践</td><td>6</td></tr>
</table>

说明：

(1) 每学年52周，其中教学时间40周，社会实践1周，假期（包括寒暑假、节假日和农忙假）11周。

(2) 每学期分两段安排课程，每段10周，其中9周授课，1周复习考试。每个模块通常为36学时，一般按周4学时安排，可在一个学段内完成。

(3) 学生学习一个模块并通过考核，可获得2学分（其中体育与健康、艺术、音乐、美术每个模块原则上为18学时，相当于1学分），学分由学校认定。技术的8个必修学分中，信息技术和通用技术各4学分。

(4) 研究性学习活动是每个学生的必修课程，三年共计15学分。设置研究性学习活动旨在引导学生关注社会、经济、科技和生活中的问题，通过自主探究、亲身实践的过程综合地运用已有知识和经验解决问题，学会学习，培养学生的人文精神和科学素养。

此外，学生每学年必须参加1周的社会实践，获得2学分。三年中学生必须参加不少于10个工作日的社区服务，获得2学分。

(5) 学生毕业的学分要求：学生每学年在每个学习领域都必须获得一定学分，三年中获得116个必修学分（包括研究性学习活动15学分，社区服务2学分，社会实践6学分），在选修Ⅱ中至少获得6学分，总学分达到144方可毕业。

三、课程内容

高中课程内容的选择遵循如下基本原则：

时代性——课程内容的选择体现当代社会进步和科技发展，反映各学科的发展趋势，关注学生的经验，增强课程内容与社会生活的联系。同时，根据时代发展需要及时调整、更新。

基础性——强调掌握必需的经典知识及灵活运用的能力；注重培养学生浓厚的学习兴趣、旺盛的求知欲、积极的探索精神、坚持真理的态度；注重培养搜集和处理信息的能力、获取新知识的能力、分析和解决问题的能力、交流与合作的能力。高中课程内容既进一步提升所有学生的共同基础，同时更为每一位学生的发展奠定不同基础。

选择性——为适应社会对多样化人才的需求，满足不同学生的发展需要，在保证每个学生达到共同基础的前提下，各学科分类别、分层次设计了多样的、可供不同发展潜能学生选择的课程内容，以满足学生对课程的不同需求。

国家通过制定各科目课程标准规定高中课程的主要内容和要求。

四、课程实施与评价

1. 合理而有序地安排课程

高中一年级主要设置必修课程，逐步增设选修课程，学生可跨班级选修；高三下学期，学校应保证每个学生有必要的体育、艺术等活动时间，同时鼓励学生按照自己的兴趣和需要继续修习某些课程，获得一定学分，也可以安排总复习。

学校在保证开设好所有必修模块的同时，要积极创造条件，制定开设选修课程的规划，逐步开设丰富多彩的、高质量的选修课程。

为加强集体主义教育，发展学生的团队精神和合作意识，高中三年以行政班为单位进行学生管理，开展教育活动。

2. 建立选课指导制度，引导学生形成有个性的课程修习计划

学校要积极进行制度创新，建立行之有效的校内选课指导制度，避免学生选课的盲目性。学校应提供课程设置说明和选课指导手册，并在选课前及时提供给学生。班主任及其他教师有指导学生选课的责任，并与学生建立相对固定而长久的联系，为学生形成符合个人特点的、合理的课程修习计划提供指导和帮助。学校要引导家长正确对待和帮助学生选课。

学校要鼓励学生在感兴趣、有潜能的方面，选修更多的模块，使学生实现有个性的发展。

3. 建立以校为本的教学研究制度

学校应建立以校为本的教学研究制度，鼓励教师针对教学实践中的问题开展教学研究，重视不同学科教师的交流与研讨，建设有利于引导教师创造性实施课程的环境，使课程的实施过程成为教师专业成长的过程。学校应与教研部门、高等院校等建立联系，形成有力推动课程发展的专业咨询、指导和教师进修网络。

4. 充分挖掘课程资源，建立课程资源共享机制

为保障高中课程的实施，学校应加强课程资源建设，充分挖掘并有效利用校内现有课程资源。同时，大力加强校际之间以及学校与社区的合作，充分利用职业技术教育的资源，努力实现课程资源的共享。

学校课程的开发要因地制宜，努力为当地经济建设和社会发展服务，注重普通高中教育、职业技术教育与成人教育的融合与

渗透。农村地区的高中学校要结合农村建设和发展的实际开发课程资源。

学校课程既可以由学校独立开发或联校开发，也可以联合高校、科研院所等共同开发；要积极利用和开发基于现代信息技术的课程资源，建立广泛而有效的课程资源网络。

5. 建立发展性评价制度

实行学生学业成绩与成长记录相结合的综合评价方式。学校应根据目标多元、方式多样、注重过程的评价原则，综合运用观察、交流、测验、实际操作、作品展示、自评与互评等多种方式，为学生建立综合、动态的成长记录手册，全面反映学生的成长历程。教育行政部门要对高中教育质量进行监测。

基础教育课程改革纲要（试行）

教基［2001］17号

改革开放以来，我国基础教育取得了辉煌成就，基础教育课程建设也取得了显著成绩。但是，我国基础教育总体水平还不高，原有的基础教育课程已不能完全适应时代发展的需要。为贯彻《中共中央国务院关于深化教育改革全面推进素质教育的决定》（中发［1999］9号）和《国务院关于基础教育改革与发展的决定》（国发［2001］21号），教育部决定，大力推进基础教育课程改革，调整和改革基础教育的课程体系、结构、内容，构建符合素质教育要求的新的基础教育课程体系。

新的课程体系涵盖幼儿教育、义务教育和普通高中教育。

一、课程改革的目标

1. 基础教育课程改革要以邓小平同志关于“教育要面向现代化，面向世界，面向未来”和江泽民同志“三个代表”的重要思想为指导，全面贯彻党的教育方针，全面推进素质教育。

新课程的培养目标应体现时代要求。要使学生具有爱国主义、集体主义精神，热爱社会主义，继承和发扬中华民族的优秀传统和革命传统；具有社会主义民主法制意识，遵守国家法律和社会公德；逐步形成正确的世界观、人生观、价值观；具有社会责任感，努力为人民服务；具有初步的创新精神、实践能力、科学和人文素养以及环境意识；具有适应终身学习的基础知识、基本技能和方法；具有健壮的体魄和良好的心理素质，养成健康的审美情趣和生活方式，成为有理想、有道德、有文化、有纪律的一代新人。

2. 基础教育课程改革的具体目标：

改变课程过于注重知识传授的倾向，强调形成积极主动的学习态度，使获得基础知识与基本技能的过程同时成为学会学习和形成正确价值观的过程。

改变课程结构过于强调学科本位、科目过多和缺乏整合的现状，整体设置九年一贯的课程门类和课时比例，并设置综合课程，以适应不同地区和学生发展的需求，体现课程结构的均衡性、综合性和选择性。

改变课程内容“难、繁、偏、旧”和过于注重书本知识的现状，加强课程内容与学生生活以及现代社会和科技发展的联系，关注学生的学习兴趣和经验，精选终身学习必备的基础知识和技能。

改变课程实施过于强调接受学习、死记硬背、机械训练的现状，倡导学生主动参与、乐于探究、勤于动手，培养学生搜集和处理信息的能力、获取新知识的能力、分析和解决问题的能力以及交流与合作的能力。

改变课程评价过分强调甄别与选拔的功能，发挥评价促进学生发展、教师提高和改进教学实践的功能。

改变课程管理过于集中的状况，实行国家、地方、学校三级课程管理，增强课程对地方、学校及学生的适应性。

二、课程结构

3. 整体设置九年一贯的义务教育课程。

小学阶段以综合课程为主。小学低年级开设品德与生活、语文、数学、体育、艺术（或音乐、美术）等课程；小学中高年级开设品德与社会、语文、数学、科学、外语、综合实践活动、体育、艺术（或音乐、美术）等课程。

初中阶段设置分科与综合相结合的课程，主要包括思想品德、语文、数学、外语、科学（或物理、化学、生物）、历史与社会（或历史、地理）、体育与健康、艺术（或音乐、美术）以及综合实践活动。积极倡导各地选择综合课程。学校应努力创造条件开设选修课程。在义务教育阶段的语文、艺术、美术课中要加强写字教学。

4. 高中以分科课程为主。为使学生在普遍达到基本要求的前提下实现有个性的发展，课程标准应有不同水平的要求，在开设必修课的同时，设置丰富多样的选修课程，开设技术类课程。积极试行学分制管理。

5. 从小学至高中设置综合实践活动并作为必修课程，其内容主要包括：信息技术教育、研究性学习、社区服务与社会实践以及劳动与技术教育。强调学生通过实践，增强探究和创新意识，学习科学研究的方法，发展综合运用知识的能力。增进学校与社会的密切联系，培养学生的社会责任感。在课程的实施过程中，加强信息技术教育，培养学生利用信息技术的意识和能力。了解必要的通用技术和职业分工，形成初步技术能力。

6. 农村中学课程要为当地社会经济发展服务，在达到国家课程基本要求的同时，可根据现代农业发展和农村产业结构的调整因地制宜地设置符合当地需要的课程，深化“农科教相结合”和“三教统筹”等项改革，试行通过“绿色证书”教育及其他技术培训获得“双证”的做法。城市普通中学也要逐步开设职业技术课程。

三、课程标准

7. 国家课程标准是教材编写、教学、评估和考试命题的依据，是国家管理和评价课程的基础。应体现国家对不同阶段的学生在知识与技能、过程与方法、情感态度与价值观等方面的基本要求，规定各门课程的性质、目标、内容框架，提出教学和评价建议。

8. 制定国家课程标准要依据各门课程的特点，结合具体内容，加强德育工作的针对性、实效性和主动性，对学生进行爱国主义、集体主义和社会主义教育，加强中华民族优良传统、革命传统教育和国防教育，加强思想品质和道德教育，引导学生树立正确的世界观、人生观和价值观；要倡导科学精神、科学态度和科学方法，引导学生创新与实践。

9. 幼儿园教育要依据幼儿身心发展的特点和教育规律，坚持保教结合和以游戏为基本活动的原则，与家庭和社区密切配合，培养幼儿良好的行为习惯，保护和启发幼儿的好奇心和求知欲，促进幼儿身心全面和谐发展。

义务教育课程标准应适应普及义务教育的要求，让绝大多数学生经过努力都能够达到，体现国家对公民素质的基本要求，着眼于培养学生终身学习的愿望和能力。

普通高中课程标准应在坚持使学生普遍达到基本要求的前提下，有一定的层次性和选择性，并开设选修课程，以利于学生获得更多的选择和发展的机会，为培养学生的生存能力、实践能力和创造能力打下良好的基础。

四、教学过程

10. 教师在教学过程中应与学生积极互动、共同发展，要处理好传授知识与培养能力的关系，注重培养学生的独立性和自主性，引导学生质疑、调查、探究，在实践中学习，促进学生在教师指导下主动地、富有个性地学习。教师应尊重学生的人格，关注个体差异，满足不同学生的学习需要，创设能引导学生主动参与的教育环境，激发学生的学习积极性，培养学生掌握和运用知识的态度和能力，使每个学生都能得到充分的发展。

11. 大力推进信息技术在教学过程中的普遍应用，促进信息技术与学科课程的整合，逐步实现教学内容的呈现方式、学生的学习方式、教师的教学方式和师生互动方式的变革，充分发挥信息技术的优势，为学生的学习和发展提供丰富多彩的教育环境和有力的学习工具。

五、教材开发与管理

12. 教材改革应有利于引导学生利用已有的知识与经验，主动探索知识的发生与发展，同时也应有利于教师创造性地进行教学。教材内容的选择应符合课程标准的要求，体现学生身心发展特点，反映社会、政治、经济、科技的发展需求；教材内容的组织应多样、生动，有利于学生探究，并提出观察、实验、操作、调查、讨论的建议。

积极开发并合理利用校内外各种课程资源。学校应充分发挥图书馆、实验室、专用教室及各类教学设施和实践基地的作用；广泛利用校外的图书馆、博物馆、展览馆、科技馆、工厂、农村、部队和科研院所等各种社会资源以及丰富的自然资源；积极利用并开发信息化课程资源。

13. 完善基础教育教材管理制度，实现教材的高质量与多样化。

实行国家基本要求指导下的教材多样化政策，鼓励有关机构、出版部门等依据国家课程标准组织编写中小学教材。建立教材编写的核准制度，教材编写者应根据教育部《关于中小学教材编写审定管理暂行办法》，向教育部申报，经资格核准通过后，方可编写。完善教材审查制度，除经教育部授权省级教材审查委员会外，按照国家课程标准编写的教材及跨省使用的地方课程的教材须经全国中小学教材审查委员会审查；地方教材须经省级教材审查委员会审查。教材审查实行编审分离。

改革中小学教材指定出版的方式和单一渠道发行的体制，严格遵循中小学教材版式的国家标准。教材的出版和发行试行公开竞标，国家免费提供的经济适用型教材实行政府采购，保证教材质量，降低价格。

加强对教材使用的管理。教育行政部门定期向学校和社会公布经审查通过的中小学教材目录，并逐步建立教材评价制度和在教育行政部门及专家指导下的教材选用制度。改革用行政手段指定使用教材的做法，严禁以不正当竞争手段推销教材。

六、课程评价

14. 建立促进学生全面发展的评价体系。评价不仅要关注学生的学业成绩，而且要发现和发展学生多方面的潜能，了解学生发展中的需求，帮助学生认识自我，建立自信。发挥评价的教育功能，促进学生在原有水平上的发展。

建立促进教师不断提高的评价体系。强调教师对自己教学行为的分析与反思，建立以教师自评为主，校长、教师、学生、家长共同参与的评价制度，使教师从多种渠道获得信息，不断提高教学水平。

建立促进课程不断发展的评价体系。周期性地对学校课程执行的情况、课程实施中的问题进行分析评估，调整课程内容、改进教学管理，形成课程不断革新的机制。

15. 继续改革和完善考试制度。

在已经普及九年义务教育的地区，实行小学毕业生免试就近升学的办法。鼓励各地中小学自行组织毕业考试。完善初中升高中的考试管理制度，考试内容应加强与社会实际和学生生活经验的联系，重视考查学生分析问题、解决问题的能力，部分学科可实行开卷考试。高中毕业会考改革方案由省级教育行政部门制定，继续实行会考的地方应突出水平考试的性质，减轻学生考试的负担。

高等学校招生考试制度改革，应与基础教育课程改革相衔接。要按照有助于高等学校选拔人才、有助于中学实施素质教育、有助于扩大高等学校办学自主权的原则，加强对学生能力和素质的考查，改革高等学校招生考试内容，探索提供多次机会、双向选择、综合评价的考试、选拔方式。

考试命题要依据课程标准，杜绝设置偏题、怪题的现象。教师应对每位学生的考试情况做出具体的分析指导，不得公布学生考试成绩并按考试成绩排列名次。

七、课程管理

16. 为保障和促进课程对不同地区、学校、学生的要求，实行国家、地方和学校三级课程管理。

教育部总体规划基础教育课程，制定基础教育课程管理政策，确定国家课程门类和课时。制定国家课程标准，积极试行新的课程评价制度。

省级教育行政部门依据国家课程管理政策和本地实际情况，制订本省（自治区、直辖市）实施国家课程的计划，规划地方课程，报教育部备案并组织实施。经教育部批准，省级教育行政部门可单独制订本省（自治区、直辖市）范围内使用的课程计划和课程标准。

学校在执行国家课程和地方课程的同时，应视当地社会、经济发展的具体情况，结合本校的传统和优势、学生的兴趣和需要，开发或选用适合本校的课程。各级教育行政部门要对课程的实施和开发进行指导和监督，学校有权力和责任反映在实施国家课程和地方课程中所遇到的问题。

八、教师的培养和培训

17. 师范院校和其他承担基础教育师资培养和培训任务的高等学校和培训机构应根据基础教育课程改革的目标与内容，调整培养目标、专业设置、课程结构，改革教学方法。中小学教师继续教育应以基础教育课程改革为核心内容。

地方教育行政部门应制订有效、持续的师资培训计划，教师进修培训机构要以实施新课程所必需的培训为主要任务，确保培训工作与新一轮课程改革的推进同步进行。

九、课程改革的组织与实施

18. 教育部领导并统筹管理全国基础教育课程改革工作；省级教育行政部门领导并规划本省（自治区、直辖市）的基础教育课程改革工作。

19. 基础教育课程改革是一项系统工程。应始终贯彻“先立后破，先实验后推广”的工作方针。各省（自治区、直辖市）都应建立课程改革实验区，实验区应分层推进，发挥示范、培训和指导的作用，加快实验区的滚动发展，为过渡到新课程做好准备。

基础教育课程改革必须坚持民主参与、科学决策的原则，积极鼓励高等院校、科研院所的专家、学者和中小学教师投身中小学课程教材改革；支持部分师范大学成立“基础教育课程研究中心”，开展中小学课程改革的研究工作，并积极参与基础教育课程改革实践；在教育行政部门的领导下，各中小学教研机构要把基础教育课程改革作为中心工作，充分发挥教学研究、指导和服务等作用，并与基础教育课程研究中心建立联系，发挥各自的优势，共同推进基础教育课程改革；建立教育部门、家长以及社会各界有效参与课程建设和学校管理的制度；积极发挥新闻媒体的作用，引导社会各界深入讨论、关心并支持课程改革。

20. 建立课程教材持续发展的保障机制。各级教育行政部门应设立基础教育课程改革的专项经费。

为使新课程体系在实验区顺利推进，教育部在高考、中考、课程设置等方面对实验区给予政策支持。对参加基础教育课程改革的单位、集体、个人所取得的优秀成果，予以奖励。

江苏省普通高中物理课程改革实施指导意见（试行）

为贯彻落实《国务院关于基础教育改革与发展的决定》、教育部《基础教育课程改革纲要（试行）》、教育部《普通高中课程方案（实验）》《江苏省普通高中课程改革实施方案（试行）》的精神，推进我省普通高中物理新课程的实施，特制定《江苏省普通高中物理课程改革实施指导意见（试行）》。

一、指导思想

实施高中物理新课程应以《标准》为依据，以学生发展为本，重视基础，以提高学生科学素养为核心，体现课程的选择性和时代性；更新课程评价观念，关注过程性评价，促进学生发展；充分利用高中物理学科的特点和学生的认知规律，倡导自主学习、合作学习和探究学习，提倡学习方式和教学手段的多样化，为每一个学生的发展创造条件；积极探索信息技术与物理学科课堂教学相整合的教学模式，优化课堂结构，切实改变师生教与学的方式，在促进学生发展的过程中开发教师的潜能，促进教师的专业化成长，从而整体性提高江苏省普通高中物理新课程的教学质量。

二、目标、任务与实施步骤

（一）目标与任务

高中物理新课程改革的总目标是：通过探索和总结高中物理课程改革的规律、途径、方法和措施，为国家新课程体系的建立和完善提供一定的实践依据；为构建开放的、充满生机与活力的、具有我省特色的基础课程教育体系奠定基础；推动我省素质教育更加深入，进一步提高教育教学质量和效益，使学生的科学素质获得全面发展。

具体来说，高中物理新课程改革的主要任务是：通过新课程的推进与实践，初步形成对《标准》和课标教材的修改建议，为国家修订和正式颁布《标准》、制定课改政策、改革课程管理与评价方案提供参考；通过开展物理课程改革和课题研究，促进教师的专业化发展，进一步提高教师与新课程相适应的教学能力；尝试改变学科本位思想，改革物理课程单一的、以甄别和选拔为目的的评价体系，积极探索促进教师、学生、学校课程不断发展的机制，建构与新课程相适应的教学管理制度；改革过去以书本为主、实验为辅的教学模式，促进信息技术与物理学科课程的整合，提倡多样化的教学方式，特别鼓励开展研究性学习和合作学习，让学生经历科学探究的过程，学习科学研究方法，全面提高学生科学素质和创新意识；结合国际科学教育的理论和实践，探索富有江苏地域特色的物理课程体系；初步建立促进教师发展的课程培训模式，形成一支具有新的课程理念和研究能力的课程管理和教学研究队伍，培养一批优秀的教学管理人员和骨干教师，并为物理新课程在我省乃至全国推广总结典型经验。

（二）实施步骤

1. 高中物理新课程实施准备阶段（2005 年 2 月～2005 年 8 月）

依靠全省广大物理教师，充分发挥我省各市（区）物理特级教师、学科带头人等骨干教师以及教研员的专业引领和示范辐射效应，有序、高效地开展各项课程培训工作。

(1) 培训内容主要包括通识培训和学科培训两部分。

① 通识培训

a. 基础教育课程改革背景、目标、内容。

b. 新课程与教学方式的转变。

c. 新课程与评价改革。

d. 新课程与教师角色的转变。

② 学科培训

a. 高中物理新课程标准解读。

b. 高中物理新教材教学案例的分析。

c. 不同版本新教材介绍与研究，包括教材编写的整体思路和主要原则、基本框架、内容体系与特色等。

d. 省级物理新课程课堂教学示范课的交流与研讨。

e. 物理新课程实验教学研讨及自制教具调演。

(2) 学科培训的方式和方法。

① 校本培训

a. 各市（区）教育教研部门人员应首先学习与新课程相关的

基本理念，并结合自己的学习体会给所在市区教师进行新课程专题学习与辅导报告。

b. 学校以教研组为单位，组织学习《标准》，分析新教材的教学案例，开展新教材研讨活动。

c. 组织部分骨干教师、教研组长、教学管理人员到国家新课程实验区的学校观摩学习。

② 上岗培训

各级学校应选拔思想素质高、业务能力强的骨干教师担任新学期的高一年级任课教师，并参加省、市、区（县）教育局、进修院、校组织的专题培训。

2. 高中物理新课程实施第一阶段（2005 年 9 月～2006 年 8 月）

（1）在高一物理学科试行新课程《标准》和使用新教材教学。

（2）参与物理新课程实施的教师应努力从教学模式、教学方法、学习方法、学科辅导、学习评价等方面选择一个研究课题，结合学校实际积极开展课题研究。

（3）积极推进校本培训，坚持“走出去、请进来”的办法，组织教师观摩学习，交流探讨教学中遇到的新问题；邀请部分学校有经验的教师、教研员做辅导报告，现场指导，努力更新教师的教育观念。

（4）深入开展形式多样的物理新课程的学习和研讨活动，运用集体备课、示范课、参与式评点、交流研讨等手段提高新课程研究的实效性。

3. 高中物理新课程实施的第二阶段（2006 年 9 月～2007 年 8 月）

（1）精心制定选课指导制度，引导学生形成有个性的课程研修计划。

（2）总结前期工作的得失，通过召开不同形式的经验交流会和研讨会，反思和总结前一阶段实验工作中存在的问题。

（3）通过研讨，调整和修订课程改革实施方案，为后续研究做好准备。

4. 高中新课程实施的第三阶段（2007 年 9 月～2008 年 9 月）

（1）总结、分析实验中存在的问题，提出解决问题的途径与方法。

（2）积极研究与物理新课程相适应的高考评价，提出相应的指导策略和实施意见。

三、教学建议

1. 更新教育观念，实现教师角色和行为的转变

在新课程实施中，每个教师必须尽快地从传统的角色中走出来，转变自己的教学行为，使自己成为新课程的研究者、实施者和开发者。

实现教师角色和行为转变的一个重要方面是创设有利于学生进行探究学习的学习环境：一是设置问题情境，在情境中制造学生认知上的冲突，引导学生通过自主活动去组合、批判和澄清新旧知识的差异，解决认知不平衡，进而不断改善、发展自己的认知结构，并且在认知发展的同时，获得轻松、愉悦、成功的情感体验；二是要创设一个良好的、有利于师生共创共生、合作交往和意义建构的外部学习环境，支持并帮助学生通过探究活动来促进新意义的生成，使整个教学过程自始至终都充满着主动探究的学习气氛，在合作交往中获取知识、学会学习，在平等、尊重、和谐的氛围中形成丰富的人生态度和情感体验。

2. 突出课程的三维目标，体现以发展为主旨的原则

高中物理是普通高中科学学科学习领域的一门基础课程，与九年义务教育物理或科学课程相衔接。高中物理课程旨在进一步提高学生的科学素养，从知识与技能、过程与方法、情感态度与价值观三个方面培养学生，为学生终身发展、应对现代社会和未来发展的挑战奠定基础。重视个性的培养和个性的发展，已成为当今世界教育发展思潮之一。教学是促进人的发展的最基本的途径，因此教学中必须把促进学生的发展作为全部教学工作的出发点和落脚点，我们要着眼于发展，着力于发展。

教师在制定物理教学目标时要力求知识与技能、过程与方法、情感态度与价值观三维目标的融合，通过积极有效的参与，以物理知识为基础，以科学方法为中介，激发想象，启迪思维，使学生获得真正的理解和应用物理知识的能力，力求使学生在亲身经历的过程中实现知识与能力乃至生命的同步发展。

3. 注重自主学习，提倡教学方式多样化

新课程标准下的教学过程是师生双方在教学目的指引下，以教材为中介，教师组织和引导学生主动掌握知识、发展能力、形成良好个性心理品质的认识与发展相统一的活动过程。物理教学在教与学的关系上，应强调学的核心地位，教师的教是为了促进学生的学，教服务于学。有效的高中教学需要尊重高中学生的心理发展特点，与初中学生相比，高中生的认知、个性、社会性都得到了更为充分的发展，这些心理特点决定了他们更适合于从事

自主、合作、探究的学习。

(1) 引导学生自主学习

自主学习是针对学习的内在品质而言的，相对的是“被动学习”。自主学习是建立在学生自我意识发展基础上的“能学”，是建立在学生具有内在学习动机基础上的“想学”，是建立在学生掌握了一定的学习策略基础上的“会学”，是建立在学生意志努力基础上的“坚持学”。

教师要把引导学生主体参与作为课堂教学、综合实践活动、研究性学习和课题研究活动的主旋律。教师在教学中要激发学生将来的学习需要与兴趣，使学习有内在动力的支持；教师在教学中要运用启发式教学，在教学内容上切入并丰富学生的经验系统，使学生积极发展各种思考策略和学习策略，在解决问题中学习“以参与求体验，以创新求发展”，才能增进学生的发展。教师的作用主要是帮助学生成长为学习和发展的主人，进而成长为既能为社会发展作出贡献，又有能力实现个人价值的人，这就是教育所追求的终极目标。

(2) 大力倡导探究学习

每个教师应树立“以活动促发展”的探究教学观念，不再把自己当做是传统教学中的控制者、教学活动的支配者、教学内容的制定者和学生学习成绩的评判者；而是学习环境的设计者，学生探究学习的引导者、组织者和合作者。探究学习的过程是：在研究客观世界的过程中，通过学生的主动参与，发展探究能力，获得理解客观世界的基础——科学概念，进而培养探究世界的积极态度。应当注意，倡导探究教学，提倡学生进行探究学习，并不是要学生完全像科学家那样去独立地发现问题、分析问题和解决问题。这里所倡导的探究教学，可以说是一种“定向发现”(Guided Discovery)，这样的探究教学比完全自由的发现更有利于学生掌握探究的方法。探究教学的基本方法是：向学生提出问题，或者使之面临问题情境，让学生寻找解决问题的方案。教师在这里不直接施教，而是注重学生自身的创见和判断，仅仅在学生似乎误入歧途时，才给予辅助。有时还可以设计“陷阱”，设计一个要学生经过一番努力才能够自拔的情境。从某种意义上说，这是一个对学习者的能力提出挑战，尽可能发挥其创造潜能的过程。

(3) 组织有效的合作性学习

合理分组：分组采用异质分组的原则，将不同性别、学习能力和性格的学生分在同一小组内，形成一种差异互补；每小组学生数不宜过多，以 4～6 人为宜；每学期还应根据实际情况作适当调整。

规范操作：小组中学习操作者和学习检查者的角色要轮流担任。在全班交流中，要体现地位和机会均等，培养学生平等合作的意识。

每组发言人不代表他个人，应该代表整组的意见，师生对发言人的评价是对这个小组的评价。要给予足够的时间确保有充分交流和表现的机会。

(4) 有效地进行有意义的接受学习

有意义的接受学习并不是学习者简单地、被动地将新知识容纳到已有的知识结构中，它的发生需要学习者积极主动地进行一系列心理活动。

不同的学习方式反映了不同的价值取向。教师应该充分认识各种学习方式对学生发展的作用，根据高中物理学科的特点，在教学中采用多种学习和教学方式，并将不同的方式结合使用，灵活机智地把教学引向深入。

4. 突出物理学科和物理教学过程的特点进行教学

物理学是一门基础自然科学，它所研究的是物质的基本结构、最普遍的相互作用、最一般的运动规律以及所使用的实验手段和思维方法。在物理教学中，教师应根据物理学科的特点和物理教学过程的特点进行教学。

(1) 结合物理学科特点，发挥物理实验在物理教学中的重要作用

物理学是一门以实验为基础的科学。这主要表现在人类的物理知识主要来源于对自然的观察，特别是来源于物理实验。物理学中的重大发现及其理论的建立都离不开实验这一基石，通过物理实验人们可以提出课题，借助于实验，人们能及时发现事实、建立假说。同时，实验也是检验物理知识真理性的标准，也就是说，人们总是利用实验来验证建立在理性推理基础上的假说是否正确。

物理学的发展充分表明，实验不仅仅是一种研究物理问题的科学方法或手段，更重要的是，当把实验升华成一种观点，作为一种科学的思想，它就为人们从更深层次上把握物理思维的方式、揭示客观世界的规律奠定了基础。

物理实验是高中物理教学中的重要内容。共同必修模块中的物理实验，是《标准》对高中学生最基本的实验要求。在必修和选修模块中，都程度不同地体现了对物理实验的进一步要求。可

以指导对物理实验有兴趣的学生在校本课程中，选修具有更高要求的物理实验专题。

在高中物理教学中，应该重视学生对物理实验的理解。在观察演示实验时，不仅要学生关注所观察的现象，同时要让学生理解该物理现象是用来说明什么问题和怎样说明问题的。应该尽量让学生了解实验装置的工作原理。在进行学生实验时，应该让学生在明确实验目的、理解实验原理的前提下独立操作实验。

学生实验是学生探究并获取知识与应用知识过程中的一个有机组成部分，应该在合理的环节和预订的计划中去完成。重视学生实验技能的提高，使学生能正确使用高中物理实验项目中的仪器和工具，获得较准确的实验信息。教师应培养学生对实验严肃认真的态度，对实验结果实事求是，如实记录实验数据。并把实事求是的作风带到平时的学习和生活中去。

实验是了解、研究自然规律的重要方法，它的作用不只是为了获取信息。应该让学生认识到实验操作是在相关原理的指引下进行的，学会把实验获得的信息演绎、归纳成结论，只动脑不动手和只动手不动脑都是不正确的。

实验室是培养学生科学态度和科学作风的场所，教师应该积极开发适合教学的实验项目，充分利用实验资源做实验。鼓励教师将电子计算机等多媒体技术应用在物理实验中，同时提倡使用身边随手可得的普通物品做物理实验。

（2）突出物理过程的教学，重视概念和规律的建立过程

我们知道，物理概念和物理规律是构成物理学严谨学科体系的最基本的组成部分。因此，必须特别重视物理概念和物理规律的教学，一方面有利于学生通过自己的努力生成全方位的物理图景，另一方面也有助于激发学生的智慧，发展其记忆力，促进知识的迁移和缩小高级知识和低级知识间的差距。此外，由于物理概念和物理规律是建筑在观察和实验基础上的抽象思维的产物，也有助于训练和培养学生的思维方法和思维能力。

教学中要重视概念和规律的建立过程，要重在理解。应该使学生认清概念和规律所依据的物理事实，理解概念和规律的含义，理解规律的适用条件，认识相关知识的区别和联系。概念和规律的教学要思路清楚，使学生知道它们的来龙去脉，真正理解其中的道理，领会研究问题的方法。

要重视概念和规律的应用，使学生学会运用物理知识解释现象，分析和解决实际问题，并在运用中巩固所学的知识，加深对概念和规律的理解，提高分析和解决实际问题的能力。在高中物

理课中，应该强调分析、解决物理问题的思路。与物理概念、物理规律这类陈述性知识相比，方法和思路常常称之为程序性知识，它的特点是具有较高的概括性和广泛的适应性。程序性知识的掌握水平，取决于能否将它自觉地迁移到新的情境。由于它比陈述性知识的迁移具有更大的跨度，因此很难用讲述的方法达到掌握的目的。科学方法和正确思路的建立，要经历一定的过程才能实现。

5. 充分发挥物理课程的科学素养培养功能

所谓“科学素养”，表示个人所具备的对科学的基本理解，我国将科学素养定义为科学态度；科学知识、技能；科学方法、能力；科学行为、习惯。物理课程中的科学素养体现在物理知识与技能、物理方法、物理能力、物理思想和物理科学品质。它强调人们掌握科学文明的方法，掌握科学所应有的探索、创新的精神，并使人们将科学与日常生活紧密联系，让科学实践成为生活的一部分，最终达到科学精神与人文精神交融贯通的整体素质。

物理知识包括物理概念、物理规律和物理理论。物理技能是解决具体物理问题的经验性操作活动或心智活动方式。如仪器使用技能、实验操作技能属于操作技能；受力分析技能、状态分析技能属于心智技能。解决简单的、单一的问题的技能是简单技能；解决复杂的、综合的问题的技能是复杂技能。技能是能力形成的基础。

物理方法是人们在认识物理世界的过程中形成的。具有普遍适用性的活动方式。方法是在经验的基础上抽象概括而形成的。物理课程中经常涉及的物理方法有：观察方法、实验方法、比较与分类方法、分析与综合方法、抽象与概括方法、归纳与演绎方法、类比方法、理想化方法、对称方法、数学方法、公理化方法、假说方法等。

物理能力是顺利解决物理问题的个体心理特征。物理能力的基本要素是物理知识和物理技能，对知识深刻理解和对技能熟练运用，从而形成知识与技能的广泛迁移，即为物理能力。学习物理学的方法对物理能力的形成具有积极的作用。物理能力也有很多提法，如探究能力就是近年来经常提及的一种能力。在我国普通教育中，物理能力包括观察与实验能力、思维能力、分析与解决问题的能力、运用数学处理物理问题的能力。近来还提出“科学的语言表达能力”、物理学习能力等。物理教学必须注意培养学生多方面的能力，同时，要注意防止把方法和能力当做一种新的知识向学生灌输，这种做法并不能真正提高能力。学生各种能力的发展，是和他们在学习中的相关行为联系在一起的。要发展学生某种能力，就必须经历相关的过程。例如，只有在物理实验中独立地收集了实验数据，才能体会实验数据是在预定的时间通过观察预定目标而得到的；只有去图书馆查阅了资料，才能真正掌握从图书索引、章节目录中找到所需信息的方法；只有上互联网，才可能学会怎样从互联网中检索需要的信息。也就是说，在物理教学中，如何设计一些教学过程，让学生从事某些活动，注意在这些活动中发生与能力培养相关的行为，这对提高学生的能力是至关重要的。

物理思想是对物理概念、规律、方法、理论进一步概括而形成的认识，它对人们运用物理知识解决实际问题具有方向性的指导作用。

物理科学品质是物理学科中所蕴涵的人文素质因素，它与物理学内容和人们的物理认识活动相联系。物理科学品质包括以下几个方面：(1) 科学精神。其核心是质疑、批判与创新精神，还有追求真理、勇于进取的精神，献身科学、淡泊名利的精神等。(2) 科学态度。其核心是实事求是的态度，还有自我反省的态度、严谨认真的态度等。(3) 科学道德。即尊重他人，尊重其他物种，维护人与自然的和谐关系，维护人与社会的可持续发展。

通过物理课程培养学生的科学素养，核心还是培养学生的物理思想。物理思想具有以下特征：(1) 创造性。物理思想的形成要经过多次抽象与概括，要对物理现象和过程进行创造性的认识，特别是那些重大的物理思想，往往要经过几代物理学家的思考和创新。物理思想不能由公式推导出来，只能是创造性思维的结果。(2) 科学性。物理思想虽然是思维创造的结果，但它以科学的物理概念、规律、方法、理论为依托，并被反复证明具有广泛适应性。物理思想的科学性并不意味着它是绝对的真理，而是表明它的形成具有科学的依据。(3) 层次性。物理思想有简单与复杂之分，这要取决于它所概括的物理内容的深度与广度。另外，一种物理思想的形成，也是由简单到复杂，由不成熟到成熟的过程。(4) 指导性。物理思想的价值在于它能够从观念上指导人们把物理知识运用于问题的解决，以及从观念上指导人们探求新现象，创建新理论。

6. 在物理教学中要充分凸显 STS（科学·技术·社会）教育

物理知识在学生的日常生活和科学技术、社会生活中都有着广泛的应用，物理学对科技进步和社会发展具有极大的影响，可以说，人类生活的每一个方面都与物理学的发展和进步息息相关。由此可见，将物理课程与 STS 相融合具有潜在的优势和可行性，这样做不仅充实了物理课程的内容，而且有助于优化物理课程，使提高国民素质的任务在物理课程中得到落实。同时 STS 教育的多样性、开放性、综合性、参与性等特点，有利于学生进行科学探究，促进学生的个性和特长的发展。

（1）提倡课堂教学、活动和社会实践多种方式相结合，形成学生自主参与、开放、灵活的教学方式

物理教学不应仅是局限于课堂教学和书本知识的学习，而是通过多种形式与课内外、校内外的活动紧密结合，让学生广泛接触生活和社会。如在学习电能时，让学生参观当地的发电站；学习噪声的防治时，带学生到工厂体验噪声的危害，分析噪声产生的原因，讨论减弱噪声的方案。通过开展内容丰富、形式多样的科技活动，如科技节、科技小创造活动，发展学生的个性和特长；将物理课程中学到的知识和日常生活、技术、科学和社会紧密联系起来，陶冶学生情操的同时，发展学生的动手能力和创新精神。

（2）提供多种信息，丰富物理课程内容

在物理课程中，教师要通过多种手段，选取结合实际的事例，丰富和充实物理课程的内容，尤其应提倡让学生自己去收集信息，处理信息，进行课题研究和社会调查。要提倡让学生从网上获取有关的科学、技术方面的信息（教师提供有关的网址）；尚未联网的地方，要广泛运用公共媒体，如电视、报纸、科学期刊等，让学生自己去收集有关科技发展的资料，使物理课程成为开放的、学生自主参与的全新的课程。

（3）注意物理教学与生活、科技和社会的有机整合

生活、科技、社会中的问题往往是比较复杂的，涉及多方面、多学科。限于学生的认知水平，要注意合理地将物理课程与生活、科技、社会问题进行有机整合。目的是让学生了解科学技术对社会发展所起的作用，在一定程度上发展学生参与科学决策的能力。认识科学、技术和社会的相互影响，理解科学技术发展的整体化、综合化特征，以培养学生的科学素养，更重要的是设法让学生经历科学探究和科学决策的过程。

7. 关注学生的差异，使每一个学生得到发展

教师在教学中要将促进学生发展放到中心位置。每一个学生都是一个特殊的个体，他们的基础、对学习的情感、方式、方法，以及学习的能力等方面都存在着明显的差异，在遵循共同规律对学生进行教学的同时，教师必须打破以往按统一模式塑造学

生的传统做法，关注学生个体的特殊性，注重与学生情感上的沟通与交流，了解学生学习的差异及其成因。在此基础上，采用灵活多样的教学方法，实施区别指导和分层教学，真实而准确地了解学生的反映并给予及时的指导与反馈。

教师应根据所选择的素材，设置富有挑战性的问题情境，激发学生的思考；用具有一定跨度的问题串联引导学生进行自主探索；就同一问题设置不同层次的或开放性（在问题条件、结论、解题策略或应用等方面具有一定开放度）问题（包括课题学习、作业的层次性、巩固性、拓展性、探索性的），满足不同层次的学生的需求，使全体学生都能得到相应的发展。

8. 认真做好选课指导

高中物理新课程由 12 个模块构成（课程结构框图如下），其中物理 1 和物理 2 为共同必修模块，其余为三个系列共 10 个选修模块，每个模块都是 2 学分。两个共同必修模块，注重使学生体会物理学的特点和研究方法，了解自己的兴趣和发展潜能，为后续课程的选择和学习做准备，10 个选修模块则为学生有个性的发展提供了机会。每个学生必须完成共同必修模块的学习并获 4 个学分，接着必须在三个选修系列中任选一个第一模块学习，可再获 2 学分。学生在完成了 6 个必修学分的学习任务以后，还可以根据自己的兴趣、发展潜力及今后的职业需求继续学习若干选修模块。

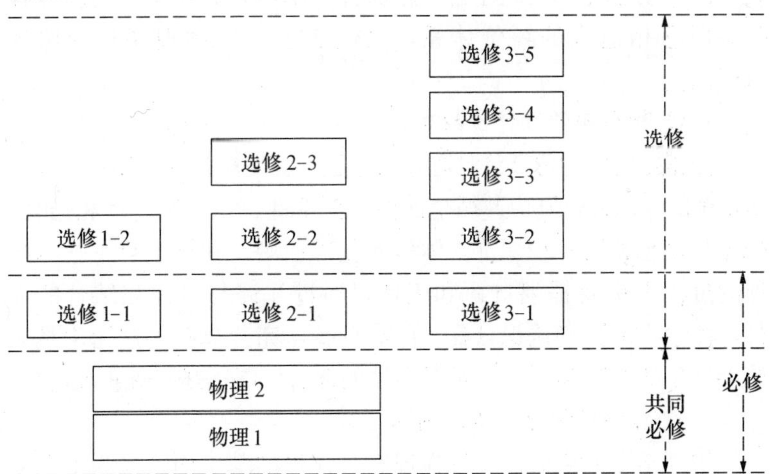

学校要积极进行制度创新，建立行之有效的校内选课指导制度，指导学生形成有个性的课程研修计划，避免学生选课的盲目性。学校应提供课程设置说明和选课指导手册，并在选课前及时提供给学生。班主任及其他教师有指导学生选课的责任，并与学生建立相对固定而长久的联系，为学生形成符合个人特点的、合理的课程研修计划提供指导和帮助。学校要引导家长正确对待和帮助学生选课。

在选课指导中，学校应特别重视指导学生选好第一个选修模块。一方面，要鼓励学生根据各自的潜能和兴趣爱好，依据高中物理课程结构框图的顺序，自主选择选修模块，制订物理学习计划；另一方面，要深入了解学生的学习基础、能力水平、兴趣爱好、发展潜能，以及就业状况、高校招生动向等社会因素，对学生的选课及学习顺序给予指导。在指导过程中，应以学生的发展为本，尊重学生的意愿，不要包办代替。

四、评价建议

我国以往的评价在评价内容上过多地关注学科知识，特别是课本上的知识，忽视对解决实际问题的能力、创新能力、实践能力、良好的心理素质与科学精神、积极的学习情绪等综合素质的评价；评价指标单一，重在评价共性与一般趋势，忽视了个体之间的差异性；评价主体仍以教师为主，虽然有一些学生自我评价，但总的来说学生还是处于消极的被评价地位；评价结果则过分强调终结性评价结论，忽视各个时期个体的进步状况，因此不能起到促进发展的作用；评价方式与方法还是注重“量化”，忽视“质性”评价；评价手段多采用传统的纸笔方式，缺少体现最新评价思想的技术与方法；评价实施过程显得封闭、静态，缺乏灵活性与动态性。因此在新一轮课程改革中，必须构建与新课程改革理念相适应的评价体系，以便实现基础物理课程的课程目标。

1. 更新物理学习评价的观念

公正客观的学习评价具有导向、激励、反馈、鉴定等功能。科学正确的学习评价则应遵循全面性、公平性、定量与定性相结合、静态与动态相统一和评价主体多元化等原则。在学生自主学习物理的过程中更要提倡自评和互评，通过互评与自评相结合的途径，使学生能正确认识自我，评价自我，完善自我。这无论是对改善学生的物理学习，还是对学生的终身发展都是至关重要的。

2. 完善物理学习评价的内容

物理学习的全面评价是物理教育评价的基本内容，为了全面反映学生物理学习的水平，应改变只偏重评价知识掌握程度的状况。对学生物理学习的评价应包含对知识与技能、过程与方法、情感态度与价值观以及个性特长的评价。评价内容的全面完善，是评价活动科学有效、能正确发挥导向和激励作用的重要保证。全面评价学生的学习活动过程，有利于发现不同学生的长处和优点，克服以偏赅全的弊端，充分体现以学生发展为本的教育理念。

3. 大力倡导学生学业成绩与成长记录相结合的综合评价方式

《普通高中新课程方案（实验）》指出："实行学生学业成绩与成长记录相结合的综合评价方式。学校应根据目标多元、方式多样、注重过程的评价原则，综合运用观察、交流、测验、作品展示、自评与互评等多种方式，为学生建立综合、动态的成长记录手册，全面反映学生的成长历程。"这给我们提供了一个发展性学生评价方式的框架，就是"学业成绩与成长记录相结合"。模块的学业考试和表现性评价是这个框架中两个重要的评价方式。

（1）模块的学业考试

高中物理课程是以模块作为学习基本单元的，这是新的课程结构最显著的特点之一。由于每个模块的学习内容具有一定的独立性，而且学生在合格完成每个模块的学习任务后将取得 2 学分，因此高中物理新课程的学业考试将围绕着一个模块来进行。如何进行一个模块的学业考试，这是新课程学生评价首先面临的问题。

试卷必须符合《标准》的要求，试题应该体现它的理念，这是新课程下物理模块学业考试试卷命题必须遵循的原则。为此，就需要根据《标准》对试卷进行结构性规划（包括内容结构、难度结构、题型结构的规划），同时按照规划根据《标准》的理念和要求编制试题。

（2）表现性评价

学生成长记录是《普通高中新课程方案（实验）》中明确地提出的重要评价方式。在成长记录档案中，表现性评价资料是一项重要的内容。表现性评价是指让学生通过具体内容来表现学习目标掌握情况的评价方式。表现性评价具有学业成绩考查所不具备的许多特点，正因为这些特点，表现性评价对促进学生的发展起到独特的作用。

4. 情感、态度和价值观的评价

对情感、态度和价值观的评价虽然很重要，但因为这些指标甚至比能力与方法更难以直接测量，也更难以量化；尽管我们可以借助于模糊综合评判法利用矩阵进行一些计算分析，以求得尽可能精确的结果。但由于工作量太大，在实际上不可能被广泛采用，更何况我们不能根据一时一事就对学生的态度情感作出结论，必须要对学生进行较长时间的观察，收集较多的信息，才能得出近似的结论。教师应在教育实践中积极探索更为科学的对情感、态度和价值观的评价方式。

5. 学生个性特长的评价

以学生发展为本的教育承认和鼓励学生个性的发展，对学生个性特长的评价可使每个学生的个性特长得到充分的张扬和表现。特长认定是采用的比较多的方法，可以发现学生的特殊才能，激励学生的个性发展和进取精神。不少地区和学校已积累了宝贵的经验，如学生竞赛活动（不限于学科类）、学生社团活动、等级考试、专家认定、升学加分等，都为个性特长的评价提供了具体的方法。

五、课程的资源开发与利用

物理课程资源是非常丰富的，学校和物理教师要充分认识开发和利用各种课程资源对物理课程的实施所起的重要作用，将物理课程资源的开发和利用纳入物理课程实施的计划之中，为学生生动、活泼、主动地发展提供丰富多彩的课程资源。在物理教学中，课程资源的开发和利用应重视以下几个方面。

1. 重视教科书等文字课程资源的开发和利用

（1）教科书是重要的文字课程资源，但是，教科书并非是唯一的文字课程资源。学校和教师应充分利用这一有利条件，选择适合本校特点和学生需求的教科书。但不应局限于对教科书的学习，而应根据物理课程标准的要求，吸收和利用各种有利于学生发展的课程资源，充实物理课程的内容。

（2）各种以应付升学考试为目的的教学资料，有相当一部分与课程改革的理念相悖，学校和教师应按照新课程的理念，对各种教学资料进行筛选。

（3）各种科技图书是物理课程的重要文字课程资源。物理教师应充分利用学校图书馆，指导学生尽可能多地阅读课外科技图书，拓宽知识面，激发学生热爱科学的兴趣和探索科学的热情。学校的图书馆应向全体学生开放，为学生的阅读创造各种方便的条件。

（4）报纸和各种科技期刊也是物理课程重要的文字课程资源。教师要引导学生关注报纸和期刊上发表的各种科技信息，了解科学技术的新进展以及社会发展中的问题对科技发展提出的挑战，使学生将来有应付这种挑战的勇气。

2. 加快信息技术课程资源的开发

现代信息技术的飞速发展和网络技术的广泛应用，为物理课程提供了极为丰富的课程资源，也为物理课程改革带来了新的发展机遇，信息技术广泛应用于物理教学，将改变学校课程资源的结构，为课程资源的优化提供动力。国家基础教育课程改革纲要要求“积极利用并开发信息化课程资源”，物理课程标准对开发和利用信息化、多媒体课程资源提出了具体的要求和说明。将信息技术整合于物理课程之中，既有利于学生学习物理知识和技能，又有利于发展学生收集信息、处理信息和传递信息的能力，而这种能力是物理课程标准所要求的。

（1）多媒体课程资源的开发和利用

幻灯投影片、挂图、录像带、视听光盘、多媒体软件等都是常用的课程资源素材，这些资源的开发和利用，有利于创设物理课程的情境，丰富物理教学的内容，激发学生的学习兴趣和探索科学的热情，帮助学生掌握知识和技能，受到情感、态度和价值观的教育和熏陶。对于多媒体课程资源，过去一般只是将其作为物理教学的辅助手段，而没有将其作为重要的课程资源来认识。新课程的理念则认为，以上这些多媒体素材，不仅是物理教学的手段，更是重要的课程资源。物理教师要积极参与多媒体课程资源的开发，发挥现有多媒体资源的效益。

（2）电视和广播也是重要的课程资源

我国已基本普及了电视，学生每天从电视上获取的科技信息是非常重要和直观的课程资源。教师要善于捕捉生动的课程信息，丰富物理教学的内容，如某物理教师在电视上播放了“库尔斯克”号核潜艇沉没的新闻后，组织学生探究核潜艇沉没可能造成的环境危害，要学生设计打捞核潜艇的方法以及人员救助方法等。学生亲自参加讨论和探究活动，尽管他们提出的方法很不完善，有的是不可行的，但所经历的探究过程将使他们永生难忘。

（3）积极开发和利用网络课程资源

网络技术整合于基础教育课程改革之中，极大地丰富了课程资源，互联网已日益成为人们日常生活的重要组成部分。

信息化课程资源的利用，应让学生通过多种渠道，如学校的数据库、局域网、互联网来获取和交换课程信息，以学生自主收集到的课程信息为基础，进行科学探究，使学生真正成为学习的主人。

3. 开发实验室的课程资源

实验是物理课程改革的重要环节，是落实物理课程目标，全面提高学生科学素养的重要途径，也是物理课程改革的重要条件和重要的课程资源。任何时候都应该十分重视实验室课程资源的作用。

(1) 开放实验室，为科学探究创设条件

物理课程中的科学探究最多的是通过实验来进行的探究活动。实验室的各种仪器、设备、模型都是宝贵的课程资源。原来的学生实验基本上是按照教科书的设计，让学生根据“菜单”而进行的验证性实验。课程标准则要求学生以实验室的活动为手段，通过探究，自己去设计实验，选择仪器，收集实验数据，归纳并总结规律；过去的学生实验只限于教科书规定的几个有限的实验，课程标准则要求根据探究活动的需要，让学生尽可能多的在实验室活动，不是局限于教科书上的几个实验。实验室应该为学生进行科学探究创设条件，为此，实验室应向学生开放，让学生随时熟悉并接触各种实验仪器和设备，以便选择适当的仪器和器材进行科学探究。

(2) 让每个学生都动手，发挥实验室课程资源的效益

科学探究是每个学生都必须参与的教学活动，必须人人动脑思考、动手操作。过去，有些地方做学生实验时，往往全班同时做同样的实验，限于仪器的数量和班额太大，一个实验小组有的多达十几人，实验时往往只有少数人动手，大多数学生是旁观者，女学生动手的机会就更少了。改变这种状况的办法是进一步充实仪器设备，改变使用的模式，按照课程标准关于科学探究的要求，设计并组织实验活动。例如，各活动小组的探究课题不一样，可以根据不同的探究课题做不同的实验；又如，可将实验活动延伸到课外，甚至家庭，以便充分发挥实验室课程资源的作用。

(3) 提倡用日常器具做实验，丰富实验室的课程资源

实验室的课程资源不仅限于实验室的现有设备，学生身边的物品和器具也是重要的实验室资源。利用日常器具做实验，不但具有简便、直观等优点，而且有利于学生动手，发展学生的实验技能，培养学生的创新意识。提倡用日常器具做实验，绝不是权宜之计，而是丰富实验室课程资源和全面提高学生科学素养的需要，即使是发达国家，实验条件相当优越的情况下，仍然将学生身边的各种器材列入实验室的课程资源。因此，“坛坛罐罐当仪器”的经验在实施课程标准时，仍然是开发实验室课程资源的基本原则。

(4) 将计算机和信息技术等引进物理实验室

教师要重视将现代技术应用到物理实验室，如计算机应进入实验室，要逐步让学生用计算机处理实验数据，分析实验结果，要加快中学物理实验软件的开发和应用，将现代传感技术、测量

技术引入实验室，让学生在实验室中接触现代科技，丰富物理课程的内容。

4. 开发和利用社会课程资源

社会教育资源主要来源于报刊、电视、科技馆、展览会、少年宫、公共图书馆，以及工厂、农村、科研单位、大专院校等。为了让所有学生都受到良好的科学教育，除了学校教育的主渠道之外，充分开发社会性的教育资源是一个重要的课题。

六、实施高中物理新课程的保障措施

1. 加强组织管理，完善督导制度

建立完整的组织网络，加大新课程物理教学的随机视导，定期对新课程的教学情况进行跟踪调研，发现问题，及时反馈，采取措施引导，调整教师的教学行为和学习方式，不断提高教师的新课程物理教学的意识以及执行新课程、使用新教材的能力。

各市、区（县）教研部门应根据本地区实际条件，制定相应的新课程物理教学的随机视导制度，定时开展对新课程教学工作督导评估活动。针对市、区新课程的教学工作的组织领导，在政策措施和经费投入、教学管理、指导与服务等方面进行专项检查和监督，同时将学校新课程教学工作的开展情况纳入对学校办学质量的督导和评估工作中。

2. 建立与新课程相关的教研制度

建立以校为本的教学研究制度，健全并完善集体备课制度，以课堂教学为突破口，进行物理学科新课程的教学研究。充分发挥集体智慧，围绕课程标准共同探讨教学方法，制订教学计划，并通过说课的形式交流教学设计，积极参与或开展校内或校际间的物理新课程教学设计的课题研究。

3. 成立专家指导小组，建立教师的培训制度

发挥我省各市、区物理特级教师、学科带头人等骨干教师的带头作用，成立“物理新课程实验推进研究小组”，通过多种形式交流各种能有效体现高中物理新课程理念的行之有效的经验与做法；研讨新课程实施过程中出现的实际问题，寻找解决的对策。

物理教师是物理新课程教学实施成败的关键，教师在执行新课程计划前必须通过各种渠道参加培训，教师应努力更新教育观念，优化知识结构，提高自己的业务水平以适应新课程教学实施的需要。学校应督促教师通过继续教育途径参加新课程培训，学校要为理念新、思维活跃、能力强的教师提供发展的空间，提高物理教师实施物理新课程的教学能力。因此，我们

一定要坚持“先培训，后上岗；不培训，不上岗；边上岗，边培训”的原则，系统扎实地做好师资队伍的培训工作，通过加强理论学习与实践探讨，为教师提供各种学习、观摩的机会。

江苏省教育厅

2005 年 7 月 15 日

江西省普通高中新课程实验物理学科教学指导意见（试行）

为贯彻落实《国务院关于基础教育改革与发展的决定》、教育部《基础教育课程改革纲要（试行）》《普通高中课程方案（实验）》和《普通高中物理学科课程标准（实验）》的精神，加强和改进高中物理学科教育教学工作，推进我省普通高中新课程的改革，并引导广大高中物理教师更好地理解课程目标、课程结构、课程内容，结合我省实际创造性地实施新课程，特制定《江西省普通高中新课程实验物理学科教学指导意见（试行）》。

一、课程理念和课程目标

1. 领会课程基本理念

（1）课程目标——注重提高全体学生的科学素养

高中物理课程的教育目标是提高全体高中学生的科学素养，从知识与技能、过程与方法、情感态度与价值观三方面培养学生，为学生的终身发展、使其今后能应对现代社会和未来发展的挑战奠定基础。在知识与技能方面，重点让学生学习物理学核心概念，掌握物理学研究的基本技能，了解物理学的发展历程、主要成就以及对社会发展的影响，关注物理学与其他学科的联系以及物理学的应用等；在过程与方法方面，重点培养学生的物理思维方法、科学探究能力、自主学习能力、实践能力以及解决问题的能力；在情感态度与价值观方面，重点培养学生的学习兴趣，主动参加科技活动的热情，实事求是、追求真理、敢于创新的科学态度和科学精神，环境保护和可持续发展的意识以及振兴中华的责任感与使命感等。

（2）课程结构——注重共同基础，体现课程的选择性

高中物理课程结构重视对课程的基础性的体现，考虑到全体高中学生的学习需求，确定了基本的必修课程。同时还应根据学生的学习兴趣、发展潜能和今后的职业需求构建不同类型的选修课程，为学生提供选择的空间，促进学生自主地、富有个性地发展，培养学生的人生规划能力。

高中物理课程共包含 12 个模块，其中物理 1 与物理 2 为共同

必修模块；选修系列 1 包含两个模块，突出物理学的人文特色；选修系列 2 包含三个模块，侧重从技术应用的角度展示物理学；选修系列 3 包含五个模块，侧重让学生较全面地学习物理学的内容。由于必修需要达到 6 学分，因而全体学生在学完两个共同必修模块后，还需要在三个选修系列中至少选择一个模块进行学习。

（3）课程内容——体现课程的时代性、基础性和选择性

高中物理课程内容需要加强与学生生活、社会进步、科技发展的联系，还应反映科技进步带来的如环保、可持续发展等社会热点问题，培养学生的社会参与意识和对社会负责任的态度。另外，应该注重让学生学习对其终身发展必备的基础知识与技能，学习基本的研究方法和科学思想，养成一定的科学态度与科学精神。同时，在课程内容上，给予学生一定的自由空间，让其选择学习自己感兴趣的物理内容。

（4）课程实施——注重自主学习，提倡教学方式多样化

高中物理课程在实施上应让学生较独立地进行科学探究，培养学生的自主探究、自主学习、自己解决问题的能力。课堂教学应该是多种教学方式的结合，注意通过多样化的教学方式，让学生学习物理知识与技能，具有一定的科学探究能力，养成一定的科学态度与科学精神。

（5）课程评价——强调更新观念，促进学生发展

课程评价应始终围绕课程培养目标进行，不仅评价学生掌握的知识与技能，而且还应评价学生经历的过程与学得的方法，评价学生形成的情感态度与价值观等。注重评价内容的多元化，评价方式的多样化，促进学生发展。

2. 把握培养目标和课程目标

高中物理课程应体现物理学自身及其与文化、经济和社会互动发展的时代性要求，肩负起提高学生科学素养、促进学生全面发展的重任。为了适应科学技术进步和可持续发展的需求，培养高素质人才，必须构建符合时代要求的高中物理课程。

高中物理是普通高中科学学习领域的一门基础课程，与九年义务教育物理或科学课程相衔接，旨在进一步提高全体高中学生的科学素养。

高中物理课程有助于学生继续学习基本的物理知识与技能；体验科学探究过程，了解科学研究方法；增强创新意识和实践能力，发展探索自然、理解自然的兴趣与热情；认识物理学对科技进步以及文化、经济和社会发展的影响；为终身发展，形成科学

世界观和科学价值观打下基础。

《课程标准》具体规定了课程的总目标和分类目标。对这些目标的理解，有助于全面把握内容标准。

高中物理课程的总目标为：

学习终身发展必备的物理基础知识和技能，了解这些知识与技能在生活、生产中的应用，关注科学技术的现状及发展趋势；

学习科学探究方法，发展自主学习能力，养成良好的思维习惯，能运用物理知识和科学探究方法解决一些问题；

保持好奇心与求知欲，发展科学探索兴趣，有坚持真理、勇于创新、实事求是的科学态度与科学精神，有振兴中华，将科学服务于人类的社会责任感；

了解科学与技术、经济和社会的互动作用，认识人与自然、社会的关系，有可持续发展意识和全球观念。

高中物理课程的具体目标是，提高全体高中学生的科学素养，从知识与技能、过程与方法、情感态度与价值观三方面培养学生。可从以下几方面理解：

（1）重视科学探究及物理实验能力的培养

课程将科学探究及物理实验能力视为高中学生科学素养的一个重要组成部分，内容标准将科学探究作为学习内容，同时又是一种重要的教学方式，旨在使学生在科学探究活动中，通过经历与科学工作者进行科学探究时的相似过程，学习物理知识与技能，体验科学探究的乐趣，学习科学家的科学探究方法，领悟科学的思想和精神。如“尝试估计一些厂矿、交通工具及家用电器的能源消耗。具有可持续发展的责任感和节约能源的意识。注意自然资源的循环利用”。

（2）体现过程与方法、情感态度价值观的学习目标要求

内容标准通过相关的行为动词，不仅对知识技能的学习目标提出了要求，而且也对过程与方法、情感态度价值观的学习目标提出了明确的要求。如“体会科学研究方法对人们认识自然的重要作用。举例说明物理学的进展对于自然科学的促进作用”。其目的是让学生在知识学习的过程中，体会物理学的研究方法，促进学生尝试应用这些研究方法去解决新的问题。内容标准还对相关的行为动词所表示的学习水平以及体验性的要求做出了界定。

（3）强调物理学与生活、生产的联系

内容标准充分考虑高中学生的认知特点，关注学生的学习兴趣和生活经验，加强物理学与生活、生产的联系。如“通过实验，验证机械能守恒定律。理解机械能守恒定律。用机械能守恒

定律分析生活和生产中的有关问题”。其目的是一方面让学生感受到物理学就在身边，物理学融进了我们的生活，另一方面要求从身边现象探索物理规律，注重培养将物理知识与生活实践相联系的兴趣与能力。

(4) 关注物理学与社会和科技的联系，关注物理学的前沿

内容标准要求学生关注物理学与现代社会和科技发展的联系，关注物理学技术应用带来的社会问题，关注物理学的前沿知识。如，“通过能量守恒以及能量转化和转移的方向性，认识提高效率的重要性。了解能源与人类生存和社会发展的关系，知道可持续发展的重大意义”。又如，“会计算人造卫星的环绕速度。知道第二宇宙速度和第三宇宙速度”“初步了解经典时空观与相对论时空观，知道相对论对人类认识世界的影响”。这种要求对于提高全体高中学生的科学素养都有十分积极的意义。

(5) 关注物理学史的教育功能

内容标准关注了物理学史的教育功能。在内容标准中，要求学生通过物理学史的学习，了解物理学发展的历程，了解物理学是怎样带动科学和技术的发展，推动文化、经济和社会的发展，同时体会科学思想和科学方法在物理学研究中的重要作用。如：“初步了解麦克斯韦电磁场理论的基本思想以及在物理学发展史上的意义”。

(6) 设置活动建议，强调培养学生的实践能力

内容标准中设置了许多针对每一模块相应主题的活动建议。尽管这些活动建议并不作为学习要求，但它们是针对相关部分教学内容提出的，有较强的可操作性，目的在于加强学生实践能力的培养，拓展学生的学习视野，同时实现学生学习方式的转变。教师应创造性地加以应用。如“通过查找资料等方式，了解并讨论伽利略对物体运动的研究在科学发展和人类进步上的重大意义”“调查日常生活和生产中利用静摩擦的事例”“通过各种活动，例如乘坐电梯、到游乐场乘坐过山车等，了解和体验失重与超重”“调查公路拐弯处的倾斜情况或铁路拐弯处两条铁轨的高度差异”“调查并讨论手机的使用是否会对人体造成不良影响”“观看有关宇宙起源的科教电视片，了解宇宙的演化与发展”。

二、内容标准

1. 课程内容标准的框架

《课程标准》对必修课程和选修课程中的各个模块的内容标准提出了教学的基本要求。《标准》中内容标准包含“科学探究及物理实验能力要求”“共同必修模块”“选修模块”三大部分。

内容标准对各部分的学习内容和学习目标提出了明确的要求。在课程的必修与选修模块设置中，有以下基本要求：

（1）全体学生完成共同必修模块物理 1 和物理 2 的学习后，获得 4 个必修学分，接着必须从选修 1-1、选修 3-1 中选择修习 1 个模块，完成余下的 2 个必修学分。

共同必修——物理 1、物理 2：这是全体高中学生的共同学习内容。该模块中，学生要学习运动的描述、相互作用与运动规律、机械能和能源、抛体运动与圆周运动、经典力学的成就与局限性等物理学的核心内容，经历一些科学探究活动，初步了解物理学的特点和研究方法，体会物理学在生活、生产中的应用以及对社会发展的影响，同时为下一步选学模块作准备。

选修系列——选修 1-1、选修 1-2：本系列课程模块以物理学的核心内容为载体，侧重物理学与社会的相互关联和相互作用，突出物理学的人文特色，让学生体验科学家们的科学态度和科学精神，注重物理学与日常生活、社会科学以及人文学科的融合，强调物理学对人类文明的影响。

选修系列——选修 2-1、选修 2-2、选修 2-3：本系列课程模块以物理学的核心内容为载体，侧重从技术应用的角度展示物理学，强调物理学与技术的结合，加强学生实验，让学生在动手、动脑中学习物理，练习实验操作的技能技巧，着重体现物理学的应用性、实践性。

选修系列——选修 3-1、选修 3-2、选修 3-3、选修 3-4、选修 3-5：本系列课程模块侧重让学生较全面地学习物理学的基本内容，进一步了解物理学的研究思想和方法，较为深入地认识物理学在技术中的应用以及对经济、社会的影响。让学生积累丰富的物理知识，能应用物理知识解决问题，具有一定的实验技能和探究能力。

（2）完成必修学分的学习后，建议学生根据学习兴趣、能力发展倾向以及学校的条件，从下列两个方案中选择一个方案选修。同时，学生还可以根据自身情况的变化，在教师的指导下，调整选学的方向（为了让学有所长的学生更充分地发展，又提高教学效益，建议学校根据具体情况将物理实验专题及物理专题研修作为校本选修课程开设）。

方案一	人文社会科学发展倾向的学生	选择修习选修 1-1、选修 1-2 模块
方案二	理工科发展倾向的学生	选择修习选修 3-1、选修 3-2、选修 3-3、选修 3-4、选修 3-5 模块

2. 课程内容标准的核心

物理学是一门以实验为基础的自然科学。在高中物理课程各个模块中都安排了一些典型的科学探究或物理实验。高中学生应该在科学探究和物理实验中达到以下要求。

科学探究要素	对科学探究及物理实验能力的基本要求
提出问题	能发现与物理学有关的问题；从物理学的角度较明确地表述这些问题；认识发现问题和提出问题的意义
猜想与假设	对解决问题的方式和问题的答案提出假设；对物理实验结果进行预测；认识猜想与假设的重要性
制订计划与设计实验	知道实验目的和已有条件，制订实验方案；尝试选择实验方法及所需要的装置与器材；考虑实验的变量及其控制方法；认识制订计划的作用
进行实验与收集证据	用多种方式收集数据；按说明书进行实验操作，会使用基本的实验仪器；如实记录实验数据，知道重复收集实验数据的意义；具有安全操作的意识；认识科学收集实验数据的重要性
分析与论证	对实验数据进行分析处理；尝试根据实验现象和数据得出结论；对实验结果进行解释和描述；认识在实验中进行分析论证是很重要的
评估	尝试分析假设与实验结果间的差异；注意探究活动中未解决的矛盾，发现新的问题；吸取经验教训，改进探究方案；认识评估的意义
交流与合作	能写出实验探究报告；在合作中注意既坚持原则又尊重他人有合作精神；认识交流与合作的重要性

高中物理新课程中各个必修模块、选修模块是为高中学生设计的，旨在引导学生学习基本的物理内容，了解物理学的思想和研究方法，初步认识物理学对科学技术、经济、社会的影响。

以下的高中物理新课程内容标准，要求教师在教学中仔细把握、科学实施、抓好落实。打“ * ”号的内容标准不作为教学重点的要求。教学建议中对不宜拓展的内容标准作了说明。

共同必修　物理 1

◆运动的描述

（1）通过史实，初步了解近代实验科学产生的背景，认识实验对物理学发展的推动作用。

（2）通过对质点的认识，了解物理学研究中物理模型的特点，体会物理模型在探索自然规律中的作用。

（3）经历匀变速直线运动的实验研究过程，理解位移、速度和加速度，了解匀变速直线运动的规律，体会实验在发现自然规律中的作用。

（4）能用公式和图像描述匀变速直线运动，体会数学在研究物理问题中的重要性。

◆相互作用与运动规律

（1）通过实验认识滑动摩擦、静摩擦的规律，能用动摩擦因数计算摩擦力。

（2）知道常见的形变，通过实验了解物体的弹性，知道胡克定律。

（3）通过实验，理解力的合成与分解，知道共点力的平衡条件，区分矢量与标量，用力的合成与分解分析日常生活中的问题。

（4）通过实验，探究加速度与物体质量、物体受力的关系。理解牛顿运动定律，用牛顿运动定律解释生活中的有关问题。通过实验认识超重和失重现象。

（5）认识单位制在物理学中的重要意义。知道国际单位制中的力学单位。

共同必修　物理 2

◆机械能和能源

（1）举例说明功是能量变化的量度，理解功和功率。关心生活和生产中常见机械功率的大小及其意义。

（2）通过实验，探究恒力做功与物体动能变化的关系。理解动能和动能定理。用动能定理解释生活和生产中的现象。

（3）理解重力势能。知道重力势能的变化与重力做功的关系。

（4）通过实验，验证机械能守恒定律。理解机械能守恒定律。用机械能守恒定律分析生活和生产中的有关问题。

（5）了解自然界中存在多种形式的能量。知道能量守恒是最基本、最普遍的自然规律之一。

（6）通过能量守恒以及能量转化和转移的方向性，认识提高效率的重要性。了解能源与人类生存和社会发展的关系，知道可持续发展的重大意义。

◆抛体运动与圆周运动

（1）会用运动合成与分解的方法分析抛体运动。

（2）会描述匀速圆周运动。知道向心加速度。

（3）能用牛顿第二定律分析匀速圆周运动的向心力。分析生活和生产中的离心现象。

（4）关注抛体运动和圆周运动的规律与日常生活的联系。

◆经典力学的成就与局限性

（1）通过有关事实了解万有引力定律的发现过程。知道万有引力定律。认识发现万有引力定律的重要意义，体会科学定律对人类探索未知世界的作用。

（2）会计算人造卫星的环绕速度。知道第二宇宙速度和第三宇宙速度。

（3）初步了解经典时空观和相对论时空观，知道相对论对人类认识世界的影响。

（4）初步了解微观世界中的量子化现象，知道宏观物体和微观粒子的能量变化特点，体会量子论的建立深化了人类对于物质世界的认识。

（5）通过实例，了解经典力学的发展历程和伟大成就，体会经典力学创立的价值与意义，认识经典力学的实用范围和局限性。

（6）体会科学研究方法对人们认识自然的重要作用。举例说明物理学的进展对于自然科学的促进作用。

选修 1－1

◆电磁现象与规律

（1）用物质的微观模型和电荷守恒定律分析静电现象。认识点电荷间的相互作用规律。

（2）通过实验，认识电场和磁场，会用电场线、电场强度描述电场，会用磁感线、磁感应强度描述磁场。知道磁通量。

（3）了解奥斯特、安培等科学家的实验研究对人们认识电磁现象所起的重要作用。知道匀强磁场中影响通电导线所受安培力大小和方向的因素。

（4）通过实验，认识洛伦兹力。知道影响洛伦兹力方向的因素。了解电子束的磁偏转原理及其在技术中的应用。

（5）收集资料，了解电磁感应定律的发现过程，知道电磁感应定律。列举电磁感应现象在日常生活和生产中的应用，体会人类探索自然规律的科学态度和科学精神。

（6）初步了解麦克斯韦电磁场理论的基本思想，体会其在物理学发展中的意义。初步了解场是物质存在的形式之一。

◆电磁技术与社会发展

（1）收集有关电磁领域重大技术发明的资料。从历史角度认识这些技术发明对人类生活方式、社会发展所起的重要作用。

(2) 了解发电机、电动机对能源利用方式、工业发展所起的作用。

(3) 了解常见传感器及其应用，体会传感器的应用给人们带来的方便。

(4) 列举电磁波在日常生活和生产中的广泛应用。了解电磁波的技术应用对人类生活方式的影响，结合日常生活中的具体实例发表见解。

(5) 举例说明科学技术的应用对人类现代生活产生的正面和负面影响，对科学、技术及社会协调发展的重要性发表自己的观点。

◆家用电器与日常生活

(1) 初步了解常见家用电器的基本工作原理，能根据说明书正确使用家用电器。

(2) 知道常见家用电器技术参数的含义，能根据需要合理选用家用电器。讨论在家庭中节约用电的多种途径。

(3) 识别电阻器、电容器和电感器，初步了解它们在电路中的作用。具有初步判断家用电器故障原因的意识。

(4) 了解家庭电路和安全用电知识，具有安全用电意识。

选修 1-2

◆热现象与规律

(1) 了解分子动理论的基本观点，列举有关实验证据。用分子动理论和统计观点认识温度、气体压强和内能。

(2) 了解热力学第一定律。知道能量守恒是自然界普遍遵从的基本规律。

(3) 通过自然界中热传导的方向性等事例，初步了解热力学第二定律，初步了解熵是描述系统无序程度的物理量。

(4) 能运用热力学第一、第二定律解释自然界中能量的转化、转移以及方向性问题。

◆热与生活

(1) 举例说明人们利用内能的不同方式。

(2) 认识热机的能量转化与守恒问题。通过能量守恒以及能量转化和转移的方向性，认识提高热机效率的重要性。

(3) 了解家用电器制冷设备的基本原理，尝试根据技术参数和家庭需要合理选购家用电器，能根据说明书正确使用家用电器。

◆能源与社会发展

(1) 认识蒸汽机的发明和应用对人类开发和利用能源所产生的影响。初步了解第一次工业革命，认识热机的广泛使用对科学、社会发展以及人类生活方式转变所起的作用。

(2) 通过人类利用电能的历史资料，认识有关电磁学的研究成果及其技术应用对人类利用能源所产生的影响。初步了解第二次工业革命，了解电能的使用对科学、社会发展以及人类生活方式转变所起的作用。

(3) 初步了解一些典型射线的特性，知道放射现象的应用及防护。了解核技术的应用对人类生活和社会发展的影响。了解爱因斯坦质能方程的含义。知道裂变反应和聚变反应。通过人类利用核能的历史资料，认识核能的开发和利用。

(4) 收集资料，讨论能源利用所带来的环境污染问题，认识环境污染的危害，思考科学、技术和社会协调发展的关系，知道可持续发展的重大意义，具有环境保护的意识和行动。

*选修2-1

◆电路与电工

◆电磁波与信息技术

*选修2-2

◆力与机械

◆热与热机

*选修2-3

◆光与光学仪器

◆原子结构与核技术

选修3-1

◆电场

(1) 了解静电现象及其在生活和生产中的应用。用原子结构和电荷守恒的知识分析静电现象。

(2) 知道点电荷，体会科学研究中的理想模型方法。知道两个点电荷间相互作用的规律。通过静电力与万有引力的对比，体会自然规律的多样性与统一性。

(3) 了解静电场，初步了解场是物质存在的形式之一。理解电场强度。会用电场线描述电场。

(4) 知道电势能、电势，理解电势差。了解电势差与电场强度的关系。

(5) 观察常见电容器的构造，了解电容器的电容。举例说明电容器在技术中的应用。

◆电路

(1) 观察并尝试识别常见的电路元器件，初步了解它们在电路中的作用。

(2) 初步了解多用电表的原理。通过实际操作学会使用多用电表。

(3) 通过实验，探究决定导线电阻的因素，知道电阻定律。

(4) 知道电源的电动势和内阻，理解闭合电路的欧姆定律。

(5) 测量电源的电动势和内阻。

(6) 知道焦耳定律，了解焦耳定律在生活、生产中的应用。

(7) 通过实验，观察门电路的基本作用。初步了解逻辑电路的基本原理以及在自动控制中的应用。

* (8) 初步了解集成电路的作用。关注我国集成电路以及元器件研究的发展情况。

◆磁场

(1) 列举磁现象在生活、生产中的应用。了解我国古代在磁现象方面的研究成果及其对人类文明的影响。关注与磁相关的现代技术发展。

(2) 了解磁场，知道磁感应强度和磁通量。会用磁感线描述磁场。

(3) 会判断通电直导线和通电线圈周围磁场的方向。

(4) 通过实验，认识安培力。会判断安培力的方向。会计算匀强磁场中安培力的大小。

(5) 通过实验，认识洛伦兹力。会判断洛伦兹力的方向，会计算洛伦兹力的大小。了解电子束的磁偏转原理以及在科学技术中的应用。

(6) 认识电磁现象的研究在社会发展中的作用。

选修 3-2

◆电磁感应

(1) 收集资料，了解电磁感应现象的发现过程，体会人类探索自然规律的科学态度和科学精神。

(2) 通过实验，理解感应电流的产生条件。举例说明电磁感应在生活和生产中的应用。

(3) 通过探究，理解楞次定律。理解法拉第电磁感应定律。

(4) 通过实验，了解自感现象和涡流现象。举例说明自感现象和涡流现象在生活和生产中的应用。

◆交变电流

(1) 知道交变电流，能用函数表达式和图像描述交变电流。

(2) 通过实验，了解电容器和电感器对交变电流的导通和阻碍作用。

(3) 通过实验，探究变压器电压与匝数的关系。

(4) 了解从变电站到住宅的输电过程，知道远距离输电时应用高电压的道理。

◆传感器

(1) 知道非电学量转换成电学量的技术意义。

(2) 通过实验，知道常见传感器的工作原理。

(3) 列举传感器在生活和生产中的应用。

教学建议：“传感器”仅限于课本要求，不作为拓展应用的内容。

选修 3 - 3

◆分子动理论与统计思想

(1) 认识分子动理论的基本观点，知道其实验依据。知道阿伏伽德罗常数的意义。

(2) 了解分子运动速率的统计分布规律。认识温度是分子平均动能的标志。理解内能的概念。

(3) 用分子动理论和统计观点解释气体压强。

(4) 通过调查，了解日常生活中表现统计规律的事例。

◆固体、液体与气体

*(1) 了解固体的微观结构。会区别晶体和非晶体，列举生活中常见的晶体和非晶体。

*(2) 了解材料科学技术的有关知识及应用，体会它们的发展对人类生活和社会发展的影响。

*(3) 了解液晶的微观结构。通过实例了解液晶的主要性质及其在显示技术中的应用。

*(4) 通过实验，观察液体的表面张力现象，解释表面张力产生的原因，交流讨论日常生活中表面张力现象的实例。

(5) 通过实验，了解气体实验定律，知道理想气体模型。用分子动理论和统计观点解释气体压强和气体实验定律。

*(6) 知道饱和汽、未饱和汽与饱和气压。了解相对湿度。举例说明空气的相对湿度对人的生活和植物生长的影响。

教学建议："气体实验定律"仅限于课本要求，不作为拓展应用的内容。

◆热力学定律与能量守恒

（1）通过有关史实，了解热力学第一定律和能量守恒定律的发现过程。体会科学探索中的挫折和失败对科学发现的意义。

（2）认识热力学第一定律，理解能量守恒定律，用能量守恒观点解释自然现象。体会能量守恒定律是最基本、最普遍的自然规律之一。

（3）通过自然界中宏观过程的方向性，了解热力学第二定律。初步了解熵是反映系统无序程度的物理量。

教学建议："热力学第二定律"仅限于课本要求，不作为拓展应用的内容。

◆能源与可持续发展

（1）认识能源和环境与人类生存的关系，知道可持续发展的重大意义。

（2）讨论能源开发和利用带来的问题及应该采取的对策。具有保护环境的意识。

（3）尝试估计一些厂矿、交通工具及家用电器的能源消耗。具有可持续发展的责任感和节约能源的意识。注意自然资源的循环利用。

选修 3－4

◆机械振动与机械波

（1）通过观察和分析，理解简谐运动的特征。能用公式和图像描述简谐运动的特征。

（2）通过实验，探究单摆的周期与摆长的关系。

（3）知道单摆周期与摆长、重力加速度的关系。会用单摆测定重力加速度。

（4）通过实验，认识受迫振动的特点。了解产生共振的条件以及在技术上的应用。

（5）通过观察，认识波是振动传播的形式和能量传播的形式。能区别横波和纵波。能用图像描述横波。理解波速、波长和频率（周期）的关系。

（6）了解惠更斯原理，能用其分析波的反射和折射。

（7）通过实验，认识波的干涉现象、衍射现象。

（8）通过实验感受多普勒效应。解释多普勒效应产生的原因。列举多普勒效应的应用实例。

◆电磁振荡与电磁波

（1）初步了解麦克斯韦电磁场理论的基本思想以及在物理学发展史上的意义。

（2）了解电磁波的产生。通过电磁波体会电磁场的物质性。

（3）了解电磁波的发射、传播和接收。

（4）通过实例认识电磁波谱，知道光是电磁波。

（5）了解电磁波的应用和在科技、经济、社会发展中的作用。

◆光

（1）通过实验，理解光的折射定律。

（2）测定材料的折射率。

（3）认识光的全反射现象。初步了解光导纤维的工作原理和光纤在生产、生活中的应用。认识光纤技术对经济社会生活的重大影响。

（4）观察光的干涉、衍射和偏振现象。知道产生干涉、衍射现象的条件。用双缝干涉实验测定光的波长。

（5）了解激光的特性和应用。用激光观察全息照相。

*◆相对论

（1）知道狭义相对论的实验基础、基本原理和主要结论。

（2）了解经典时空观与相对论时空观的主要区别。体会相对论的建立对人类认识世界的影响。

（3）初步了解广义相对论的几个主要观点以及主要观测证据。

（4）关注宇宙学研究的新进展。

选修3 5

◆碰撞与动量守恒

（1）探究物体弹性碰撞的一些特点。知道弹性碰撞和非弹性碰撞。

（2）通过实验，理解动量和动量守恒定律。能用动量守恒定律定量分析一维碰撞问题。知道动量守恒定律的普遍意义。

（3）通过物理学中的守恒定律，体会自然界的和谐与统一。

◆原子结构

（1）了解人类探索原子结构的历史以及有关经典实验。

（2）通过对氢原子光谱的分析，了解原子的能级结构。

◆原子核

（1）知道原子核的组成。知道放射性和原子核的衰变。会用半衰期描述衰变速度，知道半衰期的统计意义。

（2）了解放射性同位素的应用。知道射线的危害和防护。

（3）知道核力的性质。能简单解释轻核与重核内中子数、质子数具有不同比例的原因。会根据质量数守恒和电荷守恒写出核反应方程。

（4）认识原子核的结合能。知道裂变反应和聚变反应。关注受控聚变反应研究的进展。

（5）知道链式反应的发生条件。了解裂变反应堆的工作原理。了解常用裂变反应堆的类型。知道核电站的工作模式。

（6）通过核能的利用，思考科学技术与社会的关系。

（7）初步了解恒星的演化。初步了解粒子物理学的基础知识。

◆波粒二象性

（1）了解微观世界中的量子化现象。比较宏观物体和微观粒子的能量变化特点。体会量子论的建立深化了人们对于物质世界的认识。

（2）通过实验了解光电效应。知道爱因斯坦光电效应方程以及意义。

（3）了解康普顿效应。

（4）根据实验说明光的波粒二象性。知道光是一种概率波。

（5）知道实物粒子具有波动性。知道电子云。初步了解不确定性关系。

（6）通过典型事例了解人类直接经验的局限性。体会人类对世界的探究是不断深入的。

高中物理学生实验与探究

（1）研究匀变速直线运动

（2）探究弹力和弹簧伸长的关系

（3）验证力的平形四边形定则

（4）验证牛顿运动定律

（5）探究动能定理

（6）验证机械能守恒定律

（7）测定金属的电阻率（同时练习使用螺旋测微器）

（8）描绘小电珠的伏安特性曲线

（9）测定电源的电动势和内阻

（10）练习使用多用电表

（11）传感器的简单使用

（12）探究单摆的运动、用单摆测定重力加速度

（13）验证动量守恒定律

（14）用油膜法估测分子的大小

（15）测定玻璃的折射率

（16）用双缝干涉测光的波长

教学建议：

1. 要求会正确使用的仪器主要有：刻度尺、游标卡尺、螺旋测微器、天平、秒表、电火花计时器或打点计时器、弹簧秤、电流表、电压表、多用电表、滑动变阻器、电阻箱，等等。

2. 要求认识误差问题在实验中的重要性，了解误差的概念，知道系统误差和偶然误差；知道用多次测量求平均值的方法减少偶然误差；能在某些实验中分析误差的主要来源；不要求计算误差。

3. 要求知道有效数字的概念，会用有效数字表达直接测量的结果。间接测量的有效数字运算不做要求。

三、教学实施

1. 学习课程改革理论，转变教育教学观念

物理教学要体现新课程的基本理念，尊重和满足不同学生的学习需求，运用多种教学方式和教学手段，引导学生积极主动地参与学习活动，掌握终身发展必备的物理基础知识和技能，学习科学探究的方法，提高自主学习能力，发展学生的好奇心与求知欲，培养科学态度与科学精神。使学生在获得基础知识与基本技能的过程中，学会学习，形成正确价值观，切实提高科学素养和人文素养。

2. 课程开设

高中三年的学习内容要统筹安排，根据江西省高中物理教学的实际情况，对物理课程模块开设模式提出如下意见：共同必修模块可采用两种开课模式进行；选修模块采用一种模式开课。

高中物理新课程模块开设及周课时安排建议

学期	高一 第一学期	高一 第二学期	高二 第一学期	高二 第二学期	高三
文科	共同必修 物理 1	共同必修 物理 2	选修 1-1	选修 1-2 （文科学生可以不选此模块）	
理科	共同必修 物理 1	共同必修 物理 2	选修 3-1 选修 3-2	选修 3-3 选修 3-4	选修 3-5 高中物理总复习
周课时	3	3	文科：2 理科：4	文科：2 理科：4	5

3. 改变教学方式，优化学习过程

教师的教与学生的学是构成教学的两个重要方面，高中新课程实施过程中既要促进学生学习方式的变化，又要促进教师教学观念与教学行为的变化，同时要体现物理学科教学的特点，充分发挥物理学科在培养学生科学素养方面的教育功能。

（1）倡导自主、合作、探究的学习方式，促进学生全面而有个性地发展

《标准》中指出："高中物理课程应促进学生自主学习，让学生积极参与、乐于探究、勇于实验、勤于思考。通过多样化的教学方式，帮助学生学习物理知识与技能，培养其科学探究能力，使其逐步形成科学态度与科学精神。"教学中教师要认真思考如何促进学生学习方式的转变。

（2）让学生的学习体现主动性、独立性、独特性、体验性和问题性

学生学习的内在需要一旦表现为兴趣，学习活动对他来说是一种享受、一种愉快，要让学习的责任从教师身上转移到学生身上，让学生主动参与学习活动；每位学生都有潜在的和显在的独立学习能力和欲望，要创造机会让学生发挥自己学习的独立性；有效地学习方式都是个性化的，每位学生的智慧类型不一样，具体的学习方式就不同，要尊重学生的个体差异，努力实现学生学习的个体化和教师指导的针对性；知识的学习一旦扩展到情感、生理和人格领域，学习过程就不仅仅是知识的增长过程，同时也是身心、人格健全发展的过程，教师应该强调学生的"活动""实践""探究""经历"，让学生在学习过程中用心灵去感悟知识；问题是科学研究的出发点，没有问题就不会有解释问题和解决问题的思想、方法和知识，教师应该强调通过问题来进行学习，让问题贯穿学习的全过程。

（3）倡导自主、合作、探究的学习方式

自主、合作、探究这三种学习方式的价值取向既互相并行又互为补充，缺一不可。通过自主学习培养学生主动、独立的学习能力，探究学习培养学生探究未知世界的能力，合作学习培养学生的协作、分享的团队精神，为学生在社会群体性中的适应和发展作准备。任何一种学习方式都有其适用性问题，教师要充分认识三种学习方式的特点，根据学生不同的能力倾向和思维特征，引导选择适合于自身发展的学习方式。

高中学生多方面素质的发展是在多样化的学习方式和学习活动中实现的。教师的责任在于帮助学生正确认识各种学习方式的

合理性和局限性，为每个学生学习的需求提供咨询和帮助，并引导每个学生找到适合自己的学习方式。除此之外，教师还要引导学生学会正确应用信息技术手段及网络资源，为自己的终身学习和发展服务。

（4）提倡教学方式的多样化，切实转变教师的教学行为

要实现教学方式的变革，实现教师角色和行为的转变，教师应充分认识课堂教学多样化的意义，创设激发学生学习积极性的问题教学情境，关注学生已有的经验和学习过程的体验，关注学生学习的差异和学习需求，与学生共同承担学习的责任，切实提高探究教学的有效性，通过多种方式加强对学生的学习指导，促进学生在合作交流中共同发展。

（5）关注学生已有的经验和学习过程的体验

备课时，教师应根据自己已有的经验，积极思考学生可能提出的观点和方法，在此基础上设计符合学生实际的教学方案。在教学过程中，关注学生自己的观念和具体体验，这对新概念的形成和更深层次的理解将起到重要作用。

（6）创设激发学生学习积极性的问题教学情境

创建唤起学生积极性的教学环境，设计真实的学习任务，引导学生提出问题。接着，在学生已有的看法和观点中，考虑提示难以说明的事物现象，这样才能调动他们进一步研究的积极性。同时，要充分考虑接触具体的事物，通过具体事物去寻找没有看到的问题，这样产生的疑问就会与学习的积极性联系起来。要通过观察、实验、调查等手段，产生新的疑问，激发学生的求知欲望。

（7）与学生共同承担学习的责任

教师与学生共同分担学习责任，教师在学生的学习中扮演咨询者的角色，把学生置于被关心、理解、信任的学习情境中，支持学生对所有问题主动解决的意识，鼓励学生对各种想法进行尝试，学生独立或与他人合作制订自己的学习计划，按自己的兴趣选择学习方向和程序。当学生的学习遇到困难的时候，教师应提供有效的学习资料，提供机会并支持学生对学习内容和过程进行反思，促进他们主动、自发、全身心地学习。

（8）实现探究教学的有效性

实施探究教学中，要根据教学内容和学生的实际情况来确立探究的目标，根据目标和内容来设计探究的教学过程；让学生亲身经历科学探究的过程，学习更有价值的知识、深入他们心灵的知识，应充分认识到，脱离具体的学习背景去获得探究能力的发展是不可能的，探究过程的经历与获得科学的结果是同样重要

的；在探究过程中，要创设具有真实感和愉悦感的探究学习情境，让学生带着问题，自己去解释所面对的事物现象，积极参考别人的看法来补充修改自己的看法，大胆地树立自己的观点，在大家的疑问、惊奇和欣喜中获得新知。

值得注意的是，每一个探究活动，教师的指导作用程度与学生自主探究的程度，是可以不同的，应根据具体的内容、目标来确定学生参与探究的自主程度，有效地发展学生探究能力。从整体上看，应重视探究学习长远的效应。

（9）促进学生更好地交流与合作

首先，要让学生能够互相倾听，明白别人对问题的不同解释，摆脱自我中心的思维倾向；其次，在合作、相互表达与倾听中，让学生各自的想法、思路被明晰化、外显化，促进反思自己的理解和思维过程。在讨论中互相质疑，指出对方的逻辑矛盾，引发认知的冲突，深化、修正自己的认识，建构出的新假设和更深层的理解。合作与交流可以使不同的学生贡献各自的经验，发挥各自的优势，更好地完成个人难以完成的复杂任务。

（10）关注学生的差异，加强对学生的学习指导

高中新课程在实现了课程结构的转型的同时，突出了课程的多样性和选择性，学生对于学习内容的选择性加强。教师面对存在各种差异的学生，对学生学习的引导应该是多方面的、有针对性的，要努力促进学生全面而又有个性地发展。

① 学习目的、学习态度的引导。教学过程中，教师对学生学习的引导，必须从终身教育、学习型社会的要求出发，让学生正确选择每一个课程模块，从自身的全面发展和成长需要出发，树立正确的学习目的和学习态度，应有长远的眼光，而不是仅仅盯在升学和就业上。

② 教师应该主动关注他们的学习差异，在了解学生的学习准备水平、学习兴趣、学习能力、学习风格、学习需求的基础上，依据教学目标，设定适合于每位学生学习进步的期望。

③ 教师要面向学生的学习需求设计教学活动，将全班教学、小组教学、个别教学有机组合，首先保证大多数学生的有效学习；同时，注意创设多种学习途径满足各类学生的发展需求。教师尽量提供多种方式让学生展示学习成果，拓展学习视野。

④ 在选修模块的学习指导中，教师要注意了解学生学习的动机、知识背景、学习需求、发展倾向；在教学活动中，注意选择同一模块的学生在知识深度和广度上的差异、学习能力上的差异、学习需求方面的差异；在教学中，有针对性地指导学生的学

习活动，以保证学生整体学习质量的提高和学生的个性发展。

(11) 强调创新、实践，充分发挥物理实验的教育功能

物理学是一门以实验为基础的科学，实验方法是人们研究物理学的重要方法，物理实验在物理学发展过程中起到重要的作用；在教学中，物理实验能激发学生探索的兴趣和热情，揭示物理现象的本质，体验科学探究的过程，发展探究的能力，促进学生对物理概念、规律的深刻理解，提高观察和动手能力，增强创新意识和实践能力。实验教学对于实现课程三维目标具有独到的作用。教师在各模块的教学中，都应根据模块的特点充分发挥物理实验的教育功能。

① 重视利用物理实验创设问题情境

教师应充分利用物理演示实验和学生分组实验来创设物理情境，激发兴趣，引发思考，揭示物理现象的本质，将实验与思维紧密结合，养成正确描述物理现象的能力，提高观察和提出问题的能力。

② 鼓励学生大胆地进行猜想和假设

在教学中，教师应鼓励学生对解决问题的方式和问题的答案提出假设，对物理实验的结果进行预测，充分认识猜想与假设的重要作用。

③ 切实提高学生收集处理信息、分析论证和动手实践能力

在教学中，不仅要重视学生实验技能的提高，使学生能正确使用高中物理实验项目中的仪器和工具，能够获得准确的实验信息；同时应该重视学生对物理实验原理的理解，在明确实验目的、理解实验原理的前提下独立地进行实验，通过多种方式提高学生的动手实践能力；学会把实验中获得的信息进行处理、归纳总结，形成结论。物理实验是培养学生科学精神、科学态度的重要手段，培养学生在实验过程中具有实事求是、精益求精的态度，如实记录实验数据，对实验结果的分析敢于坚持自己的观点。鼓励学生认真对实验过程进行反思评估，发展自己分析问题、解决问题的能力。

④ 重视物理学经典实验的教育功能

教师可利用物理学史中重要的典型实验，让学生认识科学家解决科学问题的思想和研究方法，体会物理实验对物理学发展以及其他科学发展的重要作用，学习科学家的敢于坚持真理、实事求是、勇于创新的科学态度和科学精神。

4. 执行课程政策，优化课堂教学

课堂教学是实现课程目标的主渠道。要积极探索课堂教学改

革，切实推进教师教学方式和学生学习方式的转变，努力促进教学质量的全面提升。

（1）体现以发展为主旨的原则，突出课程的三维目标

高中物理课程与九年义务教育物理或科学课程相衔接，旨在进一步提高学生的科学素养，为学生的终身发展服务。要从课程目标的三个维度来设计教学过程，全面落实课程的三维教学目标，努力促进知识与技能、过程与方法、情感态度与价值观三个方面的有机结合。

（2）提高科学探究的质量，促进学习方式的转变

在新课程中，科学探究不仅是学生的学习目标，而且是重要的教学方式。教师要更新教学观念，将科学探究贯穿于整个物理教学的各个环节。根据《普通高中物理课程标准（实验）》精神，很多知识内容的教学，要求通过科学探究的活动进行。在开展探究式教学活动中，教师要提高学生在探究过程中的学习质量，关注探究学习目标的达成。

（3）突出物理学科特点，发挥物理实验在教学中的重要作用

物理实验是高中物理教学中的重要内容。要认识到物理实验是落实课程目标，提高学生的科学素养、创新精神、实践动手能力的重要途径。将物理实验与科学探究有效地结合起来，尽可能将传统的菜单式实验改为探究式实验；让信息技术进入到物理实验中，提升实验的水平；有条件的学校应建立开放的实验室，进一步体现学生在实验教学中的主体地位。

（4）在物理教学中要充分凸显 STS（科学·技术·社会）教育

提倡课堂教学形式和社会实践、活动多种方式相结合，以及物理教学内容与生活、科技和社会知识内容的有机整合，以形成学生自主参与、开放、灵活的教学方式，丰富和充实物理课程的内容。

（5）让学生成为课堂的主体，引导学生学会选择与主动发展

课堂教学的着眼点应该是让学生积极主动地参与到教学活动中来，形成“多维互动”的教学氛围，从而使学生的潜能得到相应的发挥，让课堂焕发出生命的活力。教师要特别注意引导学生勇于提出问题，掌握分析问题和解决问题的方法，注重自主、探究、合作式学习，从根本上改变学生被动接受学习的传统学习方式，使学生掌握科学的学习方法，让他们在选择中学会选择，在学习中学会主动发展。

（6）要积极推进信息技术与学科课程的有效整合，逐步实现

教学形式、教学方法和教学手段的多样化和现代化

教师要努力掌握并熟练运用现代教育技术，改变传统的教学形式和教学方法。要了解各种学习方式和教学方式的特点，趋利避害，根据具体的学习任务，选择合适的学习方式和教学方式，提高教学效率。

要依据课程标准，对教材内容进行整合，使学习模块中的每个主题更加鲜明，结构和层次更加清晰，更有利于师生的探究学习和成长。要在教学设计中善于从学生实际出发，营造教学情境、设计教学问题并引发学生发现、探究、解决问题，力求在知识呈现方式、内容选择、问题设置、教学活动建议、课型选择、参与社会实践和鼓励学生动手等方面，最大限度地激发学生的学习热情。

四、教学评价

课程评价在课程改革中起着导向与质量监控的重要作用。通过课程评价对课程的组织和实施进行监控，达到促进课程的发展与完善、促进学生的发展、提高教学质量的目的。

1. 评价的基本要求

要建立教学评价体系，重视过程与发展，实现课程评价重点和功能的转变，促进新课程教学顺利实施。

依据“全面、多元、发展”的评价理念，对学生的学习进行全面客观的评价。充分调动学生、家长、教师、学校和社会各界的积极性，通过学习档案、习作、制作、调查、考试等形式，注重学生学习过程评价；要将终结性评价与过程性评价有机结合起来。

努力构建课堂教学评价新体系。按照教学目标、教学过程、教学活动氛围、学生参与程度、教学效能等基本要素，采用课堂观察法、访谈法、测验法、问卷调查法等，建立课堂教学评价体系，既关注教师的教，又关注学生的学，实现“促进学生发展和教师专业成长”双重目标。

积极引导教师对自己的教学行为进行分析与反思，建立有利于教师专业成长的评价体系。倡导建立教师、学生、家长和管理者共同参与的教师评价制度。

要加强高中物理学科模块学分认定工作。模块学分的认定应由综合素质评价、学业成绩（单元测试、模块考试）两部分构成。综合素质评价包括学习档案、习作、制作、调查报告及师生和家长的评语等，单元教学评价可以采取考试形式，也可以采用非考试的评价量表让学生进行自我评定，可占模块学业成绩评定

的40%；模块教学评价一般采用考试形式，测试的内容应尽可能全面地反映本模块的主体知识，体现学科“三维”目标要求，可占模块学业成绩评定的60%。模块学业成绩的最后评定以等级形式出现，可分为A(优秀)、B(良好)、C(合格)、D(不合格)四个等级，达到C等级以上的可获得本模块的学分。

2. 评价的主要内容

(1) 教师课堂教学的评价

教师课堂教学评价的目的是激励、促进教师提高教学能力专业水平，帮助教师成长。物理课堂教学必须体现以主体教育思想为核心、适应学生终身学习与发展要求的现代教学观（包括现代教学的课程观、知识观、学生观和质量观）。从新课程倡导的发展性评价的理念出发，优秀的课堂教学的基本特征应突出体现以下两个方面。

① 教学目标以促进学生的发展为宗旨

物理课堂教学目标的确立要以促进学生的发展为宗旨，从“知识与技能”“过程与方法”“情感态度与价值观”这三个维度来确立。除了要求在课堂教学中对物理学科基础知识、基本技能及基本学习能力的定位要科学、明确、切合实际，把握好教学重点、难点外，还需要重视学生主体性发展目标和体验性目标的实现，即在课堂教学中应注意发展学生的自主性、主动性和创造性，并通过教师与学生间的情感交流形成民主和谐的课堂教学心理氛围，让各层次的学生都能获得创造和成功的体验。

② 教学过程做到“生动、主动、互动”

生动：教师要正确理解并根据学生的实际发展水平和特点创造性地使用教材。教学内容应具有挑战性、实践性，富有文化内涵；教学方式应注重多样化。教学组织科学、合理；教学语言精练、简明、生动。

主动：学生情绪饱满、兴趣浓厚、学习主动；有主动参与的时间和空间，有自我表现的机会和学习的主动权；能通过自我选择、自我监控、自我调节，逐步形成自我学习的能力。

互动：通过师生互动、生生互动等交往形式，有意识地培养学生学会倾听、交流、协作、分享的合作意识和交往技能，让他们在实质性的讨论中真正地交流想法，丰富见解。

对课堂教学过程的评价，应从教学目标、教学内容、教学方法、教学素养、教学效果等方面作为一个系统来考虑，常用综合量表评价法、分析法和调查法。教师教学评价应注意评价方法的多样化，定性与定量相结合。教师教学评价是一个系统工程，它涉及的内容广泛，层次较多，既要横向比较，又要纵向比较；既要定量精确分析，又要定性模糊分析；既要自评，又要他评。学校管理者、教研部门、同行和学生以及学生家长都应参与到教师的评价中来，多角度地对教师的教学行为提出建议，以便教师能多渠道获得信息，不断调节、改进自己的教学。

③ 课堂教学的评价量表

评价方面	权重	评 价 项 目	权重分值	得分
教学目标	0.10	1. 体现素质教育精神，目标明确，符合课程标准和教材要求	5	
		2. 三维目标深广度恰当，符合学生实际	5	
教学内容	0.30	3. 内容具有科学性、系统性，即内容正确，知识线索、层次结构清楚	12	
		4. 知识容量适度，并能抓住关键，突出重点	6	
		5. 重视能力培养，有利于心智技能、自学能力、探究能力、操作能力、创新能力的提高	6	
		6. 内容的选择合理有效，渗透情感教育自然，有利于吸引注意、激发兴趣、陶冶情操	6	
教学方法	0.35	7. 选择的方法符合教学目标和内容的要求，并能启发学生思维，调动学习的积极性	9	
		8. 课堂活动的形式有利于发挥学生的主体作用，学生自主、合作、探究、交流、动手、动口、互动充分	8	
		9. 多媒体、教具、实验教学设计合理、美观且运用得当	8	
		10. 循序渐进地实施三维教学目标，并注意因材施教	5	
		11. 灵活、恰当地及时反馈矫正	5	
教学素养	0.15	12. 指挥、调配得当，具有驾驭课堂的应变能力	4	
		13. 语言表达清楚、准确、流畅；板书、板画工整、规范	4	
		14. 为人师表，教态亲切自然，能融洽师生感情	4	
		15. 操作实验仪器、教具、多媒体器材正确、熟练	3	

续表

评价方面	权重	评价项目	权重分值	得分
教学效果	0.10	16. 能达成教学目标	5	
		17. 学生在知识技能、过程方法、情感态度价值观方面有看得见的变化	3	
		18. 教学时间控制得当，按时完成教学任务	2	

（2）学生学习的评价

学生物理学习的评价，应根据目标多元、方式多样、注重过程的评价原则，综合运用笔试、实验操作、课题研究、行为观察、成长记录档案、活动表现评价等多种评价方式，实行定量评价和定性评价、过程性评价和终结性评价相结合的综合评价。学校与教师要积极探索科学、简便、易行的评价办法。高中物理新课程以相对独立的各个模块作为学习基本单元并认定相应学分，因此，学生学习过程的评价必须围绕着模块来进行。基于课程模块的物理学业成绩评价，由学校自行组织，主要由过程性评价和模块终结性测验两个方面构成，两者应该分开报告，其结果作为学分认定的主要依据。

高中物理模块过程性学习评价报告

模块　　班级　　学号　　姓名

评价项目	评价内容
自主学习态度	积极主动地反思以往的学习过程，优化自己的学习方法，勤奋刻苦，不断进步，有进取心；作业按时按质按量完成；对待学习有很浓厚的兴趣和热情，旺盛的求知欲；学科学习目标明确，充分把握学习时间
参与合作意识	踊跃发表个人意见，敢于提出问题；参加物理小论文、小发明、小制作；主动配合教师、同学，互相促进；积极参与讨论与探究，愿意帮助同学；积极主动分担任务；公平、公正、如实进行自我评价和评价他人；评价过程认真、负责、诚信
探究意识	能通过个人思考或与同学的讨论进行探究活动；善于观察、猜想，把看到的现象归纳为规律；思维活跃、有创造性，反应灵敏；积极参与完成研究性学习，要有积极探索、坚持真理的态度；设计实验方案；动手操作能力；完成实验的能力；实验报告
出勤情况	未出勤时数及原因；出勤时数
个人表现	能经受考验、有耐力、踏实、不断进取等个性与生存能力进步程度；相关特长；单元（章）测验成绩

续表

<table>
<tr><td>评价项目</td><td colspan="4">评 价 内 容</td></tr>
<tr><td rowspan="2">综合评价等级</td><td>自我评价等级</td><td></td><td>小组评价等级</td><td></td></tr>
<tr><td>本人签名</td><td>月 日</td><td>组长签名</td><td>月 日</td></tr>
</table>

注：A 为优秀，B 为良好，C 为一般，D 为有待改进。

3. 学分认定

高中物理课程实行学分管理，每个课程模块 2 学分，学习的时间为 36 学时。学生要达到高中物理课程学习的毕业要求，必须完成共同必修模块物理 1、物理 2 的学习之后，再从选修 1－1、选修 3－1 系列中必须选学一个选修课程模块，即完成 6 个必修学分的物理课程学习。接着，学生可以根据自己的兴趣、发展潜能以及今后的职业需求再从选修 1、3 系列中选学若干个物理选修课程模块。建议学校参考“物理模块学分成绩报告单”，从以下五个必要条件来认定模块学分。

(1) 修满规定的学时，占 10%。主要体现学生学习的参与程度。通过对学生学习成长记录中听课记录的检查情况，按模块学习时数，原则上必须全程参加。达到课程标准要求学习课时的 5/6以上的记满分，未达到的，该项赋分为零，分为 10 分、0 分两档。特别优秀的学生，经个人申请学校批准，可直接参加模块考试。

(2) 学习过程性表现，占 20%。主要指学生学习过程中的情感态度、完成作业的次数和质量、提出问题和解答问题的数量和质量等，分为 20 分、15 分、10 分、5 分四档。

(3) 单元（章）考核，占 10%。其形式可以是笔试，也可以是口试或实验操作等其他形式。分数的确定，可以是所有单元阶段测试的平均，也可以是按分数，名次占不同比例，最后相加而得。

(4) 模块终结性测验成绩，占 60%。达到合格以上的学分，占 60%；学生未达到模块终结性测验总分 60%的分数，该模块评价不能获得相应学分。

(5) 模块综合评价的总分由以上四项得分累加，最终评价分为 4 级。总分 80 分（含 80 分）以上的为 A 级，70～79 分为 B 级，60～69 分为 C 级，60 分以下为 D 级。总评 C 级以上者为合格，获得该模块相应的学分；总评为 D 级的，不能获得相应学分。

4. 评价的主要方式

(1) 过程性评价

过程性评价采取目标与过程并重的价值取向，对学生的学习评价，是对课程实施意义上的学习动机、过程和效果的三位一体的评价。在高中物理新课程实施的过程中，应根据模块结构和学生学习的特点，针对学生参加模块的学习过程（含实验操作、探究活动等）进行评价，并以《课标》中“内容标准”相关要求为依据，对学生模块学习的过程进行评价。

· 过程性评价的内容构成

根据《课标》中相关要求，学生参加物理模块学习的过程性评价，由授课教师的课堂记录、学生的自我评价、小组评定、其他相关人员评价以及反映终结性评价的单元测验这几个部分组成。

① 授课教师的课堂记录。教师应根据《课标》中“知识与技能、过程与方法、情感态度与价值观”的要求，记录学生出勤情况，在授课过程中学生的表现，构成授课教师的课堂记录。

② 学生自我评价。学生对自己在参加物理模块学习后对所学的物理知识和技能的掌握程度，学习中的态度和参与程度，通过学习本模块后对物理学科的喜爱程度，本模块的知识在日常生活和生产中应用等方面作出回答，构成学生的自我评价。

③ 小组评定。以日常授课时形成的学习小组为单位，对本小组内各成员在参与物理模块学习过程中所表现出来的学习态度、参与程度、与小组同学的合作精神、对所学知识与技能的掌握和应用程度等方面作出评价，构成小组评定。

④ 其他相关人员评价。学生在进行物理模块学习的过程中，如果得到了其他相关人员的评价，如家长、实验室工作人员、图书馆工作人员、研究性学习指导老师、学科小论文或小制作的指导者等，学生可提交这些评价。

⑤ 单元（章）测验成绩。物理课程每一模块都由几个单元（章）组成，学习完每一单元（章）后，一般应进行单元（章）测验，这种测验相对于模块学习来说是形成性测试。

· 过程性评价的标准

① 优秀。在该学生的过程性评价的各个组成部分中，能够反映出该学生通过本模块的学习，很好地达到模块内容标准的要求，并且获得较多的其他相关人员的好评价。

② 良好。在该学生的过程性评价的各个组成部分中，能够反映出该学生通过本模块的学习，较好地达到模块内容标准的要

求，并能获得其他相关人员的较好评价。

③ 一般。在该学生的过程性评价的各个组成部分中，能够反映出该学生通过本模块的学习，基本达到模块内容标准的要求。

④ 有待改进。在该学生的过程性评价的各个组成部分中，反映出该学生在学习本模块时，未能达到模块内容标准的要求。

·过程性评价方案的制定

一项好的过程性评价方案，必须是一个可以操作的方案，应遵循科学合理、简便易行的原则，并不是评价方案越完整、越全面就越好，切不可将过程性评价流于形式。下面提供一份《高中物理模块学习过程性评价报告》，以供参考。

·提倡和强调过程性评价，是针对过去的评价过分重视静态的、可量化的和浅层次的学习成果，而忽视动态的、难以量化的和高层次的学习过程和效果而提出的。在实践中需要注意：

① 要把对学习效果的评价和过程性评价结合。如，用成长记录或学习档案作为评价工具时，学生可以把自己认为是优秀的作品放进其中，这些都是学生在一定阶段的学习效果，这些作品能具体生动地显示学生的学习和发展的进程。

② 要将过程性评价与某种特定的评价方法区分。适合做过程性评价的工具很多，学习日记、评价量表等，都可以是评价的工具。许多即时的、口头的评价中，教师或同学的肯定赞扬或否定批评，也是一种过程性的评价。

③ 不能用阶段性考试代替过程性评价。阶段性考试的作用是检查学生在一个阶段的学习以后对所学知识的掌握情况，属于形成性评价，其功能和作用与过程性评价不一样。

④ 学生参与模块学习的学时数和过程性评价取得的等级是否达到规定的要求，是认定模块学分的必要条件。

（2）模块终结性测验

模块终结性测验的目的是检查学生在该课程模块的学习中所达到的水平，诊断学生学习中存在的问题，促进学生的反思评价和能力发展，增强学生学习物理的自信心。模块终结性测验是用于衡量学生实际水平的参照性测验，而不是用于确定学生在群体中相对水平位置的甄别性选拔考试，测验的重点应放在对重要知识技能的理解和掌握以及科学探究能力的形成上。

① 测验方式。物理学科的模块终结性测验应突出学科特点和实验特征。对于实验较多的模块，终结性测验应分两部分进行：试卷纸笔测验占60%，实验操作占40%。

② 评分办法和结果的使用。模块终结性测验是学校自行组织

的测验，学校应组织统一命题、统一测验和统一评分标准和统一评卷。模块终结性测验成绩总分达到60分为合格，考核合格是学生得到学分的一个必要条件。对于不合格的学生，如果是必修模块，学生可以自愿申请补考，也可以自愿申请重修该模块；如果是选修模块，可参照必修模块方法进行，也可以申请以其他模块学习的学分进行转换替代。

五、课程资源开发和利用

物理课程资源是非常丰富的，自然界、生活、生产中存在大量的物理课程资源。学校和物理教师要充分认识开发和利用各种课程资源对物理课程的实施所起的重要作用，可根据学校特点和学生的需求，精选课程资源，充实物理课程的教学内容，并将物理课程资源的开发和利用纳入物理课程实施的计划之中，为学生生动、活泼、主动地发展提供丰富多彩的课程资源。在物理教学中，课程资源的开发和利用应重视以下几个方面。

1. 开发和利用教科书、科技图书、科技期刊和报纸等文字的课程资源

（1）教科书是物理课程的非常重要文字课程资源。但是，教科书并非唯一的文字课程资源。学校和教师应根据物理课程标准的要求，吸收和利用各种有利于学生发展的课程资源。教师要改变教教科书为用教科书。

（2）各种科技图书是物理课程的重要文字课程资源。物理教师应充分利用学校图书馆，指导学生有效地阅读课外科技图书，激发学生热爱科学的兴趣和探索科学的热情，拓宽知识面。学校的图书馆要向全体学生开放，为学生获取信息创造条件。

（3）报纸和各种科技期刊也是物理课程的重要文字课程资源。教师要引导学生关注报纸和期刊上发表的各种科技信息，了解科学技术的新进展以及社会发展中的问题对科技发展提出的挑战，使学生将来有应付这种挑战的勇气和本领。

（4）电视、广播、网络中也有各种丰富课程资源。网上充足的信息可以使教师和学生开阔眼界、拓宽思路。充分利用诸如电子书籍、电子期刊、电子阅览室、数字图书馆、教育网站和电子论坛等网上物理教育信息资源，可以极大地拓宽教学空间，提高教学效率。学校应该鼓励学生从网上获取信息，支持师生之间和同学之间的网上沟通。教师要及时捕捉、及时更新物理课程资源，拓展视野；让教师和学生通过多种渠道，多种方法获取课程资源，使学生真正成为学习的主人。

（5）各种以应付升学考试为目的的教学资料也可作为物理课程的重要文字课程资源。但是，也有相当一部分与课程改革的理念相悖，学校和教师应按照新课程的理念，对各种教学资料进行筛选。

2. 开发和利用实验室的课程资源

实验是物理课程改革的重要环节，是落实物理课程目标，全面提高学生科学素养的重要途径，也是物理课程改革的重要条件和重要的课程资源。任何时候都应该十分重视实验室课程资源的作用。

（1）开放实验室，为科学探究创设条件

物理课程中的科学探究最多的是通过实验来进行的探究活动。实验室的各种仪器、设备、模型都是宝贵的课程资源。因此，各校实验室应向学生开放，让学生随时熟悉并接触各种实验仪器和设备，以便选择适当的仪器和器材进行科学实验。

（2）让每个学生都动手，发挥实验室课程资源的效益

科学探究是每个学生都必须参与的教学活动，有条件的学校，争取单人单桌，人人动脑思考、动手操作。因此，要充实仪器设备，按照课程标准关于科学探究的要求，设计并组织实验活动。例如，各活动小组的探究课题不一样，可以根据不同的探究课题做不同的实验；又如，可将实验活动延伸到课外，甚至家庭，以便充分发挥实验室课程资源的作用。

（3）提倡用日常器具做实验，丰富实验室的课程资源

实验室的课程资源不仅限于实验室的现有设备，学生身边的物品和器具也是非常重要的实验室资源。提倡用日常器具做实验，是丰富实验室课程资源和全面提高学生科学素养的需要，因此，“坛坛罐罐当仪器”的经验在实施课程标准时，仍然是开发实验室课程资源的基本原则。

（4）促进现代技术进入物理实验室

随着现代科学技术的发展，实验手段和器材的不断更新，教师要重视将现代技术应用到物理实验室，如将传感技术引入实验室，通过计算机实时测量、处理实验数据，分析实验结果等。要加快物理实验手段的更新和开发，让学生在实验室中接触现代科技。

3. 开发和利用社会课程资源

社会教育资源主要来源于科技馆、展览会、少年宫、公共图书馆，以及工厂、农村、科研单位、大专院校等。为了让所有学生都受到良好的科学教育，除了学校教育的主渠道之外，充分开

发社会性的教育资源是一个重要的课题。同时，还要不断对众多的社会课程资源进行筛选和指导。社会课程资源的利用和开发一般遵循以下原则：

（1）优先性原则。对有效地参与社会生活所需要的知识、技能和素质进行综合的了解，能为加强以上几方面教育提供帮助的社会资源，要优先用于课程。

（2）适应性原则。了解学生兴趣、爱好和年龄特点以及认知特点，以学生现有的知识、技能和素质为背景，促进社会课程资源的充分合理的利用与开发。

（3）教育性原则。发挥社会课程资源的教育功能，着重选取对学生情感、态度和价值观培养有用的素材和条件。

（4）转化性原则。重视建立校内外课程资源的转化机制。一方面学校要善于合理发掘和运用社区及兄弟学校的课程资源，另一方面校内课程资源也应该向社区和其他学校辐射。教育行政部门有责任加强管理，建立和完善校内外课程资源的转换机制，强化各种公共资源间的相互交流与共享。网络技术的发展为校内外课程资源相互转化提供了操作平台，因此要充分重视网络技术的应用和发展。

（5）安全性原则。在社会资源的利用与开发中，要贯彻“安全第一”的原则，如生产危险品、放射性和污染严重的工厂就要做好安全工作的前提下让学生参观和实践。

4. 开发学生身边的物理资源

物理知识来源于生产和生活，因此在教学过程中要引导学生观察身边的物理现象，充分利用学生生活中的物理现象，经常见到的自然现象中提供的物理现象作为物理教学资源，使学生体验到物理知识来源于生活，应用于生活。

六、课程实施的保障措施

1. 建立新课程教学指导管理制度

建立由省、市、县教育行政、教科研有关人员和一线教师组成的高中物理新课程指导、评估、督察组织网络，定期对新课程的教学情况进行跟踪调研，发现问题，及时反馈，采取措施引导、调整教师的教学行为和学习方式，不断提高教师的新课程物理教学的意识以及执行新课程、使用新教材的能力。

发挥我省各市、区物理特级教师、学科带头人等骨干教师的带头作用，成立“新课程实验物理学科研究小组”，通过多种形式交流各种能有效体现高中物理新课程理念的行之有效的经验与做法；研讨新课程实施过程中出现的实际问题，寻找解决的对策。

2. 建立新课程的教研制度

建立以校为本的教学研究制度，以课堂教学为突破口，针对教学中遇到的实际问题开展教学研究。健全并完善集体备课制度，充分发挥集体智慧，围绕课程标准共同探讨教学方法，制订教学计划，并通过说课的形式交流教学设计，积极参与或开展校内或校际间的物理新课程教学设计的课题研究。促进教师通过研究和实践，转变教学观点，经常反思自己的教学活动，进一步提高自身的素质，不断增强驾驭和开发新课程的能力。

充分发挥课题研究在教学中的引领作用，鼓励广大教研员和物理教师积极开展课题研究，根据教学实际的需要确定课题，将课题研究的重点放在教学实践、资源建设等方面。探索服务物理新课程目标、适应物理新课程结构和内容的教学模式，促进教师教学方式和学生学习方式的转变。通过课题研究，有效地提高物理新课程的教学质量，提高物理教师自身的修养和素质，促进教师的专业发展。

健全我省三级物理教研网络，加强区域教研工作，开发共享课程资源的工作机制，探索在不同条件下实施物理新课程的有效途径，积累经验、推出样本校、提供示范。提高各级教研部门和高中学校物理教研组指导、管理和实施物理新课程的能力。实现全省高中物理教学资源的优化配置。

3. 建立和完善新课程的师资培训制度

高中物理新课程的培训分省、市、校本三级培训，省级培训重点是培训各市教研员、各高中学校的骨干教师，经培训合格的教师将承担一定的研究任务，作为各地、各校实施新课程的骨干力量，并承担所在地、所在校的教师培训任务。市级培训注意面广、深入。各校要建立和健全校本培训机制，校本培训才是教师培训工作的根本。校本培训的重点是应用，如教学经验交流、教学专题研究、教学论坛、观摩课、示范课、研究课等方式，解决课程实施过程中教师所要面对的各种具体问题。

各级培训中要多采用主体参与、任务驱动和案例分析等培训方式，充分调动每一位培训对象的积极性和主动性，提高培训的针对性和实效性。通过培训帮助教师建立新课程理念，树立新型的人才观、教学观、评价观和课程资源观。

4. 建立新课程的评估激励机制

各级教育行政部门和学校的领导要高度重视，加强领导。各市课改指导小组要配合教育局和教研室做好课程改革的评估工作，协助检查、督促该市课改进展的情况，建议小组成员分工联系一定地区的课改工作片，同时也要不断听取各区、县课改进展情况的汇报，收集课改信息，协助领导宏观调控各市的课程改革。各普通高中学校的领导要有专人负责新课程实施工作，负责同市、区、县指导小组或教研小组联系。

通过教学评估，对在新课程实施教学过程中取得突出成绩的单位和个人，应该通过多种方式给予表彰和奖励，激发广大教师探索新课程教育教学的积极性、主动性。

陕西省普通高中新课程物理学科教学实施指导意见（试行）

为贯彻落实教育部《基础教育课程改革纲要（试行）》《普通高中课程方案（实验）》和《普通高中物理课程标准（实验）》（以下简称《标准》）的精神，加强和改进普通高中物理学科教育、教学工作，推进我省普通高中物理新课程的实施，结合实际，研究制定陕西省普通高中新课程物理学科教学实施指导意见。

一、认真学习、准确把握《标准》，进一步更新教育教学观念

课程标准是国家意志的体现，是确保新课程顺利实施的纲领性文件，是教材编写、教学、评估和考试命题的依据，是管理和评价课程的基础。各地要广泛组织教研人员和广大教师认真学习、深入研讨《标准》，进一步转变教育教学观念，准确把握高中物理课程的性质、基本理念和设计思路，全面落实高中物理课程的目标，充分发挥物理课程的育人功能，加强对学生科学素养的培养，为终身发展、形成科学世界观和科学价值观打下基础。

二、规范开设必修课，合理设置选修课，努力构建具有地方和学校特色的高中物理新课程体系

高中物理课程由 12 个模块构成，其中物理 1 和物理 2 为共同必修模块，其余为选修模块。共同必修模块物理 1 和物理 2 是为全体高中学生设计的课程，内容设计充分体现了物理课程的基础性。学生通过对共同必修模块的学习，进一步体会物理学的特点和研究方法，同时了解自己的兴趣和发展潜能，为后续课程的选择和学习做准备。每个模块为 36 学时，2 学分，学生完成共同必修模块物理 1 和物理 2 的学习后，获得 4 个必修学分。接着向人文社会科学方向发展的学生，继续学习选修 1－1 模块；向理工科方向发展的学生，继续学习选修 3－1 模块，以便完成 6 个必修学分的学习任务。必修模块可以安排在高一年级和高二第一学期完成。

选修课程由3个系列10个模块组成，其中选修1-1、选修1-2侧重物理学与社会科学和人文学科的融合，强调物理学对人类文明的影响；选修2-1、选修2-2、选修2-3侧重从技术应用的角度展示物理学，强调物理学的应用和实践；选修3-1、选修3-2、选修3-3、选修3-4、选修3-5在注重物理学应用和社会意义的同时，较系统地介绍物理学内容，进一步强调物理学的研究思想和方法。从我省普通高中物理教师综合能力、教学水平、办学条件以及高考要求等实际出发，理科学生在完成了6个必修学分的学习任务以后，还应在选修3-2、3-3、3-4、3-5四个模块中至少选择三个模块学习，建议首先选择选修3-2、3-4、3-5模块。选修模块可安排在高二年级完成（如下表）。

高中物理新课程模块设置及周课时安排建议

	高一 第一学期	高一 第二学期	高二 第一学期	高二 第二学期
文科	物理1	物理2	选修1-1	
周课时	2	2	2	
理科	物理1	物理2	选修3-1 选修3-2	选修3-4 选修3-5
周课时	2	2	4	4

各地及学校要严格按照课程计划，合理有序地安排物理课程，在按计划开设好必修课的同时，积极创造条件，逐步开设好选修课，从而高质量地完成物理课程教学任务，形成具有地方和学校特色的高中物理新课程体系。

三、有效实施课堂教学，不断提高物理教学质量和水平

课堂教学是实现物理课程目标的主渠道，要积极探索物理课堂教学改革，切实推进教师教学方式和学生学习方式的转变，努力促进物理教学质量的全面提升。

1. 体现以发展为主旨的原则，突出课程的三维目标

高中物理课程与九年义务教育物理或科学课程相衔接，旨在进一步提高学生的科学素养，为学生的终身发展服务。要从课程目标的三个维度来设计教学过程，全面落实课程的三维教学目

标，努力促进知识与技能、过程与方法、情感态度与价值观三个方面的有机结合。

2. 提高科学探究的质量，促进学习方式的转变

在新课程中，科学探究不仅是学生的学习目标，而且是重要的教学方式，教师要更新教学观念，将科学探究贯穿于整个物理教学的各个环节。根据《标准》精神，很多知识内容的教学，是要求通过科学探究的活动进行的。在开展探究式教学活动中，教师要提高学生在探究过程中的学习质量，关注探究学习目标的达成。

3. 突出学科特点，发挥物理实验在教学中的重要作用

物理实验是高中物理教学中的重要内容。要认识到物理实验是落实课程目标，提高学生的科学素养、创新精神、实践动手能力的重要途径。将物理实验与科学探究有效地结合起来，尽可能将传统的菜单式实验改为探究式实验；让信息技术进入到物理实验中，提升实验的水平；有条件的学校应建立开放的实验室，进一步体现学生在实验教学中的主体地位。

4. 在物理教学中要充分凸显 STS（科学·技术·社会）教育

提倡课堂教学形式和社会实践、活动多种方式相结合，以及物理教学内容与生活、科技和社会知识内容的有机整合，以形成学生自主参与、开放、灵活的教学方式，丰富和充实物理课程的内容。

四、建立发展性物理教学评价体系，加强对物理课程的质量监控

物理教学评价对物理课程实施起着重要的导向和质量监控作用。要建立发展性物理教学评价体系，并倡导进行多元评价，实现课程评价重点和功能的转变，促进教师与学生的发展。

一是建立物理课堂教学评价体系，按照教学目标、教学内容、教学过程、教学活动氛围、学生参与程度、教学效果等基本要素，采用课堂观察法、访谈法、测验法、问卷调查法等，建立物理课堂教学评价体系。既关注教师的教，又关注学生的学，实现“促进学生发展和教师专业成长”双重目标。

二是引导教师对自己的教学行为进行分析与反思，建立有利于教师专业成长的评价体系。倡导建立学校管理者、教研部门、同行和学生以及学生家长共同参与的教师评价制度。

三是依据目标多元、方式多样、注重过程的评价理念，对学生物理学习进行全面、客观的评价。基于课程模块的物理学业成绩评价，由学校自行组织，主要由过程性评价和模块终结性测验

两个方面构成，两者应该分开报告，其结果作为学分认定的主要依据。

要调动学生、家长、教师、学校和社会各界的积极性，通过学习档案、课题研究、行为观察、成长记录档案、活动表现等形式，参与对学生学习过程的评价。过程性评价结果，以A（优秀）、B（良好）、C（一般）、D（有待改进）四个等级形式呈现。

模块终结性测验的重点应放在重要知识技能的理解和掌握以及科学探究能力的形成上，应突出学科特点和实验特征。对于实验较多的模块，终结性测验应分两部分进行：试卷纸笔测验占60%，实验操作占40%。模块终结性测验是学校自行组织的测验，学校应组织统一命题、统一测验与统一评分标准与统一评卷。模块终结性测验成绩总分达到60分为合格，考核合格是学生得到学分的一个必要条件。

四是加强高中物理模块学分认定工作。高中物理新课程实行学分管理，每个模块学习的时间为36学时，修完模块，达到规定要求即得2学分。模块学分的认定由：修满规定的学时，占10%，主要体现学生学习的参与程度；学习过程性表现，占20%，主要指学生学习过程中的情感态度、完成作业的次数和质量、提出问题和解答问题的数量和质量等；单元（章）考核，占10%，其形式可以是笔试，也可以是口试或实验操作等其他形式；模块终结性测验成绩，占60%，达到合格以上的分数，占60%，学生未达到模块终结性测验总分60%的分数，该模块评价不能获得相应学分。

模块综合评价的总分由以上四项得分累加，最终评价分为4级：总分85分（含85分）以上的为A级，70～84分为B级，60～69分为C级，60分以下为D级。总评C级以上者为合格，获得该模块相应的学分；总评为D级的，不能获得相应学分。

五、建立和完善物理课程保障机制，确保物理新课程教学工作顺利实施

为确保高中物理新课程教学工作顺利实施，需要在课程资源开发利用、师资培训、物理教学研究等方面提供有力保障。

一是积极开发利用物理课程资源。有效利用教科书、科技图书、科技期刊和报纸等课程资源，激发学生热爱科学的兴趣和探索科学的热情，拓宽知识面。实验是物理新课程的重要条件和重要的课程资源，任何时候都应该十分重视实验室课程资源的作用。除了学校教育的主渠道之外，要充分开发和利用科技馆、展览会、少年宫、公共图书馆，以及工厂、农村、科研单位、大专院校等社会课程资源。要加快信息技术课程资源的开发，将信息技术整合于物理课程之中，既有利于学生学习物理知识和技能，又有利于发展学生收集信息、处理信息和传递信息的能力。要重视开发学生身边的物理课程资源，发挥师生、校园文化的课程资源作用。积极开展校园科技文化活动，进一步转变观念，努力把整个学校变成学生可参与的学习物理的空间。

二是切实加强教师培训工作，努力提高教师专业水平。师资培训是物理新课程实施成败的关键。要切实做好物理新课程师资培训的规划，确保物理新课程实施与师资培训同步进行并适当超前。要坚持"先培训，后上岗；不培训，不上岗"的原则，将物理新课程改革的有关内容纳入高中物理教师继续教育核心内容中。要采取岗前培训、校本培训、专业研修、专题讲座等方式，对广大物理教师进行通识培训、学科培训、校本课程开发培训等，使教师深刻领会课程改革的背景及新课程理念，准确把握高中物理新课程相关专业知识，科学认识国家课程和学校课程的不同地位和作用，不断提高教师教学能力和业务水平，促进教师专业成长。

三是建立并完善与新课程实施相适应的物理教学研究机制。建立以校为本的教学研究制度，以课堂教学为突破口，针对教学中遇到的实际问题开展教学研究。积极开展校内或校际间的交流与合作，积极开展物理新课程校本教学研究。促进教师通过研究和实践，转变教学观念，反思自己的教学活动，进一步提高自身的素质，不断增强驾驭和开发新课程的能力。

充分发挥课题研究在教学中的引领作用，鼓励广大教研员和物理教师积极开展课题研究，根据教学实际的需要确定课题，将课题研究的重点放在教学实践、资源建设等方面。探索服务物理新课程目标、适应物理新课程结构和内容的教学模式，促进教师教学方式和学生学习方式的转变。通过课题研究，有效地提高物理新课程的教学质量，提高物理教师自身的修养和素质，促进教师的专业发展。

健全我省三级物理教研网络，加强区域教研工作，开发共享课程资源的工作机制，探索在不同条件下实施物理新课程的有效途径，积累经验、推出样本校、提供示范。提高各级教研部门和高中学校物理教研组指导、管理和实施物理新课程的能力，确保高中物理新课程实验工作的顺利实施。

江苏省普通高中物理课程标准教学要求说明

为贯彻教育部制定的《普通高中物理课程标准（实验）》（以下简称《课标》）、帮助广大高中物理教师把握教学的深广度，我们组织编写了《高中物理教学要求》（以下简称《要求》）。下面对《要求》做几点说明：

1.《要求》以《课标》为依据，兼顾我省使用的高中物理教材，体现新课程的理念，是对我省高中物理教学的终端要求。

2.《要求》按《课标》中规定的模块编写，每个模块以《课标》中规定的二级主题的顺序逐个展开，每个二级主题中包含内容标准（与《课标》对应内容相同）、学习要求、教学建议三个部分。

3. “学习要求”对二级主题的内容，从知识、技能、体验三个维度提出了具体的要求，在表述中使用的行为动词的界定与《课标》中行为动词的界定相同。

4. 部分行为动词的说明

类型	行为动词	含　义	水平
知识	了解、知道、描述、说出、举例说明、列举、表述、识别、比较、简述、对比	再认或回忆知识；识别、辨认事实或证据；举出例子；描述对象的基本特征	了解
	认识	位于“了解”与“理解”之间	认识
	阐述、解释、估计、理解、计算、说明、判断、分析、区别	把握内在逻辑联系；与已有知识建立联系；进行解释、推断、区分、扩展；提供证据；收集、整理信息等	理解
	评估、使用、验证、运用、掌握	在新的情境中使用抽象的概念、原则；进行总结、推广；建立不同情境下的合理联系等	应用
技能	测量、测定、操作、会、能、制作、设计	独立完成操作；进行调整或改进；尝试与已有技能建立联系等	独立操作
体验	观察、收集、调查、交流、讨论、阅读、尝试、实验、学习、探究、预测、考虑、经历、体验、参加、参观、查阅	从事相关活动，建立感性认识等	经历
	体会、关注、注意、关心、乐于、敢于、勇于、发展、保持	在经历基础上表达感受、态度和价值判断；作出相应反应等	反应
	形成、养成、具有、领略、体会、思考	具有稳定态度、意志行为和个性化的价值观念等	领悟

物理 1

本模块是高中物理共同必修模块，所有的学生都必须完成这一模块的学习。

本模块划分为“运动的描述”和“相互作用与运动规律”两个二级主题，模块涉及的概念和规律是高中物理进一步学习的基础。有关实验在高中物理中具有典型性，通过这些实验学习，可以掌握基本的操作技能、体会实验在物理学中的地位及实践在人类认识世界中的作用。

在学习这部分基础内容时，学生要初步经历对自然规律的探究过程，从中体会物理学的思想，了解物理学在技术上的应用和物理学对社会的影响，并在情感态度与价值观等方面受到熏陶。

（一）运动的描述

［内容标准］

1. 通过史实，初步了解近代实验科学产生的背景，认识实验对物理学发展的推动作用。

2. 通过对质点的认识，了解物理学研究中物理模型的特点，体会物理模型在探索自然规律中的作用。

3. 经历匀变速直线运动的实验研究过程，理解位移、速度和加速度，了解匀变速直线运动的规律，体会实验在发现自然规律中的作用。

4. 能用公式和图像描述匀变速直线运动，体会数学在研究物理问题中的重要性。

［学习要求］

1. 质点

认识质点的概念，通过实例分析知道质点是一种科学抽象，是一个理想模型。

在具体事例中认识在哪些情况下可以把物体看做质点，体会质点模型在研究物体运动中的作用。

2. 参考系和坐标系

知道参考系概念，通过实例的分析了解参考系的意义。

在具体问题中正确选择参考系，利用坐标系描述物体的位置及其运动。（不要求介绍“惯性系”和“非惯性系”）

体会研究物理问题中建立参照系的重要性，体验数学工具在物理学中的应用。

3. 时间（间隔）和时刻

通过实例了解时刻和时间（间隔）的区别与联系，并用数轴表示时刻和时间（间隔），体会数轴在研究物理问题中的应用。

4. 路程和位移

理解位移的概念。

通过实例，了解路程和位移的区别，知道位移是矢量，路程是标量。

知道时刻与位置、时间与位移的对应关系；用坐标系表示物体运动的位移。

5. 速度和匀速直线运动

理解物体运动速度的意义，知道速度的定义式、单位和矢量性。

理解平均速度的意义，并能用公式计算物体运动的平均速度，认识有关反映物体运动速度大小的仪表。

知道瞬时速度的意义，在具体问题中识别平均速度和瞬时速度，体会极限的数学思想。

知道速度和速率以及它们的区别。

理解匀速运动的概念。

认识匀速直线运动的 $s-t$ 图像和 $v-t$ 图像，知道 $v-t$ 图像中图线与横轴包围的“面积”表示位移。

6. 速度的测量

理解测量速度的基本原理。

会用打点计时器测量物体运动的速度，会处理实验数据。

对于具体问题，会使用 $v-t$ 图像描述速度随时间的变化规律。

7. 加速度

理解加速度的物理意义，知道加速度的定义式和单位。

用加速度定义式进行计算，并根据加速度与速度方向间的关系判断物体是加速运动还是减速运动。

知道平均加速度和瞬时加速度及其区别，理解匀变速直线运动的含义。

知道匀变速直线运动 $v-t$ 图像的斜率表示加速度的大小。

8. 探究速度随时间的变化规律

经历“研究物体运动速度随时间变化规律”的探究过程，会用打点计时器来研究匀变速直线运动。

运用列表法、图像法处理实验数据、分析运动特点等。

体验在实验研究中获取数据，作出图像，分析图像，寻找规律的科学思维方法。

9. 匀变速直线运动的速度与时间的规律

通过实例，知道匀变速直线运动的 $v-t$ 图像，认识匀变速直线运动的速度与时间的变化规律。

认识匀变速直线运动的速度公式 $v=v_0+at$，会应用速度公式对具体问题进行分析和计算。

知道匀变速直线运动和非匀变速直线运动的区别。

10. 匀变速直线运动的位移与时间的规律

了解匀变速直线运动位移公式的推导方法，认识匀变速直线运动的位移公式 $x=v_0t+\frac{1}{2}at^2$ 和推论公式 $v^2-{v_0}^2=2ax$。

11. 自由落体运动

通过实验，认识空气阻力对落体运动的影响，知道自由落体的概念。

结合具体例子的分析，知道自由落体运动的加速度是恒定的，认识自由落体运动的规律。

通过查找资料等方式，了解并体会伽利略对物体运动的研究在科学发展和人类进步上的重大意义。

初步了解伽利略研究自由落体运动所用的实验和推理方法。

[教学建议]

1. 对矢量、标量的教学不宜一步到位，在初学阶段，只要求学生认识二者的区别，并能加以识别。在“路程与位移”的教学中不出现平行四边形定则。

2. 在探究物体运动速度随时间变化规律的活动过程中，可以探究小车在恒定拉力作用下的运动，也可以探究只在重力作用下物体的运动。有条件可以借助传感器，用计算机进行数据和图像处理。

3. 本章教学要结合瞬时速度、瞬时加速度、位移公式的推导等具体教学内容让学生体会极限的思想，体会数学工具在解决物理问题中的重要作用。

4. 在自由落体运动的教学中，可以通过实验研究质量相同、大小不同的物体在空气中下落的情况，从中了解空气对落体运动的影响。

5. 本模块教学中可引导学生通过查找资料等方式，了解伽利略研究自由落体运动所用的实验和推理方法，认识伽利略有关实验的科学思想和方法，了解并讨论伽利略对物体运动的研究在科学发展和人类进步上的重大意义。

（二）相互作用与运动规律

[内容标准]

1. 通过实验认识滑动摩擦、静摩擦的规律，能用动摩擦因数计算摩擦力。

2. 知道常见的形变，通过实验了解物体的弹性，知道胡克定律。

3. 通过实验，理解力的合成与分解，知道共点力的平衡条件，区分矢量与标量，用力的合成与分解分析日常生活中的问题。

4. 通过实验，探究加速度与物体质量、物体受力的关系。理解牛顿运动定律，用牛顿运动定律解释生活中的有关问题。通过实验认识超重和失重现象。

5. 认识单位制在物理学中的重要意义。知道国际单位制中的力学单位。

［学习要求］

1. 力、重力

知道力是物体间的相互作用，并在具体问题中找出施力与受力物体。

认识重力的概念，知道重心及确定质量均匀且形状规则物体重心的方法。

2. 形变与弹力

通过实例分析，了解弹性形变的概念，知道弹力及弹力产生的条件，并正确分析弹力的方向。

通过探究知道胡克定律，并用其进行简单计算。（不讨论组合弹簧组劲度系数的问题）

3. 摩擦力

知道静摩擦产生的条件，知道最大静摩擦的概念，并正确判断静摩擦力的方向。（不出现最大静摩擦因数）

通过实例知道滑动摩擦力产生的条件，并正确判断滑动摩擦力的方向。

通过探究，知道影响滑动摩擦力大小的因素，用动摩擦因数计算滑动摩擦力。

（不要求对三个或三个以上的连接体进行受力分析）

4. 力的合成与分解

知道力的三要素，在具体问题中正确画出力的图示或力的示意图。

理解合力和分力的概念，知道力的分解是力的合成的逆运算。

通过探究，理解力的平行四边形定则，体会数学知识在研究物理问题中的重要性。（力的合成与分解的计算，只限于用作图法或直角三角形知识解决）

关注力的合成与分解在科学技术与社会中的应用，用力的合成与分解分析生产、生活中的有关问题。

5. 共点力作用下物体的平衡

通过实例了解共点力作用下物体平衡的概念，知道共点力作用下物体的平衡条件，并用来计算有关平衡的问题。（不要求解决复杂连接体的平衡问题）

关注科学技术与社会，用共点力平衡的条件解释生活中的有关问题。

6. 牛顿第一定律

知道伽利略和亚里士多德对力和运动的关系的不同认识，知道伽利略的理想实验及其推理过程和结论，知道理想实验法是科学研究的重要方法。

理解牛顿第一定律的内容和意义。

联系生活实例，知道什么是惯性，知道惯性大小与质量有关，并正确解释有关惯性的现象。

7. 牛顿第二定律及其应用

通过实验探究和具体实例的分析，理解加速度与力的关系，理解加速度与质量的关系。

经历实验方案的制订和实验数据处理的过程，形成正确的思维方法，养成良好的科学态度。

通过实验归纳，理解牛顿第二定律的内容，知道牛顿第二定律表达式的含义。

理解应用牛顿运动定律解决问题的基本思路和方法，并用牛顿运动定律和运动学公式解决实际问题。（不要求求解加速度不同的连接体问题，不要求处理非惯性系的运动问题）

8. 力学单位制

知道单位制的意义，知道国际单位制中力学的基本单位。

认识单位制在物理计算中的作用，并正确使用国际单位制单位。

9. 牛顿第三定律

通过实验探究，理解牛顿第三定律的含义并应用牛顿第三定律解决实际问题。

10. 超重与失重

通过实验认识超重和失重现象，知道超重和失重的概念及其产生条件，并对超重和失重现象进行简单计算。

[教学建议]

1. 教学中应注意加强与生产、生活的联系，如在摩擦力教学中可以让学生调查日常生活和生产中利用静摩擦的事例；在弹力教学中可以引导学生调查日常生活和生产中所用弹簧的形状及使用目的（如获得弹力或减缓振动等），或引导学生制作简易弹簧秤，并用胡克定律解释其工作原理等。

2. 通过实验研究加速度与力、加速度与质量的关系，根据图像写出加速度与力、质量的关系式，在此基础上总结得出牛顿第二运动定律。实验中要体会探究过程中所用的科学方法。在教学中，可让学生根据牛顿第二定律设计一种能显示加速度大小的装置。

3. 对于牛顿第二定律及其应用的教学，在初学阶段不宜出现连接体问题。

4. 在教学中，应通过实验让学生体验和认识超重与失重现象，或组织学生听讲座、看录像，了解宇航员的生活等。

物理 2

本模块是高中物理的共同必修模块，所有学生都必须完成这一模块的学习。

本模块划分为机械能和能源、抛体运动、圆周运动和经典力学的成就与局限性三个二级主题。

在本模块的教学中，学生将通过机械能、曲线运动的规律和万有引力等内容的学习，进一步了解物理学的核心内容，体会高中物理课的特点和学习方法，为以后进一步学习打好基础，为后续模块的选择作准备。

（一）机械能和能源

［内容标准］

1. 举例说明功是能量变化的量度，理解功和功率。关心生活和生产中常见机械的功率的大小及其意义。

2. 通过实验，探究恒力做功与物体动能变化的关系。理解动能和动能定理。用动能定理解释生活和生产中的现象。

3. 理解重力势能。知道重力势能的变化与重力做功的关系。

4. 通过实验验证机械能守恒定律。理解机械能守恒定律。用机械能守恒定律分析生活和生产中的问题。

5. 了解自然界中存在多种形式的能量。知道能量守恒是最基本、最普遍的自然规律之一。

6. 通过能量守恒以及能量转化和转移的方向性，认识提高效率的重要性。了解能源与人类生存和社会发展的关系，知道可持续发展的重大意义。

[学习要求]

1. 能量

通过实例了解能量，知道自然界中能的形式的多样性及其转化。

2. 功

理解功的概念和做功的两个要素。

知道功是标量，理解功的计算公式 $W=Fl\cos\theta$，并能进行有关分析和计算，理解正功、负功的物理意义。（变力的功只要求用动能定理计算）

通过实例说明功是能量转化的量度。

3. 功率

理解功率的物理意义、功率的定义及定义式。

理解功率与力、速度之间的关系，能运用其解释和计算汽车启动和行驶中的有关问题。（不要求用功率 $P=Fv\cos\theta$ 的表达式进行计算）

区分额定功率和实际功率，区分瞬时功率和平均功率。

调查功率知识在生活中的实际应用。

关注生产、生活实例中的功率问题，调查常见机械功率的大小及其意义。

4. 重力势能

知道重力做功与路径无关，经历重力势能概念的建立过程。

理解重力势能及其定义式，知道重力势能的变化和重力做功的关系。

理解重力势能的相对性。

5. 弹性势能

通过实例了解弹性势能的概念，知道弹性势能与形变有关。

调查弹性势能在生活中的应用，发展应用物理知识的意识。（不要求用弹性势能的表达式 $E_P=\frac{1}{2}kx^2$ 求解有关问题）

6. 功与物体动能变化的关系

经历实验探究功与物体动能变化关系的过程，体会实验探究方法。

会用图像法处理实验数据。

7. 动能

经历动能表达式的建立过程，理解动能的概念及其表达式。

8. 动能定理

掌握动能定理及其推导过程，用动能定理进行分析、解释和计算生活和生产中的实际问题，体会用能量观点解决力学问题的思路与方法。

9. 机械能守恒定律

理解机械能的概念。

通过实例，体会动能和势能之间的相互转化。

理解机械能守恒定律，运用机械能守恒定律分析和解决生活和生产中的实际问题；尝试设计验证机械能守恒定律实验方案，经历验证机械能守恒定律的过程，学会对数据进行处理的方法。进一步体会用能量观点解决力学问题的思想方法。

10. 能量守恒定律

知道能量守恒定律是自然界最普遍规律之一，了解守恒思想的重要性。

通过对生产、生活中能量转化的实例分析，体会能量守恒。运用能量守恒定律分析实际问题。

11. 能源与能量耗散

知道常规能源和新能源；了解能量转化和转移的方向性。

体会我们周围的能量耗散及提高能源利用效率的重要性，发展节能意识和环保意识，知道可持续性发展的重要意义。

[教学建议]

1. 让学生设计实验，测量人在某种运动中的功率。

2. 让学生用打点计时器或光电计时器探究恒力做功与物体动能变化的关系。

3. 引导学生查找资料、访问有关部门，收集汽车刹车距离与车速关系的数据，尝试用动能定理进行解释。

4. 在初学阶段，用动能定理解题时的研究对象一般只限于一个物体（相对静止除外）。

5. 引导学生查找资料，分析和评价核能为人类带来的好处和可能发生的问题。

（二）抛体运动与圆周运动

[内容标准]

1. 会用运动合成与分解的方法分析抛体运动。

2. 会描述匀速圆周运动。知道向心加速度。

3. 能用牛顿第二定律分析匀速圆周运动的向心力。分析生活和生产中的离心现象。

4. 关注抛体运动和圆周运动的规律与日常生活的联系。

[学习要求]

1. 运动的合成与分解

通过对具体问题的分析和讨论，知道合运动与分运动的相互关系，理解运动的合成和分解遵循平行四边形法则。

运用作图法和直角三角形知识计算有关位移和速度的合成与分解问题，用运动的合成和分解的方法分析一些实际问题。

2. 抛体运动的规律

通过实验，探究平抛物体运动的规律，用运动的合成和分解的方法分析平抛运动的特点。

通过实例，知道用运动的合成与分解的方法研究其他抛体运动，关注抛体运动的规律与日常生活的联系。

3. 圆周运动

知道线速度概念和定义式。

知道匀速圆周运动的概念，知道匀速圆周运动是变速运动。

知道转速、角速度及周期的概念及其定义式，认识线速度、角速度、周期之间的关系，会用它们之间的关系进行简单计算。（在角速度概念的教学中，对角速度的方向不做要求）

4. 向心加速度

认识向心加速度的概念，并能用向心加速度的公式进行简单计算。

5. 向心力

通过实验，体验向心力的方向，理解向心力的概念。

通过实验，知道向心力大小与哪些因素有关，理解向心力公式。

了解变速圆周运动和一般曲线运动的分析方法。（关于向心力的定量计算，只限于向心力等于合外力的情况）

6. 生活中的圆周运动

能分析生活中圆周运动的向心力来源，会用向心力和向心加速度的公式对具体问题进行计算。

注意生活中的离心现象，能分析生活中的一些常见问题。

[教学建议]

1. 引导学生通过查找资料，对比实际弹道的形状与抛物线的差异，尝试做出解释。

2. 向心加速度的公式 $a=v^2/r$ 可以直接给出。

3. 引导学生估测自行车拐弯时受到的向心力，调查公路拐弯处的倾斜情况或铁路拐弯处两条铁轨的高度差异。

（三）经典力学的成就与局限性

[内容标准]

1. 通过有关事实了解万有引力定律的发现过程，知道万有引力定律，认识发现万有引力定律的重要意义。体会科学定律对人类探索未知世界的作用。

2. 会计算人造卫星的环绕速度。知道第二宇宙速度和第三宇宙速度。

3. 初步了解经典时空观和相对论时空观，知道相对论的建立对人类认识世界的影响。

4. 初步了解微观世界中的量子化现象，知道宏观物体和微观粒子的能量变化特点，体会量子论的建立深化了人们对于物质世界的认识。

5. 通过实例，了解经典力学的发展历程和伟大成就，体会经典力学创立的价值与意义，认识经典力学的实用范围和局限性。

6. 体会科学研究方法对人们认识自然的重要作用。举例说明物理学的进展对于自然科学的促进作用。

［学习要求］

1. 开普勒行星运动定律

了解开普勒行星运动定律，从中体会观察在认识自然、发现规律中的作用，体会科学探索过程的曲折与艰辛。

通过学习牛顿发现万有引力定律的史实，初步了解太阳和行星之间的引力特点。

认识利用开普勒行星运动定律及圆周运动的知识“推导”太阳与行星之间的引力表达式的方法。（介绍开普勒行星运动定律的目的是为了了解万有引力定律的发现过程，不要求用它进行定量计算）

2. 万有引力定律

知道万有引力发现的重要意义。

理解万有引力定律，理解定律表达式中各个物理量的含义，知道引力常量的物理意义、数值和单位，了解引力常量的测定方法。（不要求定量计算由于自转引起的重力与万有引力间的不同）

3. 万有引力理论的应用

用万有引力定律计算天体的质量。

知道万有引力定律在天文和航天领域发挥的巨大作用，体会科学规律对人类探索和认识未知世界的意义。

4. 宇宙速度

了解三个宇宙速度的含义，理解并能推算第一宇宙速度。

会计算不同轨道上的人造地球卫星的速度和周期。

关注人类在航天领域和宇宙开发方面所取得的巨大成就。

通过查阅资料，了解我国航天事业的发展，发展爱国主义的情感。

5. 经典力学的局限性

初步了解经典力学的时空观和相对论时空观，知道相对论对人类认识世界的影响；通过实例初步了解经典力学的发展历程和伟大成就，知道经典力学的局限性。

初步了解微观世界中的量子化现象。

[教学建议]

1. 通过查阅资料，了解牛顿的“月-地检验”。

2. 通过用万有引力定律发现未知天体的事实，说明科学定律对人类认识世界的作用。

3. 组织学生观看有关人造地球卫星、航天飞机、空间站的录像。

4. 通过实例，让学生了解经典力学对航天技术发展的重大贡献。

5. 让学生了解重物下落与天体运动的多样性与统一性，知道万有引力定律对科学发展所起的重要作用。

6. 引导学生收集我国和世界航天事业发展历史和前景的资料，写出调查报告。

选修 3－1

本模块属于选修模块，具有理科倾向的学生可以选修本模块。

本模块划分为电场、电路、磁场这三个二级主题。

场是除实物以外物质存在的另一种形式，学生将通过电场和磁场的学习加深对于世界的物质性和物质运动的多样性的认识。本模块中的概念和规律是进一步学习物理学的基础，是高中物理核心内容的一部分。

电磁学的研究成果及其技术应用改变了我们的生活。现代生活中处处都会遇到电的知识。本模块对于进一步学习科学技术是非常重要的。

(一) 电场

[内容标准]

1. 了解静电现象及其在生活和生产中的应用，用原子结构和电荷守恒的知识分析静电现象。

2. 知道点电荷，体会科学研究中的理想模型方法，知道两个点电荷间相互作用的规律。通过静电力与万有引力的对比，体会自然规律的多样性与统一性。

3. 了解静电场，初步了解场是物质存在的形式之一，理解电场强度，会用电场线描述电场。

4. 知道电势能、电势，理解电势差，了解电势差与电场强度的关系。

5. 观察常见电容器的构造，了解电容器的电容。举例说明电容器在技术中的应用。

［学习要求］

1. 电荷及其守恒定律

了解摩擦起电和感应起电，知道元电荷的概念。

了解静电现象及其在生活和生产中的应用。

认识电荷守恒定律。

用原子结构和电荷守恒的知识分析静电现象。

2. 库仑定律

了解点电荷的概念。

通过点电荷概念的建立过程，体会建立理想化物理模型的方法。

通过实验探究影响电荷间相互作用力的因素，体验库仑定律的建立过程。

理解库仑定律，知道静电力常量，用库仑定律进行有关的计算。

通过静电力与万有引力的对比，体会自然规律的多样性与统一性。

3. 电场强度

知道电荷间的相互作用是通过电场发生的，初步了解场是物质存在的形式之一。

理解电场强度的概念，根据电场强度的定义式进行有关的计算。知道电场强度是矢量，知道电场强度的方向是怎样规定的。

分析点电荷的电场。（电场的叠加只限于两个场强叠加的情形）

4. 电场线

知道什么是电场线，知道用电场线可以形象地表示电场。

经历用实验的方法来模拟电场线的过程。了解常见电场的电场线分布。

5. 匀强电场

认识匀强电场，用电场线描述匀强电场。

6. 电势能

经历电势能概念建立的过程，了解电场力做功的特点。

知道电势能的相对性。

知道电场力做功与电势能改变的关系。

7. 电势

了解电势的概念。体验用比值定义物理量的方法。

了解等势面，知道电场线与等势面之间的关系。

了解几种典型静电场的等势面的形状与特点。

8. 电势差

理解电势差的概念及其定义式，进行有关的计算。

了解电势差、电势、电势能之间的区别和联系。

9. 电势差与电场强度的关系

认识匀强电场中电势差与电场强度的关系，进行有关的简单计算。

10. 电容器、电容

了解电容器的构造和常用电容器。

知道电容器充电和放电过程是能量转化过程。

认识电容器电容的概念及其定义，运用定义式进行有关的计算。

电容器串、并联的定量计算不作要求。

经历影响平行板电容器电容因素的实验探究过程，知道决定平行板电容器电容大小的因素。

通过具体事例了解电容器在技术中的应用。

在介绍电场能的概念时，对电容器电场能的表达式不作要求。

11. 带电粒子在电场中的运动

分析带电粒子在匀强电场中的运动。

掌握带电粒子在电场中加速的问题。

掌握带电粒子在匀强电场中的偏转问题。

带电粒子在匀强电场中运动的计算，只限于带电粒子进入电场时速度平行或垂直于场强的情况。

12. 示波管

了解示波管的基本原理。

了解示波器面板开关与旋钮的作用，并会使用示波器观察直流电与交流电的波形。

只须了解示波管的基本原理，对于示波器的工作原理不作要求。

[教学建议]

1. 在电势的教学中，分析物理学中常把无穷远处和大地作为电势零点的道理。

2. 让学生观察静电偏转现象，了解阴极射线管的构造，知道它的工作原理。

3. 通过查阅资料，让学生了解电容器在照相机闪光灯中的作用。使用闪光灯照相。

4. 通过查阅资料、阅读说明书、观察实物等方式，让学生了解避雷针、静电除尘器、静电复印机、激光打印机等设施的基本原理，撰写一篇科学小论文。

5. 引导学生收集资料，综述静电的危害和预防的方法。

（二）电路

[内容标准]

1. 观察并尝试识别常见的电路元器件，初步了解它们在电路中的应用。

2. 初步了解多用电表的原理。通过实际操作学会使用多用电表。

3. 通过实验，探究决定导线电阻的因素，知道电阻定律。

4. 知道电源的电动势和内阻，理解闭合电路的欧姆定律。

5. 测量电源的电动势和内阻。

6. 知道焦耳定律，了解焦耳定律在生活、生产中的应用。

7. 通过实验，观察门电路的基本作用。初步了解逻辑电路的基本原理以及在自动控制中的应用。

8. 初步了解集成电路的作用，关注我国集成电路以及元器件研究的发展情况。

[学习要求]

1. 导体中的电场和电流

知道电源的作用，了解导线中电场的特点。

认识电流的概念和定义式。

2. 电动势

从能量转化的角度了解电源在电路中的作用。

知道电动势的概念和定义式。

3. 欧姆定律

理解欧姆定律，用它进行有关电路问题的计算。

知道导体的伏安特性，知道线性元件和非线性元件。

4. 串、并联电路

理解串、并联电路中的电流、电压、电阻的关系。

5. 电压表和电流表

了解电流表中并联电阻的分流作用。

了解电压表中串联电阻的分压作用。

会用电流表和电压表测量电流、电压。

6. 电功、电功率

知道电功、电功率的概念，并用其表达式进行有关计算。

7. 焦耳定律

认识焦耳定律，用其表达式进行有关计算。

知道电功与电热的区别。

了解焦耳定律在生活生产中的应用。

8. 电阻定律

通过实验探究决定导线电阻大小的因素，体验运用控制变量法研究物理问题的方法。

知道电阻定律和电阻率，用电阻定律进行有关的计算。

9. 闭合电路欧姆定律

认识内电路和外电路。

理解闭合电路欧姆定律，并用它进行有关电路问题的分析与计算。

理解路端电压与负载的关系。

10. 多用电表

了解欧姆表的基本工作原理。

知道多用电表的基本构造。

会使用多用电表测量电路中的电流、电压和电阻。

11. 测定电源电动势和内阻

理解测定电源的电动势和内阻的基本原理，体验测定电源的电动势和内阻的探究过程。

用解析法和图像法求解电动势和内阻。

体验实验研究中获取数据、分析数据、寻找规律的科学思维方法。

12. 简单的逻辑电路

通过实验，观察门电路的基本作用。初步了解逻辑电路的基本原理以及在自动控制中的应用。

初步了解集成电路的作用，关注我国集成电路以及元器件研究的发展情况。（在逻辑电路基础知识的教学中，对于设计电路或定量计算不作要求）

[教学建议]

1. 引导学生推导电流的微观表达式 $I=nqvS$，知道电流的大小是由什么微观量决定的。

2. 让学生以多用电表代替电表进行有关电学实验。

3. 让学生以多用电表为测量工具，判断二极管的正负极，判断大容量电容器是否断路或者漏电。

4. 让学生观察常见电热器的结构，知道其使用要点。

5. 分别描绘电炉丝、小灯泡、半导体二极管的 $I-U$ 特性曲线，并对它们的导电特点进行比较。

6. 用光敏二极管和微型话筒制作楼道灯的光控-声控开关。

7. 制作简单的门电路。

8. 利用集成块制作简单的实用装置。

（三）*磁场*

[内容标准]

1. 列举磁现象在生活、生产中的应用。了解我国古代在磁现象方面的研究成果及其对人类文明的影响。关注与磁相关的现代技术发展。

2. 了解磁场，知道磁感应强度和磁通量。会用磁感线描述磁场。

3. 会判断通电直导线和通电线圈周围磁场的方向。

4. 通过实验，认识安培力。会判断安培力的方向。会计算匀强磁场中安培力的大小。

5. 通过实验，认识洛伦兹力。会判断洛伦兹力的方向，会计算洛伦兹力的大小。了解电子束的磁偏转原理以及在科学技术中的应用。

6. 认识电磁现象的研究在社会发展中的作用。

[学习要求]

1. *磁现象和磁场*

知道电流的磁效应。

知道磁场的基本特性。

了解我国古代在磁现象方面的研究成果及其对人类文明的影响。

2. *磁感应强度*

认识磁感应强度的定义，用磁感应强度的定义式进行有关计算。

3. *几种常见的磁场*

知道磁感线。

知道几种常见磁场磁感线的分布情况。

判断通电直导线和通电线圈周围磁场的方向。

了解安培分子电流假说。

4. *磁通量*

知道磁通量。

5. *磁场对通电导线的作用力*

通过实验认识安培力，会用左手定则判断安培力的方向，计算匀强磁场中安培力大小。（安培力的计算限于直导线跟磁感应强度 B 平行或垂直的两种情况）

知道磁电式电表的基本构造以及运用它测量电流大小和方向的基本原理。（通电线圈磁力矩的计算不作要求）

6. *磁场对运动电荷的作用力*

通过实验认识洛伦兹力，会用左手定则判断洛伦兹力的方向，会计算洛伦兹力的大小。（洛伦兹力的计算限于速度 v 跟磁感应强度 B 平行或垂直的两种情况）

了解电子束的磁偏转原理以及在科学技术中的应用。

7. *带电粒子在匀强磁场中的运动*

分析带电粒子在匀强磁场中的匀速圆周运动，并进行有关计算。

知道回旋加速器的工作原理。

认识电磁现象的研究在社会发展中的作用。（质谱仪和回旋加速器的技术细节不作要求）

[教学建议]

1. 介绍地磁场的分布、变化，及其对人类生活的影响。

2. 引导学生观察计算机磁盘驱动器的结构，大致了解其工作原理。

3. 利用电流天平或其他简易装置，测量或比较磁场力。

4. 让学生观察阴极射线在磁场中的偏转。

5. 介绍质谱仪和回旋加速器的工作原理。

6. 用电磁继电器安装一个自动控制电路。

7. 让学生观察电视显像管偏转线圈的结构，讨论控制电子束偏转的原理。

2008 年普通高等学校招生全国统一考试理科综合科考试大纲的说明·物理科

（一）*能力要求*

高考把对能力的考核放在首要位置。要通过考核知识及其运用来鉴别考生能力的高低，但不应把某些知识与某种能力简单地对应起来。

目前，高考物理科要考核的能力主要包括以下几个方面：

理解能力

理解物理概念、物理规律的确切含义，理解物理规律的适用条件，以及它们在简单情况下的应用；能够清楚地认识概念和规律的表达形式（包括文字表述和数学表达）；能够鉴别关于概念和规律的似是而非的说法；理解相关知识的区别和联系。

推理能力

能够根据已知的知识和物理事实、条件，对物理问题进行逻辑推理和论证，得出正确的结论或做出正确的判断，并能把推理过程正确地表达出来。

分析综合能力

能够独立地对所遇到的问题进行具体分析，弄清其中的物理状态、物理过程和物理情境，找出其中起重要作用的因素及有关条件；能够把一个复杂问题分解为若干较简单的问题，找出它们之间的联系；能够理论联系实际，运用物理知识综合解决所遇到的问题。

应用数学处理物理问题的能力

能够根据具体问题列出物理量之间的关系式，进行推导和求解，并根据结果得出物理结论，必要时能运用几何图形，函数图像进行表达、分析。

实验能力

能独立完成“知识内容表”中所列的实验，能明确实验目的，能理解实验原理和方法，能控制实验条件，会使用仪器，会观察、分析实验现象，会记录、处理实验数据，并得出结论。能灵活地运用已学过的物理理论、实验方法和实验仪器去处理问题。

（二）考试范围和要求

物理要考查的知识按学科的内容分为力学、热学、电磁学、光学及原子和原子核物理五部分。

对各部分知识内容要求掌握的程度，在“知识内容表”中用罗马数字Ⅰ、Ⅱ标出。

Ⅰ. 对所列知识要知道其内容及含义，并能在有关问题中识别和直接使用它们。

Ⅱ. 对所列知识要理解其确切含义及与其他知识的联系，能够进行叙述和解释，并能在实际问题的分析、综合、推理和判断等过程中运用。

知识内容	内容要求说明
一、质点的运动	1. 机械运动、参考系、质点 2. 位移和路程 3. 匀速直线运动、速度、速率、位移公式 $s=vt$、$s-t$ 图、$v-t$ 图 4. 变速直线运动、平均速度 5. 瞬时速度（简称速度） 6. 匀变速直线运动、加速度公式 $v=v_0+at$、$s=v_0t+at^2/2$、$v^2-v_0{}^2=2as$、$v-t$ 图 7. 运动的合成和分解 8. 曲线运动中质点的速度的方向沿轨道的切线方向，且必具有加速度 9. 平抛运动 10. 匀速率圆周运动、线速度和角速度、周期、圆周运动的向心加速度 $a=v^2/R$ （注：不要求会推导向心加速度的公式 $a=v^2/R$）
二、力	11. 力是物体间的相互作用，是物体发生形变和物体运动状态变化的原因，力是矢量，力的合成和分解 12. 万有引力定律、重力、重心 13. 形变和弹力、胡克定律 14. 静摩擦、最大静摩擦力 15. 滑动摩擦、滑动摩擦定律
三、牛顿定律	16. 牛顿第一定律、惯性 17. 牛顿第二定律、质量、圆周运动中的向心力 18. 牛顿第三定律 19. 牛顿力学的适用范围 20. 牛顿定律的应用 21. 万有引力定律应用、人造地球卫星的运动（限于圆轨道） 22. 宇宙速度 23. 超重和失重 24. 共点力作用下的物体的平衡
四、动量、机械能	25. 动量、冲量、动量定理 26. 动量守恒定律 27. 功、功率 28. 动能、做功跟动能改变的关系（动能定理） 29. 重力势能、重力做功与重力势能改变的关系 30. 弹性势能 31. 机械能守恒定律 32. 动量知识和机械能知识的应用（包括碰撞、反冲、火箭） 33. 航天技术的发展和宇宙航行 （注：动量定理和动量守恒定律的应用只限于一维的情况）

续表

知识内容	内容要求说明
五、振动和波	34. 弹簧振子、简谐振动、简谐振动的振幅、周期和频率、简谐运动的位移-时间图像 35. 单摆 36. 振动中的能量转化 37. 自由振动和受迫振动、受迫振动的振动频率、共振及其常见的应用 38. 振动在介质中的传播——波、横波和纵波、横波的图像、波长、频率和波速的关系 39. 波的叠加、波的干涉、衍射现象 40. 声波、超声波及其应用 41. 多普勒效应
六、分子热运动、热和功、气体	42. 物质是由大量分子组成的、阿伏伽德罗常数、分子的热运动、布朗运动、分子间的相互作用力 43. 分子热运动的动能、温度是物体分子的热运动平均动能的标志、物体分子间的相互作用势能、物体的内能 44. 做功和热传递是改变物体内能的两种方式、热量、能量守恒定律 45. 热力学第一定律 46. 热力学第二定律 47. 永动机不可能 48. 绝对零度不可达到 49. 能源的开发和利用、能源的利用与环境保护 50. 气体的状态和状态参量、热力学温度 51. 气体的体积、压强、温度之间的关系 52. 气体分子运动的特点 53. 气体压强的微观意义
七、电场	54. 两种电荷、电荷守恒 55. 真空中的库仑定律、电荷量 56. 电场、电场强度、电场线、点电荷的场强、匀强电场、电场强度的叠加 57. 电势能、电势差、电势、等势面 58. 匀强电场中电势差跟电场强度的关系 59. 静电屏蔽 60. 带电粒子在匀强电场中的运动 61. 示波管、示波器及其应用 62. 电容器的电容 63. 平行板电容器的电容、常用的电容器 （注：带电粒子在匀强电场中运动的计算，只限于带电粒子进入电场时速度平行或垂直于场强的情况）

续表

知识内容	内容要求说明
八、稳恒电流	64. 电流、欧姆定律、电阻和电阻定律 65. 电阻率与温度的关系 66. 半导体及其应用、超导及其应用 67. 电阻的串、并联、串联电路的分压作用、并联电路的分流作用 68. 电功和电功率、串联、并联电路的功率分配 69. 电源的电动势和内电阻、闭合电路的欧姆定律、路端电压 70. 电流、电压和电阻的测量（电流表、电压表和多用表的使用、伏安法测电阻）
九、磁场	71. 电流的磁场 72. 磁感应强度、磁感线、地磁场 73. 磁性材料、分子电流假说 74. 磁场对通电直导线的作用、安培力、左手定则 75. 磁电式电表原理 76. 磁场对运动电荷的作用、洛伦兹力、带电粒子在匀强磁场中的运动 77. 质谱仪、回旋加速器 （注：1. 安培力的计算限于直导线跟 B 平行或垂直的两种情况 2. 洛伦兹力的计算限于 v 跟 B 平行或垂直的两种情况）
十、电磁感应	78. 电磁感应现象、磁通量、法拉第电磁感应定律、楞次定律 79. 导体切割磁感线时的感应电动势、右手定则 80. 自感现象 81. 日光灯 （注：1. 导体切割磁感线时感应电动势的计算，只限于 L 垂直于 B、v 的情况 2. 在电磁感应现象里，不要求判断内电路中各点电势的高低）
十一、交流电流	82. 交流发电机及其产生正弦交流电的原理、正弦式电流的图像和三角函数表达式、最大值与有效值、周期与频率 83. 电阻、电感和电容对交变电流的作用 84. 变压器的原理、电压比和电流比 85. 电能的输送 （注：只要求讨论单相理想变压器 ）
十二、电磁场和电磁波	86. 电磁场、电磁波、电磁波的周期、频率、波长和波速 87. 无线电波的发射和接收 88. 电视、雷达
十三、光的反射和折射	89. 光的直线传播、本影和半影 90. 光的反射、反射定律、平面镜成像作图法 91. 光的折射、折射定律、折射率、全反射和临界角 92. 光导纤维 93. 棱镜、光的色散

续表

知识内容	内 容 要 求 说 明
十四、光的波动性和微粒性	94. 光本性学说的发展简史 95. 光的干涉现象、双缝干涉、薄膜干涉、双缝干涉的条纹间距与波长的关系 96. 光的衍射 97. 光的偏振现象 98. 光谱和光谱分析、红外线、紫外线、X 射线、γ 射线以及它们的应用、光的电磁本性、电磁波谱 99. 光电效应、光子、爱因斯坦光电效应方程 100. 光的波粒二象性、物质波 101. 激光的特性及应用
十五、原子和原子核	102. α 粒子散射实验、原子的核式结构 103. 氢原子的能级结构、光子的发射和吸收 104. 氢原子的电子云 105. 原子核的组成、天然放射现象、α 射线、β 射线、γ 射线、衰变、半衰期 106. 原子核的人工转变、核反应方程、放射性同位素及其应用 107. 放射性污染和防护 108. 核能、质量亏损、爱因斯坦的质能方程 109. 重核的裂变、链式反应、核反应堆 110. 轻核的聚变、可控热核反应 111. 人类对物质结构的认识
十六、单位制	112. 单位制、中学物理中涉及的国际单位制的基本单位和其他物理量的单位：小时、分、摄氏度（℃）、标准大气压、升、电子伏特（eV）。知道国际单位制中规定的单位符号
十七、实验	113. 长度的测量 114. 研究匀速直线运动 115. 探究弹力和弹簧伸长的关系 116. 验证力的平行四边形定则 117. 验证动量守恒定律 118. 研究平抛物体的运动 119. 验证机械能守恒定律 120. 用单摆测定重力加速度 121. 用油膜法估测分子的大小 122. 用描述法画出电场中平面上的等势线 123. 测定金属的电阻率（同时练习使用螺旋测微器） 124. 描绘小电珠的伏安特性曲线 125. 把电流表改装为电压表 126. 测定电源的电动势和内阻 127. 用多用电表探索黑箱内的电学元件

续表

知识内容	内容要求说明
十七、实验	128. 练习使用示波器 129. 传感器的简单应用 130. 测定玻璃的折射率 131. 用双缝干涉测光的波长 （1. 要求会正确使用的仪器主要有：刻度尺、游标卡尺、螺旋测微器、天平、秒表、电火花打点计时器或电磁打点计时器、弹簧测力计、温度表、电流表、电压表、多用电表、滑动变阻器、电阻箱等 2. 要求认识误差问题在实验中的重要性，了解误差的概念，知道系统误差和偶然误差；知道用多次测量求平均值的方法减小偶然误差；能在某些实验中分析误差的主要来源；不要求计算误差 3. 要求知道有效数字的概念，会用有效数字表达直接测量的结果；间接测量的有效数字运算不作要求）

（三）命题要求

以能力测试为主导，考查考生对所学相关课程基础知识、基本技能的掌握程度和综合运用所学知识分析、解决实际问题的能力。要重视理论联系实际，关注科学技术、社会经济和生态环境的协调发展；要重视对考生科学素养的考查。

（四）考试形式与试卷结构

1. 答卷方式

闭卷、笔试

2. 考试时间

考试时间150分钟。试卷满分为300分。

3. 题型

试卷一般包括选择题和非选择题，其中非选择题包括填空题、实验题、作图题、计算题、简答题等题型。

4. 内容比例

物理、化学、生物3科的内容比例约为40%、36%、24%。

5. 试题难度

试卷包括容易题、中等难度题和难题，以中等难度题为主。

6. 组卷原则

试题主要按题型、内容和难度进行排列，选择题在前，非选择题在后，同一题型中同一学科的试题相对集中，同一学科中不同试题尽量按由易到难的顺序排列。

2008年普通高等学校招生全国统一考试（江苏卷）说明·物理科

一、命题指导思想

普通高等学校招生全国统一考试（简称“高考”），是由合格的高中毕业生和具有同等学力的考生参加的选拔性考试，高等学校根据考生的成绩，按已确定的招生计划，德、智、体全面衡量，择优录取。

高考，是大学选拔新生的主要依据，同时也对中学教学又具有较强的导向性。2008年普通高等学校招生全国统一考试（江苏卷）物理科命题应按照有利于高等学校选拔新生，有利于中学实施素质教育和对学生创新精神与实践能力的培养，有利于江苏省高中物理新课程教学的原则组织实施。

命题以能力测试为主导，考查学生对基础知识、基本技能的掌握程度和运用所学知识分析、解决问题的能力，重视对考生科学素养的考查，注重理论联系实际，关注物理科学与技术和社会的联系，关注物理知识在现代生产、生活等方面的广泛应用，以利于激发考生学习科学的兴趣，培养实事求是的态度，形成正确的价值观，促进“知识与技能”“过程与方法”“情感态度与价值观”三维教学培养目标的实现。

试题应有较高的信度、效度、必要的区分度和适当的难度。

二、考试内容及要求

依据中华人民共和国教育部制定的《普通高中物理课程标准（实验）》（2003年4月第1版，人民教育出版社）和江苏省《普通高中课程标准教学要求》（2007年1月第1版，江苏教育出版社），参照《2007年普通高等学校招生全国统一考试物理科考试大纲》（教育部考试中心，课程标准实验版），结合我省中学物理教学实际，对考试内容及要求具体说明如下：

（一）能力要求

高考物理在考查知识的同时，注重考查能力，并把对能力的考查放在首要位置。通过考查知识及其应用来鉴别考生能力的高低，但不把某些知识与某种能力简单地对应起来。

目前，高考物理科要求考查的能力主要包括以下几个方面：

1. 理解能力

理解物理概念、物理规律的确切含义，能够清楚地认识概念和规律的表达形式，能够鉴别关于概念和规律的似是而非的说法，理解相关知识的区别和联系。

理解物理规律的适用条件，并能应用于简单的实际物理问题。

2. 推理能力

能够从有关物理概念和定律出发，在给定的简化情况下导出物理学中的定理或公式。

能根据具体物理问题中已知的事实和条件，结合学过的知识和已获得的方法，进行逻辑推理和论证，得出正确结论或做出正确判断，并能够把推理过程正确地表达出来。

3. 分析综合能力

对物理问题能独立思考，能够对所遇到的问题进行具体分析，弄清其中的物理状态、物理过程和物理问题的本质，建立适当的物理模型，找到解决问题的方法。

在对物理问题进行恰当分析的基础上，能够把较为复杂的问题分解为若干个比较简单的问题，并找出它们之间的联系，作出正确的判断或得出合理的结论。

能够关注生产、生活和社会中的实际问题，理论联系实际，综合运用物理知识和科学方法，初步解决实际问题。

4. 应用数学处理物理问题的能力

能够根据具体问题找出物理量之间的数学关系，根据数学的特点、规律进行推导、求解和合理外推，并根据结果作出物理判断、进行物理解释或得出物理结论。

能根据物理问题的实际情况和所给条件，恰当运用几何图形、函数图像等形式和方法进行分析、表达。能够从所给图像通过分析找出其所表示的物理内容，用于分析和解决物理问题。

5. 实验与探究能力

能独立完成“知识内容表”中注明“实验、探究”的内容，明确实验目的，理解实验原理和方法，控制实验条件。

会使用实验仪器，会观察、分析实验现象，会记录、处理实验数据，并得出结论，对结论进行一定的分析和评价。

能在实验过程中，发现问题、提出问题，并制定解决方案。

能运用已学过的物理理论、实验方法和实验仪器去解决问题，包括简单的设计性实验。

以上五个方面的能力要求不是孤立的，着重对某一种能力进行考查的同时，在不同程度上也考查了与之相关的能力。同时，在应用某种能力处理或解决具体问题的过程中往往伴随着发现问题、提出问题的过程，因而高考对考生发现问题和提出问题能力的考查渗透在以上各种能力的考查中。

（二）内容和要求

要考查的物理知识包括力学、热学、电磁学、光学、原子和原子核等部分。考虑到课程标准中物理知识的安排和我省2008届高中毕业学生的教学实际，考试内容分为必考内容和选考内容两类，必考内容有4个模块，选考内容有3个模块，考生须从3个选考模块中任选两个模块作答。具体模块及内容见表1，考试的内容范围及要求见表2，单位制和实验的要求见表3。

对知识内容要求掌握的程度，在表2中用Ⅰ、Ⅱ标出。Ⅰ、Ⅱ的含义如下。

Ⅰ. 基本要求：对所列知识要了解其内容及含义，并能在有关问题中识别和直接使用。

Ⅱ. 较高要求：对所列知识要理解其确切含义及与其他知识的联系，能够进行叙述和解释，并能在实际问题的分析、综合、推理和判断等过程中运用。

表1 必考内容和选考内容

模块	必考内容	选考内容
物理1	运动的描述 相互作用与运动规律	
物理2	机械能和能源 抛体运动与圆周运动 经典力学的成就和局限性	
选修3-1	电场 电路 磁场	
选修3-2	电磁感应 交变电流 传感器	
选修3-3		分子动理论与统计思想 固体、液体与气体 热力学定律与能量守恒 能源与可持续发展
选修3-4		机械振动与机械波 电磁振荡与电磁波 光 相对论

续表

模块	必考内容	选考内容
选修 3－5		碰撞与动量守恒 原子结构 原子核 波粒二象性

表 2　考试内容范围及要求

物理 1		
内　容	要求	说　明
1. 质点、参考系和坐标系	Ⅰ	非惯性参考系不作要求
2. 路程和位移、时间和时刻	Ⅱ	
3. 匀速直线运动、速度和速率	Ⅱ	
4. 变速直线运动、平均速度和瞬时速度	Ⅰ	
5. 速度随时间的变化规律（实验、探究）	Ⅱ	
6. 匀变速直线运动、自由落体运动、加速度	Ⅱ	
7. 力的合成和分解、力的平行四边形定则（实验、探究）	Ⅱ	力的合成和分解的计算，只限于用作图法或直角三角形知识解决
8. 重力、形变和弹力、胡克定律	Ⅰ	对弹簧组劲度系数问题的讨论不作要求
9. 静摩擦、滑动摩擦、摩擦力、动摩擦因数	Ⅰ	不引入静摩擦因数
10. 共点力作用下物体的平衡	Ⅰ	解决复杂连接体的平衡问题不作要求
11. 牛顿运动定律及其应用	Ⅱ	加速度不同的连接体问题不作要求；在非惯性系内运动的问题不作要求
12. 加速度与物体质量、物体受力的关系（实验、探究）	Ⅱ	
物理 2		
内　容	要求	说　明
13. 功和功率	Ⅱ	
14. 重力势能	Ⅱ	
15. 弹性势能	Ⅰ	弹性势能的表达式不作要求
16. 恒力做功与物体动能变化的关系（实验、探究）	Ⅱ	

续表

内　　容	要求	说　　明
17. 动能、动能定理	Ⅱ	
18. 机械能守恒定律及其应用	Ⅱ	
19. 验证机械能守恒定律（实验、探究）	Ⅱ	
20. 能源和能量耗散	Ⅰ	
21. 运动的合成和分解	Ⅱ	
22. 抛体运动	Ⅱ	斜抛运动只作定性要求
23. 圆周运动、线速度、角速度、向心加速度	Ⅰ	角速度的方向不作要求
24. 匀速圆周运动、向心力	Ⅱ	
25. 生活中的圆周运动	Ⅰ	
26. 开普勒行星运动定律	Ⅰ	定量计算不作要求
27. 万有引力定律及其应用	Ⅱ	地球表面附近，重力近似等于万有引力
28. 第一宇宙速度、第二宇宙速度、第三宇宙速度	Ⅰ	定量计算只限第一宇宙速度
29. 经典力学的局限性	Ⅰ	
选修 3-1		
内　　容	要求	说　　明
30. 电荷、电荷守恒定律、点电荷	Ⅰ	
31. 库仑定律	Ⅱ	
32. 静电场、电场线	Ⅰ	
33. 电场强度、点电荷的场强	Ⅱ	电场的叠加只限于两个电场强度叠加的情形
34. 电势能、电势、等势面	Ⅰ	
35. 电势差	Ⅱ	
36. 匀强电场中电势差和电场强度的关系	Ⅰ	
37. 带电粒子在匀强电场中的运动	Ⅱ	只限于带电粒子进入电场时速度平行或垂直于场强的情况
38. 电容器、电容	Ⅰ	电容器的计算不作要求
39. 示波管	Ⅰ	示波器的工作原理不作要求
40. 电流、电动势	Ⅰ	
41. 欧姆定律、闭合电路欧姆定律	Ⅱ	
42. 电阻定律	Ⅰ	
43. 决定导线电阻的因素（实验、探究）	Ⅱ	
44. 电阻的串联与并联	Ⅰ	

续表

内　　容	要求	说　　明
45. 测量电源的电动势和内阻（实验、探究）	Ⅱ	
46. 电功、电功率、焦耳定律	Ⅰ	
47. 简单的逻辑电路	Ⅰ	电路设计和定量计算不作要求
48. 磁场、磁感应强度、磁感线、磁通量	Ⅰ	
49. 通电直导线和通电线圈周围磁场的方向	Ⅰ	
50. 安培力、安培力的方向	Ⅰ	
51. 匀强磁场中的安培力	Ⅱ	计算限于直导线跟磁感应强度平行或垂直两种情况；通电线圈磁力矩的计算不作要求
52. 洛伦兹力、洛伦兹力的方向	Ⅰ	
53. 洛伦兹力公式	Ⅱ	
54. 带电粒子在匀强磁场中的运动	Ⅱ	计算限于速度与磁感应强度平行或垂直两种情况
55. 质谱仪、回旋加速器	Ⅰ	质谱仪和回旋加速器的技术细节不作要求

选修 3 - 2

内　　容	要求	说　　明
56. 电磁感应现象	Ⅰ	
57. 感应电流的产生条件	Ⅱ	
58. 法拉第电磁感应定律、楞次定律	Ⅱ	限于导线方向与磁场方向、运动方向垂直的情况；有关反电动势的计算不要求
59. 互感、自感、涡流	Ⅰ	
60. 交变电流、描述交变电流的物理量和图像	Ⅰ	相位的概念不作要求
61. 正弦交变电流的函数表达式	Ⅰ	
62. 电感和电容对交变电流的影响	Ⅰ	
63. 变压器	Ⅰ	
64. 电能的输送	Ⅰ	
65. 传感器及其工作原理	Ⅰ	
66. 传感器的应用	Ⅰ	

续表

选修 3－3		
内　　容	要求	说　　明
67. 物体是由大量分子组成的、阿伏伽德罗常数	Ⅰ	
68. 用油膜法估测分子的大小（实验、探究）	Ⅰ	
69. 分子热运动、布朗运动	Ⅰ	
70. 分子间的作用力	Ⅰ	
71. 温度和内能	Ⅰ	
72. 固体的微观结构、晶体和非晶体	Ⅰ	
73. 液体的表面张力现象	Ⅰ	对浸润和不浸润现象、毛细现象的解释不作要求
74. 液晶的微观结构	Ⅰ	
75. 气体实验定律、理想气体	Ⅰ	气体实验定律的定量计算不作要求
76. 饱和汽和饱和气压	Ⅰ	相对湿度的计算不作要求
77. 做功和热传递是改变内能的两种方式	Ⅰ	
78. 热力学第一定律、能量守恒定律	Ⅱ	
79. 热力学第二定律	Ⅰ	
80. 能源与环境	Ⅰ	
81. 能源的开发和应用	Ⅰ	
选修 3－4		
内　　容	要求	说　　明
82. 简谐运动、简谐运动的表达式和图像	Ⅱ	弹簧振子振动的周期公式不作要求；竖直放置的弹簧振子振动过程中能量转化的分析不作要求
83. 单摆的周期与摆长的关系（实验、探究）	Ⅰ	
84. 受迫振动和共振	Ⅰ	
85. 机械波、横波和纵波、横波的图像	Ⅰ	
86. 波长、波速和频率（周期）的关系	Ⅰ	
87. 波的反射和折射、波的衍射和干涉	Ⅰ	
88. 多普勒效应	Ⅰ	
89. 电磁波、电磁波的传播	Ⅰ	

续表

内　容	要求	说　明
90. 电磁振荡、电磁波的发射和接收	Ⅰ	电容器极板上的电量、电路中的振荡电流随时间的变化规律的分析不作要求，周期、频率的计算不作要求
91. 电磁波谱及其应用	Ⅰ	
92. 光的折射定律、折射率	Ⅱ	相对折射率不作要求
93. 测定玻璃的折射率（实验、探究）	Ⅰ	
94. 光的全反射、光导纤维	Ⅰ	
95. 光的干涉、衍射和偏振	Ⅰ	
96. 激光的特性及应用	Ⅰ	激光产生的原理不作要求
97. 狭义相对论的基本假设	Ⅰ	
98. 狭义相对论的几个重要结论	Ⅰ	定量计算不作要求

选修 3－5

内　容	要求	说　明
99. 动量、动量守恒定律	Ⅱ	只限于一维的情况
100. 验证动量守恒定律（实验、探究）	Ⅰ	
101. 弹性碰撞和非弹性碰撞、反冲运动	Ⅰ	只限于一维碰撞的相关问题
102. 量子论的建立、黑体和黑体辐射	Ⅰ	
103. 光电效应、光子说、光电效应方程	Ⅰ	
104. 康普顿效应	Ⅰ	
105. 光的波粒二象性、物质波、概率波不确定性关系	Ⅰ	德布罗意关系式的定量计算不作要求
106. 原子核式结构模型	Ⅰ	
107. 氢原子光谱	Ⅰ	
108. 原子的能级	Ⅰ	
109. 原子核的组成	Ⅰ	
110. 原子核的衰变、半衰期	Ⅰ	用半衰期公式进行定量计算不作要求
111. 放射性的应用与防护、放射性同位素	Ⅰ	
112. 核力与结合能、质量亏损	Ⅰ	
113. 核反应方程	Ⅰ	
114. 重核裂变、核聚变	Ⅰ	

表 3 单位制及实验的要求

主 题	要 求
单位制	知道中学物理中涉及的国际单位制的基本单位和其他物理量的单位，包括小时、分、升、电子伏特（eV），选修 3－3 包括摄氏度（℃）、标准大气压、毫米汞柱 知道国际单位制中规定的单位符号
实 验	会正确使用的仪器主要有：刻度尺、游标卡尺、螺旋测微器、天平、秒表、电火花打点计时器或电磁打点计时器、弹簧秤、电流表、电压表、多用电表、滑动变阻器、电阻箱、温度计（选修 3－3）等 认识误差问题在实验中的重要性，了解误差的概念，知道系统误差和偶然误差；知道多次测量求平均值的方法减小偶然误差；能在某些实验中分析误差的主要来源；不要求计算误差 知道有效数字的概念，会用有效数字表达直接测量的结果。间接测量的有效数字运算不作要求

三、考试形式与试卷结构

（一）考试方式

闭卷、笔试

（二）考试时间

100 分钟（试卷满分为 120 分）

（三）题型

试卷包括选择题、简答题、计算题。选择题中，包含四选一的选择题和四选多的选择题，并明确区分；简答题用于考查实验和选考内容（选考内容只出现在简答题中）。

（四）模块内容比例

必考模块　　约　80％

选考模块　　约　20％

实验（包含在以上各部分内容中）　15％左右

（五）试题难度

试卷包括容易题、中等难度题和难题，以中等难度题为主，三个选考模块内容不出现难题，难易程度力求相当。

四、典型题示例

1. 如图所示，在倾角为 30°的足够长的光滑斜面上有一质量为 m 的物体，它受到沿斜面方向的力 F 的作用，力 F 可按图（a）（b）（c）（d）所示的四种方式随时间变化（图中纵坐标是 F 与 mg 的比值，力沿斜面向上为正）。

已知此物体在 $t=0$ 时速度为零，若用 v_1、v_2、v_3、v_4 分别表示上述四种受力情况下物体在 3 秒末的速率，则这四个速率中最大的是（　　）

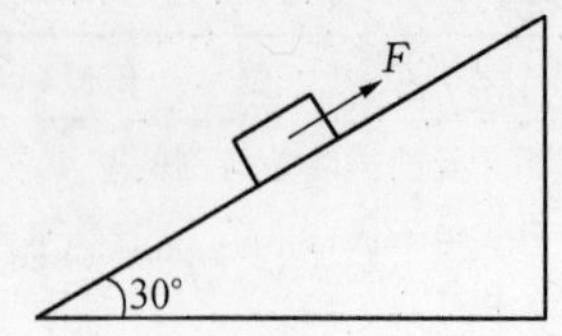

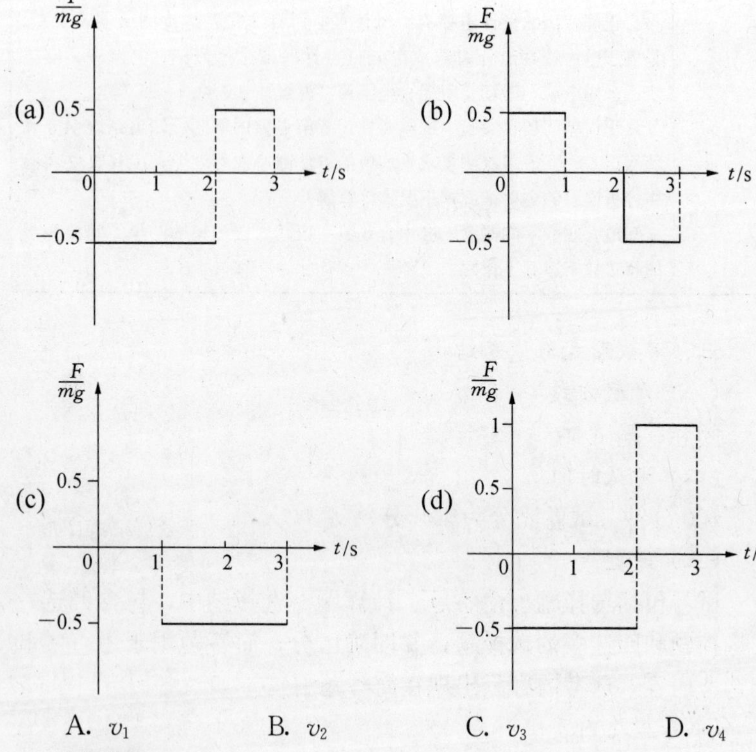

A. v_1　　B. v_2　　C. v_3　　D. v_4

【答案】C

【分析】本题考查考生对受力分析、牛顿运动定律、匀变速直线运动规律的理解和应用，属中等题。

该题以学生熟悉的物体在光滑斜面上的运动为背景，要求考生根据物体的受力情况及所给图像，判断物体的运动状态和运动过程，根据匀变速直线运动规律得出正确选项。

本题设计新颖，是一道典型的通过图表描述给出条件的好题，着重考查考生读取物理图表、从图像获取信息、解决问题的能力。

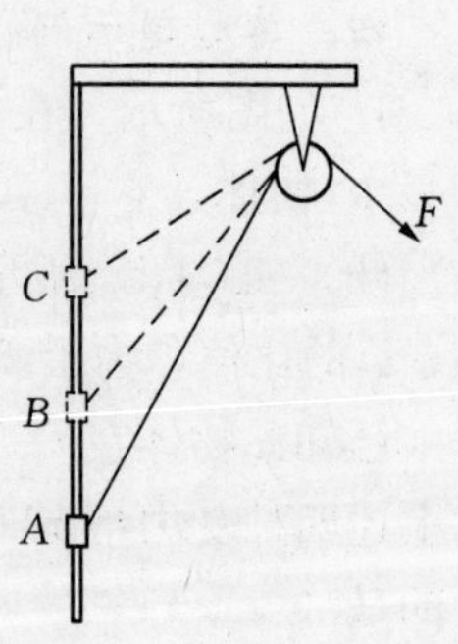

2. 如右图所示，固定的光滑竖直杆上套着一个滑块，用轻绳系着滑块绕过光滑的定滑轮，以大小恒定的拉力 F 拉绳，使滑块从 A 点起由静止开始上升。若从 A

点上升至 B 点和从 B 点上升至 C 点的过程中拉力 F 做的功分别为 W_1、W_2，滑块经 B、C 两点时的动能分别为 E_{KB}、E_{KC}，图中 $AB=BC$，则一定有（　　）

A. $W_1>W_2$　　B. $W_1<W_2$

C. $E_{KB}>E_{KC}$　　D. $E_{KB}<E_{KC}$

【答案】A

【分析】本题考查考生对功、能等概念的理解，对功能关系的把握与运用，属较难题。

本题中 A、B 两个选项是针对大小恒定的拉力 F 所做的功而设置的，考查了考生对功的定量计算；而 C、D 两个选项则是针对滑块动能的变化情况而设置的，考查了考生对动能定理的掌握与运用。

试题对考生提出了较高的能力要求：在拉力大小恒定的前提下比较做功的多少的关系时，既可以比较拉过绳的长短，又可以比较绳与竖直杆间夹角的变化情况；在拉力做功多少被确定的基础上比较滑块动能变化情况时，既可以考虑到重力做功而运用动能定理，又可以直接比较滑块的重力与拉力的竖直分力的大小关系；在反映物理量间关系的物理规律中，相当多的一部分是反映矢量间的关系，这些关系在数学表现形式上给出的是某种几何关系，用几何的方法来处理物理矢量间的关系，实际上反映了化抽象思维为形象思维的过程。本题设计考查了学生这方面的思维方法和能力。

3. 我省沙河抽水蓄能电站自 2003 年投入运行以来，在缓解用电高峰电力紧张方面取得了良好的社会效益和经济效益。抽水蓄能电站的工作原理是，在用电低谷时（如深夜），电站利用电网多余电能把水抽到高处蓄水池中，到用电高峰时，再利用蓄水池中的水发电。如图，蓄水池（上游水库）可视为长方体。有效总库容量（可用于发电）为 V，蓄水后水位高出下游水面 H，发电过程中上游水库水位最大落差为 d。统计资料表明，该电站年抽水用电为 2.4×10^8 kW · h，年发电量为 1.8×10^8 kW · h。则下列计算结果正确的是（水的密度为 ρ，重力加速度为 g，涉及重力势能的计算均以下游水位为零势能面）（　　）

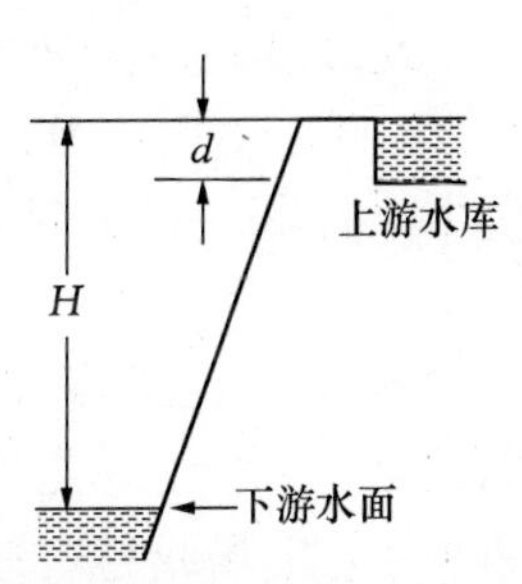

A. 能用于发电的水的最大重力势能 $E_P=\rho VgH$

B. 能用于发电的水的最大重力势能 $E_P=\rho Vg\left(H-\frac{d}{2}\right)$

C. 电站的总效率达 75%

D. 该电站平均每天所发电能可供给一个大城市居民用电（电功率以 10^5 kW 计）约 10 h

【答案】BC

【分析】该题的设计以我省沙河抽水蓄能电站为背景，考查考生对功和能概念的理解，属中等题。

本题为信息给予题，对实际的抽水蓄能电站作了一些合理的简化处理，控制了试题的难度和计算量。

本题着重考查考生理论联系实际的应用能力，旨在引导中学教学关注生产、生活和社会中的实际问题。同时，对考生的节能意识有良好的教育功能。

4. 假设太阳系中天体的密度不变，天体直径和天体之间距离都缩小到原来的一半，地球绕太阳公转近似为匀速圆周运动，则下列物理量变化正确的是（　　）

A. 地球的向心力变为缩小前的一半

B. 地球的向心力变为缩小前的$\frac{1}{16}$

C. 地球绕太阳公转周期与缩小前的相同

D. 地球绕太阳公转周期变为缩小前的一半

【答案】BC

【分析】本题考查学生运用万有引力定律和牛顿定律进行推理和解决天体运动类问题的能力，属中等题。

通过对太阳系作“等比例缩小”的变化，导致相关物理量有变（地球所受向心力）有不变（地球绕太阳运动周期）的结果，题中“假设”方法对培养学生类比和抽象思维能力具有积极意义。

5. a、b、c、d 是匀强电场中的四点，它们正好是一个矩形的四个顶点，电场线与矩形所在的平面平行。已知 a 点的电势为 20 V，b 点的电势为 24 V，d 点的电势为 4 V，如图，由此可知 c 点的电势为（　　）

A. 4 V　　B. 8 V　　C. 12 V　　D. 24 V

【答案】B

【分析】本题考查考生电势、电势差、等势面的知识，考查考生的分析、思维能力，属容易题。

试题中空间各点的电势以图像的形式给出，要求考生对匀强电场中电势差和电场强度的关系有正确的认识，通过比较空间四点的电势差，直接使用电势与电势差的关系得出结论。

6. 如图所示电路中的变压器为理想变压器，S 为单刀双掷开关，P 是滑动变阻器 R 的滑动触头，U_1 为加在原线圈两端的交变电压，I_1、I_2 分别为原线圈和副线圈中的电流。下列说法正确的是（　　）

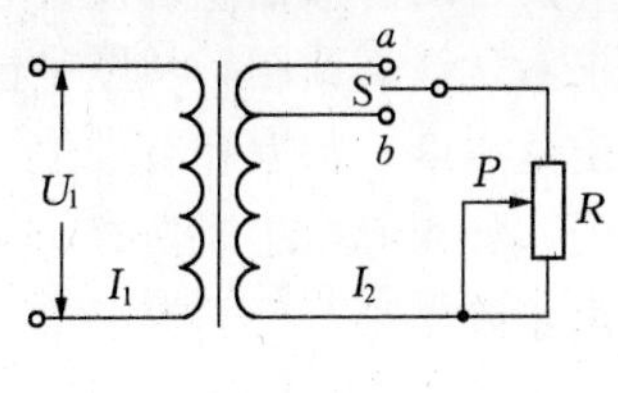

A. 保持 P 的位置及 U_1 不变，S 由 b 切换到 a，则 R 上消耗的功率减小

B. 保持 P 的位置及 U_1 不变，S 由 a 切换到 b，则 I_2 减小

C. 保持 P 的位置及 U_1 不变，S 由 b 切换到 a，则 I_1 增大

D. 保持 U_1 不变，S 接在 b 端，将 P 向上滑动，则 I_1 减小

【答案】BC

【分析】本题考查考生对单相理想变压器原理的理解，同时考查考生对交变电流、电功率等知识的理解，对简单电路图的分析能力，属中等题。

本题要求考生依据此题设定的变化条件，运用理想变压器工作原理：输入功率等于输出功率、原副线圈的端电压之比等于两个线圈的匝数比，然后对结果作出判断。

该题的示意图代表了中学物理实验室中最常见的调压变压器，考查了考生综合分析变压器和电阻（用电器）电路中，电流、电压、电功率变化的能力。

7. 一正弦交流电的电压随时间变化的规律如图所示，由图可知（　　）

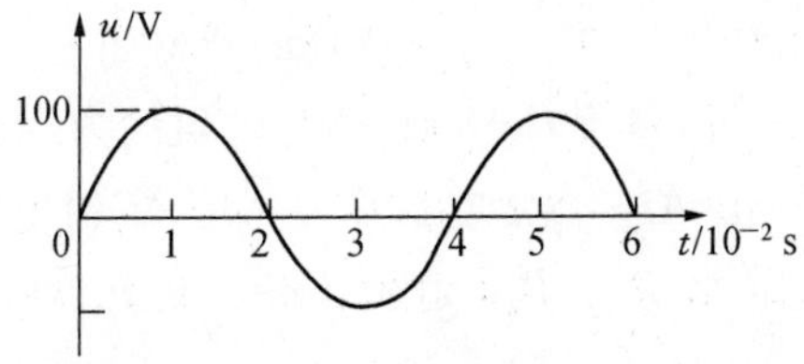

A. 该交流电的电压瞬时值的表达式为 $u=100\sin(25t)$ V

B. 该交流电的频率为 25 Hz

C. 该交流电的电压的有效值为 $100\sqrt{2}$ V

D. 若将该交流电压加在阻值为 $R=100\ \Omega$ 的电阻两端，则电阻消耗的功率是 50 W

【答案】BD

【分析】本题考查考生对交变电流相关知识的认识，属容易题。

试题的有效信息都设置在图像中，使得题干简洁明了。这就要求考生认真读图，从图中能直接读出电压的最大值、周期，计算出角速度，频率和有效值，写出电压瞬时值表达式。本题难度不大，如果考生平时认真学习正弦式电流的有关知识，则不难判断出正确结论。

8.（1）某实验中需要测量一根钢丝的直径（约 0.5 mm）。为了得到尽可能精确的测量数据，应从实验室提供的米尺、螺旋测微器和游标卡尺（游标尺上有 10 个等分刻度）中，选择________进行测量。

（2）用游标卡尺（游标尺上有 50 个等分刻度）测定某工件的宽度时，示数如图所示，此工件的宽度为__________mm。

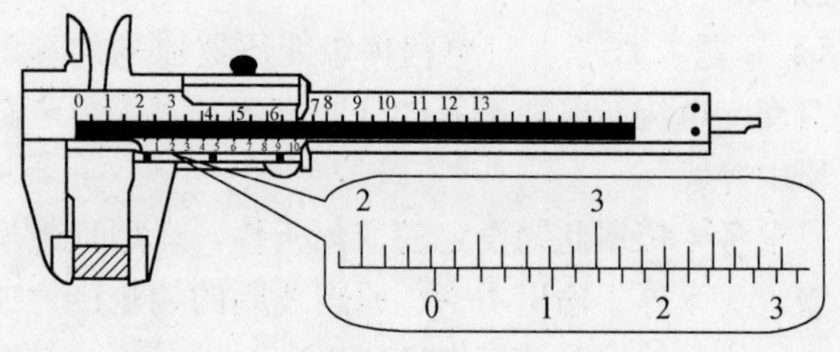

【答案】（1）螺旋测微器　（2）23.22

【分析】本题考查学生对基本测量仪器的使用，属容易题。

第（1）小题要求学生了解米尺、游标卡尺和螺旋测微器等三种常用的长度测量仪器的精度，选择“尽可能精确”的仪器；第（2）小题考查考生对游标卡尺的实际读数能力。

9. 现要按图①所示的电路测量一节旧干电池的电动势 E(约 1.5 V）和内阻 r(约 20 Ω)，可供选择的器材如下：

电流表 A_1、A_2(量程 0～500 μA，内阻约为 500 Ω)，滑动变阻器 R(阻值 0～100 Ω，额定电流 1.0 A)，定值电阻 R_1(阻值约为 100 Ω)，电阻箱 R_2、R_3(阻值 0～999.9 Ω)，开关，导线若干。

由于现有电流表量程偏小，不能满足实验要求，为此，先将电流表改装（扩大量程），然后再按图①电路进行测量。

（1）测量电流表 A_2 的内阻。

按图②电路测量 A_2 的内阻，以下给出了实验中必要的操作。

A. 断开 S_1

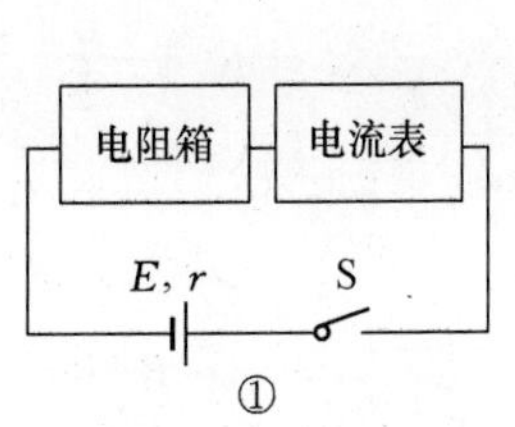

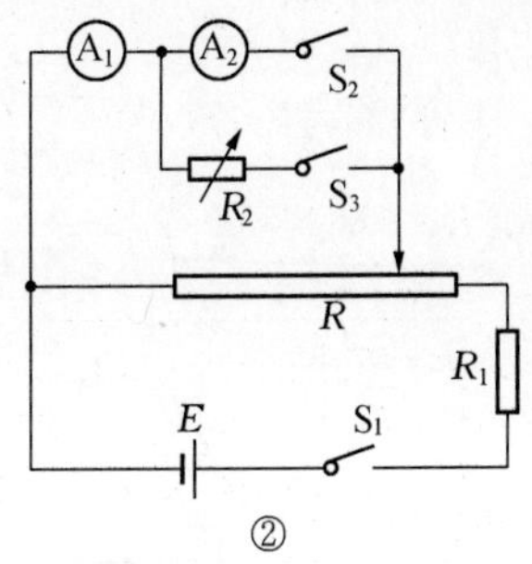

B. 闭合 S_1、S_2

C. 按图②连接线路，将滑动变阻器 R 的滑片调至最左端，R_2 调至最大

D. 调节 R_2，使得示数为 I_1，记录 R_2 的值

E. 断开 S_2，闭合 S_3

F. 调节滑动变阻器 R，使得 A_1、A_2 指针偏转适中，记录 A_1 的示数 I_1

请按合理顺需排列实验步骤（填序号）：________。

(2) 将电流表 A_2（较小量程）改装电流表 A（较大量程）。

如果 (1) 中测出的 A_2 内阻为 468.0 Ω，现用 R_2 将 A_2 改装成量程为 20 mA 的电流表 A，应把 R_2 调为________Ω 与 A_2 并联，改装后电流表 A 的内阻 R_A 为________Ω。

(3) 利用电流表 A，电阻箱 R_3 测电池的电动势和内阻。

用电流表 A，电阻箱 R_3 及开关 S 按图①所示电路测电池的电动势和内阻。实验时，改变 R_3 的值，记录下电流表的示数 I，得到若干组 R_3、I 的数据，然后通过做出有关物理量的线性图像，求得电池的电动势 E 和内阻 r。

a. 请写出与你所作线性图像对应的函数表达式________。

b. 请在虚线框内坐标中做出定性图像（要求标明两个坐标轴所表示的物理量，用符号表示）。

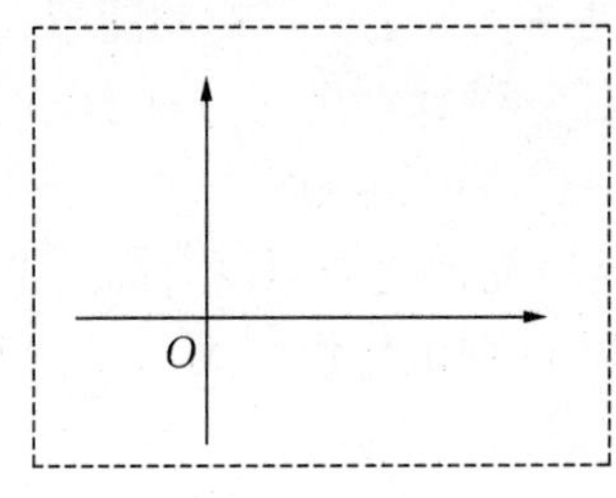

c. 图中________表示 E，图中________表示 r。

【答案】

(1) C B F E D A

(2) 12 11.7

(3) 参考答案一

a. $R_3+R_A=E\left(\frac{1}{I}\right)-r$

b. 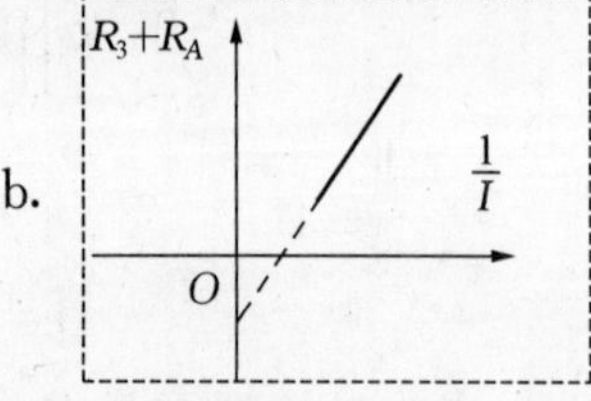

c. 直线的斜率

纵轴截距的绝对值

参考答案二

a. $\frac{1}{I}=\frac{1}{E}(R_3+R_A)+\frac{r}{E}$

b. 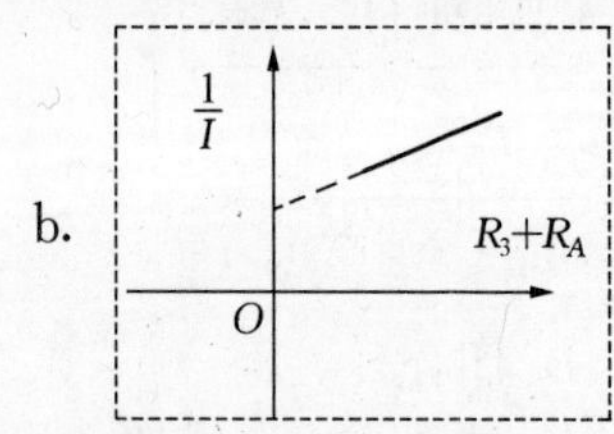

c. 直线斜率的倒数

纵轴截距除以斜率

【分析】

本题考查考生实验的设计能力、操作能力以及处理实验结果的能力。本题构思新颖，对考生的创新思维能力要求较高，属较难题。

测定电流表内阻的常用方法是半偏法，本题要求采用替代法。考生必须明确实验原理，理解实验思路，会控制实验条件，还要有良好的实验操作规范。

关于电表的改装，考生熟知的是电流表改装成电压表，本题要求将电流表（小量程）改装成电流表（大量程）。前者利用的是串联分压，后者用的是并联分流。

测定电池的电动势、内阻的基本方法是伏安法，本题要求采用安阻法。对实验结果的处理，明确要求通过作线性图像，用图像进一步得到 E 和 r。

本题的三个小题总体是按操作程序编排的，但三个小题又是相对独立的。这对考生答题的选择性及提高部分得分率是有益的。

10. (1) 有以下说法：

A. 气体的温度越高，分子的平均动能越大

B. 即使气体的温度很高，仍有一些分子的运动速率是非常小的

C. 对物体做功不可能使物体温度升高

D. 如果气体分子间的相互作用力小到可以忽略不计，则气体的内能只与温度有关

E. 一由不导热的器壁做成的容器，被不导热的隔板分成甲、乙两室。甲室中装有一定质量的温度为 T 的气体，乙室为真空，如图所示。提起隔板，让甲室中的气体进入乙室。若甲室中的气体的内能只与温度有关，则提起隔板后当气体重新达到平衡时，

其温度仍为 T

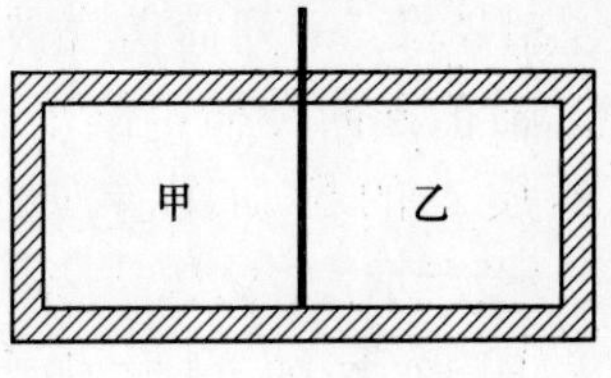

F. 空调机作为制冷机使用时，将热量从温度较低的室内送到温度较高的室外，所以制冷机的工作是不遵守热力学第二定律的

G. 对于一定量的气体，当其温度降低时，速率大的分子数目减少，速率小的分子数目增加

H. 从单一热源吸取热量使之全部变成有用的机械功是不可能的

其中正确的是__________。

（2）分别以 p、V、T 表示气体的压强、体积、温度。一定质量的理想气体，其初始状态表示为（p_0、V_0、T_0），若分别经历下列两种变化过程：

① 从（p_0、V_0、T_0）变到（p_1、V_1、T_1）的过程中，温度保持不变（$T_0=T_1$）；

② 从（p_0、V_0、T_0）变到（p_2、V_2、T_2）的过程中，既不吸热、也不放热。

在上述两种变化过程中，如果 $V_1=V_2>V_0$，则正确的有________。

A. $p_1>p_2$，$T_1>T_2$　　B. $p_1>p_2$，$T_1<T_2$

C. $p_1<p_2$，$T_1<T_2$　　D. $p_1<p_2$，$T_1>T_2$

【答案】(1) A B D E G

(2) A

【分析】本题考查选考模块中选修 3－3 的内容，属中等题。

第（1）小题设计了八个选项，以选择填空的形式考查了热学中多个知识点，例如：分子动理论、物体内能的改变、热力学定律等能够较全面地考查学生对这部分知识的掌握情况。本小题八个选项中有六个比较容易做出判断，但由于 D、E 两项的难度较高，易中有难，因此考生在此题上得高分并不容易。

第（2）小题考查考生对热力学第一定律及气体的压强、体积、温度之间的关系的理解及借助于上述关系进行分析、推理的能力。

这道题目的考查方式对于一定质量的理想气体给出所经历的两种变化过程及变化条件，比较两种变化过程的压强关系及温度关系，本题设计推陈出新，既考虑了中学教学实际，又能通过有关信息铺垫、自然设问，从而达到考查考生利用所给信息及所学知识、解决新问题能力的目的。

11. (1) 一列简谐横波，沿 x 轴正方向传播，位于原点的质点的振动图像如题11(1)图所示。

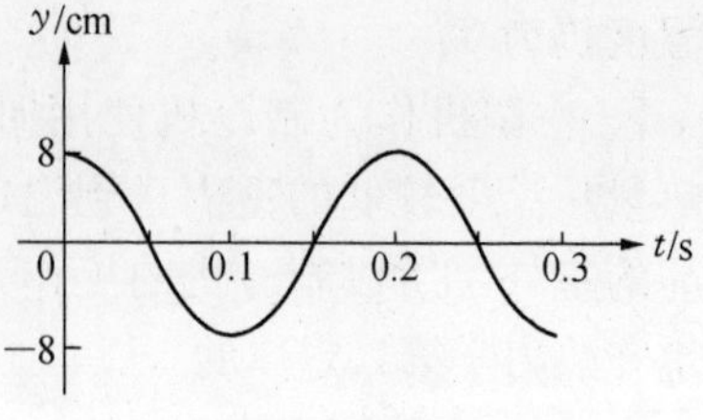

题11 (1) 图

① 该振动的振幅是____cm；

② 振动的周期是____s；

③ 在 t 等于 $\frac{1}{4}$ 周期时，位于原点的质点离开平衡位置的位移是____ cm.

题11(2) 图为该波在某一时刻的波形图，A 点位于 $x=0.5$ m处。

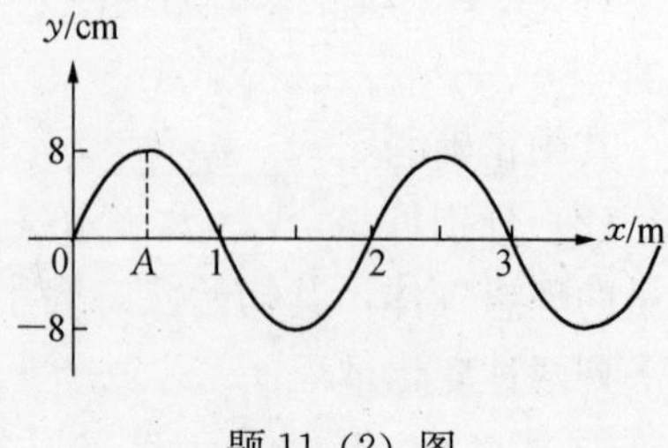

题11 (2) 图

④ 该波的传播速度为____ m/s；

⑤ 经过$\frac{1}{2}$周期后，A 点离开平衡位置的位移是________ cm。

(2) 如题11(3) 图所示，巡查员站立于一空的储液池边，检查池角处出液口的安全情况。已知池宽为 L，照明灯到池底的距离为 H。若保持照明光束方向不变，向储液池中注入某种液体，当液面高为$\frac{H}{2}$时，池底的光斑距离出液口$\frac{L}{4}$。试求当液面高为$\frac{H}{3}$时，池底的光斑到出液口的距离 x。

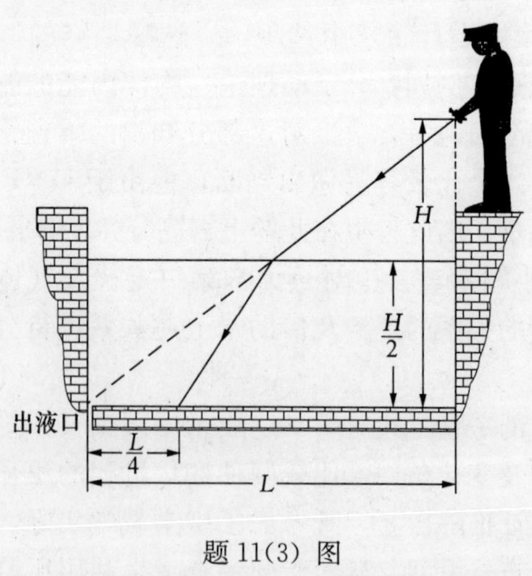

题11(3) 图

【答案】(1) ① 8　② 0.2　③ 0　④ 10　⑤ −8

（2）解法一

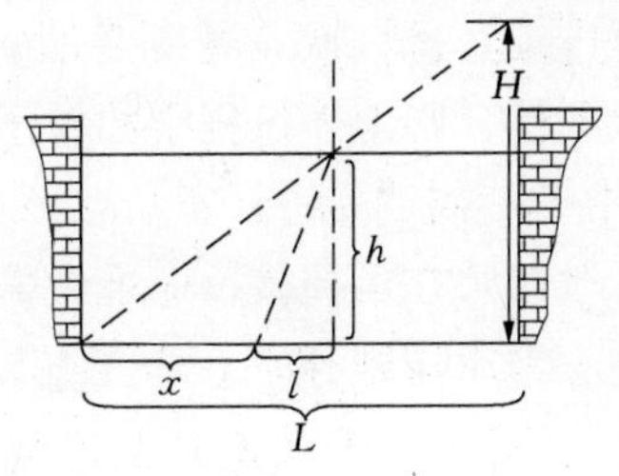

由几何关系知　$\frac{x+l}{h}=\frac{L}{H}$

由折射定律

$$\frac{L}{\sqrt{L^2+H^2}}=n\cdot\frac{l}{\sqrt{l^2+h^2}}$$

代入 $h=\frac{H}{2}$，$l=\frac{L}{4}$得

$$n=\frac{\sqrt{L^2+4H^2}}{\sqrt{L^2+H^2}}$$

$$x=\frac{L}{2H}\cdot h$$

解得　$x=\frac{L}{3}$

解法二

由几何关系知　$\frac{x+l}{h}=\frac{L}{H}$

液面高度变化，折射角不变，

由 $h=\frac{H}{2}$，$x=\frac{L}{4}$得　$\frac{l}{h}=\frac{L}{2H}$

$$x=\frac{L}{2H}\cdot h$$

解得　$x=\frac{L}{3}$

【分析】本题考查选考模块中选修 3－4 的内容，属中等题。

第（1）小题考查考生对简谐运动的图像、波的图像以及波长、波速和频率的关系的理解和掌握。

第（2）小题考查考生对光的折射定律和质点的匀速直线运动规律的理解和掌握。

本题巧妙地将光的折射定律和几何关系结合在一起，用相似三角形的边角关系等图形语言简化繁杂的运算，极好的体现了几何光学的特点。考生需理解折射定律并正确画出光路图，才能很好地完成本题。

本题把几何光学规律与生产实际密切相结合，对激发学生的学习兴趣，将理论知识自觉地应用于生产实际有积极的指导作用。

12.（1）2006 年美国和俄罗斯的科学家利用回旋加速器，通过$^{48}_{20}$Ca（钙 48）轰击$^{249}_{98}$Cf（锎 249）发生核反应，成功合成了第 118 号元素，这是迄今为止门捷列夫元素周期表中原子序数最大的元素。实验表明，该元素的原子核先放出 3 个相同的粒子 x，再连续经过 3 次 α 衰变后，变成质量数为 282 的第 112 号元素的原子核，则上述过程中的粒子 x 是______。（填“电子”“质子”“中子”或“α 粒子”）

（2）在可控核反应堆中需要给快中子减速，轻水、重水和石墨等常用作减速剂，中子在重水中可与 $^2_1$H 核碰撞减速，在石墨中与 $^{12}_6$C 核碰撞减速。上述碰撞可简化为弹性碰撞模型，某反应堆中快中子与静止的靶核发生正心对碰，通过计算说明，仅从一次碰撞考虑，用重水和石墨做减速剂，哪种减速效果更好？

【答案】

（1）中子

（2）设中子质量为 M_n，靶核质量为 M

由动量守恒定律 $M_n v_0 = M_n v_1 + M v_2$

由机械能守恒 $\frac{1}{2}M_n v_0^2 = \frac{1}{2}M_n v_1^2 + \frac{1}{2}M v_2^2$

解得 $v_1 = \frac{M_n - M}{M_n + M}v_0$

在重水中靶核质量 $M_{\mathrm{H}} = 2M_n$

$$v_{1\mathrm{H}} = \frac{M_n - M_{\mathrm{H}}}{M_n + M_{\mathrm{H}}}v_0 = -\frac{1}{3}v_0$$

在石墨中靶核质量 $M_C = 12M_n$

$$v_{1\mathrm{H}} = \frac{M_n - M_{\mathrm{H}}}{M_n + M_{\mathrm{H}}}v_0 = -\frac{11}{13}v_0$$

与重水靶核碰后中子速度较小，故重水减速效果更好。

【分析】本题考查选考模块中选修 3-5 的内容，属中等题。

在第（1）小题中，第 118 号元素的成功合成被《SCIENCE》评为 2006 年度十大科学进展之一。本题以 118 号元素的合成与衰变为主题，考查了原子核人工转变、α 衰变和核反应等方面的内容。本题虽属基本题，但要求学生在清楚认识有关核反应过程基础上，正确应用核反应遵循的电荷守恒和质量数守恒对给出的设问进行判断。

本题既体现了基础性和时代性的结合，也表现出了易中有难的命题内涵，对引导高中物理教学、关注科技进展、拓展学生视野具有指导价值。

核能发电是我国未来能源发展战略的重点，是可持续发展观的重要体现。针对这一热点，第（2）小题采用弹性碰撞的模型将核反应堆的中子慢化问题简化，考查考生对机械能守恒定律和动量守恒定律的理解和运用。试题将选考模块的知识内容（动量守恒定律）与必考模块的知识内容（机械能守恒）有机地结合，很好地体现了知识体系的综合性。试题要求考生能清楚地分析中子慢化的物理过程，建立正确的物理模型进行求解。

本题有利于学生对物理学研究过程与方法的理解，认识物理模型在解决实际问题中的重要作用。同时，试题也关注了科学技术的主要成就和发展趋势以及物理学对经济、社会发展的影响，对培养学生关注并思考与物理学相关的热点问题，建立可持续发展的意识有积极意义。

13. A、B 两小球同时从距地面高为 $h=15$ m 处的同一点抛出，初速度大小均为 $v_0=10$ m/s。A 球竖直向下抛出，B 球水平抛出，空气阻力不计，重力加速度取 $g=10$ m/s^2。求：

(1) A 球经多长时间落地？

(2) A 球落地时，A、B 两球间的距离是多少？

【答案】

(1) A 球竖直向下抛出做匀加速直线运动：$h=v_0t+\frac{1}{2}gt^2$

将 $h=15$ m、$v_0=10$ m/s 代入，

可得：$t=1$ s

(2) B 球做平抛运动：

$$x=v_0t$$

$$y=\frac{1}{2}gt^2$$

将 $v_0=10$ m/s、$t=1$ s 代入，可得：

$x=10$ m，$y=5$ m

此时 A 球与 B 球的距离 L 为：$L=\sqrt{x^2+(h-y)^2}$

将 x、y、h 代入，得：$L=10\sqrt{2}$ m

【分析】考查考生对平抛运动和匀变速直线运动规律的理解和掌握，属容易题。

该题考查的方式是：给出同时从同一地点分别抛出的两小球的高度和初速度，求 A 球的落地时间及 A 球落地时 A、B 间的距离，重点考查学生对运动学基本规律的理解和应用。

对于审题不仔细的考生，可能注意不到第 2 问中“A 球落地时”或是错误理解为求 A、B 球落地后两球间的距离。

14. 如图所示，带电量分别为 $4q$ 和 $-q$ 的小球 A、B 固定在水平放置的光滑绝缘细杆上，相距为 d。若杆上套一带电小环 C，带电体 A、B 和 C 均可视为点电荷。

(1) 求小环 C 的平衡位置。

(2) 若小环 C 带电量为 q，将小环拉离平衡位置一小位移 x

（$|x|\ll d$）后静止释放，试判断小环 C 能否回到平衡位置。（回答"能"或"不能"即可）

（3）若小环 C 带电量为 $-q$，将小环拉离平衡位置一小位移 x（$|x|\ll d$）后静止释放，试证明小环 C 受力的大小正比于位移，方向始终指向平衡位置。

$\left(提示：当 a\ll 1 时，则\frac{1}{(1+a)^n}\approx 1-na\right)$

【答案】（1）设 C 在 AB 连线的延长线上距离 B 为 l 处达到平衡，带电量为 Q

库仑定律　$F=k\dfrac{qQ}{r^2}$

平衡条件　$F_C=\dfrac{4kqQ}{(d+l)^2}+\dfrac{-kqQ}{l^2}=0$

解得　$l_1=-\dfrac{1}{3}d$（舍去），$l_2=d$

（2）不能

（3）环 C 带电 $-q$，平衡位置不变，拉离平衡位置一小位移 x 后

C 受力为 $F_C=\dfrac{-4kq^2}{(2d+x)^2}+\dfrac{kq^2}{(d+x)^2}$

利用近似关系化简得　$F_C=-\dfrac{kq^2}{d^3}x$

【分析】本题考查对高中物理主干内容的理解及推理、分析和综合能力，属中等题。

本题以带电体在电场中的受力为背景，考查电场中带电体的受力平衡以及平衡的稳定性的理解和掌握，运用数学工具解决物理实际问题的能力。

本题颇具新意，三个设问逐步深入，引导考生运用高中物理教材的主干知识，借助合适的坐标系进行理论探究，这对中学物理新课程教学中关注理论探究、切实培养学生的物理思维素养具有重要的指导意义。

15. 如图所示，一轻绳吊着粗细均匀的棒，棒下端离地面高 H，上端套着一个细环。棒和环的质量均为 m，相互间最大静摩擦力等于滑动摩擦力 $kmg(k>1)$。断开轻绳，棒和环自由下落。假设棒足够长，与地面发生碰撞时，触地时间极短，无动能损

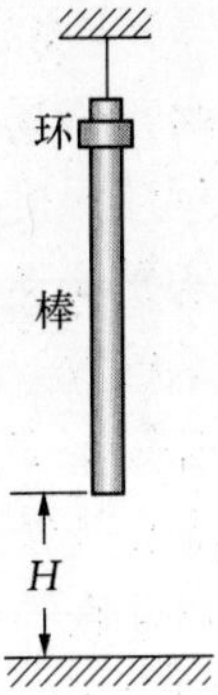

失。棒在整个运动过程中始终保持竖直，空气阻力不计。求：

（1）棒第一次与地面碰撞弹起上升过程中，环的加速度。

（2）从断开轻绳到棒与地面第二次碰撞的瞬间，棒运动的路程 S。

【答案】（1）设棒第一次上升过程中，环的加速度为 $a_{环}$

环受合力　$F_{环}=kmg-mg$

由牛顿第二定律　$F_{环}=ma_{环}$

由上述两式解得　$a_{环}=(k-1)g$，方向竖直向上

（2）设以地面为零势能面，向上为正方向，棒第一次落地的速度大小为 v_1

由机械能守恒　$\frac{1}{2}2mv_1^2=2mgH$

解得　$v_1=\sqrt{2gH}$

设棒弹起后的加速度 $a_{棒}$

由牛顿第二定律　$a_{棒}=-(k+1)g$

棒第一次弹起的最大高度　$H_1=-\frac{v_1^2}{2a_{棒}}$

解得　$H_1=\frac{H}{k+1}$

棒运动的路程　$S=H+2H_1=\frac{k+3}{k+1}H$

【分析】

本题考查两个连接体运动过程的分析、牛顿运动定律、摩擦力做功的特点、机械能守恒定律的掌握及理解，属较难题。

运动过程的分析、牛顿运动定律、机械能守恒定律是力学中主干知识。本题将中学教学中典型的“滑块加滑板”模型巧妙地迁移到“棒加环”模型中，并置于重力场中，系统的运动学、动力学分析有较大的难度。本题设计有如下特点：

（1）题干精练，设问体现“浅入深出”“难中有易”的层次性，既保证了本题在整体上具有较高的难度，又具有较好的区分度，改变了大多数压轴题“难度有余、区分度不足”的状况。

（2）一问多解，体现了物理问题解决的多样性，从不同角度和用不同方法探讨同一问题，体现了问题求解过程的开放性。这对今后中学物理教学以及学生学习方式的转变有积极的指导意义。

16. 如图所示，是某装置的垂直截面图，虚线 A_1A_2 是垂直截面与磁场区边界面的交线，匀强磁场分布在 A_1A_2 的右侧区域，磁感应强度 $B=0.4$ T，方向垂直纸面向外，A_1A_2 与垂直截面上的水平线夹角为 45°。在 A_1A_2 左侧，固定的薄板和等大的挡板均水平放置，它们与垂直截面交线分别为 S_1、S_2，相距 $L=0.2$ m。在薄板上 P 处开一小孔，P 与 A_1A_2 线上点 D 的水平距离为 L。在小孔处装一个电子快门，起初快门开启，一旦有带正电微粒刚通过小孔，快门立即关闭，此后每隔 $T=3.0\times10^{-3}$ s 开启一次并瞬间关闭。从 S_1、S_2 之间的某一位置水平发射一速度为 v_0 的带正电微粒，它经过磁场区域后入射到 P 处小孔。通过小孔的微粒与挡板发生碰撞而反弹，反弹速度大小是碰前的 0.5 倍。

（1）经过一次反弹直接从小孔射出的微粒，其初速度 v_0 应为多少？

（2）求上述微粒从最初水平射入磁场到第二次离开磁场的时间？

（忽略微粒所受重力影响，碰撞过程无电荷转移。已知微粒的荷质比 $\frac{q}{m}=1.0\times10^3$ C/kg。只考虑纸面上带电微粒的运动）

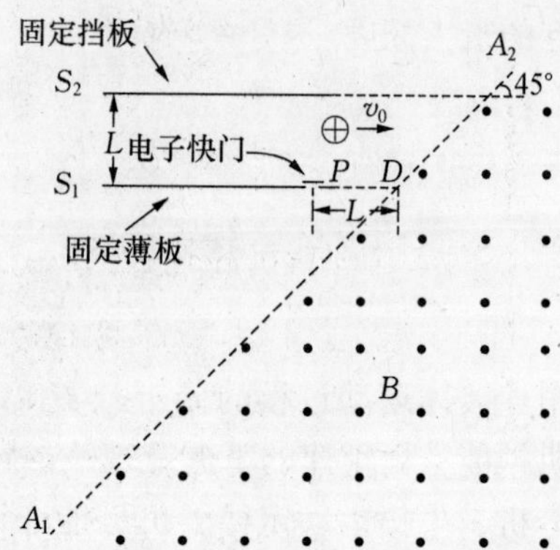

【答案】

（1）如图所示，设带正电微粒在 S_1S_2 之间任意点 Q 以水平速度 v_0 进入磁场，微粒受到洛伦兹力为 f，在磁场内做圆周运动的半径为 r，有

$$f=qv_0B$$

$$f=\frac{mv_0^2}{r}$$

由上述两式得　$r=\frac{mv_0}{qB}$

欲使微粒能进入小孔，半径 r 的取值范围为　$L<r<2L$

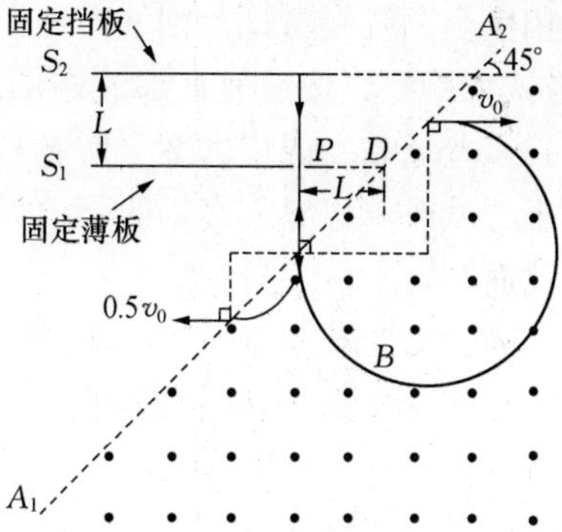

代入数据得　$80\text{ m/s}<v_0<160\text{ m/s}$

欲使进入小孔的微粒与挡板一次相碰返回后能通过小孔，还必须满足条件

$$\frac{L}{v_0}+\frac{L}{0.5v_0}=nT,$$

其中 $n=1$，2，3，…

综上可知，只有 $n=2$ 满足条件，即有 $v_0=100\text{ m/s}$

（2）设微粒在磁场中做圆周运动的周期为 T_0，从水平进入磁场到第二次离开磁场的总时间为 t，令 t_1、t_4 分别为带电微粒第一次第二次在磁场中运动的时间，第一次离开磁场运动到挡板的时间为 t_2，碰撞后再返回磁场的时间为 t_3，运动轨迹如图所示，则有

$$T_0=\frac{2\pi r}{v_0},\ t_1=\frac{3}{4}T_0,\ t_2=\frac{2L}{v_0},\ t_3=\frac{2L}{0.5v_0},\ t_4=\frac{1}{4}T_0$$

$$t=t_1+t_2+t_3+t_4=2.8\times10^{-2}\text{ s}$$

【分析】

本题主要考查考生对带电粒子在匀强磁场中运动、匀速圆周运动规律及向心力等知识的理解和运动，属较难题。

该题虽然以带电粒子在匀强磁场中做匀速圆周运动为背景，考生较熟悉，但是试题设计的装置，利用电子快门甄别带电微粒子的能量，情境新颖。这要求考生对试题所涉及的知识点有透彻的理解，对问题进行具体分析，弄清楚其中的物理状态和物理过程，通过合理地尝试和判断，根据物理量之间的关系，进行推导和求解，得到正确答案，对考生的分析综合能力、应用数学处理物理问题的能力要求也较高。

情境新颖是本题的一大特色，另外，该题将必考模块中力学与电磁学的内容很好地结合在一起，具有较强的综合性。

海南 2008 年普通高校招生考试
考试说明——物理

Ⅰ. 指导思想

《2008 年普通高等学校招生全国统一考试大纲的说明（理科・课程标准实验版）（供海南省使用）》（以下简称《说明》）是 2008 年普通高校招生全国统一考试物理科（海南卷）命题的主要依据，《说明》根据教育部考试中心颁布的《2008 年普通高等学校招生全国统一考试大纲（理科·课程标准实验版）》（以下简称《考试大纲》），按照教育部颁布的《普通高中物理课程标准（实验）》《普通高中课程方案（实验）》和《海南省 2007 年普通高校招生考试改革指导方案》的要求并结合海南省普通高中物理教学实际而制定。

高考命题要有利于高等院校选拔人才，有利于中学素质教育。在充分发挥选拔功能的同时，有利于激发学生学习的兴趣，促进学生科学素养的提高，有利于学生形成正确的价值观和实事求是的科学态度。

Ⅱ. 考试内容

物理学科考试内容在着重考查考生知识、能力和科学素养的同时，注重理论联系实际，关注物理与科学技术、经济和社会发展的联系，注意物理知识在生产、生活等方面的广泛应用；重视体现高中物理新课程的基础性、时代性和选择性，为学生有个性地发展提供空间，有利于促进“知识与技能”“过程与方法”“情感态度与价值观”三维课程培养目标的实现。

一、考试的能力要求

高考物理在考查知识的同时注重考查能力，并把对能力的考查放在首要位置。通过考查知识来鉴别考生能力的高低，但不把某些知识与某种能力简单地对应起来。

目前，高考物理科要考查的能力主要包括以下几个方面。

1. 理解能力：理解物理概念、物理规律的确切含义，理解物理规律的适用条件，以及它们在简单情况下的应用；能够清楚认识概念和规律的表达形式（包括文字表述和数学表达）；能够鉴别关于概念和规律的似是而非的说法；理解相关知识的区别和联系。

2. 推理能力：能够根据已知的知识和物理事实、条件，对物理问题进行逻辑推理和论证，得出正确的结论或作出正确的判断，并能把推理过程正确地表达出来。

3. 分析综合能力：能够独立地对所遇到的问题进行具体分析、研究，弄清其中的物理状态、物理过程和物理情境，找出其中起重要作用的因素及有关条件，提出解决问题的方法：能够把一个复杂问题分解为若干较简单的问题，找出它们之间的联系，运用物理知识综合解决所遇到的问题。

4. 应用数学处理物理问题的能力：能够根据具体问题列出物理量之间的关系式，进行推导和求解，并根据结果得出物理结论：必要时能运用几何图形、函数图像进行表达、分析。

5. 实验与探究能力：能独立地完成表1、表2中所列的实验、能明确实验目的，能理解实验原理和方法，能控制实验条件，会使用仪器，会观察、分析实验现象，会记录、处理实验数据，并得出结论，对结论进行分析和评价；能发现问题、提出问题，并制定解决方案；能运用已学过的物理理论、实验方法和实验仪器去处理问题，包括简单的设计性实验。

这五个方面的能力要求不是孤立的，着重对某一种能力进行考查的同时，在不同程度上也考查了与之相关的能力。同时，在应用某种能力处理或解决具体问题的过程中往往伴随着发现问题、提出问题的过程，因而高考对考生发现问题和提出问题的考查渗透在以上各种能力的考查中。

二、考试范围与要求

必考范围及内容——普通高中新课程模块：物理1、物理2、选修3-1和选修3-2四个模块。

选考范围及内容——普通高中新课程模块：选修3-3、选修3-4和选修3-5三个模块（注：在三个模块中按规定选择两个模块的试题进行解答）。

对各部分的知识内容要求掌握的程度，在“考试内容及要求”表中用罗马数学Ⅰ、Ⅱ标出。Ⅰ、Ⅱ的含义如下：

Ⅰ. 相当于课程标准中的“了解”和“认识”，即对所列知识要知道其内容及含义，并能在有关问题中识别和直接使用。

Ⅱ. 相当于课程标准中的“理解”和“应用”，即对所列知识要理解其确切含义及其他知识的联系，能够进行叙述和解释，并能在实际问题的分析、综合、推理和判断等过程中运用。

考试内容及要求如下表。

必考内容范围及要求

模块物理1			
主题	内容	要求	说明
质点的直线运动	参考系、质点	Ⅰ	匀变速直线运动图像只限于 $v-t$ 图像
	位移、速度和加速度	Ⅱ	
	匀变速直线运动及其公式、图像	Ⅱ	
相互作用与牛顿运动定律	滑动摩擦、静摩擦、动摩擦因数	Ⅰ	1. 不要求知道静摩擦因数
	形变、胡克定律	Ⅰ	
	矢量和标量	Ⅰ	

续表

主题	内容	要求	说明
相互作用与牛顿运动定律	力的合成和分解	Ⅱ	2. 处理物体在粗糙面上的问题，只限于已知相对运动趋势或已知运动方向的情况
	牛顿运动定律、牛顿运动定律的应用	Ⅱ	
	超重和失重	Ⅰ	
模块物理2			
抛体运动与圆周运动	运动的合成与分解	Ⅱ	斜抛运动只作定性要求
	抛体运动	Ⅱ	
	匀速圆周运动、角速度、线速度、向心加速度	Ⅰ	
	匀速圆周运动的向心力	Ⅱ	
	生活和生产中的离心现象	Ⅰ	
机械能	功和功率	Ⅱ	
	动能和动能定理	Ⅱ	
	重力做功与重力势能	Ⅱ	
	功能关系、机械能守恒定律及其应用	Ⅱ	
万有引力定律	万有引力定律及其应用	Ⅱ	
	环绕速度	Ⅱ	
	第二宇宙速度和第三宇宙速度	Ⅰ	
模块选修3-1			
电场	物质的电结构、电荷守恒	Ⅰ	1. 不要求讨论正或负电荷形成的电场中正、负电荷的电势能的正、负问题 2. 不要求讨论等势面的问题 3. 不要求讨论电场中的导体问题
	静电现象的解释	Ⅰ	
	点电荷	Ⅰ	
	库仑定律	Ⅱ	
	静电场	Ⅰ	
	电场强度、点电荷的场强	Ⅱ	
	电场线	Ⅰ	
	电势能、电势	Ⅰ	
	电势差	Ⅱ	
	匀强电场中电势差与电场强度的关系	Ⅰ	
	带电粒子在匀强电场中的运动	Ⅱ	
	示波管	Ⅰ	
	常见电容器、电容器的电压、电荷量和电容的关系	Ⅰ	

续表

主题	内容	要求	说明
电路	欧姆定律	Ⅱ	不要求解反电动势的问题
	电阻定律	Ⅰ	
	电阻的串联、并联	Ⅰ	
	电源的电动势和内阻	Ⅱ	
	闭合电路的欧姆定律	Ⅰ	
	电功率、焦耳定律	Ⅰ	
磁场	磁场、磁感应强度、磁感线	Ⅰ	1. 安培力的计算只限于电流与磁感应强度方向垂直的情况 2. 洛伦兹力的计算只限于速度和磁场方向垂直的情形
	通电直导线和通电线圈周围磁场的方向	Ⅰ	
	安培力、安培力的方向	Ⅰ	
	匀强磁场中的安培力	Ⅱ	
	洛伦兹力、洛伦兹力的方向	Ⅰ	
	洛伦兹力公式	Ⅱ	
	带电粒子在匀强磁场中的运动	Ⅱ	
	质谱仪和回旋加速器	Ⅰ	
模块选修 3-2			
电磁感应	电磁感应现象	Ⅰ	1. 导体切割磁感线时，感应电动势的计算，只限于 l 垂直于 B、V 的情况 2. 在电磁感应现象里，不要求判断内电路中各点电势的高低 3. 不要求用自感系数计算自感电动势
	磁通量	Ⅰ	
	法拉第电磁感应定律	Ⅱ	
	楞次定律	Ⅱ	
	自感、涡流	Ⅰ	
交变电流	交变电流、交变电流的图像	Ⅰ	1. 不要求讨论交变电流的相位和相位差的问题 2. 只限于单相理想变压器
	正弦交变电流的函数表达式、峰值和有效值	Ⅰ	
	理想变压器	Ⅰ	
	远距离输电	Ⅰ	
单位制和实验			
单位制	要知道中学物理中涉及的国际单位制的基本单位和其他物理量的单位。包括小时、分、升、电子伏特（eV）	Ⅰ	知道国际单位制中规定的单位符号

续表

<table>
<tr><th>主题</th><th>内　容</th><th>要　求</th></tr>
<tr><td rowspan="10">实验与探究</td><td>一、研究匀变速直线运动</td><td rowspan="10">1. 要求会正确使用的仪器主要有：刻度尺、游标卡尺、螺旋测微器、天平、秒表、电火花打点计时器或电磁打点计时器、弹簧秤、电流表、电压表、多用电表、滑动变阻器、电阻箱等
2. 要求认识误差问题的实验中的重要性，了解误差的概念，知道系统误差和偶然误差，知道用多次测量求平均值的方法减小的偶然误差；能在某些实验中分析误差的主要来源；不要求计算误差
3. 要求知道有效数字的概念，会用有效数字表达直接测量的结果，间接测量的有效数字运算不作要求</td></tr>
<tr><td>二、探究弹力和弹簧伸长的关系</td></tr>
<tr><td>三、验证力的平行四边形定则</td></tr>
<tr><td>四、验证牛顿运动定律</td></tr>
<tr><td>五、探究动能定理</td></tr>
<tr><td>六、验证机械能守恒定律</td></tr>
<tr><td>七、测定金属的电阻率（同时练习使用螺旋测微器）</td></tr>
<tr><td>八、测定电尖的电动势和内阻</td></tr>
<tr><td>九、练习使用多用电表</td></tr>
<tr><td>十、传感器的简单使用</td></tr>
</table>

选考内容范围及要求

<table>
<tr><th colspan="4">模块选修 3-3</th></tr>
<tr><th>主题</th><th>内　容</th><th>要求</th><th>说　明</th></tr>
<tr><td rowspan="4">分子动理论与统计观点</td><td>分子动理论的基本观点和实验依据</td><td>Ⅰ</td><td rowspan="4">定性了解</td></tr>
<tr><td>阿伏伽德罗常数</td><td>Ⅰ</td></tr>
<tr><td>气体分子运动速率的统计分布</td><td>Ⅰ</td></tr>
<tr><td>温度是分子平均动能的标志、内能</td><td>Ⅰ</td></tr>
<tr><td rowspan="5">固体、液体与气体</td><td>固体的微观结构、晶体和非晶体</td><td>Ⅰ</td><td rowspan="5"></td></tr>
<tr><td>液晶的微观结构</td><td>Ⅰ</td></tr>
<tr><td>液体的表面张力现象</td><td>Ⅰ</td></tr>
<tr><td>气体实验定律</td><td>Ⅰ</td></tr>
<tr><td>理想气体</td><td>Ⅰ</td></tr>
<tr><td rowspan="3">热力学定律与能量守恒</td><td>热力学第一定律</td><td>Ⅰ</td><td rowspan="3"></td></tr>
<tr><td>能量守恒定律</td><td>Ⅰ</td></tr>
<tr><td>热力学第二定律</td><td>Ⅰ</td></tr>
<tr><th colspan="4">模块选修 3-4</th></tr>
<tr><td rowspan="9">机械振动与机械波</td><td>简谐运动</td><td>Ⅰ</td><td rowspan="9">1. 简谐运动只限于单摆（水平面上）和弹簧振子
2. 简谐运动的公式只限于回复力公式；图像只限于位移—时间图像</td></tr>
<tr><td>简谐运动的公式和图像</td><td>Ⅱ</td></tr>
<tr><td>单摆、单摆的周期公式</td><td>Ⅰ</td></tr>
<tr><td>受迫振动和共振</td><td>Ⅰ</td></tr>
<tr><td>机械波</td><td>Ⅰ</td></tr>
<tr><td>横波和纵波</td><td>Ⅰ</td></tr>
<tr><td>横波的图像</td><td>Ⅱ</td></tr>
<tr><td>波速、波长和频率（周期）的关系</td><td>Ⅱ</td></tr>
<tr><td>波的干涉和衍射现象</td><td>Ⅰ</td></tr>
</table>

续表

主题	内　容	要求	说　明
电磁振荡与电磁波	变化的磁场产生电场、变化的电场产生磁场、电磁波及其传播	Ⅰ	
	电磁波的产生、发射和接收	Ⅰ	
	电磁波谱	Ⅰ	
光	光的折射定律	Ⅱ	1. 不要求相对折射率。 2. 光的干涉限于双缝干涉、薄膜干涉
	折射率	Ⅰ	
	全反射、光导纤维	Ⅰ	
	光的干涉、衍射和偏振现象	Ⅰ	
相对论	狭义相对论的基本假设	Ⅰ	定性了解
	质速关系	Ⅰ	
	质能关系	Ⅰ	
选修模块 3－5			
动量、动量守恒	动量、动量守恒定律及其应用	Ⅱ	只限于一维两个物体的碰撞问题
	弹性碰撞和非弹性碰撞	Ⅰ	
原子结构	氢原子光谱	Ⅰ	
	氢原子的能级结构、能级公式	Ⅰ	
原子核	原子核的组成、放射性、原子核的衰变、半衰期	Ⅰ	不要求计算有关半衰期的问题
	放射性同位素	Ⅰ	
	核力、核反应方程	Ⅰ	
	结合能、裂变反应和聚变反应、裂变反应堆	Ⅰ	
	放射线的危害和防护	Ⅰ	
单位制和实验			
单位制	知道中学物理中涉及的国际单位制的基本单位和其他物理的单位。包括摄氏度（℃）、标准大气压	Ⅰ	知道国际单位制中规定的单位符号
实验与探究	一、用油膜法估测分子的大小		要求会正确使用的仪器有：温度计
	二、探究单摆的运动、用单摆测定重力加速度		
	三、测定玻璃的折射率		
	四、验证动量守恒定律		
	五、用双缝干涉测光的波长		

Ⅲ. 考试形式及试卷结构

1. 答卷方式：闭卷、笔试。

2. 试卷分值和考试时间：试卷满分 100 分，考试时间 90 分钟。

3. 试卷结构：试卷分为第一卷和第二卷

第一卷

题型：仅设选择题，分单项选择题和多项选择题

命题范围：仅限于必考内容

分值：约占全卷分值的 34%

第二卷

题型：分设填空题、实验题、分析与计算题和选考模块题（选考模块题中可以包含选择、填空、实验、作图、计算等答题形式）。

命题范围：既有必考内容也有选考内容，其中填空题、实验题、分析与计算题的命题范围仅限于必考内容，选考模块题命题范围为选考内容（每个选考模块为 1 个大题，共 3 个大题。考生选择其中 2 个大题作答，多做者只批阅前两题）。

分值：约占全卷分值的 66%（其中填空题分值约占 8%，实验题约占 12%，分析与计算题约占 20%，选考模块题约占 26%）。

全卷内容比例总体控制：必考内容分值约占 70%～75%，选考内容分值约占 25%～30%。

4. 试卷难度：试卷包括容易题、中等难度题和难题，以中等难度题为主，整卷难度适中。

其中“易”“中”“难”的确定是基于海南省今年高考中物理试题难度的常模估计。

2008 年普通高等学校招生全国统一考试（广东卷）物理科考试大纲的说明

Ⅰ. 命题指导思想

符合选拔性考试的规律和要求，体现普通高中新课程的理念，反映物理课程标准的整体要求。着重考查考生的基础知识、基本能力、科学素养和运用所学知识分析问题、解决问题的能力。

以能力测试为主导，全面体现考试大纲的能力考查要求，注重物理概念和物理规律的理解，强调知识之间的内在联系；注重考查考生应用语言文字、数学方法准确表达物理思想与物理过程的能力；注重理论联系实际，注意科学技术和社会、经济发展的联系，注意物理知识在生产、生活等方面的广泛应用，以有利于高校选拔合格新生，激发考生学习科学的兴趣，培养实事求是的科学态度，形成正确的价值观，促进“知识与技能”“过程与方法”“情感态度与价值观”三维课程培养目标的实现。

命题以《2007 年普通高等学校招生统一考试物理科考试大纲

(课程标准实验版)》和本说明为依据。试卷适用于使用经全国中小学教材审定委员会初审通过的各版本普通高中课程标准实验教科书的考生。

Ⅱ. 考试的能力要求

高考物理在考查知识的同时,注重考查能力,并把对能力的考查放在首要位置,通过考查知识及其运用来鉴别考生能力的高低。

目前,高考物理科要考查的能力主要包括以下几个方面:

1. 理解能力

理解物理概念、物理规律的确切含义,理解物理规律的适用条件,以及它们在简单情况下的应用:能够清楚认识概念和规律的表达形式(包括文字表达和数学表达);能够鉴别关于概念和规律的似是而非的说法;理解相关知识的区别和联系。

2. 推理能力

能够根据已知的知识和物理事实、条件,对物理问题进行逻辑推理和论证,得出正确的结论或做出正确的判断,并能把推理过程正确的表达出来。

3. 分析综合能力

能够独立地对所遇到的问题进行具体分析、研究,弄清其中的物理状态,物理过程和物理情境,找出起重要作用的因素及有关条件;能够把一个复杂问题分解为若干较简单的问题,找出它们之间的联系;能够提出解决问题的方法,运用物理知识综合解决所遇到的问题。

4. 应用数学处理物理问题的能力

能够根据具体问题列出物理量之间的关系式,进行推导和求解,并根据结果得出物理结论;能运用几何图形、函数图像进行表达、分析。

5. 实验与探究能力

能独立地完成知识内容表中所列的实验,能明确实验目的,能理解实验原理和方法,能控制实验条件,会使用仪器,会观察、分析实验现象,会记录、处理实验数据,并得出结论,对结论进行分析和评价;能发现问题、提出问题,并制定解决方案;能运用已学过的物理理论、实验方法和实验仪器去处理问题,包括简单的设计性实验。

这五方面的能力要求不是孤立的,着重对某一种能力进行考查的同时,在不同程度上也考查了与之相关的能力。同时,在应用某种能力处理或解决具体问题的过程中往往伴随着发现问题、提出问题的过程，因而高考对考生发现问题和提出问题的能力的考查渗透在以上各种能力的考查中。

Ⅲ. **考试范围与要求**

对各部分知识内容要求掌握的程度，在表2、表3、表4中用字母Ⅰ、Ⅱ标出，Ⅰ、Ⅱ的含义如下：

Ⅰ. 对所列知识要知道其内容及含义，并能在有关问题中识别和直接使用，与课程标准中的“了解”和“认识”相当。

Ⅱ. 对所列知识要理解其确切含义及与其他知识的联系，能够进行叙述和解释，并能在实际问题的分析、综合、推理和判断等过程中运用。与课程标准中的“理解”和“应用”相当。

表1　必考内容和选考内容

模块	必考内容	指定选考内容	自由选考内容
物理1	质点的直线运动 相互作用与牛顿运动定律		
物理2	机械能 抛体运动与圆周运动 万有引力定律		
3-1	电场 电路 磁场		
3-2	电磁感应 交变电流		
3-5		碰撞与动量守恒 原子结构 原子核	
3-3			分子动理论与统计观点 固体、液体与气体 热力学定律与能量守恒
3-4			机械振动与机械波 电磁振荡与电磁波 光 相对论
2-2			力与机械 热与热机

表2 必考内容范围及要求

力 学			
主题	内 容	要求	说 明
质点的直线运动	参考系、质点 位移、速度和加速度 匀变速直线运动及其公式、图像	Ⅰ Ⅱ Ⅱ	
相互作用与牛顿运动定律	滑动摩擦、静摩擦、动摩擦因数 形变、弹性、胡克定律 矢量和标量 力的合成和分解 牛顿运动定律、牛顿运动定律的应用 超重和失重	Ⅰ Ⅰ Ⅰ Ⅱ Ⅱ Ⅰ	包括共点力的平衡
抛体运动与圆运动	运动的合成与分解 抛体运动 匀速圆周运动、角速度、线速度、向心加速度 匀速圆周运动的向心力 离心现象	Ⅱ Ⅱ Ⅰ Ⅱ Ⅰ	斜抛运动只作定性要求
机械能	功和功率 动能和动能定理 重力做功与重力势能 功能关系、机械能守恒定律及其应用	Ⅱ Ⅱ Ⅱ Ⅱ	
万有引力定律	万有引力定律及其应用 环绕速度 第二宇宙速度和第三宇宙速度	Ⅱ Ⅱ Ⅰ	
电 磁 学			
主题	内 容	要求	说 明
电场	物质的电结构、电荷守恒 静电现象的解释 点电荷 库仑定律 静电场 电场强度、点电荷的场强 电场线 电势能、电势 电势差 匀强电场中电势差与电场强度的关系 带电粒子在匀强电场中的运动 示波管 常见电容器 电容器的电压、电荷量和电容的关系	Ⅰ Ⅰ Ⅰ Ⅱ Ⅰ Ⅱ Ⅰ Ⅰ Ⅱ Ⅰ Ⅱ Ⅰ Ⅰ Ⅰ	

续表

主题	内　容	要求	说　明
电路	欧姆定律 电阻定律 电阻的串联、并联 电源的电动势和内阻 闭合电路的欧姆定律 电功率、焦耳定律	Ⅱ Ⅰ Ⅰ Ⅱ Ⅰ Ⅰ	
磁场	磁场、磁感应强度、磁感线 通电直导线和通电线圈周围磁场的方向 安培力、安培力的方向 匀强磁场中的安培力 洛伦兹力、洛伦兹力的方向 洛伦兹力公式 带电粒子在匀强磁场中的运动 质谱仪和回旋加速器	Ⅰ Ⅰ Ⅰ Ⅱ Ⅰ Ⅱ Ⅱ Ⅰ	安培力的计算只限于电流与磁感应强度垂直的情形 洛伦兹力的计算只限于速度与磁场方向垂直的情形
电磁感应	电磁感应现象 磁通量 法拉第电磁感应定律 楞次定律 自感、涡流	Ⅰ Ⅰ Ⅱ Ⅱ Ⅰ	
交变电流	交变电流、交变电流的图像 正弦交变电流的函数表达式，峰值和有效值 理想变压器 远距离输电	Ⅰ Ⅰ Ⅰ Ⅰ	

单位制和实验

主题	内　容	要求	说　明
单位制	知道中学物理中涉及的国际单位制的基本单位和其他物理量的单位。包括小时、分、升、电子伏特（eV）	Ⅰ	知道国际单位制中规定的单位符号
实验与探究	实验一：研究匀变速直线运动 实验二：探究弹力和弹簧伸长的关系 实验三：验证力的平行四边形定则 实验四：验证牛顿运动定律 实验五：探究动能定理 实验六：验证机械能守恒定律 实验七：测定金属的电阻率（同时练习使用螺旋测微器）		1. 要求会正确使用的仪器主要有：刻度尺、游标卡尺、螺旋测微器、天平、秒表、电火花打点计时器或电磁打点计时器、弹簧秤、电流表、电压表、多用电表、滑动变阻器、电阻箱等

续表

主题	内　　容	要求	说　　明
	实验八：描绘小电珠的伏安特性曲线 实验九：测定电源的电动势和内阻 实验十：练习使用多用电表 实验十一：传感器的简单使用		2. 要求认识误差问题在实验中的重要性，了解误差的概念，知道系统误差和偶然误差；知道用多次测量求平均值的方法减小偶然误差；能在某些实验中分析误差的主要来源；不要求计算误差。 3. 要求知道有效数字的概念，会用有效数字表达直接测量的结果。间接测量的有效数字运算不作要求

表 3　指定选考内容范围及要求

模块 3-5			
主题	内　　容	要求	说　　明
碰撞与动量守恒	动量、动量守恒定律及其应用 弹性碰撞和非弹性碰撞	Ⅱ Ⅰ	只限于一维
原子结构	氢原子光谱 氢原子的能级结构、能级公式	Ⅰ Ⅰ	
原子核	原子核的组成、放射性、原子核的衰变、半衰期 放射性同位素 核力、核反应方程 结合能、质量亏损 裂变反应和聚变反应、裂变反应堆 放射性的防护	Ⅰ Ⅰ Ⅰ Ⅰ Ⅰ Ⅰ	
单位制和实验			
主题	内　　容	要求	说　　明
单位制	知道中学物理中涉及的国际单位制的基本单位和其他物理量的单位	Ⅰ	知道国际单位制中规定的单位符号
实验与探究	实验：验证动量守恒定律		

表 4　自由选考内容范围及要求

模块 3-3			
主题	内　容	要求	说　明
分子动理论与统计观点	分子动理论的基本观点和实验依据	Ⅰ	定性了解
	阿伏伽德罗常数	Ⅰ	
	气体分子运动速率的统计分布	Ⅰ	
	温度是分子平均动能的标志、内能	Ⅰ	
固体、液体与气体	固体的微观结构、晶体和非晶体	Ⅰ	
	液晶的微观结构	Ⅰ	
	液体的表面张力现象	Ⅰ	
	气体实验定律	Ⅰ	
	理想气体	Ⅰ	
热力学定律与能量守恒	热力学第一定律	Ⅰ	
	能量守恒定律	Ⅰ	
	热力学第二定律	Ⅰ	
模块 3-4			
主题	内　容	要求	说　明
机械振动与机械波	简谐运动	Ⅰ	
	简谐运动的公式和图像	Ⅱ	
	单摆、周期公式	Ⅰ	
	受迫振动和共振	Ⅰ	
	机械波	Ⅰ	
	横波和纵波	Ⅰ	
	横波的图像	Ⅱ	
	波速、波长和频率（周期）的关系	Ⅱ	
	波的干涉和衍射现象	Ⅰ	
电磁振荡与电磁波	变化的磁场产生电场，变化的电场产生磁场、电磁波及其传播	Ⅰ	
	电磁波的产生、发射和接收	Ⅰ	
	电磁波谱	Ⅰ	
光	光的折射定律	Ⅱ	
	折射率	Ⅰ	
	全反射、光导纤维	Ⅰ	
	光的干涉、衍射和偏振现象	Ⅰ	
相对论	狭义相对论的基本假设	Ⅰ	
	质速关系、质能关系	Ⅰ	
	相对论质能关系式	Ⅰ	

续表

模块 2 - 2			
主题	内　　容	要求	说　　明
力与机械	平动与转动 传动装置 共点力的平衡条件 刚体的平衡条件	Ⅰ Ⅰ Ⅱ Ⅱ	
热与热机	内燃机的工作原理 汽轮机的工作原理 喷气发动机的工作原理 热机的效率 电冰箱的组成和主要结构及其工作原理 空调机的组成和主要结构及其工作原理	Ⅰ Ⅰ Ⅰ Ⅰ Ⅰ Ⅰ	
单位制和实验			
主题	内　　容	要求	说　　明
单位制	知道中学物理中涉及的国际单位制的基本单位和其他物理量的单位，包括摄氏度（℃）、标准大气压、毫米汞柱	Ⅰ	知道国际单位制中规定的单位符号
实验与探究	实验一：用油膜法估测分子的大小 实验二：探究单摆的运动、用单摆测定重力加速度 实验三：测定玻璃的折射率 实验四：用双缝干涉测光的波长		要求会正确使用的仪器有：温度计

Ⅳ. 考试形式

闭卷，笔答。考试时间为 120 分钟，试卷满分为 150 分。

Ⅴ. 试卷结构和题型

全卷选择题 12 题，非选择题 8 题（其中必做题 6 题，选做题 2 题）。

试卷有必做题和选做题。必做题约占全卷总分的 93%，选做题约占全卷总分的 7%。

必做题考查必考内容和指定选考内容，要求每一位考生都作答。选做题有两组，每组两题，分别考查 3 - 3(含 2 - 2) 或 3 - 4 模块内容，考生必须从选做题中任意选择一题作答。

Ⅵ. 内容比例

必考部分：力学约 43%，电磁学约 43%。

（必考部分内容比例包含碰撞与动量守恒）

指定选考部分：原子结构、原子核约 7%。

自由选考部分：3-3(含 2-2)、3-4 每个模块约 7%。

实验与探究（包含在以上各部分内容中）约 16%。

Ⅶ. 试题难度

试卷包括容易题、中等难度题和难题，以中等难度题为主。试卷易、中、难试题的占分比例控制在 3∶5∶2 左右。

概况与摘要

物理课程研究

概　况

新课程以崭新的课程理念、先进的教育思想，倡导“为了每位学生的发展”为宗旨的教育，给人们展示了素质教育的美好蓝图。随着新课程改革的深入实施，人们开始转变传统意义上的课程观、教学观、教师观、学生观、评价观，也逐渐在教育教学中去实践。新课程带给了我们很多新的理念，同时也带给了我们新的思考。在2008年的物理教育类的主要杂志上就多次见到研究者们关于新课程实施的一些思考。概况主要包括新课程目标实施的理想与现实存在的问题两方面。

物理新课程实施的理想

在新课程实施的过程中，研究者为了更好地实现新课程的理念，从宏观到微观都提出了诸多的想法。

1. 倡导新课程理念下的有效课堂

新课程理念强调人的发展，在课堂上要重视学生的主体地位的发挥。有效课堂应当是：

学生的课堂。强调在知识的建构中、在活动的参与过程中、在思维的交互过程中、在实验探究过程中突出学生的自主与主动。

思维的课堂。强调在活动中加强学生的问题意识，提高学生提出问题、分析问题和解决问题的能力。

互动的课堂。指出新课堂应该是学生在思维上与文本的互动、与教师的互动、与学生的互动。

生成的课堂。指出有效的课堂不仅是以教学预设为主线的课堂，更是以学生为基础的师生互动生成的课堂。有效课堂的提出是新课程实施的理想状态，也充分体现了“为了所有学生的发展”的新课程理念和宗旨。

2. 强调科学探究作为课程内容

新课程在总目标上要求学生学习科学探究的方法，发展自主学习能力，养成良好的思维习惯，能运用物理知识和科学探究方法解决一些问题，目标中强调“探究”，要求教师改变以往知识的单向灌输，转向学生自己通过探究去获得知识。科学探究不仅是科学课程的教与学的方式，也是科学课程的内容。科学探究作为科学课程的内容的意义在于：第一，反映了人们对科学认识上的升华。教师在教学过程中，不但要使学生学习科学的知识，同时也要使学生学会科学探究的技能和方法。一方面，通过科学探究获取知识，另一方面，通过科学知识的学习培养学生探究的能力；第二，极大地提高了科学探究在科学课程中的地位，增进了人们对探究本身的关注；第三，通过探究培养学生学会提问、学会猜测，学会设计实验，学会基本仪器和器材的使用方法，学会多渠道地获取信息和处理信息，学会与人合作和交流等；第四，符合现代认知心理学的广义知识观。科学知识不仅仅是科学概念和规律，还应包括科学发现的逻辑、解决科学问题的策略。

3. 积极进行校本课程的开发与实施

新课程要求实现每一位学生的发展，要求让学生根据自己的个性差异、兴趣与爱好来有效地选择课程，因此有学者提出开发校本课程来实现学生这样的需求。主要采取配合必修课的内容开设一些课程作为必修课程的延伸与拓展，主要是以《物理学史》和《生活中的物理学》两门课程形式展开，重视必修课与生产生活的联系或是理论知识的建立过程、技术的发展历程，通过这些让学生了解知识产生的过程，同时也实现了新课程中提出的要求学生了解知识与技能在生活、生产中的应用这一目标。

然而理念终究是理论是理想，能否实现这样的理想还在于实践的过程。在实施的过程中，研究者们发现尽管人们都在努力实践新课程的理念，但是还存在着一些问题。

物理新课程实施中的问题

1. 教育生态的不和谐

在现实的基础教育中，考试制度很大程度上成了教育的指挥棒，一些不恰当的评价机制阻碍了新课程的实施。研究者指出，首先，教师对学生的评价，仍抱着精英主义价值观；其次，学校对教师的评价，大多数仍然以分数为标准；最后，家长对学校的评价，仍以学生的升学为标准；还有，政府把学校作为政绩工程

和高考的指挥棒作用。考试制度的不完善，一些不恰当的评价机制的存在造成了教育生态环境的不和谐，从而使得新课程无法植根生长。和谐的教育生态环境是新课程实施的关键点。

2. 三维目标的不完整

新课程提出了课堂教学的三维目标，但在实际操作过程中，教师要么习惯地只注重一维目标的实现，要么把三维目标流于形式，出现了"以形式代替实际"的情况，对于课程目标中要求的学会科学方法等，教师不能设计适当的教学内容也不能很好地组织课堂教学，也就无法让学生得到全面发展。另一方面，存在制定的目标形式化，目标制定大而空、目标含义模糊不清、目标制定立足点有误等现象。这样在实施的过程中就难以落实，从而使提出的三维目标成为空话。尤其是在制定"过程与方法、情感态度和价值观"这两个目标时，最容易产生这样的情况。其原因来自两方面：一方面，由于教师自身学习时没有"过程与方法"的体验；另一方面，教师在教学过程中缺乏对学生的关注和思考。这些都使得物理课程的三维目标难以实现。

3. 课程内容的不完善

课程基本理念之一是在课程内容上体现时代性、基础性、选择性，增加了体现时代性和科学技术发展方面的内容，加入了不少研究性、探讨性问题，但在实际教学过程中，很多教师没能处理好基础性和时代性的关系。研究者分析原因有：一方面，这对教师本身的知识也有一定的要求，部分教师教学理念比较陈旧，对物理学现代进展所知不多，教学中对现代物理观念、对科学思想及科学方法认识不足；另一方面，探究性和探讨性问题更需要教师做好引导者和指导者，然而有相当部分教师还不能胜任这样的角色。这些都将导致难以实现课程内容的基础性和时代性的融合。

4. 课程文化的缺失

新课程目标不仅要求学生学习物理基础知识和技能，了解这些知识与技能在生活、生产中的应用，关注科学技术的现状及发展趋势，还需要学生了解更多的物理文化。然而物理课程在追求科学化和高效率的过程中使得原本存在的丰富的文化内涵逐渐消失。主要体现在：对物理知识的去背景化处理，只呈现结论；将物理知识与其形成过程相分离；物理文化精神层面被弱化或舍弃；物理世界与学生的生活世界相隔离；物理主体的主体性精神受到压抑等。

论文摘要

试论现代课堂观和现代物理课堂教学

徐祥宝

传统课堂将教学过程当做是知识的堆砌和灌输过程，学生只是吸收知识的容器。这种落后的教育理念，有悖于时代的发展，导致了传统课堂教学存在教条化、模式化、单一化的弊端。

现代课堂将教学过程当做是心与心的碰撞过程，是心灵的呼唤与回应的过程。这种先进的教育理念，顺应了时代的发展，能与时俱进。这种理念势必导致课堂教学必须体现出以下几个特征：课堂教学必须与学生的生活世界相联系；课堂教学必须还学生以活力、尊严和个性；课堂教学必须营造相互尊重、相互平等的新型师生关系；课堂教学必须创设具有挑战性的问题情境，激发学生的学习兴趣；课堂教学必须引导学生发展并考虑到学生的今后发展和终身学习。

物理课堂教学除了要体现现代课堂教学的特征外，一般还应遵循的教学流程为：问题—猜想（假设）—探究（实验探究的方法、理论探究的方法）—论证—结论—分析讨论。这种教学流程决定了现代物理课堂教学应遵循问题性、探究性、实验性、生成性互动的基本原则。

总之，现代物理课堂教学必须培养学生的创新精神、创新意识、创新思维、创新方法和技巧，使学生的主体性得到真正体现，增强学生学习的兴趣，提高学习效率，培养学生求真务实的科学态度和跟他人和谐合作、容纳他人观点的心理品质。

《物理教师》2008 年第 5 期

中美高中物理实验课程的对比研究

车囿达　熊建文

物理学是一门以实验为基础的科学，因此实验课程对于物理课程至关重要，作者从课程标准要求、教学内容、教学方式和课堂评价 4 个方面对中美两国高中物理实验课程进行了对比探讨。

在课程标准方面，我国认为基础知识和技能是物理课程的首要目标，而美国则偏向情感领域。在内容标准中，中美两国都对科学探究进行了阐述，对其一些主要过程的认识较为一致，只是由于探究的对象具有多样性，探究的过程和策略也就相应地出现灵活性、多变性。分析实验教学内容的异同，我国的高中实验可适当地添加一些小型探究实验，在原子物理方面，可适当引入一些仿真实验或虚拟仪器的使用，让抽象的物理概念转化成让学生更易于理解的物理模型，从而为大学物理教学做好衔接与铺垫。小组合作-探究学习是美国公立学校普遍采用的科学教学方式。我国新课标倡导探究、合作与互动的教学方式，在物理实验课上有了新的转变，但是实施的现状还是不容乐观，因而在教学方式上还需要不断地进行完善。中美两国在物理实验课堂评价方面的理念较为一致，都提倡评价内容的多元化、多维度。对比可知我国未提及“是否遵守安全规则”这一涉及德育的评价内容，因而应将道德教育融入物理实验课程，在评价中关注知识与技能外也应重视情感态度与价值观，以评促学，全面提高物理教育的质量。

《物理教师》2008年第11期

把科学探究作为课程内容的意义何在

郑青岳

科学探究不仅是科学课程的教与学的方式，也是科学课程的内容，它反映了我国科学教育工作者对科学、科学课程认识上的升华。应当正确理解把科学探究作为科学课程的内容。首先，将科学探究作为科学课程的内容之一，反映了人们对科学认识上的升华。其次，将科学探究作为科学课程的内容之一，极大地提高了科学探究在科学课程中的地位。再次，把科学探究作为科学课程的内容之一，要求我们应当把科学探究作为一个独立的目标来追求，把培养学生的探究技能作为教学的基本任务。最后，把科学探究作为科学课程的内容之一，符合现代认知心理学的广义知识观。根据现代认知心理学的理论，广义的知识应当包括陈述性知识、程序性知识、策略性知识。科学探究的教学有隐性和显性两种模式，所谓隐性模式就是用反映科学认识基本过程的科学探究的一般程式去组织科学概念、规律、原理的教学过程，使学生的认识过程接近科学家的探究过程，但教学过程中并不明确地揭示所采用的科学探究一般程式各个要素的名称和有关方法论的知识。所谓显性模式是指进行探究式学习时，明确地指出构成探究过程的要素和有关的方法名称，使学生清楚地意识到正在运用科学探究的什么方法，以及是怎样运用科学探究方法的。科学探究作为科学课程的内容启示我们，科学探究的教学不应只是停留在隐性教学阶段，而应当从隐性教学阶段逐渐推进到显性教学阶段。

《物理教师》2008 年第 4 期

让校本课程为必修课插上翅膀——高中物理校本选修课程初探

颜有虹　陈莉莉　陈志勇

校本课程中要充分体现出对国家课程的补充作用，并让学生开阔视野、增长知识。作者所在学校开展了三门校本课程，根据课程实施的情况文章重点探讨了《物理学史》和《生活中的物理学》两门课程设置的情况与内容的安排设计。

课程设置的目的和意义方面，《生活中的物理学》课程可以让学生对许多生产生活中的实际问题有实际感受和了解，满足他们对必修知识加深了解的兴趣；而《物理学史》则能够让学生对以物理学为代表的科学和技术的相互促进和发展的历程有所认识，从而对现代科学和技术的架构以及成就、未来科技发展的趋向有所了解，培养创新意识和可持续发展的社会意识等。

内容安排方面，《生活中的物理学》需要寻找必修课本中学生特别感兴趣的与同学们生活密切相关的现象、器件，围绕人类的衣、食、住、行设立专题，初步设计这门课的内容。而《物理学史》则首先寻找必修课本中学生特别感兴趣的科学家和历史上重要的理论论战，并查找大量资料，整合成几个物理学史的专题。作者用图表方式列出了两门校本课程与必修课的对应关系。

在课堂教学方式上，校本课程以能力的提升、科学素养的养成为主要目的，其教学内容更要注意“广、浅、精”的要求。相较于必修课，校本课程可以给学生更多的思考、讨论交流和动手实验的机会与时间。

《物理教学探讨》2008 年第 3 期

高师教育中开设“中学物理教材分析”课程的必要性

谭志云

教材分析是中学物理教学过程中最基础、最重要的环节。为了更好地适应基础教育物理课程改革的发展，培养能胜任新课程理念下的中学物理教学工作的物理教师，在高师教育中开设“中学物理教材分析”课程具有十分重要的意义。

开设“中学物理教材分析”课程的必要性可以从以下两个方

面分析：

首先，此课程的开设适应基础教育改革的需求，其具体表现为：教材分析是把握物理课程标准的需要；教材分析是有效地使用新课标物理教材的需要，包括选择新课标物理教材的需要、从整体上把握教材的需要、挖掘教材中隐含的各种价值的需要。

其次，此课程的开设是由教材分析对整个物理教学的重要作用所决定的。只有对教材进行深入细致地分析，才能结合实际情况，进行科学的教学设计，以达到预期的教学效果。

作者提出了对此课程教学的一些建议：课程可放在学生对中学物理教学理论的学习和教育实习之后开设；教学过程中需要任课教师依据本门课程的学习目的，广泛收集教学素材，自编教材和讲义；教学方法和手段上，可采用教师讲授和学生自学、讨论交流相结合的方法，通过对某一版本物理课程标准教材的分析过程，使学生掌握分析中学物理教材的基本方法；同时在教学过程中适当穿插一些有关基础教育物理课程改革的专题讲座。

《物理教学探讨》2008 年第 5 期

德国 KPK 物理课程设计思想评述

张恩德　吴江海　潮兴兵

德国卡尔斯鲁厄物理课程（简称 KPK）是以德国赫尔曼教授为首的团队开发设计的一套德国物理教材。学习与借鉴 KPK 蕴涵的丰富物理思想和课程文化将拓宽人们对物理课程的认识，有利于推进我国的物理课程改革。KPK 有着独特的课程思想，它抛开了历史负担，实现了物理课程精简化，并且还实现了物理课程内容的现代化。KPK 有全新的课程结构，表现在两点：第一，以广延量为基础，搭建新的概念结构。KPK 不但把物理学各分支学科综合在一个统一的结构内，而且还把化学、信息学和近代物理的部分内容整合在这一结构之中。KPK 中新的概念既与原来的物理概念保持着某些延续性，又被赋予了某些新的特征。第二，循序渐进的章节结构安排。KPK 全书共三册，分 12 个主题共 32 章，具有如下特点：循序渐进，螺旋上升；注意物理学不同分支和不同学科的综合；自成一体的 SI 单位结构。

在 KPK 中类比方法颇受倚重，因为物理学独特的结构为类比方法运用提供了可能，并且 KPK 课程思想奠定了类比方法的地位。KPK 课程思想和结构的改变使得物理定律、定理表述方式出现了戏剧性的变化，这些表述方式与通常的物理课程大相径庭，给人耳目一新的感觉。

德国 KPK 课程立足于物理学自身发展的逻辑，力图改变物理的概念结构来使物理课程精简化，其课程研究与开发的思路给人启示。

《物理教学探讨》2008 年第 7 期

学习科学方法 体验探究过程 掌握物理结论——高中物理共同必修模块的科学探究及物理实验教学探析

周 涌

《基础教育课程改革纲要（试行）》和《标准》强化了科学探究理念。《标准》把“科学探究及物理实验能力要求”和“必修模块”“选修模块”并列，而且明确指出了高中学生应该在科学探究和物理实验中达到的要求。这不但确定了高中物理课程中科学探究、物理实验的重要地位，而且对高中物理教学也指出了明确的方向。

以《标准》为依据编写的粤教版高中物理教科书，就是为了对高中物理课程总目标的达成所进行的具体实践：将实验作为贯穿在整个教学过程中创造物理情境、探索物理规律的主要手段，由过去教材中的独立设置部分，转变为新教科书中的有机嵌入部分，将实验与理论融为一体，使实验的过程即为学习探索的过程。

要使对科学探究及物理实验能力的要求落到实处需要研究教材，用好教材。教师在指导学生开展探究活动时，要根据教学内容、学生的知识背景、训练目标和思维的深度来灵活调控，重点应放在要训练的主要目标和探究的问题上。在进行难度较大的探究活动时，采用由浅及深、逐步深入的方式，使探究具有层次性。进行科学探究和物理实验更有利于掌握物理知识。《标准》对科学探究和物理实验的重视，还原了物理课程的本来面目。科学探究过程的展现和让学生亲历探究过程，改变着学生的学习方式。学生在学习中的主动发展，对物理课程的热情和兴趣的增强，更有利于物理知识的掌握，物理方法的获得，物理态度的形成。

《物理教学探讨》2008 年第 10 期

中国内地与香港高中物理新课程目标的比较

胡青友

2003 年教育部颁布了《普通高中物理课程标准（实验）》（简称《标准》），其中在课程目标从知识与技能、过程与方法、情感态度与价值观这三个维度来阐述。2007 年 3 月，香港教育统筹局（教统局）公布了新高中课程及评估指引，其中物理学科作为选修科目，由课程发展议会与香港考试及评核局联合编订《科学教育学习领域——物理课程及评估指引（中四至中六）》（简称《指引》）。

框架结构：《标准》的课程目标结构是“总目标—具体目标（知识与技能、过程与方法、情感态度与价值观）”，《指引》中的课程目标结构是“宗旨—学习目标（知识和理解、技能和过程、价值观和态度）”。课程分目标都是从三个方面进行描述的，《标准》的分类称为“三个维度”，《指引》的分类称为“三个范畴”，具体框架结构图可参见原文。

具体表述：《指引》的学习目标分为三个范畴：知识和理解、技能和过程、价值观和态度。技能和过程又包括科学思维、科学探究、实验操作、解决问题、作出决定、资料处理、沟通、协作、自主学习；价值观和态度包括对己对人方面、对待物理学和我们生活的世界、对待终身学习。

内容体现：《标准》的具体学习内容标准按模块展开，基本按照“概述—具体内容标准—实例—活动建议”来安排。《指引》的具体学习内容标准按课题展开，按照“概述—学生应学习和应能—建议学与教活动—价值观和态度—科学·技术·社会和环境（STSE）的联系”来安排。

《物理通报》2008 年第 2 期

对中学物理课程改革整合的思考和建议

何永健　吴森茂

针对国内基础教育中出现的诸多问题，比如教育理念、教育方法都与世界发达国家存在着很大差距，作者提出了许多富有借鉴意义的看法和建议。

国外先进经验与中国的国情实际相结合；课改应与教师的继续教育、终身教育同步发展；课改应与国家的教育政策、教育法规的变化发展相同步；课改应充分体现“以人为本”的教育理念；校本课和综合类实践课的研发要结合当地经济特色、区域特色、历史沿革、风俗民情；课改应适当渗透提高学生综合素质教育类内容；课改应重视各学科之间的有机整合。

所以，现在国家积极进行基础教育的课程改革是非常必要和及时的，是一种教育的创新，但必须从多方面综合考虑，研究和汲取国外发达国家课程改革的经验，考察我国教育几千年的发展历史，以及结合南北经济发展不平衡的状况、地理特点、多民族特色、资源的分布、人口特点、具有几千年的优秀传统文化等国情实际，学生的身心发展规律等多种因素广泛地征求意见，反复试验，大胆创新，才能使我们的课程改革真正取得实效。

《物理通报》2008 年第 3 期

对初中物理新课改施教中一些现象的反思与看法

黄东升

随着新课程改革的深入实施，人们的教育观念也逐步发生着转变。但在课堂教学中还存在着许多与新课改不协调的行为，诸如重知识传授，轻视能力培养；重课堂灌输，力求把知识讲细、讲深、讲透，忽视思维的启发和过程方法的学习；注重单方面教学，忽略学生反应等现象。

多媒体在物理教学运用中出现的问题：用模拟实验替代真实物理实验；为表现多媒体而滥用多媒体；多媒体使用中未注重“质”的提高。新课改下学生最基本的运算能力和运算技巧令人担忧。探究教学中存在的问题：完全探究，探究唯一；探究模式化；探究只能成功，不许失败；探究只能连续，不可间断。

应该建立新的评价体系，其基本目标是为了促进学生的发展，而不仅仅是为了检查学生的表现；评价内容、形式多样化，不仅注重对知识与技能的评价，而且注重过程与方法、情感态度与价值观的评价；评价过程需要学生的积极参与；评价要与教学做到有机的结合。

《物理通报》2008 年第 8 期

谈中学物理教学中的“过程与方法”

戴金平

中学物理课程蕴涵了丰富的三维目标教学资源。目前，人们对在中学物理课堂教学中要落实“三维”教学目标已达成共识，但在实施的过程中却不尽如人意，其主要原因是“过程与方法”的缺损。

教学目标具有方向性、指向性。通常应先制定目标，后写教案。从备课整体情况看，制定教学目标时，教师感觉最把握不准的是“过程与方法”目标。“过程与方法”目标制定存在的问题：

目标制定大而空；目标含义模糊不清；目标制定立足点有误。“过程与方法”目标制定与实施困难的主要原因：教师“先天”存在不足，“后期”关注不够。

“过程与方法”目标的正确制定与实施的途径：主动弥补“先天”不足，对此教师应弄清所教的概念或规律的来龙去脉，不断提高“科学探究”能力；制定适切的教学目标，即制定教学目标、设计教学过程时，应该考虑学生原有的认知基础，要经过怎样的过程才能尽可能地呈现科学的本质，学生才能理解这些概念或规律的内涵等，基于上述思考所制定的目标与过程才是适切的；教学中融合多种学习方式。

《物理通报》2008 年第 8 期

物理新课程的几点思考

张晓冰

新课程以崭新的课程理念、先进的教育思想，给人们勾勒出了一幅素质教育的美好愿景。但是由于理念与现实的不配合，理论与操作的不配套，后续实践指导的跟不上，教学效果与预期要求的落差，教育目标与社会评价的错位，使改革的实践者渐渐觉得力不从心、无所适从。

新课程的推进在有的地方举步维艰，与现有的课程生态之间不相适应。但新课程改革势在必行，它实施的关键应该在师生观、学习观、教学观、课程观以及学生评价等方面构架学校教育新生态。新课程的价值在于学生的切实、全面发展。它的实施就是为了全面贯彻落实素质教育，教学质量是素质教育的价值追求。教育质量的提高是新课程的归属，是新课程推进的不竭动力。新课程改革体现了注重基础性、体现时代性、反映选择性的特点，新课程提出了“知识与技能”“过程与方法”“情感态度与价值观”三方面的培养目标。有效课堂是解决这些问题的关键。教学中学生主体地位是否能突显，是有效课堂的关键所在。有效课堂应当是思维的激发、培育和生长的场所，是互动的开放的，课堂的生成是动态的，是伴随着教学活动中思维的碰撞而产生的，师生共同学习和发展。

新课程推进过程中，肯定会遭遇困难，但只要教师们勇敢面对，不断思考，大胆实践，找到理想和现实的结合点，建设好新课程改革的生长环境，新课程就必然绽放出绚丽多彩的素质教育之花。

《中学物理教学参考》2008 年第 1、2 期

初高中物理学习差异对比

宋嗣林

初中物理是物理学习的起点，高中物理是物理学习的延续，但是两者有很大差异，表现为：学习者的认知差异、学习内容的差异、学习方法的差异等。根据心理学理论，学习者的认知包括感知、记忆、思维和注意。初高中物理学习者的认知差异具体表现为：首先是感知的差异，比起初中生，高中物理学习者知觉的目的性较强，能在一较长时间内靠毅力专注知觉，懂得观察的一般程序与方法。其次在记忆上，初中生无意识记忆明显，以机械记忆为主，而高中生则更多的是靠形成网络来记忆；思维的差异上，初中物，理学习者以形象思维为主、经验型的抽象思维为辅，高中物理学习者以理论型抽象思维为主，能把自己的创造性想象与创造性活动结合起来；注意方面，高中物理学习者注意的转移有一定的灵活性。

物理学习内容分为基本知识与基本技能两部分。以人教版初高中《物理》为例，表面上看两者相似，但本质上相差很大，这些差异反映了学习者的认知规律，也体现出循序渐进的学习特点以及对初高中物理学习的不同要求。具体表现为双基的差异。初中《物理》编排遵循学习者认知规律，基本没有反映出物理学的系统性与规律性。因此，初中物理学习主要采用“点”连成“线”的方法。而高中《物理》编排遵循物理学自身的系统性与规律性，没有过多考虑学习者的认知规律。因此，高中物理学习主要采用“块”搭成“体”的方法。除了要理解每一“块”外，更重要的是系统掌握每一“块”的灵活应用方法，最终达到高中物理学习的能力要求，从而成功地搭成“体”。

《中学物理教学参考》2008 年第 4 期

初中物理与其他学科融合浅议

袁吉光

由于以往应试教育的影响及部分物理教师知识结构的不足，使目前我国物理教育存在一种倾向，就是在教学内容上重视物理知识、解题方法的传授，缺少不同学科内容间的融通结网，其结果是学生学习负担增大，学习兴趣不高；忽略了学生整体素质、综合能力、宽广视野的培养，与课程改革的基本理念不符。综合课程是我国课改的一个方向。学科知识的综合化，要求不再把学科知识看成是孤立的体系，要在各科知识之间建立有机的联系，对所学知识有综合认识。要求教师从物理学视角解读各科教材，在教学中向学生揭示各科间知识、技能的相互关系。教师帮助学生以物理观点分析处理其他学科教材，广泛收集相关材料，根据兴趣与分工，成立学科资料收集编写组，如物理与语文组、物理与数学组、物理与英语组、物理与化学组、物理与政治组、物理与历史组、物理与地理组、物理与生物组、物理与艺体组、物理与信息技术组。各小组的资料收集并不局限于本小组内容，某一章节学习结束后，由各小组就收集的与该章节有关联的其他学科知识资料进行汇报，其中有价值的资料经教师审核后输入电脑保存，以便最后汇编成书，让各“编委”共享合作成果，体验劳动的喜悦。发动并指导全体学生投入“物理学”与其他学科的联系课题研究，使各种与物理相关联的信息在学生的头脑中进行碰撞，有助于学生智能结构的完善，充分发挥学生主动性，使他们从苦学变为乐学，点燃创新的火花，激发创新的智慧，在相互交流合作中达到人格的自我完善。

《中学物理教学参考》2008 年第 4 期

物理教材研究

概　　况

教材是课程目标和学生建构知识、形成能力的重要资源之一。教材是教师与学生之间的好媒体，在教学三角模型中，教师教学对学生的影响很大程度上得益于教材，学生在教师的影响下通过教材的习得，来构建一定的知识、形成能力和技能。教材的编写一方面有教育理论的支撑，另一方面是教材实践的反馈。因此对教材的研究既可以帮助教师理解新课改的精神，指导教学实践，也可以使课程理论研究者发现问题和不足，不断完善教材。

综观 2008 年相关物理杂志中有关教材与教学的文章，我们发现这些文章有的从不同角度或不同侧面去解读教材，认识教材的特点；有的提出教材编写的有意义的观点；有的提出从教材到教学中要处理的矛盾和处理建议；也有的通过国外教材的研究提出对我国教材编写的启示等。下面我们将系统介绍这些文章的有益探索，以期对教材的编写和教学提供借鉴和拓宽视野。

新课标物理教材的特点

新课改的背景下提倡教材“一标多本”。根据课改精神、课程目标和理念编写不同版本的教科书。12 种版本的高中物理教科书有许多特点：内容体现时代性、选择性、生活性、体现 STS 理念，加强探究式教学的内容，设置多样式的栏目，图文并茂，生动活泼、编写富有弹性等。其中，沪科教版的特色有多篇文章浓墨重彩地论述：编写者在研制教材的过程中，致力于新课标三维目标的有机结合与全面落实；教科书渗透物理学史的探索；教材内容体现层次性和开发性；改变传统的说教式的叙述形式，强调激发兴趣，使学生有亲近感；教材的内容弹性大，给学生留下自由发展的空间等。

人教版高中物理必修习题编制的特点是：关注基础，面向全体；淡化计算，降低物理学习的门槛；加强与 STS 的联系等，这些变化有利于学生从枯燥的、烦琐的计算中解脱出来，能更自主地探究物理。习题体现了高中物理课标的要求，有利于培养学生的创造精神和实践能力。因此，有人提出要发挥习题的教育功能。

有学者提出教师分析教材是教师的技能之一，但是教师在使用教材时应转变使用教科书的观念。教材功能的转变促使教师摆脱教材的束缚和牵制，从“教教材”转向“用教材教”，进行教材的二次开发和课程重构。

对教材编写提出的观点

1. 认识科学本质和科学价值

有人提出现行基础教材的编制和实际教学存在着知识的绝对化和简单化的倾向，这不利于学生体验过程，接受挑战和独立思考，从而形成被动学习；不利于学生认识到物理知识形成的复杂性和艰巨性。

2. 教材的编写要符合学生的认知规律，注重无形知识的建构

以思考方法、解决问题的能力、过程、情感、态度、价值观为基本内容的无形知识，在有形的物理知识的建构中是必不可少的，甚至无形知识的建构比有形知识的建构更重要，新课程强调让学生在探究过程中去建构知识，即无形知识与有形知识在教学中有机整合。教材的编写实质是关于物理知识如何呈现，教材要符合学生的认知规律，就要做到：教材提供的材料是否联系学生的生活实际；物理现象是否与学生生活中的相关前概念密切相关；教材与教学内容是否让学生真正参与到活动的过程中。

教师在使用新教材时遇到的困惑及突破

1. 教材的理想设计与现实的教学存在矛盾

教学内容与课时安排的矛盾；知识要求与高考的矛盾；自主教学与接受教学的矛盾。解决这些矛盾需要认真领悟新课程的要求，注重过程教学，通过教学理论选择相宜的教学方式。

2. 高中物理必修1、2与选修3-1之间有较大的台阶

教师要帮助学生跨好台阶，就要弄清台阶的成因，并努力做到耐心算（宏观与微观的关系）、耐心导（现象与本质的关系）、耐心比（具体与抽象的关系）、耐心做（进度与程度的关系）。

中外物理教材比较

1. 宏观角度：教材编排的比较

本文对三个版本的国外物理教材的突出特点加以总结，并与国内教材的普遍特点加以比较研究，旨在提出比较优化的物理教材编写方案。

案例1 《物理：原理与问题》是美国麦格劳-希尔（McGraw-Hill）公司出版的一本美国高中物理教材。此教材的特色是物理知识体系完整，在此基础上内容有所侧重。教材精选力、热、电、声、光经典物理学的全部内容，占全书的85%，对近代物理的知识也作了比较深入而适当的介绍，涉及量子理论、原子模型、固体电子学及核物理与粒子物理知识。而国内教材对近代物理的内容介绍不够全面，知识覆盖面不及此教材广泛。

此外，教材设计了许多栏目，如："起步实验""迷你实验""技术与社会""未来技术""物理学前言"等板块，使教材内容增加了开放性，大大拓展了学生的学习空间。

案例2 《PHYSICS INGSIGHTS》按照新加坡物理科目的普通水准教育证书考试（GCE O level）的要求编写，由新加坡Pearson Education Asia Pte Ltd于2000年出版。教材的主要特点表现在信息技术与学科教学的深度整合，有一个专门的栏目IT Link，利用网络、计算机软件等帮助学习，使信息技术与学科教学整合贯穿于整个教学过程。而在我国的教材中，大部分是设置栏目让学生在课后上网阅读扩充知识，并没有做到信息技术与物理学科的整合。

《PHYSICS INGSIGHTS》在实验方面也颇有特色，包括"实验"和"活动地带"两个栏目。在"活动地带"中实验的材料都是学生在生活中可方便获得的，不需要进实验室便可操作实验。在我国物理教材中的大部分实验都是验证性实验，在实验室中进行，有着严格的操作步骤。

案例 3 《Active Physics》是由亚瑟·艾森克拉夫特博士主编的美国高中物理教材，将先进的探究式教育理念融入教材中。全套教材的编排方式别出心裁，将教材内容分为与学生生活紧密相关的 7 大主题，即通讯、家庭、医学、预测、体育、交通和照亮我们的生活。它把力学、热学、光学、电磁学等物理学基础内容以综合的方式分布在各个分册中，以探究活动的形式启发、引导学生学习。各章节又分成“认识自己”“记录日志”“自我评价”“积极反思”几个板块。

根据新课标的要求，我国物理教材的编写也越来越注重体现从生活走向物理，从物理走向社会，但编写的主线索还是物理知识体系，知识应用穿插于知识呈现中。这对知识的系统学习很有帮助，但对学生综合思维能力及探究能力的培养不够。对学习评价以及促进学生反思方面，我国的教材很少反映。

2. 微观角度：具体知识点呈现方式的比较

以能量概念的呈现方式为例，将我国《义务教育课程标准实验教科书·物理》，英国的《核心物理》，以及德国的《卡尔斯鲁厄物理》三种物理教材作比较，主要从对能量概念的界定、介绍能量概念的切入角度、能量概念的内容和能量概念呈现的结构特征四个方面进行了比较。结果是：三种教材各有特色，但问题也同样存在。其中的问题是《物理》（人教版）对能量的呈现方式可能会对学生能量概念的进一步发展造成障碍；《核心物理》难度较低，知识较为零散，缺乏系统性，对学生进一步建构更完善的能量概念有着相对不利的影响；《卡尔斯鲁厄物理》呈现能量概念明显地提高课程的整体难度，初中阶段学生能否接受如此深度的内容还有待研究。

3. 中外教材比较对教材编写的启示

根据上文列举的外国物理教材和我国教材的比较，不难发现，教材的编写应该注意：

（1）教材内容的全面性与侧重点、基础性与时代性的统一

在教材内容的编排上能够兼顾经典物理学和近代物理学知识，近代物理是现代科技的基础，介绍近代物理知识是时代的要求。而经典物理学是物理学的基础，近代物理学知识更复杂些，不适合中学生深入学习，中学阶段主要是将基础打好，所以教材的内容重点是经典物理学，对近代物理学也要做简单介绍，综合

考虑物理、技术和社会的关系。

（2）教材呈现方式要符合学生的心理特点与认知规律

物理内容的呈现从学生生活中熟悉的实物出发，再回到物理学的生活与社会的应用中去。教材章节和栏目板块的设计同样要注意知识的引入方式，应该符合学生认知规律。奥索贝尔提出，在呈现教学内容之前应先呈现引导性材料即先行组织者，在新旧知识之间架设联系的桥梁。在学习过程中教材也应该促进学生的自我评价和学习反思。

（3）重视科学探究能力和科学素养的培养

将教学内容以主题探究的方式编排也是教材编写的一个趋势，这样编写能够最大化地培养学生的探究能力。对于物理学科，实验的选择也很重要。教材可以通过实验培养学生动手动脑开展科学探究的方法与能力，培养学生学习严格的实验基础操作能力，求实的科学精神。

（4）将信息技术与物理教学深度整合

教材应该充分利用现代化手段。利用多媒体技术进行教材的设计和开发，有利于加速和改善学生对物理的理解，激发学习兴趣，增加学生获取信息的渠道。

论文摘要

学习课程新理念 探究教学新问题——关于普通高中物理课程标准、教材的思考

肖增英

山西省普通高中将于2008年9月全面实施课程改革，届时将有崭新的新课程实验方案、课程标准、教材与师生见面。

首先从课程目标、结构、内容、实施和评价五个方面领会新课程理念。在课程目标上涵盖三个维度，注重提高全体学生的科学素养；在课程结构上注重共同基础，体现课程的选择性；在课程内容上突出基础性、选择性和时代性；在课程实施上注重自主学习，提倡教学方式多样化；在课程评价上着眼于学生的发展，突出过程性评价。

然后深入理解了高中物理课程的结构，并详细分析了必修和选修两个模块。

接着阐述了《标准》中的内容标准的突出特点：将科学探究写入内容标准；体现过程与方法、情感态度与价值观的学习目标

要求；强调物理学与生活、生产的联系；关注物理学与社会和科技的联系，关注物理学的前沿；关注物理学史的教育功能；设置活动建议，强调培养学生的实践能力。

最后探讨了教学实施过程中将会遇到的新问题：新课程实施后，课堂教学的内涵将发生什么变化；课堂教学中“三对”关系如何重新认识；对课堂教学评价应做哪些反思；课堂教学的设计应该首先考虑什么；学生之间的差异应如何理解；三维目标如何达成；教师科学处理教材应朝什么方向努力；构建新型的课堂教学模式应强调哪些内容。

《教育理论与实践》2008 年第 5 期

初中电学内容放在八年级的可行性研究

苗元秀

我国初中物理教科书的内容和顺序虽几经变迁，但是始终把力学内容放在电学内容前，教师也习惯按此顺序进行教学设计。因此，有些教师对人教社 2001 年版教科书中将电学内容放在八年级、力学内容放在九年级的调整存在异议。文章从教科书的编写理念和教学实践的两个层面，对初中物理教科书中电学内容放在八年级的可行性做了研究，并讨论了调整电学内容顺序的两种意见。

首先，从教育理念看电学内容放在八年级的合理性。过去中学物理内容的安排主要依据知识之间的逻辑关系，实际上初中物理课程涉及的是初步的物理知识，而初中学生的思维具有直观、形象的特点，因此决定了初中物理可根据学生发展的需要设计教学内容的顺序。人教版调整后的教学顺序可发展学生对科学的兴趣，利用学生生活经验解决抽象概念，并有利于进行科学探究。

其次，从教学实践看电学内容放在八年级的可行性。作者抽查了两所使用不同教科书的中学学生的考试试卷，通过分析并排除考试环境等因素的影响可看出，使用新版教科书的学生学习知识的效果略好于传统的。另外将电学内容提前到八年级学习时，教师还要注意在教学设计方面的问题。

因此，将初中电学内容放在八年级是可行的，但是电学本身的呈现顺序不是唯一的，可以有以下两种方式：将整个电学部分放在八年级；将电路规律放在八年级，而将与能量相关的内容放在九年级。

《课程·教材·教法》2008 年第 1 期

人教版高中物理新教科书中的科学观

项红专

作者结合人教版高中物理新教科书（必修），从科学本质观和科学价值观两个方面阐述其科学观的丰富内涵，以引起广大教师对科学观的关注并自觉地落实于各自的教学实践之中。

科学本质观可以概括为三个基本的成分，即科学知识的本质、科学探索的本质和科学事业的本质。首先，科学知识是不断修正和完美的，不存在永恒的科学真理。科学总是发展变化的，但它的主体是非常稳定的，即科学知识的本质是暂时性与持久性并存。其次，科学是理性的事业，因此对科学来说，逻辑是必要的，但科学不是只有逻辑，科学实际上是逻辑与想象的结合。最后，科学不是一项单纯的认知活动，而且还是一项复杂的社会活动。科学与社会的作用是相互的，科学既影响社会，同时也受社会的影响。

新版教科书的科学价值包括外在价值和内在价值。它的外在价值在于阐明技术的两面效应和转变人们的思维观念；内在价值则体现在如下五方面：满足好奇心，倡导尊重事实，鼓励质疑批判，增进科学感情和培养审美情趣。

《课程·教材·教法》2008 年第 4 期

质疑物理课程知识的绝对化和权威性

孟秀兰　李晓芬　刘华博　鲁增贤

学前基础教育物理教材编制和实际教学中普遍存在着知识绝对化和简单化倾向，比如，各种仪表的使用规范言辞凿凿，条分缕析。由于知识的形成和行为习惯的养成是一个过程，过多的限制和保护，使学生不能经历本该由自己经历的事情，丧失了接受挑战和独立思考的机会，易养成被动接受而不是主动思考的习惯，最终可能导致性格的软弱、思维的僵化和经验的贫乏，并导致独立性和创造性的缺失。另外，教科书和教学过程让学生误认为仅仅依据有限的证据就可“归纳”出某个定律，或仅仅依据逻辑推演就可以确认某个“定理”，但是事实上从实验结果到科学理论的建立，中间不是单纯的逻辑关系和简单的归纳关系，因此，科学知识（课程知识）不存在绝对的权威性或合法性。

要想充分实现课程知识的教育价值，应该重构课程知识的权威性和合法性。课本知识并不是对现实的准确表征，也绝不是问题的唯一正确的最终答案，而是对现实的一种可能更正确的解释，是一种关于多种现象的比较可靠的假设。知识具有境域性，在不同的情境中，需要被重新建构，因此，课程与教学设计的主要任务应该是为学生的主动学习和知识建构创设一种真实的或似真的学习环境，并用自己的智慧支撑这一环境的持续发展和不断优化。这样，学生在学习知识时就不是像平面镜那样去“反映”呈现，而是在理解的基础上对这些解释或假设做出自己的检验和调整。

《课程·教材·教法》2008 年第 6 期

物理教材编写要符合学生的认知规律

朱美健

随着新课程改革在全国的开展，各出版社积极组织编写体现课改要求的新教材，由于不同的知识呈现方式对学生建构相应的认知结构的效果是不同的，也就是说不同的教材编写对学生学习的影响是明显存在的，因此教材编写要符合学生的认知规律，内容素材的选取要贴近学生的生活。

物理知识是以两种形式存在的：一种是有形的知识，即中学物理中通常所说的概念和规律；另一种是无形的知识，它是学生在经历物理知识学习过程中与知识相关的东西，如生活中的实际情境等。根据上述分析以及在国家已经制定了课程标准的前提下，教材的编写实际上主要是关于如何呈现物理知识的问题，因此我们认为在教材编写过程中有三点值得关注：一是教材中所提供的样例是否贴近学生的生活实际。二是这些物理现象是否与学生生活中的相关前概念密切相关。三是教材与教学的内容是否能让学生真正参与到活动的过程中来。作者就初中物理教材中“音调”知识点为例谈了如何进行教材的编写。

总之，学生学习物理知识的快慢与他们头脑中原有的认知结构是有关联的，如果教材编写能符合学生的认知规律，选择贴近学生生活的素材，有效地利用学生的前概念，将更有利于学生的物理学习。

《课程·教材·教法》2008 年第 8 期

初中物理教科书中的能量概念比较研究

谭晓　彭征

文章选取了我国《义务教育课程标准实验教科书·物理》，英国的《核心物理》，以及德国的《卡尔斯鲁厄物理》，对三套教材中能量概念的呈现方式从以下四个方面进行比较：

第一，对能量概念的界定。《人教初中物理》主要是以功来界定能量的。《核心物理》是利用学生的生活经验，从实际生活出发来阐述能量概念。《卡尔斯鲁厄物理》中将能量作为一种实物型物理量，在储存或流动过程中，需要具体的能量携带者作为载体。

第二，介绍能量概念的切入角度。《人教初中物理》先介绍功的相关概念，并以此为基础引出能量概念。《核心物理》先介绍我们日常生活中对能量的需要和参与这些工作的电器。《卡尔斯鲁厄物理》列举生活中各种实例，说明生活中需要能量，接着引出能量携带者的概念。

第三，能量概念的内容。《人教初中物理》和《核心物理》都较强调能量概念的一般描述，主要是较低层次的定性要求。但《核心物理》完全不涉及机械能和内能，而添加了能量与生命这部分内容，强调物理知识在生活中的应用。《卡尔斯鲁厄物理》涉及了几乎所有领域中相关的能量概念，对能量概念的每一部分内容都有较高的定量要求。

第四，能量概念呈现的结构特征。《人教初中物理》在最后一部分将能量概念作为一个独立的板块。《核心物理》也采用了相对独立的板块来介绍能量概念，但分别在基础概念、巩固部分和发展课目中设独立的单元。《卡尔斯鲁厄物理》首先对能量和能量携带者以及能量流动过程中的相关概念作整体介绍，然后分别在力、热、光、电等不同物理领域中，通过该领域的特征能量携带者来呈现能量概念的多方面内涵。

在分析总结这三套教材的优缺点后，作者给出编写教科书的两点建议。一是向学生呈现能量概念时，应该选择合适的具体概念来阐释抽象的能量概念，同时应该考虑学生的前认知，选择合适的切入角度来介绍。二是能量是一个内涵十分丰富的概念，在能量概念教学时，应该考虑学生的认知发展过程，选择能量概念中合适的内容以恰当的结构逐步分层次地展现给学生。

《课程·教材·教法》2008 年第 12 期

发挥课本习题的教育功能

褚 军 杨玉超

课本上的习题既是教师实施教学，也是学生学习的主要材料。物理习题主要具有三个方面的功能：认知功能——巩固、深化物理知识；发展功能——培养和发展能力；检测功能——教学检查和考试。课后习题体现着高中物理教育的目标与理念，有利于培养学生的创新精神和实践能力，有利于学生主动地学习，对学生具有教育性。对习题中原始问题的解决，需要学生去认识原始问题即对原始问题所描述的实际情景进行分析、判断，弄清原始问题是什么，然后对原始问题进行简化、抽象，将原始问题转化为一个物理问题，最后根据一定的物理规律应用数学工具使问题得到解决。这种问题有助于让学生体会物理与生活的联系，感受到物理就在身边，有助于引导学生生动、活泼、主动地学习，培养学生的创新精神和实践能力。还有，这些题目能够让学生体会科学技术对社会的意义，培养学生的科学、技术、社会相互联系的观点。

发挥课本习题的教育功能，教师需要更新教育理念，全面理解物理新课程知识与技能、过程与方法和情感态度与价值观的目标。研究习题拓展其教育功能是教师应具备的科研能力，是学生进行物理研究性学习的重要资源，是减轻学生负担，摆脱“题海战术”的重要途径。

《中学物理》2008 年第 2 期

对人教版高中物理实验教科书（必修）习题特点和功能的初探

陈明全

习题是教科书的重要组成部分，是教师获得反馈信息、检验教学成果的重要工具。人教版《普通高中课程标准实验教科书物理（必修）》（《物理 1》2006 年 12 月第 2 版，《物理 2》2004 年 5 月第 1 版，以下简称“实验教科书”）中对习题的编制作了创新性的探索，关注基础、面向全体、淡化计算，降低了学习物理的门槛，有利于促使学生从枯燥、烦琐的物理计算中解脱出来，用更多的时间去自主、合作探究，亲历物理过程，使学生拥有更多的机会体验到成功的喜悦，从物理的学习中重新找到自信，从而增强继续学习物理的信心和动力。

实验教科书的习题类型多样化，从功能上可分为三大类型：基础型、开放型、实践探究型。在关注基础的同时，适当提高了开放型、实践探究型习题的比例。开放题发展了学生的思维能力，实践探究题发展了学生的综合能力。实验教科书习题的表征方式也体现了多样化特点，除以传统的“文本”形式呈现外，出现了“图片”“图像表格”等多种呈现方式。实验教科书在把握习题量的同时，注重了习题质的提高，发展学生的能力，挖掘学生的潜力。实验教科书加强习题与 STS 的联系，STS 类习题的情境来源于生活、社会热点和科技发展的前沿，贴近学生生活的实际，使学生感受到学有所得，学有所用，有利于激发他们学习物理的兴趣，有利于增强他们的社会责任感和使命感。

《中学物理》2008 年第 5 期

融入元认知理论的美国中学物理教材之研究

李茹　陈娴

元认知不仅仅是一种知识体系，更是个体的一种有意识的或者为意识所理解的认知活动的调节过程。元认知理论给教育改革带来了新的思路，强调教育应注重培养学生独立的学习能力，提高学生的学习效率，实现由被动学习向自主学习转变。美国高中物理教材《Active Physics》，比较成功地渗透了元认知理论，教材设计的探究活动注重培养学生的元认知技能，鼓励学生积极自我评价与反思。分析这套教材可以为我国物理教材改革提供一些借鉴。

元认知理论在教材中具体体现在以下几方面。一是认识自己，每章的核心内容是若干个趣味性极强的探究活动，学生在学习之前通过思考诸如“你怎么想”的问题，认识到自己的能力及其限度，这属于元认知技能。二是记录日志，这使学生保持一个清晰的思路，让学生在活动中目标明确，更重要的是教会学生由被动学习向自主学习转变，这属于元认知监控。三是自我评价，一个小组的学生分角色相互提问、回答问题，将学过的知识清晰化并检查自己的学习成效。这些都丰富了学生的元认知体验，指导学生调节和监控自己的学习过程。四是积极反思，帮助学生总结活动中学到的知识，并引导学生进行深入思考。

元认知理论对于 21 世纪的科学教育和科技人才培养是很重要的。在教学中运用元认知理论，发展学生的元认知能力，可以使得学生成功地应付新情景，培养优秀的问题解决者和终身学习的思考者。

《物理教师》2008 年第 3 期

浅谈高中物理必修与选修 3 的衔接

许　可

作者在教学实践过程中感到对高一学生来说，物理必修 1、2 与选修 3－1 之间有一个较大的“台阶”，认清“台阶”的成因，做好必修 1、2 与选修 3－1 之间的衔接，帮助学生跨过这一“台阶”，对贯彻新课程的理念，实现新课程的目标，提高学生的科学素质均有重要的意义。

必修1、2与选修3之间的“台阶”的形成，是由新课程所设置的必修和选修框架决定的，具体表现在：一、理论和实践之间的台阶；二、宏观和微观之间的台阶。在必修的学习过程中，学生研究的是宏观世界中机械运动现象，与学生的生活经验较近，而在选修3-1中，缺少由实验和分析从宏观世界进入微观世界这一环节，直接涉及物体的微观结构，对学生来说太突兀；三、具体和抽象之间的台阶。必修中遇到的力只是常见的具体的重力、弹力等，但选修3-1第一章中对带电体的作用力讨论进入了“近距作用”层面，场的概念及其特性描述也比较抽象；四、进度和程度之间的台阶。

在完成必修后，怎样使学生适应选修3内容的学习，是物理新课程教学过程中一个不容忽视的问题。为此，教师必须遵循教学原则，努力做到：耐心算，展现宏观和微观的联系；耐心导，揭示现象与本质的关系；耐心比，落实从具体到抽象的过渡；耐心做，追求进度与程度的协调。

《物理教学探讨》2008年第12期

沪科教版高中《物理》课程标准教科书的特色和编写思路

束炳如　何润伟

沪科教版高中物理课程标准教科书是由华东地区高中物理课程标准教科书编写组研制的，在该教材的编写过程中，编写者首先对共同必修的两个模块和3个选修系列准确定位，最终形成特色鲜明的三个系列。其中《物理1》和《物理2》是共同必修模块，在学生物理学习过程中应该起到承上启下的作用。其次，编写者在研制教材过程中，致力于新课程“三维”目标的有机结合与全面落实，具体做法如下：重视物理学主干知识、技能的学习；把探究过程与方法作为教科书的内容。如系列1主要采取“以人为本，以史为镜”的方式，通过展示科学技术发展过程，反映科学家的思想观点和精神风貌；系列2侧重从技术应用层面，结合具体的技术产品的设计、制作等活动，让学生在“做”中学习物理学；系列3让学生通过“实验探究”和“分析论证”，经历物理学的实证研究和理性思维过程，学习物理学的基本内容和研究方法，了解物理学与社会发展、科学技术进步的关系。接着，编写者为了让学生各有所得，教材的内容体现了层次性与开放性。最后，编者还注意了物理学与人文、社会的融合。

《中学物理教学参考》2008年第1、2期

沪科教版高中《物理》课程标准教科书——必修1的编写思路和特点

王溢然

沪科教版《物理》实验教材全面贯彻落实课程标准的要求，必修1的内容包含两个二级主题、九个三级主题。其编写思想和有关问题有以下几点。

传统教材的显性目标是知识本位，教材内容完全围绕着向学生传授知识展开。沪科教版教材强调让学生亲身经历科学探究与建构知识的过程，从而全面落实三个维度的课程目标。例如针对必修1的具体内容，我们在落实课标要求上采用三种不同形式：展示过程、引导参与、自主探究。本教材在过程与方法上展示充分，显示的形式多种多样，是传统教材无法相比的。

沪科教版教材着力帮助学生学好基础知识，尽量借助学生熟悉的生活和生产实例引入新知识，加强对概念的讨论、辨析，增加应用性的例题，注重知识的应用与延伸。

传统教材的教学要求整齐划一，新教材在保证《课标》要求的基础上，根据必修模块的任务，教材内容弹性大，给学生留下自由发展空间，体现了“以人为本”的教育理念。

沪科教版教材改变传统教材单一的说教式的叙述形式，强调激发学生兴趣，使学生有亲近感。教材还有机地融入科学思想和研究方法，如：理想化方法；从一般到特殊，从特殊到一般的方法；分析与综合的方法；等效变换的方法等。沪科教版教材更加重视人文渗透，注意激发兴趣。

最后作者还对教材中的几个问题做了说明。

《中学物理教学参考》2008年第3期

沪科教版普通高中物理课程标准实验教科书——《物理3-1》的编写思路和特点

汪延茂

沪科教版普通高中课程标准实验教科书选修《物理3-1》，按照《基础教育课程改革纲要（试行）》精神，根据《普通高中物理课程标准（实验）》要求编写，力图全面落实课程标准对选修模块的要求，体现课程改革理念，认真贯彻和完成高中物理课

程标准所规定的教育内容和任务，以实现整体提高学生科学素养的总目标。

根据课程标准的要求，《物理 3－1》将电场、磁场和电路三个方面的知识按照其内在的逻辑联系起来，并通过分析论证和实验探究两条途径引导学生自主学习，体验物理学思想、方法的重要性，感受情感、态度与价值观的熏陶，比较好地体现了课程改革的三维目标。例如构建第一、二章《电荷的相互作用》《电场与示波器》以电场知识为核心展开，第三、四章《从电表电路到集成电路》《探究闭合电路欧姆定律》以电路知识为核心展开，第五章内容《磁场与回旋加速器》以磁场为核心展开。

接着作者分章介绍了教科书的编写思路和特点，并对各章教材编写的重点，以及有关问题做出必要的说明。

《中学物理教学参考》2008 年第 5 期

“人教版”“粤教版”必修本“科学探究”内容的比较与启示

吴晓巍　于海波

新一轮物理课程改革倡导“一标多本”，可根据国家标准编写不同特色和风格的物理教科书。对不同版本“课标”物理实验教科书中的科学探究活动进行比较研究，不但可为师生开展有效的探究活动提供启示，也可给今后教科书中的科学探究活动修改与编写提供借鉴。

首先是教科书结构的比较。一在总体结构上，“人教版”教科书必修本两册共 7 章，采用“章—课题”式结构设计。“粤教版”教科书必修本分为两册共 9 章，采用“章—节”式结构编写。二单元结构上，为给学生的学习提供有效的引导，两版本教科书必修本均设计了具有自身特色的 9 个学习栏目。但在组织与呈现上突出了多样化的特点：“人教版”栏目的设计特点是清晰、简洁、精练、概括性强，具有普遍的可操作性，适用面较广；“粤教版”栏目的设计思路与科学探究活动的一些环节相吻合，既灵活又新颖独特，具有现代气息，并且引入了网络课程资源，充分利用了沿海地区的经济和信息优势。三从探究活动数量中可以发现两个版本教科书的探究活动都主要集中分布在第 2、3 栏目中。

其次是科学探究活动的比较。两版本教科书中的探究活动设计在内容分布方面，都以对物理知识的探究和应用活动为主，在探究活动方式方面，两个版本则有所不同。

最后作者从比较中得到了一些启示：1. 新教科书的编写都突

出了学生探究活动，加强了探究力度，体现了新课程标准所倡导的理念；2. 三类探究活动内容的设计都以“对物理知识的探究活动”和“应用物理知识的探究活动”为主，而“STS 探究活动”所占比例相对少一些；3. 教师应转变对教科书的认识；4. 教材功能的转变促使教师摆脱教材的束缚和牵制，从“教教材”走向“用教材教”，进行教材的“二次开发”和“课程重构”。

《中学物理教学参考》2008 年第 5 期

高中教材中两个值得商榷的说法

刘开念

第一个值得商榷的说法：人民教育出版社物理室编著、全日制普通高中教科书《物理》（必修）第一册第七章第六节第 130 页机械能守恒定律的内容：在只有重力、弹力做功的情形下，物体的动能和势能发生相互转化，但机械能的总和保持不变，这个结论叫做机械能守恒定律，作者认为值得商榷，理由一：弹力包括拉力、支持力、压力、推力等；当只有这些力做功时，物体的机械能实际上并不一定守恒。理由二：定律中的弹力专指弹簧的弹力时，定律还是有不完善之处。例如当只有弹簧的弹力做功时，理应是物体的动能和弹簧的弹性势能相互转化。因此，作者认为教材对于“机械能守恒定律”应重新表述。

第二个值得商榷的说法：人民教育出版社物理室编著、全日制普通高中教科书《物理》第二册第八章第四节第 10 页第一段：动量守恒定律的重要应用之一，是处理碰撞问题。在碰撞现象中，相互作用的时间很短，相互作用力先急剧增大，然后急剧减小，平均作用力很大。把相互碰撞的物体作为一个系统来看待，外力通常远小于碰撞物体之间的内力，可以忽略不计。认为碰撞过程中动量守恒，实际上决定系统动量是否守恒的根本原因不是外力和内力的大小关系，而是系统外力冲量的大小。因此作者认为教材应作适当的修改。

《中学物理教学参考》2008 年第 7 期

对人教版课标实验教科书《物理选修 3－3》第八章的编写感悟与教学处理建议

杭清平

人教版普通高中课程标准实验教科书《物理选修 3－3》第八章编写的最大特点是，突出规律得出的途径，体现过程与方法的教学思想。规律得出的途径：一是通过实验归纳，二是通过理论推导。通过鲁科版和人教版编写思路的对比看出：鲁科版的编写思路偏重物理量的数学关系，推导过程简洁；人教版的编写思路注重过程和方法的教学，体现出状态变化的物理过程和意义。人教版的编写思路是做详尽的推导，学生明白其过程，使解决问题的思路变得清晰。在“人教版的编写思路”的“思考与讨论”中，利用等温、等容推导理想气体状态方程，本身又是对前面知识的滚动复习与理解。教科书在编写上始终体现对基本概念和规律的理解，体现对过程与方法的教学渗透。“实验：探究气体等温变化的规律”的教学仪器的体积标度粗糙，压力标度粗糙，测量时气体零体积刻线的确认、C形管中被封闭气体的体积的测定、橡皮帽的改进、表针尖端加针头、体积的修正是被封闭气体体积确认应注意的问题。实验细究起来，不可避免地要吸入和排出一部分气体；吸入水后，通过压缩和膨胀气体会对水做功，水本身也会在其上部空间形成水蒸气；实验过程中，每次定位前，都将管塞在预定压强值上下移动，再将管塞定位，以尽可能地减小误差。从测量数据上看，该实验能够得出 $pV=$ 常量的结论。加上该演示器为统一配置器材，具有直观、便于操作等优点。该演示器不仅可作演示用，也完全可用作学生实验。

《中学物理教学参考》2008 年第 8 期

“沪科教版”高中物理教科书渗透物理学史的探索

石　军

新课程改革的根本目的，是促进学生的全面发展，物理学史以其内容的独特性，在中学物理教学中发挥着特殊的作用。对学生进行物理学史教育是从“知识与技能、过程与方法及情感态度与价值观”这三个方面培养学生，为学生终身发展奠定基础。物理教学中引入物理学史作为改革物理教学的一种手段正起到越来越重要的作用。“沪科教版”物理教材中引入了大量的物理学史，而且引入的历史事件完整性更高，把知识的逻辑展开和认识的历史发展有机地结合起来。教材注重展示物理学的思想和方法，让学生体验科学家不断追求真理的探索精神，全面落实三维目标；在引入物理学史的形式上采用了丰富多彩的“课题研究”“家庭作业与活动”“信息浏览”“多学一点”“案例分析”等多种形式。

物理学史教育可以提高教师的科研能力；可以使教师善于运用逻辑的思路讲解物理学的基本概念、定律和理论；可以使教师善于对物理知识做出历史的叙述，把物理知识的获得作为一种经验，作为一种激动人心的知识奇遇来讲述。

《中学物理教学参考》2008 年第 11 期

“沪科教版”高中物理实验教科书的开放性

王良继

沪科教版高中物理实验教科书全面落实课程目标，在开放性方面进行了有益的探索，充分体现了教科书的特色。传统教材中经典物理占据了主体地位，而新教材则增加了近代物理的内容，使学生体会到物理学的发展过程，开阔了学生的思维和视野。更值得一提的是教材引用的材料从古代物理学史到当今社会的新闻资料，时间跨度大，开放程度高。教材还注重理论与实践的结合，广泛联系社会、科技、生产与生活实际，为教学提供了空间。教材通过开放性的内容，使学生体验到在社会生活中处处有物理，认识到物理学的发展对科学发展和社会进步的重大意义，从而产生对物理的亲近感。教材还注意了其他学科在物理学科中的渗透，发挥了语言文字的文学魅力。教材在选择适当的探究背景后，通过开放性的问题链和问题串，激发学生的思维。教材还通过“课题研究”“课题研究成果报告会”“科技成功展示报告会”和“科学讨论会”等形式，提供开放的、切实可行的研究课题，为学生提供了广泛的自主活动空间。教材又通过开放性的实验彰显物理课程的时代性。希望教材的开放型设计，能促进高中物理教学的改革，推动高中物理课程教材的建设。

《中学物理教学参考》2008 年第 11 期

使用沪科教版高中物理教材的体会

周恒芹　张晓娟　贾克章　史纪晗

首先，新教材有利于学生科学探究能力的形成。传统教材忽视了学生自主参与获得知识的过程，而沪科教版新教材高度重视这一过程的设计，促进学生积极思考、自主学习、勇于实验、善于分析、乐于探究，以逐步形成科学探究能力。

其次，新教材在三维目标的实施中，夯实了“双基”。新教材以学生好奇、感兴趣的物理事实和现象，或者生产生活以及科学实验中常用的电表仪器为线索展开，在三维目标的实施中，夯实了双基。

最后，新教材有益于师生在教与学方式上的转变。沪科教版新教材突出开放性，给师生在教与学方面提供了自主、探究、合作、实践以及接受等多样化的教和学的平台。

《中学物理教学参考》2008 年第 12 期

浅析沪科教版高中物理教科书的特点

史景江　徐建国

课程资源是决定课程目标能否达成的重要因素之一，我区在实验过程中，课程资源相对不足给落实知识与技能、过程与方法、情感态度与价值观三维教学目标带来了困难，此情况下教科书成为有些课程资源中的重要部分。沪科教版教材整套教材特色突出，教师应把握教材的基础性，增强指导学生选学模块的能力；把握教材的时代性，增强自主利用课程资源的能力。沪科教版教材充分体现了新课程理念，关注学生学习方式的转变，教材内容与学生生活、现代社会及科技发展联系密切。在教学内容的选取上，教材体现了课程内容的时代性和基础性：设备新、知识新、关注科学、技术、社会。新体例更加贴近学生，能够更好地服务于教材功能。教材蕴藏信息极其丰富，教师应把握教材的丰富性，提高驾驭教材资源的能力，在传授知识的同时还要注意渗透美育，引导学生关注更广泛的课程资源服务于学习。还要重视科学发生过程，让学生汲取前辈科学家科学思想和研究方法的营养，注意各个学科之间的交叉、综合，走出学科本位的桎梏。沪科教版教材所具有的另一个特点就是挑战性，这些挑战性问题来自教材的时代性，教师应处理好教材中的挑战性内容，培养学生分析解决问题的能力。在实施课程实验的过程中，感到沪科教版教材的底蕴深厚，科学美与人文美交相辉映，具有鲜明的选择性、时代性、挑战性、可读性、启发性，能满足不同学校师生对各个模块、内容的不同教学需要。

《中学物理教学参考》2008 年第 12 期

物理教材编写和中学物理教学要注重无形知识的建构

朱美健

课程改革以来，教材内容结构、知识呈现顺序和方式等“硬件”的变更使得中学物理教师的教学行为随之变化。文章从教材编写的角度来看中学物理教学应该如何对待。作者认为，知识内容分为有形知识和无形知识，以文字形式存在于各种资料中的内容是一种能看得见的结构性知识，即有形的物理知识。思考问题的方法和解决问题的能力，学生在学习有形的知识过程中与建立概念、规律相联系的内容，与过程、方法、技能、情感、态度和价值观等相关的内容，称为无形的知识。

无形的知识是有形的物理知识建构中不可缺少的一部分，两者缺一不可。在物理学习过程中无形知识的构建比有形知识的学习更重要。不同教材呈现有形知识的结构是有区别的，但教材的编写理念具有共同点，都强调基础知识结构的完整性，注重课程标准的三维目标的落实，强调学生建构知识结构的过程。教材编写者不仅注重知识内容的完整性，在内容的呈现上也注重与学生的认知规律相吻合，体现了以学生发展为中心的原则。传统教学理念的教师认为教学活动过程应让学生学习到系统的物理知识，新课程理念强调让学生在探究过程中去建构知识，即要将无形的知识与有形的知识在教学活动中有机地结合在一起。基础教育课程改革纲要中强调科学探究在学生学习中的重要性，目的就是要让学生经历知识建构的过程。在中学物理教学中，教师应依据教材运用一定的教学方法通过教学活动过程与学生共同建构物理知识。教学活动实际上是教师对物理知识结构的再认知，是对教材的再编写。

《中学物理教学参考》2008 年第 8 期

在困惑和思考中我们与新教材同行

蒋天林

2005 年秋，江苏成为高中新课程改革实验区，使用人教版新教材。该套教材在课程目标、课程结构、课程内容、课堂实施、课堂评价上都体现了新课程理念，较好地体现了“知识与技能”“过程与方法”“情感态度与价值观”的三维课程教育目标。将“科学探究”列入课程标准，是体现高中物理课程改革的重要载体。真正用好这套新教材，对丰富学生的学习方式、促进学生科学素养的提高将产生重要作用。但使用好人教版高中新教材，并非易事，理想的设计与现实的教学状况存在许多矛盾。一、教材内容与课时安排的矛盾。可采取的措施：首先要认真解读、领悟新课程体系中蕴涵的思想，准确地理解掌握新课程的教学要求；其次要及时转变教学理念，改变教学方法，用好新教材。二、知识要求与高考的矛盾。可采取的措施：首先是教师在教学过程中，必须把握“重过程”的指导思想，要“用教材”，而不是“教教材”；其次，在坚持教学理念转变、改进教学方法的前提下，重视知识点的教学到位。三、自主探究教学与接受式教学的矛盾。可采取的措施：一、加强教育理论学习，准确理解和把握科学探究的实质和内涵；二、不要把科学探究机械化、教条化；三、正确认识传统讲授法和自主探究教学法之间的辩证关系。

《物理教学》2008 年第 1 期

新课标高中物理教科书的特点

蔡建秋

在第八次课程改革中，人民教育出版社等五家出版社根据《普通高中物理课程标准》各编订了 12 本高中物理教科书。此系列物理教科书有许多特点。一、教科书内容体现时代性。展现物理新技术的应用；增加物理新理论的知识。二、教科书体现选择性。《物理课程标准》从根本上体现了“以学生为本”的新课程理念，从教材结构上体现了既面向全体学生科学素养的提高，又为不同特点的学生提供了自由发展的空间。“选修课 1”突出了物理文化教育；“选修课 2”注重基础、联系实际、鼓励动手；“选修课 3”为创新性科技人才培养打基础。三、教科书内容体现生活性。新教科书加强了课程内容与学生生活及现代社会科技发展的联系，关注学生的学习兴趣和经验；设计引人入胜的导语；创设物理教学情景。四、体现 STS 理念。其目的是改变科学和技术分离，科学、技术和社会脱节的状态，使科学、技术更好地造福于人类。介绍科学技术的发展；科学技术给社会带来的作用；科学技术给社会带来的不良后果。五、加强探究式教学的内容。在新教材中，高中物理各个模块中都安排了一些典型的科学探究内容，实验课中的探究、新课中的探究、小栏目中的探究。六、设置多样式的栏目。新教材在保留原来一些栏目的同时，又新增设了一些栏目，动脑思考类、动手实践类、知识扩展类。七、图文并茂，形式活泼。八、教科书编写富有弹性，考虑不同地区的学校和不同的学生群体。

《物理教学》2008 年第 11 期

一本美国高中物理流行教材——《物理：原理与问题》

陈 刚

美国的中学物理教材版本很多，形式多样，由学校和任课教师自由选用。《物理：原理与问题》是美国麦格劳-希尔（McGraw-Hill）公司出版的一本美国高中物理教材，为众多学校选用，任课教师普遍认为该教材的质量较高，根据统计，该教材出版以来，全美有将近一半以上的学校选用该教材，并为其他许多英语国家所选用。本教材所以受到欢迎而为许多学校广泛采用，与教材的以下几个特点是分不开的。一、教材内容的基础性与时代性的统一十分突出。本教材十分重视基础，力学、热学、电学、声学、光学作出了比较合理的安排，精选经典物理学的全部内容，占全书的85%。教材在最后四章中给出了量子理论、原子模型、固体电子学及核物理与粒子物理的有关内容。二、教材的呈现方式符合学生的心理特点与认知规律。物理内容的呈现常常从学生生活中熟悉的事物出发，并再回到物理学的生活与社会的应用中去。三、重视学生科学探究能力的培养。教材十分注意通过实验培养学生动手动脑开展科学探究的方法与能力，培养学生学习严格的实验基础操作能力，求实的科学精神。四、教材内容重视综合性。教材十分强调物理与技术、物理与其他科学、物理与社会的关系。

《物理教学》2008年第9期

新加坡中学物理教材的特点分析

刘霞飞

文章选择的教材是由新加坡 Pearson Education Asia Pte Ltd 于2000年出版的《PHYSICS INGSIGHTS》，该教材是按照新加坡物理科目的普通水准教育证书考试（GCE O level）的要求编写的。作者分析了新加坡中学物理教材的结构安排，该教材的主线是按知识的逻辑展开或适当变化，即按力、热、声、光、电、原子的顺序展开。教材的系统性强，编排有其独到之处。教材对信息技术与学科教学进行了深度整合。教材的插图知识与艺术相得益彰，其插图量多面广，形象生动，许多插图非常精美，具有很好的观赏性，同时又能说明问题，让大家看了一目了然，效果好。该教材中实验主要有：一是 Experiment（实验）；二是 Activity zone（活动地带），取材方便，效果明显。在对教材上述方面进行分析的同时，又和国内物理教材进行了一些比较，旨在拓展国内教材改革视野，丰富中学物理教师教学活动的参考。

《物理教学》2008年第12期

教科版《物理·必修2》编写意图与教学说明

蔡铁权

《物理2》模块教材的结构是：《普通高中物理课程标准（实

验）》对《物理 2》模块划分为三个二级主题：机械能和能源、抛体运动与圆周运动、经典力学的成就与局限性。

《物理 2》模块教材的特点：设计多种探究活动；创设物理教学情境；展示物理发展脉络；发展科学思维能力；融合科学与人文；优化习题编制。

《物理 2》教材使用说明和建议是文章的一个重点部分。作者用大量的篇幅详尽地介绍了课程标准对教材每章节的要求，每章节的主要内容和教学中应该注意的问题，并详细阐述了各知识点之间的内在与外在的联系，以及每章节内容的特点和所体现的教育价值及意义。

为了实现新课改背景下的高中物理教学从“传递”到“对话”的转型，为了给使用科教版教科书的广大教师和同学提供这种对话的帮助，编撰了《物理 2》教师教学用书。

《物理通报》2008 年第 2 期

教科版《物理·选修 3-1》编写介绍

陈熙谋

教科版《物理》已经在北京地区大面积使用，本文介绍作者在编写《物理·选修 3-1》着重思考过的一些问题。

《物理·选修 3-1》的教学内容：课标规定，本模块涉及的物理内容的一部分是关于场，包括电场和磁场，另一部分则是关于直流电路。为此，本模块安排三章，第一章电场，第二章直流电路，第三章磁场。当今人类信息化时代的许多文明，如电波的传播、信息的传递、电视、遥测、遥感等，都与场的观念是密切相关的。学生在本模块的学习中第一次接触到场，如何培养学生建立正确的场的观念，是本模块教学的重要目标，也是培养提高学生科学素质的重要方面。

教科版《物理·选修 3-1》的特色：注重设置情景，提出问题，以问题为线索展现教学进程，渗透丰富的教学内涵；重视重要物理概念建立的实验基础；引导学生关注物理量之间的关系以及物理关系的特点。

本教材使用中应注意的几个问题：认真仔细分析教材和教参，抓住教学的脉络；不局限于具体物理知识的传授，注重从方法论上教育学生；关注提高学生自学获取知识的能力；认真处理好本模块的难点。

《物理通报》2008 年第 4 期

创造性优化教材 提高探究物理规律的有效性——对比同一教学内容不同教学设计方案有感

杨彦欣

除了教科书，教材还包括学校课程中的各种资源。因此，如何优化教材成为每个老师每节课的重要课题。所以作者针对“气体的压强与体积的关系”这一节课，对比三位老师的不同设计来说明老师们是如何创造性优化教材来探究玻意耳定律的。

该文分别从几个方面详细介绍对比了三位老师对教材内容的创造性优化。它们是：巧设实验情景，有效激发学生认知好奇心，层层引导学生发现问题。运用数字化信息技术进行自主实验。从学生身边出发，成功地运用物理规律，有效地将物理推向社会生活。

教材是教师与学生之间的好媒体，是教学三要素之一，也是“教学三角模型”中的一维。在教学三角模型中，教师对学生产生直接影响，或通过教材对学生施加间接影响。学生在教师的影响下，通过对教材的习得来建构一定的知识，形成一定的能力和技能。教材体现了三者之间的张力关系和互动关系。所以优化教材研究，是教师进行教育和教学研究的永恒主题之一。

《物理通报》2008 年第 11 期

如何提高教师的教材分析能力

高兰香　胡炳元

教学技能的高低反映了教师驾驭教育系统中各个要素的水平，在很大程度上影响着教学活动效果和效率。而教材分析是教师教学技能中很重要的一个方面。教师必须明确教材分析的基本方法，不断提高教材分析的能力。

教材分析包括选择教材，从整体上把握教材，挖掘教材隐含价值、隐含知识，提升教师基本功和备课五个方面。

对于提高教师的教材分析能力的一些方法，文章通过教材内容分析、物理科学方法分析、教学程序的科学方法分析三个方面来说明。其中对教材内容分析的基本步骤，作者称之为“四读”，指：泛读有关资料，明确课程的地位和任务；通读整个教材，对教材有一总体认识；细读每一部分教材，进行整体分析；精读每一节教材，进行具体分析。对于物理科学方法的分析，作者又从知识类型的科学方法分析和知识结构的科学方法分析两个方面来详细介绍的。

以楞次定律为例，作者又从教材内容分析、物理科学方法分析和教学程序分析几个角度进行了实例解读。

《物理通报》2008 年第 12 期

物理教学实践

概　况

物理教学中的科学探究

伴随着新课改如火如荼地进行，教育工作者越来越注重科学探究在课堂教学中的应用。根据《全日制义务教育物理课程标准(实验稿)》指出，“科学探究既是学生的学习目标，又是重要的教学方式之一”，要让“学生在科学探究活动中，通过经历与科学工作者进行科学探究时的相似过程，学习物理知识与技能，体验科学探究的乐趣，学习科学家的科学探究方法，领悟科学的思想和精神”。新课改以培养学生的科学素养为宗旨，提倡学生亲身经历以探究为主的学习活动，提倡教师的探究式教学，自主合作和探究学习是新课程所提倡的几种学习方式。

科学探究是与物理问题解决相联系的，问题解决是科学家探索未知领域思维过程的重要方法，它应用于科学教育从形式上看类似科学家的研究。因此科学探究是培养学生创造性思维能力的重要教学方法和教育思想。美国国家科学基金针对众多科学探究过程的不同理解，推荐哈伦和詹利在 1997 年将科学探究的教学归纳为七个过程：观察、提问、假说、预测、调查研究、解释、交流。这些过程中教师要给予正确地及时地指导，鼓励学生提出假设，培养学生提出“问题中的问题”的能力是探究的目的。重视科学交流的意义，加强科学交流的意识，培养善于总结表达的能力，增强提出问题和接受批评的修养等，探究过程的实施将会大幅度提高我国的科学素养。

正是因为如此，物理教育研究者都纷纷把物理教学过程的科学探究作为重要的研究工作。2008 年各类杂志中有关物理科学探究的文章大致是从探究教学模式、物理概念及规律探究教学、实验探究、探究的教学情境设置、复习课探究、探究过程研究、探究实施策略、探究教学的应用、探究教学的作用等几个方面来研究探究教学。

探究教学的一个重要环节是预习，开展课前预习可以培养学生的学习主动性和分析问题的习惯以及自学能力等，很多研究者从课前预习的角度来谈科学探究，发现并不是所有的内容都适合预习，如徐美老师及明道福老师在他们的文章中说到，在有些探究活动中取消预习，要求每个人根据实际情况尽可能周全地猜想，寻找探究方法，并控制实验条件进行验证。思考并处理所遇到的问题，并分析实验结果从而得到结论，能真实地锻炼学生分析、解决问题的能力，能让每个学生在相同的起跑线上竞争，能活化学生学到的物理知识，而且能引导学生像科学家那样去观察周围的事物，用实验手段去验证事物的属性，发现事物的变化、联系和规律，并培养学生实事求是的科学态度、严谨细致的工作作风和坚韧不拔的意志品质。而且有助于学生形成正确的观点观念、浓厚的学习兴趣和优秀的道德品质，培养高尚的思想情操和人生观、世界观，真正起到促进思维发展，提高学生的科学素养。所以教师要合理选择预习的内容，让其发挥最大作用。

科学探究的成功与课题的选择及教师对课题的设计和编排有很大的关联，所以很多教育研究者也将研究投入到探究设计中，如魏广生、李海燕、白振宇等老师在大量文章中提到探究情境的创设是引起学生探究兴趣的第一步，所以精心选择探究情境是教师的首要任务。很多教师认为探究情境就是提供引发学生兴趣的场景，他们没有认识到这种兴趣并不仅仅建立在感官上，也要在心理需求上，情境创设关键是要引发学生的内在需求，在明确目标的基础上，进一步激发学生探索的欲望和动机；还有些教师认为探究实验过程本身就是一种教学情境，他们采取去情境化的方法，教师提出问题主题、实验步骤也由教师引导实施，此时的探究过程已成为教师为完成认知目标而采取的方式，不再是真正的探究。探究教学的七个过程如何体现成为教学设计的重中之重。但是很多教师在探究课上都提出时间不够，所以陈传杰在“教学中怎样节约‘探究时间’”中提出要充分做好探究的前期准备；教师适当加强探究的指导、分解探究的任务；适当选择探究的要素。一些教师为了节约时间只在重点、难点问题上探究，更有以多媒体代替实验探究的，而在探究中出现的问题教师有时也会采取回避态度，这些虽然使得探究时间缩短，但并未体现探究精神。

综观所有关于探究性文章，探究模式似乎是一个热点探讨话题。很多教育者都认为探究教学设计的模式是多元的，设计者应该根据教学目标、教学内容、学生认知规律及实际情况灵活多变。设计思路建构体现在注重活动探究体验、体现探究自主性、凸显问题解决上。在探究教学史上提出的教学模式有：还原思维探究模式、多种推理综合的探究模式、问题-解决探究模式、抛锚式教学等。探究模式的研究避免了单一模式容易造成的局限性，教师根据具体的授课内容选择合适的探究模式，也可将各模式的要素分解、综合、自由组合形成自己教学风格的新模式，探究模式的研究最终目的是使教师达到哲学家费耶阿本德所说的怎么都行的境界。

科学探究是教育部颁布的义务教育课程标准中的重要内容。新课改后，第一线的教师对待课改的态度是积极的，但在实际教学中不去或者不能进行科学探究教学的却占一半以上，不少教师对科学探究教学的理解不够全面，进行探究教学时常出现一些偏差。虽然很多教育研究者从各个角度研究科学探究，如朱铁成的“差异性实验及其在物理探究教学中的运用”、任亚君的“谈探究式《科学》课堂的合理引导”、王进峰的“创设‘悖论’教学情境，激发学生探究热情”、陈明全的“新课程物理探究性学习中学生受挫成因及对策研究”等，但是这还只是少数教师的个体活动，并没有成为群体教师的自觉行为。毋庸置疑，探究教学是学习科学非常有效的手段和方法，又极富创造性，所以物理教育工作者需要在不断的教学实践过程中总结、交流和提高探究教学的能力。随着信息技术的广泛使用，将信息技术整合到探究教学中，更好地发挥探究的作用、提高探究的效率也成为当下物理探究教学研究的一个方向。

物理问题解决与物理教学

综观 2008 年多家教育类期刊，对中学物理问题教学的研究主要集中在对原始问题教学与习题教学两个方面。

一、中学物理原始问题教学

在国内较早提出原始物理问题的是北京大学的赵凯华先生。之后，许多教育研究者和一线物理教师对原始问题本身和原始问题教学都进行了较为深入的研究。2008 年国内相关的研究涉及对原始问题内涵的界定、原始问题特征的分析、常见的原始问题分类、原始问题教学的解决过程及原始问题教学的优势等。

所谓原始问题，是指自然界及社会生活、生产中未被抽象加工的典型现象。它需要学生对问题进行一系列的加工才能得出答案，并且答案不一定是唯一的。在某些文章里，原始问题的概念与开放型问题的概念是等同的，以下提到开放型问题时都把它们归入原始问题的范畴。

原始问题具有以下两个特征：一是问题以开放、生动的现实情境为依托；二是要解决的原始问题具有客观性、复杂性、已知条件的隐蔽性和答案的合理性，但有时并不具有精确性。

常见的开放型问题主要有策略开放型、条件开放型、过程开放型、结论开放型等。同一类型的问题，有不同层次的开放度。教师要提高所提出或呈现问题的开放度，应从问题的情境开放、结构开放、条件开放、过程开放、结论开放五方面进行设计。

原始问题教学的解决过程可以分为四步。第一，从现象到原始问题的描述过程。第二，对原始问题进行抽象的过程，关键是构建合理的物理模型。第三，由抽象后的物理模型推导得出结论的过程。第四，对结论进行评价的过程。

原始问题的教学，较之一般的习题教学，为学生的创造性思维能力、发散性思维能力和其他思维品质的培养提供了一个新途径，并体现了原始问题教学的优势。

二、中学物理习题教学

习题是指原始问题经过合理的分解、简化和抽象后，为巩固物理概念、规律而人为加工选编出来的问题。2008 年有关习题教学的研究主要集中在对物理习题教学要素的分析，如何实现习题课的多重教育价值及从具体的案例出发研究习题教学三个方面。

新课程下物理习题教学要素可以概括为让学生表达、体验、探究，让师生评价，营造和谐互助的学习氛围。

如何实现习题课的多重教育价值，真正落实新课程所倡导的知识与技能、过程与方法、情感态度和价值观的三维目标，并切实提高教育教学的质量和效率，教育工作者提出了不同的想法和途径。比如精心设计习题，科学引导学生学习；重视探究三维物理问题，培养学生的空间想象能力；物理习题的教学培养学生的创造性思维，探究能力，安全意识及严谨作风的策略研究等。

还有人通过具体的案例对习题教学进行了研究。比如研究相对运动在解题中的应用；画物理示意图解析物理习题；培养学生的审题能力的策略；习题教学与探究实验结合的研究等。

三、中学物理问题教学的其他研究

有人提出在物理教学中问题设计要遵循基础性、科学性、情境性、活动性、开放性、层次性和育人性等原则。其中问题的层次性原则应该渗透进其他每一个原则之中。

物理问题教学中还需要注意到解题的规范性指导及对学生错题资源的合理利用。比如开发学生的错误资源，利用错例培养学生思维的深刻性和全面性。

中学物理教学方式与教学方法

《普通高中物理课程标准（实验）》（以下简称《新课标》）对课程目标提出知识与技能、过程与方法、情感态度与价值观的三维要求。《新课标》在课程实施上提出："应促进学生自主学习，让学生积极参与，乐于探究，勇于实验，勤于思考。通过多样化的教学方式，帮助学生学习物理知识与技能，培养其科学探究能力，使其逐步形成科学态度与科学精神。"《新课标》突出了培养学生的创新能力、注重学科探究，提倡教学方法多样化、鼓励将现代信息技术应用于物理教学。

针对中学物理教学的方式和方法，研究者是仁者见仁、智者见智，"模型法""类比法""科学推理法""转换法""示意图法"等方法只要运用的恰到好处，都能使教师的水平发挥得淋漓尽致，学生的学习热情高涨。

浙江省温岭市大溪中学吴存华老师在《漫谈物理教学"生活化"的实施策略》一文中提出将物理教学生活化，是在学生平时的生活经验的基础上提出问题、分析问题、解决问题，并且这个过程中老师和同学的地位是平等的，以合作研究者的身份共同面对生活中的物理课题，使日常生活中亲身经历的经验事实与物理教学相联系，将生活中对未知事物的求知兴趣融于教学，学生的积极性很快就能被调动起来，通过师生、生生之间默契地配合形成有效的合作学习，最终在课堂内外形成一个师生和谐的学习共同体，以开展物理教与学的全过程。文章分别介绍了用类比方法将物理知识"生活化"；通过对话形式使物理学史"生活化"；以游戏方式让学习兴趣"生活化"。在这里提到的生活化并不是简单地把列举生活中的现象用物理知识来解释，而是把抽象的物理知识用生活中我们熟知的事物来类比，既形象生动，易于接受，又能让学生准确地理解这些晦涩难懂的概念。其中游戏方式更能激发同学的积极性，将物理知识蕴涵在游戏中，激发学生探索精神，同时培养学习的乐趣，在娱乐中来学习这些难懂的物理原理和公式。这种方式的效果会大大提高教学质量，要求任课老师能够在备好课堂知识，做好课件，还要利用更多的时间和精力来想方设法设计课堂知识所能用到的游戏，所以对传统课堂教学的老师们是一个很大的挑战。在这个游戏盛行的时代给我们的课堂也增加了一点新的气息和色彩！

随着计算机的普及，在大部分课堂教学中都会用到计算机，计算机辅助教学在大大提高教学质量的同时，随之而来的问题也

层出不穷。山东师范大学的葛亮、徐在菊在《多媒体辅助物理教学弊端及对策分析》一文中提醒我们应该根据教学的需要合理地利用多媒体，而不是滥用多媒体教学的便捷而让教学效果受到负面影响，在我们实际的教学过程中要求老师们在熟悉物理知识的同时，尽最大努力提高计算机水平，来制作出实现教学目的的专业课件。多媒体课件的制作尤其应注意实用性原则，注意激发学生的兴趣和求知欲，绝不能一味追求高水平的制作技术而忽略了实际的教学效果。这篇文章提醒广大教师朋友合理地利用多媒体教学来补充传统教学的不足，做到各种方法和方式相互配合，起到相得益彰的效果，将教学水平发挥到最高、教学效果达到最好。

在授课的过程中考虑到学生知识的有限和思维能力还没有成熟的特点，恰当运用类比方法不失为一种学习的捷径，它是应用已熟悉的知识来快速掌握新知识的一种比较有效的方法，利用知识的迁移掌握相同点，比较不同点来加以区别，能把新知识学习得扎实准确。在物理教学的过程中如果能充分利用这种方法会大大地提高教学效果。浙江省义乌中学的傅可钦、王超良在《类比策略在物理解题中的应用》提到四种类比方法：抓住本质巧用“等效类比”策略突破解题关卡；大胆迁移采用“因果类比”策略提高解题效率；合理联想通过“对称类比”策略化解解题疑难；抓住过程分析，应用“协变类比”策略突破思维定势的束缚；把握特征善于运用“模型类比”策略构建解题思维通道。但其中的类比只包括学科内的类比，这种类比有一定的局限性。如果把类比方法扩展到学科间的类比，范围将大大扩展，在开阔学生视野的同时，也有效地提高了学生知识迁移的能力，把各科知识在大脑形成一个系统，一个知识网，同时也可大大激发学生的学习兴趣，有效培养学生的创新思维能力。

我们关心物理的学习方式和方法，往往都是针对理科学生的。然而基于文科学生在物理方面的理解能力相对较弱，有个别学生甚至对物理抵触和惧怕心理的这种特征，浙江杭州外国语学校的何乐晓在《高中文科物理教学中的因“材”施教》一文中，针对文科生的特点，提出物理与语文、英语、学生的未来相关的这些知识联系起来，提高学生的兴趣，同时关注学生的物理情感。这些方法对文理科学生来说也不失为一种培养兴趣、发散思维、联系知识的好方法。

中学物理教师在多年的教学实践中都琢磨、归纳出大量的教学方式和方法，基于不同的地区和基础，经济条件的影响，面对不同的对象所得到的方法会有些不同。所以教师们可充分发挥现代便捷的通信技术加强教师之间的交流和研讨，以及教师和同学之间的交互，针对一些方法也可以做一些调查问卷来考察其可行性。

论文摘要

新课程背景下学生物理学习动机的培养途径

吴志坚

随着普通高中新课程在浙江省的全面实施，我们在教学中经常听到教师的一些抱怨：学生感到对物理学习越来越困难。这些在新课程实施过程中存在的现象正是学生缺乏学习动机的表现。培养学生的物理学习动机，应从以下几个方面着手：

首先，通过探究教学，激发学生学习动机。在我们的物理教学中，可通过实验、理论两方面对物理知识进行探究，使学生通过自己的思考、参与、实验、推理等过程获得物理知识，感受成功的喜悦，培养自主学习的良好习惯，从而产生学习物理的强烈愿望。

其次，介绍物理学史事，巩固学生学习动机。新课程对物理学史非常注重，在平时的教学过程中，教师适时地穿插一些相关的物理学史事，使学生感到新颖、奇特，自然而然地萌发出敬佩之情和学习物理的强烈愿望。

再次，加强物理与生活的联系，发展学生的学习动机。一方面，学生通过对课堂知识的探究和实践，形成对生活中的现象、问题积极主动、科学探究的基本素养，并将在学校习得的知识、能力运用到生活之中；另一方面，将生活中的发现和研究中积淀的能力作用于自身的认知结构中，形成一个建构式的动态学习过程。

最后，展现独特的教学风格，深化学生学习物理的动机。教师应以平等的师生关系构建和谐的物理课堂，因此，在课堂教学和课外活动中，可以多用比喻、拟人、幽默、“偷梁换柱”等方法吸引学生的注意，把一些深奥的、抽象的物理概念和规律形象生动地展示出来，使学生学得轻松。同时也以教师独特的教学风格和个性魅力，拉近学生与教师的距离，使学生爱上物理这一门学科，深化学生学习物理的动机。

《教育理论与实践》2008 年第 8 期

原始问题教学——培养创造性思维的新途径

蔡 燃 陈清梅 邢红军

在物理教育研究和实践中，人们一直很重视探讨创造性思维，并提出多种培养创造性思维的方法。但多数培养途径都是单一地针对逻辑思维或者非逻辑思维的，这就使得创造性思维培养的效果大打折扣。基于此，我们从爱因斯坦科学思维过程理论出发，提出培养创造性思维的新途径——原始问题教学。

原始问题的解决经历了四个过程。首先，从现象到原始问题的描述过程。在此过程中，学生需要对现象进行分析，用概括性的语言进行描述。其次，对原始问题进行抽象的过程。在此过程中，需要由问题的特点提取出原始问题的本质，即问题是什么。再次，由习题推导得出结论的过程。学生通过联系所学知识，利用数学工具对抽象出来的习题进行分析、推导、演算并得出结论。在这一过程中，逻辑思维得以最高升华。最后，对结论进行评价的过程。通过对原始问题教学和习题教学在培养创造性思维过程的描述、抽象和推导三个环节的比较可以看出，在教学中，原始问题教学能够利用每一个环节、抓住每一个机会培养学生的创造性思维，这比习题教学要更胜一筹。

《教育理论与实践》2008 年第 5 期

序言课教学：作为先行组织者了吗

何善亮

绪言，也叫绪论，是说明全书主旨和内容等的部分。在高中物理课本编写和实际教学中，课本上的内容比较多（称其为绪言），而授课的时间则比较少。

对于教师来说，应上好绪论课，为今后的教学工作打下良好的基础。对于学生来说，绪论课的教学价值主要是让他们做好学习高中物理的思想准备和方法准备。绪论课教学必须要有客观而针对性的分析，并给学生一些学习方法的指导，以增强其学好物理的信心。

首先是不同版本高中物理教材序言部分的比较。从版本设计来看，《甲种本》教材几乎是纯文字叙述，很难引起学生的学习兴趣。《试验本》与《新课标本》图文并茂，在一定程度上能够激发学生学习、探索的志趣和积极性。从基本内容来看，《甲种本》、《试验本》和《新课标本》的序言的编写虽有共通的地方，但也各有独特之处。《甲种本》的序言内容设计缺乏读图时代的视觉享受，《试验本》则突出了物理学研究的一个基本背景，《新课标本》序言着重阐述物理研究方法，丰富学生对科学探究的认识。

然后是序言课教学的内容分析。从物理学是什么，物理学学什么和学物理为什么三个方面对物理学的特点及研究领域，高中物理研究的具体内容和为什么要学习高中物理等序言课教学内容进行了详细的分析。

最后是从序言课教学看教师的教学资源意识。在新课程的实施中，教师要树立教材是一种教育资源的教材观，在物理教学中要联系熟悉的自然现象和生活现象，以及生活、生产中的应用。

《教育理论与实践》2008 年第 4 期

美国学生物理概念研究的发展

吴　伟　王新星

物理概念是客观事实的物理共同属性和本质特征在人们头脑中的反映，是物理事实的抽象。物理概念是整个物理学知识体系的基石，也是学生学好物理的关键，而学生形成、理解和掌握物理概念是一个十分复杂的认识过程。国外近二十年的科学教育研究对于学生在科学学习中的概念化理解开展了大量的研究，尤其在学生错误观念的探查、转变及传授科学知识的教学策略等方面取得了颇有价值的研究成果。

美国学生物理概念研究经过二十几年的发展，其研究对象涉及各个层面的学生，内容涵盖了物理学科的各个方面，研究技术更是在不断地完善，从最初的零散测试到系统量表诊断，从访谈到量表测试加访谈，从纸质量表到网络技术的利用，从实验呈现到计算机虚拟实验创设问题情景，其主要研究结果也被广大教育工作者所接受，即通过“创设情境—引起认知冲突—解决冲突”的转变学生概念的教学策略正在不断被推广应用。他们通过上述技术对力学和电学等领域的学生物理概念进行研究，得出以下结论：(1) 前概念广泛存在于学生头脑中，并会严重影响物理概念的学习；(2) 传统教学很难改变学生的前概念；(3) 有效“转变学生概念”的教学策略是激发学生认知冲突。

美国学生物理概念研究的历程、技术和方法、研究的主要结果是值得我国的物理教育借鉴和参考的。

《课程·教材·教法》2008 年第 2 期

物理图景素养的培养：模型、问题与对策

项　华　李永艳

图景是具体景况在头脑中的反映，具有形象性、整体性、非语言性、动态性和结构性。而物理图景是在感知的基础上人脑通过形象思维与物理世界相互作用而形成的“心智图画”，这种“心智图画”可以是关于典型的物理事实的一种纯化，甚至可以是物理模型，一般可以借助草图、图像等形象化的方式加以描述。

当前中学物理教学实践中存在着忽视提高学生科学素养水平的误区，而重视物理图景素养的培养是当前物理教学改革走出教学误区的一个必要措施，所谓的物理图景素养，包括关于物理图景的基本知识、基本能力，以及构建物理图景的思维方式、思想方法、思维偏好和创新精神。为了调查与研究学生物理图景素养，作者提出了关于物理图景素养的模型。通过调查得知，学生的学习成绩与其物理图景素养之间呈现高度的相关，但是中学生对模型、图景等在物理学习中的作用认识不够，物理图景素养总体水平较低。

针对如何提高学生物理图景素养水平提出如下五点建议：注重观察与实验教学；善于选用现代教育技术手段进行情境教学；物理教学中渗透物理图景知识；培养学生建立物理图景的能力；培养学生运用物理图景解决问题的习惯。

《课程·教材·教法》2008 年第 3 期

初中物理科学探究教学现状与策略

原东生

调查发现：教学第一线的广大教师对待课程改革的态度是积极的，多数教师对科学探究的基本理念是了解的；教师虽然认同科学探究的理念，但实际教学时不去或不能进行科学探究教学的却占一半以上；不少教师对科学探究教学的理解不够全面，进行探究教学时常出现一些偏差。

对教育主管部门的建议：加快研制操作简便，可在较大范围内推广应用以及能够长期坚持实施的有关评价办法，加快研制与新课程理念相匹配的评价内容。命制试题时要增加考查过程与方法的问题。评价中应加强对科学探究的考查，加大考查学生对科学探究的理解和科学探究能力的分量，应使评价内容与新课程三

维目标相协调。加大对经济欠发达地区学校的扶持力度。加大教育投入，加强对实施新课程的宏观管理和微观指导，及时反馈、有效监控，排除实施科学探究教学过程中遇到的困难。

对学校的建议：积极探索新的课堂教学评价标准，以促进学生发展和教师提高。提倡自制教具，用身边的物品进行实验。提倡以校为本，联校开发，多校共享资源。为教师参加科研和培训提供条件支持，创造条件鼓励教师主动参与校本研修，充分发挥集体智慧。

为解决广大教师普遍反映探究课难上的问题，使物理科学探究教学实施更有目的、有计划，能够循序渐进地发展学生的探究能力，从教学设计层面和操作层面对教师教学提出一些具体建议：选择适当内容进行重点探究；合理规划凸显要素，全面发展探究能力；研读课程标准，细化能力目标；把握收放尺度，适时点拨；精心预设，提高效率。

《课程·教材·教法》2008 年第 5 期

“科学史——探索”教学模式的“重演”论基础

王　全　母小勇

科学探究是当前科学教育领域热点问题之一，而科学史在科学教育中的价值得到了全世界范围内科学教育工作者的认同，因此，将科学史融入科学教育的科学探究教学已经成为科学教育工作者的研究领域之一。作者提出了一种基于“重演”论的“科学史—探索”教学模式。

作者从以下三个方面详细论证了“重演”论能否成为“科学史—探索”教学模式的理论基础：首先从物理学的发展特征入手，探究物理学家探究物理世界的发展进程；其次从学习者物理学习的进程入手，探究学习者物理学习的进程；最后比较两种进程是否存在相似性。基于“重演”论这个理论基础，作者提出了“科学史—探索”教学模式，指教师对某一科学概念、规律进行解构，其根据是按照科学史上此概念、规律形成的几个关键特征进行分析，探索学习者在学习此概念时可能存在的障碍；然后对这几个特征进行重构，其标准是按照每一个特征的程度进行序列化，重新组织概念、规律教学过程；在重构的基础上实施教学，教学过程中让学习者历经概念（规律）形成几个关键时期——科学家探究科学概念的活动，同时教师进行引导和点拨，从而学习者完成组织突变的一种科学教学模式。

《课程·教材·教法》2008 年第 7 期

物理课堂教学设计的几点理论思考

解世雄

物理教学理论工作者和物理教师对教学设计概念和规范的研究不足，导致一些基本的理论问题缺乏比较统一的认识，甚至怎样理解物理教学设计，都是一个需要解决的理论问题。

物理课堂教学中由于有不同的教师、学生等，因此为了达到教学系统的最优化，我们可以从以下几个基本途径来设计物理教学：

（1）数学途径。物理知识体系通常由一系列的概念、定律和定理组成。而定律的表达通常选用数学形式，定理则是由定理出发通过巧妙的数学推理得以导出，同时物理教师通常有比较好的数学背景和功底，因此本途径最受青睐。

（2）应用途径。物理学的一切研究成果，都毫不例外地被运用到生产技术和国防技术领域。因此物理教学联系实际既是理解物理学的需要，也是提高学生学习兴趣的需要。

（3）人文途径。物理文化提供了理性思维的基本方法和范例，同时物理文化还为现代青少年提供了欣赏科学美和培养这种审美习惯的机会。

最后，简述物理课堂教学设计的五个基本环节，包括：教学思路设计、教学目标设计、教学过程设计、教学媒体设计和教学评价设计。

《课程·教材·教法》2008 年第 10 期

差异性实验及其在物理探究教学中的运用

朱铁成　胡晓娟

在西方国家，在科学教育中运用差异性事件来激发学生的学习兴趣和学习动机已有较长的历史，收到了很好的教学效果。差异性实验则是差异性事件的一种呈现形式，指实验的现象或结果是人们意想不到的、违反直觉的、似非而是的实验。由于实验呈现差异性事件具有独特的功能以及实验在科学教育中的重要地位，越来越多的教师在教学中用实验来呈现差异性事件。

差异性实验与学生已有经验相悖，因此有强烈的趣味性，会呈现出认知冲突的情景。另外，由于实现结果与学生的猜想相矛盾，因此差异性实验也能起到实验证伪的作用。教师在设计差异性实验时要综合考虑教学目的、教学内容、学生的认知水平、教师的实际及学校教育资源的实际情况等，设计出的实验应具备科学性原则、差异性原则、针对性原则、趣味性原则和简易性原则。在物理教学中融入差异性实验时可遵循如下步骤：第一，运用实验提示差异性现象；第二，引导学生或师生共同提出问题；第三，根据现象进行猜想与假设；第四，设计研究，收集数据，尝试检验假设；第五，分析与论证，得出初步结论；第六，评估与交流，提出新的问题。

差异性实验在教学中的有效性主要反映在学生认知内驱力和内在主动的作用、对学生科学研究能力的作用、对知识理解与创新的作用等方面。需要指出的是，把差异性实验整合到探究活动中，教师应以“激发者”“促进者”“引导者”的角色引导学生参与差异性实验，给学生提供足够的时间和机会进行观察、批判性思考、讨论和交流。

《课程·教材·教法》2008 年第 10 期

新课程背景下的高中物理集体备课

施永华

备课是教师的基本功，是上好课的先决条件。新课程改革的实施，已经使传统的“单兵作战”的备课方式跟不上课改的要求。集体备课活动可以形成一种交流、合作、研究的学术气氛，推广优秀教师的教学经验，更好地发挥优秀教师的“传、帮、带”作用，促进课堂教学质量的整体提高。每位教师应该超前一周备课，理解知识的重点、难点，把握知识的了解、理解、应用三个认知层次，要尽力提出有独创性的设计方案，以便资源共享；在教学环节上要有创新，要写出教学目标达成的具体方法；提出自己有疑问的地方，以便集体研讨，攻克难点。教师在集体备课时要遵循“整体—部分—整体”的思路，分别陈述各自的备课方案，最好采用“说课”的形式进行比较。教师们可以探讨教法、学法、考（练）法，研究知能结合、知技结合、知行结合，但要注意教学进度、教学目标、教学重点与难点、阶段测试的统一。集体备课时要确定一个主备课的发言人，备课时由主备课发言人“说课”，教师们共同探讨、相互补充，综合集体智慧，完善创新方案，使教案内容更加充实。

《中学物理》2008 年第 1 期

浅淡在物理课堂教学中的人性化设计

陈云彩　黄福琴

新高中课程方案的培养目标价值取向上的新变化，具体是通过“知识与能力”“过程与方法”和“情感态度与价值观”三个维度的目标要求而体现出来的，而所谓的“情感态度与价值观”则关注的是形成积极的学习态度、健康向上的人生态度、具有科学精神和正确的世界观、人生观，成为有责任感和使命感的社会公民等。在制定教学目标时，尽量做到分层制定教学目标，使教学目标个性化，既要有基础性目标，又要有发展性目标。高中物理新课程充分考虑了学生发展的需要、社会需求和物理科学的发展等方面，打破了原有的知识体系，分为必修和选修两部分。在学习中，可让学生按照自己的兴趣与爱好设立专业方向。提问是课堂教学活动的重要手段，对老师按课堂预设进行教学活动达成教学目标起着十分有效的导向作用，教师要按问题的难易提问不同的学生，注意所提问题的启发性，当一些学习基础较差的学生回答问题正确时，应即给予肯定和表扬。

人性化的评价不应当侧重学生的智力，而应侧重于学生的努力和进步。在新背景下，必须重构教学与学习方案。让学生按照自己的特点和优势选择教育，成为信息加工的主体，知识意义的主动建构者，变被动学习为主动学习，为个性化学习开辟新的途径。

《中学物理》2008 年第 1 期

谈谈高中物理课堂的教学机智

葛建光

教学机智属于教育智慧，是教师教学过程中面对突如其来的事件，靠头脑的机敏，准确抓住教学过程中的难得机会所实施的智慧行动，带有急中生智的色彩。课堂教学机智的基础源于教师平时的理论学习和实践经验的积累。有了生动感人素材的积累和丰富，又有了教学实践经验的厚实和完备，“急中生智”才有可能达成。对课堂教学中暴露的学生不良的学习习惯，教师不能视而不见，要借景生情，用感人的事例去拨动学生的心弦，从而使学生感悟培养良好习惯的重要性。

物理科学是一门实验科学，实验能力是学生素质的重要组成，及时捕捉实验中的一系列问题，通过问题的提出、讨论及解决过程，不仅使学生深入地理解实验原理方法，达到教学目标，也可以很好地解决学生实验能力及情感态度等的实际问题。物理科学有很强的实际应用价值，教材中为了表述相关理论，也会举到一些实际生产生活中的例子，使学生有感性的认识，加上自己的生活经验，能比较容易地理解与接受物理原理。创新精神的培养可以通过必修课、选修课的教学活动及课外实践来实现，但影响最大的是必修课的教学，及时发掘学生创新精神的闪光点作为活教材，不仅对发表见解的学生是一种莫大的鼓励，也为大家树立了一个榜样。学生对教师提问的回答，教师不能只做“对与错”的评判者，应当充当学生学习知识的构建者，掌握方法的引导者，学习情绪的鼓励者。

《中学物理》2008 年第 1 期

体验是新课标物理教学的重要一环——体验教学案例采撷

何月仙

高中新课标物理教材与原来的版本相比较，有了重大的变革，其中的一个就表现为强调学生的体验。应该说，要掌握科学知识和探求物理规律，其基础就在于体验；对学生来说，虽然他们所要掌握的是前人已经研究后有定论的东西，但只是死板地把这些知识通过教师的灌输传授给他们，肯定不符合现代的认知理论，而适度地通过体验获取第一感受，将能极大地提高学生的学习兴趣，提高学习效率，并给学生留下长久的记忆。要强调学生亲历的体验，强调教师加强演示试验提供的体验，强调拓宽知识面得到的间接体验。新教材上多有介绍前沿科学知识和成就的文字与图片，而通过教师更具体而形象的陈述，造成间接体验，这种间接性的体验应该说有无穷魅力，短暂的瞬间甚至可能对学生的终生选择产生影响。要在物理教学课堂中施行体验教学，首先应解决教师的教育观念问题，教师要身体力行体验教学。物理教师必须培养自己的动手能力，辅教材以自制的实验装备，采用就地取材的简易实验，丰富体验性的实验教学。

《中学物理》2008 年第 1 期

高中物理学习中“习得性无助”的成因及其干预

吴志山

高中物理学习中习得性无助感是在一定的物理学习情境中诱发的，由于学生长期没有达到预期学习目标，屡次遭受失败的挫折，产生消极认知，确信自己对学习物理缺乏能力，产生无能为力之感，从而在动机、情感、认知和行为上所表现出来的一种消极的特殊的心理状态。习得性无助的产生最主要的原因是在学习

中经受了过多的失败，一次又一次的挫折使他们体会不到成功的滋味，从而不敢主动尝试，产生退缩性行为。不良的评价也是造成学生产生习得性无助感的原因。习得性无助的学生一般倾向于将失败归结于自身稳定的不可控因素，而这种归因往往使得他们感到无助和绝望。习得性无助感强的学生，其自我效能感极低，严重缺乏自信心，容易对自己的学习能力和活动能力持怀疑态度。教师要让学生了解物理，使其获得更多成功的机会，给予积极评价，引导其正确归纳自己成功或失败的原因。教师还应积极创设良好物理学习氛围，多开展物理活动，多做物理实验，发展和培养学生对物理学习的兴趣，满足他们的多层次需求。当他们在学习中遇到困难和挫折时，教师要耐心地帮助他们分析原因，从精神上多鼓励，学法上多指导，树立他们的自信心，提高学习能力，让学生感受到老师的爱和期望，体会到物理学习的乐趣。

《中学物理》2008 年第 1 期

在学生的失误中挖掘智慧的闪光点

许　敏

在物理教学中对“尝误原理”的深刻理解和熟练驾驭是物理教师成熟的标志之一，是物理教育艺术的重要组成部分。教师从正面讲授基础知识，充分揭示知识的发生过程，这是极需要的。但仅此还不够，学生在接受新知识时，受理解和认识能力的限制，总有个从片面到全面，从肤浅到深刻的过程，在掌握时总会产生这样或那样的“盲点”，这就需要从反面依靠“出错”来充分暴露。有些知识甚至于“非错而不能树正，非错而难以求真”。思维的批判性是指不受暗示的影响，能严格而客观地评价、检查思维的结果，冷静地分析一种思想，一种决定的是非、利弊。利用尝误是培养和发展思维批判性的一种极有效的途径。为了激发学生学习和探索的兴趣，又要很好地隐藏教师的教育意图，选择典型题目，让学生在尝误之后继续进行探索，就可收到极好的效果。学生解题遇到挫折，主观愿望一时得不到实现是常有的事，如果承受挫折的能力不强，就会产生焦躁颓丧的情绪，致使学习一事无成，这种现象在重大考试中出现，则具有更大的危害性，所以平时的教学中对学生进行尝误的训练以培养和提高他们承受挫折的能力是教育教学的重要内容之一。

《中学物理》2008 年第 1 期

高三学生解决物理问题中的消极思维定势及对策

张成国

培养和发展学生物理问题解决能力是高三物理教学中最为重要的方面，也是高三学生物理学习中的重点和难点。消极思维定势是一种不自觉的心理行为，是思维“惯性”现象，是一种思维“本能”。消极思维定势的发生是由于新旧问题间有外在的相似性和本质的差异性。高三的物理问题一般又具有高度的概括性和抽象性，解决过程中需要学生综合运用已有的知识。学生由于基础知识上的缺陷，不能把握知识的本质、联系及区别，就会导致学生在问题解决中不能根据具体的物理情境重组知识，而是简单地把已有的经验、方法或思路应用于物理问题上，形成消极思维定势。另外，问题情境的理解和创设偏差、思维取向和思维策略不当也会导致消极思维定势的发生。在高三第一轮及第二轮复习中，教师要有意识地寻找发现学生在物理基础认知方面的不足，帮助和指导学生在结构化的知识网络中完善对物理基本概念、基本规律、基本定理以及知识的内涵和外延等的掌握和理解。增强学生的物理情境意识，培养和提高学生物理情境创设能力。教师应该注重增强训练的新颖性，增强题目的灵活性，并通过对精选物理问题的巧解，一题多解，一题多变的训练去激活、拓展学生思路，增加思维发散活动和思维的灵活性，引导学生从实质上分析、把握问题，通过积极的思维活动选择解决问题的有效策略。

《中学物理》2008 年第 1 期

实施新课程标准从“五个转向”做起

周国均

高中物理新课程更加注重在教育教学中学生发展的可持续性，其“知识与技能”“过程与方法”“情感态度与价值观”的三维具体教学目标对物理教师提出了新的挑战。实施高中物理新课程标准，应以三维具体教学目标为立足点，从“五个转向”做起：1. 由“熟记型”学习转向“感悟型”学习。新课程标准倡导学生在探究中学习和学习中探究这一教学新理念，更重视学生从感悟中产生对所学物理知识和物理思想的升华。2. 由重视“结果”转向重视“过程与方法”。中学物理新课程标准，把“过程与方法”列入具体的教学目标，意在重视知识和技能同时，更重视过程和方法。3. 由重视解题训练转向重视理论联系实际。物理教学密切联系学生生活和生产的实际，让学生产生对自然界的好奇、亲近、热爱，以及和谐相处的情感，培养学生乐于学习、勇于探索自然现象和日常生活中的物理原理，切实提高学生分析解决物理实际问题的能力和兴趣。4. 由知识积累型教学转向科学探究型教学。物理教学中的科学探究就是用昨天的知识为载体，以科学探究的精神和方法教今天的学生，为学生创造明天的事业打好基础。5. 由定向思维训练转向重视发散性思维培养。要多鼓励学生标新立异思想，培养学生敢于质疑问难，对学生中有创新性的提问要及时的充分肯定，从而保持他们终身的探索兴趣。

《中学物理》2008 年第 2 期

基础决定高度——谈物理基础教学

张晓冰

学生学习物理的差异外在表现为学生在灵活性和创新性方面的差异，而内在的是学生在思维和应用能力方面的差异，而究其根本，则是学生在学科基础知能方面的差异。基础是能力的源泉、思维的起点。思维是要建立在“物质”的基础上的，不可能无中生有。新课程的推进让人们认识到学科基础新的内涵：基本知识、基本技能、基本思想、基本方法、基本习惯、基本规范都是基础。夯实基础一定要从时间、内容、形式、环节等方面多维考虑，要在“夯”和“实”两字上做文章。教师要重视时间分配的科学性；重视训练的有效性；重视讲评和辅导的针对性；重视学科思想方法的渗透性。学科思想方法是学科知识的主线，要让学生学会用物理思想方法去理解问题、解决问题。物理模型是物理思想的集中体现，通过模型教学，可以更好地巩固知识，更具体地领会学科思想。重视“迁移”教学，强调物理教学中的学科思想方法在不同范围的迁移或推广，是在教学中对知识和方法的反复和强化。要给学生方法，先让学生学会重复，进而在一些基础上去衍生，让学生学会总结，学会创新。

《中学物理》2008 年第 2 期

物理研究性学习教学的探索与思考

蒋天林

研究性学习是一种崭新的学习方式，可以全面培养学生综合运用所学知识的能力，收集和处理信息的能力，分析和解决问题的能力，语言文字表达能力以及合作能力；还有利于培养学生独立思考的习惯，激发学生的创新意识，有利于学生获取终身学习的能力。研究性学习是科学的探究活动，因此课题的选择要有针对性，具有可操作性，突出学习性。研究性学习所追求的主要是学习的过程，重视学习过程中学生的感受和体验，一个好的课题只是研究性学习的开端，更重要的是实施过程。开展研究性学习要以课堂教学为主渠道，教会学生研究性学习的方法；以实验手段，挖掘教材中蕴涵的探究因素；以学生为主体，在探究过程中培养自主能力和思维能力；以方法为主线，在研究过程中掌握科学探究方法，培养科学态度。研究性学习改变了教师权威地位，改变了教师的工作方式，要求教师不断学习，同时也改变了学生的学习方式和对学生的评价方式。在研究性学习中，教师将从单纯的知识传授者变为学生学习的促进者、组织者、指导者。在参与指导的过程中也需要吸纳新知识，更新自身的知识结构，开展教育研究，提高综合能力，建立新型的师生关系，这对提高教师素质是非常必要的。

《中学物理》2008 年第 2 期

迁移法解决高中物理难点问题

宋 阳 林 榕

学习迁移是一种学习对另一种学习的影响，就是把学生以往的学习或生活中获得的某种知识、技能或态度运用于新的学习过程。高中物理是教师和学生公认的较难学习的一门学科，学生在学习过程中常常会遇到难理解的概念和问题，如果教师能够适时而准确地运用迁移的办法，不仅可以轻松地让这些难点在学生面前不攻自破，达到举一反三的效果，还可以帮助学生对新旧知识进行融会贯通的运用。学习过程中，可以巧用生活经验迁移和其他学科知识如英语、化学知识的迁移来解决高中物理的难点问题。用迁移法来解决物理中难点问题，除了可以把知识化繁为简，让学生正确运用外，还可以增加学生对知识的理解，深化学生记忆。

《中学物理》2008 年第 2 期

试论研究型物理教师

郭履平

物理教学，就其本质而言是物理教师把已知的物理科学真理转化为学生的认识，同时在传授知识、培养技能的过程中，培养

学生认识世界的态度、策略、方法。注意开展教学研究的物理教师，能够不断地解决物理教学中的问题，使自己的教学更具有针对性和创造性。新的教学理念认为，课程是物理教师、学生、教材、环境四个因素的整合，要求物理教师研究现代学生的身心特点，把握现代学生的内在需要，并在此基础上采取有针对性的物理教学。新教材不再只是知识的载体，而具有物理知识与技能、过程与方法、情感态度与价值观等多方面的教育功能。这就需要物理教师在使用教材时自己去挖掘、诠释。对教材中隐含信息的理解，需要物理教师的自主发挥。新课程要求学生在物理教师的指导下自主展开课题研究工作，要求教师必须做教学问题的研究者——研究型物理教师。其须具备的条件有：勤于思考与博览群书的习惯是研究的前提；质疑的精神是研究的基石；超越自我的思维能力是研究的保证。要想成长为研究型物理教师的基本策略就是要教师恰当的选择研究课题、重视对感性认识的理性升华、注意循序渐进、学会在学习中超越。

教育以人为本，以学生的发展为中心，已成为现代教育思想的核心理念。当物理教师以研究者的心态置身于教学情境，以研究者的科学态度对自身教学实践的具体问题做出分析并不断发现问题解决问题时，便获得了对实践情境的理解和感悟，从而不断探索研究物理教学过程及其规律，使物理教学过程更加优化。

《中学物理》2008 年第 3 期

新课标理念下作业的改革

陆　冠

如何才能与学生进行有效的沟通？作者认为，除课堂教学过程之外，还有一个重要的交流平台，那就是学生的作业。在学生做第一次作业时，要求学生将自己作业本的每一页分三等份，规定每一页右边三分之一的地方为“教学信息反馈栏”，以下简称“反馈栏”。学生在反馈栏中可以记录对疑难问题的质疑、对教学的建议、对作业错误之处进行更正或归纳总结一类问题的解题思路和方法、在学习和生活过程中出现的困惑和心理感受。对学生在反馈栏中提出的问题，教师要认真对待，态度应诚恳，解答应耐心、细致，一时解决不了的问题，教师亦应说明原因。

“反馈栏”缩短了师生之间的距离，密切了师生间的关系，也成为了沟通教与学的桥梁，增加了教学信息的反馈量，从而使教师在全面了解学生的基础上掌握了教学的主动权。反馈栏的实施便于教师实施“因材施教”的教学原则。

《中学物理》2008 年第 3 期

创设“冲突情境”——改变“错误概念”的有效教学

梁巧红　赵云波

物理概念是物理学习的核心，对物理概念的理解正确或是偏差直接影响着学生的物理学习。在正式学习某一物理概念之前，学生往往对相关的物理现象已经有了自己的认识，并形成了一些观点，我们称之为“前概念”。正确的前概念对学生的学习有积极的促进作用，但许多前概念却往往是片面或者是错误的，文章中称之为“错误概念”。它对学生形成正确概念有极大的阻碍，而且错误概念通常具有隐蔽性，不易被我们发现。在物理教学中，对这些错误概念“处理”是否得当是教学有效性的一个关键。作者认为创设“冲突情境”是一种非常有效的教学方式，能有效地优化学生的认知结构，创设“冲突情境”主要针对一些学生容易产生错误概念的教学内容展开。首先，教师明确所教内容在学生心中可能存在哪些错误概念，据此设计教学情境，让学生顺利地沿着其本来的思路“犯错”得出结论一；然后从正确的切入点设计另一情境启发学生得出结论二；再引导学生发现两个结论的矛盾，利用两结论的冲突激发学生的认知冲突。这样，他们的前概念受到自己的质疑，寻找矛盾根源的内部动力将由此产生；再引导学生分析两结论的矛盾之源，找到错误的原因，重新确立正确科学的物理概念。

《中学物理》2008 年第 3 期

探究式教学实施过程的建议

金　逊　汤家合

教学实施是课程目标的落实环节，其重要性毋庸置疑。教学实施过程也是体现课程理念、实现课程目标的创造性过程。《课程标准》在知识与技能、过程与方法、情感态度与价值观三个维度上，提出了高中物理课程的具体目标。在设计教学过程时，需要从这三个维度来构思教学内容和教学活动的安排。

科学探究就是科学家运用科学的方法，通过探索去发现人类尚未认识的科学事物及其规律的过程。从思想方法角度来看，科学探究是科学家群体在长期探索自然规律的过程中所形成的有效的认识和实践方式，其中最重要的是科学思维方式；从学生的角度来看，科学探究是一种学习方式，它要求我们注意引导学生在获得知识的学习过程中，运用探究的方式掌握物理规律、物理概念；从新课程的目标来看，科学探究可以理解为一种教学理念。科学探究重在体验、经历，培养学生在科学路上的求知能力，从课程标准对科学探究及物理实验要求来看，科学探究作为内容标准的一部分，它是实现三维课程目标的最有力手段，对“过程与方法”这一目标尤其如此。

探究活动的组织和对学生探究能力的要求，应该循序渐进，由简单到复杂，由部分探究到经历较完整的探究过程。在探究过程中要培养学生探究问题的兴趣，注重对学生的积极评价，保护他们主动探索研究问题的积极性，要对学生进行真理相对性的教学，不迷信权威，也要让学生知道做实验需要动手，但更主要的是动脑。

《中学物理》2008 年第 4 期

再谈物理概念的形成、分类与定义的方法

阴瑞华　崔乃忠

物理概念是在大量观察和实验的基础上，运用逻辑思维的方法，把一些事物共同的、本质的特征集中起来加以概括而形成的，其形成的过程大致可以分为四个阶段：感觉、知觉、观念、概念。概念已不是事物的现象，而是事物的本质。物理概念按逻辑顺序可以分为基本概念和导出概念；按描述方法的不同可以分为用词语直接表达的概念和用数学语言表达的概念；按所反映的物质或物质运动本质的不同方面可分为反映物质的本质属性、反映物质的某种性质、反映物质间的相互作用关系、一些描述物理现象的名称四类。为了深入理解概念，还应找出概念与构成它的要素或与它相近的另一概念的异同点及联系，有利于建立一个完整的概念体系。

建立与定义概念的方法主要有：“概念建立”，它是人们在自己活动的范围内直接接触了大量的同类事物，从经验出发，通过辨别、抽象、分化，提出一些假设，并经过验证和概括等思维过程，获得了这一类事物或现象的共同特征，并且“权威”地证实，从而建立或定义某些概念；“概念同化”，就是利用我们已经建立了的概念，再建立新的概念；“概念顺应”，就是利用已经有的概念，不能直接定义所研究的新概念，而必须另外先建立一些新的概念才可以定义此概念。定义物理概念的方法主要有：操作定义法、人为规定法、数学定义法。

《中学物理》2008 年第 4 期

从学生的问题中发现探究课题

般少来

探究是一种学习方式，同时也是学习的目标。探究的命题来自课本、学生身边的物理问题，学生学习中发现的感兴趣的问题更是好的探究课题，教师在教学中要充分利用这样的机遇，用敏锐的教育视觉发现和挖掘学生提出的有价值的问题。这些问题的内容可以在课本外，可以超纲，可以不对全班做统一要求，以学生的自愿、有兴趣为原则，这样的方式很灵活，常常能起到良好的教学效果。

学生在学习过程中会有很多问题，一类是学习困难存在的问题，另一类是书本或大纲之外感兴趣的问题。这两种问题都是很好的校本课程资源，其中含有很多的具有探究价值的课题。教师有一个困惑，就是我们讲过的问题学生应用时还是不会，根本原因在于学生被动接受的知识很难保持。教师如果把物理中学生最容易犯错误的内容，让学生去探究、去商讨、去应用，这个过程能使学生有效地唤醒自己记忆中的储备和智力灵感，这样会使我们的教学别开生面，生机盎然。

《中学物理》2008 年第 4 期

改变评价方法培养参与意识——提高物理课堂教学的针对性和有效性的尝试

陆丽华

二期课改物理课程的核心理念是以学生发展为本，重视学生的主体性。课堂教学是学生学习实践活动的主要形式。学生应主动、积极地参与到教学课程中。虽然学生个体存在差异，但是每一个学生都有自尊心，维护差生的自尊心是做好差生工作的前提。当学生成功地完成了一些自认为有一定困难的学习任务后，对学习会变得更加自信，为了让学生更多地体验到成功，教师必须改变以往的教学方法和评价方法，积极调动后进生的学习积极性，使他们主动地参与到学习中来。

教师要树立“一切为了学生的发展，为了一切学生的发展，为了发展学生的一切，以学生发展为中心”的评价新理念，让学生在评价的过程中也要学会做学习的主人。评价的形式要多样化，不能仅仅局限于试卷的分数，应对学生的各个方面进行评价，使每个学生都能看到自己的闪光点，感觉自己的进步，更加积极、主动地投入学习。在课堂上，把学生当做朋友来对待，对学生的表现进行评价时，要多表扬少批评，多鼓励少指责，遇到胆怯不爱发言的学生，多给他们表现自我的机会；课后把学生上课的表现及时予以记录。总之，要想取得教学的有效性，要不断地改进教学方法，真正调动学生学习的积极性和主动性，充分开发其学习的潜能，培养学生主动参与的意识，才能取得良好的效果。

《中学物理》2008 年第 4 期

比较策略与物理教学

张恒谦

比较是一切思维活动的基础，它是找出研究对象之间共同特征和相异特性的思维过程和方法。课堂教学中教师将比较作为教的策略，学生将比较作为学的策略能明显提高新知教学的质量和效率。新课程大力倡导科学探究，积极主动地运用比较策略有助于科学探究的教学目标高质量高效率地实现。在复习中引导学生通过比较把复杂的、分散的、零碎的物理知识或方法按其内在联系或外部特征进行分类、归纳，组成不同层次的类别，从而使知识和方法概括化、条理化和系统化，以利于其进一步迁移；通过比较，找出相似物理知识之间本质上的差异，以提高学生对知识的辨析水平；通过比较，找出相关物理知识点之间的内在逻辑关系，以提高学生对知识的系统性把握。解题练习时，将练习结果与答案进行比较，找出自身在知识理解和掌握上的偏差加以改进，找出自身在解题方法与技巧方面的不足加以提高。

教师要引导学生明确地将比较作为一种重要的学习策略，牢固树立比较的意识，使学生在比较中认识事物，学习新知，激发兴趣，掌握方法，发展能力，学会学习，有助于全面落实新课程的“知识与技能、过程与方法以及情感态度和价值观”的三维目标。

《中学物理》2008 年第 4 期

在物理教学中渗透创新教育理念

张建兰

物理科学的概念、原理、体系、方法及观念不仅对物质文明的进步和人类对自然界认识的深化起了重要的推动作用，而且对人类的思维发展也产生了深远的影响。物理新课程不仅注重科学知识、技能的学习，更重视物理兴趣的激发。它要求在物理教学中让学生领略自然现象中的美妙与和谐、发展对科学的探索兴趣，保持对自然界的好奇心，养成尊重事实、大胆想象的科学态度和科学精神。

注重科学探究是物理新课程的基本理念，教师要善于发现和挖掘学生的创造性潜能，加强学生创新思维的训练。物理新课程全面考虑课程在知识与技能，过程与方法，情感态度与价值观三个维度的教学目标。它并不强调知识的系统性和完整性，它重视学生的学习过程和认识过程，强调学生各方面素质的全面发展。

物理教学要注意引入科学技术的新成就，注重学科之间的渗透、人文精神与自然科学的交融，充分利用社会物理资源，注重创新意识的树立。物理课程要求改变过去的终结性评价理念，构建多元化、发展性的评价体系。新的评价体系注重过程性评价和结果评价相结合，重视评价在促进学生发展方面的作用。教师要深入研究教材，提炼教学内容中的某些方法要素，有目的、有意识、有步骤的渗透和传授科学研究方法，要引导学生自己去认识和发现，促进学生创新能力的提高。

《中学物理》2008 年第 5 期

新课程下物理教学过程与方法的思考和策略

陈云彩

新课程的标准制定了“知识与技能、过程与方法、情感态度与价值观”的三维教学目标。“过程与方法”目标的提出，强调教学不但要重视学习结果，更要重视学习过程。过程与方法对学生的全面发展起着重要作用，强调过程与方法的学习，就是要学生学会独立地去获取知识，就是要使学生更好的理解物理知识，让他们学会独立的去获取知识，就是要使学生掌握学会认知、学会学习、学会生存的本领。

实施过程与方法目标的教学，教师要利用好教材中的开放性栏目，努力营造让学生爱学、乐学的课堂环境，把知识设计成适当的学习问题，在课堂上实施小组讨论和交流的办法，让每个学生都有发表意见的机会，讨论内容可以是新教材中“交流与讨论”栏目，也可以设置一些开放式、探究式、推理式、有争论性的问题。教师还要重视习题的作用，在课后布置一些课余作业。

对过程和方法目标达成度的评价，作者认为可以从以下几个方面进行：开放式导入、常规性活动、资源生成、学生的表现状态、教师回应、过程生成、互动深化、开放式总结。

学习本身就是一个知、情、意、行统一的过程，在解决问题过程中让学生理解和掌握知识、技能，学习科学的方法，养成科学的态度和价值观，培养分析和解决实际问题的能力。

《中学物理》2008 年第 5 期

课堂教学中落实“三维目标”之管见

唐传胜

新的课程标准要求在物理教学中落实三维目标，即知识与技能、过程与方法、情感态度与价值观。其中“知识与技能”是基础，“过程与方法”是途径，“情感、态度、价值观”是归宿。

知识是实现过程与方法、情感、态度、价值观的基础，有了知识，过程与方法才得以体现。同样，知识是情感、态度、价值观的“物质基础”（或可称之为载体），有了具体的“物”，才能触“情”，才能催“感”，有了“情感”才能生“观”，在教学中要以知识目标为主线展开教学。教师在设计教学方案时应考虑学生技能的提高。知识的接受与技能的提高离不开过程与方法，选择了更好的方法学生才能更好地理解知识、应用知识，只有在应用知识的过程中才能发展能力、掌握方法，过程是渗透情感、态度、价值观的途径。通过学习物理让学生有参与科技活动的热情，有将物理知识应用于生活和生产实践的意识，勇于探究与日常生活有关的物理学问题。

课堂教学的终极目标不是仅让学生会解题、会考试，更重要的是强化情感、态度、价值观教育，即作用于心灵。教师在物理教学内容上要强化情感、态度、价值观教育，在教学过程中渗透情感、态度、价值观教育，为学生营造一种积极的学习环境和学习氛围，使学生的学习过程成为其自我塑造的过程。

《中学物理》2008 年第 5 期

让质疑成为学生的一种学习习惯

周久璘

科学发展史证明创造往往是从怀疑开始的，科学的历史是由质疑构成的。中学物理教学既要使学生掌握物理学的基础知识、基本技能，培养他们的物理学科能力，使他们理解物理学科独特的思想方法，还需要着力培养学生的科学精神，培养学生怀疑与批判的意识，让质疑成为学生学习的一种习惯。学生的质疑会使我们的课堂成为寻求真理、发现真理的地方，可以说，质疑、解疑与课堂的动态生成相生相伴。教师在课堂上要精心设计一些具有挑战性的、又具有可行性的问题，激发起学生思维的火花，使学生产生解决矛盾的求知欲望，而在学生解决新问题或在师生共同解决新问题的过程中，学生在更高层次上形成了对知识的确信，同时也潜移默化地激活了学生自身的质疑意识，培养了他们的质疑能力。

学生的质疑并不都具有自发性，往往需要外部条件的刺激，以激活学生质疑的意识。教师要创设情景与氛围，唤醒学生的质疑意识，激发学生的质疑意识，呵护学生的质疑意识，创设恰当的教学情境培养学生的质疑的品质。其实，要让学生具备质疑的意识与能力，教师首先应该具有质疑的品质，教师的质疑能力首先来自于教师对职业的认识，其次来自于教师的专业素质，还来自于教师对教学预设的深思熟虑。教师应当将自己的质疑、学生可能提出的质疑与自己的课堂教学预设结合起来，这是通过课堂教学培养学生质疑能力的必然要求。

《中学物理》2008 年第 5 期

新类比思维的价值反思

胡胜男　张长斌

我们都知道价值是客体以自身属性满足主体需要的效益关系。既然我们强调类比思维教学价值，不妨从价值的作用方式上把教学价值分为显价值和潜价值。类比思维有助于学习的原因在于它可以使抽象的信息变得具体生动，可以生成性质完全不同的学习结果。类比思维有设疑激趣的优势，教师可以用类比的方法引导学生发现问题，学生可以运用类比把鲜活的生活融入知识中，不仅可以调动情绪、帮助理解，还可以培养学生在生活中观察和分析事物的能力，进而实现知识的迁移。类比思维能促使知识条理化、记忆网络化、认识规律化，培养创新思维能力，促使新知识、新发现的形成。类比思维还有其潜在价值，可以提高学生科学素养，培养情感态度、价值观；正确的运用类比思维方法可以使学生增强信心、坚定决心、锻炼勇气。

类比法的运用应以客观事实为基础，对象之间存在相关性是运用类比的前提。然而，类比≠比喻≠对比，因为它们的目的不同，类比的目的是要预测结论，比喻的目的是用通俗形象的事物来说明和形容被比喻事物，对比的目的是要强调不同、突出要说明的事物。对象间的相关性是类比运用的前提，运用类比思维时要处理好潜价值与显价值的关系，重视科学方法的显性教育，鼓励呈现方式的灵活多样性。但同时应注意，类比思维在创立科学假说时是有效的，但它的想象力和创造性是以它在逻辑上的不可靠性为代价的。

《中学物理》2008年第5期

在物理教学中培养学生创新思维能力的探索

从德周

创新思维是创新教育的核心，培养学生的创新精神必须着力于培养学生的创新思维能力。创新思维主要包括：想象思维、抽象思维、逻辑思维、直觉思维、逆向思维、发散思维、批判思维等思维活动，下面重点谈谈在物理教学中想象思维、发散思维、批判思维能力的培养问题。

想象是创造性的翅膀。现代的很多科技成果都跟创造性的想象有直接关系。例如发明飞机的莱特兄弟，他们是小时候受父亲给他们的一个会飞的玩具的启发，经过反复探索和试验发明飞机的。所以每位教师要像保护眼睛一样去呵护学生的好奇心、想象力，鼓励学生奇思妙想，异想天开。

发散思维是一种让思路多方向、多数量全面发展的立体辐射状的思维方式。在物理教学的问题设计中，教师要善于挖掘教材中发散思维的素材，启发学生从不同角度进行剖析，拓宽学生的解题思路，引导学生从众多解决问题的方案中找出最佳方案，开阔学生的创新视野。

善于怀疑，敢于质疑，勇于挑战是探索知识的起点，是创新思维的开始。物理学的发展史就是一部不断挑战、不断否定、不断创新、不断前进的艰难曲折史。如哥白尼的“地动日心说”；伽利略通过著名的比萨斜塔实验，批判了亚里士多德关于自由落体运动的结论，得出了惯性定律等。因此，要培养学生的创新意识必须重视批判精神的培养。

因此，教师应鼓励学生提出问题，敢于否定教材的观点和约定俗成的说法，能容忍学生否定自己，倡导学生反驳，允许学生答辩。

《中学物理》2008年第6期

试论高中物理教学中学生实验探究能力的培养

朱其勇

物理实验与探究能力指在解决简单物理问题的过程中，运用科学的方法，初步了解物理变化规律，并对物理现象做出科学合理的解释的一种能力。作者认为，在高中物理课堂教学中培养学生的实验探究能力既是人本思想在课堂教学中的行动再现，又是学科精神在物理课堂上的实践累积，更是物理教学对学科目标的深刻诠释。作者认为在高中物理教学中应从以下三方面入手：

首先是理念渗透。教师要以课标为依据，以理念为核心，注重调整自己的教学思想。教学中以实验探究为过程改变自己的教学活动方式，引导学生探索物理教学生活化和生活化的物理教学。学生要以关注自己的学习能力为前提，积极参与教学过程，参与课堂体验，在实验的设计与探究中学习知识，习得能力，锻造科学探究精神。

其次是品质的养成。在高中物理教学中培养学生的实验探究能力，既要改变学生的学习习惯和思维品质，构建自主探究的学习方式，更要改变学生对物理学习，对物理教学的认识，培养学生的探究意识。教师在教学中要利用多种方式引导学生发现。

最后是能力的培养。实验探究能力是在实验探究过程的关注与体验中习得的。教师要引导学生对日常生活中的现象进行分析，并提出相应的问题，做出猜想，再引导学生创造条件设计试验来验证自己的猜想，并对此做出反思。

总之，培养学生的科学探究能力，是新理念下物理教学的重要环节，是素质教育的发展要求。

《中学物理》2008 年第 6 期

没有问题如何学习——浅谈提问的种类与技巧

仲伟宽

在教学实践活动中，能够发现问题提出问题与各门学科的知识结构密切有关。而在物理教学中，根据教学内容的特点可以归纳总结出许多发问提问种类方法技巧。审问是针对局部有限的知识面，认真负责审查校正比对核准，发现问题及时更正。盘问是根据教学内容的特点，总体布局，通盘考虑、全盘查找，连珠炮似地轮番质疑、集中发问，形成一个知识集合。设问是有目的有计划地设计、制造问题，对于重要的、困难的物理知识，分解切割，化整为零，化繁为简，由浅入深，由易到难，编排设计问题程序，逐步解决重点、难点，最后水到渠成。反问是把物理学的概念或规律的有关方面向相反方向转换，也就是反其道而行之，问题立即逆转，这种反问方式，能从正反两方面提高对物理学的概念或规律的识别和理解。错问是“错”了必“问”，实际上是“因错而问”，也就是说“问错”。追问是根据物理知识之间内在的逻辑联系，遵循物理知识发展本来的必然路线，采用梯次配置，循序渐进，追根溯源，不断质疑，连续发问，解放一环紧扣一环相关知识结构，释放准确无误的知识信息。

实际上，发问提问的方式技巧取决于发问提问者的志向目标、知识结构、学习要求等素养，如果学生拥有了提问的学习手段，就可以主动自觉地进行独立思考学习，提问的技能越娴熟，学习的效果也就越显著。

《中学物理》2008 年第 6 期

物理学科培养学生科学素养问题的探讨

刘霁华

科学素养其含义在学术界的论述不尽相同，我国教育工作者一般认为包括四个要素：科学知识和技能、科学方法、科学观、科学品质。物理学在培养学生科学素养方面具有独特的功能和鲜明的优势：物理学中有大量科学实验的内容、方法、成果及思想，是社会发展进程中人类智慧的重要体现；物理学史中有大量的情感态度与价值观的内容；物理学与社会、经济、文化的发展紧密相连。以科学素养培养为目标的物理教学应该注重科学与人文的融合，注重培养学生的批判精神和创新意识，注重社会实践及科学探究能力的培养。

在物理教育过程中，应改变以物理知识传授为中心的传统教学模式，引入多样化的教学方式，教师应在课堂设计上渗透科学素养教育，用多样化的教学方式实施科学素养教育，用多元化的评价机制促进科学素养教育。

物理学科对培养学生科学素养具有重要价值，物理教学应在理念、方法、评价等方面不断创新，才能实现培养学生的科学与人文素养的教育目标。

《中学物理》2008 年第 6 期

浅谈物理试卷讲评课的原则与环节

袁寿根

试卷讲评课是以分析学生考试情况、纠正考试中存在的共性错误、弥补教学上的遗漏、帮助学生牢固掌握所学知识和提高能力的一种课型。试卷讲评课既要“讲”，也要“评”，教师应发挥主导作用，首先应该是发现学生已经学会了什么，并肯定学生的成绩，鼓励和表扬学生的进步，以期使学生处于爱学物理的最佳状态，激发学生学习的积极性。讲评时，教师应根据学生在答题中的实际，精心设疑，巧妙提问，恰当引导，耐心启发，让学生通过独立认真的思考，找到错在哪里。

试卷统计、分析是试卷讲评的第一个环节，老师要做到有的放矢。物理试卷应在讲评课前发给学生，学生根据试卷中存在的问题，主动复习教材，查阅相关资料，并勇于提出自己困惑的地方，探讨问题。试卷讲评应当着眼于物理能力的培养，老师要抓“通病”与典型错误，强调规范达成，突出思维过程。每次讲评后，一方面，要求学生对错题加以订正，做好错误记录，建立错题集，并注明正确答案及解题思路，以便学生在下次考试前有的放矢，及时复习。另一方面，选出试卷中出错率较高的问题和知识点，通过变换角度设计出有一定针对性的巩固性课后练习，同时，有意识地在下一次考试中，再出相似类型题目来增加知识点再现率，反复强化刺激，以巩固讲评效果，帮助学生真正地掌握解题思路，最终将知识内化。

《中学物理》2008 年第 6 期

谈新课改下物理教师角色的转变与提升

类维平　吴利娟

社会的发展重在教育，教育的发展重在学校，学校的发展重在教师。教师要达到新课改的要求就要转变角色，这是新课改成功的关键。

首先，我国教育长期以来，师生关系不平等，教师是教学过程的控制者。教师长期以来，已经习惯了根据自己设计的思路进行教学，学生完全处于被动、从属的地位。新课程改革，强调师生间交往，构建互动的师生关系、教学关系。教师要在课前教学设计、课上教学活动、课后评价中与学生积极互动，成为学生学习上的促进者，促进师生共同提高、共同发展。

其次，新的课改要求教师实现学生观、教学观、教材观职责的转变。要实现这三方面转变教师就要成为一个教与学的研究者。教师要研究学生学习心理，要研究课程内容价值，要研究教材内容特点，要研究实验功能与关键，要研究教学方法，要研究学生学习心理与学生评价方式等。教师要从教材的实施者，转变为课程的建设者和开发者。

再次，要转变学生学习方式，实现教学方法多样化，成为专家型教师。学生学习方式的转变关键在教师。课堂中教师根据不同的教学内容要求、学生理解水平，采用不同的教学方法，多种教学方式并用。

总之，中学物理教师应该是集多种角色于一身，从知识讲授者提升为学生学习的促进者，再到课程建设与开发的研究者，直至成为一名专家，实现教师角色的转变与不断提升。

《中学物理》2008 年第 7 期

试论物理学思想在物理教学中的渗透

李　强

物理教学的目的是帮助学生在已知的基础上对新知进行建构，要达到这一目的，需要在物理教学中渗透物理学思想。

在高中物理教学中渗透物理学思想，第一，要在物理教学新理念中渗透物理学思想。教师在教学中应该引导学生运用已有的知识自己分析、推理、论证，从而培养学生的科学思想。第二，教师要在对传统物理教学的批判继承中渗透物理学思想。传统物理教学只谈论结论，不注重知识获得的探究过程，严重阻碍了学生对科学本质的理解，教学中教师要让学生通过自主探究，合作学习理解物理概念，总结物理规律，并将自主学习的概念和规律用于自己的生活实践中，提升自己对概念规律的理解。第三，物理教学实践是物理知识获得、物理能力习得和物理思想建构的基础，在高中物理教学中渗透物理学思想离不开物理教学实践。教师要在教学中渗透物理学思想，形成科学能力和科学精神，让学生像科学家一样通过重复实验，在自主体验与探究中获得结论。

总之，在高中物理教学中，教师要将物理知识的掌握和物理能力的习得与物理学思想的形成有机结合起来，要让课堂上的学生的学习参与模拟为物理学家认识世界的本来面目去认识物理，理解物理。在获得物理知识的同时，全面提高学生的科学素养。

《中学物理》2008 年第 7 期

新课程理念下的物理“合作探究”模式

施传柱

新课程强调教学过程是师生相互交往、积极互动、共同发展的过程，要关注学生的学习过程和方法。教师应通过转变教学模式来转变学生的学习方式，为学生构建一个合作、探究、交流的学习平台。物理教学的“合作探究”模式是以新课程理念为指导，以培养具有合作意识、创新精神和实践能力的创新型人才为目标，以探究问题为主线，以合作探究为手段的一种新型教学模式。与其他教学模式相比较，具有多元主动性，多元互动性，自觉建构性和合作探索性的特点。

作为一种教学模式，“合作探究”模式是一个组合各种不同环节而成的系统。大体有四个环节：1. 创设情景，提出问题；2. 启发诱导，合作探究；3. 讨论交流，评价激励；4. 建构知识，实现创新。对于运用“合作探究”教学模式，我们尝试性地提出三方面的实施原则，即：1. 知识与能力并重原则；2. 课上与课下并重原则；3. 面向全体与照顾重点相统一的原则。另外，在“合作探究”教学模式实施中，学生的主动性得以充分发挥，但并非意味着教师的责任减少了。相反，教师仍然是教学的主导者，其主导责任甚至更繁重了。此外，其他模式也要根据需要而相应采用，要避免绝对化、一刀切的方式。

《中学物理》2008 年第 8 期

新课程下提高物理习题教学有效性设计探讨

孟秀兰　李春密　栗　革　张亚茹

习题教学由于其独特的教学功能一直是高中物理课堂教学的重要组成部分，但令人遗憾的是，学校和教师对习题课教学态度大多处于一种“不自觉”的“经验状态”。从高一到高三习题教学目标均定位在“高考水平”这个层次上，习题教学的效益不高。习题教学所面临的最大挑战就是“有效性”问题。

要想提高物理习题教学有效性，首先在物理习题设计的目标定位上，要注重阶段性、全面性和层次性，循序渐进，忌追求高难度、一步到位。习题要精编精选，忌追求高密度，陷入“题海”。要正确对待教辅资料，精选习题，引导学生注意观察，培养实践意识，精编习题。在物理习题教学的实施中，要注重教学方法，关注“审题”和“题后反思”环节，重视渗透方法教育和思维训练，着眼于三维目标的落实。在教学组织上要群言堂，忌一言堂和机械灌输。

需要特别指出的是，仅就习题教学而研究习题教学，其有效性仍是有限的。习题教学仅是物理教学，包括概念形成、规律建立、方法运用等在内的一部分。只有将习题教学与概念形成、规律建立、方法运用等融为一体，进而整体优化设计，才能实现物理教学的高效益。

《中学物理》2008 年第 8 期

浅谈物理教学中学生自学能力的培养

王建忠

培养学生的自主学习能力是物理教学的目标之一。自主学习能力的提高对学生的终身发展也是十分必要的。要培养学生的自主学习能力，首先要改进教学方法。课堂教学要留有“余地”，可有意留下一些问题，让学生带着问题去学习、去查资料、去讨论钻研、去上网查找。这样长期训练，能提高学生自主学习的能力。

激发学习兴趣是培养自主学习能力的关键。兴趣是一种求知的倾向性。要提高学生的自主学习能力，可以通过构建和谐师生关系，开展丰富多彩的课外活动，来激发学生的学习兴趣。学生有了自主学习的兴趣，还必须具备自主学习的方法，才能开启知识的大门。要寓学法指导于教学之中，应尽量避免单纯地、直露地向学生灌输某种学习方法。有效的能被学生接受的学法指导应在教学过程中进行，寓学法指导于教学之中。总结推广优秀学生的学习经验，这样既可以促进学生对自己的学习方法进行比较和总结，又可以促使学生之间相互学习，不断提升自主学习能力。

学生一旦成为独立学习的主人，会更加有效地遵循一定的规律来系统掌握所学知识和技能，更好地发展其智力和能力，使其终身受益。

《中学物理》2008 年第 8 期

精心设计提问和问题　创设生态化的问题情境

韩叙虹

高中物理生态化教学，要求从整体上协调、组织教学系统内外诸多要素，营造对学习者有意义的真实物理情境，组织有利于发展学习者主体性、独特性和社会性的多样化学习活动，将学习者的学习与个体发展置于开放性的与其他成员、物理环境和社会环境不断互动的系统之中。

传统的教学内容往往局限于学科知识，强调知识的严密逻辑性。生态化课堂教学过程中，教师选择教学内容要以“物理从生活中来，到生活中去”的课程理念为基本线索，选取源于生活的、学生必需的、感兴趣的以及有发展意义的物理内容，注意加强教学内容之间的联系，循序渐进地完成教学目标。教师要精心设计适当的问题，应将活生生的物理现象和物理过程，返璞归真地展现开来，让学生面对原汁原味的物理问题。此外，提问时间要得当，把握好时机，寻求学生思维的最佳突破口。在提出问题后，教师还应细心观察学生的反应，根据学生的反应及时修正和完善。

生态化教学要求把教学活动引向真实的人类活动、事件和现象，使学生和教师产生前所未有的体验，师生之间、学生之间因此便有了真正的对话和情感交流，每个人都可能建构和丰富自己独特的物理世界图景。

《中学物理》2008 年第 8 期

高三物理专题课创新教学初探

李行文

专题课就像一串珍珠，而每一章节的内容就像一颗颗不同大小不同颜色的珍珠。如何把专题课变成一条美丽的“项链”使学生收获多多，是我们每个教师所追求的目标。如果教师把穿“珍珠的线”给学生，让学生自己动手，可能所达到的效果远出乎我们的预料。作者在临近高考两个月的专题课教学中提供给学生这几条“线”：

第一是“看”，对学生来说明确高考考什么是关键，所以让学生阅读《考试说明》，明确各知识点的不同要求，在心里就会产生一条主线；第二是“理”，学生经过第一轮基本概念、基础知识的复习，在心里已有一定的知识积淀，让学生通过对习题分类的收集归纳，一方面掌握了各种习题的解决方法，另一方面也掌握了各知识点内在的联系；第三是“编”，编习题一方面培养学生建立物理模型的能力，另一方面，培养学生思维的严密性，在对习题的编写过程中，学生可以从错综复杂的联系与关系中认识事物的本质；第四是“改”，改学生自己的错题，改变习题的已知条件，改变教师的设问方式等等，通过改错，使学生发现自己所掌握知识点的“盲区”，摆脱由生活习惯中原有思维方式和平时解题所带来的思维定势，使思维具有拓展性。

正是给了学生这样的几条“线”，让学生在枯燥的学习中体会了乐趣，从而穿成了一条既有每个同学个人特色，又不失水准的美丽“项链”，使学生在高考中充满自信。

《中学物理》2008 年第 9 期

运用科学探究实验培养学生思维创新能力

殷汉卿

物理实验的功能和科学探究学习的特征决定了物理实验是实现科学探究的重要途径。运用科学探究实验来加强理论思维的渗透和教学，有利于学生深刻理解物理知识，训练科学思维能力，培养实验思想方法及科学探索创新能力。

以探究实验为载体的探究教学是以实验问题为中心，在教师的启发引导下，使学生运用已学过的知识和技能，以新知识的探索者和发现者的身份，通过小型实验或设计实验，去发现问题，探索问题和解决问题的一种教学方法。

探究教学常用模式如图所示：

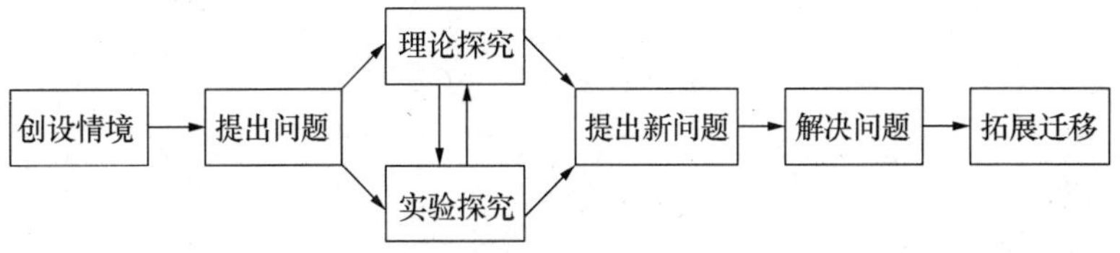

采用探究实验教学模式，不仅使学生思维能经常处于高度活化状态，而且培养了学生学习物理的持久兴趣和动机。更重要的是通过富有探索性的实验操作，促进学生自主地发现问题，如何设计实验，如何观察实验，如何用学过的知识来解决问题或发现新的规律等，培养了学生的科学方法和科学态度，提高了思维创新能力和实践能力。在进行以探究实验为载体的探究教学时应注意选择合适的探究课题，创设良好的探究情境，鼓励学生合作和思考，指导老师要及时给予指导，使探究不断深入，问题不断增加又逐渐被解决。

《中学物理》2008 年第 9 期

对学法指导教学的几点心得体会

崔改霞

在高中新课程全面推开和实施的过程中，如何有效地提高学生课堂学习的效率成为新课程的实施者必须面临的一个严峻挑战，解决这个问题的关键就是对学生进行科学的学法指导。然而同样是学法指导，不同的施教者常常会产生截然不同的教育教学效果，这里存在着一个学法指导是否科学的问题。

开展学法指导教学本身就是确认学生在教学过程中是认识和发展的主体，教师的作用只是为学生的认识和发展提供种种有利的条件和方法，并进行必要的指导、启发、督促、激励。教师一方面要向学生广泛介绍被动学习的危害和当代社会对人才的要求标准；另一方面要注意营造出浓厚的重视学法的教育氛围，促进学生的学法意识的觉醒。旧习惯的顽固性是巨大的，若不能有效地克服旧习惯，养成新习惯，新学法的学习常常就会走过场。因此要注意努力去赢得学生的真正信任，为学法指导教学打下良好的基础。要重视对学生的元认知能力的培养，并贯穿学法指导教学的始终。

最后，在学法指导教学中需要坚持几个原则：1. 模式化的原则；2. 可行性的原则；3. 合作交流的原则；4. 循序渐进的原则；5. 与时俱进的原则。

《中学物理》2008 年第 9 期

谈物理概念的教学

徐祥宝

物理概念是用来表征物质的属性和表述物质运动状态的，任何物理概念都是从物理现象、物理事实中抽象出来的。学生在物理学习上出现的问题大多来源于物理概念不清，因此，物理概念的教学显得极为重要，教师教好物理概念乃是学生学好物理的关键之一。从下面几个方面着手进行物理概念教学，可以收到事半功倍的效果。

第一，弄清物理概念的来龙去脉。明确为什么要引入这个概念，弄清这个概念是根据哪些物理现象引入的。第二，要明确概念的内涵，明确概念所反映的物理对象的本质属性和该事物区别于其他事物的本质特征。第三，要明确概念的外延，明确概念所反映的本质属性的对象包含有哪些。第四，讲清概念的性质。第五，了解相关概念之间的区别和联系。第六，运用联系与比较的观点形成概念体系。第七，引导学生结合社会、技术、生活实际，经常思考问题，不断由浅入深地运用概念去解释问题，进一步深入理解概念。

要教好一个物理概念，必须运用联系的观点，由概念的内涵和外延扩展到与本概念以外的不同概念的内在联系，才能使学生不断加深认识和全面透彻地理解概念。

《中学物理》2008 年第 9 期

新课标下的高中物理习题教学探索与思考

顾庆裕

高中物理习题教学是物理教学的主要组成部分，是高中物理实施新课程标准的一个重要研究课题。作者结合自己的教学实践，对高中物理习题教学进行了一些探索思考。

首先，习题教学研究，首当其冲是要有好的习题，要有能承载符合新课程标准教学理念和教育教学功能的习题。这样的习题来源有两个：一是来自教材和新出版教学参考资料；二是物理教师在教学实践中，结合自己的教学经验，“因生制宜”地去探究并编制一些符合新课程“知识与技能”“过程与方法”“情感、态度与价值观”三维教学目标的新型习题。

其次，要用好新教材中的例题和习题，改进传统的例题教学模式。作者在教学实践中，探究了“出题—读题—试解—讨论—归纳”的试验模式，倡导学生思考、探究、讨论、感悟和总结，倡导学生进行研究性学习。

再次，高中物理教学要由以题海战术训练的“熟练型”转向倡导学生自主学习的“感悟型”。让学生在做习题时感悟编者的设计目的，感悟习题的物理思想，感悟自己的学习收获。

对于现行高中物理习题中，数量上占绝对优势的选择题，我们要合理发挥其在教学中的作用使其在高中物理新课程标准的实施中发挥积极作用。

高中物理习题教学的问题，必将引起越来越多的人的思考和研究。愿有更多的符合新课程标准的物理新型习题，有更新的物理习题教学理念，使高中物理习题教学为高中物理新课程标准的高质量实施发挥应有的作用。

《中学物理》2008 年第 10 期

谈物理探究式教学的基本方法

朱选云

我国新一轮课程改革，不仅将科学探究作为一种学习方式，而且把探究式学习放在突出地位。作者在新课程的教学中，对物理探究式教学的基本方法做了一些探索：按师生所起的作用不同，将其分为引导探究与自主探究；按学生的思维方式的不同，将其分为归纳探究与演绎探究。

所谓引导探究是指学生所进行的各种探究活动是在教师提供大量的指导和帮助下完成的。所谓自主探究是指学生开展探究学习时，很少得到教师的指导和帮助，而是自己独立完成探究活动。归纳是从个别事实中概括出一般原理的一种思维方法或推理形式。顾名思义，归纳探究是从个别或某类事例出发，经过探索得出一般结论的探究方法。而演绎则是指从一般到个别的思维方法或推理形式。所谓演绎探究是指教师给出一般概念或原理后，由学生自己经过探索得出个别结论的探究方法。

探究式学习，把探究与发现看做是学生学习知识的主要方法。如何将学生科学探究能力的培养与科学知识的学习有机地融合起来，应是新课程教学所要解决的问题。在目前的课程改革中，我们要敢于打破陈规，勇于探索，积极实践。正如艾伦柯林斯说：这是一种费时的教学，但如果我们的目标是培养学生能创造性地解决问题和发现问题，那么这是我们所拥有的唯一方法。

《中学物理》2008 年第 10 期

让学生参与物理知识的发生及应用过程

韩彦军

长期以来，我们太急于看到知识传授的结果，太讲究“效率”了。一些教师用“高效益”的方式将实验的结果得出的规律告诉学生，然后把大量的时间用于反复通过习题训练理解掌握规律，但这样做恰恰是本末倒置的。应该让学生知道物理知识的发生过程，选择对于学科来说具有核心和基础地位的概念和规律性知识，让学生参与重演物理知识的发生过程，也就是要应用探究学习方法。

第一，让学生体验物理概念的形成过程。让学生体会物理概念的建立过程也就体会到物理知识体系建立的重要环节，对于他们学好物理有很大帮助。

第二，让学生探寻物理规律的发现过程，使之认识到“规律本天成”但并不是“妙手偶得之”，物理规律也是要经历否定之否定的过程。例如，牛顿发现万有引力定律。

第三，让学生参与物理实验的设计过程。传统的实验教学中学生处于被动地位，缺乏对实验的热情和探究的欲望。应该要让学生独立自主的思考，让学生人人有自己的猜想、观点、看法，并努力形成各自的实验设计。

第四，要让学生亲历物理问题的解决过程。学生亲历了物理规律对实际问题的解决过程，也就经历了一次理论联系实际的过程。使学生在探索中学习，探索中领悟，探索中进步。

《中学物理》2008 年第 10 期

物理教学中“提出问题”能力的培养

李尊田

李政道教授说过：“学问，就是学习问问题。”国家新制定的《物理课程标准》把“学会提出问题”作为一个教学目标。因此，在使用新教材的教学中必须注重培养学生提出问题的能力。在物理教学中，发展学生“提出问题能力”有五个阶段。在独立自主阶段中教师要精心营造一个宽松、和谐、民主、愉快、合作的教学氛围，让学生对于听讲或自学中不懂的问题，不会做的习题，敢于向教师和同学提问，而不是听之任之，或一抄了之。简单模仿阶段中教师要引导学生初步学会按教师的提问方法、思路提出问题。

学生在学会简单模仿的基础上，开始有意识地思考问题，试图提出一些有新意的问题，进而进入到初步学会思考阶段。在这一阶段里学生提出的问题有一定的成熟感，而不是一般的某个具体的题目了。再经过深入钻研阶段最终到达创新猜测阶段。这个阶段学生提出的问题往往能抓住问题的本质属性，具有揭示规律、猜测、发现之特征。能达到这一阶段的学生通常也就具备了一定的创造性思维，即创新思维。

要培养学生提出问题的能力，教师应当激发学生提出问题的欲望，引导学生对物理教材、物理公式、解题方法、物理实验以及现实生活中的问题进行提问。教师要创造机会让学生提出问题，鼓励学生勇于提出问题，对敢于向教师提问的学生给予表扬与鼓励。这样能极大地调动学生“提出问题”的热情，同时也可打破“提出问题”的神秘感。

《中学物理》2008 年第 11 期

基于统觉理论的抽象概念激趣

易忠兵

统觉过程是指学生在原有经验基础上形成新观念的过程。在物理教学中，由于许多物理现象、概念不直观，又不好直接演示，此时可以利用统觉理论选择生活中已有观念和经验，激发学习兴趣，通过注意、期待、探求、行动等过程构建抽象的物理概念并加以应用。如磁感应强度定义式为 $B=F/IL$，教者可以从生活经验中手的指纹出发：将指纹能反映一个人的特征与 B 反映磁场特征联合对照。再如：将检验电荷的概念与体温计进行对照，检验电荷是用来检验电场的，电场的强弱是电场本身决定的与检验电荷的电量无关，正如人的体温与温度计无关一样。还可用“霞光万丈”来描述正点电荷的电场线，“万箭穿心”来形容负点电荷的电场线。在热学物理中，可以通过比较三句话中“热”的不同含义来区别温度、热量和比热的概念。对于热量和内能，可以用雨水和河水进行类比：水滴在下落过程中称为雨，落到河里后，就不能称之为雨了。对于光电效应中单个光子能量小于逸出功时不发生光电效应这一现象，可以借喻进行激趣：一座山很高，一只小鸟飞不过去，一群同样的小鸟仍然飞不过去。还有在学习明线光谱和吸收光谱时，可以用“男同学”“女同学”“座位安排”来进行类比。在讲原子物理的能级、基态、激发态时，可以类比用竹梯到地窖中取红薯：原子中的电子好像是地窖里的红薯，要想把它取上来，要克服外力给它做功，因此它的能量为负值，假设地窖里立一竹梯，每一阶梯对应一定位置，相当于一个能级。

教师在课堂中应多运用这些基于统觉理论的概念激趣，这样既能激发学生的兴趣，又利于将概念固化运用。

《中学物理》2008 年第 11 期

利用原始物理问题培养学生的创造性思维能力

薄惠萍

原始物理问题，是指自然界及社会生活、生产中客观存在且未被加工的物理问题。原始物理问题教学呈现给学生的是真实、鲜活的物理现象，有利于激发学生的创造欲望，培养学生的创新能力。

首先，抽象思维是创造性思维的重要组成部分。中学生的思维方式正处于由形象思维向抽象思维发展的阶段，抽象思维能力水平不高，有待于进一步培养。在物理教学中，引入原始物理问题有助于学生建立物理模型，提高抽象思维能力。其次，原始物理问题的界定是含糊的，即题目中涉及的物理量及数据是模糊的、条件是模糊的，其解答没有固定的思维方式，这有利于培养学生的模糊思维能力。我们可以把原始物理问题引入物理教学中，以弥补物理习题教学存在的不足。再则，原始物理问题具有开放性，这类问题的解答没有固定的思维模式。不同的学生可能会从不同的角度去思考和解决同一个原始问题，这对于培养学生的发散思维能力，摆脱思维定势具有重要作用。

学生解答原始问题没有可以直接拿来效仿的原型，也没有既成的经验可以作为指导，只能通过独立思考，不断尝试，对问题进行探索。正是在自主探索过程中，学生的创造性思维能力得以发展。在物理教学中融入对原始物理问题的思考，是培养学生的创造性思维能力的一条有效途径。

《中学物理》2008 年第 11 期

提高物理课堂教学有效性的几点思考

王学文　唐顺海　陶连凤

物理学作为一门必修的基础课，在全面提高基础教育质量工作中起着举足轻重的作用。如何提高物理课堂教学的有效性是每一位物理教师及物理教育研究工作者务必认真思考的问题。

第一，要从应试教育转向素质教育，培养学生的创新思维能力。教师要转变教育观念，提倡素质教育，淡化形式，以介绍物理学思想为主，强调物理知识、思想方法的形成过程，让学生不仅仅是学物理，更要学会用物理。第二，要优化教学过程，做到教师主导性和学生主体性的统一。教学目的要明确，教学内容要正确，保证教学内容的科学性和思想性，并使用恰当的教学方法，使课堂结构紧凑，安排恰当，做到语言清晰，板书规范。教师还要注意形象美，以高雅的气质影响人。第三，要以宏观教学指导微观教学。中学物理内容繁多，必须将宏观教学贯穿教学过程的始终，以宏观教学指导微观教学，整个教学过程才会条理清晰，重点突出，详略得当。教师要提高自身的物理学修养，以提高自己的宏观教学能力。第四，要突出重点，抓住难点，组织好教材内容。教师要针对学生的具体情况，对教材内容重新进行提炼、组织、处理，使学生容易接受，乐于接受。第五，实施以创新精神和实践能力为培养重点的课堂形态。顾泠沅先生指出，当今常见的是两种教学形态：一种是接受形态，另一种是参与形态。从课堂形态和氛围来说，我们希望六种期望状态的出现：①激发态，②自主态，③活动态，④交互态，⑤求异态，⑥延展态。如果我们的课堂教学能在现有的基础上达到上述六种状态，则我们已经向培养创新精神和实践能力的目标迈进一大步了，物理课堂教学的有效性才会有实质性的提高。

《中学物理》2008 年第 12 期

高中物理教学如何消除学生的心理障碍

钱德来

高中生物理学习中的心理障碍问题，是当前高中物理教学中遇到的一个难题。目前物理教学的现状，对消除学生心理问题没有引起足够的重视，教师要利用现代的教育教学理论及认知心理学理论作为指导，探索解决学生在物理学习过程中存在的心理障碍的方法，以提高物理教学的课堂效益。

物理学习中常见心理障碍主要有思维障碍、注意力障碍、焦虑心理、依赖心理、意志障碍几种。

为了消除心理障碍，更好促进学生学习，在课堂教学中对一堂课不仅从教学角度进行分析，还要从心理角度看是否科学。要注意提高学生学习的物理兴趣，注意培养学生坚强的意志力。坚持对学生进行目的性教育，创设疑难情境，磨炼意志，组织物理实践活动，使学生得到直接的意志锻炼。

教师要帮助学生消除因物理学习而带来的过度焦虑，帮助学生正确地认识自我，进行心理分析，有效地消除学生在物理学习中产生的过度焦虑。另外还要加强学生注意力的培养，优化课堂教学结构，把握学生的注意力。

作为教师，应发挥教学经验和智慧，扭转事态的发展，控制学生的注意力，使之走上正常轨道。

《中学物理》2008 年第 12 期

怎样培养学生物理阅读能力

孙朝平

在当前的物理教学中，许多师生在习题上投入了过多精力和时间，对物理阅读重视不够，忽视了对物理教材的阅读和钻研，文章就怎样培养学生物理阅读能力做一些探讨。

首先，要激发学生的阅读兴趣。“知之者不如好之者，好之者不如乐之者”，激发学生兴趣是提高物理阅读能力的关键。要让学生充分了解物理阅读的作用和益处，在阅读中和习题教学中激发学生的阅读兴趣。开展阅读竞赛也是激发学生物理阅读兴趣的有效方法之一。竞赛可以利用学生的竞争心理，调动学习积极性，激发物理阅读兴趣。

其次，培养学生的物理阅读能力，应该重视掌握阅读技巧。让学生了解与掌握一般的阅读技巧，重视物理学科阅读特点的领会，通过教师示范、学生反复训练的方法掌握物理阅读的技巧。

再次，要让学生养成物理阅读的习惯。俗话说“习惯成自然”，养成良好的习惯是培养学生物理阅读能力的必由之路，养成了良好的习惯，也就具备了自学能力。应将阅读教学作为课堂教学重要方式，在预习与复习，以及习题教学中培养学生的阅读习惯。对于没有阅读习惯的学生，在调动积极性的同时辅以具体的压力，使学生认真地阅读教材和相关读物，在“任务驱动”中养成阅读习惯。

《中学物理》2008 年第 12 期

谈新课程背景下高中物理学习中预习的利与弊

明道福

新课程改革以培养学生科学素养为宗旨，积极倡导让学生亲身经历以探究为主的学习活动，而探究教学的一个重要环节就是开展课前预习。做好课前预习对高中物理学习有很多好处：能够调动学生学习的主动性；能够培养学生提出和分析问题的好习惯；能够帮助学生拓宽知识面；能够培养学生的自学能力；能够提高学生课堂笔记的能力。然而，预习在高中物理学习中也有弊端：实施课前预习，不利于学生的发现式学习；影响学生的大胆猜想；不便于小组合作学习，有时候会导致知识的负迁移。在新课程背景下，面对预习带来的利与弊，教师应该首先明确什么样的教学内容需要预习；其次要明白怎样的预习才是有效的：预习的设计要考虑不同年龄段学生的心理特点；要为学生提供预习提纲，以增强预习的效果；要加强预习方法的指导，另外要知道预习后如何演绎、展开课堂教学：学生“看得懂”，教师就“倾听”；学生“道不明”，教师就“点拨”；课本上“看不到”的，教师就“补充”。

“预习”是探究教学中的一种重要手段，但在教学过程中需慎用，同时还应教育学生树立不唯上、不唯书、不唯师的预习态度。总之，在平时的物理教学中应该用好“预习”这个有力的手段，发挥其最大的教学效益。

《物理教师》2008 年第 1 期

关于自主学习方式的案例与思考

王超良

目前，许多教师对自主学习的理解有偏差，认为自主学习，就是大胆地放手让学生进行自学。如此理解自主学习显然是不对的。自主学习是指由个体自觉地确定学习目标、制订学习计划、选择学习方法、监控学习过程和评价学习结果的过程或能力。

对此，以人教版新课标物理 3－1 教材中的实验“测定电池的电动势和内阻”为例，首先对此案例进行了分析，包括教材的分析，教学的建议以及教学的设计，并根据教学实践，构建了一个在课堂中开展自主学习的教学模式。在这个模式中，学生学习目标的制定是不可缺少的环节，教师的启发诱导作用是贯穿始终的，没有教师穿针引线的工作，在课堂上要开展自主学习是不可想象的。

自主、合作和探究学习是新课程所倡导的几种学习方式。学习方式不仅指具体的学习策略和方法，还指学习在自主性、探究性和合作性方面的基本特征。所以，一堂课或一个教学片段，到底属于什么性质的学习方式，应该看它到底具有哪些特征。当然，各种学习方式间也并非是各自独立、互不相容的，而是一种相互补充，彼此促进的关系。但是，如果教师真正去注意相关学习方式的特征，努力去把握和运用这些特征去进行教学设计，就会使课堂教学的科技含量更高，使教学原则体现得更好，就会使反映教材内容的“知识序”、反映教学要求的“教学序”和反映学生思维特点的“认知序”更好地和谐起来，从而进一步从知识和技能、过程与方法、情感态度与价值观三个维度上去促进学生个体全方位的发展。

《物理教师》2008 年第 2 期

新课程下物理习题教学要素分析

邢云开

习题教学是物理教学的重要组成部分。习题教学的作用有：一是巩固概念、规律，反馈信息，了解教学效果；二是深化、活化知识，培养思维品质，提高应用能力；三是训练科学表达能力和严谨的逻辑思维能力。如何在习题教学中体现新课程提出的“知识与技能”“过程与方法”和“情感、态度与价值观”的三维目标，是摆在广大物理教师面前的一个极具现实意义和理论价值的课题。本文对新课程下物理习题教学中存在的要素进行了研究，得出了“表达”“体验”“探究”和“评价”等要素。具体来说，在物理习题教学中，一是让学生表达，能为发展学生的表达能力创造条件，并能体现学生的主体作用；二是让学生体验，能让学生感到物理就在身边，不仅能增强学以致用的意识，还可以激发学生的学习热情，发展学生的好奇心；三是让学生探究，能够培养学生的钻研精神；四是要让师生评价，通过适度、中肯和及时的评价，能够发现学生身上的“闪光点”，营造和谐互助的学习氛围。

在一堂习题课中，可能无法同时体现这四个要素，但只要教师突出了其中的一个要素，也能够体现新课程的教学理念。当然新课程习题教学中的要素肯定还不止这四个，还需进一步的探索与研究。

《物理教师》2008 年第 2 期

物理教学中应强化学生的问题意识

施国芳

《普通高中物理课程标准（实验）》在科学探究的具体内容标准中把提出问题作为一个重要内容，问题意识在物理教学中已经越来越被重视。但是传统的物理教学还存在着很多弊端，要真正实现在物理课堂教学中培养创新精神和实践能力的目标，就必须改变传统的物理教学方法。具体落实方法可以分为 3 个转变。第一要把教师发现问题、提出问题转变为学生发现问题、提出问题。创设问题情境，鼓励学生自己提出问题，自己发现问题，才能引导学生积极地探索和解决物理问题。为使学生能提出问题，教师在教学中应努力让学生敢于提问，善于发现学生基于问题的认知矛盾。第二要把教师评价问题、选择问题转变为学生独立评价问题、选择问题。在鼓励学生提问的过程中，有时学生会提出很多问题，但是哪些是要研究的重点问题，教师不要马上简单地加以肯定或否定。应把选择和评价问题的主动权交给学生，让他们选出自己最想研究的与本节课教学目标最密切的问题。第三要把教师解决学生问题作为课堂教学的终极目标转变为让学生产生并解决新疑惑作为课堂教学的终极目标。这样可以让学生带着问题走进课堂，通过新知识的学习，带着更多的问题走出课堂，再在课外学习研究。这是素质教育的今天课堂教学改革应该努力追求的。

《物理教师》2008 年第 2 期

让问题充满课堂——课堂教学中学生主体性作用的发挥

李秉宽　黄艳娜　潘依波

传统的课堂教学较多地强调教师传授知识，强调学生间接经验的获得，是教师“要我学”，而不是学生“我要学”，这样的课堂缺少学生的主动参与，显得呆板。如何使课堂“活”起来，是目前教学改革的一个重大课题。本文从“让问题充满课堂”这一角度来论述如何解决这一问题。提出要“让问题充满课堂”的原因有两点：一是传统的教学方式不利于学生创造性思维能力的培养；二是让问题充满课堂具有促进学生主体性发展、提高课堂教学效率、提升教师的教学水平的意义。要让问题充满课堂，教师应做课堂智慧的创造者，首先，要营造宽松和谐的课堂氛围，创设良好的提问气氛；其次，教给学生提出问题的方法，使学生有问题可问并鼓励学生质疑，激励探索精神；再次，进行问题设计时，应创设问题情境，为学生提供想象的空间，搭建创新的平台；还要把握提问的艺术。另外，“让问题充满课堂”要注意克服“满堂问”，克服惧怕被学生“问住”的心理，克服草率的教学评价这几个问题。总之，教师要善于启发学生思维，教给学生各种寻找问题的方法，让学生逐渐学会用疑问的眼光来观察身边的生活，用“问题意识”的头脑去思考和分析周围的一切。这样，学生科学学习的能力自然会逐渐地提高，他们也不再感到学习是很困难的了。只要学生学习的积极性高了，有了学生主动参与的课堂便是我们刻意追求的活跃、生动的课堂。

《物理教师》2008 年第 3 期

高三物理复习课中互动式学习的探究——把讲台让给学生

沈兴云

不少学校的高三物理复习课成了机械化的习题训练，学生做、教师讲，日复一日的“烫剩饭”“题海战”。基于此，我们可以在互动式学习中改变这一教学现状，以激活高三学生的求知欲，让高三的物理课堂教学中也有动与静、教与学的和谐。具体做法如下：小专题课的知识归纳、整合，让学生上讲台“讲”；典型例题的解析、拓展，让学生上讲台“写”；复习中的实验改进、探究，让学生上讲台“做”；学教反思——试卷讲评及纠错，让学生上讲台“评”。

总之，无论是“对话”，还是互动，既要尊重学生的独特体验，又要注意引导。建构富有生命活力的物理课堂，需要师生的双向带动和共同创设，其中，决定因素在教师，教师要创设机会，搭建舞台，让学生多活动、多体验、多表现，让学生真正成为课堂的主人；教师要用新的教法带动学生学法的改变，从而使高三物理课堂走出沉闷的局面，真正生成师生、生生互动的学与教的方式，让高三的莘莘学子也感受到物理复习课的乐趣，缓冲高三阶段紧张的学习气氛，以轻松的姿态面对高考。

《物理教师》2008 年第 3 期

问题的表征与解决过程对物理教学的启示

陈发军

根据不同的标准，问题可划分为不同的类型。文章介绍了两种与物理问题相关的分类：明确限定问题和非明确限定问题，知识丰富型问题和知识贫乏型问题。

问题表征是人们在解决问题时所使用的一种认知结构；是通过一系列算子，对信息进行记录、储存和描述以至改进信息的结构方式。问题的表征是问题解决的关键环节，可分为内部表征和外部表征。问题的解决过程实际上是学生自我监控的过程，即“确定解决问题目标或子目标，决定要解决问题的性质，选择信息的表征方式，决定问题解决过程中时间的分配，选择解题策略，监察解题过程，产生反馈并对解题过程作出调节、控制、修正的过程”。

在问题解决过程中，外部表征可以激活长时记忆中的图式或样例，完成科学理论表征，同时在元认知的监控下，最终完成问题之解决。问题的表征与解决过程给物理教学的几点启示是：让学生形成高度概括的图式和样例；注重学生元认知监控的培养；教会学生如何对问题进行表征；鼓励学生进行反思和评价。

掌握问题解决的教学是一项长期培养的过程，因为它属于复杂的程序性知识，也属于“弱方法”，只有通过不断的练习，并对自身认知过程进行深入的反省，才会收到良好的教学效果。

《物理教师》2008 年第 4 期

论中学物理有效学习模式的构建

寿千里

若要提高教学的效率，教师应该帮助学生构建一种有效的学习模式。物理的有效教学模式由三个要素构成：良好的认知水平、成熟的学习经验、学习动机。三者与有效学习之间的关系如下图所示：

学生对符号性表征系统的理解能力，很大程度地决定了他的认知水平，教师可以通过符号性表征的还原、正反例策略、提问策略、迁移策略这几种方法来强化学生的这种能力。学习经验包括对信息的处理、解题方法、思维方式等，综合起来指运用学过的知识来解决具体问题的能力。知识的学习是以解决问题为最终目标的，进行练习，是一种用来获得经验的常用方法，在练习中教师要注意精选练习题，解决物理问题时要利用正迁移，避免负迁移，另外要提倡学生做一本错题集，引导学生进行一种有效的练习。要达到有效学习，进行长期的有意义的学习，学习动机是一种支配因素。教师要树立学生正确的知识价值观、培养学生的学习兴趣，重视学生的学习能力感及成就归因，使学生具有较强的学习动机。

《物理教师》2008 年第 4 期

从大学物理教学凸显中学物理概念教学的重要性

陆金男

物理教学的模式是梯度式进行的，初中一轮循环，是现象的初步解释和一些简单应用。高中物理在初中物理的基础上再进行一轮循环，从定性研究为主转为以定量研究为主，从古典物理和一些生活常识转为近代物理和工程技术必备的基本知识。大学物理是在高中物理的基础上的又一轮循环，主要研究变量物理和近代物理以及当代新技术。应该说三个循环一环扣一环，一环比一环深，螺旋式阶梯形上升，缺了任一循环都不能很好理解整个物理世界，并且后一轮循环都比前一轮循环有更多新内容，如果缺少前一轮循环中某一内容，势必会影响后一轮循环的学习。在从事大学普通物理教学中，发现总有许多应该是中学阶段掌握的内容在大学物理学习时总时不时地出现这样或那样的错误。具体表现在以下几个方面：有效数字的表示搞不清、矢量概念搞不清、不习惯用大学物理中的旋转矢量法来方便正确的求解机械波的问题而用复杂的代数方程求解以至于错解、不能正确地理解电场和电势的概念、电场线不会画等。

因而中学物理教师在教学中强调做题训练的同时也要注重要求学生对物理基本概念的理解，即对基本概念的内涵和外延有一定程度的拓宽，这样对大学物理教学无疑是极为有利的帮助。

《物理教师》2008 年第 4 期

探究教学设计的模式应用与思路构建

申 洁

探究教学的目的是引导学生经历和体验有关科学探究的过程，领悟科学的思想观念和科学家研究自然所用的方法，因此教学活动中的探究并不是简单的科学活动过程模仿。有效的探究教学离不开有意义的设计，探究教学模式的设计应用及设计思路的构建是探究教学顺利进行的重要组成部分。

科学探究的模式不是单一的，其科学理论的解释可以是多元的，实践过程中对各种理论的解读尤为重要，这些探究模式理论及其研究方法的运用在教学过程设计时需要借鉴，更需要教师在学习的同时进行分析、研究、比较，领会其理论、思想对教学设计的启示。文章举例说明了对萨其曼探究教学模式以及有结构的探究教学模式的应用。

探究设计就是运用科学理论和相关的探究模式做出较为合理的探究情境设计，这种情境设计并没有现成和固定的模式，设计者应根据教学目标、教学内容、学生的认知规律及实际情况灵活变通。探究教学设计思路的构建体现在以下几方面：注重探究活动体验、体现探究自主性、凸显问题解决。

探究教学设计具有课堂生成性的特点，要求我们以开放的心态接受教学设计中出现的问题，正视理论与实践之间存在的具体差距，借助理论的正确运用改变不合理的实践尝试，才能取得探究教学设计的理想效果。

《物理教师》2008 年第 4 期

教学设计中应把握的两种结构

朱建廉

通常意义上的教学设计，既可以是针对某一门学科教学的整体把握，又可以是针对某一学科的某一章节或某一单元的教学处理，但更多的则是针对以“课时”为单位的相对完整、独立的教学活动单元。教学设计中应该把握住的两种结构通常是指“知识结构”和“逻辑结构”。第一把握知识结构，明确“教什么”。对于以课时为单位的一个教学活动的单元来说，在相应的教学设计中首先应该把握住的是知识结构。把握住知识结构也就从知识传承的目标上解决了“教什么”的基本问题。第二把握逻辑结构，明确“怎么教”。把握住逻辑结构，实际上也就从多维教学目标体系上体现除了知识传承外的其他目标，进而解决了“怎么教”的问题。为把握住两种结构，以人教版新课标教材《物理·选修3-2》中“法拉第电磁感应定律”一节内容的第一课时作为教学设计案例，分析了教材呈现和教学设计中的结构特征，以及逻辑线索。其中逻辑线索分为针对“感应条件”的表述研究，针对“类比方法”的本质探索，针对“动生感应”的定量探究和针对“感生感应”的定量探究四部分依次展开。而针对“感生感应”的定量探究是难点，对应的教学设计将其分散在合理猜想体系的提出、针对猜想体系的筛选、构建证明猜想的思路和完成定量规律的探究四个阶段。

《物理教师》2008 年第 4 期

重视探究三维物理问题　培养学生空间想象能力

孙其成

空间想象能力是对空间形式的观察、分析、抽象的能力，主要表现为识图、画图和对图形的想象。在中学物理教学和对学生的训练中，研究的物理问题往往局限在一条直线上或某个平面内，而实际的物理问题常需要分析某个立体空间。研究三维空间的物理问题能有效地培养学生的想象能力，在物理教学中必须重视训练学生的立体思维，使他们认识探究三维物理问题的一般方法。文章从力学、电学、光学三个方面，分析空间物理问题出现的原因，并通过实例分析，探究解决问题的基本思路和方法。除这三个方面的问题外，在热学、原子物理等部分也都常涉及三维空间问题。为了促进学生构建正确的空间图景，教学中可采用如下方法：（1）充分利用教具（教学挂图、立体示意图、模型、模具等）的直观性，以便形成表象；（2）采用边讨论、边画图的方法，把三维物理问题与虚拟的空间结合起来，这样不易受其他因素干扰；（3）注意利用形象生动的描述、比喻和讲解，配合前面两种方法，把某些难以捉摸的三维物理现象直观化；（4）实地观察三维问题的现场，“化抽象为直观”；（5）利用现代化的教学手段“化大为小”“化小为大”“化抽象为形象”。应设法将空间问题向平面或一维问题转化，注意采用分解的方法分析三维物理问题。

《物理教师》2008 年第 4 期

学科相融文理相长——谈高中物理教学过程中语文与物理的“合作教学”

胡君芬

“合作教学”是指教师有目的地结合各学科教学的特征，将各学科相互贯通相互糅合后按照一定方式进行、呈现的一种教学手段。物理与语文有着相通之处，如果能将两者巧妙结合，重新设置课堂情境，可使物理课堂也充满文学色彩，在学习物理知识的同时，提高语文素养，使两者相得益彰。

作者在开展物理与语文的“合作教学”中有以下几点体会：一是物理教学要注重字词理解，这对物理概念的理解和物理现象的表述是至关重要的。二是物理教学要重视语法的结构，运用基本的语文知识，分析句子的语法结构，字斟句酌，是正确的分析解决问题的第一关。三是物理教学可应用修辞手法，这不仅需要敏锐的洞察力，还需要人文素养和物理素养的完美结合。四是物理教学还可以诗词歌赋，把物理融化在文学美景里，能拓展学生想象的空间和激发他们的形象思维，实现文学与科学素养的双丰收。另外，物理教学也不乏雅致文章，在物理课堂上有必要引导学生进行深入阅读和分析，体会其描述和表达的精彩之处。不但能使学生消化物理知识，还能使学生基本具备对科普说明文的内容结构及语言等方面的分析能力。

教学中如果能将不同学科有机渗透，文文相似理理相通，文理相联文理相长，可以最大限度地调度现有的教学资源，使教学效果最优化，让教学更符合学生终身发展的需求。

《物理教师》2008 年第 5 期

高中文科物理教学中的因“材”施教

何乐晓

在大班教学的背景下，细化到学生个人的因材施教确实难度很大，但可以从文科学生群体的差异出发，进行有针对性的教学，因“材”施教，即根据文科学生群体性的知识特点和心理倾向进行教学，投其所好、所长，补其所短。

作者执教文科班，根据实践经验，分析了教学过程中的因“材”施教，主要表现在以下几个方面：首先，与语文相通的物理，几乎所有的物理概念都可以“顾名思义”，物理教学完全可以发挥文科生的语文阅读之长，甚至语文与物理也可以相互解读；其次，与英语相关性正在不断加强的物理，学生可以通过物理概念的英文名称，以他自己的方式理解概念，同时也提供了诠释物理概念的途径；再次，与学生未来相关的物理，教学中可以通过适当的途径让学生意识到，学好物理对他们的未来是很有用的；另外要高度关注文科学生的物理情感，作者从纯情感的角度——物理的情感、教师执教的情感两方面进行了阐述。

物理对每个人都很重要。即使从更低的层面上，至少可以期望文科生愿意跟物理打交道，希望他们在接触物理时能以些微的亲近感替代恐惧或抵触，要达成这个目标并不容易，这需要教师有开阔的视野，人文的情怀，要勤奋，不能过于功利，应付了事。

《物理教师》2008 年第 5 期

关于“时间和空间的相对性”的教学建议

周栋梁

对于“时间和空间的相对性”，因牛顿的绝对时空观在人们头脑中已经根深蒂固，因而学生极易陷入认识上的误区，具体表现为：“在相对论中，一切都是相对的。”为消除这一错误认识，作者建议从以下 3 个方面进行。

一是要从总体上把握狭义相对论的本质。相对论，就是强调物体间运动的一种相对关系。对于狭义相对论本质的认识，不能仅仅局限在对空间、时间等具有相对性的认识上，更要清楚它在揭示空间、时间等具有相对性的同时，揭示了更多、更新的绝对性。在教学中，教师应该适当地向学生灌输相对与绝对的唯物辩证法思想，使得学习过程有的放矢，不被相对论中的“相对”所迷惑，这是消除这种错误认识的重要环节之一。二是要具体揭示狭义相对论中蕴涵的辩证关系，这包括四方面的内容：“狭义相对性原理”中的相对与绝对关系，包含两个绝对性因素：所有惯性参考系绝对平权，没有哪一个惯性参考系更特殊、更优越，也不存在绝对惯性系以及物理规律的绝对性；速度的相对性与光速的绝对性；测量量的相对性与其本征量的绝对性；同时的相对性与因果关系的绝对性。三是要注重科学思维方法的渗透。在高中阶段，着重定性阐述有关相对论的现象，其方法是运用光速不变原理对一些理想实验进行定性分析，这样能让学生从过程与方法上体会到理想实验这一科学思维方法的重要性，有利于进一步突出两个基本假设的核心地位，尤其是光速不变原理的核心地位。

《物理教师》2008 年第 5 期

从生态学视角看高中物理课堂教学

韩叙虹

当前，中学物理教学存在严重的“失衡”问题，学生在学校教育中所获得的物理学业智能与现实生活、社会所需要的实践智能并不一致。因此，以生态学的眼光、态度、基本原理和方法为指导，选取对课堂教学有用的生态学原理和定律来分析、研究、探求能够发挥最佳功能的课堂合理结构及其最优化课堂教学生态结构和功能规律，是颇有现实意义的。

作者从生态学的视角分析了物理课堂教学过程，对教学过程中出现的现象做出了新的诠释，详细阐述了生态化教学一是要遵循共生平衡的原理、耐度定律和最适度原则；二是进行物理教学设计时必须找出限制因子，并寻求合理的方法将其转换成非限制因子；另外，要注重改善物理课堂教学中的“花盆效应”现象以促使学生与生活、社会之间的有效沟通。

生态学的原理、思想方法使得原本司空见惯、熟视无睹的课堂教学活动重新变得鲜活、生动而有趣。从课堂生态系统的视角出发，物理课堂教学活动不再是单调的“教-学”关系，而是包含了各类个体、群体与多维生态因子的动态组合和互动，包含了各类生态群体与生态因子的力量波动、消长与平衡，能量的传递和循环等。合理处理物理课堂教学中各个因子之间的关系，关照学生的个性多样性，关注教师和学生的生活世界，通过师生间、生生间彼此交互、对话、沟通的作用，能够建构相互适应的真正民主、和谐、发展的物理课堂教学。

《物理教师》2008 年第 6 期

物理缄默知识显性化的教学策略探讨

潘岳松　郭怀中

缄默知识是一种以经验、策略、习惯等方式存在，难以通过逻辑、文字语言或图形图像等形式清楚表达，难以与他人沟通、分享的高度个体化的知识。其在物理中的具体体现，如对物理概念、规律、实验、方法等的个性化的内隐认知即为物理缄默知识。

波兰尼将缄默知识划分成三元结构，即由认知者、认识者的焦点意识和辅助意识三元构成。缄默知识具体展开于从（from）辅助意识转向（to）焦点意识的动态过程之中，是一种从 from - to 的认识。

物理缄默知识显性化机制包括三方面：学生自身物理缄默知识的挖掘、激发和拓展是其显性化的认知基础；师生、生生间物理缄默知识的流动、转移和分享是显性化的重要条件；隐喻、反思、交流等手段是学生物理缄默知识得以显性化的决定因素。

作者在对物理缄默知识显性化机制进行探讨的基础上，提出关于选择教学策略的几条建议：其一，创设有利于知识条件化的问题情境；其二，注重物理知识学习的建构过程；其三，改进教学方式，如运用学徒制或展开合作学习，以促进缄默知识的流动和转移；第四，改进教学方式，比如可以采用“隐喻-类比-模型”认知模式、重视学生的“最近发展区”、运用反思教学或修正缄默知识的错误成分，并使之符号化、确定化，以促成物理缄默知识的显性化。

《物理教师》2008 年第 6 期

例谈物理习题教学中创造性思维能力的培养

裴小红

作者根据自己的物理教学实践，举例说明了在习题教学中培养学生独创性思维能力的几种途径如下。

其一，创造性思维的独创性是指有个性的特点，自觉而独立地运用已有条件，分析各种条件之间的相互关系、层次，从而得出结论，找出解决问题的方法。在教学中，教师要引导学生敢于打破常规的解题思路，探索出别具一格的简洁明快的解题方法，培养学生创造性思维的独创性。其二，创造性思维的发散性是指根据同一来源材料，以较丰富的知识为依据，沿着不同方向去思考和解决问题的思维方法。在教学中，有目的地引导学生进行多思路、多模式、多解法的变通思维的训练，使学生敢于“求异”。从而促使他们较快地发展自己的聪明才智。其三，创造性思维的新颖性是指不论是概念，还是判断、推理、假设、方案、结论，均包含着新的思维活动。在教学中，运用类比迁移的思维方法，搭建新知识与旧知识之间的平台，能促使学生尽快地建构起新的物理模型和物理情境。其四，侧向思维是指在特定条件下，通过旁敲侧击、曲径通幽的方式另辟思维蹊径，从侧面扩展和推广，从新的角度探索解决问题的方法。在教学中，教师应引导学生对一个问题从侧面进行换角度思考，以找到解决问题的新思路。其五，借助逆向思维，优化解题过程，引导学生从不同方向、不同角度去思考问题，往往能开阔学生的思路，从而优化解题过程，提高解题效率。

总之，引导学生不断地探索问题、解决问题的思维方法是培养学生创造性思维的一种重要途径。当然，创造性思维作为一种特殊的素质和能力，绝不是一朝一夕就能培养起来的，它既要潜移默化的熏陶，又需要持之以恒的训练。

《物理教师》2008 年第 6 期

谈中学物理教学中渗透辩证唯物主义的教育

陈丽英

挖掘教材中辩证唯物主义的内涵，在物理教学中渗透辩证唯物主义教育，可以培养学生科学的思维方法和态度，有利于形成科学的价值观，从而全面提高学生的科学素质。

作者从三个方面结合具体的教学实例建议在物理教学中应该渗透辩证唯物主义教育。其一，要充分运用教材中的物理学史内容，贯彻辩证唯物主义教育。科学发展史都是活生生的辩证唯物主义教材，物理学史在体现辩证唯物主义思想方面尤为突出。因而可以在指导学生探索物理知识的同时有目的地进行物理学发展史的教学，引导学生从中学习辩证唯物主义思想。其二，要充分挖掘教材中蕴涵的辩证唯物主义思想的内涵。在大量不直接涉及物理学史的课堂教学中，仍可以通过精心的教学设计，创设渗透辩证唯物主义思想教育的情境。其三，在引导学生进行探究式学习的过程中要充分体现辩证唯物论的认识论。学生开始进行探究式教学时往往不知道如何进行探究，这就需要教师运用辩证唯物论的认识论指导学生进行探究式的学习。

总之，物理学作为一门自然科学，其中蕴涵着丰富的辩证唯物主义教育内容。物理教师要善于将辩证唯物主义教育渗透到物理教学之中，使学生在获得物理知识的同时，接受辩证唯物主义观点，从而在实施素质教育过程中，使学生的科学文化素质和思想品德素质得到同步的有效提高。

《物理教师》2008 年第 6 期

对一道习题的探究方式处理与思考

李书群

人教版高一物理有这样一道习题：初速度为零的匀加速直线运动，在第 1 s 内、第 2 s 内、第 3 s 内……的位移分别是 s_{I}、s_{II}、s_{III}……试证明物体在第 1 s 内、第 2 s 内、第 3 s 内……位移之比等于从 1 开始的连续奇数之比。即：$s_{\mathrm{I}}:s_{\mathrm{II}}:s_{\mathrm{III}}\cdots=1:3:5\cdots$

作者用科学探究方式处理这个习题，作了一次有益的尝试，其过程如下：创设问题情境、提出问题、进行猜想、理论推导、实验验证、结论的表述。

作者发现以探究方式教学，一是能使三维教学目标落到实处，在本节习题探究式教学尝试中，利用习题所给的信息、材料，创设一个科学探究过程，把三维教学目标融为一体，落到实处，充分体现新课改理念。二是能使学习内容得以拓展，丰富教学内容。本节课的教学中，通过科学探究发现并推出了匀变速直线运动的特征公式：$s_{\mathrm{II}}-s_{\mathrm{I}}=s_{\mathrm{III}}-s_{\mathrm{II}}=s_{\mathrm{IV}}-s_{\mathrm{III}}=\cdots=aT^2$，是拓展之一；对电磁打点计时器原理理解和使用，是拓展之二；利用电磁打点计时器做初速度为零的匀加速直线运动实验，是拓展之三。三是能使学生对知识理解更深刻。四是能使物理课堂有更广阔的空间。

《物理教师》2008 年第 6 期

灵感思维在物理教学中的作用及培养策略

侯新杰　谷自英　李　明

灵感思维，是人类的一种基本思维形式，由于灵感思维具有突发性、偶然性、模糊性等特征，使人们认为灵感很神秘，不容易靠近。但在物理教学中，教师不仅要注意培养学生的创造力，更要重视灵感思维能力的培养。

培养学生物理灵感思维有利于“脑资源”的开发，促进学生思维能力的全面发展；有利于创造性思维的培养，提高学生的创新能力；有利于教育观念的转变，提高学生的科学素养，因而具有重要的现实意义。

培养学生物理灵感思维有以下几项策略：其一是灵感的产生是以大量信息为客观条件的，鼓励学生广泛收集信息，有利于他们触类旁通，开阔视野，在思维堵塞之后，从更广阔、更深刻、更新颖的领域发现新事实，捕捉新信息，导致灵感的激起。其二是引导学生勤奋思考问题，这是促使灵感到来的必经阶段。其三是帮助学生创设物理情境，以期激活学生的物理灵感思维，从而在活跃的物理情境思维中获取知识、培养能力、发展智力。其四是灵感像个精灵，很容易消失，教师应该提示学生做好跟踪记录，抓住灵感到来的机遇。其五是强调学生注意放松身心，这是产生灵感的有利时机。

另外，我们在重视培养学生灵感思维能力的同时，绝不可忽视形象思维和抽象思维的作用，而应围绕思维目标使灵感思维与形象思维和抽象思维相互渗透、相互补充。因为科学认识不只是一种单独的思维在起作用，而是一个综合思维的过程。

《物理教师》2008 年第 7 期

“观察日记”学习物理方式的探究

吴巧玲

在初中物理课堂教学中进行“观察日记”学习物理方式的探究，旨在通过对现实的以知识为主要教学目标、教师传授为主要特征的课堂教学模式进行改革，使教学过程真正建立在学生自主活动的基础上，发挥学生的主体作用，把学生的个性探索与小组的合作探索有机结合，调动全体学生的学习积极性，促进学生主体性、创新精神、实践能力及合作意识、交往品质等多方面的协调发展。

研究的主要措施有：教师要积极参与实验，确保落到实处；另外要将主动观察、勤于探究的学习方式贯穿教学始终。为此，教师可以采取学生自由选择和与教师指定内容相结合的方式，以激发学生自主学习兴趣，或采取随堂交流和综合交流相结合的方式，营造自主学习氛围。

研究发现“观察日记”学习物理方式的教学模式，大大地提高了学生的自主学习精神和科学探索精神，学生对问题的研究已延伸到课外，学习的效果比原来要好。具体表现在以下方面：调动了学生学习的积极性，激发了学生学习的兴趣和热情；体现了以实验为基础的物理教学思想，培养了学生热爱科学、坚持不懈的人文精神；以观察日记为载体，促使学生探究能力的不断提高；适时培养学生的情感态度价值观，激发学生热爱祖国、热爱生活；体现合作学习与自主学习的思想，促进学生学会合作、学会学习；体现学科渗透的教育思想，促进学生科学说理能力的提高。

最后作者提出了研究中应注意的问题。

《物理教师》2008 年第 7 期

浅谈 ARCS 动机模型在物理教学中的应用

田密娟

ARCS 动机模型关注的是如何通过教学设计来调动学生的学习动机问题。ARCS 是 Attention（注意）、Relevance（关联）、Confidence（信心）和 satisfaction（满意）4 个英文单词的首字母的缩写。这 4 个方面代表了 4 类主要的动机策略，说明了成功学习所必需的各类动机，围绕这 4 个方面来设计教学，就可以较好地激发学生在课堂学习中的动机。

进行物理教学时，教师设计教学首先应考虑通过什么方法来吸引和维持学生的注意力，刺激无意注意，培养有意注意。这需要唤起感知来引起学生的兴趣，激发探究以激起学生求知的态度，变化各种教学要素来维持学生的兴趣和注意。

课堂教学目标和教学内容应与学生的需要和生活相贴近，注意挖掘生活中的物理知识和学生的已有经验及认知结构有机关联。这需要使学生产生对学习的期待，通过使用各种策略把教学与学生的各种学习需求匹配起来，利用学生已有的经验来建构新观念。

在教学活动中让学生明确作业要求和评价标准，帮助学生建立积极期望成功态度；保持或提高学生对自己胜任能力的信念以及让学生明白他们的成功是建立在努力和能力基础之上，这能够增强学生学习的信心。

为使学生获得满足感，避免挫折感，教师应激发学生的内部动机；对学习结果提供反馈，及时给予表扬、激励等加以强化，维持后继的学习动机，保持良好的学习行为；对学生的学习评价，坚持同样的标准，让学生感觉到教师评价的公平性。

《物理教师》2008 年第 8 期

构建有效物理试卷讲评课的策略

张锦科　杨孝武

试卷讲评课是中学物理教学的主要课型之一，上好试卷讲评课对强化效果、提高教学质量具有重要意义。一方面，通过分析研究，查找出存在的共性问题，可及时弥补；另一方面，对后续的教学起到导向作用。

构建有效试卷讲评课有以下几项策略：（1）准确“把脉”，有的放矢。这需要教师提前准备好三方面的工作：要认真科学地分析试卷的内容结构；要认真统计和分析学生的答题情况；要根据统计情况认真备课；（2）借题发挥，深入探究，以此开阔学生的视野，拓宽学生的思路，使学生体会解决问题要从不同角度思考，从而促进学生发散思维能力的养成；（3）回归课本，形成网络；（4）总结方法，提升能力；（5）举一反三，触类旁通；（6）对比迁移，熟练技能，从而培养学生实验能力的正向迁移，学生的迁移能力越强，解决新问题的灵活性就越强；（7）错解探因，查缺补漏；（8）设计练习，巩固成果。

有效试卷讲评课需要注意两个问题：坚持在教师的引导下，以学生的自主构建、合作探究的学习活动为主；加强三维目标的整合，重视科学方法的训练，不可轻视情感、价值观的激励作用。

有效的试卷讲评，不仅是指导学生对基础知识缺漏的及时弥补，还在于对共性问题的重点突破；有效的试卷讲评不仅要求在基础知识技能上下工夫，还在于对“错误资源”进行分析再“对症下药”，更要在科学思维方法上给予点拨、情感上给予支持。

《物理教师》2008 年第 8 期

宽容 反思 开发——有效提高学生物理学习中纠错能力的尝试

范文明

为了提高物理教学反馈的有效性和提高学生的纠错能力，作者通过教学实践，认识到对待学生的错误要宽容、反思、开发。

教师宽容学生的错误，就是要给学生犯错误的“权利”，当学生出现错误时，教师要有容纳错误的气度，要尊重学生的思维成果，从学生的视角看待这些错误，设法引导学生坦诚真实的思考过程。教师分析学生出错的原因不仅要分析出错的结果，更要分析学生思维过程中出现的错误。教师有必要让学生在找错、辨错、改错的反思中，学会自寻“病因”，对症下药，真正提高纠错的能力。教师可以把学生的错误进行归纳与整理，让“错误”回归到学生的学习中，将错误“变废为宝”，利用错例来提高纠错效率，这对指导学生正确理解物理概念、规律具有特殊的教育和教学价值；利用错例来培养学生思维的深刻性和全面性，有效地促进学生进行深层次的、全面的思考。

实践证明，只要教师转变对待学生解题出错的观念，随时注意在教学中收集学生的各类解题错误，并进行整理和分析，那种令教师讨厌的错误是完全可以转化为提高学生纠错能力的教学资源。

《物理教师》2008 年第 9 期

拓宽物理教学视角

唐洪波　蒋琼琳

物理教学应拓宽教学视角如哲学视角、科学素养视角、文理渗透的视角、伦理学视角、心理学视角及美学视角等，以提高学生整体素质。

学生将来如何为人处世，求得生存，怎样去判断是非，辨别善恶，追求真理，这都与其哲学素养有着千丝万缕的联系，因而在物理教学中应尽量拓宽哲学视角，培养学生的哲学素质，尤其是树立辩证唯物主义世界观。求真务实，一切从实际出发的科学态度，严谨求实、一丝不苟的科学精神，都应贯穿物理教学的始终，以形成和提高学生的科学素养。物理教学要重视知识的广度及与其他学科的联系，教学中应渗透科学技术、社会教育，文理渗透、相互融合的教学对全面提高学生的综合素质有着不可低估的作用。历史的明鉴、艺术的熏陶、伦理的体验，必须让学生在一步步走近科学技术前沿的过程中寸步不离，因而在物理教学中应该让学生接触一些重大的社会问题，如环境保护、能源危机、噪声污染等，使学生都具有“向学、向上、向善”的基本素质。根据心理学认知的特点，物理教学应该做到如下几点：要切实做到深入浅出；要强调感性基础，强调在感性基础上上升为理性；要注重物理课堂教学中的情感因素。在物理教学中应十分重视直觉美和物理美的作用，引导学生去感受美、发现美，增强学生的审美意识和审美情趣，使学生获得对于物理美的鉴赏能力，这不仅有利于激发学生对物理的兴趣和热爱，提高学习效率，还能陶冶性情，促进学生身心健康的发展，做到以美为真，以美促善。

《物理教师》2008 年第 9 期

营造开放的物理教学课堂

张　鹤

开放的物理教学课堂，不是随意性、“放羊式”的课堂，应该在发挥教师主导作用的前提下，在时间、空间、教学内容、教学要求等方面根据学生和教学条件以及课堂教学的实际展开，充分发挥学生主体作用，应是时间、空间、内容、问题、讨论、发言、作业方面开放的课堂。

课堂上不要使学生感到有时间的控制和约束，对他们应是开放的，从而使学生在课堂上有足够的时间表现和发挥自己。课堂教学空间开放是指将教室延伸到走廊、校园，甚至扩展到家庭、社会。这样既拓展了学生的活动空间，又增强了学生学习活动效果和学生的创新、实践能力。内容开放是指在 45 分钟内不是机械地完成规定性的、固定式的、定量化的内容，而是根据学生和课堂教学实际在课堂上灵活取舍本节预定教学内容，实质上就是在保证内容服从教学效果的前提下，增强课堂教学内容的弹性，从而最大限度地提高课堂教学效率。教师应从问题的情境、结构、条件、过程、结论这五个方面进行设计来提高所提出或呈现问题的开放度，这类问题对培养学生的发散性思维能力和思维品质具有相当重要的作用。讨论开放，是指课堂上学生间的讨论交流只要是围绕某一学习主题展开的，教师就要为学生的讨论提供尽可能多的时间和空间。教师应该为学生的课堂发言创设宽松、和谐、舒畅的课堂情境，使学生有言欲发，争着答、抢着说。作业开放就是题目开放、题量开放、时间开放。提供灵活、多样的作业形式，增强作业的开放性，对减轻学生作业负担、提高课堂作业效益具有十分重要的作用。

《物理教师》2008年第10期

从形式走向有效——浅谈物理课堂合作学习的实效性

肖　立

物理课堂上开展小组合作学习是适应新课程理念的一种教学方式，但不少课堂的合作学习缺乏实效性，在实践中暴露出了下列问题：流于形式，不重效果；不分层次，随意分组；分工不明，难见成效；内容浅显，选择不当；集体求同，扼杀个性。

提高物理课堂合作教学有效性的几点建议：

其一，合理分组是合作学习有效开展的基础，教师应该在授课前将全班学生依个性化特征、心理倾向、认知结构、接受能力等方面的差异分为不同的层次，然后按“组间同质，组内异质”的原则，把不同层次的学生重新组合为多个学习小组。其二，选取合适的物理内容，是合作学习有效开展的前提，合作学习选取的内容要具有一定的趣味性、合作性，具有一定的深度、可评估性等特点，合作学习通常在探究规律时进行。其三，明确目标，分工合理是合作学习有效开展的保证，目标不够明确、分工不落实必将导致合作学习费时、费力，难见成效。为了最大程度地提高学生的参与率，组内成员每个人都应有相对侧重的一项工作，担任一个具体的合作角色，使每个成员都能从不同的位置上得到体验、锻炼和提高。其四，科学评价是合作学习有效开展的关键，如果缺乏科学的评价，势必会挫伤学生的积极性，在评价中，教师可根据学生的发展制定不同的评价标准，对达标者同样给予优良评价，同时引导学生自己与自己比较，从中体会个人的进步，消除后进生的自卑感，增强自信心。

《物理教师》2008年第10期

解读“模型法”“类比法”“科学推理法”“转换法”等科学方法——从“原子结构的模型”一课谈起

徐　珺

科学是研究物质相互作用规律及其基本结构的科学，从科学的性质特点看，科学是一门具有方法论性质的学科，探知物质世界的科学研究方法是我们认识自然的基本方法之一。科学方法很多，作者就“原子结构的模型”一课着重对模型法、类比法、科学推理法、转换法等在具体课题中的应用作一解读。

模型法是人们为了研究问题的方便和探讨事物的本质而对研究对象所做的一种简化描述，是以观察和实验为基础，采用理想化的办法所创造的、能再现事物本质和内在特性的一种简化。类比法是指在学习一些十分抽象的、看不见、摸不着的物理量时，由于不易理解，就拿出一个大家能看见的与之很相似的量进行对照学习。科学推理法是指对观察到的现象进行推理或是推论。转换法是指一些比较抽象的看不见、摸不着的物质的微观现象，要研究它们的运动等规律，使之转化成学生熟知的看得见、摸得着的宏观现象来认识它们。作者对"原子结构的模型"一课的科学方法进行解读时先创设情境，引入主题，然后探究发现原子结构模型的建立过程，包括介绍知识整理方法；探究汤姆生对道尔顿原子模型的修正过程；通过类比法、科学推理法演绎卢瑟福模型的构建过程；对卢瑟福模型的改进及原子模型进行小结。

《物理教师》2008 年第 10 期

基于认知结构建构与优化的教学设计

梁　旭

目前教师的教学设计中普遍存在以下两个问题：只重视教学方法与教学策略的思考，缺少对教学目标的思考；只注重对新课的教学设计，缺少对教学全过程的设计。

认知心理学对能力的认识使得教师明确了物理教学的目的是建构与优化学生的认知结构，教师的教学行为也将发生深刻的变化。

要研究认知结构，首先应该明确认知结构包含哪些要素。认知结构建构与优化的过程分为三个阶段：某一知识点（单元）认知结构的建构对应新授课阶段；认知结构的拓展，对应于单元或模块复习阶段；认知结构的综合，对应于综合复习的阶段。

讲解例题的目的是要进一步丰富与完善认知结构，选择的例题在求解过程中应该有可用于解决一类问题的知识、方法和策略可供提取，在提取时教师一定要用生动、简洁的语言，便于学生记忆。习题可以分为三类：巩固与丰富型习题，以知识的理解和简单应用为主要目的；拓展型习题，以知识的联系与拓展为目的；综合型习题，以知识的综合运用为目的，在难度上是顺次递进的。教师要从高中教学的全过程这个高度选择例题与设计习题。习题（试卷）讲评的目的是为了发现学生认知结构的缺陷，从而加以弥补，教师既要有从认知结构上分析错误原因的“点睛”之笔，还应该有相应的措施。

若能认同“良好的认知结构就是能力”的观点，从着力建构学生良好认知结构的角度思考教学，教学行为确实有许多地方值得进一步改进，高效率的教学需要教师作更精致的教学规划和设计。作者提供了体现上述思想的教学案例供参考。

《物理教师》2008 年第 11 期

试论高中物理教学中的文化

吴良娟

物理教学中的文化对学生起着不可替代的重要作用，物理课堂教学中的物理文化内涵非常丰富，包括：树立科学世界观；形成科学价值观；培养科学探索精神；培养科学审美情趣；强调关心自然，关心人类社会。

作者对渗透物理文化的教育，做了一些初步的探索与实践，具体如下：一要选择合适的教学策略，这不仅有助于提高课堂教学效率，更是培养学生科学价值观、科学探索精神、求实精神的重要途径，是教师对学生人文关怀的一种具体体现。二要拓展物理课程文化的内涵，教育的有效性、长远性能得到明显的提高。三要强化物理方法，增加它的外延性可以给学生以新的启示，带来新的联想。四要发挥物理教师的个人魅力，因为教师无时不在以自身的素质感染和影响学生的思想、心理和行为。五要营造良好的物理学习环境，这对物理学习具有良好的促进作用。

把传授物理知识与继承人类文化有机地结合起来，可以提升人的精神生活和培养健全的人格，体现物理教学的价值取向。多方位地挖掘物理教学涉及的文化因素，在培养学生良好科学素养的同时培养学生科学的世界观、价值观、科学探索精神、审美情趣，进一步拓展、发挥物理教学的育人功能。

《物理教师》2008 年第 11 期

创设“悖论”教学情境，激发学生探究热情

王进峰

“悖论”教学情境是一种新颖的物理教学情境的创设。“悖论”是从某一前提出发，推出两个在逻辑上自相矛盾的命题，或根据某一理论推出的命题与已知的科学原理或常识发生矛盾。

在物理学史上有许多有趣的“悖论”，其中最为著名的当属

“芝诺悖论”和“麦克斯韦妖”。这些“悖论”的产生和解决推动了物理学的前进和发展，开辟了物理学新的领域和天地。

中学物理教学中也存在“悖论”它是指学生在学习新知识、解决新问题时表现出来的认知结构中原有知识、方法之间的矛盾。

创设新奇的“悖论”情境，实施新课教学，教师可以引导学生分析这种悖论产生的原因，通过科学的探索，提出新知识、新方法、新思维，给出新结果，然后消除“悖论”。创设“悖论”情境，能够激活习题教学，引起学生对习题课的兴趣，激发学生的学习兴趣。创设“悖论”实验情境，探索“悖论”实验现象的成因，能够让学生养成问题意识和务实的科学态度，进而培养学生实事求是的严谨精神和勇于探索的科学精神。

“悖论”不仅在科学的发展历程中扮演着重要的角色，而且对于我们中学物理教学也能产生深刻的影响，设置新奇的“悖论”情境，能吸引学生的目光，激发他们探究的兴趣与热情，是实施有效课堂教学的重要手段之一。

《物理教师》2008 年第 11 期

谈中学物理教学中的向善教育

王海岳

物理教学中有效地融入向善教育，不仅可使物理课更丰满，显得更富有生机和人性，而且还能培养健全的人格和高尚的道德情怀，进而确立科学的世界观、人生观、价值观。将道德规范转化为一种内心信念，是向善教育的最高境界，这需要一个长期的积善过程。

作者认为在中学物理教学中渗透向善教育，主要有以下几种途径：一是设置向善的教育情境。这需要多方位挖掘物理教育中的向善因子，关注“善”的渗透，注重激发学生的情感，实现“科学的人文教育价值”。二是挖掘物理实验教学中的向善教育因子。通过实验可以教育学生在为人处世方面也像对待实验一样尊重客观事实，不弄虚作假，关爱他人，正确处理人与人之间的关系，做一个诚实守信的公民。三是发挥物理学史的教育功能。物理学家们永垂青史的佳话和故事正是我们对学生进行向善教育最为丰富的精品教材，他们身上闪现出的爱国、求实、协作、向善等高尚品质和情操，永远是激励后人奋发向上，实现人生真正价值的动力。四是物理学中的哲学思想是实施向善教育的宝贵财富。物理课程面对的主要是物质世界，探讨物质世界运动变化的规律，其中包含了丰富的辩证唯物主义的观点和方法，正是实施向善教育、开展“做人教育”的良好途径。作为教师应自觉地运用物理学的哲学思维指导物理教育、教学，以自身的哲学素养启发感染学生，并渗透到学生的学习活动之中，使学生的思维得到质的提升和飞跃，同时这也会影响他们的言行和一生。

《物理教师》2008 年第 12 期

国外对科学认识论的研究及对我国科学教育的启示

谭宜洁　张军朋

作者在对文献资料进行梳理的基础上，较系统介绍了科学认识论在教与学方面的最新研究成果，其中包括学生个人认识论、认识论资源以及影响学生科学认识论的外界因素。

学生个人认识论，即学生对知识和学习所持有的信念和态度。个人认识论有多个发展模型，但都有一个共通特征：即从低级到高级的发展趋势是从二元主义发展到多元主义最后到达相对主义的过程。个人认识论的结构至少包括：知识的确定性、知识的结构性、知识的来源和认识判断四个维度。物理学科的认识论观点与建构主义的观点是一致的。教师的认识论观念影响教师对教学策略的选择，而教学策略又会影响学生的学习结果和认识论观念：持有成熟认识论的教师会从新颖的角度解决问题，重视学生的新颖观点，能够促进学生对知识本质的理解。学生的科学认识论会影响学生的学习策略，进而影响科学学习结果。个体所具有的需要其他情境激发的那些认识论观念，则称为认识论资源。培养学生的科学认识论，教学策略首先应该找到有效的认识论资源，然后创设相应的情境激活它们。有效的认识论资源往往隐藏在学生的生活常识和已有经验中。

影响学生科学认识论的外界因素有：科学课程、教师对认识论的理解、教学因素。国外科学认识论的研究对我国科学教育的启示：建立科学课程中的认识论目标；创设情境，激活学生的认识论资源；在科学课程教学中联系学生已有的生活经验；提倡探究和讨论的教学方式；提高物理教师的科学认识论专业知识和教学知识；提高课程开发者的认识论意识。

《物理教师》2008 年第 12 期

物理课堂教学中有效交流的调查与思考

刘德春

“学会物理交流”是物理课堂教学的目标之一，这对促进学生对物理知识的理解，培养学生的合作精神和创新意识都具有重要意义。作者通过调查分析：在物理课堂上对物理知识和方法的理解需要与同学交流的占77.3%，而现实中能提供这种交流机会的教师仅占19%，同时学生体会到同学之间进行物理交流对提高物理学习有帮助的占86%，而教师认为效果不大的占28%。

物理教学中进行有效交流具有增强学生的主体意识、提高思维的批判能力、培养物理交流能力、培养学生的发散思维能力的作用。而学生交流存在下列几种缺失：学生参与率低，交流不充分、不深入，组织效率低。

让学生自主思考并回答教师所提出的问题是有效进行物理交流的一种重要途径。首先，物理课堂教学中有效提问必须符合3个特征：目的性，即通过学生的思考和对这个问题的回答，立即能判断出学生是否了解或理解了某个知识点，是否掌握了某种物理方法，是否真正领悟了其中的物理思想；针对性，教师提出的问题必须符合大多数学生的认知水平；激励性，教师在提问时不仅要注意问题的知识性，同时还应该考虑提问的艺术性，尽可能多一点幽默性和趣味性，起到引导和激励的作用。其次，对于不同的物理课的类型，应有不同的设计思路。再次，物理课堂教学中实施有效提问时，还需特别关注以下几点：对于提出的每一个问题，都应该给学生一定的时间思考；教师要学会倾听；教师要适当注意提问的方式方法。

《物理教师》2008年第12期

论课堂教学中问题处理的层次性

殷少来

从学生思维活动的积极程度和学生认知过程的角度看，问题处理有从低到高的层次之分。（1）情境设置的层次性：学生认知要有情境支撑，知识的产生、呈现都离不开形象的图像和场景，教学中要根据课题性质和教学条件灵活创设教学情境，尽可能让情境接近解决问题的原生态样式，能画就少说，能动就不静，能真实则不虚拟。（2）认知提升的层次性：教师处理教学问题时，策略上总要设计出认知的台阶，遵循“小步走”的原则，使学生对问题的认识由感性到理性再到逻辑推理，逻辑推理要经历一定的程序，要有一定的时空长度，即有教育的过程性。（3）开放度的层次性：开放性的问题有利于培养学生的创造性思维，在实际问题的解决中善于迁移和创新。在教学问题的处理中，开放度有3个层次：一是不开放，就事论事，用单一方法解决问题，二是提出问题，放开地让学生自由想象；三是在实践中，让学生手脑并用解决开放性问题。(4) 学习方式的层次性：学习方式分为被动接受性学习，启发性接受学习，任务型探究学习，愿望型探究学习这四个层次。

在这些处理教学问题的层次中，从培养学生的素养方面来说，一般来说高层次优于低层次，但如果为了一门技术的获得或考出好分数，高层次不一定优于低层次，因而在教学中要根据教学的实际情况和课型，灵活、辩证地设计处理问题的策略和方案。

总之，处理物理教学问题的不同层次，可以作为教学设计的维度，在设计一节课时，应从有几个需要处理的问题、处理每个问题应该上升到哪个层次、理顺处理这些问题的逻辑线索这三方面来考查。

《物理教师》2008 年第 12 期

情感、态度和价值观在物理教学中的体现

巴志东

情感、态度、价值观在物理教学中体现在以下几方面：一是培养学生研究问题的科学态度、科学精神和科学作风。尊重事实、实事求是是研究物理问题必须遵守的基本准则，在教学过程中教师要注意培养学生的观察、实验能力，要以实事求是的态度对待实验探究的结果。培养学生的创新精神是物理学教育的主要任务，另外物理学家的奋斗历程充分证明了“成功＝百分之一的灵感＋百分之九十九的汗水”，教师可以通过他们的事例对学生进行艰苦奋斗精神的教育。二是培养学生树立科学的世界观、人生观。在物理教学中，有许多科学家为科学奋斗终生的素材，可以用来对学生进行世界观、人生观的教育，使学生树立“国荣、我荣”的人生观，树立科学的、为人类造福的世界观。三是进行辩证唯物主义教育。“实践是检验真理的唯一标准”是辩证唯物主义哲学的基本观点，观察和实验是学习物理学的基本出发点。物理学中蕴涵着丰富的辩证唯物主义哲学思想，教师在教学中要结合教学内容，适当地对学生进行一些辩证唯物主义思想教育。四是进行爱国主义教育。通过介绍物理学家的光辉业绩和奉献精神，可以激发学生的爱国热情，使他们勤奋学习，立志学习科学知识，待学成之时报效祖国。

物理工作者研究问题时所持有的情感、态度和价值观，决定了物理学的发展进程和方向，物理教学中非科技因素的教育素材

非常丰富，教师在工作中要注重挖掘，用非智力因素潜移默化地影响学生观念，使他们形成正确的人生观、世界观。

《物理教师》2008 年第 12 期

如何把握物理新课程公开课课题的选题要素——从指导青年教师开课实例谈起

程冠军

公开课是进行教学交流、提升教学水平的一种有效的形式，公开课具有提供鲜活的教学参照，传递新的课程理念，成为新理念、新课程的导向等鲜明的特点。

作者认为要把握新课程公开课选题的要素需要注意以下几点。其一，理念上要有创新性。物理新课程标准的理念体现了科学精神和人文精神的统一，提高科学素养，促进学生发展的思想。比如选择“水循环”开设全市公开课，能够体现学习过程的自主性、合作性和实践性，对培养学生的独立与合作性人格、能动与适应性人格、开拓与创造性人格可起到良好的作用。其二，课题上要有典型性。选择公开课的课题要针对学科的特点，初中的“熔化与凝固”“平面镜”“欧姆定律”，高中的“动能和动能定理”“电流的热效应”等都是典型性较强，具有科学探究元素的课题。其三，手段上要有先进性。比如选择“社会生活中的电磁波”这一课题开设区电教公开课，采取计算机与学科整合的方式，对于培养学生收集信息和交流合作的能力，具有较强的优越性。其四，选材上要有应用性。比如初中“令人厌烦的噪声”“照相机视力的矫正”“密度的测量”，高中“传感器的应用实验”“变压器”等，都是具有应用性较强的课题，是研究物理应用价值的好课题。其五，形式上要有专题性。选择复习课课题时，专题复习课不失为一种好的选题方式，专题复习课对于全面提高教师教学专业水平，帮助学生系统地掌握知识，能取得较大的收益。其六，教法上要有开放性。公开课选课题时，在教法上要有一定的开放（多样）性。

《物理教师》2008 年第 2 期

“探究式教学”中如何设计实验方案

魏广生

“探究式教学”在提出问题、猜想与假设后就要制订计划与设计实验，这是科学探究过程中重要的环节，但多数情况下，教科书都会在给出假设的基础上介绍设计的方法，因此在课堂教学中，这个环节学生往往缺少锻炼的机会。那么应如何引导学生制订计划与设计实验呢?

一是要弄清探究假设中的物理概念，否则设计便无从下手。二是要分析探究中要解决哪几个具体问题。三是要针对具体问题设计探究方案，不同的学生提出不同的设计方案，提出方案的过程就是学生讨论的过程，在这一过程中学生的思维得到发散，能培养他们良好的思维习惯。四是要在方案评估中找出最佳方案，选好方案的原则是：方案能很容易操作，没有危险，时间较短，现象明显，能解决假设中的问题从而得出结论，学生通过比较各种方案，得到相对合适的方案，在这一过程中，学生学到了科学研究的方法，通过自己的思维活动，不断地优化方案，使方案趋于完美，由此他们的情感、态度、价值观也从中得到了升华。五是要通过实验操作，进一步完善方案，学生经过讨论和比较得到了基本方案，有时从理论上来说应当是比较好的方案了。但在实际操作过程中，往往还会出现一些意想不到的问题，因而需要在实验操作中进一步来完善探究方案。

设计实验方案是“探究式教学”过程中重要的环节之一，对学生以后成长有一定的指导意义，因而作为教师在平时的教学过程中一定要坚持不懈地渗透设计方案的科学思想，并努力引导学生设计出合理的探究方案，从而为学生的长远发展打下坚实的基础。

《物理教师》2008 年第 2 期

谈高中物理解题的规范化

刘燕燕

高考物理试卷中，考生由于解题格式不规范而造成的“损失”进一步凸显。所谓解题规范，就是解题要按一定的规格、格式进行，使人看后，不但知其然，还能知其所以然。

解题规范的总原则是，书写整洁、表述清晰、层次分明、逻辑严谨、语言规范、文字简洁、结论明确。具体来说要做到以下几方面：一是正确审题，这是正确解题的前提，是解题者对题目进行分析、综合，寻找解题思路和方法的过程，具体可分为分析物理状态和过程、明确条件和目标、确定解题思路和方法三步；二是语言叙述要规范、即在物理解题过程中应该有“必要的文字说明”；三是根据题意画出的图形或图像要符合作图的基本要求；四是解题中的方程书写要规范；五是解题结果要规范；六是字母、符号的书写要规范；七是解题后要进行反思即回顾和思考审题过程、解题思路和方法及解题所用的知识。

物理计算题的分析、推理、判断本身就是物理解题不可缺少的环节，解题的规范化能使解题过程的表述既简洁又明确，从而把自己的知识水平充分反映出来，提高物理计算题的得分率，同时有利于阅卷老师给出客观、完满的评分；解题规范化还能培养学生严谨科学的学习态度和学习方法，塑造求真务实的精神品质，以及能培养学生运筹帷幄、井然有序地分析处理问题的能力。因此，狠抓解题规范化训练是非常有必要的。

《物理教师》2008 年第 5 期

相对运动在解题中的应用

沈秋发

在研究相对运动时原则上参考系可任意选定，但是在处理两个或两个以上物体间运动关系时，适当地变换参考系，转换看问题的角度，可使物理过程和物理情境得到简化，从而方便于问题的解决。作者结合具体的实例介绍了相对运动在解题中的应用。

相对运动在摩擦力方向判断中的运用，要研究“一个物体”所受的摩擦力，必须以“另一物体”为参考系，判断出相对滑动的方向。追及问题中的相对运动往往是比较简单的匀速或匀变速运动，选定其中一物为参照物就可方便地确定它们之间的相对位置变化情况。抛体间的相对运动为匀速运动，其相对速度恒为初始状态时的相对速度。相互作用物体间的相对运动，其相对加速度应为各自的绝对加速度通过矢量叠加获得，需要特别注意的是：当某物受到的合外力不为零，以该物体为参考系时，切不可在该系中运用牛顿第二定律来求另一物体的相对加速度，因为这时参考系本身是个非惯性系，牛顿第二定律不适用。圆周运动中的相对运动，圆周运动中的线速度是相对圆心的，当圆心相对地面做匀速直线运动即圆心系为惯性系时，由牛顿第二定律得到的向心力公式可以运用，当圆心相对地面有加速度即为非惯性系时，除了在垂直于圆心加速度方向外，其他方向上均不可应用此公式。弹性碰撞物体间的相对运动，碰前两球相对接近速度与碰后两球相对分离速度相等，相对速度大小不变是两球发生弹性碰撞的运动学特征。

《物理教师》2008 年第 5 期

物理教学中抛锚式教学中的“锚”该怎么抛

付红周

抛锚式教学是在建构主义学习理论下发展起来的一种探究式教学模式。也被称为“实例式教学”或“基于问题的教学”。

作者从下面几个方面结合具体的教学实例来探讨抛锚式教学的“锚”是怎么抛的。一是抛认知冲突式的“锚”，认知冲突的结果，导致个人原有概念的改变。在教学中，我们可以利用学生的认知冲突有效地组织学生开展探讨活动。二是抛陷阱式的“锚”，陷阱式的锚指教学中故意设置一个陷阱，让学生去跳，学生根据已有的知识经验，得出一个与原来经验相矛盾的结论。错误是改进建构的契机。让学生先错一下，通过诱陷而诱出各种谬误，并加以纠正的一种教学策略，从而来加深学生对所学知识的理解。三是抛原型毛坯式的“锚”，这是指把一些器材的初型展示给学生，让学生去体验用它可以定性研究一些现象，但不能定量，要定量研究还要进一步的改进教学策略。四是抛问题引领式的“锚”，问题引领就是通过一个一个呈递进关系的具体问题，将学生引导到学习目标上来的一种教学策略。

抛锚式教学的关键在于教师怎样抛出这个“锚”，这种“锚”抛得好，学生的学习积极性就高，主观能动性就强，学习的效果也就佳。这个“锚”要抛到点子上，要抛到要害上。我们教师要做好这项工作，尽可能地设计好教学中的各种“锚”，使学生紧紧围绕这个“锚”进行探究式的学习。

《物理教师》2008 年第 6 期

分析物理过程的几种方法

陈林桥

物理过程能较好地反映和体现物理高考所需要考查的物理理念以及各种能力要素。作为考查学生素养的一个重要的载体，如何分析物理过程提高习题教学的效益，对物理教学是一个十分重要的问题。作者结合具体实例介绍了几种分析物理过程的方法如下：一是借助示意图，示意图可以形象、直观地表征物理状态和反映物理过程，尤其是对于多过程问题。二是运用矢量合成图，画出反映某些矢量变化的矢量合成图，可以直观地、动态地反映物理过程并凸显过程中的某些特征，这为分析物理过程、寻找解题的突破口提供了有效的途径，尤其在求极值问题等方面富有成效。三是运用物理图像，它形象、直观地描述物理事件发生、发展、变化的过程，反映了物理量之间的内在联系，揭示了事物变化的规律，这在分析物理过程中有着难以替代的作用。四是借助相关物理量之间的关系式，在有些情况下，可以构建一个关于物理量之间的关系式来描述某个物理过程，通过对这一关系式的分析、探求来定量地揭示物理过程、物理变化的特点，进而达到有效地分析和解决问题的目的。五是建构物理过程模型分析物理过程。六是利用等效转换思想，在有些情况下，可以运用等效转换的思想，将不甚明了或较为复杂的物理过程通过适当的方法将其转变为清晰、直观、易解的过程，以便更好地解决问题。

这六种分析物理过程的方法，尽管都有各自的特点和应用场景，但是只要我们在分析具体的物理过程时灵活运用，不入俗套，就能左右逢源地发挥出它们应有的作用。

《物理教师》2008 年第 6 期

巧妙处理实验教学中的失误

周进春

课堂教学是一种极其复杂的活动。实验教学更需要教师精心准备、规范操作。在实际的课堂教学中，尽管教师做了充分的准备，往往仍会出现一些意想不到的失误。许多教师对失误茫然失措、不知道该如何处理。失去了对失误的挖掘、利用。在一定意义上说，失误可以转化为教学资源。面对教学失误，教师需要有坦然的心态和灵活的处理艺术与技巧。只要教师能正视失误，巧妙应对，就能化不利因素为有利因素，使学生在学到知识的同时，培养积极的学习态度、反思精神以及正确面对失误的情感、态度和价值观。作者就自己在实际教学中出现的几个案例加以说明、探讨了失误的处理方式：因势利导，化险为夷；一波三折，绝处逢生；将错就错，转败为胜。这样处理不仅给自己留了台阶，保护了学生的探究欲望和自信心，也符合课改的要求。新课程强调课堂教学的生成性，立足于学生的“学”，强调以学定教。课堂出现意外并不可怕，只要能在意外出现时因势利导，抓住其中的“处”“时”“人”去尊重学生、欣赏学生，那意外肯定会转化为学生创造性的火花，绽放出夺目的光芒。

《物理教师》2008 年第 7 期

“纠错补正”辨析型物理题的类型分析

阳美艳　刘晓青

“纠错补正”辨析型物理题是一种新颖的题型，对考查学生分析、判断、归纳、发散思维及评价能力是其他题型所不及的，对实现高考知识与能力的考查，引导教师在教学中注重培养学生的质疑精神和思维缜密能力有双重功效。题型特点：突破常规，根据学生的思维习惯，给出解法，制造干扰、似是而非，对学生的各种能力要求较高，试题区分度较好，有利于选拔有学习潜质的学生。

“纠错补正”辨析型物理题的基本类型有如下几种。一是条件限制型，命题者通常以学生的思维特点为出发点，设计一个或多个“陷阱”，对考查学生的知识与能力有独特作用，解决此类问题，不妨“将错就错，顺藤摸瓜”。根据给出的解法，求出结果，检验结果，是否与题设条件相符，就能发现症结，得出正确解法。二是弹力异类型，不同类物质的弹力的特性，是此类问题命题的素材。考题的情境，以瞬时分析，求加速度居多。解决此类问题，最好是对不同的问题情境及解法，进行相互对比，发现错误，予以更正。三是误用公式、不明公式型，应用公式解决问题，要求对公式的内涵、公式中各物理量的意义、公式的适用范围理解透彻，并视具体情况，合适选用公式解决问题。四是运动模糊型，对运动过程的分析能力是思维能力的焦点，同时也是学生的弱点。五是顾此失彼型，在应用知识解决实际问题时，学生常犯审题不细、考虑不周、顾此失彼的错误。六是图像不明型，对图像不加分析，不加比较，用固定认知方式解题，往往会产生错误。分析图像时，要特别注意坐标物理量的含义及标度，不能凭平时所遇的一般图像来分析特殊图像。七是实验分析型，是以实验考查为载体，以实验的原理、方法、数据处理技巧为题材的辨析型题。

《物理教师》2008年第8期

科学探究一定会降低解题能力吗

郑青岳

高中物理课程中引入科学探究，会使我们的物理教学方式更加多样、生动。但不少教师担心科学探究会挤占更多的教学时间，使学生解题训练的时间较少，进而影响学生的解题能力和学习成绩。

广义地说，问题就是一个不可即时到达的目标，解题就是为了达到这个目标所作的体力或心理的行动的总结。问题是探究的起点，科学探究就是一个提出问题、分析问题和解决问题的过程，其实质就是解决问题，也属于广义解题的范畴。

另外，有许多的理论探究与物理解题是相通的。任何问题都可以分为 3 种状态，即初态、终态和中间态。物理解题实质上就是人或系统寻找一个状态系列，使问题从初态顺利地到达终态的过程。解题思维有不同的方向，有正推模式和反推模式两种。作者比较了一道物理习题解答和一个理论探究问题的解决过程，发现从思维方式上看，两者是完全一样的。理论探究与解题训练的根本目的都在于发展学生的思维。而且理论探究比之一般的习题解答，不只是简单地应用旧知，而且还构建了新知，它使学生的认知结构得到了更新，其训练的功能显然更为全面，学生更能体验到其中的乐趣。

实验探究与物理解题也有许多共通之点，也能够在某些方面对物理解题产生积极的迁移效应。因而，学生在探究过程中所获得的能力就能够迁移到物理解题中。科学探究不会降低解题能力，相反会提高解题的能力。

《物理教师》2008 年第 11 期

开放型试题题型与解题策略

张海波

开放型试题的基本特点是条件不确定，解法多样，答案不唯一等，该题型可以培养学生思维的深刻性、灵活性和创造性，不断提高学生的创造能力和实践能力。常见的开放型试题有条件开放型、策略开放型、结论开放型、过程开放型等。作者结合具体的例子又针对每种类型提出了相应的解题策略。

所谓条件开放型物理题是指问题条件不完备，满足结论的条件不唯一。解题的思路是：根据题意仔细研究物理过程所达到的结果；探寻符合结论的条件是不是唯一的，有没有其他情况也能达到这个结果。若有先画出几种可能，再从中找出条件的规律，写出一般表达式，整理出最终结果；注意这些开放型条件也有可能它们之间并不存在规律性，这就要分别写出满足结论的条件，分情况讨论解答。所谓策略开放型物理问题，是指解答该题的思路和方法具有灵活多样的物理题，解答时，只要考生能根据题目所叙述的物理情境或物理过程，选取一个适当的角度，采用自己熟悉的方法，运用已知条件和已有的物理知识，对问题进行分析、论证、推理、计算得出正确结果即可。所谓结论开放型物理问题，是指根据题述条件求解出来的结果不唯一，具有多解性的物理题，解答时要运用发散思维规律，对其符合题目所述条件、物理过程逐个仔细分析，思维周密，防止漏解。对于过程开放型的物理题，问题关键是对过程要细致，推理分析要严密，对可能出现的若干过程要逐一论证筛选。

《物理教师》2008 年第 11 期

试论物理新课程教学的师生关系

林　钦　宋　静

师生关系是教育教学中最基本的关系，它在很大程度上反映了教师的教学理念。良好的师生关系是学校各项活动取得成功的必要保证，是实施素质教育的必备条件。因此，基础教育应该重新审视固有师生关系，新物理课程标准要求构建“民主、和谐、对话”的新型师生关系，它建立在生态学世界观和民主平等的对话基础之上，是一种“我与你”的关系。体现了学生的主体地位和教师的主导作用，要求教师能够从传统的角色中走出来，与学生交流、合作，在合作中探究，在探究中体验。在新型师生关系构建中教师一要以合作者的身份出现在教学中，不断为学生“发现存在的问题”，与学生共同分析研究的方案，才能充分调动学生的积极性，使学生畅所欲言，在合作中共同完成知识的构建和三维目标的实现；二要以引导者的身份出现在教学中，这样才会以平等对话的方式与学生进行交流，引导学生开始自主学习；三要以欣赏者的身份出现在教学中，以发展的眼光、欣赏的眼光看待每一位学生，通过民主的对话交流，共同探讨他们提出的问题及见解，在思想的碰撞中实现师生的共进。

事实证明，教师以合作者、引导者、欣赏者的身份出现在教学中，便于形成民主对话的师生关系，便于营造宽松、民主、和谐的课堂气氛，便于师生的共识、共享、共进。

《物理教师》2008 年第 3 期

浅谈新课程标准的特点与对教师素质的要求

陈　斌

新课程标准的特点主要表现在以下几个方面：（1）转变教育功能，将素质教育的理念落实到课程标准之中。（2）突破学科中心，加强学科整合并设置综合课程。(3) 强调课程目标，增大学校和教师在课程执行中的自主权。(4) 强调学习方式的改善。(5) 评价建议具有更强的指导性和操作性。当前物理教学中出现的疑难和问题有以下几种：(1) 教师的设想、计划与实际效果之间的差距。(2) 教育教学中的教师与学生、学生与学生等在教学目标之间或价值取向之间存在一定的冲突与对立。(3) 教育教学中出现了“两难”情境。(4) 恋“旧”畏“新”。(5)“换汤不换药”。(6) 过犹不及。实施新课程标准对物理教师提高自身的素质，应包括如下几个方面：一是面对教育改革的浪潮，中学物理教师应该具有与学生发展和时代要求相适应的全新的教育理念，并以此作为自己教育教学行为的基本理性支点。二是教师要不断完善职业道德修养即敬业、爱生、为人师表。三是教师要调整角色，改变传统的教育方式。四是教师要具有扎实的物理学科专业知识，这是搞好教学的先决条件。五是教师要提升教育科研能力，在新的广度和深度上，从新的视角重新审视自己的教育教学工作，以新的动力激发起重新学习教育教学理论的需求，以先进的教育理念组织自己的各项教学活动，搞好物理教学改革。

《物理教师》2008 年第 3 期

基于考后追踪反思高三复习的误区及启示

张锦科　杨雪萍

一年一度的高考，是对中学生的最后一次甄别，也是对教师的一次重要检阅，调查学生物理答题的情况，反思教学过程，感觉是虽然有各种原因在其中，但不容否认教学过程中也存在着很多欠缺和误区。

全程基础，犹如过眼烟云，考场雾中看花，几多无奈。一忌“走马”，落实双基，夯实基础，构建网络是高考复习中的重要内容，尤其在第一轮复习，应该全面系统地落实基本知识和基本技能，不放过任何一个知识点；实验创新，难免厚此薄彼，体味个中情由，酸甜苦辣。二忌偏离，物理实验技能训练是高考物理复习中的重要组成部分，既要注重理论研读，更要注重实验的操作。设计性实验要适当而至，以加强实验的主流；集中攻难，岂料劳而无功，考后几分失意，几分惬意。三忌过量，复习时应以课本为主，以资料为辅，在打好基础的前提下适量做一些难题；借题发挥，总有意想不到，临场思维定势，追悔莫及。四忌包办，课堂教学要留有充分的余地供学生独立钻研、合作探究，积极引导学生讨论、思考所学知识和方法，从而达到提高创造性解

决问题的能力，灌输式包办代替的教学，会扼杀学生的个性学习，压抑学生的创新探究能力，导致思维发散差，灵活变通差，往往适得其反，事与愿违；猜题押宝，未免言过其实，霎时心慌意乱，斩将落马。五忌轻言，教学中不要轻易做毫无根据的预测和猜测，不要盲目追赶时髦、紧跟形势搞热点问题。另外，平时解题应提倡学生独立解题、合作启发，尤其是遇到“生题”时，要培养学生树立信心，克服畏惧心理，要有勇气和兴趣去研究它，以不断提高心理承受力和耐挫力。

《物理教师》2008 年第 12 期

从问题的教学功能探讨其有效性

王安民

当从人的认知活动的过程和行为方式审视教学过程时，不难发现教学过程是师生双方不断地发现问题、提出问题、分析问题和解决问题的过程，因此教学中的问题是贯穿教学全流程的生命线。作者通过对重庆市渝中区各中学的物理课堂教学近一年的观察分析，归纳了两种教学设计模式，分别是将教学内容以定论方式呈现和以问题方式呈现。并用认知心理学的理论分析了直接让学生面临具体问题情境模式的优越性：学生在建构知识、领悟方法的过程中获得解决问题的智慧和能力，同时又增强学生的问题意识，提高学生的思维品质。

接着，文章从问题引发的教学效能探讨了课堂问题的有效性，提出并用具体案例分析了有效性问题应当体现以下功能：1. 目标导向：通过问题向学生展现学习的研究主题和中心内容；2. 激活思维：通过创设问题情境去引发学生学习的动机，启迪思维；3. 知识建构：从待探究的问题开始，由学生根据原有知识，提出可能的解决问题的尝试性设想，展开求知的过程；4. 反馈评价：通过引导学生对问题进行回答或反思，及时了解学生的学习状况，诊断存在的问题，进行必要的补救；5. 思想引导：教师在引导学生提出、分析和解决问题中，注意渗透科学思想方法的教育，发挥物理问题的思想教育功能。

《物理教学探讨》2008 年第 1 期

培养学生审题能力的有效教学策略

姜玉斌

审题不清会对题目信息感知不足、理解不透，导致解题思路混乱无序，成为制约学生解题成败的一个重要因素。指导学生的审题行为，对提高学生审题质量有着重要的现实意义。

培养学生审题能力的有效策略：

1. 在物理知识教学中培养学生审题能力：知识教学中蕴涵着大量培养学生审题能力的素材，但这些素材往往是粗糙的，进行精心加工才可以用。

2. 在物理习题教学中培养学生审题能力，包括：(1) 保证审题时间，培养学生认真审题的习惯；(2) 开设审题专题，指导学生学会常用的审题方法：抓关键词、挖掘隐含条件、画示意图、建立物理模型、定性分析与定量分析相结合、数理结合、分析瞬间问题、警防“陷阱”。其中，用具体案例分析了“定性分析与定量分析相结合”和“分析瞬间问题”两个审题方法；(3) 暴露审题的思维过程，培养学生的审题技巧：让学生踊跃发言，从而引出多种多样的审题方案，让学生在反思自己审题、评价别人审题的过程中体会审题的技巧；(4) 再现错题的审题过程，增强学生的审题意识：把学生中因审题引起的错误收集起来，进行归类整理后在课堂上重现，让学生分析出错的原因。

3. 在物理实验教学中培养学生审题能力。观察活动贯穿实验始终，而观察能力既是物理研究和学习的基本方法，又是训练审题方法的一个重要方面。

《物理教学探讨》2008 年第 1 期

初中物理探究性学习中学习障碍的产生原因及对策分析

李霄羽

文章列举了学生在探究性活动中常见的一些学习障碍的表现并加以总结。并指出了以上种种表现的症结在于学生没有探究的习惯和热情，在对某些探究的环节上缺乏正确的方法和思维方式。之后，针对上述表现所产生的原因作了深入探讨并认为造成学生在探究性学习中产生障碍的原因主要是由于以下两方面：一是教师的教学设计和组织不到位，教学设计中缺乏足够的探究空间、教学组织中缺乏足够的探究时间、探究活动中缺乏必要的探究指导、交流中忽视学生的评价；二是学生自身的心理因素和思维方式的问题。

最后，文章着力论述了在课堂设计中优化学生活动。解决上述障碍的几种途径，包括：一、增加探究实验，加强学生实验，让学生在动手中思考，在观察中体会，在领悟中深刻；分组实验中加强拓展实验，加大学生亲自动手实验的力度，激发他们的探究热情，增加他们独立思考的程度，帮助他们增强对事物的理解深度。二、优化设计环节，在平时的教学中有意识地维护或增强学生的好奇心，有效地指导他们探究。力求能够创设情境，激发兴趣；精心设计，降低难度；善变追问，深入思考。三、增加思考与讨论的时间，只有时间在一定程度上得到保证，学生的思维才能得到锻炼，才能让探究性学习不是走形式的活动。

《物理教学探讨》2008 年第 1 期

新课程物理探究性学习中学生受挫成因及对策研究

陈明全

文章首先提出了一部分学生在探究学习中，因这样或那样的原因常常受挫，因而有的学生不能或不愿意进行探究学习，从而产生了一定程度的厌学心理。有的学生因屡屡不能获得探究学习的成功，而影响到了学业。

接着文章研究并分析了探究学习中学生受挫的五个主要原因：一、因心理因素引起的受挫：学生初探学习往往兴趣浓厚，但随着时间的推移，兴趣随之淡化，有的学生学习没有信心或缺少恒心和毅力。二、因教师教学的方式方法不当引起的受挫。教师脱离实际地决定课题和题材，对学生探究学习所提的要求过高，布置的任务过多，探究速度过快或没有调节好自己的行为。三、学生因知识、经验、能力的差异导致的受挫。四、因学生不良行为相互影响引起的受挫。五、因探究学习的外部因素影响引起的受挫。

针对以上五个因素，文章提出了五个相对应的策略要求：一、进一步培养学生的学习兴趣：围绕教学目标选择有利于激发探究兴趣的题材，根据学生的探究能力以及教学条件的实际，设计恰当的探究任务促使学生和谐发展。二、注重科学方法的训练：能掌握科学的方法与技巧，注意先重形式，后重效果。三、兼顾个体与整体的和谐发展。四、激发潜能，调动学习的积极性。五、创设愉悦的学习环境，做好必要的准备。

《物理教学探讨》2008 年第 1 期

渗透人文教育，促进和谐发展——优化中学物理教学效果的探索

孙丽萍　孙宏涛

新课程基本理念更加注重学生的全面、和谐、终身发展。课

堂教学作为贯彻落实课程改革基本理念的主阵地，应当在传授科学知识的同时恰当地渗透人文教育，以有效提高课堂教学的效果。人文教育实质是人性教育，其核心是涵养人文精神。文章提出，传统的人才培养模式强调标准化评价，忽视了学生的个体差异，致使人文教育成了“纸上谈兵”。

在物理课堂教学中渗透人文教育有重要意义。作者详述了八个在物理课堂教学中渗透人文教育提高教学效果的策略，分别是：回归现实世界，挖掘人文情境，渗透关爱生命意识；引用古典诗词，进行概念教学，提升高雅审美情趣；列举热点案例，探究问题本质，培养爱国主义情怀；贴近学生生活，联系社会实际，激发责任使命感；讲述伟人事迹，展现探究过程，学习坚韧勤奋品质；设计恰当论题，开展合作学习，培养团队协作精神；开展科普活动，围绕学科知识，训练表达沟通能力；揭示自然之美，感悟生态和谐，陶冶健康高尚情操。

最后，文章指出了物理教学中渗透人文教育的意义：渗透人文教育能够面向全体，促进学生健康发展，其多元整合，能确保情感、态度和价值观三维目标的实现。渗透人文教育可以多角度、多层面地启发思考、激活思维。科学评价内容多元化，推进素质全面提升。

《物理教学探讨》2008 年第 1 期

新课程背景下的高中物理课堂教学

蔡金艳

当前素质教育形势下，弘扬以人的主体性、能动性、独立性为宗旨的自主学习具有重要的现实意义。作者认为新课程下的高中物理教学中应该注意以下几点：

第一，教学过程中，学生的主体地位是指学生是教学活动的中心，教师、教材、教学设施和一切教学手段都应为学生的“学”而服务。

第二，要善于激发学生的学习兴趣。首先，应该优化课堂导语设计，使其引人入胜。其次，抓住实验教学，培养学生主动研究的探索精神。要尽力为学生提供亲自动手实验的机会，鼓励学生明确实验目的，弄懂实验原理，了解仪器性能，搞清实验步骤，遵守操作规程，认真观察现象，仔细记录数据，分析处理数据，得出实验结论，注意捕捉实验的异常现象，并且要多设计多演示小实验。再者，优化教学手段，培养学习兴趣。其手段包括恰当地应用“比喻”将事物表达得更加生动鲜明，对教学内容的实际进行“举例”。

第三，努力培养学生的自学能力。问题情境，使学生处于“愤悱状态”，激发学生的自学欲望，从而使学生主动自学物理教材和有关书籍中的相关知识内容和解答方法。突出重点引导学生重点性与针对性自学。

第四，保障课堂教学的宽松、民主气氛。营造一个轻松、宽容的课堂气势。具体应注意：正确看待教学任务，教师绝不消极完成途径；不将固定的目标加在每一个学生头上，因材施教；课堂做到“三结合”；课堂做到“五解放”。

《物理教学探讨》2008 年第 1 期

新课程课堂教学的开放、预设与生成

章维辉

随着课程改革的不断深入，在新课程理念指导下开放的课堂教学中，处理好预设与生成的关系，是提高课堂教学效益的关键所在；是摆在每位教师面前亟待解决的问题。

新课程课堂教学要求开放，但不能“放开”，不能没有预设。

精彩的课堂教学需要精心的预设，但不能拘泥于预设，新课改课前预设应做到以下几点：1. 预设要“以文本为根，以学生为本”；2. 预设要以“三维目标”为导向；3. 预设要以精彩的生成为目标。

注重预设中的生成，捕捉预设外的生成，要做到坚持“两手抓”，教师不仅要创造条件让学生生成，而且要善于捕捉学生预设外的生成。首先，创设宽松的教学环境，即强调开放、和谐课堂，让每个学生不论有没有天赋，都显得自信，把自己视为值得尊重的、有价值的人；其次，在教学中相信每个学生都具有巨大的潜能，为他们的主动参与留出足够的时间和空间，让每个学生都能积极主动参与思考、讨论、探究，发表自己独特的见解；再次，利用赏识教育，鼓励生成。

预设后应该及时反思，完善预设。预设不是一部已经定稿的剧本，它应处于自我校正，不断完善的动态发展之中，是一次次实践之后的反思、对比和完善。唯有如此，它才能逐步与实际课堂教学实现融合，获得最佳教学效果。

《物理教学探讨》2008 年第 1 期

逆向思维在中学物理教学中的运用

毛国永

逆向思维是一种思维的方式。它从相反的角度、不同的立场、不同的侧面去思考问题。当某一思路受阻时，能够迅速转移到另一思路，从而使问题得到顺利的解决。在中学物理教学中，可以通过在概念、规律教学中渗透逆向思维，在解题教学中运用逆向思维，在创造教育中训练逆向思维等多种途径，充分发挥逆向思维在中学物理教学中的重要作用。

在概念、规律教学中渗透逆向思维，可以列举反例，纠正学生错误的前概念；可以反向思考，培养学生知识的运用能力；可以反证归谬，即根据原命题提出与它对立的反命题，从假设的反命题出发，运用已知条件、物理规律进行分析推理，论证反命题不成立，促进学生对知识的理解；可以在矛盾处设问，引导学生全面地看待问题。

在解题教学中运用逆向思维逆向推理，主要从几个方面入手：逆向推理，即以待求量为入口，逆着题中物理过程的发展变化方向，追根溯源，直到把所有的未知量都用已知量表示出来为止，训练学生的逻辑思维能力；时间反演，即把时间的流向倒转，把复杂的问题简单化；运用可逆性原理，破解物理学难题；养成反思的习惯，提高解题的正确率。

最后文章举出了在创造教育中训练逆向思维的方法：反向设问，培养学生的质疑精神；改变角度，在探索难题中训练思维能力；变换思维方式，提高学生的创新能力。

《物理教学探讨》2008 年第 2 期

高三物理复习教学措施探讨

唐立中

文章就如何有效进行高三物理复习提出了相关的教学措施。

一是改进教学着眼点注重培养学生解决实际问题的能力。教师要改变课堂教学“一言堂”“满堂灌”的做法。一节课教师无论采用何种手段，都必须把学生置身于主体地位。备考复习中，老师们要牢牢地抓住备、教、批、辅、考、评各个环节，课堂教学要在“常变常新”上做文章。

二是加强实验，注重培养学生探究问题的能力。在复习内容上，要求学生认真领会每一个实验的设计意图和实验方法，而不是盲从地照本宣科；在复习方法上，提倡学生自主独立完成实验，不怕失败；在复习手段上，应积极创造条件，开设更多的分组实验对于“设计型实验”的复习。

三是精选习题，注重提高复习的有效性。复习的过程必然要做大量的练习题，但并不是题做得越多，复习效果就越好；第二轮复习题应由本校高三教师集体讨论，针对学生在第一轮复习中经常出现的错误题和教师在教学过程中所发现的问题去选题。要求学生独立思考，平时做题时应多进行自测自评，切莫轻视课本习题的教学，还应加强信息的收集、整合工作。

四是严格要求，注重解题规范训练。要注意：规范地使用物理规律；要将题做完整；要按高考评分标准要求评阅每一次练习、测试试卷等。

《物理教学探讨》2008 年第 2 期

中学生物理学习中思维障碍的成因和对策

唐立中

现代教育心理学揭示的新素质观、新知识观、新教学观为探讨物理学习思维障碍的成因打开了一扇新的窗口，这对提高物理课堂教学效率、采取积极教学策略是一种新的理论支持。

新素质观认为：后天习得的素质，表现为五种学习结果，即言语信息、智慧技能、认知策略、态度（含品德）和动作技能，它们是学校教学的目标。新知识将知识分为狭义和广义的知识，文章结合物理学知识对知识观的内涵作了适当阐述。新教学观指出：新的课程标准强调“过程”的重要性，倡导学生要主动参与教学过程，乐于探究、勤于动手，培养学生收集和处理信息的能力、获取新知识的能力、分析解决问题的能力以及交流合作的能力。

文章分析了中学生物理学习思维障碍的成因：先入为主的生活观念形成的思维障碍；对物理概念、物理规律和物理公式缺乏全面、正确的理解；物理学习过程中的负迁移；对研究对象及其物理过程不能建立物理模型；受心理定势影响和思维肤浅性所产生的错读。

最后提出了消除物理学习思维障碍的对策：注意清除物理学习中的前概念；建立理想模型和设计理想实验；对相似的问题定性区分，找出相同和相异之处，要从形式表象的相似中发现本质的区别，防止学习中的负迁移；注意防止心理定势的影响。

《物理教学探讨》2008 年第 3 期

感悟教学机智　留下精彩瞬间

单晓峰

面对日益增多的课堂突发情况，教师的课堂教育机智也将受到严峻的考验。教学机智是老师长时间积淀下来的在不断变化的教育情境中随机应变的教学技能。文章对物理课堂上常见的学生提问类型以及老师的应变机智进行逐一剖析与探讨。

作者提出的课堂教学机智包括："适当点评法"：物理中有许多习题或问题涉及的知识在深度和广度上略微高过中学物理教材的要求，学生往往会争论不休，教师此时不妨较迅速地补充说明，举一些学生熟悉的例子佐证。"回避引导法"：当学生突然提出与本课关系不大或涉及大学知识的问题、或教师自己一时也回答不出的问题时，可利用此法。"纠偏补充法"：教师不应置学生的思路于不顾，全面否定学生的观点，而是应给予纠正或补充。"思维互补法"：要重视多种思维方式的培养及学生交流氛围的营造，以使学生的思维更趋完善。"启发探讨法"：当学生的反馈信息带有普遍意义，对于模式的建构具有一定价值时，可以运用启发讨论法，在深入的探讨中构建新的认知模式。"暴露错误法"：教学中在知识易混点、盲点、不同点等方面有意识诱使学生充分暴露错误，在指错、纠错过程中，使学生获得真知和技能。"批判质疑法"：物理教学中，经常碰到学生对教材或教师的讲授提出质疑，教师应该让学生有疑敢质，思维才会活跃。

《物理教学探讨》2008 年第 3 期

对撰写物理教学设计的新思考

徐祥宝

为了充分体现新课程的理念。在课堂教学中真正体现以学生为本，教学设计就显得更为重要。教学设计是在现代教育理论指导下，直接从学生"学"的角度出发，要求以学生为本，直接指向学生学习活动的本身。一个完整的教学设计方案一般应含有学习任务分析、学习对象分析、教学目标阐述、教学过程分析、教学策略制定、教学媒体的运用和教学评价等要素组成。

文章具体介绍了教学设计的以上几个要素。学习任务分析是依据学习任务的理论，分析学习任务的类型和结构层次，确定教学的重点和难点。学习对象分析，就是要充分考虑学生学习物理的实际情况，分析、了解学习对象的准备状态，掌握他们的一般特征和初始能力。教学目标的阐述是根据学习任务分析和学习对象分析，正确、规范地阐明教学目标。教学目标的主要要素含义要明晰，行为动词要正确规范。教学过程分析是根据教学过程分析的基本要素和中学物理学科教学的特点，分析并确定教学过程。教学策略制定包括教学的准备、教学的实施和教学的评价策略。教学媒体运用主要是合理选择教学媒体，并在教学设计中阐明教学媒体在教学中的使用方式。教学评价包括诊断性评价、形成性评价、总结性评价三部分，特别要准确体现形成性评价的功能。

《物理教学探讨》2008年第3期

物理习题教学的现状分析及教学建议

张铝明

从习题的功能角度来看，做习题在很大程度上也是学习的过程，其对拓展学生视野、陶冶学生情操、培养学生科学探究精神和社会责任感等方面都有深远影响、积极作用。

在习题教学中，应通过教师与学生、学生与学生间的交流与信息沟通，达到巩固知识，发展独立分析解决问题能力的目的。这种教学方法为不同层次的学生提供了参与的机会，因此便于调动学生的学习积极性，有利于学生的主动参与。另外，师生在平等的气氛中进行讨论，学生中的问题可以得到充分地暴露，有利于教师了解学生的学习心理活动，从而可以及时地进行反馈和矫正。再者，由于讨论过程中可以畅所欲言，学生的思维可以得到有效地发散，有利于培养学生的发散性思维和创新意识。

为达到以上目的，教师所设计的习题提问难度要适当，要能激发起讨论的热情与兴趣，要能有成功的体验，要使不同层次的学生都能有所收获。“习题教学”的习题选择教师应注意：避免重复题、发现错误题，减轻学生的负担；发现好题，练习做到少而精，让学生从题海中解放出来；有自己的解题实践，就会知道学生在哪儿容易卡壳、拐弯、跌跤等，教学过程中便能一针见血地指出问题症结所在；在解题中得到乐趣，发展自己的智力和能力。

习题教学实施策略包括：背景探究——挖掘知识背景，感受物理文化；实验探究——重视活动操作，增强实践能力；预设问题——关注思维品质，提高创新意识。

《物理教学探讨》2008年第3期

课堂教学中不容忽视的一环——物理习题的探究教学

袁海江

对物理习题的探究是教学中最常见、最直接、最不容忽视的形式，因此课堂应当高度重视习题的探究教学，习题探究可以从下面几个方面入手。

第一，背景探究，可以挖掘知识背景，感受物理文化。有些习题往往有深刻的物理文化背景，通过物理背景的挖掘，可促使学生充分感受物理文化的魅力，从而激发学习物理的兴趣。

第二，题组探究，实行变式教学，促进知识迁移。不少习题蕴涵着丰富的内涵，若能把它们进行挖掘，可以发现许多规律性的结论，因此在课堂中有意识地将相关问题组合成题组，实行变式教学，可以帮助学生探究物理知识之间的内在规律，促进知识的迁移。

第三，方法探究，倡导一题多解培养思维品质。教师可引导学生从多种角度对题目进行解答，探究题目可能的变化情况及其解决方法，横向沟通，纵向联系，多方位探究不同的解法，择优选解，以培养学生思维的广阔性、灵活性和变通性。

第四，结论探究，拓展结论应用，培养创新能力。课本中有些内容内涵丰富，有着不寻常的功能和应用价值，教师应当有意识地引导学生学会自主地拓展、推广和应用结论，从而培养学生的探究能力和创新能力。

第五，实验探究，重视活动操作，增强实践能力。引导学生积极参与教学活动，亲身体验探索、主动探究，使学生真正成为学习的主体，促使学生不断地关注社会、关注生活，培养学生观察、思辨能力。

《物理教学探讨》2008 年第 3 期

课堂教学中怎样节约“探究时间”

陈传杰

在科学新课程的课堂教学中，开展探究活动较接受式学习花费时间多。文章以理论分析和案例说明相结合的方式，阐述科学学科课堂教学中怎样节约探究时间。

教师可采取节约探究时间的举措有：充分做好探究的前期准备，为开展探究活动顺利完成节省时间；适当加强探究的指导，降低探究的自主程度，可在很大程度上减少探究活动的时间；适当选择探究的要素，有所侧重地就某些探究部分让学生亲身参与，既节省时间，又考查和训练学生科学探究能力；适时分解探究的任务，让不同的小组分担不同方面的任务，各小组同时进行不同方面的探究活动，然后汇总交流探究的结论；精减探究活动数量，腾出时间来让学生思考、讨论和评价。

为了避免节约时间而走入误区，应该避免以下几点：（1）只在重点难点问题上探究。在课堂教学中开展的探究活动，不一定是教材的重点难点内容，适合发挥和培养学生探究能力的问题都可开展探究活动。(2) 以多媒体代替实验探究。若用多媒体代替实验，真实性会受到置疑，学生也无法体验探究的过程。(3) 回避探究中的问题。教师不能为节省探究的时间，拘泥于课前的预设。面对问题，要根据实际情况及时调整预设的教学设计，花时间和学生一起思考问题甚至解决问题。

《物理教学探讨》2008 年第 4 期

如何培养学生的物理发散思维能力

杨小兰

文章参照教育学、心理学、物理教学论等理论，结合实际案例，探讨高中物理教学中如何培养学生的发散思维能力。旨在解决如何运用思维教学理论指导高中物理发散思维教学，改变课堂教学中的思维结果教学，为思维过程教学，为教育创新在高中物理教学中的实施提供一种新的视角和新的探索途径。

课堂教学是培养发散思维的重要渠道。在物理课堂教学中，可以从多方面培养学生的发散思维能力：在概念与规律的教学中引导学生多方位体验物理研究方法；鼓励学生多方位思考，利用“一题多变”，变换思维角度，培养发散思维；增加探究性实验教学，可激发学生的学习兴趣，训练学生的动手操作能力。

培养发散思维还要重视发展物理形象思维，其主要途径有：教学中加强观察和实验，建立丰富的物理图像；利用相似性形象思维，培养学生运用物理形象进行思考问题的习惯；重视发展学生的想象力；重视学生联想能力的培养。

直觉思维在物理学中有重要作用，应该从以下几个方面培养：重视基础知识的掌握，拓展学生的知识领域；加强物理学史教学，培养学生科学的思维方法和优良的思维品质；鼓励学生猜想、疑问和假设；注意直觉讲解。

非智力因素在物理教学中的重要作用不可忽视，它是发展发散思维能力的重要条件，所以要重视非智力因素的培养。

《物理教学探讨》2008 年第 4 期

初探物理答疑课

季希彦

开设答疑课，是为了解决学生的疑问、难点，培养学生的创新精神和实践能力。作者就一个教学案例谈谈对答疑课的思考与尝试。

方案一：直接解答。针对问题，作详细解答。优点在于效率高、答题快。缺点：学生对疑问没有经过独立思维，短时间内有印象，但容易遗忘；同时也养成学生有疑即问，过分依赖教师的习惯。

方案二：设问探究。即将目标分解成组问题，让学生沿着设问的路径，独立思考或合作探究，最终实现问题的解决。方案优点是学生产生了疑问，教师帮助学生分析自己的思维过程中是哪一个环节出现问题，指出后，再由学生继续完成。让学生亲自经历知识是如何被使用的，真正处于自主思考、自主研究、自主学习的过程中，这样学生收获的是物理的思维方法。方案缺点：花费时间长，一节课解答不了几个学生，效率不高。

方案三：合作释疑。根据学生的学习情况、作业情况及个别问题，找出学生有共性的问题。在答疑课上提出来分小组讨论解决，在小组讨论前，也可以设置几个问题，搭建思考平台。方案优点：提高了答疑的效率，使学生在自主思考、自主研究、自主学习中解决问题。是一种较为实用的课堂教学模式。

作者归纳了答疑课课堂教学模式，并提出注意点：课前教师将学生的疑问以书面形式收集起来，找出共性的问题在答疑课上集中释疑；课堂答疑时间不要过长，留足够的时间给学生讨论；课上还可以分成几个小组，相互讨论进行释疑。

《物理教学探讨》2008 年第 4 期

新课程中物理课堂教学策略的转变

陈钦泳

《普通高中物理课程标准（实验）》明确提出要让学生“学习科学探究方法，发展自主学习能力，具有勇于创新和实事求是的科学态度”。新课程改革对物理课堂教学提出了许多新的目标、新的变化，作者结合教学实践在文章中阐述了新课程中物理课堂教学策略的转变并列举相应案例。

首先，要让学生学会提出问题，培养质疑意识、提问能力、创新能力。教师可展现给学生一个有趣的故事、新颖的物理现象或惊奇的物理事实，创设适度障碍的问题情境。当学生难以独立地将所要探究的问题明确地提出来时教师可以将问题表达得比较含蓄或模糊，要求学生换一个角度或换一种方式重述问题。

其次，要让学生经历过程，发展其探究能力、自主学习能力，学会科学探究方法。新课程物理课堂教学重视培养学生的探究能力，这就要求教师转变教学策略，注重让学生经历探究过程，使学生自然得出结论且理解更深刻。

再次，要让学生学会合作交流，学会既能坚持原则又能尊重他人意见，树立起团队意识。教师要改变传统教学中单向传输式教学，培养学生的合作意识和交流能力，体现了时代和社会的要求。

最后，让教师学做学生的助手，让学生成为学习的主人，从而完成各项学习任务，体验成功的喜悦，最大限度地发挥学习的积极性。

《物理教学探讨》2008 年第 5 期

新课程背景下“物理规律教学”探析

刘艳超　于海波

物理规律既是物理科学的核心构件，也是物理教学的重要内容。

文章首先讲述了物理规律的内涵：物理现象、物理过程在一定条件下发生、发展和变化的内在、必然的联系。然后将物理规律分类并详细解释了各种规律：从获得途径的角度来看，物埋规律分为实验规律和理论规律；从知识形式的角度来看，物理规律分为定律、定理、原理等；从过程中不同质的运动角度来看，物理规律可分为力学、热学、电磁学和光学规律等；从“定性-定量”维度来看，物理规律可分为定性规律、定量规律。

接着对规律的特点归纳总结为五点：实践性、联系性、对应性、因果性、发展性。物理新课程改革强调改变过去过于注重知识传授的一维目标而向三维课程目标迈进，因此，物理规律教学在新课程实施过程中发挥重要作用：有助于学生对知识的理解；有助于学生思维能力的发展；有助于学生科学方法的掌握；有助于学生科学探究能力的形成；有助于学生情感、态度与价值观的培养。

最后文章提出了物理规律教学的基本策略：活化物理实验教学，为学生提供主动获得规律的机会；强化物理思想教学，使学生感受物理学的理性美；重视规律应用教学，让学生体会物理学在社会发展中的作用；提升教师科学素养，为实施新课程背景下的物理规律教学奠定良好基础。

《物理教学探讨》2008 年第 5 期

关于探究性教学的思考

陈佳圭

探究性教学得到教育界的认同并积极提倡，成为科学教育改革的重要内容。

文章首先剖析了一个科学探究的经典案例，提出“应该如何评价那些很有科学意义，研究过程清晰而有价值，但没有得到总体成功的探究”的问题。接着介绍了哈伦和詹利对科学探究教学归纳的七个过程：观察、提问、假说、预测、调查研究、解释和交流，并对这七个过程进行了深入的探讨。对学生从小到大受到科学教育的普遍情况以及当代科学特点和研究技术化趋势下的探究过程也作了详细描述。

最后，作者提出对探究性教学的几点认识：探究是一种学习的方式和活动；探究性学习让学生学到科学知识和概念的同时，又提高了他们科学的创造性思维和逻辑思维能力；科学探究性学习鼓励学生积极参与所经历的各个过程；“探究”并不神秘，只不过是解决问题而已；探究性教学应理解为一种艺术行为，它不是唯一的和不变的形式，需要高水平教师的精心设计和编排，需要师生的共同努力，形成积极的互动；引进科学史时要避免对科学传奇故事的过分渲染；探究性教学的开放程度要根据课程的内容、条件和时间来选择，还要取决于客观条件；探究性教学要求教师理解探究的意义，并采用新的观念和思维方式、新的技术手段、新的教学行为来实现。

《物理教学探讨》2008 年第 5 期

物理实验教学中的应“忌”之处

杨运中　杨春明

文章根据教学中的实际，指出了物理实验教学中的 6 点避忌之处：

忌实验目的不明确。对于教师，给学生强调实验的目的是实验教学成功的第一步，在实验过程中也要明确实验要点、注意事项及实验现象。

忌没有准备的演示实验。演示实验在教学前要进行充分准备，教师必须用规范的物理语言、严格的实验操作程序、规范的实验操作动作来进行。这样做直接影响到实验的真实性、准确性和教学效果。演示时规范化操作与物理语言的运用对学生起了示范作用。

忌把“教材”变“教案”。在教学中，如果所有的实验都按书本中的过程按部就班去做，一些实验达不到理想效果，要钻研教材，对实验进行合理的设计，灵活运用多媒体技术及多样化的教学方式。

忌实验设计不科学。物理实验的设计要科学、合理，才能达到预期教学目标，对书本中一些实验，其现象、可见度不一定明显，要对它们进行科学设计，如器材的选配，实验室条件等。

忌脱离实际的物理实验教学。不管是演示实验还是学生实验都尽量贴近学生现实生活，不要脱离实际生活进行教学，要使学生觉得实验不是空洞、凭想象的事物。

忌实验之后不对实验进行反思。让学生对实验进行反思，是学生进一步深化和学习物理、总结规律的一个重要方法与手段。

《物理教学探讨》2008 年第 5 期

新课程背景下物理教师角色的转变

姚良炬　朱庆峰

新一轮基础教育课程改革轰轰烈烈的开展，物理教师在实施新课程教学计划的过程中，转变自身的角色已刻不容缓。

文章探讨了物理教师面对新的物理课程标准，应该怎样对自身角色重新审视与定位，树立正确的角色意识，以多重角色身体力行地体现物理新课程改革的基本理念。主要观点有：

一、教师要从知识的传播者向学生学习的引导者转变，其主要职能已转变为学生学习能力的培养者。

二、学生是课堂教学的主体。教师是学生活动的组织者、引导者和参与者。教师只有在知识面前忘却师生的界限，和学生做探索问题的合作伙伴，才能使师生在教学相长中得到提高。

三、由单一的注重结果、学会向多向的注重过程、会学转变。

四、教师“讲”实验转变为学生做实验，不仅提高了学生的动手动脑能力和实验技能，还提高了学生学习物理的兴趣。

五、由以教师为中心向以学生为中心转变，从而切实解决教学中的实践问题。

六、老师应由面向全体学生向面向全体与个体相结合转变，承认学生的个体差异，采用多种不同的教育措施，使学生的个性得到充分的发展，因材施教。

七、由孤立封闭向相互合作转变。教师要实现专业的深入发展，必须学会与同事、学生、家长、领导和社会上各界人士合作，使自己的专业视野更加宽广。

八、用角色的人格魅力去感染学生。

《物理教学探讨》2008 年第 5 期

提高物理探究式教学的有效性

黄惠菁

如何提高课堂教学的有效性是我们开展教学研究永恒的主题，文章旨在探讨如何使高中物理“探究式”教学更加有效，主要有下面几个观点：

1. 实施探究式教学的内容要注意：要选择对学生三维目标的发展特别有效的内容；要符合本校学生的实际水平；要根据本校的实验条件。对各种版本教材的探究内容要充分了解，选择最佳的探究内容开展探究式教学。

2. 要巧妙地引导促进学生积极探究。探究式教学，如果只是简单地把器材丢给学生，让学生自主探究，那么可能多数学生将会是一事无成的。教师的合理、巧妙地引导，是学生顺利进行探究，确保探究课有效的重要因素。

3. 利用学生提出的问题实施探究。在课堂上，有时将学生提出的问题作为一项探究的资源，会收到意想不到的探究效果。当然，把学生提出的问题作为探究的资源，并不是所有学生提出的问题都拿来一一探究。

4. 组织好师生互动，活跃探究过程。师生、生生的互动是他们的思想碰撞产生智力火花的过程，从而使学生的认知得到发展，使教师的教学智慧得到升华。不要简单地把学生之间的差异看成是教学的问题，而是要把学生之间的差异看成是教学的资源，教学中要充分地、合理地、艺术地利用这一资源，使学生之间发生实质性的互动。

《物理教学探讨》2008 年第 5 期

论新课程标准下高中物理复习课教学

陈宗造

文章着重探讨了在新课标下，高中物理复习课教学如何按照新的要求来制定一套有效的复习方法，即要注重“六化”。

一、知识结构网络化。在高中物理复习中建立学生的知识结构网络，首先，要揭示知识之间的内在联系，让学生理解和把握

其间的本质性规律。其次，教师通过有关教学策略，使学生形成良好的知识结构网络。

二、问题解决技能程序化，即指解决问题时，按照一定的科学思考顺序和解题的一般步骤。

三、方法教育显性化。在复习课的教学中可显性地进行方法教育，介绍理想化方法完整的操作过程：分析影响因素；比较各因素作用；忽略次要因素；建立理想化模型。还可以向学生显性化地介绍演绎推理法、归纳法、比较法、类比法等物理方法。

四、过程教学变式化。在引导学生认识事物属性的过程教学中，不断变更所提供材料或事例的呈现形式，使本质属性保持稳定而非本质属性不断变化。变式习题教学往往采取一题多变、一题多问、一题多联、一题多解的过程教学。

五、模型迁移组合化。在物理复习课教学中，使学生掌握物理模型，并学会迁移、组合。首先，学生必须理解什么是物理模型，掌握所学过的物理模型。其次，要理解物理模型的含义及遵循的规律。

六、教学内容渗透化。在高中物理复习课教学中，要注重数学思想与方法教学，一般认为有如下四种数学思想：函数方程思想、数形结合思想、分类讨论思想、转化化归思想。

《物理教学探讨》2008 年第 5 期

基于高中物理新课程自主学习的研究

陈忠煌

自主学习是指学生在教师的指导下，以学生自己的参与、体验和探究为主，从自身生活和社会生活实践中主动获取物理知识，并创造性地解决社会生活中的物理问题的一种学习方式。

高中物理教学中需要“自主学习”，是认知规律和课程改革的要求，也是学生终身学习和发展的要求。高中物理进行自主学习的可能性表现在：高中生具备自主学习的心理条件；高中物理自身特点：隐含着大量有趣的资源，与生活实际、科技前沿紧密相连；高中生具备一定的认知策略。

为了使学生更好地进行自主学习，教师应采用适当的教学策略。第一，通过激发兴趣，促进学生自主学习。可以尝试以下方式来激发学生自主学习的兴趣：1. 培养师生情感，使学生对教师感兴趣，进而对所教学科感兴趣；2. 设计有趣的课堂导入方式，激发学生学习兴趣；3. 重视实验教学，激发学生学习物理的兴趣；4. 创设问题情境，激发学生学习物理的兴趣。第二，通过确定目标，引导学生自主学习。由于学生学习水平的差异性，应进行目标分层，做到因材施教。第三，通过学习方法的掌握，优化自主学习。可从概念的、规律的、解题的和思维的方法等方面进行培养。第四，通过学生的检测、反思和教师的点评、精讲，落实自主学习。第五，通过学习意志的培养，强化自主学习。

《物理教学探讨》2008 年第 6 期

如何培养学生的物理过程分析能力

余志卫

物理过程的分析能力正是近年物理高考的重点考查能力之一，在教学中必须注意培养学生分析物理过程的能力。

物理过程分析要注意三点：

第一，寻找转折点，细分物理过程。大量的物理题所描述的物理过程是复杂的，但它们往往又是由若干个彼此独立的子过程组合而成，这些子过程各有其不同特征，遵循不同的物理规律。然而，这些子过程通常总存在着一定的因果关系或制约关系，只要我们找到其转折点，就可把物体复杂的运动过程细分为几个易于理解的子过程来进行分析。

第二，仔细审题，抓本质特征。仔细审题是物理过程分析的基础，而抓住其本质特征，则是物理过程分析的关键。认真分析题目给的各个条件以及它们对物理过程的制约作用，抓住反映物理过程的本质特征，从而找到解决问题的突破口。

第三，挖掘隐含条件，分清物理过程。有些物理过程含有不同的子过程，而且子过程含有较为隐蔽的条件，这就要求学生必须深刻理解物理现象的产生条件，挖掘其内涵，分析清楚物理过程。

如何培养学生物理过程分析的能力，作者提出要展现教师的分析过程：首先，教师应自觉进行“心理换位”，多用学生的眼光与心态去审视教学内容，想学生所想，疑学生所疑。其次，教师要多从学生的思维角度、思维习惯和方法去体验、研究学生是怎么想这个问题的，其主要思维障碍是什么？并且还要充分发挥学生的主体作用。

《物理教学探讨》2008 年第 6 期

物理教学中抽象问题形象化的途径

梁鉴恒

在物理教学中通过各种途径将抽象物理问题形象化，有助于教师突破教学难点，有助于学生抽象思维和形象思维的互化。精心准备各种形象化途径是教师进行教学设计及确保教学成功的关键。要实现抽象问题形象化，作者提出有以下几个途径。

第一，可以通过在实践中积累的大量有价值的教学片段，用生活化的物理将抽象问题形象化。教学材料可以是一个类比，一个生活事件，一个故事等。

第二，精彩的实验也可将抽象问题形象化。在教师的引导下，通过观察、实验、操作等亲身实践体验，主动去探索新知识、获取新知识，这正是抽象问题形象化的有效途径之一。

第三，幽默风趣的板书板画能对抽象问题形象化起到出奇制胜的作用。教学简笔画是一种情境图示，它以生动、直观、形象、简缩、夸张等形式表现出来，能准确地揭示事物的本质。

第四，以现代多媒体技术为核心的计算机辅助教学是实现抽象问题形象化的新途径。计算机辅助教学将图示、声音、动画、视频影像等多种形式有机地融为一体，实现了有声可视。它的物理模拟和可重复性，使创设的物理情境更加丰富多彩。

第五，“学以致用，实践出真知”也能有效实现抽象问题形象化这一目的。学生通过课堂学习对物理概念或规律有了一个初步感知后，可通过课堂与课后实践结合使学生对抽象知识的理解更加立体形象。

《物理教学探讨》2008 年第 6 期

在概念课教学中引入探究模式

郭槐亮

“探究式教学”是新课程大力提倡的教学方式，物理学科的“理论探究”在探究性教学中占有很重要的地位，得到重视和研究，而概念教学是理论探究极有用武之地的一个场合，在概念教学中引入探究教学模式是教学方法上的突破性尝试。

权威学者萨奇曼的探究教学模式的教学程序是：呈现疑难情境；提出假设和收集数据；得出结论。探究性教学并不一定是建立在探究实验之上的。首先，规律课教学由实验引入课题而设置教学情境不失为一种有效的方法；其次，“证明假设”并非一定要亲身实验，利用前人已经取得的研究成果有时也不失为一种有效的方法。

概念既是存在于人脑知识结构中的一种知识内容，又是主体进行加工的一种过程，它具有静态和动态的双重特点，概念的建立和发展总是与主体其他的认知活动交叉在一起。在概念课教学中引入探究模式，首先可采用类比推理，激活探究欲望。利用类比建立和深化概念的学习，是概念教学中最常用的一种方法。其次是合作与辩论。现代课堂教学中的探究学习，主要有布鲁纳的发现学习和建构主义的发现学习两大体系。在概念教学的探究性学习中，最佳的方法是把两者有机地结合起来，整体上采用“布鲁纳式”，而局部采用“建构主义式”，因为概念的内涵与外延的理解仅由学生自己建构颇具难度，但如果一味由教师引导，对学生的思维训练和能力提高不利。

《物理教学探讨》2008 年第 6 期

初中男、女学生物理探究式学习自主性的差异现状

任修红　叶　丁

作者对男、女生性别差异是否对探究式学习中学生学习自主性产生影响、探究式教学是否有利于改善女生对物理的畏难情绪作了相关调查与探索。

调查结果发现初二年级男、女生在物理探究学习自主性表现维度方面基本一样。男生从初二年级到初三年级在问题解决、结果分析、意志力三个自主性表现维度上，得分均呈上升趋势，特别是在问题解决维度上增长幅度较大。女生从初二年级到初三年级学习自主性表现的各维度都呈下降趋势，而且问题解决和自我调节维度自主性表现得分下降比较大。

作者分析了这种现状的原因：男、女生在非智力因素上的差异，包括兴趣和性格的差异。男、女学生在智力发展因素上的差异，在学生感知觉和操作实验能力方面男、女生发展存在着一定的差异。还有造成智力及非智力性别差异的外因：首先是物理学文化的性别建构，现代研究发现，物理学的研究对象、研究方法、认知方式以及物理学家的形象等已不同程度地被打上了男性的烙印。其次在物理探究式教学内容以及相应的知识背景方面也是以男性兴趣、爱好、生活经验为主。

最后作者提出两点建议：正视男女学生性别所导致的探究式教学中学习自主性程度差异，因材施教，教学中应尽量为女生创设更符合她们生活习惯、更熟悉的物理情境；扩大女生的视野，保持和加强女生学习物理的积极性和兴趣。

《物理教学探讨》2008 年第 7 期

他山之石，可以攻玉——澳大利亚物理课程教学见闻

王汉权

文章从澳大利亚物理课程教学见闻出发，阐述了如何在物理教学中激发学生兴趣，培养学生的创新能力。

第一，注重引发兴趣动机，课堂自主探究活跃。澳洲的规律教学是选择某主题展开，活动前教学组要研究该主题有哪些是能激发学生的兴趣动机、引导自主探索的实例。

第二，培养观察分析能力，课堂引入概念图教学。文章详细介绍了一个实例，Mark 先生为使学生认识运动规律，课前安排了一个活动，看赛车比赛，明确地交代任务：观看比赛，看到和想到哪些问题与物理知识有关？第二天要交流展示观察和认识的结果：掌握了哪些物理知识？有什么新的发现？

第三，强调动手能力培养，真正拥有所学知识。澳洲学生重视自主探究能力的培养，从 2002 年新课改后，笔试压力变得很小，大多学生午餐后就跑去实验室，不需老师督促，实验中有问题就问，不断有问题，不断有发现，形成了良好的探究习惯。

第四，突出研究报告质量，力求创新能力提高。澳洲课堂教学重视兴趣培养、强调自主研究，提高创新能力，所以作业布置灵活多样，每周只要求完成一份研究报告，但涉及的内容较广，有政治经济、人文环保、地理生活等，重视综合能力的考查，对作业完成有详细的评估细则，分 A、B、C、D、E 五等，学生个个都想争 A，所以课后研究报告的质量相当高。

《物理教学探讨》2008 年第 7 期

教学目标的叙述与教学方法的选择

刘桂荣

明确而具体的教学目标是物理教师选择适当的教学方法的依据，是进行有效教学的保障之一。文章从新课程三维目标的理解入手，分析如何叙述教学目标以及如何根据教学目标选择合适的教学方法。

对如何叙述明确具体、可操作性强的教学目标，作者提出：1. 教学目标叙述的主体应为学生。2. 教学目标对知识与技能的叙述应明确、具体。“了解”可以具体化为描述、说出，“认识”对应认识、辨别，“理解”对应区别、说明、解释、估计、分析、计算，“技能”用测量、画出替换。3. 教学目标对“过程与方法”

的叙述应注重学生的体验。体验性要求经历的具体目标动词包括观察、经历、体验、感知、学习、调查、探究。4. 教学目标对情感态度、价值观的叙述。情感态度、价值观与目标动词有关心、关注、乐于、敢于、勇于、善于。

可以根据教学目标选择合适的教学方法，从教学目标的叙述中凸显教学方法。很多情况下，教师对教材的处理有自己的想法。此时，可以跳出教参的束缚，以其他形式呈现知识与技能、过程与方法、情感态度与价值观，然后根据教学的设计对教学目标进行叙述。以上两种方法各有侧重，各有优势，在教学中，两种方法要相互渗透，交替使用，将教学目标叙述得更明确、更具体、更具有可操作性。

《物理教学探讨》2008 年第 7 期

“似是而非”的错误感觉对物理学习产生的障碍与对策分析

胡生青　刘路嘉

在物理学习中有不少学生对问题的认识只停留在感性认识阶段，形成“似是而非”的错误感觉，不能上升为理性认识，以致对物理学习造成障碍。文章首先介绍了一些错误感觉在物理习题中反映的实例，并给予理性分析。

接着，文章从心理学理论与哲学认识论的角度，分析障碍形成的原因，在思考和分析物理问题时，学生易于用生活观念和经验感觉代替用科学概念分析。另外，部分学生以自我为中心，从个人的日常经验和日常概念出发，想当然地对物理现象进行判断。当科学的结论与日常经验的直觉相反时，往往更相信自己的日常经验，用日常经验对问题做出解释。从哲学的认识论上看，学生出现的错误感觉是对问题的认识停在感性认识阶段，而感性认识只是对事物现象的反映，理性认识才是对事物本质的反映。

作者结合自身的教学体会对错误感觉形成的障碍提出一些对策：1. 变被动为主动，课程实施注重自主学习，提倡教学方式多样化；2. 加强实验教学，教师要重视实验，做好演示实验，多开设学生实验，鼓励学生课外小制作和小实验，让实验贯穿学生学习物理的各个环节，并注意引导学生认真观察；3. 强化思维的独立性与批判性。正确的物理概念和规律要真正被学生接受，必须重视在运用过程中的思维训练。

《物理教学探讨》2008 年第 7 期

“变奏”艺术在物理教学中的应用

沈云燕

“变奏”是在教学中通过叙述方式、理解角度、思考线路、思维素材等的异化和变迁，提供多形态的物理信息，创造多样化的思维环境，接通多方位的解释线路，用以提高教学效果的一种教学艺术。“变奏”可以从下面几个方面着手：

一、表达方式的变异。需要重复的关键处，应注意叙述的变换、用词的变更、方式的变化，通过富有魅力的语言或生动的图形，给学生留下鲜明的印象。

二、思考角度的变化。为了突破某一难点，往往需要从不同角度进行阐述，突破常规思维模式，用前所未有的新角度、新观点来认识事物，提出独特见解。

三、解题方法的变通。对物理问题，要善于引导学生各自应用已学知识及自己的聪明才智，从不同的途径寻求突破，用不同的方法处理问题，最后达到殊途同归的结果，也是“变奏”艺术的重要组成部分。

四、练习题的变换。单调的题型往往形成单一的刺激，容易造成思维定势，滋生厌倦情绪。若能经常变更题型，突出不同的考查侧面，在题型的更迭中，唤起学生的新鲜感，培养处理问题的灵活性。

五、习题的拓宽变化。教学实践表明，在物理教学实践过程中加强一题多变的教学，对学生深化理解物理知识，开阔思路，促进知识的迁移和应用，增强灵活性、应变思维能力及综合解题能力都是十分有益的。

《物理教学探讨》2008 年第 7 期

高中物理“学困生”转化初探

王书方　陈庆军

物理教师可从平时成绩、作业情况、课堂表现、物理情感态度、实验能力、学段考试成绩、学生的自我评定七个维度评价学生的物理学习，有四个以上维度处于 D 等以下的学生为物理学困生。分析了城镇高中物理学困生的主要成因：教材中部分信息学生难以阅读，思维滞后，学习方法欠缺，课堂参与度低，实验薄弱，测验缺乏引导性，评价方式单一等，作者认为可将城镇高中物理学困生分成四类：思维滞后型、依赖-懒散型、运动过度型和青春逆反型。

高中物理学困生转化策略，作者提出了转化城镇高中物理学困生“以生为本”的策略，即以参与-台阶式课堂教学和目标-坡式作业策略为主，辅以对应的课外指导策略。针对思维滞后型学困生辅以变式练习和指导讨论法；针对依赖-懒散型学困生辅以小组合作学习和任务-时间监控策略，培养独立性；针对运动过度型辅以任务-时间监控策略，学史-理想教育、小组合作学习和增强自我效能感策略，重视价值观教育。

作者做了高中物理学困生转化实验，基于实验前测后测的统计数据分析，可得出以下结论：1. 学习情感态度发生了趋良的变化；2. 学习方法有所改进，更注重物理过程；3. 实验班的学生成绩有所提高。从以上几方面看，针对不同学困生提出的“以生为本”转化策略是有效的。

《物理教学探讨》2008 年第 8 期

对高中物理探究性课堂教学的思考

杜馥芬

探究性教学是在教学中注重过程，让学生通过主动探索、发现和体验，学会对大量信息的收集、分析和判断，从而培养学生的开拓精神和创造能力。在物理课堂教学中教师往往在概念教学和物理规律的发现中进行探究式教学。

虽然探究教学已进入课堂，但还是有很多地方值得思考。

第一，要处理好探究教学和讲授教学的关系。何时采用探究式教学，何时采用讲授式教学，要视具体情况而定。

第二，关注“真正”的探究与“表面”的探究。要最大程度地提高学生的参与率，组内成员应分工明确，一定时间内，角色互换，使每个成员都能从不同的位置上得到体验、锻炼和提高，鼓励每个成员并提供展示的机会，让每个学生都承担一定的责任，从而保证探究的效果。

第三，加强探究性复习课。将传统的复习课转变为探究性复习课，要实现以下转化：1. 从知识教学积累性灌输转变到知识的形成性；2. 从重学生的知识型储存转变到重能力型；3. 从重集中性、内敛性的思维训练转变到重联系性、发散性的思维训练；4. 从重时间追加、数量至上的拼搏策略转变到重探究追加、效率至上的智能策略。常用的方法有：采用一题多解或变式训练，使旧题变新题；指导学生用多种方案设计；引导学生多角度解读研究对象。

《物理教学探讨》2008 年第 8 期

新课程背景下高中物理竞赛校本化的构想

王承金

高中物理竞赛活动，有很多功能：物理竞赛活动是“开放”式的创新教育模式，特别追求学生能力的培养和提高；为爱好物理的学生们提供帮助他们成长的平台；促进教师具备良好的多方面的科学知识。在新课程背景下进一步发挥物理竞赛的育人功能，成为中学物理教师研究的一个重要课题。

随着学校和教师课程意识及课程开发能力的增强，校本课程将有更加多样和广阔的前景，因为它是以学生的探究性学习为主，目的是使学生通过探究活动来建构可以灵活迁移的知识技能，同时提高问题解决能力。而物理竞赛活动的过程能够很好地培养学生这些方面的能力，所以它作为校本模式发展是非常合理和有效的。

要想把物理竞赛与平时的物理教学协调起来，最好将物理竞赛发展成为一门校本课程。具体的操作方法如下：1. 按照新课标的要求以及构建课程的标准进行理论研讨，制定物理竞赛的教学原则、操作方法和步骤，构建教学目标、教学方法、教学评价体系。2. 通过实践进行探索，在探索中不断完善。总体上需要做好以下工作：a. 精选或编写教材；b. 精心选拔竞赛苗子；c. 辅导教学，不断优化辅导教材；d. 密切关注参加竞赛辅导学生的反馈信息，及时调整计划，提高实际效果；e. 关注参加辅导的青年教师的成长状况；f. 不断完善物理竞赛的教学原则、操作方法、构建教学目标、教学方法、教学评价体系；g. 将研究的数据资料进行全面分析，逐渐形成一套物理竞赛的校本课程方案。

《物理教学探讨》2008 年第 8 期

中学物理实施探究式教学的实践策略

严德友

新课程理念下的中学物理教学中如何实施探究式教学，作者结合对科学探究的理解和认识，就教师们关心的问题谈了自己的观点。

探究式教学的实践策略：1. 应注重问题情境的创设。创设情境的目的包括两方面：一是暗示学生将要学习的主题；二是通过情境设置引起学生的学习兴趣，避免因学生趣味不浓而不投入到探究活动中。2. 注重学生自主探究。要让每个学生根据自己的体验，用自己的思维方式自由地、开放地去探究，去发现物理知识的形成过程；并让学生以原有的知识经验为基础，对新的知识信息进行加工、理解，由此建构起新知识的意义。3. 注重学生合作交流。在合作交流中学会相互帮助，实现学习互补，增强合作意识，提高合作能力，分享探究学习的成果。4. 注重引导学生探究。将所学的知识在教师的引导下，运用于解决问题的探究实践之中。5. 注重学生探究的评价。

在探究式教学实施过程中要注意：探究活动的设计应符合学生的心理特点，从学生熟悉的事物出发，设计学生喜欢的活动；探究是一种多侧面、多形式的活动，无论何种形式，关键是要体现科学探究的思想和基本特征；学生在学习科学探究方法的同时应领悟蕴涵其中的科学精神；正确认识科学探究式教学与其他教学方式的关系，灵活处理教学时间问题；教师要提高自身素质以适应探究式学习要求。

《物理教学探讨》2008 年第 8 期

提高重点高中女生物理成绩的一点体会

宋海峰　王海云

初、高中物理在思维方法及能力要求上都有较大的差异，长于形象思维的女生往往一下子难以适应，物理成绩悄然下降。作者就如何提高高中女生的物理成绩谈了几点体会。

第一，建立和谐的师生关系，消除恐惧，激发兴趣。在当代社会，师生关系应该是“民主、平等”的，不仅需要学生尊重教师，同时教师也应该尊重学生的个性与人格。教学活动是师生双方情感和思维的交流，教师可以通过建立和谐的师生关系，帮助女生消除对物理教师及物理学科的畏惧，从而鼓起学习物理的勇气。

第二，降低教学过程的起点，增强兴趣。针对高中女生认识能力差思维能力弱的特点，教师在教学过程中要降低教学起点，增加教学层次，给理解困难的女生搭起思维的小台阶使她们拾级而上。因此，有些知识宜随着学生的知识和能力的提高而逐步引向深入。对一些比较抽象的概念规律，教师要尽量增加演示实验、多媒体等直观教具进行教学。

第三，指导方法，点拨思维，发展兴趣。教师的教不只要传授基本知识，更重要的是传授方法，平时要结合具体内容，给学习困难的女生介绍思维方法。

第四，学以致用，升华兴趣。教师要引导学生联系实际，学

用结合，用物理知识解释物理现象，解决实际问题，使学生感到学有所得，学有所用。

《物理教学探讨》2008年第8期

高中物理“生生互动”教学探讨

顾建新

在新课程的实施上注重学生的自主学习，提倡教学方式的多样性和创新性。“生生”互动教学就是在这样的理念之下应运而生的，虽然在实践的过程中也遇到了不少困难，但通过近年来的教学调研，对“生生”互动教学颇有感触，作者谈一点个人体会。

1. 创设问题情境，增强问题意识，培养学生发现问题的能力。在教学实践中，遇到的第一个难题，就是学生提不出问题或提不出有质量的问题。在实践中摸索，为了使学生能够真正参与到课堂中来，首先考虑的应该是物理实验。由于学生对实验的好奇，会逐渐进入主动参与状态。通过设置情境、引导产生疑问，学生开始主动发现并能够提出问题了。

2. 建立合作小组，增强合作意识，培养学生合作学习的能力。在进行课堂合作学习时，摆在学生面前的问题是课堂上不知道该怎样合作；在自由时间讨论时如何与身边的同学交流思想，从而进行有效的课堂合作学习。

3. 设置课堂结构，培养学生自主学习、主动学习的能力。为进一步实现学生互动，使其能够发现新知识和解决新问题，培养学生解决实际问题的能力由问题导入，采用多种问题情境来调动学生学习的内在动力，激励学生学习的主动性、参与性、合作性和创造性。设置一些学生自主解决、疑难讨论、合作学习的氛围，提出疑问，让学生在课堂中对某一方面情境感到有兴趣而想探究。

《物理教学探讨》2008年第9期

例谈信息技术与初中物理教学的整合

邹冠男

文章通过简要介绍《流体压强与流速的关系》这一节教学实践课，提出信息技术与初中物理教学整合的方法。

教学设计思路：学生利用网络进行自主探究和学习，在专题网站上查阅、收集资料，利用留言板等对所要学习的内容进行知识和情感的自主建构。在教学中，学生通过专题网站的自主学习、协作探究、讨论交流、自我评价来掌握所要学习的知识。教学过程可分为引言、任务、过程、讨论、评价和结论几个步骤。

对于如何实现信息技术与初中物理教学的整合，作者提出：1. 教学方法的整合。信息技术在文字、图像、图形、声音、视频图像、动画等教学信息的展示上，以其形象逼真、新颖别致、跨越时空限制的巨大优势，对学习者的各种感官提供了多角度、全方位的强烈刺激。2. 教学内容的整合。发挥信息技术大信息量、开放、交互的优势，培养学生探究精神。3. 教学形式的整合。信息技术的应用，扩大了学生的兴趣幅度，激发了学生的参与欲望。

最后文章指出整合还有不少问题需要解决。第一，教师的教育理念更新的同时，在教学中也应注意与传统教学手段的结合探究。第二，部分教师可能业务水平难以达到教学对计算机和网络应用水平的要求。第三，如何保证课堂教学组织的有序性，如何提高学生浏览网站收集信息的效率和有效性也是需要研究和解决的问题。

《物理教学探讨》2008 年第 9 期

物理辩证思维能力的培养策略研究

梁新灿

辩证思维就是思维主体在主观上对立地与系统地把握客观对象的矛盾性与系统性的思维。辩证思维具有以下特性：1. 二极性，如一种生物膜无论怎样薄都有它的两个面那样，它是事物的本性和二极性存在的基础。2. 矛盾性，如阴阳两极、雌雄两性，由这种对立面的联系形成的矛盾及其导致的运动、变化、发展。它是辩证思维的核心特征。3. 系统性，它是辩证思维的整体性特征。

文章提出了物理教学中辩证思维能力的培养策略：

1. 否定之否定规律在物理教学中的应用。否定之否定规律揭示了事物发展的方向和道路，说明客观事物的发展是波浪式前进或螺旋式上升的。辩证的否定并不是使事物发展停止，而是起着承上启下、继往开来的积极作用，是新旧事物联系的环节。

2. 现象和本质辩证的原理在物理教学中的应用。唯物辩证法关于现象与本质辩证的原理给我们认识事物提供了一个科学方法，即通过现象看本质的方法。根据现象与本质对立统一的原理，我们在认识事物时，一方面不能离开现象去认识本质；另一方面现象并不等于本质，现象只是我们认识事物本质的向导，而认识事物的本质才是科学的主要任务。

3. 必然性和偶然性的辩证关系在物理教学中的应用。正确认识必然性和偶然性的辩证关系，是有效地认识世界和改造世界的一个重要条件。另外，形式和内容辩证统一的应用也是重要的培养策略。

《物理教学探讨》2008 年第 9 期

“猜想与假设教学”探析

孙朝平

猜想与假设是指学习者根据已有的经验和科学知识对要探究的问题做出某种尝试性、猜测性的解释和说明。新一轮物理课程改革重视科学探究意识和能力的培养，注重学生科学素质的提高，而在科学探究的几个要素中，“猜想与假设”是非常重要的一个环节。

怎样培养学生的猜想与假设能力，作者提出：

1. 结合概念、规律教学，引导学生猜想与假设。掌握概念、理解规律、领会物理学方法是物理学习的主体。其中在物理概念、规律教学中引导学生猜想与假设是主要渠道。

2. 突出实验思路，启发学生猜想与假设。在实验教学中三维教学目标的落实同样重要，其中引导学生猜想和假设有很多可为之处，应该防止实验与理论脱节，提高实验教学效果。

3. 活化习题功能，引导学生猜想与假设。中学物理中的习题教学，本质就是设置一些问题情境，让学生分析和解决问题，从而巩固所学知识，提高解决问题的能力。

4. 在研究性学习活动中强化猜想和假设。研究性学习作为独立形态的课程已经开设多年，新课程赋予高中物理大量的研究性学习课题，内容丰富多彩，包括物理课程中概念、规律的探究，制作性探究，理论性探究，验证物理学发展史的探究等。研究性学习重在体验和感悟物理学探究的基本方法，猜想与假设是各类型探究活动的重要步骤。

《物理教学探讨》2008 年第 10 期

对有效创设探究教学情境的思考

冯　利

在实际教学中，并非所有的探究教学都能取得良好效果，其中情境创设的有效性问题就直接制约着探究教学目标的实现。

现在探究教学情境存在着两类误区：1. 教学情境就是提供引发学生兴趣的场景。缺少了心理需求的情境创设，是无法使学生通过对情境的辨析自主形成具有探索性的问题的。2. 探究实验过程本身就是一种教学情境。物理实验的确创设了一个让学生进行探索的氛围，但这个氛围着重关注学生对某一特定问题的探讨和验证。它是一个对确定主题进行论证与探索的过程，而不是学生对某一情境产生思维冲突并自主产生问题意识的过程。

对探究教学情境创设内涵可以从两方面来理解。一方面，将科学探究引入教学，其目的在于期望学生能够像科学家进行科学研究那样自觉地、独立地通过探究活动过程来获得知识，掌握科学研究的方法。所以探究是学生自觉自愿努力寻求答案、解决问题的探究，关键是激发学生对探究问题的求知欲望和内在动机。

另一方面，探究教学情境的创设还有其特殊性，即问题性，因此我们说探究教学情境亦是问题情境。探究的核心是问题，在科学探究活动的七个要素中，“提出问题”是第一要素，故引发学生情绪体验及认知冲突的“境”，应是问题情境。

为了使探究教学能够有效深入地进行，教师在探究教学情境创设过程中应关注以下问题：1. 立足于学生原有的认知经验；2. 引发学生深入的思考；3. 融洽的课堂氛围。

《物理教学探讨》2008 年第 10 期

如何对物理教学进行反思

杨素英

教师经常反思教学是很重要的，表现在：反思会使教师自我超越，提高自身素质；反思是教师迎接新教育理念挑战的技能；反思会促进教师由“经验型”逐步走向“合理型”。

物理教学反思，是指教师在对自己物理教学实践行为研究时，不断反思自我对物理内容，物理教学的目的、方法、手段以及学生对物理概念、规律学习的效果等，积极捕捉、挖掘并解决教学实践中的问题，进一步提高教学实践的合理性、科学性。教学反思是以探索和解决教学问题为基点的。教学反思是“师生”共同的实践过程。

物理教学反思的主要内容包括：1. 反思备课。教学的导入、展开、结束的程序安排，板书的呈现方式，演示实验的操作，教学的提问、设疑、讨论的组织，教学语言与非语言的表达方式

等，都需要精心策划；2. 反思学生的主体参与性。教师要设置情境，创造学习氛围，调动学生学习的积极性，同时还要转换角色，把课堂还给学生，把平等自由交给学生；3. 反思课堂教学的调控。要根据教学计划的实施，探究问题和解决问题的推进，统筹全局，随机应变，灵活掌握，调控课堂；4. 反思对学生学习方法和能力的培养。教师通过对教学实践的反思，将那些朴素而有效的方法归纳、提升，使之成为课堂教学的中心议题。

物理教学反思的方式有写课后日记，日记的内容可以包括教学中每一环节的成功与不足以及解决不足之处的修补措施，并且要跳出自我，交流讨论。

《物理教学探讨》2008 年第 10 期

关注物理探究过程　创新多元探究方法

沈明光

文章以“探究改变摩擦力大小的方法”这节课为例，提出如何关注探究过程与方法，拓展探究思路，培养学生自主探究能力和创新能力。

首先，提出问题，鼓励学生大胆猜想假设。在探究活动开展之前，教师应该让学生对探究活动做必要准备，即引导学生对生活中与摩擦有关的一些实例进行观察和体验，从而对摩擦力有初步的认识和了解，然后指导学生阅读、理解教材中的“信息快递”。在此基础上，围绕“摩擦力大小的改变可能跟哪些因素有关”的问题，教师鼓励学生积极思考、大胆猜想。

其次，设计实验方案，明确探究过程，有效组织探究活动。师生通过设计实验探究方案验证、观察探究结果与猜想结论是否吻合，包括选择什么方法、选用什么器材、采取哪些步骤、收集哪些数据、如何分析论证等活动。教师要组织学生先以学习小组形式展开互动讨论，然后全班学生再讨论交流，从而形成明确、统一的实验探究方案。

再次，分析交流实验数据，归纳论证并总结。在完成一系列探究活动后，教师继续指导学生对相关的实验数据进行分析比较、论证归纳。

最后，拓展探究思路，创新多元探究方法，培养学生自主探究能力。在对改变摩擦力大小方法的探究活动中，应充分利用实验器材，通过学生分组互动探究，或者师生合作演示探究，达到探究教学的目的。

《物理教学探讨》2008 年第 11 期

初中物理“核心问题”提出策略的教学设计与案例分析

李 丽 李爱玲 李新乡 孔祥龙

“核心问题”提出问题策略是教师在“以学生为主题、以过程为中心”的课程理念指导下针对核心问题展开师生对话，并通过让学生解释、验证、反思自己的回答，引导他们深入思考，从而培养他们的批判性思维、创新思维、语言组织和表达能力的一种课堂提问策略。

核心问题提问策略的教学设计要求教师首先要深入分析教学内容，了解学生学习的认知和情感基础。在此基础上，依照核心问题提问策略的教学设计要求，精心设计核心问题和加工性问题。核心问题提出策略的设计要求：教师首先要确定教学的重点和难点，以教学目标为参照；设计的核心问题要有启发性和探索性；加工性问题的提出是依据学生的回答和培养学生能力的需要，目的是为了得到更加清晰、准确和具有原创性等特点的回答。

核心问题是通过分析课程目标和课程内容提炼出来的。教师在设计时必须考虑以下三个问题：该课题需要学生掌握哪些知识和技能？其中的关键是什么？学生必须运用哪些思维操作才能掌握知识？文章通过两个案例具体作了说明。

最后文章选取了“探究滑动摩擦力的大小”课堂实录对核心问题提问策略实施加以评析。在课堂教学中实施核心问题提出策略，教师可以深入了解自己的教学效果和学生的学习方法，从而及时改进教学方法，提高教学质量。

《物理教学探讨》2008 年第 11 期

物理教学中多媒体技术应用误区及解决策略

赵连锁

文章剖析了多媒体教学中的几种片面做法，并提出解决策略。

第一，公开课、评优课多媒体唱主角，常规课束之高阁。解决策略：一、采取“拿来主义”。学校可以适当购买一些教学课件，还可以与兄弟学校交换使用；二、教师要因地制宜选择制作课件的软件，学会自己制作；三、要给课件“减肥”，设计课件应该小巧实用。

第二，多媒体技术“万能说”，不少老师在教学中过分依赖多媒体技术。解决策略：教师客观辩证地看待多媒体在教学中的作用，对于教学中直观、真实、形象、生动的学生实验、演示实验等不能完全使用多媒体来代替。

第三，课件展示占据整个课堂。解决策略：在最恰当的情况下多媒体与有特色功能的其他常规教学手段充分整合，共同发挥作用。

第四，课堂信息过量。解决策略：要遵循学生的认知、心理规律使用多媒体技术，充分发挥其对教学的辅助功能。

第五，电脑和教师主动，学生被动。解决策略：教师设计课件必须“以学生为中心”，将课件设计成学生学习的导航器，根据学生的实际，使课件流向能够根据教学需要调度。

第六，装饰性内容过多，内容与形式牵强附会。解决策略：以精、简为原则，突出教学主题。

第七，阻碍教师和学生进行课堂交流。解决策略：教师要以其特有的人格魅力和富有情趣的讲解来感染学生、调动学生参与学习的积极性，这是任何形式的媒体所不能达到的。

《物理教学探讨》2008 年第 11 期

利用信息技术改进物理课堂教学

徐　瑞

在高中物理课堂教学中，运用信息技术不仅可以提高课堂效率，还可以使很抽象的概念形象化，可使微观看不见的、宏观看不到的现象展现出来，有利于学生理解物理问题，还能培养学生的能力，提高学生的素质。

具体做法包括：1. 讲授课内容制作成幻灯片。讲课时只用语言讲述，边讲边播放幻灯片。这样可以省下板书时间，提高课堂效率。2. 准备多媒体素材。将与本节课有关的多媒体素材从网站上或学校电脑的资源库中下载下来，放到一个文件夹中备用。3. 制作简单的动画。把那些抽象的概念、看不到的宏观现象、看不见的微观现象等制作成形象的动画，生成可执行文件备用。4. 准备例题和练习题。根据内容选择好例题和练习题，准备好的习题根据投影屏的大小设置好文字的大小。5. 将小结的知识、复习巩固知识也制作成幻灯片。一边播放幻灯片，一边让学生跟着回答问题。6. 背景知识、课外知识也制作成幻灯片。上课前或课余时间用一两分钟，来播放课外知识、背景知识，增加学生的知识面，开阔视野。

随后，作者举出了几个具体的例子，具体阐述了图片、声音、动画、视频的应用，并谈论了自己的体会：电子“板书”可以节省时间；利用动画可以使抽象的概念形象化，利于理解物理问题，并可以弥补实验的不足；利用图片，可以让学生直观的认识事物，增加记忆力，增长知识；利用 PPT 作练习题，可以使课堂练习量增加、拓展知识、增加课外知识等。

《物理教学探讨》2008 年第 11 期

如何让课堂充满生命活力

刘　云

在物理教学中应创设灵活多样的物理情境，把中学物理知识和生活、社会实际紧密结合在一起，以适应中学《物理课程标准》中“让课堂充满生命活力”的要求。作者提出了五点策略：

一、创设问题情境，培养学生的探索性。教师是学习的组织者和引导者，应充分考虑问题的设计与处理。在课堂教学中，做到教学目标、教学过程问题化。教学过程中通过创设问题情境，与实验环环相扣，学生在实验中不断发现和体会其中的乐趣，并且始终处于积极参与探索的状态中。

二、创设动手情境，培养学生的独立性和自主性。探究是科学的核心，科学探究是学生学习的中心环节。“做大量细致的观察，然后进行整理、思考、解释”是中学阶段对科学探究的简单概括。在老师指导下，学生在开放的活动中动手操作和讨论交流。

三、创设生活情境，让生活走进物理。日常生活中的物理现象学生最为熟悉，因此最能吸引学生的注意力，激发学生的学习兴趣。教师应使学生处于一种迫切想知道原因的状态，从而激发学生学习的内在动机。

四、创设开放性问题情境，培养学生的发展思维。教师在教学当中通过创设开放性情境，给学生提供广阔的思维空间，鼓励学生突破常规思维，从不同角度去探索、去思考问题。

五、创设社会情境，培养学生的责任心。责任心是人的重要品质之一，是个人立足社会的基础，也是整个社会进步发展的前提。因此，我们在教学过程中要将知识与学生的生活实际紧密结合，不断培养学生的责任感、使命感。

《物理教学探讨》2008 年第 12 期

善待学生言语　激发主动参与

魏方才

课堂上，学生的言语都是其真性情的流露。教师要正确对待学生的课堂语言。

首先，要正视学生的“插嘴”。在课堂上，学生的“插嘴”常常是灵感的迸进，是智慧火花的闪现。具体应该做到：要把握“插嘴”引出问题探索；借助“插嘴”强化学习重点；巧用“插嘴”极力求异思维。

其次，要重视学生的“问难”。对于学生提出的“问难”，教师应该用鼓励的方式调动学生的积极性，在课堂中营造相互尊重、相互信任的氛围，培养学生质疑的能力。教师可以采取以下策略应对“问难”：“踢回”后解决“问难”。学生能解决的任务，应该放手让学生来解决，充分调动学生的主观能动性；讨论中解决“问难”。课堂上，教师可以引导学生进行讨论，这样不仅让学生更透彻地理解、感悟，还点燃了学生继续探索、创新的火花；引导课后解决“问难”。通过课外活动，学生不仅可以丰富经验、开阔视野，还可以根据自己的兴趣开展各种活动，充分发挥各自的特长，培养创新意识和提高实践能力。

最后，要宽容学生的“出错”。课堂允许出错，在课堂教学中，教师要营造平等和谐的氛围，科学地运用“无错原则”鼓励学生敢于提出问题，允许学生出现差错。课堂上，学生的回答一旦有错误，教师应巧妙地引导学生通过错误找到正确答案，以培养学生的探索精神。

《物理教学探讨》2008 年第 12 期

科学探究误区的“四重四轻”

吴兰红

新课标提出了“开展探究式学习活动，以培养学生的创新精神和实践能力”的要求。但是，由于多方面原因，使得教师在实施科学探究过程中，出现了“四重四轻”的误区。

误区一：重形式轻实质。在教学实践中，有的教师往往没有弄清科学探究要素的实质，穿着“探究式教学”的新鞋，走着“灌输式教学”的老路，具体表现为：在课堂中采用程序化、问答式教学模式，机械性提出“探究要素”，一些探究环节几乎都由教师包办。

误区二：重过程轻知识。知识是探究的前提，方法融于知识之中。任何探究活动都建立在学生已掌握的知识基础上。一些物理教师在探究教学中逐渐重视学生的探究过程，却又出现“重过程轻知识”的现象。

误区三：重主体轻主导。新课改提倡的探究式学习为学生主动获取知识提供了较好的平台。学生通过一系列活动主动获取的知识结构是牢固的、持久的和内化的，但活动过程绝对离不开教师的有效指导。而在实际教学中，有些教师在组织学生开展科学探究活动时不给予指导。

误区四：重实验轻理论。探究并不等同于实验探究，实验是物理学的基础，但并不是物理学中的每一个规律都应该或者可以直接由实验总结出来。其实理论探究和实验探究一样重要。中学阶段要求掌握一系列科学思维的物理方法，如隔离法、等效法、微元法、代替法、整体法、虚拟法等，这些都是对学生思维品质的优化。

《物理教学探讨》2008 年第 12 期

物理教学中应关注观察与思维能力的培养

沈明光

作者结合自己的教学实践，就关注学生观察与思维等能力的培养，帮助他们掌握科学的学习方法谈了几点认识体会。

观察是物理学习中最基本的科学方法，是学生获得感性认识、认识物理世界的主要途径之一。通过观察，能更好地发现问题、解决问题。在教学过程中，教师要善于激发学生的观察兴趣，通过对自然、生活和实验中物理现象的观察与思考，唤起他们强烈的求知欲望。爱因斯坦说“兴趣是最好的老师”，唯有激发兴趣才能进入好的观察状态。

在初中物理课程中，学生接触了许多有关于物质结构、物质运动和物质相互作用的现象。在对这些现象的实验探究中，教师不仅要关注学生观察兴趣的保持，而且更要引导学生明确观察目标。

初中学生的思维正处于形象思维向抽象思维过渡的阶段，而思维能力是在对大量物理现象的探究基础上逐步发展起来的。所以要关注思维方法指导，培养学生的思维能力。教师可以指导学生在观察体验中发展思维能力。学生的思维能力发展还可以通过对演示实验现象的观察得到加强。在实验探究中也可提高学生的思维能力，在这些实验探究活动中，教师的作用在于引导学生运用恰当的方法，培养他们的思维能力，激发他们内在的探究欲望。

《物理教学探讨》2008 年第 12 期

关于物理课堂“有效教学”的探讨

刘德春

所谓“有效教学”从评价教学来解释是指教师在社会资源耗费尽可能节约的前提下通过教学促使学生素质的全面、和谐、可持续发展。作者就如何进行有效教学做了一些初步探讨。

首先，应更新教师教学观念。在物理教学中，教师必须理解和尊重学生，转变教学理念，以学生的发展为本，重视学生的感受、体验、主体性及潜能的发觉，承认学生的个体差异性是客观存在的。要发扬教学民主，欢迎学生提出意见，调动学生学习的主动性和积极性，有利于学生独立思考，积极思维，教学相长。

其次，要更新教师教学方式。具体应该做到以下方面：1. 整合材料，编写学案，课内批改。在物理教学中应该尊重学生的认知规律，以单元教学为单位，将每单元的研究目标、最主要的知识及研究工具尽快整体教给学生，让学生尽早形成知识体系。2. 严格控制教师的“讲”，让学生充分地“议”。经过整合教材，编写学案后，教师对全班讲课的内容要惜字如金，加强“课内研讨”这一环节也是必需的。3. 课内重视对学生进行发展性评价。“有效教学”应该通过课堂教学活动，不仅让学生在学业上有收获、有进步，而且要抓住“课堂内”这个人好时机对学生进行发展性评价。

最后，要更新学生学习方式。教师将学生训练重点由课外转移到课内，使全体同学在教师的有效控制下在课堂内“大运动量”练习。完成主要学习任务并指导学生形成课堂内“学生自习，小组合作，全班共议”的学习模式。

《物理教学探讨》2008 年第 12 期

物理学科中的对称美及其教学

刘健智

物理科学中存在着对称美，追求物理科学中的对称美是物理学的研究方法之一，文章指出了在物理学科中存在着几种对称美：物理模型的对称美，物理模型在空间常常呈现对称美；运动的对称美，一般体现在运动的空间轨迹和运动参量随时间变化的函数图像上；电路的对称美，电路中既有场的问题也有实物的问题，其中存在对称美亦很多；光路的对称美，在几何光学中，由于各种物质实体的存在，光路会表现出事物的性质，具有事物的对称之美。

对称美为物理学的研究提供了方法论的原则，运用对称法求解物理问题，可以使复杂的问题简单化，还可以得到一些简洁解法而免去一些繁杂的数学计算。常见的物理问题求解的对称法大致可分为直接求解法、镜像法、无限网络对称法、等电势点、断接法、割补法。根据物理问题的明显对称性直接得出问题的结论或解决问题途径的方法叫直接求解法，是用于具有物理模型的对称美的物理问题；当物理问题具有关于面或球等对称性时，可以用镜像法求解。

物理对称美思维能力是指充分认识、了解、发现、挖掘或创造出物理问题中的对称美，从物理问题的对称美去思考问题，运用对称美去解决物理问题的能力。可以从下面几个方面做培养和训练物理对称美思维能力：简介物理学史，认识对称美；挖掘物理内容，了解对称美；学习守恒定律，欣赏对称美；运用直觉思维，发现对称美；利用类比推理，寻找对称美；通过逆向思维，运用对称美。

《物理教学探讨》2008 年第 12 期

新课标下高中物理教学的新特点

柴守刚

21 世纪初的基础教育的课程改革从根本上改变了传统物理教学的目标、性质和模式。

教学目标分为三个层次，第一层次："知识与技能目标"。主要使学生掌握一定的物理知识和技能。第二层次："过程与方法目标"。注重学生自主获取知识的过程、途径和方法，需要学生在物理知识和技能的学习和探索过程中，掌握一些简单的方法以形成一定的能力。第三层次："情感态度和价值观目标"。情感不仅指学习兴趣、学习热情、学习动机，还指内心体验和心灵世界的丰富。态度不仅指学习态度、学习责任，它还指乐观的生活态度、求实的科学态度、宽容的人生观。

教学过程的开放，应在教师的策划、引导、组织下有序地进行。教学过程的开放性首先应强调学生的自主探索。其次，教学过程的开放性应重视学生的合作学习，这是自主学习的拓展环节。最后，教学过程的开放还体现在作业和评价的设计。教师精心设计一些基础性的练习，题目涉及的知识主要是教材，同时还要向课外延伸，联系生活，联系现实。

教学反馈与调节是新课标下高中教学的又一突出特点。适时调整教学方法，以争取课堂教学的效率最大化，这就要求教师：1. 要善于通过多种渠道，及时获取学生学习中的各种反馈信息；2. 教师对获得的信息要及时评价并及时反馈给学生。

《物理教学探讨》2008 年第 12 期

引导质疑的意义、特点与方法

韩纪义　王永利

质疑是创新的前提。没有质疑就不可能创新。《普通高中物理课程标准》中把培养具有一定的质疑能力、创新能力和创新精神作为课程的具体目标。教学中注意质疑教学意义重大，质疑是教师质疑教学必须运用的方法与手段。

质疑具有启发性、层次性和样板性的特点。引导质疑的目的是启发学生的创造性思维，激发学生的学习动机。教师在质疑前，要精心设计问题，所设计的问题要体现问题解决的层次性。层次性的问题设置，遵循了“循序渐进”的教学规律。教师要的是把每堂课质疑过程的样板展示给学生，使学生获得有益的思维训练，学会“发现问题、分析问题、解决问题”的方式，逐渐养成勤于思索的习惯和善于思考的能力。

根据引导质疑的特点，在物理教学过程中可以采取“见问生疑”“概念生疑”“矛盾生疑”“比较生疑”等训练方法，使学生在教师的引导之下，逐渐过渡到“自学质疑”的过程，这样学生才能真正从传统的狭隘的思维中解放出来，走向创新的境界。文章重点介绍了四种质疑方法训练的注意事项和优点，并对应每种质疑方法用具体例题进行分析。

最后，总结教师要当好组织者和“导演”，绝不可越俎代庖。难度较大、较深的问题可以分组讨论，学生解决不了的问题教师方可引导点拨。

《物理教学探讨》2008 年第 1 期

用新课程理念构建“三位一体”的物理教学模式

沈明光

现行初中物理新教材虽然在知识形成的过程和方法这个环节留有较大的自主空间，但由于知识衔接不够系统详细，这不仅让教师对教材、教法感到难以理解、把握和驾驭。针对物理新课程教学现状，作者经过最近几年的初中物理新课程教学的课改实践，逐步探索构建了“自学预习、互动讨论、探究发现”这“三位一体”的物理课堂教学模式。

作者对“三位一体”物理教学模式的过程设计做了阐述，并且用具体实例加以解释。

一、把“自学预习”环节作为课堂教学的先导。充分突出学生学习的自主性。在抓好课前预习的环节上，教师还必须有以下几点保证措施：认真编写自学导纲、给学生明确预习的具体要求、反馈了解预习质量。

二、把“互动讨论”环节作为课堂活动的主线，充分展示学生学习的合作性。有助于学生进行合作学习和互动学习的能力的提高，有助于学生合作精神、团队意识和集体观念的培养，使课堂效率达到了事半功倍的效果。

三、把“探究发现”环节作为课堂教学的目标生成，充分彰显学生学习的探究性。探究发现是在自学预习、互动讨论的基础上，继续对新的问题和新的知识进行自主探究，在猜想、质疑、探究过程中掌握正确的过程和方法，从而获取新知识、形成新技能、产生新发现。

《物理教学探讨》2008 年第 2 期

物理“模型”教学法实践研究

蒲成强　陈应双

物理“模型”教学是指对物理内容建立模型及应用模型，简称为模型教学。高中物理“模型”教学法的提出，一方面来自“研究性学习”的呼唤，另一方面出于中学物理教学改革的需要。

中学物理中常见的三种物理模型是：对象模型，能反映研究对象主要特征的模型；过程模型，能够揭示事物本质的理想过程；条件模型，把研究对象所处的外部条件理想化而建立的模型。

高中物理“模型”教学法的目的是让学生提出问题，带着疑问进入教学情景，让学生从观察中获得感性认识。模型教学法的核心在于坚持启发式；坚持以学生为主体，教师为主导；坚持直观教学为基础，模型教学为主线；坚持培养学生能力为根本。物理“模型”教学法结构包括了五个模块：创设情境、建模准备、建立模型、应用模型和反馈模型，各个模块组合形成“模型”教学模式，对学生活动和教师活动有具体的要求。“模型”教学法实际是让学生从生动具体的问题出发，通过直观的模型，获得感性认识，并通过实际应用进而达到建立模型的能力。

最后，文章讨论了“模型”教学的几个相关问题：在物理教学中为什么要建立物理模型；物理模型在物理教学中的地位和作用如何；这个模型与其他模型是否有相似之处；认识和理解模型过程遇到了的困难及其解决办法有哪些。

《物理教学探讨》2008年第4期

画物理示意图　解析物理习题的有效手段

晏本慧　杭国荣

物理示意图能帮助学生建立清晰有序的物理过程，更易确立物理量之间的关系。

从理论上讲画物理示意图有助于解决物理习题，因为首先符合认知规律。物理习题的呈现大多是以语言文字描述的方式为主，学生读题时要将题目所呈现的文字信息进行表象，学生的工作记忆负荷重。若能从题目的文字描述中想象出实际的情景，并学会将情景用示意图描绘出来，可减轻记忆负荷，也使问题变得形象化、具体化、逻辑顺序化，对整个物理问题的解决起到事半功倍的效果。

其次，物理思维是抽象与形象的高度统一。物理思维一般首先需要形象思维来寻求解决问题的方向和策略，然后再通过抽象思维来解决，这正是物理思维的基本特征。在物理习题处理中，若能做到根据题意画好示意图，使物理形象思维与物理抽象思维的结合成为可能，从而更有利于习题的处理。

再次，在形象思维的平台上进行逻辑思维。人类大脑在进行思维时是分工进行的，左、右脑结合才能发挥学生的聪明才智。物理规律当中有相当多的物理规律是用图像表示出来的，借助示意图更能帮助我们进行逻辑思维，有助于问题的解决。

实践也反映物理示意图对学生的帮助不可低估。一些专家在20世纪90年代初研究物理示意图对学生的正答率的影响，发现学生在解题中对于题目所给图形的依赖性是很强的。习题原题中语言文字加示意图的描述方式，比纯语言文字的描述方式对学生所给予的帮助要大得多。

最后，作者通过例证分析说明画物理示意图是分析物理习题的有效手段。

《物理教学探讨》2008年第4期

新课标下"现象"教学模式建构初探

谢夕厚

物理现象是学生学习物理过程中思维的起点，是学生进行问题思考的依托，是激发学生学习兴趣的重要途径，加强物理现象教学便尤为重要。作者就物理现象教学模式的建构进行了一些探究，提出了三种与新课程标准相符的物理现象教学模式。

“现象→观察→分析”模式。在物理教学中创设必要的物理有效情境，将复杂的物理现象进行科学的简化，有利于提高观察信息的效度和信度比，有利于学生在观察中抓住问题的本质。物理现象的实验展现应具有以下特点：1. 能在学生头脑中留下生动、科学的表象；2. 直观、简明，便于观察，可见度大；3. 物理现象与物理问题应具有对应关系；4. 忽略次要因素，突出主要矛盾。

“观察→想象→分析”模式。物理现象的教学不能狭隘地理解为只能对真实实验现象的教学，一些在中学阶段不能做实验的教学内容同样需要具体表象的支撑。这就需要教师打开思路，挖掘各种有利于学生形成表象的“间接”物理现象，如模拟实验、理想实验、插图、形象语言等，构建一些特定的物理现象。

“现象→回忆→分析”模式。有许多物理现象是生活中常见的，但由于教学时间和空间的限制，无法在课堂上再现，这就需要充分利用学生的记忆与联想，使学生在头脑中再现相关的物理现象或事实，并与教学内容进行必要的对比和分析。

《物理教学探讨》2008 年第 9 期

物理课堂中“抛锚式”教学模式的实践

汪　明

“最近发展区”指儿童不能独立解决问题但可以在成人或有能力同伴的合作与帮助下解决问题的阶段。“抛锚式”教学正是基于最近发展区理论，在教学中设置一定的问题情景，即“抛出锚桩”，使教学问题正好落在学生的最近发展区内。

实施“抛锚式”教学模式的活动大致是：结合多媒体教学手段，让学生自主探索，教师适时指导参与。“抛锚式”教学模式流程为：激趣设疑—活动猜想—合作探索—意义建构—反馈创新。

作者以“楞次定律”为例讨论该教学模式，并提出了相应的建议。

一、以景激趣设疑，引入课题。“抛锚式”教学实施的关键在于，在教学过程中通过创设含有真实事件或真实问题的情境，唤醒学生强烈的探究欲望。

二、活动猜想，指导探疑，展开课题。作为学生学习活动的合作者和促进者，教师要以知识渴求者的角色和学生一起探索、讨论，并适时地为学生自主探索问题创设发散思维的空间。

三、实验求证、探究发现、深化课题。在合作探究中，教师要做到“有所为”和“有所不为”，让学生在教师适时的指导下自主完成探究。

四、协作交流，自主建构内化课题。在协作交流中，教师可结合学生的认知水平，充分利用现代信息技术。针对学生在实验探究中对物质表象的认识，再运用归纳、演绎、比较、抽象等科学方法，形成正确的物理概念和物理规律。

五、反馈评价、活动创新、活化课题。

《物理教学探讨》2008 年第 11 期

从“问题情境”到“物理图景”的关键——建立合理的物理模型

胡生青　陈　刚

一般的物理习题都是拟题者根据自己头脑中的一个理想化物理模型，结合某些问题情境和物理条件再拟定出来的。解题过程就是还原拟题者物理模型的过程。就是把实际问题模型化，把具体问题抽象成熟悉的典型物理问题的过程。

物理习题可以分为两大类，“原始问题”和“抽象问题”。“原始问题”是指现实世界中客观存在的，尚未被分解、简化、抽象的物理问题。“抽象问题”是指将原始问题经过合理的分解、简化和抽象后形成的问题，这类题是为了巩固物理概念规律而人为加工选编出来的。在物理学习中为了研究问题的方便，通常通过各种方法建立物理模型。物理模型的归类有：物理对象模型化、物理状态和物理过程模型化。物理模型认识的一般过程：建立模型—理解模型—运用模型—扩展模型，它的主要特征是简化性和代表性。

解题中模型化思想的应用：由于学生对题目的物理过程不理解，不能把题目中的过程和物体简化成理想模型。事实上物理题目都是根据一定的模型结合某些物理关系，给出一定的条件，提出需要的物理量，解题过程便是将题目隐含的物理模型还原、求其结果的过程。

总之，物理模型是抽象性与具体性的统一，概念性与形象性的统一，理论与实际的统一。教学中教师应有意识地注重物理模型的教与学，对培养学生探索问题，发展创造性思维以及提高解决问题的能力是极为有利的。

《中学物理教学参考》2008 年第 1 期

解决社会生活情景物理问题的思维过程及特点

梁树森 张晓灵 王文莲

社会生活情景是进行 STS 教育及开展科学探究的重要资源。从社会生活情境中发现、提出和解答与物理有关的问题，其思维过程与解答一般物理习题有较大不同。以“神舟”五号飞船返回舱着陆为例，对高中生解决社会生活问题的思维过程探讨研究，初步结果如下：

首先，从社会生活情景中发现与物理学密切相关的情景，利用形象思维进行想象，形成图景，物理工作者应进一步思考其中的物理因素，综合运用已有的物理知识对社会生活情景包含的物理特征作出识别，直接理解，利用直觉思维作出判断。

其次，通过上述思维得到的物理问题情景是不完整的，有思考者不甚清楚的现象或过程。思考者应将分立的物理情景联系成一个有组织的整体，从物理逻辑上寻求事物之间的关系。明确提出问题是抓取事物的关键，确定认知方向的抽象思维过程。

最后，解答社会生活情景物理问题时应通过抽象思维建立问题的理想化模型。物理问题情景包含研究对象及其运动和变化过程，即包括建立对象模型和过程模型两个方面。将生活经验与物理知识联系起来，对建立的模型做定量分析。

与普通物理问题相比，解决社会生活情景物理问题的思维特点包括：形象思维和直觉思维在发现物理情景中起重要作用；思考者已有的知识经验限定了提出问题的范围和深度；获得详尽的资料才能提出有价值的物理问题；对问题进行理想化的抽象思维；定量计算通常采用估算，将生活经验与物理知识联系起来。

《中学物理教学参考》2008 年第 3 期

从分析问题条件谈物理习题教学

王少敏

物理习题给出的条件对求解若是充分必要的，对帮助学生熟练掌握基本概念和规律必不可少，但是单纯训练却容易使学生思想僵化，思维品质下降，分析和处理问题的能力得不到很好培养，会使学生养成生搬硬套的习惯。因此，在中学物理习题教学中，应重视对问题的条件进行分析，使学生的思维能力通过不同条件问题的训练得到提高。

对于条件过剩习题中只有部分条件对问题的解决是有用的，

学生解题时要求通过对问题的分析，根据问题的要求对解题过程进行构思，从给定的条件中进行选择相关条件。防止学生将有用、无用条件混杂，瞎套公式，影响解题。

对于条件不足习题也称不定问题，要求学生在解题时，必须充分感知物理情境和过程，提示出所缺少的条件，以此为基础，或补充必要的条件，讨论在不同条件下可能的结果；或从某些临界状态或极端状态去思考，确定结果存在的区间。这类问题的解决有利于培养学生的发散思维。

对于条件陷阱习题，对于基础知识没有深刻理解或熟练掌握的学生，以及思维惰性、不辨假象的人，很容易陷入陷阱。这类习题有助于培养学生辨别是非的能力。

条件隐蔽习题的条件没有直接给出，而是隐藏在一个或几个明显条件的背后，而这些隐藏条件的分析又往往是成功解题的关键，要求学生感知问题时捕捉与隐蔽条件相关的信息，去分析、判断和推理，化隐为显，培养学生思维的综合性和深刻性。

《中学物理教学参考》2008 年第 3 期

浅析例题评讲中的常见病症

钮云坤

新授课结束后需要精选几个例题评讲，通过对典型例题的分析求解，让学生掌握解决这一类新题常用的思路、方法、技巧。教师评讲时重点要放在引导学生养成良好的解题习惯上，让学生学会审题、正确选择研究对象、采用恰当的方法分析物理过程、准确选用概念和规律解题。但教师在讲评中存在各种问题，通过对例题的分析说明，教师在选题编题时要精心设计，在评讲例题时不能就题论题，要通过完整的分析让学生明白其中的道理。

学生碰到生疏题目不会分析题意，教师要注重培养学生遇问题时先静下心来仔细分析题目的习惯，启发引导学生把要解决的问题与学过的原理、定律、图形、过程等进行分析比较，寻找它们的相似处，通过类比联想构建出解决问题的物理模型，再选择合适的知识解决，使学生由浅入深、破解难题，提高自己的解题能力。学生解题出错往往是存在思维误区或知识缺陷，教师可选择学生易错的题目，把错误的解法展示给学生，让学生通过分析讨论加深对概念或规律的理解。教师在评讲例题时要多进行由因索果、由果溯因的训练，让学生学会寻找解题的方法。例题评讲可以穿插提问、小练习、讨论、学生分析等，尽量多给学生一些独立思考的空间。通过这些活动及时了解学生，做到有的放矢。

对学生的错误不要一味地批评，要帮助学生分析错误的原因，要多表扬激励使学生养成勇于发言的好习惯。

总之，例题评讲要从学生实际出发，根据学生的知识水平实施教学，使每位学生的解题能力都得到提高。

《中学物理教学参考》2008 年第 3 期

“力的分解”STS 题赏析

唐传胜

STS 类习题“既训练学生的科学思维能力，又联系科学、生产和生活的实际”，是体现新课程标准“加强与学生生活、现代社会及科技发展的联系，反映当代科学技术发展的重要成果和新的科学思想，关注物理学的技术应用所带来的社会问题”这一理念的重要题型，因此教师在设计练习时，应多选择有实际科技背景或以真实物理现象为依据的问题。文中例一以学生生活中最为常见的拉链为背景，旨在引导学生在学习物理学的过程中要多观察、多思考、多联系实际，多探究与日常生活有关的物理问题，勇于尝试用学过的物理知识解释一些生活现象和解决简单的实际问题，以增强学生对物理学的亲近感和学习物理的兴趣。例二以千斤顶的应用为背景，一方面，考查学生应用物理知识解决实际问题的能力；另一方面，还使学生体会到物理学的应用性、实践性，增强学生将物理知识应用于生活的实践意识。例三以压榨机为背景，旨在引导学生了解物理知识在生产、生活中的应用，增强学生的实践与应用意识。以最新的科研成果为背景，除了考查学生迁移知识、建立物理模型的能力，还重在使学生了解最新的科研成果，增进他们学习科学、应用科学的热情，激发其创新意识提高其创新能力。教师在习题教学中，使学生“体会物理学的发展对人类文化、社会的影响，更深入地认识科学、技术与社会的关系”。

《中学物理教学参考》2008 年第 6 期

浅谈“数形”转换的教学

沈志斌

以观察、实验为基础，探究物理量之间的相互关系，寻找物理规律并应用这些规律解决问题是物理教学的主要任务。物理量之间的关系称为物理规律，通常用公式或方程加以表达。由于中学生数学知识的局限，中等物理学以研究可以用公式或方程表达的物理规律为主，兼顾无法用公式或方程表达的复杂规律。就物理学规律本身而言，更多的规律无法用方程形式来表达，此时图形表达形式是唯一的选择。因此，在中学物理教学中，加强数形转换的意识，提升数形转换的能力，不仅是改变传统的教学方式的需要，同时也是学生可持续发展的需要。数形转换的方法有手工描点连线作图方法和计算机工具作图方法。搜集有关数据，选择数据作图，数形转换可用来检验规律；利用数形转换还可以发现规律。一些物理规律，直接以形的形式给出，实现从形到数的转换是解决问题的关键。某些物理规律，由于无法用公式或方程来表达，只能通过实验测量，得到其物理量之间的相互关系，并用图形来表示，要将数与形综合。

《中学物理教学参考》2008年第8期

提高物理复习课有效性的教学策略

魏林明

复习课难上的重要原因，是内容缺少新鲜感和教学手段选择的困难。因复习时需将知识系统化与条理化，故教师往往会面面俱到地梳理概念、规律，再加上笃信“熟能生巧”，题海练习普遍存在，但效果并不理想。文章在对复习课存在问题进行分析的基础上，提出了在知识梳理等环节上的一些教学策略，为提高物理复习课的教学效果提供点滴思考。

当前物理课存在的主要问题是复习课上的“满堂灌”，复习课变成习题讲评课，简单地以练习来代替复习。解决上述问题的策略有：首先，知识梳理是复习课的重要一环，借助于苏联教育家沙塔洛夫所创的“纲要信号图式”教学法来进行，唤醒学生记忆，进而结构化、系统化的再认知识，起到梳理、巩固和提高的作用；其次，设置适当的问题情境查漏；再次，反馈拓展，尽量设计让学生自己动手动脑来体验科学知识获得的过程，提高学生运用知识解决实际问题的能力，让学生感受到物理学就在身边。

在新课程理念指引下，我们既要追求课堂教学的效果也要关注效率，更要关注教育的“投入”和“产出”比——效益。物理复习课要朝教学效果好、教学效率高、教育效益合理的方向努力。为此，研究学生、合理组织教学是关键。策略需恰当，知识梳理讲效率；创设新情境，查漏补缺增效益；旧课应新上，反馈拓展提效益。只有这样复习课才会有新意，从整体上提高教学效果。

《中学物理教学参考》2008年第9期

论物理习题的演变拓展

张立银

物理习题的演变拓展，是物理习题教学中的重要一环。它可以进一步完善学生的方法体系，开拓学生的思维空间，激发学生的学习兴趣与热情，培养他们的创新精神，提高科学人文素养。此外，使物理习题在演变与拓展的过程中峰回路转，画龙点睛，折射出其内在的智慧光芒给学生以美的享受。自然界是普遍联系又发展变化的。每一种自然现象与过程都蕴涵着复杂的联系。同一问题可从不同角度选择不同的规律、方法解决，“一题多解”可以引导学生对已有方法体系进行有效的扩张与发散，殊途同归，更能使学生体味自然界的对称性与和谐美。“多题归一”是“一题多解”的逆过程，是指在不同物理环境下，物理模型运动规律的相似或解题方法的统一。从哲学角度讲，事物的发展变化取决于内因和外因。“环境条件”与“主体条件”之间相互影响、相互转化。学习中注重物理模型“全息情境”的拓展生成，注重习题由“控制型”向“开放型”的演变过渡。

综上所述，物理习题的演变拓展，是使学生思维能力纵深发展的平台，也是学生个性张扬的平台；可以把学生从题海中解脱出来，使其对物理学习产生兴趣，实现课堂教学的三维目标。值得注意的是，这种演变拓展应当遵循“最近发展”的原则，顺其自然，环环相扣，层层递进，同时，还应注意课前准备好“学案导学”，在课堂上真正把思维的时空还给学生，老师当好导演，不要包办替代，使学生的思维能力在这种“润物细无声”的演变拓展中得以提升。

《中学物理教学参考》2008 年第 10 期

例析中学物理解题过程中的目标意识与思维监控

刘　熠　王立勇　邱　莹

解物理题是解题者的一种有目的、有计划的科学活动。由于问题的复杂性，或解题者思维的缺陷等主客观原因，解题的进程有时会偏离正确的方向。因此解题者应根据具体情况及时修正和调整解题思路，以强化正确思路，纠正错误。树立求解过程中的目标意识、积极加强思维过程有意识的监控是有效克服解题过程盲目性的重要途径。

在解答习题的每个阶段需要答题者不断提出辅助性问题，为思维确定一个具体目标，即目标意识。思维监控就是目标确定后解题者需对目标的实现过程不断监控、分析，作适当的调整，保证整个解题过程中的思维属于一种自觉、积极有序的状态。如果所遇问题要求解的物理量目标明确，此时要紧扣目标，充分运用分析和综合的思维方法，确定每个解答步骤的思维方向和突破口。如果问题求解的目标不容易实现，应该将目标分解成几个子目标，在确定子目标时且在每一个子目标的求解过程中要及时进行思维监控，把复杂的状态、整体过程进行"拆解"，将其变成熟悉的小过程模型，这样就能做到化难为易，化繁为简。对于条件隐蔽、求解目标比较模糊的问题应利用思维监控，具体问题具体分析，提出辅助性问题，将隐蔽条件显现出来，使求解目标明朗化。

综上，理想的解题过程应是一个"准静态"过程，树立强烈的目标意识，减小解题过程的盲目性，其目的在于使解题进程不致偏离正确轨道，由此可见思维调节的训练应该是提出问题的训练，这是中学解题过程中进行目标意识与思维监控的最有效的方法。

《中学物理教学参考》2008 年第 11 期

类比策略在物理解题中的作用

傅可钦　王超良

我们在求解物理问题时往往习惯于采用逻辑思维的方法，通过严谨周密的思索、演绎、论证和推理，把一个个问题的设计思想揭示的清清楚楚，把清晰的物理模型凸显在脑海中，顺利完成解题任务。但是某些物理问题运用逻辑思维方法求解时难以取得良好效果，而运用非逻辑思维类比方法倒能发挥出独特的作用。所谓类比是根据两个或两类对象之间在某些方面的相似或相同之处推出这两个或两类对象在其他方面也可能相似或相同的一种思维方法。就中学物理解题而言，采用类比策略解题的途径主要有：抓住本质，巧用"等效类比"策略突破解题关卡；大胆迁移，采用"因果类比"策略提高解题效率；合理联想，通过"对称类比"策略化解解题疑窦；抓住分析过程，应用"协变类比"策略冲破思维定势的束缚；把握特征，善于运用"模型类比"策略构建解题思维通道。

在物理解题中，现象、属性、特征、概念、规律、理论、数学工具以及研究对象，甚至某种关系都可以是类比对象。可以通过类比揭示事物本质，发现新的规律树立新的物理思想和观念。但是类比不同于逻辑推理和论证，类比的本质是猜测和推测，它所提供的只是可能性和假说而不是结论。因此类比不能取代理论分析和实验研究，而需要由后者来检验核实，以决定对类比猜测的取舍或修正。

《中学物理教学参考》2008 年第 12 期

怎样将习题教学与探究实验结合起来

郑青岳

有些学生对解答习题缺乏兴趣，解题时对问题情境未能建立清晰的图像，难以找到解决问题的情境，教师在习题教学和探究实验的教学过程中应将两者有机地整合，使两者相互整合，相互补充。

将习题教学和探究实验的教学过程有机整合的具体方法有以下几点。

首先，利用实验创设习题情境。在解答一些习题时教师可以利用实验创设情境，使得学生处于解题的场景中，让学生实体观察和测量，找出自己的错误观念，形成正确的理解，得出正确结论。

其次，利用实验对习题提出质疑。在习题的解答过程中学生易根据书本上的直观公式得出结果，不管这个习题中的情境是否满足生活实际。所以教师应在习题教学过程中显示真实情境，培养学生的质疑精神，这样就培养他们用事实说话的好习惯，培养了学生在实验观察中的耐心和细致。

再次，利用实验帮助探求解题思路。在习题教学中，教师应教授学生将习题情境实验化，抓住其本质，将问题归结为最简单的一面。然后利用实验器具找出习题解答思路。

最后，利用实验证实习题的答案。学生在解答某些习题的过程中易根据以往的知识凭直觉判断出习题答案，而不管其结果是否正确。那么教师在教学过程中就可以根据这点加强培养学生在解题过程中利用实验检验解题结果正确性与否的思想。

《中学物理教学参考》2008 年第 1—2 期

中学生物理学习困难的教学对策

林　榕　宋　阳　李响玲

中学生物理学习困难是指中学生在物理学习过程中不能有效的理解和掌握知识，不能利用知识解决问题，学习落后于同龄学生。其原因有三点：基础知识缺陷，知识表征不合理；顿悟思想受阻，思维品质差；消极的情感、态度体验。

消除物理学习困难的教学策略有：首先，重视基础知识的教学，根植同化知识的固定点。教学中注重知识的联系，让学生形成网络—拓展型的认知结构，及在认知结构中根植能同化后继知识的固定点，这是帮助学生克服物理学习困难的首要教学策略；其次，加强学生学习策略的渗透，培养学习能力。教学中应结合具体的教学内容渗透一些具体的学习策略，让学生在面临具体的学习情景时，不但要重视获取知识的结果，还要让学生经历获取知识的过程，感受获取知识的方法和策略，然后通过某策略在不同情境中的运用，提高学生应用策略的自觉性和熟练度，形成产生式表征；再次，关注物理思考，发展思维能力。把培养学生良好的思维品质置于教学的核心地位，多给学困生思考的机会和时间，教学中进行物理思维方法的训练使学生掌握解决问题的基本思路；最后，让学生获得积极的情感体验，增强学习动力。教学中积极评价学生学习上的进步，提高其对物理学习的兴趣，让学生对自己的学习能力，学习努力程度及学习的外部环境等内外因素和取得的学习效果进行综合分析，克服自卑心理。

《中学物理教学参考》2008 年第 3 期

逆向思维在中学物理教学中的应用

毛国勇　谢学芳

逆向思维是一种与传统的、逻辑的或群体的思维方向相反的思维方式；它从不同角度、立场、侧面去思考问题，当某一思路受阻时能迅速转移到另一思路，使问题得到顺利解决。逆向思维用在中学物理教学中，对于促进学生深刻理解知识，培养学生思维的灵活性、变通性和全面性，提高学生灵活地分析问题和创造性解决问题的能力，有着重要的作用。

其应用有：反过来想，培养学生的质疑能力。其最基本的形式是反向设问和公式变形；列举反例，动摇学生错误的前概念，学习是自主建构知识意义的过程，列举反例能使学生的思维发生激烈冲突，是动摇学生错误前概念的有效方式；反证归谬，促进学生对知识的理解。反证的基本程序是：（1）反设，（2）归谬，（3）结论；在矛盾处设问，引导学生全面看问题；逆向推理，训练学生的逻辑思维能力；时间反演，把复杂的问题简单化。时间反演就是把时间的流向倒转，属于对称性思维操作。通过逆向思维会使问题处理变得容易找到解题入口；改变角度，在探索难题中训练思维能力。转换对象，在灵活变换中体会哲学思想。解决问题所选取的研究对象感到思维困难时，应合理转换使学生在训练逆向思维的同时体会到事物之间的相互作用相互影响；利用可逆性原理，破解物理学难题。

《中学物理教学参考》2008 年第 4 期

创设课堂教学情境的策略

汤君富

在物理教学中，教师要合理、巧妙地设计课堂教学情境，以激发学生的学习兴趣和求知欲。为此，必须将学生的知识、直接经验以及现实世界作为设置情境的重要资源加以利用。

创设课堂情境的策略有：

一、设置问题型情境。问题情境从以下几个方面进行创设：1. 具有悬念情境的问题；2. 具有虚拟情境的问题；3. 具有开放情境的问题。

二、设置实验型情境。教师可以先用仪器设疑，创设实验情境，引起学生的求知心理。

三、设置图片型情境。

四、利用口诀设置情境。教师在新授课的课堂小结中可用口诀来归纳，使学生迅速理解知识要点，激发学生强烈的学习兴趣，带着高涨的热情学习和思考。

五、设置故事型情境。用物理故事作为课堂导语，历史情境的再现能激发学生学习物理的兴趣，集中学生的注意力，也是对学生进行物理学研究的方法教育，是科学品德和情操的熏陶。

六、设置竞赛型情境。教学时采用竞赛的方法可以使单一枯燥的课变得生动活泼、情绪高涨。

创设课堂教学情境是为学生探究性学习服务的，使学生置身于情境中，激发好奇心和探求问题的兴趣，使学生自行解决问题，获得知识；创设课堂教学也是为学生提出探究问题服务的，教师要围绕探究主题进行精心设计，使探究的问题步步深入，层层推进，直至获得新知。

《中学物理教学参考》2008 年第 4 期

新课程背景下的教师行为——让“行动研究”伴随教学实践

戴金平

随着社会的进步和科技的发展，世界各国对教育表现出前所未有的关注，对教师的要求和期望也与时俱进。当前老百姓对子女教育的期望值很高，上海市教师所承受的心理压力很大。当课程改革来临时，如果教师对课程改革抱着怀疑或惧怕心理，教师在实施新课程过程中就会有“被他人支配”的感觉。叶澜教授指出，教师对工作应有理性自觉。教师在教育教学实践中进行研究的诸多方法中，行动研究是比较适合的研究方法之一。行动研究是将行动和研究结合起来的一种研究方式，其目的不在于建立理论、归纳规律，而是针对教育活动和教育实践中的具体问题，在行动研究中不断地加以探索、改进和解决。行动研究有两种，一是教师独立进行的行动研究；二是教师协作性的行动研究。同学科教师相互协作可发挥集体的智慧和力量，也可邀请相关学科的研究人员一起进行研究，以弥补理论上的不足。教师要注意观察日常现象，对一些“熟视无睹”的现象或“习以为常”的做法进行质疑，进而提出要研究的问题。问题提出后要能进行研究，将其发展成一种期望的答案或对所期望关系的预测，这就是假设。在假设形成后进行实验前须针对假设制定具体的计划，拟定实验措施。实验结束后，若内部与外部因素基本没有改变，实验统计数据表示没有明显效果，则将实验班和对照班进行对调，再进行实验。行动研究是教师对平时习以为常的教学行为或方法进行反思，对一些教学方法与策略所产生的效果与效率进行研究的较好方法。

《中学物理教学参考》2008 年第 5 期

漫谈物理教学“生活化”的实施策略

吴存华

教师从学生的生活出发，在物理教学中体现“生活化”，对新课程三维目标的实施是颇有意义的尝试及总结。所谓物理教学的“生活化”，就是在物理教学中师生以生活中的平等地位为基础，以合作研究者的身份共同面对生活中的物理课题，使日常生活中亲身经历的经验事实与物理教学相联系，将生活中对未知事物的求知兴趣融于教学。物理学中许多抽象的概念对于初学物理的学生来说是难以理解的，教师通过身边一些生活事例的类比，让学生通过“生活化”过程达到真正的理解；从学生的生活基础出发，将科学史精髓有效地设计成师生在生活基础上的科学探究对话，能更好地发挥科学史的教育功能；学校的任务是设置游戏的环境，促进青年智力和道德的成长，此处游戏是指学生在日常生活中基于对自然事物的好奇心和兴趣，以一种深度放松而又高度专注的状态投入并且与事物、人、自我进行对话的过程；新课程明确指出学生的学习方式需要转变，其中就要求学生开展合作学习，可以用“生活化”的交往方式引导学生有效开展合作。物理教学“生活化”不能等同于纯粹的生活，必须基于科学化，“生活化”不是仅局限于物理课堂。物理教学的“生活化”，可以让学生在学习物理的过程中有效地将知识与技能、过程与方法、情感态度与价值观融为一体，可以让综合实践活动与物理教学有效地融合起来，让学生真正用他们的身心投入到物理学习中去，只有将教育的本质与生活真正相结合，才能让物理教学的“生活化”产生积极作用。

《中学物理教学参考》2008 年第 7 期

探究影响浮力大小的因素

高秀娟

新课程要求提高青少年的科学文化素质，培养创新精神和实践能力；重视亲身体验，培养学生提出问题的能力。

文章通过创设情境引导学生提出问题→科学猜想→展开讨论，确定实验方案→探究浮力大小与什么因素有关→答疑攻克难点→评估改进。通过探究过程激发学生的探究欲望。运用了观察法、实验法、控制变量法、对比法及小组合作调动学生的积极性。其教学目标表现在：知识与技能：探究浮力的影响因素，设计实验方案验证自己的猜想；过程与方法：运用控制变量法研究物理问题，培养学生科学探究精神；情感态度与价值观：让学生形成严谨的科学态度。教学重点是引导学生探究得出决定浮力大小的因素。难点是理解控制变量法；根据猜想探究实验。教学过程：首先是新课引入，通过环环相扣的问题引导学生进入学习情境同时提出探究课题；其次是创设情境，为学生科学猜想提供基础，设计探究实验；再次是引导学生回顾获得浮力大小的称量法、渗透控制变量法，对学生提出的更好办法加以鼓励，激发学习热情；然后让学生动手实验，科学探究，总结得失；接着分析讨论，让学生说出结论是去伪存真的过程，培养学生的逻辑推理能力；最后教师答疑。

《中学物理教学参考》2008 年第 6 期

"研究产生感应电流的条件"探究式教学实录

李海燕

"研究产生感应电流的条件"是粤教版《物理》(选修3-2)第一章第二节的内容。本节的教学任务是引导学生进行探究,得出产生感应电流的条件。培养学生创新精神和实践能力是新课程改革的重点目标。为了尽可能让学生完整地经历科学探究过程,体验研究科学的乐趣,了解科学方法,本节尝试探究式课堂教学。由教师创设一种类似于科学研究的情境,唤起学生学习的热情,通过积极思考独立地发现问题,提出问题,猜想假设,设计方案实验探究,合作交流,找出规律得出结论,获取科学知识。从知识与技能、过程与方法、情感态度与价值观三维体现教学目标。其教学流程为:创设情境,提出课题—启发引导,大胆猜想—分组设计,实验探究—交流成果,分析归纳,得出结论—回归课本,课堂小结—课堂练习,加深理解。本节课让学生自主探究、主动获取知识,学生的积极性高涨,知识掌握得比较牢固(从课堂练习可看出);课后还有学生拿实验探究方案与教师研究,激发了学生学习欲望,培养了学生各方面的能力。感觉不足的是课堂时间有限,有些知识无法拓展,还需改进。

《中学物理教学参考》2008年第6期

精心设计科学引导实现习题课的多重教育价值

张恒谦

高三复习中关于杆球在竖直平面内做圆周运动的问题对多数学生来说属于抽象性和复杂性兼具的难题。新课程要求要以学生为课堂教学的核心,不仅要重视学生对知识本身的习得目标,还要注重其对知识的自主建构过程,要注重挖掘知识在不同的形成过程中所蕴涵的教育教学价值,以实现教育教学的多重目标,促进学生全面和谐的发展。在教学中帮助学生首先获得对问题的亲身感受,使其产生进一步研究的愿望和要求,在此基础上,引导学生展开对问题的自主分析与变式练习,并注意加强交流互动与教学调控,有效地实现知识与技能的习得目标,使学生的认知水平、抽象思维能力和综合分析问题的能力等各项素质得以提升,学习的自信心与兴趣也得以增强。具体地说是让学生亲身体验杆球在竖直平面内做圆周运动,引导学生分析并归纳杆球在竖直平面内做圆周运动模型的动力学特征,准确把握模型的基本特征,还需要通过一定的迁移和拓展练习。经过学生反复感悟和自主总结，最终灵活运用模型。通过对教育教学过程的精心设计与科学引导促进学生主体性的有效发挥，利于学生对知识与技能的掌握及各项能力的培养和提高，且利于学生信心的增强和学习兴趣的提高，促进学生全面和谐的发展。让学生经历亲身体验、自主学习、合作交流的过程，激发学生学习的积极性和创造性。通过科学设计正确引导挖掘知识形成过程中所蕴涵的教育教学价值，促进学生的全面和谐的发展，真正落实新课程的各项目标和要求，切实提高教育教学的质量。

《中学物理教学参考》2008 年第 8 期

刍议“作用力与反作用力做功”

刘　欣

牛顿第三定律告诉我们：两个物体之间的作用力和反作用力总是大小相等，方向相反，作用在同一条直线上。因此，不少学生认为作用力与反作用力所做的功都是正功或都是负功，并且一定相等。其实不然。作用力与反作用力可能都做正功，如两个带等量同种电荷的小球一对库仑斥力都做正功；作用力与反作用力可能都做负功，开始时反向运动的异性电荷在一段时间内相互吸引力都做负功；作用力做负功，反作用力可能做正功，叠放在桌面上的两物块 A、B，上面物块 A 受到拉力作用，A、B 发生相对位移，B 对 A 的滑动摩擦力做负功，其反作用力做正功；作用力做功反作用力可能不做功，如固定的物体 A 下有一物体 B，拉动物体 B 使其相对 A 滑动，A 对 B 的摩擦力做负功，而反作用力不做功；作用力与反作用力都做功数值上可能相同，也可能不等。综上所述，作用力与反作用力一定是大小相等，但它们的做功情况并不完全一样：作用力做功，反作用力可能不做功；作用力做正功，反作用力可能做负功；并且它们做的功在数值上也可能不等。

《中学物理教学参考》2008 年第 9 期

比值定义法在物理学中的应用

侯银芝

物理学与数学有着密切联系，数学既是解决物理问题的工具，又是定义物理量的依据，大多数物理量都是用数学方法来定义的。文章探讨利用数学比值方法定义物理量。比值定义物理量

的方法是指，将某一物理量作为分子、将另一物理量作为分母，把二者比值定义为新的物理量的一种方法。比值定义物理量的最大特点是：被定义物理量本身与定义它的物理量无关。比值定义物理量的教学程序有：引入目的、定义、定义式、单位、矢量性、决定因素。比值定义物理量的相关物理量，是指定义比值物理量时充当被除数的物理量，它不是被定义物理量的决定因素，但被定义物理量却能决定此相关物理量，文章以电容为例，学生要将隐含因素挖掘出来。总之，所有利用比值定义的物理量都有一个明显的线索，这一线索可以概述为三个表达式，它们分别是：被定义物理量的定义式；被定义物理量的决定式；被定义物理量的相关物理量的决定式。如果抓住这一线索，则在解题时可以达到事半功倍的效果。

《中学物理教学参考》2008年第7期

“密度”概念引入教学的研究——基于“自创性实验”的个案研究

王爱生

密度是初中物理最主要的基本概念，是后续学习液体压强、浮力及高中时学习气态方程等知识的基础，更是用比值定义物理量的科学方法的相关量。然而密度作为学生开始学习物理接触较早的抽象概念，很难从物理本质上掌握这个概念。因此密度概念引入教学的方法问题备受关注，相关文章一般都注重探究教学方式和体积相同时质量不等的物理事实，忽视引入质量与体积之比的科学方法，更没说清楚为什么要用质量与体积之比来表征密度概念，而这正是密度概念教学形成难点的根本原因。历史上密度概念引入的方法有教师讲授法、学生验证法、实验探究法。现行教科书从概念定义的科学方法角度有以下不足：教材对为什么引入比值的做法是空降式的，是用生硬的方式直接灌入的；学生获得的知识是空心的，是机械记忆。比值定义法的理论基础是比较，采用两个或多个物理量相比。要实现密度概念引入方法的真正突破，应在教学中使学生明白引入的原因和为什么要用比值来反映物质的这一属性，以及将物理事实与科学方法有机地联系起来，进而使密度定义成为可理解的概念。其教学设计首先联系生活，感受现象，了解物质的本质属性；其次创设思维冲突，启发铺垫，感知比值方法的需要；再其次是设计实验，探究规律，获得科学方法；最后反思探究、回味比值、彰显价值。概念的引入教学设计要符合学生需要和知识发生发展规律，创新教学需要创造性地使用教科书，丰富课程资源，展示自创性实验的作用。

《中学物理教学参考》2008 年第 9 期

初中物理教材的处理与有效教学

陈信余

研究教材、合理处理教材是构建学习环境的一部分。深入研究教材与社会生活以及学生发展的关系，全面把握学生的学习基础及随时发生的需求与心态变化，设计有助于激发学习兴趣与灵感的教学环境，是教师的责任之一。教师作为学生学习环境的主要构造者，还需要根据学生情况及时调整、改变教学进度与教学内容，真正体现教材的理念。课堂教学的关键在于因材施教，对教师在课前的准备，即备教材、备学生提出了更高的要求；除此之外还要了解理想与现实的差距；同时也要养成利用简易的器材做实验的习惯；最后要理顺教学内容的逻辑，合理对教学内容的先后顺序进行调整。教材的内容是既定的、现成的，要做到用教材教就要涉及对教材安排内容的取舍问题。善于创设有利于学生成长的教学情境，是提高课堂效率、实施有效教学的重要保证。有效的课堂教学提问必须是有明确的方向性、紧扣教学目标和有针对性。课堂教学中的提问有两种类型，一是由教科书直接提出的问题；二是教师向学生提出的问题。教师提出问题创设一个并不难的问题情境，使问题更加贴近学生的认知水平，问题的提出也就顺其自然，能引起学生的思考，激发探究兴趣。课堂教学是一个开放动态的耗散结构系统，因此动态性和不稳定性必然是它的基本特征。要研究运用多种灵活、智慧的系统控制方法进行有效的课堂教学组织。教师的处理只是其中的一个方面。一个好的教材处理需要教师的经验、激情、智慧和勇气。

《中学物理教学参考》2008 年第 11 期

在科学探究中建构电阻概念的教学尝试与启示

白振宇

注重科学探究是新课程改革的核心，其要旨在于引领学生在科学探究活动中，通过经历与科学工作者进行科学探究时的相似过程，学习物理知识与技能，体验科学探究的乐趣，学习科学家的科学探究方法，领悟科学的思想和精神。随着新课程推进，设

计“探究型课堂”已经成为物理教学必须面对的重大课题。一方面充盈着探索之乐趣、发现之魅力的课堂越来越频繁地出现在物理教学时空内；另一方面探究式教学目前主要集中在物理规律教学上，科学探究在概念教学方面还存在着很大的盲区。物理概念是对客体的物理本质属性的抽象与概括，是在科学探究活动中生成、发展的，可将其与科学探究有机结合起来，以探究形式进行物理概念教学。设计、实施物理电阻概念探究式教学的经验有：演示实验引入新课；深入分析确定课题；与学生交流，启动其思维帮助学生明了自己所采用的假设生成方法；让学生自主探究，搜集证据；教师要注意组间协同交流合作；通过实验找到影响导体电流大小的四个属性，帮助学生生成概念；教师带领学生回忆电阻探究的全过程，突出探究的价值。案例发现探究式教学并不神秘。探究式教学的功能优势有：揭示了为什么要建立电阻概念的必要性，扩大了科学探究的作用范围和类型，将电阻的建立与电阻规律的发现融为一体，在揭示电阻概念的本质上也有优势。

《中学物理教学参考》2008 年第 12 期

一节规律探究课所提供的教学行动策略

李晓东　路永宁

物理规律是物理理论体系的核心，因此物理规律教学历来是物理教学的中心任务之一。《全日制义务教育物理课程标准（实验稿）》指出，“科学探究既是学生的学习目标，又是重要的教学方式之一”，要让“学生在科学探究活动中，通过经历与科学工作者进行科学探究时的相似过程，学习物理知识与技能，体验科学探究的乐趣，学习科学家的科学探究方法，领悟科学的思想和精神”。文中以“力与运动的关系”为例说明怎样在规律探究教学中实现《标准》所提出的要求。教师从学生已有的认知经验中引出问题，事物之间是相互联系的，启示学生用联系的眼光来观察世界、思考世界不仅是一种方法，更是一种思想。帮助学生找准新知识的生长的基础。知识是靠学生主动建构生成的，在知识建构过程中通过复习旧知识帮助学生找准建构基础是一种策略。把学生领进促进其科学猜想的物理情境中，暴露学生错误的前概念，形成认知冲突，利于其自我纠错。教师设计探究性实验，让学生沐浴在精彩的问题空间，将学生的思维置于群体讨论、质疑之中，向学生提供向上攀登的思维支架。收集实验证据，分析实验结论中让学生成为对话中心，鼓励学生用自己的方式表述，强调解决问题能力的培养。案例的最后对课堂过程评价提出新问题，给出时间让学生自我构建，自我反思，相互欣赏使其思想得到升华。让学生带着满足同时也带着问题离开课堂。

《中学物理教学参考》2008 年第 12 期

注意初、高中物理衔接　提高高中物理教学质量

何永祥

高一物理是高中物理学习的基础，但学生普遍认为高一物理难学，难在初、高中物理的梯度大，学生能力与高中物理教学要求的差距大。因此物理教师必须认真研究教材和学生，掌握初高中物理教学的梯度，进而把握好初高中物理教学的衔接，才能提高高中物理教学质量。初中物理教学以观察实验为基础，使学生了解力、热、声、光、电和原子物理学的初步知识及实际应用，而高中物理则变为采用观察实验、抽象思维和数学方法相结合，对物理现象进行模型抽象、想象假说和逻辑推理来解释本质和变化规律。初中物理建立在形象思维基础之上，高中物理建立在抽象思维的基础上，它们存在思维层次的梯度，初中生的学习方式和学习习惯、学生的数学知识和数学解题能力都已经不再适应高中物理教学的要求。教师要搞好初、高中物理教学的衔接就应该要重视教材与教法研究，坚持循序渐进、螺旋式上升的教学原则，透析物理概念和规律，使学生掌握完整的基础知识，培养学生物理思维能力，讲解习题时教师重视学生物理思想的建立和物理方法的训练。加强学生良好学习习惯的培养，如培养学生独立思考、阅读课本、先预习再听课先复习再作业以及良好的思维、理解记忆的习惯。

总之，一个好的物理教师应该熟练驾驭教材，在教给学生知识的同时注意培养其各种能力，这样才能让教和学变得轻松、自如。

《中学物理教学参考》2008 年第 12 期

自主课题研究是教师专业化成长的有效途径

王爱生　孟　和

目前在教育改革形式下，中小学教师参与到高等院校各科研机构的课题中，但远离课堂教学实践，所做的课题研究不能实现自我研究、自我反思、自我实践和解决自身的实际问题，因此，不能从中获取教育教学规律，实现专业水平不断提高。鉴于此，从自身发展的经验出发，提供了一种较为理想的适合中学教师专

业化发展的学习方式——自主课题研究。

自主课题是教师个体在教育主体意识充分觉醒状态下，积极地以教师自身教育教学中所遇到的各种具体问题为研究对象，以中小学教师为主体，以行动研究为主要方式，以解决教师发展为根本目的所展开的教育科学研究。它的特征有：针对实用性、灵活可变性、小专短、持续反思性。自主课题研究的课题选择为身边的教育现象，研究方法为行动研究法，用教育日记的形式记下其研究过程，通过教育研究能总结教师经验并加以升华。

但在自主课题研究的过程中应注意：首先要结合日常教育教学工作自主研究；其次要以研究的意识关注自己的工作，还要力争“规范化”管理自主课题。

自主课题研究是促进教师专业化发展的有效途径，是教师申请获得较高级别的规划课题的基础和前期准备，也是有效学习教育科研的方式，更是形成独特教学风格和研究方向及成为研究型、专家型教师的必经之路。

《中学物理教学参考》2008 年第 1—2 期

例说安全意识在物理习题教学中的渗透

尹雄杰

物理教学中对学生进行安全意识的渗透是十分必要的，是每一位物理教师的职责和义务。蕴藏在物理习题中的安全教育资源极其丰富，充分利用能对学生产生潜移默化的作用，在促进物理习题教学的同时给学生渗透安全意识，可谓一举两得。

首先，理解和掌握一些常见的用电器、电学仪器的原理、结构、用法及安全用电常识，是高中生应具备的基本素质。通过安全用电习题的教学，能引导学生多观察了解常见的用电器、电学仪器，增强用电安全意识。

其次，强化学生的交通安全意识使其遵守交通规则，是关系到学生人身安全的重大问题。物理教学中与交通安全有关的习题能引起学生的极大兴趣，对学生起到潜移默化的教育作用。

再次，在物理教学中，选择和设计以人的生理特征为知识背景的物理习题，促使学生对运动安全问题引起重视。所以物理教师也要做自己应做的事情。

同时太空安全、辐射安全、特技安全、施工安全、旅游安全、驾驶安全、消防安全等物理习题中渗透着安全教育的因素，只要充分利用、有效挖掘就一定能增强学生的安全意识。物理教师完全有责任对学生进行安全教育。有专家指出，通过安全教育提高中小学生的自我保护能力，80%的意外伤害将可以避免。

《中学物理教学参考》2008 年第 1—2 期

学生应有物理概念建立过程的知情权

吉临荣

物理概念是整个物理教学的核心，对物理学发展起着承上启下的作用。但从新课程的角度审查传统的物理概念教学发现其不重视物理概念的建立过程。下面从“力臂”和“功”概念入手，探究物理概念的建立过程。

力臂概念的建立。传统的教学对为什么要引入力臂的概念没有讲清，根据新课改的要求，学生应有物理概念建立过程的知情权，为了建立力臂概念，可将教材顺序做适当的调整。在得出杠杆的支点、动力、阻力定义后先探究杠杆的平衡条件再引出力臂的概念。在教学设计过程中，让学生亲历杠杆平衡条件的探究过程，步步深入最终发现支点到力的作用线的距离是个有物理意义的量，自然的引出力臂概念，使学生清晰地认识到力臂不是支点到力作用点的距离，加深了对力臂概念的理解。

功概念的教学。传统教学对“为什么要引入功概念”没有说明。根据苏科版初三物理教材，从探究是否存在省力机械入手，建立功的概念。物理新课程的教学，要求学生自己发现问题，提出猜想，并通过小组合作制定探究计划，验证、得出结论。

在概念的教学中概念的形成是核心，是学好物理学的基础和发展物理思维的出发点，所以在物理概念的建立过程中，精心设计探究式教学活动，让学生有物理概念建立过程的知情权，进而才能较好地把握物理概念的内涵。

《中学物理教学参考》2008 年第 4 期

论物理学习中认知建构的一般过程

郑宣连

建构主义理论的一个重要概念是图式，个体对世界的知觉理解和思考方式，是心理活动的组织框架。图式是认知结构的起点和核心，是认识事物的基础。因此，图式的形成和变化是认知发展的实质，认知发展有同化、顺应和组织三个环节。文章试图结合高中物理教学实践的研究，探讨物理学习中认知建构三个中心环节“同化、顺应和组织”的一般微观过程。

同化是将外界信息纳入个体已有的认知图式中去，对个体的认知发展是非常重要的。结合物理教学我们提出：一个从初级到高级的物理学习同化过程包括“模仿—扩展—自动化—搜寻同化”等阶段。

当个体的认知图式不能完全同化外界的客观事实时，个体会努力去调整、改造原有的认知图式以构建新的认知图式，来适应客观现实的变化，此即顺应的心理机制，顺应使个体的认知结构发生质变，进入一种新的更稳定的平衡状态。在物理学习中一个完整的顺应过程应包括“心向—探究—意义建构”三个阶段。

个体的各种认知成分都是相互联系着的，不同认知成分经过协调和整合形成一定的组织关系—认知结构。不同个体在认知能力上的局限性是由认知结构发展水平的差异造成的，认知结构发展水平的标志是整体性、发展性和多元性。

顺应使个体建立了新的认知图式，同化则扩展了认知图式的容量并达到高级水平。成功实现这一认知发展模型，加快它的发展过程，是高效实现新课程倡导的知识与技能、过程与方法、情感态度与价值观三维目标的重要途径。

《中学物理教学参考》2008 年第 6 期

高中物理学习中的认知策略初探

司德平　刘应敏

认知策略是学习者用以调控自己注意、学习、记忆和思维等内部过程的技能。通常把认知策略分为复述策略、精加工策略、组织策略、监控策略、情感策略。若从信息加工过程划分可分为注意中的认知策略、编码中的认知策略、提取策略、问题解决中的认知策略。根据信息加工过程理论，认知策略对整个信息加工过程起调控作用。因此，若通过大量的变式练习，可使认知策略的学习达到反省认识水平，从而提高信息加工的效率。文章对高中物理学习中的认知策略进行了初步探讨。高中物理学习过程中的认知策略有：应用图像语言的策略、整体法与隔离法综合运用的策略、极限推理的策略、控制变量的策略、等效替代策略、应用反证与反例的策略、对称性策略。

总之，认知策略的学习和知识的习得是相互促进的。物理学习中的策略性知识很多，正确合理地选择已习得的策略并用到新的问题情境中去是极为重要的。教师应通过具体问题展示自己在解题时是如何审题、如何选择解题策略的，充分暴露出自己的思维过程，让学生体验策略能够有效使用的场合，并指导学生在相似和不同的情景中练习使用这些策略。教学时着重解决这四个

“W”的问题是学生对自己认知过程的认知问题，提高元认知水平，使学生学会学习，这样策略训练与反省认知相结合才能收到良好的迁移效果。让学生在有限的时间内学习、掌握并生成可让其终身受用的科学、高效的学习策略，进而学会学习，奠定其可持续发展的基础。

《中学物理教学参考》2008 年第 5 期

博客与物理教师专业化发展的整合

邱基斌

教师专业化成长与发展是时代和社会发展、进步的需要，要求教师学会利用各种技术来促进自己的教学手段、教学模式和教学方法等的变革。基础教育改革对物理课程和教学改革提出了新课题，物理教育要为青少年在科学素养上的提高和将来的发展提供必要的、与时代进步相适应的物理学基本知识、基本能力和基本方法。博客作为一种快捷易用的知识管理系统，越来越受到教育工作者的关注并逐步被引入到学校的现代教育教学领域中。博客是个性化的个人知识管理系统，利用互联网新兴的“零壁垒”技术，以文字、数字、文本和多媒体等方式，把日常所想、所闻和所思的各种思想精华迅速及时地积累保存起来，超越传统时空局限，并让全社会可以共享。通过博客可以将工作、爱好和学习有机结合起来。博客的特点有：展示与记录、体验与参与、共享与分享。建构主义的全语言法就是鼓励学习者按照自己的方式及时的表达自己的理解和思维过程。博客和教师专业化发展具有很多相同的特征与一定的关系，博客技术的催生和发展，为教师的专业化成长与发展奠定了很好的基础，是促进教师专业化成长与发展的有效工具。博客作为有效的反思工具、知识信息存储工具、师生沟通工具对于促进教师专业化发展是非常有益的。

《中学物理教学参考》2008 年第 5 期

学习电场的九大误区

许致虎

在“电场”一章的学习中，常见以下九个误区：认为电场不是物质，走出误区：电场与由原子、分子组成的物质一样确实存在且具有能量等物质属性，故也是一种物质。认为当电荷 Q_1、Q_2 间距 $r\to0$ 时，由 $F=\frac{kQ_1Q_2}{r^2}$ 认为 $F\to\infty$，走出误区：此公式仅适合可将带电体视为点电荷的情形，不能不顾物理意义而将物理问题纯数学化。由公式 $E=F/q$ 认为某确定点的场强大小与放在该点的检验电荷的电量成反比，走出误区：电场中某确定点的电场强度是客观存在的，它是由场源电荷产生的。因此其大小、方向一定，与所放检验电荷的正负及电量的多少无关。认为电场中某确定点电场强度的方向，就是置于该点的电荷所受电场力的方向，走出误区：某点电场方向只有一个，但电场力的方向还与电荷的正负有关。认为电场线是实际存在的线，走出误区：电场线是人们为了形象的描述电场而假想出来的线，并不是真实存在的。电场线就是带电粒子只受电场力时在电场中的运动轨迹，走出误区：只有在电场线为直线且初速度方向在此直线上时才成立。在电场强度越大的地方，同一个点电荷具有的电势能也越大，其实电场强度的大小与电势能的大小并无必然联系。电势能是一种能量，不可能为负值，走出误区：电势能相对于零势能位置而言是有正负的。认为比较电场强度大小的方法与比较电势能大小的方法相同。电场强度是矢量，比较大小要比较绝对值，而电势能是标量，只需比较大小。

《中学物理教学参考》2008 年第 7 期

“磁偏转”和“电偏转”的差别

王金霞

“电偏转”和“磁偏转”是分别利用电场和磁场对运动电荷施加作用，从而控制其运动方向的过程；因磁场和电场对电荷的作用具有不同的特征，故使得两种偏转也存在以下几方面的差别。

首先，在“磁偏转”中所受洛伦兹力是变力，而“电偏转”电场力是恒力；其次，在“磁偏转”中，变化的力使粒子做变速曲线运动、匀速圆周运动或部分圆周运动，而在“电偏转”中，恒定的电场力使粒子做匀变速曲线运动、类平抛运动；在“磁偏转”中，粒子运动方向所能偏转的角度不受限制，且相等时间内偏转的角度总相等，而在“电偏转”中，粒子运动方向所能偏转的角度被限制，相等时间内偏转的角度往往不等；在“磁偏转”中，由于洛伦兹力 F 始终与粒子的速度方向垂直，所以其动能保持不变，而“电偏转”中动能将不断增加，且增大的越来越快；“电偏转”运动轨迹是抛物线，而“磁偏转”轨迹是圆或圆的部分；“电偏转”按类平抛运动处理；“磁偏转”结合圆的几何关系通过圆周运动的讨论求解。文中的例子和练习分别说明了“磁偏转”和“电偏转”的差别。

《中学物理教学参考》2008 年第 7 期

从物理学角度看四川大地震

刘晓林

2008 年 5 月 12 日北京时间 14 时 28 分 04 秒汶川发生了里氏 8.0 级大地震，震中位于中国四川省阿坝藏族羌族自治州汶川县境内，此次地震是新中国成立以来破坏力及波及范围最大的一次地震灾害，其裂度和规模均超过唐山大地震。从物理学角度来看待此次四川大地震应从以下几方面加以分析。

地球是一个大球体，由外至内分为地壳、地幔、地核三部分。地壳是由一层层各种固体岩石构成的，地震就是地壳的快速振动现象。地震时，地壳前后上下振动形成地震波。地球内发生地震的地方叫震源，震源垂直向上到地表的距离是震源深度，震源上方正对着的地面称为震中。引起地球表面振动的原因很多，地震可分为构造地震、火山地震、塌陷地震、诱发地震、人工地震。地震时有许多物理现象伴随而生，需要应用物理学知识进行解释分析，如横波和纵波及共振的知识，地震前异常自然现象、动物异常反应的解释等。地震中学校人员、街上行人、车间工人、行驶车辆、楼房内人员、商店人员等都要注意避震方法。地震时如被埋压在废墟下要注意合理方法自救。地震给我们的启示有：面对灾难首先应该重视建筑防震问题，应按地震部门确定的设防烈度标准设防；另外平时的防震工作也很重要；最后建立邻里互助的协作组织。

《中学物理教学参考》2008 年第 9 期

向虚假的科学探究说“不”

吴存华

在探究教学的过程中，通过实验获得有效数据用来验证对问题的猜想，是探究教学得以顺利进行的重要前提。然而，有时师生开展的科学探究可能会遇到教师在课前设计中没有预料到的情况，从而使实际教学流程偏离设计的轨道。作者参加研讨会中两位教师以“自由落体运动”为课题执教开展研讨，探究主题：师生通过实验共同探究人教版普通高中课程标准实验教科书《物理 1》中重物的自由落体运动是否属于匀加速直线运动及下落加速度的测量。由两位年轻教师 A 和 B 分别执教，然后对 A、B 就同一教学设计思路所出现的课堂异同进行研讨。A 的实验失败，B 采用替换妙计，但尽管课堂探究教学和科学家的科研探究有着区别，其中所蕴涵的科学精神却是一样的，即要求学生在探究过程中掌握科学研究方法，经历科学探究过程的困难挫折，体验“拨开云雾寻找真理”的艰辛以及探究成功所带来的精神愉悦。因此，探究教学必须以最基本的事实为基础，任何人为的掩盖都违背了科学探究的精神。我们的课堂教学应该立场坚定地向虚假探究说“不”，不能有丝毫的犹豫与妥协。对于探究教学中一些不可预测因素的处理对策如提高自身科学素养，在探究教学中彰显科学探究的智慧；提高仪器精密度，努力提升实验数据的精确度；课前教学设计时换位思考和事先实验，确保实验探究细节；尊重事实，客观对待探究实验数据；打破课堂的时空限制，有机结合课后教学与综合实验活动。

《中学物理教学参考》2008年第10期

中学物理教学中分析综合能力的培养

潘守理

分析“就是把研究对象在思维中分解成为它的各个组成部分或要素，然后分别加以考察与研究，研究它们相互联系及相互制约的关系，研究它们之间的相互作用及在整体对象中的地位，考察它们对研究对象的状态及发展变化的影响，从而揭示事物的属性和本质的方法”。对于物理学，分析就是将研究对象分离或物理过程拆成几个部分，找出这些部分的本质属性和彼此之间的关系。综合“就是在分析的基础上，把研究对象的各个组成部分或要素在思维中重新结合为一个整体，从而在整体上把握事物的本质和规律”。对于物理学，综合就是整体观念、全程思想和整合知识。分析和综合是一种辩证思维方法，这是因为只有在分析基础上的综合才可能是有机的综合，只有在综合指导下的分析才可能是有效的分析。高中物理教材几乎每一模块都蕴涵着分析综合思维方法。受力分析中的“隔离法”和“整体法”；运动的分解与合成；动量定理与动量守恒定律；动能定理与功能原理；机械振动与机械波；部分电路与闭合电路；电磁感应的微观过程与能量守恒；电场、磁场中带电粒子的瞬时状态与运动轨迹；光线与光学成像等，都是分析综合方法相互渗透、有机联系并广泛应用的生动例证。运用分析综合法解决物理问题的能力称为分析综合能力。分析综合能力培养应注意以下几个环节：培养良好习惯从起始年级开始；提倡独立思考不言放弃的精神；重视教师的示范作用；重视通解，鼓励特解。

《中学物理教学参考》2008年第10期

浅析逆向思维训练的情境设置

殷少来

逆向思维是逆着习惯的、常规的思维方向进行的思维活动，属于创造性思维。在物理教学中，有意识设置一些需要用逆向思维才能求解的应用情境，让学生得到有针对性的训练，使其认识策略更加灵活，以培养学生的逆向思维能力。正向求解问题是由因求果，逆向求解就是由果索因，此时要进行逆因果设置思维训练；人们总习惯按时间的顺序处理问题，从事件发生之始，一步步由未知到已知求得最终结果，但在实际中，许多问题却要逆着时间轴去思维才能求解，即进行逆时序设置思维训练；人们习惯于沿着坐标轴的正方向分析问题，不习惯于逆着坐标轴的方向思考，有目标地设置存在思维选择策略的问题情景，使学生得到多次变式训练，就能提高学生思维的变通性，提高分析和解决问题的能力即逆空间设置思维训练；物理学规律大部分都有具体适用或成立条件，在规律教学中要从正向和逆向两个思维方向切入，进行对比讲解，即逆条件设置思维训练；一个故事，一段历史，一个实验，一个物理推论都可以作为情境引入教学之中进行逆权威设置思维训练。教师要充分利用物理学科的特点，努力挖掘教学素材，有意设计好教学情景，让学生通过多种思维训练使其正向、逆向、发散及创造性思维等思维品质得到有效的提高，这样的教学才会充分体现物理教学的育人价值和学科魅力。

《中学物理教学参考》2008 年第 10 期

高考理综物理试题对高三备考的启示

孙宝英

要提高高三备考的质量和效率，应该对 2008 年高考试题进行分析，从而对新一轮复习备考有所启示和借鉴。从统计分析来看，近几年高考理综物理试题在结构上基本相同，题型分布连续四年保持相对稳定，从试卷的难易程度上看，虽然选择题的难度有所下降，但计算量却有些加大，整卷难度和去年基本持平。由于受总题量的限制，理综试卷的物理试题在适当照顾知识覆盖面的前提下，突出对物理学主干知识、重点知识的考查。高考是选拔性考试，高等院校希望选拔出能力较强的学生，高考大纲对物理学科提出要考查考生五个方面的能力，即理解能力、推理能力、分析综合能力、应用数学处理物理问题的能力和实验能力。

2008年高考试题从不同角度对这五个能力进行了较为全面有效的考查。这五个能力中理解能力是基础，是其他能力发展的前提；对应用数学处理问题的能力仍然要求较高，延续了近年来高考题的这一显著特点。物理学实验能力在理综物理考试中一直占有相当重要的地位，也是考生要突破的一个复习难点，物理学研究处理问题有其特有的思想方法和思维方式，2008年的理综物理试题重视物理思想方法的考查，据阅卷点提供的情况看，考生答题中反映出的问题仍是一些长期存在而带有普遍性的问题。复习备考时应该注重以下几点：构建知识网络，抓住主干知识及核心知识；注重物理思想方法，准确全面理解物理概念和规律；关注实际生活和科技发展，增强理论联系实际的能力；提高应用数学处理物理问题的能力；正确处理习题训练与提高能力的关系。

《中学物理教学参考》2008年第10期

对“新课程”教学准备流程的研究

毕凤祥

教学准备是教师在授课前都必须进行的艰苦细致的创造性工作。为此，就要“认真学习课程标准、钻研教材，了解学生，选择教法”等。但是，同样把课程标准、教材、学生、教法都研究透了的教师，其教学准备的效果仍然不同。研究发现，教学准备效果不好的教师缺乏教学准备流程方面的知识，他们不知道在教学准备时应该先做什么，后做什么，每一步应该完成什么任务以及各步间的逻辑关系。高中物理有许多课型，“新授课”是其中重要的常用课型。我认为新授课的教学准备流程应有10个环节，即研读教材—研究课程标准—研读教参—专项研究—浏览教材—查阅资料—心中授课—编写教案—板书设计—反思，每一环节都有相应的任务要求。其中研读教材又有阅读教材、精读教材、阅读本章教材、浏览其他教材四步。作者提出的上述教学准备流程，是想给新教师一种规范，以便有所遵循提高教学准备的效果，尽快入门。入门后，就可以进入教学准备的自由王国，不再受这些环节的限制，对自己的教学准备工作进行创新，以形成自己的教学准备风格。

《中学物理教学参考》2008年第10期

基础物理教学中开放性问题的理论分析

邓　敏

心理学家认为问题含有三个基本成分：条件、目标和障碍。

它们有机结合在一起，问题的条件和目标之间存在着内在联系，其间存在着障碍，需要进行思维活动。因此可以把问题定义为："给定信息和目标之间有某些障碍需要被克服的刺激情境。"科学研究需要通过观察、实验获取关于自然界中的各种信息，然后加以理性的加工，发现规律性的东西，问题是科学家探索的出发点和原动力。问题也有助于摆脱思维定势。问题使学生陷入困境，寻求问题的解答，摆脱问题的困扰，将会激起学生认识自然、理解自然的强烈愿望，给学生的认识活动产生极大的动力。物理成为自然科学体系和技术科学体系形成和发展的基础，和许多学科相互渗透，在基础物理教学中"物理问题"是以物理为内容，用物理概念、规律或方法才能解决的问题。界定中的物理内容指的是义务教育阶段物理课程的基本学习内容，包括物质、运动和相互作用及能量三个部分，与物理概念相比，物理规律是人们对物理课题的高层认识，是理性认识阶段的产物。从本质上看，将问题分为封闭问题与开放性问题。物理开放性问题是相对于传统的封闭题型而言的，形式是条件、解题方法策略和结论的开放，情境是真实的，鼓励学生参与对问题的建构，有助于培养学生的创新能力和实践能力。物理学本来是研究客观物质世界的最基本的结构、最一般的运动和最普遍相互作用规律的科学，将实际问题转化为物理模型是学生今后工作和学习所需要的能力。

《中学物理教学参考》2008 年第 11 期

让科学探究中的猜想不再迷茫

李文明

猜想是科学智慧中最活跃的成分，是探究式教学中的重要环节，也是教师容易忽视的地方，新课程标准对科学探究的要求：尝试根据经验和已有知识对问题的成因提出猜想，对探究的方向和可能出现的实验结果进行推测和假设。提出猜想就是根据已知原理和事实，对未知的自然现象及其规律作出的一种假定性命题，是人类探索物理本质时的一种思维策略。然而学生面对问题情境进行猜想时常常表现出茫然不知所措，主要原因有：感性认识的缺失，使学生丧失猜想的基础，思维方法指导的缺失，使学生猜想丧失科学的思维。针对解决这些问题的教学对策有：教师提供猜想所需要的典型感性素材，让学生重温生活经验场景或通过亲身观察体验或从实验现象、实验数据中进行猜想。教师有必要加强对学生进行科学猜想方法的教育，常用的科学猜想方法有直觉思维法、类比法、逆向思维法、归纳猜想法。以上科学猜想方法教师应当在教学中加以强化渗透，让学生学会运用猜想方法解决问题，在探究的过程中让学生真正体验到成功的喜悦和失败的痛苦，从中培养科学的情感态度和价值观。

《中学物理教学参考》2008 年第 12 期

浅谈物理课堂教学中的黑板板书行为

尤青春

自 17 世纪夸美纽斯倡导班级授课制以来，粉笔和黑板一直被认为是教师教学的重要工具。

黑板板书能同步配合教师的讲述，向学生提供有关学习内容的视觉信息；提供学习内容的要点和结构，是讲述内容的核心和实质所在；能为识记、保持、再现学习内容提供线索；为师生将注意力集中于共同的教学内容提供了现实载体。从重要性和详略程度看，黑板板书有两种形式：系统板书（主板书）和辅助板书（辅板书）。前者能完整反映出当前的讲解内容和思路；后者则能反映与当前学习有关但相对次要的内容，对前者起辅助、说明作用。从形象化程度看，黑板板书大致有要点式板书、总分式板书、表格对比式板书及图解式板式等。评价黑板板书的标准有三个，分别是：板书形式与教学目标、教学内容的匹配程度；板书的适时性；板书的安排布局。在设计或应用板书时，教师要依据具体的教学目标和内容、学生特点、课堂情境以及自身的素质特点，作出灵活、合理的策略选择。一般来说应做到以下五点：1. 课前要预先设计好板书；2. 课堂上要不断观察学生的反应；3. 书写时要做到字迹清晰、醒目；4. 尽量避免分散学生注意力、妨碍学生注视板书的行为出现；5. 不要连续长时间板书。

黑板板书是课堂教学中的经常行为，其运用的好坏仍将是影响教学质量高低的一个重要因素，同时也是衡量一个教师业务素质高低的重要方面，我们不可忽视。

《中学物理教学参考》2008 年第 6 期

由案例谈课堂教学应该避免的几类教学形式

姜立东

教师对新课程的精髓没有真正理解，教育教学中存在严重的形式主义，课堂教学的形式化是新课改形式主义的最大问题。课程标准提倡教学方式的多样化，组织丰富多彩的教学活动，让学生积极参与知识的探究，但教师应注意避免热闹而学生思维无所适从的课堂教学。改变学生的学习方式是教改的一大任务，“改变学习方式”的核心是让学生做一个主动探索者。物理新教材中，最突出的一个特点是强调探究式学习，这也是课程改革最难的新探索。在探究性学习中，教师要创设一定的情境，用丰富多彩的亲历活动，充实教学过程，让探究成为学生学习的主要方式。所以应避免在自主、合作、探究活动中学生学到的知识不能有效整合。课程改革强调科学探究在科学课程中的作用，教师也应避免教学过程用结论代替学生的科学探究过程。在课堂教学中，为使课堂气氛活跃，由过去教师的“一言堂”变成现在学生的“一言堂”，往往忽略了学生基本知识和技能的培养与训练，作为教师，教学中一定要时时刻刻注意引导学生自主学习。教学情境多和教学方法杂烩造成学生对教学重点和难点难以把握，不利于思维能力提升。教学形式是为教学内容服务的，以提高教育教学质量为目的。教师在设计课堂教学方式时，应以学生为本，坚持科学适度原则，既要选择具有典型性、科学性、教育性和针对性的教学材料，又要采用最能使学生把握教学内容和提高自身能力的教学方式。

《中学物理教学参考》2008 年第 8 期

浅淡新课程理念下高中物理教学情境的创设

徐芬芬

作为新课程理论基础的建构主义认为，知识不是通过传授得到的，而是学生在一定的情境中，借助教师和同学的帮助，利用学习资源通过意义建构的方式获得的。建构主义强调，一个充满理智和情感的教学情境是提高课堂效率的关键。创设“问题情境”最为关键的环节是设疑，设疑的一般方法是把需要解决的课题，寓于符合学生实际的各种知识基础之上，给学生心理造成一种疑问、问题或悬念，从而把学生的注意、记忆、思维活动凝聚在一起，点燃起思维的火花。让学生到真实场景中学习知识，加深理解，活化知识，以提高解决实际问题的能力。认知心理学研究表明直观表象比语音语义更容易被大脑接受，所以一些抽象的物理概念规律有必要通过直观现象的情境将其再现出来。自主探究、合作交流，不仅有利于开阔思路、集思广益，而且还能培养学生人际交往协调的能力和协作交流的团队精神。在教学设计时应有意识地安排一些教学内容，由学生小组开展自主探究，组织全班交流。收集、处理信息能力是学生适应信息时代发展必备的能力之一，利用各种途径收集与教学内容有关的资源，并对其进行分析、整理，通过多媒体课件、主题网站等形式呈现给学生，鼓励学生在这样的信息情境中，开展主题探究学习或项目设计学习。良好的教学情境能充分调动学生的智力因素和非智力因素，提高课堂教学效率。各类教学情境并非彼此分离而是相互联系的。在教学中应根据实际需要，采用多种方法创设出有利于教与学的和谐情境。

《中学物理教学参考》2008 年第 8 期

有效“讨论与交流”的问题设计

陈信余

讨论与交流作为一种教学方法，越来越受到人们的重视。为发展学生的主体性、培养学生的创造性，讨论与交流更是频繁地出现在合作教学、问题教学以及探究教学等形式的课堂中。文章通过对两个简短案例的分析，就物理课堂教学中有效“讨论与交流”的问题设计提出一些意见，以供中学物理教师参考与借鉴、讨论与交流。案例一是粤教版普通高中课程标准实验教科书《物理 1》第一章第二节设置的讨论与交流内容并不具备“讨论与交流”的功能，没有相应的内容，而且讨论与交流的特征不明显，在具体的教学实施过程中也不能发挥其应有的作用，因此这个讨论与交流是没有意义的、无效的。案例二是教师在“光的衍射”一节精心设计的讨论与交流，问题明确，有针对性，贴近学生认知水平。由于之前已经学习了几何光学的相关知识，学生既明确讨论的问题又可提供用于交流的材料。学生积极参与、踊跃发言，教学效果很好。从上面两个案例及其对比分析中看到讨论与交流的问题设计非常重要，设计时应该注意问题的争议性、适度性、针对性。实际教学中，讨论与交流的形式灵活多样，只要保证有可讨论的问题和可交流的内容，讨论与交流的有效性就能得到保证。当然，讨论与交流并非适用于任何课堂，有其实施的条件、原则、方法和时机，只有使用得法，才能做到“鱼满而合网，水到而渠成”。

《中学物理教学参考》2008 年第 10 期

初中《科学》探究式课堂教学

魏方才

《科学》是一门以探究为基础的学科，可供探究的题材丰富，教学时可通过联系学生自己熟悉的生活生产实际，为探究活动提供一定的事实依据，这些都使得自然科学有可能且更有必要进行探究教学。作者根据近年来的教学实践，把《科学》探究式课堂教学基本程序和实施策略定位：情境激疑—探究质疑—沟通释疑—交流答疑—反馈生疑，简称“五疑法”。1. 情境激疑。对于学生已有一定感性认识且具备相关基础知识和相关经验的教学内容，教师应根据教学内容和学生实际，介绍产生疑问的真实情景，引导学生提出要探究的问题。2. 探究质疑。探究质疑一般包括“进行猜想和假设”，“制订计划和设计实验”，“试验计划和观察实验”等过程。3. 沟通释疑。教师指导每位学生认真分析实验现象并且初步得出结论，然后组织学生在小组内公布自主探究的结论，通过交流、讨论、沟通、质疑和辩论，使学生在探究过程中存在的问题暴露出来并加以解决。4. 交流答疑。让各小组代表将自己的探究过程、征集到的证据和得出的结论向全班汇报，听取小组对报告质疑，被质疑的小组答辩，最后全班讨论，对结论进行修改达成共识。5. 反馈生疑。课堂结束前对学生所学知识组织反馈，通过信息交流，让学生对自己学的如何，知识能力发展得如何进行检测。

《物理教学》2008 年第 8 期

初中物理的导学策略

朱春贵

“导学”是指教师立足于课程标准，根据学生实际，有目的、有计划、有组织地引导学生主动、热情、高效地投入学习的教学活动。初中物理教学，为了实现培养全体学生的科学素质，必须讲究导学的策略。一、导学首先要紧密结合教材。教材在编写时充分考虑到学生在学习的过程中所遇到各种因素的限制，所以，初中物理导学要紧密结合教材。二、对学生各种能力的培养应因人而异、因材施教。一个班的学生的各方面的素质存在较大的个体差异，所以导学时，要因人而异、因材施教。三、导学并不抛弃循环示范训练的传统手段。示范是能力培养的起点，训练是强化的手段，应用和创新才是目的，循环是为了使暂时掉队的学生能跟上，使已掌握的学生应用到更熟练、更灵活、会创新。四、师生合作提高是导学的较高境界。通过师生间的多向合作学习，充分利用各种学习的“差异资源”，共同增长知识和提高能力，更有利于全面实现素质教育的三维目标。五、导学的最终目的是为了不用导学就能学。学生经过一段较长时间的指导训练后，学生掌握的知识量和能力发展水平得到了一定程度的提高，就有了相对独立或完全独立操作的能力和愿望，所以教师要根据教学内容、教学目标和学生的实际情况，在适当时机，把学习或动手操作的主动权逐步教给学生。

《物理教学》2008 年第 1 期

初中物理作业的创新

李光宇

作业是教学的基本方法之一，是反馈、调控教学过程的实践活动，也是在老师的指导下，由学生独立运用和亲自体验知识、技能的教育过程。为了让作业实现更好的教学效果，教师在作业的布置上应敢于尝试、敢于创新，把学生真正作为学习的主体，注重学习的体验，使学生喜欢作业、喜欢自己所学的课程。由于目前作业只求速度，不求质量的现状，作业策略的改进势在必行。应采取具体策略：1. 设计情景作业——力求少而精。教师在设计和布置作业时应适量，精心挑选或设计具有代表性、典型性、趣味性和富有生活气息、充满时代感的作业，力求少而精，力争给学生的作业能够“以一当十，举一反三”，做到质量高而量精。2. 设计专题作业——力求新而专。将相近、相似知识点归纳、综合并进行比较，可以培养学生的创新能力。同样，将相近、相似的问题综合在一起进行训练，可以深化思想品质、拓展思维能力。3. 设计分层作业——力求“饱”而“了”。如何才能充分调动起学生完成作业的兴趣呢？作者认为：分层设计、注意梯度是解决此问题的根本途径。“分层设计”是指优化的弹性作业结构，“梯度”包括内容、方法、技巧三个方面，这样，可使优等生“吃得饱、吃得好”，中等生“跳一跳，够得着”，学困生“吃得下，消化得了”。

《物理教学》2008 年第 7 期

立足初中生特点开展实验探究

张永斯

初中阶段学生的心理处于半幼稚、半成熟的状态，初中生的思维处于形象思维向抽象逻辑思维的过渡过程，因此，初中物理教学往往要从学生的具体经验出发，充分利用实验，展现物理表象，借助形象思维，使学生思维不断向高水平转化。初中物理教科书中安排了大量的实验探究，既符合初中学生的思维特点，也符合物理学科的基本要求。因此，立足初中生特点，切实开展实验探究，对初中物理教学是非常必要的。从初中生的兴趣特点来看，初中生的兴趣主要是直接兴趣，其特点：新奇、直观、操作等。对初中物理学而言，兴趣的激发要更多地通过物理实验和联系生活来实现。从中学生思维发展规律来看，初中生的求异思维的发展非常明显，在许多方面都表现出创造的欲望。实验探究活动为学生提供了广阔创造空间和创新平台。初中生思维发展的另一个明显的特点就是思维片面性和表面性非常明显。随着自我意识的不断发展，初中生思维的独立性、批判性明显增长。为此，在初中物理教学中，一方面要鼓励学生大胆质疑、提出问题；另一方面要培养学生养成实验探究的习惯，通过科学实验进行有效的验证，这样才能更好地发展初中生的思维水平。

《物理教学》2008 年第 7 期

探究与接受学习的有机融合——渗透科学探究的思想和方法

刘炳升

文章针对实行新课程标准以来，探究式学习方式受到广泛关注进行了深刻的反思。作者认为，由于许多人对其认识未深及本质，因此，实践中冠以“探究式学习”名义的做法很多，存在一些对探究式学习的误解：或是把探究视为高不可攀，或是忽视探究式学习的基本特征，其中最应关注的是对科学探究的“僵化”倾向。这种倾向，从认识看，是把探究式学习等同于科学家的探究。这种等同势必造成不良后果：一是探究内容的窄化，自然、社会、自我作为探究内容的三个维度失去应有的平衡；二是课题选择过分社会化、成人化、缺乏与学生的思维及知识水平相适应的研究课题；三是探究方法只注重沿袭获得科学结论需要遵循的程序和方法，学生的个体化探究方式易被扼杀；四是容易造成参与探究式学习的学生“精英化”，只有少数学生能够胜任和感兴趣，违背通过探究式学习提高全体学生的科学素养的初衷。然后，作者通过一个案例：“走进分子世界”，分析了探究式学习应该和接受学习很好地结合起来，才有利于学生形成结构性的知识。最后，作者又论述了探究学习与接受学习的关系，认为探究和接受构成一个学习方式的一个维度，其维度的一个极端是完全亲自体验的“绝对”探究；另一个极端是完全接受学习。合理的课堂教学设计应当根据影响教学的各种因素选择合适的平衡点。科学探究需要接受式学习；接受式学习需要渗透探究的思想。

《物理教学》2008 年第 1 期

关注探究教学过程设计

刘炳升

文章首先指出了目前存在重结果的教学现象，并分析了那些否定重结果教学的观点是片面的。作者认为，对于知识目标来说，是否理解和掌握知识，只需要通过形成性评价来获得反馈信息，教师和教材会用各种习题对学生实施训练和评价，这些都与结果相联系。转而又指出，现实教学中，把重结果作为教学追求的目标，片面追求升学率，忽视了课堂教学的过程特征，造成的后果，一是不能有效调动学生的情感因素，动机不强，容易忽视态度、价值观的培养；二是缺少过程体验和感受，科学方法、能力的培养不能落实；三是对一些重要知识的理解容易浮浅。然后，作者分析了造成重结果、轻过程的原因，除了教育观念和评价的偏向外，教材的呈现方式也是一个重要原因。另一个原因是教师对过程性教学的设计比较疏忽，容易机械地套用探究的程式，从而使探究形式化。这些都需要在实践中，提高对过程性教学法的认识，反思存在的问题，总结指导和组织探究过程的经验。最后，作者以“平面镜成像”的案例，给出了探究教学设计应当遵循的原则。(1) 充分调动学生学习的内在动机，体现主体性原则；(2) 努力提供手脑并用的机会，体现做中学的原则；(3) 关注实践和理论结合，体现探究与接受学习有机结合的原则；(4) 关注有效的合作与交流，体现人际间互动的原则；(5) 灵活多样，防止探究模式僵化，体现多样性原则。

《物理教学》2008 年第 2 期

培养学生提出科学猜想和形成假设的能力

刘炳升

文章开篇以一个实验“哪个蜡烛先熄灭”为例，提出“提出猜想和假设不是一件简单的事情”，然后，作者对教学中学生的“猜想”做了详尽地分析，认为学生的猜想和假设有以下层次：1. 估猜，即尝试性的随机猜想和假设；2. 发散性的猜想，即收集各种可能与之有关的因素；3. 推断性的猜想和假设，即以一定的经验事实和已确定的理论为基础，经过逻辑推断，做出一定的判断；4. 含一定程度创造性的猜想和假设，即以一定的思维表象为单元，通过类比、联想、想象，运用直觉与灵感等非逻辑思维，并与非逻辑思维结合，做出一定的猜想和假设。最后作者针对如何逐渐提高学生猜想和形成假设的能力，提出了自己的看法。作者认为，在初中物理教学中，应当针对不同的情况采取不同的策略。1. 为学生猜想提供铺垫，对于学生缺乏感性认识和经验的内容，教师应当为学生进行猜想提供铺垫；2. 追问学生提出猜想的经验依据和思考过程；3. 用定性实验提供猜想的经验事实，对于有些学生缺少足够的经验的物理问题，教师可以为学生提供某些定性实验，使学生获得可供参考的个别现象；4. 学习对独立变量的判断；5. 通过一定的理论推导提出某种假设。

《物理教学》2008 年第 3 期

网络环境下探究性教学的实践研究——以《地球与太阳系》教学为例

曹立新

物理学是一门以观察和实验为基础的学科，而其中一些不便于观察和很难表达的教学内容极大地影响了教学效果以及教学目标的达成。《地球与太阳系》的教学内容即为如此，因而，作者以 WebQuest 为基本的教学模式，力图借助互联网的信息资源及其共享技术的优点，与现代的课堂教学相结合，尝试一条既能适合初中学生的认知特点，又符合现代教学理念的教学途径和教学方法来提升课堂教学效益，帮助学生去感悟科学的宇宙观。本次探究活动中，教师的设计力图凸显课程标准的基本理念：利用信息技术改造课堂教学，凸显物理与信息技术的整合；通过事先准备好的 WebQuest 网页，引导学生自主探究，教师在课堂上基本不再用讲解来传授知识；仅对遇到困难的学生提供帮助和参与他们的讨论；通过网页中 BBS 的创立，为学生与学生、学生与教师之间的协作交流创建网络平台，为学生的协作学习提供一种全新的且切实可行的交流协作方式；通过开放性小论文的设置以增强学生学习的选择性，满足不同潜质学生的学习需求；同时在评价上也力图体现上海二期课改的精神，强调评价在学生发展中的作用，把学生在 BBS 上的讨论的表现以及小论文的撰写情况纳入评价范围，让学生参与学习过程的评价，进行自我评价和同学间的互评。

《物理教学》2008 年第 7 期

科技活动对初中生创造性思维的培养

张红珍

目前，我国正在大力推进以培养学生创新能力、动手能力、

合作精神等为目标的基础教育新课程改革，培养学生全面的科学素养已经成为课堂教学改革的核心工作。物理科技活动是中小学培养学生创新意识和创新能力的重要途径。那么如何在物理科技活动中培养学生创造性思维？一、营造、创造情景，激发创新意识。物理科技活动对营造创造性教学环境、培养学生创新能力、激发学生的创新意识具有重要的意义。科技活动中可借助开放实验室，多给学生动手机会，在教师指导下让学生用空余时间走进活动室，多做一些他们自己设计、创新的小制作，这样的活动不仅能诱发他们的好奇心，还为他们营造了氛围，打开创造之门，极大限度地激发他们的创新意识。二、纠正“不良行为”，激发创造动机。巧用科技活动培养学生的学习兴趣；善用科技活动吸引学生的注意力；活用科技活动培养学生“自我监控”能力。三、结合物理学史，激发学生的创造兴趣。结合科技发展史内容有助于提高科技活动的教学效果，激发学生的创造兴趣。四、打破思维定势，培养创新思维。创造性思维需要自由，科技活动恰能给予学生充分的活动自由，不用考试分数简单地给学生分类，不用标准答案去限定学生的思维方向，而是鼓励学生在活动中进行发散思维、求异思维。

《物理教学》2008 年第 7 期

把握知识和能力关系　提高复习效率

汤金波

随着新课程标准实施，教材看起来越来越简单，但学生的中考成绩并未大幅度提高。原因最重要的是：近年来由于中考物理试卷注重理解能力、动手动脑筋实验能力、解决实际问题的能力等，而学生在物理复习中没有能正确处理好知识和能力的关系。一、学习课程标准，准确把握中考对知识和能力的要求。二、知识是提升能力的前提，方法是提高能力的保证。1. 夯实基础是能力提升的前提，对基础知识复习要注意以下几点：要正确理解物理概念的建立工程；彻底纠正学生从生活经验获得的一些片面的、不正确的认识和判断；正确掌握概念和规律的使用范围和条件，并充分利用实验，联系学生的生活经验，同时辅助必要的练习来夯实学生的基础；理清知识的条理、知识间的相互关系；对一些易混淆的物理概念进行整理和比较；抓住知识重点。2. 有的放矢提高解决问题的能力，包括：观察、实验能力、物理想象能力、物理思维能力、物理运算能力。三、中考命题对比启示录。从近几年来全国各地的中考试卷发现：不同地区、不同年份的有些试题给出的情景相同或相似，甚至来源于课本。这些题从仅对结论的考查逐步演变为对过程和方法的考查，强调科学探究过程，注重综和能力。

《物理教学》2008 年第 2 期

高中生态化物理教学方式

韩叙虹

高中生态化物理教学是指物理教师整体协调和组织课堂教学系统内外诸多要素，主动开发和利用各种课程资源，营造对学习者有意义的真实情景，组织有利于发展学习者主体性、独特性和社会性的活动，将学习者的学习与个体发展置于开放性的、与其他成员、物理环境和社会环境不断互动的物理课堂教学系统之中，从而促进学习者有效达成物理教学目标的过程。教学方式的生态化是指教学方式由教师单向传授向师生合作互动发展，是高中物理生态化课堂教学的实现途径。高中生态化物理教学中充分尊重学生在学习过程中所表现出来的不同认知水平、认知方式、不同能力特征。而生态化物理教学的教学方式是多元的，既有传统的教学方式，也有课改所提倡的自主学习、合作学习、探究学习等教学方式，教师要借鉴生态化教学的基本原理，根据教学内容、学生特点选择不同的教学方式进行合理组合，避免不恰当的教学方式成为限制因子。一、对于理论性较强、陈述性知识或需强记的知识，适合自主学习的方式。二、对于与已有生活知识关系密切的教学内容，选择合作学习和探究学习方式为主。三、对于检验学生一段时期学习成果的复习课可以采用知识竞赛、游戏等活动课的方式。

《物理教学》2008 年第 10 期

给课程改革中的物理老师的建议

田海霞

新课程的实施是二十多年来中国教育改革探索的必然结果。在课程的实施过程中，教师起着关键作用。教师如何做才能更快地适应新课程改革呢？一、要加强教师教学基本功的修炼，形成有个人特色的教学风格。扎实的教学基本功是成为一名优秀的物理教师的重要条件之一。教师要修炼的基本功主要包括四项：语言、板书板画、信息技术和实验操作。二、在教学过程中教师要慎重处理教材。新课程有一个流行的课程口号："不是教教材，

而是用教材教。”因此，在教学过程中，教师必须要调整、补充或调整开发教材。三、在教学过程中教师要注重创设物理情景，提出能引起学生深入思考的问题。教学过程中，教师要给学生创设、体验、寻找、再现物理情景，激发学生学习物理的乐趣和求知欲，培养和提高学生的形象思维、抽象思维、创造性思维等方面的能力，创设物理情景，融入分析方法是重要的一步。四、在教学过程中教师要教书不忘育人。作为教师，要放宽眼界，开放思想，课堂上不仅引领着学生走进科学知识的世界，而且要引领着他们走进科学家的生活世界和精神世界。五、要善于反思。反思是一种智慧，需要教师在坚持学习中生成和积累，在实践中运用和发展。越是重视反思的教师，理论底蕴越深厚，就越会视教学为一项富有创造性、需要不断研究的工作。因此，反思不仅是教师专业发展的有效方式，更应成为教师的职业习性。

《物理教学》2008 年第 7 期

教学中优化问题设计的实践与思考

盛建国

“问题”常常是探究教学的“主线”，但课堂问题的有效性堪忧：问题过多、过密，学生没有思维的时间和空间；问题不符合学生的知识背景，思维深度不够或远超学生的现实水平；问题与问题间缺少衔接和过渡，出现了思维跳跃，不符合学生的认知规律。因此，文章结合教学实例，从现状、方法、模式等方面，讨论了物理教学中如何优化问题的设计。1. 核心问题，统领全局。在教学中，要合理设置、引导学生提出核心问题，牢牢把握核心问题，将它作为贯穿本课的思维主线，围绕它进行猜想和假设、实验和分析，实现知识与技能、过程与方法、情感态度与价值观的全面发展。2. 系列问题层层递进。教师要很好地把握学生的思维方式和特点，善于从学生的角度去思考问题，精心设计一系列层层递进的分解问题，启发、引领学生的思维，用系列问题搭建起促进学生思维螺旋上升，不断发展的脚手架。3. 趣味问题，激发设疑。4. 延伸问题，拓展思维。在教学中教师应合理应用教学后的延伸问题，找到思维发展的新起点，进一步拓展学生的思维。5. 问题主线，物理探究教学的一种有效形式。在观察、感知中训练学生的提问能力；在解决问题的尝试中培养学生大胆猜想，勇于质疑的能力；在实验设计中培养学生的思维能力；在解决问题的实践活动中培养学生的动手能力和交流、合作能力。

《物理教学》2008 年第 11 期

经典物理知识教学与科学探究教学的有机整合——“气体的等温变化”授课和心得

张　飞　张善贤

中学物理设计的内容除少数介绍现代物理前沿知识外，绝大部分属于经典物理知识范畴。这些知识对于开发学生的智力和非智力因素，培养学生的科学精神，提高学生分析问题、解决问题的能力是必须的。但是，当代我们的教学对象更为好动、好奇，热衷新潮，尤其喜欢摆弄当代信息器材。在这样的背景下，经典物理知识如何激发学生的兴趣和灵感，这是每一个物理教师必须思考和力行的课题。文章通过对“气体的等温变化”授课和听课心得总结，就转变观念，想方设法为实施科学探究教学开道及扬长避短，决定取舍，要防止科学探究教学进入误区两方面撰文，和同行切磋。设置教学目标突出科学探究教学；设计教学过程紧扣科学探究教学；设计实验装置确保科学探究教学；师生的协作关系促进科学探究教学；运用教学工具深化科学探究教学。防止科学探究教学进入误区：不能僵化；不能无限拔高；不能排斥其他教学方法；不能忽视大面积提高；科学探究教学不能如法炮制。

《物理教学》2008 年第 8 期

漫谈物理教学“生活化”的实施策略

吴存华

教师在课堂教学中，如果能够从学生的生活经验出发，在物理教学中体现出“生活化”，对于新课程三维目标的达成或许是一个颇有意义的尝试途径。1. 用类比将物理知识“生活化”。物理学中有许多抽象的概念对于初学物理的学生是很难理解的，教师可以通过身边一些耳熟能详的事例的类比，使学生真正理解这些概念的物理意义。2. 让对话使科学历史“生活化”。如果教师完全将历史的本来面貌呈现给学生，对学生来说有可能是一个杂乱的历史图像。如果能够从学生生活的基础出发，教师有效地将科学史的精髓设计成师生在生活基础上的科学探究，可能会对科学史的教育功能起到更好的作用。3. 以游戏让学习兴趣“生活化”。学生生活中的游戏蕴涵着极丰富的物理原理，利用这些生活化的游戏作为素材，能够非常有效地激发学生的好奇心和探究欲望。4. 促配合使合作学习“生活化”。有许多较复杂的物理实验，包括教师课堂演示实验或者学生实验，往往需要两个人或更

多人有默契地共同配合才能完成，这种情况下，可以用生活化的交往方式，引导学生有效开展合作。物理生活化也有值得教师注意的地方：生活化不能等同于纯粹的生活；生活化必须基于科学化；生活化不是仅局限于物理课堂。

《物理教学》2008年第10期

教学后记——物理教师成长的脚手架

杨小军

教学后记是教师在进行教学之后，对该节课的教学情况和对教学效果作出的评价性小结，是教学过程中不可缺少的一个环节。文章结合物理教学实践，分析和探究教学后记的意义、内容及注意的问题。写教学后记是教师教学活动的一个重要组成部分：它有助于克服“闭门造车”带来的弊端，提高备课的针对性和增强课堂教学的实效性；有助于教师完善教案，不断积累教学经验，提升课堂教学的有效性；并且也为教师进行教育科研提供丰富的第一手资料；它还有利于加强课堂教学的交互性，促进师生、生生交流。教学后记的内容是相当广泛的，凡是有利于改进教学工作，能有效地提高教学质量的内容均可写入后记。一般而言，包括课堂教学情况和课后自我小结两个方面。在课堂教学情况方面，可写授课情况，即写在授课过程中的成功之举、失败之处与感想体会；还可写学生的学习情况，即写学生对所传授知识的接受情况，在课堂上发表的独到见解、创造发明与学生对教学的要求和建议；在课后自我小结方面，要对自己所授课的教学情况进行客观的评价和分析。在写教学后记时应注意如下问题：不要把教学后记记成流水账，要及时，要持之以恒，注意简洁明了。

《物理教学》2008年第4期

美国中学生的物理作业

申　洁

作者于2008年前往美国波特兰市杰克森中学进行友好访问，在了解有关物理课程及物理教学相关问题的同时，对这所中学学生完成的物理作业感受颇深。一、富有个性和创意。杰克森中学的科学教室里，五彩缤纷、展示着丰富多样的学生作业和作品，同样的作业课题，每个学生呈现作业的形式不一样，特别富有个性和创意。二、以实践性和探究性为主体。学生是在领会物理意义内涵并体验到物理现象无处不在之后，集丰富的思维火花于具体鲜活的研究对象中，将自己独到的观点与见解表露于作业之中。三、开放性和多样性。美国学生的教科书色彩鲜艳，内容丰富，书很厚。学生们可以自由查阅，以配合完成他们感兴趣的作业。作业的形式通常是开放的、多样的。四、对概念的逻辑、严密性要求不是很高。从这所学校的学生作业中可以看到，教师对学生不过于追求概念的逻辑和严密性。对八年级学生，教学中涉及的知识面比较宽，深度却比较浅。

《物理教学》2008 年第 9 期

培养学生的“问题转化”思维

杨　浩

初中阶段的物理教学中，更多的是要把实际问题转化为理论问题，要想让学生轻松学好物理，对于这种问题转化的思维是十分重要且必不可少的。教师要做到的是教会学生在日常的生活和学习中逐渐养成这种思维习惯和方式。要养成这种思维，应当做到以下几点。一、重视观察的作用，在生活和劳动中以及一切物理现象中观察并且找出其中的物理道理。若想学好物理，就应当在生活中多观察和物理相关的现象。当一个学生用物理的眼光来观察这个世界时，他会发现原来在生活中物理是无处不在的。二、学会思考，在不断的观察中不断的思考，从中积累良好的思维习惯和思维方法。三、学会用多种方法、多种角度去思考同一个问题，使原来杂乱的物理知识体系化。知识的整体是由部分构成，但整体比部分之和的意义更大，因而让学生掌握基础知识之间的相互联系，对于提高学生的思维能力具有重要的意义。四、自己动手做实验，验证我们已知的知识，探究我们未来的知识。在初中物理阶段的实验是有限的，对于一些乡村中学能做的实验就更少了。但是，我们生活中存在大量的物理实验，学生可以在家里做，可以在学校做，时间充裕，空间广阔，可以把我们所在的任何地方变成实验室。

《物理教学》2008 年第 10 期

探究习题是提高物理思维的重要方式

董友军

物理思维是指能够依据物理的公式、定理、定律以及研究物

理常用的方法（如整体法、隔离法、图像法、假设法、控制变量法等）来分析问题、解决问题。怎样培养物理思维呢？以物理习题为载体，让学生在探究习题的过程中，养成物理思维的习惯，从而提高分析问题和解决问题的能力，收到了良好的实验效果。“探究习题”与“讲解习题”有明显不同。探究习题是以老师为主导，学生为主体，教师启发学生思维，指明正确方向，学生在学习过程中，不断思考，改变错误观念，形成正确思维。而“讲解习题”是告诉学生什么是正确的，没有从分析学生的错误的过程中去得到正确的观点。探究习题与讲解习题的主要区别：探究习题重视“探”，而讲解习题重视“讲”；探究习题重视“纳”，而讲解习题重视“细”；探究习题重视“过”，而讲解习题重视“果”；探究习题重视“透”，而讲解习题重视“多”。在教学活动中，不是每一道题都去探究，而是根据实际情况，探究习题和讲解习题交错使用。在探究习题的过程中，要注意以下几点：习题的典型性；学生的接受度；强烈的冲击感；探究的多样化；记忆的重要观；教师的掌控力。

《物理教学》2008 年第 6 期

图像在物理教学中的应用

伊云川

物理学中图像能形象地表述物理规律，直观地描述物理过程，鲜明地表示物理量之间的相互关系及变化趋势，所以图像在中学物理中有着广泛的应用，有关图像及其应用的命题成为目前高考考查的热点，这也符合《考试大纲》的要求“能够根据具体问题列出物理量之间的关系式，进行推导和求解，并根据结果得出物理结论，必要时能运用几何图形，函数图像进行表达、分析”。对图像的命题主要从以下几个方面入手：1. 从图像中获取物理信息。由于图像能够直观、形象、简捷地展现物理量之间的关系，所以题目中的一些信息往往用图像给出，这对考生信息获取的方法和能力提出了一定的要求。2. 运用图像解答物理问题。有些题目很难进行定量计算，这就要求我们用图像进行定性分析，以得出正确答案。3. 运用图像启发解题思路。图像能从整体上把物理过程的动态特征展现得更清楚，使思路更清晰。许多问题其他方法较难解决时，常能从图像上另辟蹊径。4. 在实验中运用图像处理数据。由于实验的组数特别多，数据繁，其他方法处理起来难度较大，而借助图像则可以避免繁杂的数学运算，较快地找出其中的规律或所求物理量的平均值。

《物理教学》2008 年第 11 期

为培养学生触类旁通而教

潘守理

迁移被定义为“把在一个情景中学到的东西迁移到新情景的能力”，“触类旁通”含有迁移的原意。为迁移而教已经成为教育界的一个共识。作为物理教师如何有效地促进迁移？一、激活旧知，搭建帮助促进迁移的支架。通过激活原有知识同化新知识进而完成迁移应具备的条件：1. 学习认知结构中须具有同化新知识的相应知识基础；2. 学习材料必须具有逻辑意义，即反映人类的认识结果；3. 学生必须具有获得材料的意义的学习动机；4. 学习者必须对新旧命题精细加工，才能生成新的意义。二、抽象表征，构建适切的认知图示。根据图示理论，“图示是指围绕某一主体组织起来的知识表征和贮存方式，是认知的‘建筑材料’，是信息加工的基本要素，人们所习的知识要通过抽象概括，加工整理，形成围绕某一主体相联系起来的知识单元就是图示”。迁移的根本条件，就是建立适切的图示。三、善用变式，有效增强弹性迁移的能力。教学中变式的设计是促进迁移的一种过度方式。变式的呈现是让学生认识到自己已有图示不能适用于新的情景，从而激发他们去寻找原图示为何不能使用的理由和原因，修正或提示原有图示，使它向更弹性的层次变化，变式可以是递进型变式也可以是反例型变式。四、创建情景，顺应知识形成的路径。源于现实世界的活生生的情景是学习者进行问题解决和意义建构的平台。五、动机诱导，关注元认知的监控作用。

《物理教学》2008 年第 4 期

物理教学中的提问艺术

黄　薇

在课堂教学中，提问是必不可少的一个环节，它对教师组织有效教学、深化学生的学习和理解具有举足轻重的作用。课堂的“教”与“学”应该是相互呼应的，不是脱节的。如何让学生理解、接受、学会，则需要老师的渐渐引导——提问，如何让老师及时地得到反馈、了解学生已经掌握了哪些，什么地方有怎么样的想法等，都需要依靠对提问的回答来知晓。如何进行有效的提问，需要教师对问题进行深入的钻研，有独到的见解。同时，还要花心力去进行教学组织与设计。教师可以通过提问来促进学生来学习。1. 使学生的学习目的性更强。教师要有效地利用提问来引导和指导学生的思考过程或思考体验。2. 加强师生之间的互动。真正的教学应在师生之间的互动中进行，当一个问题提出，学生思考后回答，第二个问题很可能是从学生的回答中延伸出来的。3. 帮助教师反思教学过程，提升教学质量。思考毕竟是很困难的，学生们总是会抗拒思考。因而，提问是有技巧的，应该是有效的，在整节课中的提问应该是有序安排的。这样对教师的教学提出了更高的要求，但也进一步帮助学生去学会如何获取知识。

《物理教学》2008 年第 11 期

物理习题教学现状分析及教学建议

袁海江

习题教学现状分析及对策。1. 对“习题教学”的认识。从落实三维目标的角度来看，习题教学对“知识与技能”的训练有余，对“过程与方法”的理解有失偏颇，忽视了“情感态度与价值观”在习题中的作用。从习题的功能角度来看，习题很大程度上也是学习的过程，其对拓展学生视野、陶冶学生情操、培养学生科学探究精神和社会责任感等方面都有深远影响和积极作用。2. 习题教学的课堂模式。教师所设计的习题，提问难度要适当，要切准学生学习的“脉搏”，要能激发起讨论的热情和兴趣，要有成功的体验，要使不同层次的学生都要有所收获。3. “习题教学”的习题选择。尽量少用现成资料，用剪贴练习，剪切之前老师先自己做过，这样可以有许多好处。4. 习题如何做。教师多做题，是为了学生少做题；老师多做题，是为了给学生讲好题；老师多做题，是为了让学生会做题。习题教学的实施策略。1. 背景探究——探究知识背景，感受物理文化。有些习题往往有深刻的物理文化背景，通过物理背景的挖掘，可促进学生充分感受物理文化的魅力，激发学习物理的兴趣。2. 实验探究——重视活动操作，增强实践能力。在实际教学中，将习题教学与物理实验有机结合，使实验为习题教学服务，反过来，通过习题研究更加深刻领会实验过程中的物理思想。3. 预设问题——关注思想品质，提高创新意识。

《物理教学》2008 年第 3 期

新课程理念下的物理说课

叶利华

新课程背景下，说课在各门学科教育中受到了高度重视。说课不仅能体现出教师的基本功水平，而且能体现出教师具有的现代教学理论水平。因此，近年来在对教师的继续教育中，说课越来越得到广泛的应用。一、什么是说课。说课是指教师在完成教案的基础上，面对评说者用口头语言阐述自己的教学设计方案及理论依据，重在说明设计的理由，然后由评说者进行评价的一种教学活动。二、说课与备课的比较。说课与备课的不同之处有四个方面：任务和内容不同、目的不同、活动方式不同、效果不同。说课和备课的相同之处：都要对课题进行教材分析和学情分析，设计教法和学法，设计教学程序和板书等。三、说课案例。例如：在“简谐运动”一节课的说课中，主要内容包括：首先通过分析教材和学生来说三维目标的确定，然后说教学的组织办法、教学程序以及所体现的教育学和心理学原理。

《物理教学》2008 年第 3 期

学生是课堂教学的主体

洪　俊

二期课改的核心是一切以学生为本，以学生为课堂教学的主体。如何体现这个主体的重要性，作者概括成以下四个“提”：提兴趣、提问题、提精神、提希望，并将其贯穿在课堂教学的整堂课中。一、提兴趣。针对初中学生好奇心比较强的特点，在每堂课开始的教学中，多创设一些出其不意、耐人寻味、风趣幽默而又与本堂课知识紧密结合的情景，一定会激发学生的好奇心、求知欲，使学生一上课就很快提起兴趣，精神百倍地投入课堂学习中。二、提问题。当课堂有了一个好的开头，学生思维十分活跃时，适时地提出一些较有思维深度的问题，或顺着当时的情景由学生提出一些问题。当学生提出问题时，教师可以引导他们讨论、交流、抓住学生思维中的亮点挖掘下去，并在教学中有意识地培养学生符合逻辑地提出问题、分析问题的习惯。三、提精神。由老师引入课堂教学，导入问题，再深层次的思考，教师应该给学生心理上的支持。四、提希望。当一节课进行到最后阶段，应对学生加以真诚的、适当的鼓励，并乘胜追击提出新的希望。如果将一堂课所学知识立即运用到生活中去，解决实际问题，会极大地鼓舞同学们对所学知识的兴趣。

《物理教学》2008年第9期

一堂物理课结尾阶段的教学设计

郭金贵

结课是教学过程中即将完成时，教师引导学生对所学知识和技能进行归纳、总结、扩展、迁移，形成系统完整的知识体系，进而转化成或升华为学生能力的过程。一堂物理课究竟应该怎样结课？这是一个值得研究的课题。从目前新课标所要求的教学现状来看，人们往往重视新课引入，导言设计，而相对忽视课尾小结。文章结合目前探究式学习的教学实践，讨论物理课结课教学设计的几种方式。一、学生互评式。对课堂口答、板演、练习等，以学生教学生的形式，进行互帮、互评。此方式不仅能兼顾不同水平的学生，又能及时反馈信息，及时纠正，当场解决问题，以充分调动学生的学习积极性。二、分组讨论式。这种方式学生乐于参与，气氛热烈，调动面大。三、师生问答式。老师问学生答，学生思想集中，有利于记忆，使知识得到巩固完善，又节省时间；学生问老师答，新课结束留一定时间，让学生对本节课所探究的内容进行回忆梳理、回味反思，老师巡视回答学生所提出的问题。四、学生复述式。当上完一节课或复习一个单元后，为了帮助学生理解整个知识框架结构，让学生口述这节课的主要内容、解题思路、思想方法。五、激发兴趣式。在一节课结束前提出一些相关有趣的物理问题或将物理问题深化，或演示一个有趣的相关实验，使学生带着浓厚的兴趣积极思考，认真探究。六、设疑伏笔式。在一节课即将结束时，教师提出有一定难度的问题，供学生课后自行探究，从而活跃学生思维，激发他们进一步学习的兴趣。

《物理教学》2008年第10期

以方法为主线的物理教学

刘霁华

长期以来，我们的物理教学都是以知识体系来实施课堂教学。物理教学中知识与方法是不可分割的，新课程改革提倡在物理教学中既要重视知识，又要重视方法。但是，在当前的物理教学中，物理方法教育并没有得到应有的重视。教学过程中“方法教育”较多地采用“隐性”方式，教学过程中并不明确地去揭示所采用的科学方法、原理、各阶段具体方法的名称和有关知识。作者认为课堂教学可以以“显示”方式进行，有些物理内容可以按照物理学的方法体系来展开教学，即以“方法”主线进行课堂教学。作者以人教版高中物理实验教材（3－4）简谐运动一节为例从导入新课、新课教学、总结全课、案例评析等方面说明这种教学模式的展开过程，最后又详细阐述了实施原则。实施以方法为主线的物理教学的一般程序为：提出问题—探索问题（思考设计、类比迁移）—应用方法（知识与方法的领会）—解决问题（知识与方法的获得）。但这种方法不是普遍适用的，要做到“因材施教”，注意以下几个原则：正确把握物理方法体系的原则；合理创设方法主线的原则；与科学探究过程相结合的原则。

《物理教学》2008 年第 8 期

有效创设探究教学情景

冯　利

在探究活动中，学生学习的自主性、能动性和创造性能够得到最大限度的体现。然而并非所有的探究教学都能达到很好的效果，其中情景创设的有效性问题，就直接制约着探究教学目标的实现。为了使探究教学能够有效深入的进行，教师在探究教学情景创设过程中应注意以下几个问题。1. 立足于学生原有的认知经验。教师在设置教学情景时，应该选取学生熟知并且具有概念因素的知识，最大限度地使其与需待探究的主题产生认知上的冲突，从而激发学生的求知欲望。2. 引发学生深入的思考。引人深思的问题是使学生进行探索研究的前提。教师创设这样的情景无形中就拉近了学生与学习内容之间的距离，为进一步探究奠定了基础。3. 创造融洽的课堂气氛。如果将“立足于学生原有的认知经验”看做是情景创设的目标，那么创设“和谐、融洽的课堂氛围”则是情景创设的情绪环境和背景。学生的情绪状态对其创造性发挥有着影响：愉快情绪状态与难过情绪状态相比，前者有助于促进性的发挥，并且这种促进作用主要表现在提高流畅性和变通性上，所以和谐、融洽的课堂气氛为学生自主解决探究主题提供了心理保证，它对学生的认知操作活动具有较强的调节作用。

《物理教学》2008 年第 11 期

运用工作单引导学生探究学习——改进高中物理教学的实践探索

李芸芸

新课程强调学生的学习主体地位，让学生在自主探究中体验、感悟知识的生成过程。物理学科的实验是学生探究学习的天然平台，而要在有限的课堂教学时间内使学生进行有效的探究，“工作单”是一个具有潜在价值的教学策略。工作单是一种文体形式的事先引导，在课前的教学设计中根据学生学习过程的关节点作了铺垫准备，它可以伴随整堂课的学习过程，时时给学生以提醒、启迪，只要设计与运用得当，无疑能提高课堂教学的效率。一、运用工作单改变教师传统的教学方式，为学生的探究学习生成思维空间。工作单的运用清晰地展示了教师的教学思路，突出了教学重点，化解了教学难点，可以使教师的主导作用得到充分的发挥。同时提高了课堂教学的效率。二、运用工作单改变了学生的被动学习状态，促进学生积极主动有效地参与课堂教学。三、运用工作单化解教学难点，为学生探究学习搭建脚手架。工作单为学生的探究学习提供了一个明确、清晰的导向，从而提高了课堂的教学效率。

《物理教学》2008 年第 8 期

“想想议议”在教学中的作用

杨晓冬　刘应开

人教版初中物理义务教育教材中的“想想议议”提供了大量供学生思考、讨论的素材。精心设计“想想议议”在教学中发挥着重要作用。1. 激发学生学习物理的兴趣。初中学生的学习活动，最容易从兴趣出发，也容易受到兴趣的左右。2. 培养学生解决实际问题的能力。有些“想想议议”中提到的问题与人们的生活和社会生产、科技发展联系比较紧密。在教学中，认真引导学生积极思考这些问题，通过一定的方式启发学生的思考，就可以培养学生利用所学物理知识解决生活、生产中实际问题的能力。3. 培养学生的思维能力。“想想议议”中有很多思维密度大、启发性强、思维要求高的问题。教学中，可以充分利用这些问题激发学生积极思考，培养发散思维能力和创造性思维能力。4. 培养学生良好的学习习惯。“想想议议”中有许多有利于培养学生勤于观察、勤于思维、勤于讨论的良好学习习惯和品质。5. 拓展学生的知识面。“想想议议”中还介绍了一些与初中物理知识有关的，但学生在此之前尚未接触过的新物理知识和常识。6. 提高学生的学习能力。在解答“想想议议”中的问题时，可以对学生某些方法和技巧进行有意的强化，提高他们的学习能力。7. 深化概念和规律。8. 澄清模糊观念。

《物理教学》2008 年第 11 期

回顾与展望——2007 年全国物理高考题整体扫描对 2008 年高三复习的呼唤

周恩光

高考是一种教育测量，测量基础教学效果和学生自主发展的能力，以有利于中学教学和高校选拔新生。从 2007 年全国 12 套物理高考题整体来看，共有四大特色：1. 突出主干知识，注重双基（基础知识、基本技能）的落实。2. 注重考纲要求的五大能力的考查。3. 注重实验的操作性和探究性。其考查内核是：不回避传统实验，考查考生的实际操作的经历和能力；实验考题中注入了探究的内涵，体现课改理念。4. 加强联系实际，联系社会的发展。对 2008 年高三的复习建议：1. 理念——基础性和时代性。2. 安排。高三复习一般分为三个阶段：基础复习阶段（高考前一年的 10 月～当年的 1 月）；专题复习阶段（高考当年的 3～4 月）；最后的微调冲刺阶段（高考当年的 4～5 月）。在这三个阶段中，必须始终贯彻和体现课改理念的三大原则：自主参与性原则、联系性原则和开放性原则。

《物理教学》2008 年第 3 期

物理教学的基本特征

陶昌宏

我们认识物理教学的规律，尊重教学规律，按物理教学规律进行教学就能提高课堂教学的质量，就能有效地落实新课程提出的三维培养目标。物理教学规律是什么？在这里，作者给出了物理教学应有的基本特征：物理教学要坚持以创设问题情景为切入点，以观察实验（事实）为基础，以培养学生思维能力为核心，以提升学生探究能力为重点的基本特征。创设师生共有的问题情景，能够调动学生的学习积极性，引发学生学习兴趣。实验是物理教学的重要基础，实验是物理教学的重要内容，实验是培养科学态度、感悟科学方法、形成科学观念的重要过程，实验是培养创新精神和实践能力的重要基础。物理课程要培养学生的思维能力，课堂教学中就得促使学生进行深入的思考，通过积极主动的思维，使学生逐步建立和完善认知结构，丰富和完善科学的知识体系。培养学生的科学探究能力，提高学生的科学探究能力，需要教师有效地实施科学探究的教学方式，有效地组织科学探究的学习方式。

《物理教学》2008 年第 12 期

从“问题情境”到“物理图景”的关键——建立合理的物理模型

胡生青　陈　刚

一般的物理习题都是命题者根据自己头脑中的一个理想化物理模型，结合某些问题情境和物理条件而拟定出来的。解题过程就是还原命题者物理模型的过程，也就是把实际问题模型化，把具体问题抽象成熟悉的典型物理问题。模型化是物理解题中的一种普遍方法。

物理习题可分两大类，一类称为“原始问题”，另一类称为“抽象问题”。物理模型的归类：一类是物理对象模型化，物理中的某些客观实体，舍去和忽略形状、大小、转动等性能，突出它具有所处位置和质量的特性，用一个有质量的点（质点）来描绘，这是对实际物体的简化；一类是物理状态和物理过程模型化。质点的各种运动的典型模型：自由落体运动、匀速直线运动、匀变速直线运动、简谐振动、完全弹性碰撞；电学中的稳恒电流、等幅振荡；热学中的等温变化、等容变化、等压变化、绝热变化等都是将物理过程和物理状态模型化。物理模型的主要特征有两种：第一种简化性。把实际物体转化为理想物理模型，使复杂问题简单化，隐晦问题明朗化。第二种代表性。通过对事物的类比和概括，使物理模型成为具有同类属性事物的代表。

在物理教学中，学生反映物理难学特别是题难解的一个重要原因是这部分同学对题目的物理过程不理解，不能把题目中的过程和物理简化成理想模型。千变万化的物理习题都是根据一定的物理模型，结合某些物理关系，给出一定的条件，提出需要求的物理量的；而我们解题的过程，就是将题目隐含的物理模型还原、求结果的过程。

《物理通报》2008 年第 1 期

高中物理探究式教学的探讨

胡双龙

探究式教学可行性分析：高中物理课程特点：(1) 教材中有较为丰富的物理知识及相应体系；(2) 教材中蕴涵着丰富的科学研究方法；(3) 物理实验是培养学生动手能力和创新精神的源泉。高中学生心理倾向特征：(1) 对演示实验和动手实验的兴趣较大；(2) 对新知识有自己独立的看法；(3) 具有一定的创新精神。探究性学习的主要过程：提出问题，猜想与假设，制定计划和设计实验，进行实验和收集证据，分析和论证，评估，交流与合作，对于具体的要素，排列顺序可以灵活处理。探究式教学要具备的两个条件：一是有一个以“学”为中心的探究学习环境，二是要给学生提供必要的帮助和指导。

教师在设计问题情境时要力求体现 5 个方面：(1) 挑战性。引起冲突，产生不平衡，提出能力挑战；(2) 趣味性。富有趣味，激发学生学习兴趣，引发学生积极思维；(3) 开放性。解决问题思路灵活多样，问题答案不一定唯一；(4) 差异性。关注个体差异，适合各层次学生，由浅入深地作出回答；(5) 实践性。伴以个人或小组的探究实践活动，寻求解决问题的方法。

探究式教学的教育价值：培养学生从有限的事实中把握事物本质的意识和能力，促进学生批判意识和质疑精神的增长，提高学生的科学实证能力和自身修养；探究式教学还存在的问题，如教师对探究性学习认识不够，选题方面的限制，时间和资源的限制。

《物理通报》2008 年第 1 期

巧设矛盾情景进行创新实践教学初探

杨 帆

所谓逻辑矛盾，它指的是从某一前提出发推出两个在逻辑上自相矛盾的命题，或从某一理论中推出的命题与已知科学原理或实践产生的矛盾。物理学矛盾是进行物理学探索创新的动力。那么如何在中学物理教学中利用矛盾特点来开展教学呢？我们可以利用学生在学习新知识、解决新问题时表现出来的认知结构中原有知识、方法、思维方法与新物理情景间的矛盾，创设矛盾情景使教学信息具有新奇性、不和谐性，提出一个科学问题，从而使学生产生好奇心和旺盛的求知欲，极大地激发学生探索动机。兴趣，有利于培养学生的创新意识和提出问题的能力，有利于学生的学习能力、分析问题的能力、应用知识的能力的提高，对培养中学生的科学精神是极其重要的。

文章通过四个教学案例全方位地介绍了这种方法。每个案例从多个角度进行讲解，如第一个“变压器电流公式创新教学（习题教学)”从“原有问题”“新的问题”“学生解答”“导致矛盾”“矛盾分析”和“电流公式探索创新”几个方面来讲解。

在中学物理教学中，无论在新课教学、习题教学、实验教学都会有许多矛盾，只要我们在教学中巧设矛盾情景，利用学生的好奇心，正确引导学生在矛盾中探索真理，感受物理学的奥妙是有利于培养学生的科学精神和创造精神的。

《物理通报》2008 年第 1 期

物理教学中的科学猜想与直觉思维

戴建新

直觉思维是在早已获得的经验、知识的基础上，凭思维的“感觉”直观地把握事物本质和规律的心理过程；是对客观现象的详细内容或所遇问题没有经过充分逻辑推理和系统论证而作出的一种迅速而“径直”猜度的认识活动。直觉思维是以知识结构和丰富经验为依据，在事实和逻辑根据都不充分的条件下，仅凭直接的感知，未经严格的推理和分析，就大胆进行猜想，提出假说，是一种思路简化了的思维方式，其特点是突发性、潜意识性和非逻辑性。

直觉思维能力的培养途径：加强基本知识教学，奠定直觉思维的基础；重视物理学史教育，激励直觉思维的动因；运用探究教学方式，倡导学生进行科学猜想；加强习题求解训练，诱导直觉思维的萌发。

作为思维的一种形式，直觉思维还孕育着创造思维的萌芽，它是创造性人才必备的思维品质。中学生在物理学习中充分认识直觉思维的作用，结合教材内容，有意识地加强直觉思维能力的训练，不仅能进一步完善知识结构、开阔思路，而且能充分释放创造精神，提升学习能力。

《物理通报》2008 年第 1 期

走近新课标——谈预习对探究式教学活动的重要影响

徐　美

长期以来，人们一般认为预习能帮助学生提前了解知识的重点和难点，听课时就能有的放矢，抓住重点，克服难点，提高课堂效率。但预习也不是一种万能的灵丹妙药，从现在看来，尤其是从新课程改革中的探究式教学的实施中来看，存在一些问题。因为运用实验的目的主要在于给学生物理学习创造一个良好的环境，使学生能主动地获取物理知识和发展能力，促使学生科学品质和世界观的形成；同时，通过学生的观察实验，使学生掌握实验的基本知识和基本方法，培养他们的实验技能和能力。然而，预习将使学生被动地接受课本上的猜想、实验设计、结论等，就不能根据问题的实际捕捉到有价值的信息，也就不能开动脑筋形成自己的猜想和假设，更不用说自主地设计、实施实验了，归根到底还将是填鸭式的学习方式，与提高学生的科学素养是背道而驰的。

文章通过一些教学实践中的大量实例说明了在探究式教学中取消预习更体现新课程标准，并通过实例对探究式教学中取消预习的想法实施了可行性分析。充分论证了取消预习更能锻炼学生分析、解决问题的能力，能让每个学生在相同的起跑线上竞争，更能活化学生学到的物理知识，而且能引导学生像科学家那样去观察周围的事物，用实验手段去验证事物的属性，发现事物的变化、联系和规律，并培养学生实事求是的科学态度、严谨细致的工作作风和坚忍不拔的意志品质。

《物理通报》2008 年第 1 期

多重表征——建构主义物理教学的新思路

梁树森　王文莲　张晓灵

让学生深入理解概念、灵活解决问题，是物理教学及其研究的不懈追求。深化这一研究，需要新的认识，建构主义的一个派别——信息加工的建构主义提供了一种很有启发性的观点和思路。多重表征的建构主义理论基础：20 世纪 90 年代，信息加工的建构主义的代表人物斯皮罗提出了认知灵活性理论。他将知识区分为结构良好领域的知识与结构不良领域的知识。认知灵活性理论适用于结构不良领域的学习。

物理知识的多重表征：物理概念间、物理规律间存在着纵横交错的相互联系，而且一个概念或一条规律往往可以同多个种类不同的物理现象或事实建立联系。因此，物理知识间的关系不是线性的，而是一种非线性的纵横交叉结构。只从单一侧面难以完整地理解物理知识，而应从多个侧面表征知识，实现物理知识的多重建构。这样建构起来的知识才有灵活性，才能有效迁移到新的情境。

解决物理问题是一种比较复杂的认知活动，需要学生在新情境中推广、应用物理知识，需要自己构想认知策略，需要较为复杂的逻辑判断和推理，多数实际物理问题具有结构不良的特征。传统教学模式支持线性的知识和问题表征，而不大适合于多重表征，因此有必要为多重表征设计恰当的、新的教学模式。斯皮罗正是为此提出了以认知灵活性理论为指导的基于计算机的随机访问教学模式，这一模式利用“认知灵活性超文本”（缩写为CFHs）让学生在随机访问中主动发现某一主题的多重表征。

《物理通报》2008 年第 2 期

合作学习——“汽化和液化”案例的反思

包红英

以人教版八年级物理中“汽化和液化”这堂课的内容为例，作者在采用合作学习的方式来讲授这节课时，遇到了诸多的问题。对这些问题进行了一定的反思和研究，制订了成功的实施教学的方案，并总结出一些经验来。

对于分组，在实践中发现理论中所倾向的异质分组的原则在教学实践中并不十分有效，而采用自愿组合的方式却取得了不错的效果；对于分工，恰当分工是更好进行合作的首要任务。各小组成员要分工具体、责任到人，明确分工，使人人参与，有条不紊。但是分工太细、太明确也会出现一些问题。由此作者提出了组中分组的分组方式，使得合作学习在实践中取得了成功。

组织合作学习的过程中，讨论问题时要避免部分同学不经过独立思考，没有深思熟虑，匆忙展开讨论，致使人云亦云，盲目随从。所以教师在组织学生参与讨论或探索之前，一定要留给学生一定的独立学习思考的时机。当问题呈现之后，不妨先留几分钟时间让学生独立的思考，当学生有了初步的想法之后，每个人都有表达的冲动与欲望，课堂提问已经无法满足学生的需求，这时让他们在争论中形成共识，完成对知识的学习。

作为教师，要真正参与到学生的合作学习中去，若是把自己置身于合作学习之外，只能看到学优生的表现，而忽略了那些真正需要关注的学生。

《物理通报》2008 年第 3 期

例说物理概念教学与思维品质培养

楼松年

物理概念是物理知识结构的基础。物理概念教学是培养学生思维能力的基础。中学生在短时间的学习过程中，要正确有效地掌握科学家在长期探索中所经历思维活动的产物——物理概念，就必须使概念的认知过程与物理概念建立过程联系起来，并适应学生认知的心理规律。传统的概念教学是侧重结果的教学。教的方面表现为“三多三少”，即“知识传授多，自主活动少；就题论题多，指导方法少；教师讲得多，学生讨论少”；这严重地影响着物理教学质量的提高。因此，要想在物理教学中取得满意的教学效果，就必须十分重视概念教学。创情境、抓引入、建立概念，培养学生思维的创造性；识内涵、抓外延、掌握概念，培养学生思维的深刻性；善同化、成体系、强化概念，培养学生思维的敏捷性；重对比、抓辨析、巩固概念，培养学生思维的批判性；重反馈、抓深化、完善概念，培养学生思维的广阔性。在物理概念的教学过程中，我们只有从概念本身的特点出发，研究教材，研究学生，不断提高自身的教学水平，使学生在学习概念的同时，思维能力得到很好的训练，使学生在掌握概念的同时，领会物理学的基本方法，形成初步的科学能力，进而内化为学生良好的科学品质和正确的科学观。这也是新课程理念下实施有效物理教学的要求。

《物理通报》2008 年第 3 期

浅谈新课标下物理课情感教育的实施

徐忠寿

调查表明，随着学习的深入，一部分学生对物理课的学习逐渐从主动变为被动，甚至还有不少学生丧失了学习物理的兴趣。为什么会出现这种情况呢？究其原因大多不是学生的智力因素造成的，而主要是教师在教学中过于重视向学生传授知识，而忽视了学生学习中积极的情感因素的培养，从而导致学生没有建立起积极的学科情感，失去对物理学习的信心和兴趣。在中学物理教学中，无论是使学生掌握科学知识、实验技能，还是进行思想教育和心理教育，都离不开情感的培养。所以在中学阶段有意识地培养学生积极的情感是很必要的。在物理课教学中加强情感教育，应根据学生生理、心理和认知特征，遵循优良情感发展的一般规律，从物理学科自身的特点出发，做到以亲育情、以动育情、以分育情、以境育情、以序育情、以理育情、以点育情、以需育情、以知育情等。

教师要想做到以动育情，不但要热爱本职工作，提高自身修养，还要以自己的实际行动来影响学生；开展互动式课堂教学，激发学生主动学习物理的兴趣。在教学中，加强对学生情感教育的途径和方法很多，教师应结合自己的教学实践积极探索和不断创新，达到寓教于情、寓教于乐，使教学过程成为师生共同探索、相互交流、实现再创造的愉快活动过程。

《物理通报》2008 年第 3 期

让学生学会研究问题

倪红飞

物理教学给学生最大的帮助，是让学生学会了研究问题。习题课的教学同样如此。习题课的教学应该怎样帮助学生学会研究问题呢？首先要学会解剖问题，因为解剖问题是解决问题的基础；然后要学会制订解题计划，制订计划可以使解决问题的过程更具逻辑性；学会在解决问题中不断发现新的问题，不断发现新的问题是研究问题的升华。只有解决问题过程中，不断地学习新方法，总结新思想，发现新问题，研究物理问题的过程才会给学生带来更多的帮助和启发。

当我们遇到陌生的问题时，其实对要解决的问题并不是一无所知，也许不能一下子找到解决问题的方法，但是必须学会对问题进行解剖，搞清自己遇到的问题的关键所在。对问题进行解剖后，可以从已熟悉的问题着手，随着问题研究的深入，逐步接近问题的核心。问题解剖的过程其实是发现问题的过程，发现了问题，就迈出了解决问题关键性的一步。

许多学生在独立解决问题时屡屡失败，根本原因是解题过程的盲目性引起的。其实解决问题的过程，应该是有计划有步骤地研究过程。虽然，物理习题求解的过程不能与科学研究的过程完全等同，但是其研究问题的方法是相通的。

其实，解题真正的目的不是解决问题本身，而是在解决问题的过程中学习研究问题的方法、思想，在研究其他问题时能够起到启发和指导作用。如果在解决问题中又发现新的问题，那么问题的研究就变得更有意义了。

《物理通报》2008 年第 3 期

新课程理念下的物理课堂教学与学生辩证思维能力的培养

尹德利

根据新的物理课程标准，物理教学要达到的目标是：使学生在学习物理学基础知识的同时，了解物理学的基本观点、思想和研究方法。

物理学处处充满着辩证法：辩证思维能力的培养绝不能光靠哲学课上的说教去灌输；相比较而言，物理学大量生动具体的事例在培养学生辩证思维能力方面更加显得生动活泼、血肉丰满！可以说，既然自然界是辩证发展的，那么作为反映自然界物质属性、相互作用和运动规律的物理学当然也就处处充满着辩证法。绝对与相对、有限与无限、必然与偶然、对称和破缺、可分与不可分、可逆与不可逆、平衡与不平衡、守恒与不守恒……科学史上，人们对分子动理论的研究深刻揭示了宏观现象是由微观本质决定的，宏观现象反映微观本质的辩证法思想。由于人们不能直接感知微观粒子，所有对微观的认识只能来源于宏观实践并受到宏观实践的检验。具体地说，就是通过逻辑思维把宏观实践中获得的感性材料、概念、规律、原理和方法，跟微观认识结合起来，从而使宏观和微观互相渗透、互相促进，推动着认识的深化。如果物理教师看不到这一点，没有对这部分知识进行提炼、概括、升华、渗透，就物理论物理，学生可能就接受不到这种辩证法和认识论的教育；光靠学生自己领悟，学生的辩证思维能力恐怕很难形成。

《物理通报》2008 年第 3 期

新课程问题教学法的实践与思考

朱金宝　马张留

所谓问题教学法，就是将问题作为学科知识建构的载体，将问题作为发展学科能力的载体，以整体设计的问题链有机地串联整个教学过程，恰当地贯穿于每个教学环节。以教师的问题诱发学生产生疑问，进而提出问题，或者教师设计情境启发学生发现问题，通过师生对话、学生独立思考或讨论等方式解决问题。在解决问题的过程中努力使学生获得体验，唤起学生思维的活力，并实现“知识与技能，过程与方法，情感、态度与价值观”的有机融合，促进学生健全人格的健康发展。问题教学法对促成学生有效学习的效果是十分明显的，主要表现在：（1）把问题作为教学的出发点可诱发学习动机，很快使学生进入问题解决的思考状态；(2) 突出教学中的重点、难点、疑点的解决，促使学生对没有意识到和领悟到的问题的思考，培养思维的批判性品质；(3) 有序呈现具有合适高度和梯度的系列问题，能使各种智力水平的学生均处于逼近目标的积极思维状态之中；(4) 问题教学的实施有利于培养学生发现问题、提出问题的能力。为此，我们进行了一些有益的尝试，文章就高中物理新课程如何实施问题教学法谈了一些实践体会。以实例的形式讲解了问题教学法的概念界定、实施方法以及实践反思。

《物理通报》2008 年第 3 期

培养自我监控意识　发展解题能力

张　平

在教学实践中教师反复讲解，学生被动接受，长期以来学生失去了自主学习、自由思考的意识和动力，他们很少对自己思维的合理性进行主动自觉的判断。表现在解题时没有计划性，没有一条明晰的思路，对已知条件缺乏分析意识；当思维受阻时表现出不知所措，对解题结果的正确与否缺乏检验、反思和评价的意识和能力，不会对自己的解题过程进行积极地调节和监控。因此，在解题过程中，培养学生的自我监控意识具有十分重要的意义。

让学生学会自我提问，读题后自我提问，进一步理解问题，在解答题时自我提问，确定解题步骤；让学生学会自我调节，自我调节是自我监控中具有决定意义的一环；只有通过调节才可以不断纠偏矫正，把思维活动调节到最佳状态，从而高效地实现预定目标。以解题的思维过程为例，我们按思维发展进程中各个环节的功能，把思维过程的控制分成三个部分，即定向、定序、定论。让学生学会自我反省，自我反省是学生自我监控的重要内容，也是衡量学生自我监控水平高低的重要标志。通过自我反省，使学生不仅意识到自己在知识方面的薄弱环节，而且在全面认识自身的基础上，调动参与学习的积极性，在不断进取中全面提高自身的素质。

《物理通报》2008 年第 3 期

提高农村中学物理教学的研究与实践

闫想明

在农村中学，物理教学成为学校、任课教师、学生非常棘手的问题。主要的原因是感到物理难教难学，因为要将它从抽象变为具体，又将具体变为抽象。还有另一个原因是要求数学不但要学得好，而且还要学会灵活应用。在多年的教学实践中作者体会要让学生学好物理，教师首先应多研究日常生活中的物理现象，在课堂中多给学生提一些身边熟悉的物理现象，将抽象变为具体。让难学变为得心应手。激发学习兴趣，充分调动学生学习的积极性。

做好物理实验，特别是学生在日常生活中常见但又不知道用什么物理知识解释的现象的演示或较感兴趣的小实验；物理教学要联系实际，联系生活。物理学是一门实用的、与生产生活紧密联系的、能够使人类生活更美好的学科；通过介绍物理知识在现代科学技术中的应用来激发学生的兴趣；通过讨论会、辩论会、手抄报形式进行物理教学；定期或不定期的举办物理制作展；提高学生动手能力，调动学生学习积极性，也带动了其他老师参与的积极性，许多老师开始鼓励所任班级学生参与展览。

《物理通报》2008 年第 3 期

创设“悖论”教学情境　培养优秀思维品质

汤家合

悖论是指这样一种理论事实或状况：在某些公认正确的背景知识之下，可以合乎逻辑地建立起两个相互矛盾的命题等价式。在物理教学中可以适时地设置一些“悖论”，促使学生在消除悖论的过程中更新认知结构、提高思维品质。

悖论的出现往往是由于不能深入理解物理概念和规律、不注意物理公式的成立条件等原因而造成的，因此对“悖论”中“矛盾”的分析与解决，可以很好地培养学生思维的深刻性。教学中，应注意收集来自学生中的悖论，并充分利用物理学发展史中的悖论，结合教学内容有机地对“悖论”的产生、消除进行分析，应用不同的知识、方法正确地解决问题，从而提高学生思维的灵活性。在教学过程中，运用“悖论”也是培养学生思维批判性的重要途径之一。

在物理学的发展中，当一个新的理论应用于特定的领域或已有的理论应用于新的实验事实时，都可能会出现一些“悖论”，这些“悖论”往往意味着新的物理意义，物理学家会通过进行新的科学预言来消除这些“悖论”，更进一步证明新理论的正确性。在教学中，学生在用物理知识和数学知识解答问题时，常会出现解答结果与传统物理常规相悖的情形，这时可以引导学生对出现的"悖论"进行分析，给出新的含义。这样既能加深对知识和解题过程的理解，同时又能培养学生思维的独创性；分析悖论也是培养思维敏捷性的有效途径之一。

《物理通报》2008 年第 3 期

谈探究式《科学》课堂的合理引导

任亚君

培养学生的探究能力是初中《科学》课程教学的教学目标之一，故探究式课堂教学必不可少。探究式课堂教学就是把科学探究引进课堂，其目的是让学生能像科学家那样独立地通过探究活动来获得知识，而不是教师安排好一切，让学生顺着预定的途径学习或把学生径直引向答案。探究式课堂教学过程的实质是一种模拟的科学研究活动的过程，它包括两个相互联系的方面：一是教师创设一个以"学"为中心的探究学习环境，这个环境既要有丰富的教学材料，又要有和谐民主的课堂气氛，让学生在和谐的气氛中探究科学知识；二是要给学生提供必要的引导，这种引导是教师通过安排有一定内在结构，能揭示各种现象间联系的多种教学材料，在关键时候给学生必要的提示，使学生在探究中明确方向。

探究式课堂教学中的合理引导必须"适时、适度"。"适时"的含义有二：一是学生探究过程中教师的引导；二是学生探究活动以后教师的引导。"适度"是指教师的引导不能直接告诉结果或使以后的探究变得轻而易举，提示的"度"要能刚好重新启动难以继续的探究活动。不适时的和过度的引导都只能剥夺学生探究的机会。

所以，合理引导的方法有：科学探究活动中的可控性引导；探究性实验设计时的质疑性引导；探究性实验操作中的启发性引导；探究式课堂教学中的阶梯性引导。

《物理通报》2008 年第 4 期

谈物理教学中培养学生画图处理问题的习惯

胡生青　杭国荣

图形在物理学习中的重要性：人脑通过不同渠道对知识的吸收比例是大不相同的，其中通过视力吸收知识的比例最大，占据了所有知识来源的 83%，伟大的物理学家爱因斯坦的思维过程，首先是右脑的形象思维，然后才是左脑的逻辑分析。学习物理知识和分析问题时穿插一些物理情景图，如受力分析图和轨迹图等在充分激发新旧知识的基础上，有利于活跃思维，提高思维的有序化程度。

学生缺乏画图习惯的成因分析：从教师方面看，在长期的教学中，教师只注重解题步骤的规范化，没有强调画图分析的重要性，或只是简单画一下草图，使学生缺乏画图分析的意识和习惯。从学生方面看，大概有以下几类：一是学生思想认识有误区，怕画图麻烦，学知识、做习题贪快图多，不注意画图分析过程；二是怕图画不清楚，反而影响了学习和解题，所以干脆不画了；三是有画图，但不规范，达不到分析物理过程的作用，画等于没画，这样一来在以后的学习中就干脆不画了；四是想画图但不知如何将题中的文字信息转换成图形信息，也就画不出。

培养学生画图处理物理问题的习惯：物理知识学习，从物理情境分析图入手——让学生将“物”转化成“形”；分析问题，从受力图、运动状态图入手——让学生从图开始；利用图像求解问题——使学生解题更方便；画知识层次结构图——使学生学习物理思路清晰。

《物理通报》2008 年第 4 期

多媒体辅助物理教学弊端及对策分析

葛　亮　徐在莉

随着计算机技术在教育领域的不断渗透，利用多媒体技术辅助教学已经成为一种非常有效的现代化教学手段。多媒体在现代物理教学中具有不可替代的优越性，但它本身的固有局限性决定了它在辅助物理教学中不可避免地存在弊端。

多媒体教学中存在的问题：多媒体课件质量不高，课件制作耗费精力大，影响教学效果；教师运用多媒体不当，影响学生创造性思维能力的培养；多媒体模拟物理实验代替演示实验、随堂实验和学生实验，影响学生的动手能力；完善多媒体教学的对策和建议：提高课件制作技术，加强教师基本功训练，避免使用多媒体课件的盲目性。要做到这一点，第一，学校应着眼于长远的发展，经过一段时间的锻炼，特别是给年轻教师加压力，创条件，培养一批具有一定多媒体辅助教学软件制作经验的骨干教师，为多媒体技术的普及和推广打下良好的基础；第二，多媒体课件的制作尤其应注意实用性原则，注意激发学生的兴趣和求知欲，绝不能一味追求高水平的制作技术而忽略了实际的教学效果；第三，多媒体教学要和传统教学优势互补，广大教师在长期的传统教学中积累了宝贵的教学经验，绝不能丢弃传统教学；教师要根据课堂内容的需要选择教学模式；第四，建立积件库，将大量的知识信息素材提供给老师和学生，供其自由组合使用。教师在教学过程中要合理地运用多媒体技术；模拟实验和学生实验相结合，实现优势互补。

《物理通报》2008 年第 5 期

培养学生立体思维能力的实践

卢福德　王超良

在物理课堂教学中，应如何对学生实施创新思维能力的培养呢？作者认为，主要应该在学生思维的广度、深度、灵活度和创新性方面下工夫、做文章。为此，可以从以下几条途径切入。激发横向思维，拓宽思维的广度。人类的发展史告诉我们，人类所拥有的知识本身就是一个有机的整体，不但学科间存在着联系，各门学科间也存在着无法割裂的联系。所以看问题不能固守一个单一的思维领域中，换个角度或站得高些用审视的眼光看待，可能会使高深的问题简单化，达到事半功倍的效果。

诱导纵向思维，发掘思维的深度。教学中，可以通过多解归一，发掘形式上不同的解法间的必然联系；也可以通过“多题一解”，总结出一类题目的共同特征，形成具有普遍性的思维规律。让学生根据创新思维的特点，在不断的变动中，寻找思维的差异，让思维活动向新的方向逼近、发展，从而达到对同一问题的深刻理解和熟练掌握。

引发发散思维，增加思维的灵活性。物理教学中，我们要努力挖掘教材中的有关素材，积极创造发散思维的条件，通过有针对性的、有目的的训练，增强学生思维的灵活性。

巧用逆向思维，提高思维的创造性。物理教学中，我们要极力引导学生开启逆向思维这把锁，使知识在与想象的灵感的碰撞中，增加思维的创新性。

《物理通报》2008 年第 5 期

浅谈初中物理教学中问题设计的原则

彭中乔

教师在教学过程中离不开问题的选择与设计；设计良好的物理问题不仅能给学生发现和提出问题提供一种导向，而且这种导向会使学生学会发现问题和提出问题，从而提高学生的科学探究能力。教师在设计物理问题时，应根据新课程的培养目标、课程理念，从学生已有的经验和认知特点等多方面综合考虑；在设计物理问题时应充分体现问题的基础性、科学性、情境性、活动性和开放性等原则。

教师设计物理问题所遵循基础性原则应体现在问题设计的情境要贴近学生的生活，要以他们的生活经验为基础，从学生已有的经验出发，有的放矢地应用日常生活和社会建设中所用的物理知识来设计物理问题，以此创设学生愉悦的心境，并使学生学有所得、学有所用；设计物理问题的科学性原则是指设计的物理问题必须符合客观事实，所涉及的知识、方法是科学的，在解决问题的过程中发展学生初步的科学探究能力，使学生形成尊重事实、探索真理的科学态度；情境性原则是要求将物理问题置于真实的情境中，让学生在一种现实需要当中解决物理问题，使之不仅体验问题解决中的困惑和问题解决后的喜悦，而且通过探索贴近生活中的物理现象，揭示隐藏其中的物理规律，从而培养终身的探索乐趣，进而萌发学习物理的兴趣。开放性原则是指所设计的问题不具备完整的初始条件，解题过程具有非完备性、不确定性、发散性、探究性、发展性和创新性等特点。解决开放型的物理问题，一方面能使不同的学生都能产生自己的思考结果，找到问题的答案，让每个学生都有所得，产生成功的喜悦；另一方面又可以使学生从不同的角度思考，提供不同的解决方法，使他们的创造性思维得以发展。

《物理通报》2008 年第 5 期

物理教学中元认知能力的培养策略

陈林海

学生整体元认知能力水平较低、缺乏主动性，对教师的依赖性较强是一种较普遍的教育现状；但成绩较好的学生的元认知水平高于成绩较差的学生，前者能较有效地组织自己的学习策略、制订学习计划，时时地进行反思、评价自己。所以在物理教学中教师要让学生养成对知识的渴求、探索和创新欲望，形成科学思维的习惯、方法和能力，为学生继续学习和终身学习打下坚实的基础。

课堂教学中合理呈现问题，促进由他控向自控转变，渗透元认知能力培养因素；引导学生“自我提问”和“出声思维”；引导学生不断地对学习活动自我反思、自我解悟，要做到这一点，可以采取鼓励学生写反思日记（或周志、或章节小结）或者是采取补救措施的办法；采取自主学习形式，落实学生元认知能力的培养。

积极创设实验教学环境，促进学生元认知能力的培养。实验教学的过程实际就是启发学生分析、归纳、抽象概括，在观察到实验现象的基础上，把获得的感性材料进行“去粗取精、去伪存真”，形成概念、作出判断和推理的过程。在这一过程中包含了学生关于自己或他人的认知活动、过程、结果的监控、评价以及根据相关信息的知识、认知的体验、对自己认知的监控，进一步提出方案。因此，学生实验能力的培养实质就是涵盖元认知能力的培养。所以实验教学中不但要运用“问题—原理—结论—实验证明”的程序，还要充分利用课堂演示实验中的特殊现象或失败的实验。

《物理通报》2008 年第 5 期

在习题教学中实现“知识与技能”目标的探讨

傅雪平

习题教学是高中物理教学中出现频率很高的教学过程；在现行高中物理教学中，师生对此十分重视。在实施新的课程计划时，如何在习题教学中实现三维目标，是必须考虑的问题。文章探讨在习题教学中实现“知识与技能”目标的问题。

解题活动导致“知识与技能”目标实现的可行性：解题的过程需要学生运用自己原有的知识经验，将当前的问题情境同化到已有的经验结构中。而原有知识的运用并不是原封不动地套用，学生需要针对当前的具体问题，对原有的知识做一定的调整改变，即原有的知识经验会顺应于当前的问题情境。解题活动中的“同化”与“顺应”恰恰是知识经验建构的机制所在。恰在这一点上，解题活动与学生的知识获得过程得以相通。因此，通过解题活动实现“知识与技能”目标是可行的。

习题教学中实现“知识与技能”目标的基本途径：通过解题巩固所学知识；通过解题整合所学知识；通过解题建构新的知识：引入新知识，建构原理性知识，提高解题技能。单纯的解题并不能自动地、必然地导致新知识的建构。要实现这一目标，要有两个必要条件：习题训练的有序性，解题活动的反思性。

《物理通报》2008 年第 5 期

探究教学中教师如何进行有效引导——一则物理教学片断引发的思考

吴登平　陈　峰

通过一节“加速度”课的引导，介绍了教师进行有效引导的三种方法，即利用情境创设对学生学习进行引导、利用问题进行引导和利用评价进行引导。利用情境创设进行有效引导，创设教学情境要选择好的素材，好的素材才有好的引导效果。好的素材必须具备生活性、素材必须具有形象性、好的素材必须紧扣教学内容。创设具备问题性的情境进行引导，也就是说情境的创设必须能够引起学生的思考；利用问题进行有效的引导，方法是：设置具有明确指向性的问题、设置具有思维量的问题；利用评价进行有效性引导，有效的教学取决于教师对学生的了解，只有诊断出学生的学习状况或思维状况和学习情感状况，教师才能选择适宜的方法对学生的学习进行引导。教育评价一般以教育目标为依据，利用一切可利用的检测手段，从各个方面广泛地收集信息，并经过严格筛选处理，以确保信息的真实性。

在课堂教学过程中，教师的有效引导对学生最终学习目标的达成起着至关重要的作用。在实际教学中，教师需要以引导有效性的三个衡量标准为依据，根据教学的具体情况灵活运用各种方法对学生进行引导，确保教师引导的有效性。

《物理通报》2008 年第 5 期

初、高中物理知识的衔接问题

孙建华

文章给出了在初、高中物理知识衔接所面临的一些问题。概括地从知识阶梯进行分析和在知识衔接的对策与方法上进行一些总结和介绍。其中知识阶梯的分析：概念性阶梯：（1）从标量到矢量的阶梯；（2）从速度到加速度的阶梯。规律上的阶梯：（1）物理规律的数学表达式增多，理解难度加大，致使部分学生不解其意，遇到问题不知所措；（2）矢量被引入物理规律的数学表达式。研究方法上的阶梯分析：（1）从定性到定量；（2）从一维运动到二维运动；（3）引入平均值的方法。在知识衔接的对策与方法上进行了一些总结和介绍。如：降低起点：（1）对知识上有连接点的问题宜深不宜浅；（2）在首次接触的知识点上宜细不宜粗，对于第一次接触的概念、规律要认真分析。对于物理概念的教学，有意识地注重三个方向的教学，对于物理规律的教学也要注重三个方面的教学：基础到位：即学好高中物理所需最基础的知识，研究物理问题的基本方法；完善系统：是指在高一、高二的阶段将物理学各部分的知识系统、知识框架，尽可能建立起来，尽可能从宏观上展现物理知识的全貌；渗透学法：教学活动注重学习方法的渗透，提高能力。概而言之，即降低起点，基础到位，完善系统，突出重点，分散难点，侧重学习方法的引导和能力的培养，能起到减轻学生负担，帮助学生顺利跨越初、高中物理学习之“坎”的目标！

《物理通报》2008 年第 6 期

关于理想模型及其在物理学中的作用

许利军　王建国

文章阐述了理想模型的定义、特点，及其在物理学理论研究与物理教学中的应用。理想模型定义是：经过科学抽象的形式把物体本身或物体所处的条件理想化而得到的模型，是一种理想化的研究对象。

理想模型具有如下特点：经过科学抽象而建立起来的一种理想状态，具有科学的抽象性，它本身是一种科学概念；是对客观事物及其变化过程的一种近似反映，突出地反映了客观事物的某一主要矛盾和特征，反映了某一过程的主要因素和主要运动形式，而忽略了其他次要方面。并通过质点、理想流体、准静态过程等进行详细的阐述。

理想模型在物理学理论研究中的作用：通过地球相对于太阳的运动的例子说明使问题处理简化，且不会发生大的偏差的作用；以理想气体的微观模型为例来说明理想模型突出了物质结构原型的本质特征，便于进行逻辑思维和发挥想象力；通过点电荷的概念的得来为例，来阐述利用理想模型的某些相似性，适当地进行类比是一种重要的研究问题的方法；通过理想晶体和实际金属材料的差别为例分析可以得到新的启示，产生科学预见。

总之，理想模型的教学是大学普通物理与中学物理教学内容的一个重要组成部分，具有重要作用。通过引入理想模型，往往能够化抽象为具体，化复杂为简单，起到传授知识的作用。同时也进行了科学方法论的教育，培养了学生的思维能力。

《物理通报》2008 年第 6 期

试谈高中物理科学方法教育策略

欧永华

文章主要阐述了高中物理教学实施科学方法教育策略的必然性、途径和原则。

通过基础教育的转向，教育的着眼点是培养学生掌握如何发现、提出问题，分析问题，解决问题的科学方法和思维方式的目的；又因为物理学科自身具有方法论学科的特点；并且新课程标准要求学生“经历科学探究过程，认识科学探究的意义”。尝试运用科学探究的方法研究物理问题，验证物理规律。通过物理概念和物理规律的学习过程，了解物理学的研究方法，认识物理实验、物理模型和数学工具在物理学发展过程中的作用等来说明实施科学教育方法的必要性！

科学方法蕴涵在对知识的探索、建构、理解、应用等过程中，依托物理知识的教学进行科学方法教育是行之有效的根本方式和途径。物理教学中科学方法教育的原则：系统性原则，比如牛顿第二定律教学中既有实验研究时应用的控制变量法、数据图像分析法和分析定量关系的概括归纳方法，也应用受力分析法、正交分解法、矢量运算方法；阶段性原则，通过对教育的程序的三个阶段——首先是隐性熏陶阶段、接着是显性指导阶段、最后是模仿内化阶段来详细阐述科学方法的阶段性原则；选择性原则，新课标高中物理课程在注重全体学生共同基础的同时，还根据学生的学习兴趣、发展潜能和今后的职业需求，构建不同类型的选修课程的目标，体现选择性原则；学生参与原则，为了使学生的潜能得到相应的发挥，达到良好的教育目的，还需要遵循学生参与原则。

《物理通报》2008 年第 6 期

高中物理情感目标边缘化的成因分析

黄　政

我国新一轮高中物理课程改革提出了三维课程目标，其中情感目标主要包括情感、态度和价值观三个要素。在日常的物理课堂教学中，情感、态度与价值观教学目标的实施力度和效果与另两个目标相比，还是稍显薄弱，有边缘化的倾向。

高中物理情感教学目标的定位：从促进学生终身发展的角度看，情感目标既基于学科又可跳出学科范围的限制，跳出学习领域的限制，渗透在学生发展的各个阶段、学生生活的各个方面。

高中物理情感目标的陈述：教学目标陈述是教学设计中关键的一步，目标陈述清楚，教学效果则易评估。在实际教学中对于情感教学目标陈述，应避免使用指向内隐心理活动的动词。下面是作者根据掌握的资料列举国家高中物理课程标准和地方物理课程标准情感目标的行为动词界定及具体目标。又具体对比介绍了国家高中物理课程标准与上海市高中物理课程标准关于情感目标的行为动词界定和情感、态度与价值观的 6 个具体目标。

通过实例讲解了高中物理情感目标的教学，并说明，情感是内隐的；教师很难像讲解知识要点那样，把情感、态度和价值观教给学生。高中物理学科的特点决定着这门学科不能像语文、历史等文科课程直接体现人文精神。在物理课堂教学中实施情感教育的确是个新问题，也是个难题。

在试卷上作答体现的是智慧技能。对情感、态度与价值观的评价不是看他知道什么的问题，而是他在日常的言行表现，所以更适合采用观察、逸事记录、访谈等评价的方法。

《物理通报》2008 年第 7 期

漫谈物理教学“生活化”的实施策略

吴存华

物理教学的“生活化”就是在物理教学中，师生以生活中的平等地位为基础，以交互主体的合作研究者的身份共同面对生活中的物理课题，把日常生活中亲身经历的经验事实与物理的教学相联系，将生活中对未知事物的求知兴趣融于教学，用生活中自然而不造作，更不挟带威严的对话方式与物理语言相结合，通过师生、生生之间默契地配合形成有效的合作学习，等等，在课堂内外形成一个师生和谐的学习共同体，开展物理课堂的教与学。

物理教学“生活化”的实施策略：作者分别用理论加实例的形式介绍了四种实施策略，它们分别是：用类比将物理知识“生活化”，让对话使科学史“生活化”，以游戏让学习兴趣“生活化”，促使合作学习“生活化”。物理教学“生活化”的几个注意点：“生活化”不能等同于纯粹的生活，“生活化”必须基于科学化，“生活化”不是仅局限于物理课堂。在开展物理教学“生活化”的时候，不能本末倒置；只有将教育的本质与生活真正相结合，才能让物理教学的“生活化”真正产生作用。

《物理通报》2008 年第 7 期

浅谈初中物理教学中学生阅读能力的培养

龙云君　王伦贵

许多初中的学生不会阅读物理课本，他们没有阅读物理课本的意识，没有阅读物理课本的习惯，认为上课听老师讲，下课完成作业，就完事了。至于作业的质量怎样，到底学到了多少知识，自己有哪些方面的发展，有哪些收获，没有去思考。他们不愿意阅读物理课本，认为物理课本只是上课时，摆在课桌上，下课看老师留的作业。

对学生阅读物理课本，应引起足够的重视：第一，通过阅读，有助于学生完整正确地理解掌握物理知识；第二，学生通过阅读，有利于提高自学能力；第三，学生通过阅读，有利于进行合作学习；第四，学生阅读，要通过自己的思考和理解，深入体会，这样有利于学好物理知识，领会物理中的研究方法，发展思维能力。

对于如何培养和提高学生阅读能力，作者详细介绍了几种方法，分别是：课前阅读，课内阅读，课后阅读，带着问题阅读，指导学生阅读，养成良好的阅读习惯。

阅读应贯穿于物理教学的整个过程，不同阶段，对学生提出不同的阅读要求。通过反复阅读，既能掌握知识结构和内涵，克服学物理就是单纯做题的倾向，又能提高学生的阅读能力和思维能力。

《物理通报》2008 年第 7 期

浅议物理教师对提高学生人文素养的影响

文　丽　高铁军　卞晓娟

在物理教学过程中蕴涵丰富的人文素材，教师应充分理解新课标的精神，深入挖掘其中蕴涵的人文关怀，不断提高自身的综合素质，在物理教学过程中有意识地培养学生的人文精神，实现教育的终极关怀。

教师的教育理念影响着学生人文素养的形成，教学过程中渗透人文精神教育，需要教师明白物理教育和物理教学的相同点和不同点。物理教学在本质上是在学科内的教与学的活动，物理教育应该是对一个人的整体的培养过程，教师在教学过程中要努力做到将物理教育和物理教学有机地融合在一起，使学生得到全面发展，其中很重要的一个方面是对学生个性发展的关注。

教师深厚的人文素养和人格魅力对学生人文素养的形成有着潜移默化的教育作用，大致可体现在：全面的知识观，完整的知识结构；高尚的职业道德，优雅的审美情趣；精湛的教学艺术和教育智慧，良好的语言表达能力，个性化的教学风格，优美的板书、板画，学生人文素养的形成是一个长期的、复杂的过程，影响因素还有很多。在教学过程中，教师要善于抓住合适的时机，遵循物理教学原则，综合运用各种方法，适时适量的在物理教学过程中渗透人文精神的教育，使学生的科学素养和人文素养有机结合；既要防止单纯进行知识教学，忽视思想教育的倾向，又要反对脱离教材内容，把思想教育变成空洞说教的做法。

《物理通报》2008 年第 7 期

新课标物理教学中学生表达能力的培养浅论

顾康清

发展物理思维能力、培养和提高学生物理表达能力的关键是培养其思维的周密性、逻辑性和丰富性，课堂教学中应做到下列几点：要尽可能利用教学内容训练学生思维的周密性，要加强学生思维逻辑性的训练，要加强对学生思维丰富性的训练。掌握科学表达方法是培养和提高学生物理表达能力的基础。统筹课内课外训练是培养和提高学生物理表达能力的途径：物理课堂教学是培养和提高学生语言表达能力的主要途径，充分发挥教师的“导演”作用，要注意课堂上老师是引导者，重视自身的示范作用，要“导演”得好，教师的教学语言离不开板书；充分发掘新教材这一优秀“剧本”的价值，开创互动新课堂，使学生真正当“主角”。课后作业和第二课堂是培养和提高学生书面表达能力的主要途径：课后作业是培养学生书面表达能力的公共平台，要充分利用好课后练习中的解释、说明、设计探究等习题，培养和提高学生的口头及书面表达的能力，要注重习题质量和题型的多样化，有意识地进行书面表达能力的训练，每学完一个单元，布置学生对学习内容进行梳理，并根据自己对知识的理解做出比较详细的个性化的单元小结。期中和期末备考复习中，引导学生进行知识归纳，建立知识网络，在提高复习效率的同时，也提高了学生的书面表达能力。第二课堂是提高学生书面表达能力的个性舞台。

《物理通报》2008 年第 7 期

论物理教学中的科学方法教育

蔡丽珍　王凤梅　陈　峰

物理教学中的科学方法教育是指在物理教学过程中，教师有目的有组织有意识地渗透和传授物理学研究方法，使学生在逐步掌握科学方法的同时增强科学素养的活动。在当前大力推进基础教育课程改革的新形式下，物理教学中科学方法教育的重要作用日益突出。

物理教学中进行科学方法教育的意义：科学方法是物理教学的基本内容之一，科学方法比科学知识更有价值，科学方法教育能培养学生科学的世界观。物理教学中进行科学方法教育的现状：第一，有的教师只注重科学知识的传授，不关心（甚至自己都不知道）概念、规律的形成过程和所用的科学方法。第二，科学方法的教育功能没有得到充分的研究。第三，在教学层面上，科学方法教育的可操作性还较差，如在学校实验课堂中，所做的实验就是去证实那些业已摆到面前的且早知结果的实验。第四，在教学评价上，科学方法的评价无法在平时的考试和高考试题中体现出来。

物理教学中进行科学方法教育的若干建议：教师自身要提高认识，加强学习；积极挖掘教材中进行科学方法教育的素材；按照科学方法的逻辑来设计教学程序；尝试原始问题教学，进行科学方法教育；组织一些专题讲座，介绍物理学家的科学方法论；常规考试中要加大科学方法的考查力度。

《物理通报》2008 年第 8 期

论中学物理探究式教学中的提问艺术

奚翠香　刘　霞

课堂提问是一门学问，也是一门艺术。传统教学强调提问，探究式教学更讲究提问。探究的基础是问题，离开问题则无所谓探究。

在中学物理教学中，提问是教学过程的起点，教师以何种方式提出问题非常重要。特别是在探究式教学过程中，根据激发学生思维的方式不同，一般可以从激发思维、点拨思维、收拢思维的角度提出问题，引导学生顺利就问题进行积极有效的思考。提问具有设置悬念的功能，这种功能无论在课堂探究活动的开始阶段、实施阶段还是总结阶段，都能充分地反映出来，并能发挥意想不到的作用。探究式教学必须遵循认知规律，层层深入。教师应该把问题分解，从最基本的入手，引导学生思维上路，再进一步提问题，环环相扣，步步设疑，以剥洋葱的方式达到问题的解决。对教师而言，课堂教学的组织是一个实施控制的过程，要想有效地控制教学过程就需要有充分的学生反馈。引导学生综合运用已有知识进行分析，做出判断，既巩固所学知识，又发展能力。

探究性教学是一种不同于传统讲授的教学方式，探究性教学过程中的提问也是形形色色各异其趣，而不再是简单的知识再现的手段；特别是探究式提问的艺术性更有待于在今后的教学中作进一步深入的研究。

《物理通报》2008 年第 8 期

物理解题中的科学思维方法

周晓民　陈孝海

中学物理大纲指出：在习题教学中，要启发学生认真分析题意，明确物理过程，教会学生运用科学的思维方法去解决实际问题。文章结合具体的例子，谈了几种常见的科学思维方法在解题中的运用。

比较法：比较法是对确定的事物进行共同点与不同点的辨析并寻找解决问题途径的一种思维方法。比较思维能力被认为是创造性思维能力的基础，培养和发展学生创新思维能力是新课程提出的新理念。

近似法：为了便于研究某些物理现象，分析某些物理问题，往往忽略一些次要因素的影响，以突出主要因素，即要用理想条件下的模型代替实际研究对象。若不如此，甚至连最简单的物理问题也会使我们感到束手无策。这种研究方法叫做“近似法”。

等效法：等效法是在保证效果相同的前提下，用理想的、熟悉的、简单的物理对象、物理过程、物理现象替代实际的、陌生的、复杂的物理对象、物理过程、物理现象的一种科学思维方法。在解题过程中，若能将此法渗透进去，那么问题的求解往往就变得明朗、简捷。

《物理通报》2008 年第 8 期

新课程给高中物理课堂带来的亮点

赵　薇

2007 年秋季，北京市普通高中进入了新一轮的课程改革，北京教育科学研究院基础教育课程教材发展研究中心在北京市使用教科版普通高中物理教材的实验区组织了公开课和课例评选活动。

参赛教师的教学非常精彩，有以下几个特点：情境创设丰富，激发了学生的学习兴趣；有效提问，激励学生积极思考；大胆创新实验，突破教学难点；注重探究性教学，构建生动活泼的课堂；注重科学素养的培养，发挥物理学家育人功能。物理老师在进行教学设计时，应将科学素养的培养有机地渗透于物理教学的过程中，使学生通过物理课的学习，体会物理知识的产生和发展，体会物理研究的过程与方法，体会物理与技术发展对生活、生产和社会的影响。在学习一些知识的同时，学习科学地认识世界、研究问题的方法，不断培养学生追求真理、实事求是、敢于批判和创新的科学品质。

《物理通报》2008 年第 9 期

以错因为载体　努力提高教学效率

费雷华

在学习过程中，学生不可避免地犯各种各样的错误，学习的过程始终伴随着对错误的发现、分析和纠正。实际上许多正确的观念和行为是在对错误的观念和行为的否定中得以形成的。教师和学生应认真分析导致错误的原因，根据原因采取适当的措施，发展学生的思维，提高有效教学和学习效率。

出现的主要错因有：生搬硬套——不注意物理规律的成立条件和适用范围，弄不清物理公式中各个量的物理意义以及它们之间的对应关系，解题时没有深入细致地分析题目信息与物理规律之间的匹配关系，把物理规律和公式不恰当地套用，这是解题者思维的肤浅性、盲目性和惰性引起的；思维定势——不少学生在解题时，并不重视对问题进行细致、深入地分析，根据问题的特性选择合适的物理规律，而是过分地依赖已有的经验知识，自觉不自觉地将旧问题解决中所获得的经验知识不恰当地外推到新问题的解决上；想当然——不是严格地应用物理规律进行严密的逻辑推理，而是主观想象或据某种不甚可靠的直觉，简单地对问题做出判断，想当然是主体思维的不严谨性和思维惰性的表现；顾此失彼——考察事物不全面，只看到事物的某一个方面，或影响问题的某个因素，而没有看到事物的其他方面，及影响问题的其他因素；潜在假设——潜在假设是过去经验对当前问题解决的一种影响，但它的表现形式是使问题解决建立在一个未予言明的假设之上。

《物理通报》2008年第9期

把握动态生成　精彩物理课堂

刘善伟　耿庆顺

新课标强调以"人的发展为本"，认为课堂教学不是简单的知识学习的过程，它是师生交往、积极互动、共同发展的动态过程，学生作为一种活生生的力量，带着自己的知识、经验、思考、灵感、热情参与其中，以师生生命为载体的动态生成资源也随时随地地充盈其中，但教学中也有许多不尽如人意的地方。那么，我们该如何把握这些动态生成性资源，让课堂焕发活力，让教学涌动生命的灵性呢?

捕捉亮点，发现生成：课堂上面对每一个意想不到的"插曲"，教师要做到心中有案、行中无案，赋有形的预设于无形的动态的教学中，真正融于互动的课堂中，不断地捕捉、判断、重组课堂教学中从学生那里涌现的各种信息；提升智慧，妙用生成：妙用非预设生成的意外，妙用错误资源。教师应该尊重学生在自主学习过程中的经历和体验，用心捕捉有效利用学生学习活动中的生成性资源，通过师生互动、生生互动，引发群体的思想碰撞。

《物理通报》2008年第10期

建构多样化探究模式的尝试

王　玺

课标中提出了科学探究的基本模式：提出问题—猜想—实验检验—得出结论，或：提出问题—收集资料—归纳分析—得出结论。这些模式以培根的科学归纳法为基础，简单、实用，符合初中学生以归纳为主的认知特点。但是，如果所有的探究都去套这种模式，久而久之会使学生思维僵化，失去探究兴趣。

对建构多样化探究模式的几个案例以举例的形式进行了详细地介绍。这几个案例分别是：还原思维探究模式：问题情境—分解还原—确定"问题"—解决"问题"—形成假说—实验检验；多种推理综合的探究模式：问题—类比—归纳—臻美—演绎；问题—解决探究模式：创设实际问题情境—解决问题—归纳分类—抽象为物理问题—形成假说—实验检验。研究、改革或建构科学合理的教学模式，对促进教学改革的深入发展有重要意义。青岛市初中物理学科小组在探究模式的建构上进行了大量探索，从科学家和哲学家科学认识论方法、科学美学及创造方法、系统科学方法等几个角度对科学哲学方法进行提炼与建模，建构出几十种各具特色的探究模式，避免了单一模式容易造成的“新八股”的局限性，教师可以根据具体的授课内容自由选择，也可以将这些模式的要素自由组合、分解、综合，形成适合自己教学风格的新模式。

《物理通报》2008 年第 10 期

新课标下创设物理课堂教学情境的实践与体会

吴元香

新课程标准提出了“问题情境—建立模型—解释、应用与拓展”的基本教学模式，要求教师在教学中应从学生实际出发，创设有助于学生自主学习的学习情境，引导学生通过实践、思考、探究、交流，获得知识，形成技能，发展思维，学会学习，促使学生在教师指导下生动活泼地、主动地、富有个性地学习。

创设物理课堂教学情境中采用的方法：创设问题型情境，教师以问题作为教学的出发点，根据教材内容，从学生实际出发，创设有思考价值的问题或悬念，以激发学生的求知欲望；创设活动型情境，教师以学生动手操作、社会调查、游戏、实验等作为教学出发点，让学生在活动中体验到物理知识在实际生活中的作用，激发学习物理的积极性，培养学生的物理应用意识；创设探究型情境，教师创设有助于学生自主学习的问题情境，在设计教学方案时，不是直接以感知教材为出发点，而是把教材上的知识点改编成需要学生探究的问题，激发学生的探究兴趣；创设信息型情境，新课程标准要求教师在教学活动中应根据学生实际，尽可能多地使用各种教学媒体，积极开发利用各种教学资源，为学生提供丰富多彩的学习素材，以培养学生应用现代信息技术解决实际问题的意识和能力。

创设物理课堂教学情境的方法是多种多样的。新教材本身内容丰富，呈现形式多种多样，向学生提供了现实、有趣、富有挑战性的学习素材；所学知识多注重从学生实际出发，以他们熟悉或感兴趣的学习情境引入学习主题。

《物理通报》2008 年第 10 期

物理“主干突出、波动前进”教学模式的研究

李安发

当前物理课堂教学现状：在常规教学中，有些教师往往机

械地依赖教材和教参，按部就班，甚至没有仔细分析该章节知识点的脉络，没理出重点，主干和枝叶混在一起大杂烩推给学生。

波动教学模式的基本理念：《物理课程标准》指出：教师是教学活动的组织者、引导者与合作者，要根据学生的具体情况，对教材进行再加工，创造性地设计教学过程，要让学生获得成功的体验，树立学好物理的信心。

波动教学模式的实施策略：波动教学模式的基本原则是分析重点，理清脉络，削枝强干，直捣龙宫，跨越穿插，纲举目张。波动教学模式的操作方法：1. 去掉细枝末节，找出章节重点，理清各重点知识之间及重点与非重点知识的联系。2. 削枝强干，直捣龙宫，讲授新课程时直接切入主干知识，尽早进入“最近发展区”。3. 跨越穿插，整理枝叶。4. 建立有效的课内训练系统。

波动教学模式不但可极大地提高教学效率，还可以提高学生学习的积极性，有力地促进教学效果。

《物理通报》2008 年第 11 期

高中物理案例教学的质性分析

袁晓鹤　陈留庚

案例教学是指在教师的精心策划下，根据教学目的和教学内容的需要以及学生身心发展的特点，运用典型案例，将学生带入特定事件的“现场”，深入角色，分析案例，引导学生自主探究性学习，以提高学生分析和解决实际问题能力的一种教学方法。

案例教学在中学物理教学中的价值：针对物理学科的特点，突出了学生学习物理的实践性；案例教学强调了学生学习物理自主性；案例教学重视学生创造性的培养；优秀教师的实践智慧通过案例来传递，通过凸显教师决策与选择的困惑，教师共同探讨，可以从中发现或挖掘有典型意义的教育问题；案例教学挖掘了学生群体的合作力；案例教学可提升反思、批评思考、科学探究及问题解决能力；案例教学能锻炼沟通的能力；案例教学有较高的参与积极性；案例教学是教师专业成长的途径之一。作者通过实例介绍了案例教学存在的局限性和改善案例教学法的措施。并得出了案例教学的启示：综观整个案例教学的实施过程，可以看出案例教学实质上就是自主探究性学习。当务之急是编制好的教学案例，研制好的教学案例分析框架等。

《物理通报》2008 年第 11 期

浅谈学困生研究成果及对城镇高中物理学困生转化的启示

王书方

学困生研究主要成果：作者通过对一些教育学家研究成果的分析，提出了一些自己的看法。包括布卢姆对学困生的研究，苏霍姆林斯基对学困生的研究，巴班斯基对学困生的研究。作者认为目前国内有关高中物理学困生的转化研究仍存在一些不足。包括，实践中，高中物理学困生界定仍然没有一个公认易行的办法，学困生矫治缺乏实证材料支持，对学困生跟踪研究较少，没有适合高中物理学困生转化的学科性策略等。

在转化城镇高中物理学困生的实践中，首先对高中物理学困生操作性定义，把平时成绩常处于 50 分以下，物理学业水平测试成绩在本年级低于 30%，且平时作业、实验和课堂表现总体不理想的学生认定为物理学困生。对城镇高中物理学困生的简单的分类：思维滞后型、依赖—懒散型、运动过度型、青春逆反型四类。作者结合本县学困生成因，提出了转化城镇高中物理学困生的“以生为本”的复方策略：先行组织材料、台阶式教学、变式练习、目标台阶式作业和小组合作学习策略。

作者通过对学困生的实验研究，表明实验中运用的“以生为本”的复方策略是基本可行的、富有成效的。

《物理通报》2008 年第 12 期

“教学反思”是教师专业发展的有效环节

张大洪

所谓“教学反思”就是教师在上完一堂课后，对该节课教学任务完成的情况、学生接受及掌握的情况、存在的问题及授课后的感受进行记录与反省，并对教学设计及实施进行总结，将成功的经验与失败的教训记录在教案上，以利于日后教学借鉴，促进教学水平不断改进和提高，从而推进自身专业发展。写好“教学反思”是教师备好课的重要一环，它既能帮助教师及时总结经验教训，又能加深教师对教材的深入理解，还有助于实现“减负、提质”的现代教育目标，是教师提高教学水平的有效途径，是教师自主学习完善自我的有效手段。

具体方法：先写教师自己，总结成功的经验、查找失败的原因、写下次再教的想法与建议、明确教学中所反映出来的自身实力的欠缺。再写学生，学生对教学的反馈情况，包括学生对本节内容的兴趣和爱好，学生对教师教学方法、教学手段和教学效果的评价，学生对教材接受程度，所提的意见、建议、希望和要求，学生在某个问题上发表的独特见解以及学生的共同典型问题。写其他教师，指自己写其他教师的优点，取人之长补己之短，再者请其他教师来听课，请他指出课堂教学中表现出来的优点、失误等。还要写教材处理意见和教法的探讨、写该科知识与其他学科的相关性与渗透性及对某一板块或部分的典型问题写好详细纪要。

《物理通报》2008 年第 12 期

如何进行物理概念的形成教学

杨绅文

物理概念的形成是一个非常复杂的过程。从物理教育学角度来讲，物理概念的形成通常可概括为三个阶段，即通过观察实验获得感性认识的阶段、由感性认识上升到理性认识的阶段、理性认识到实际运用的阶段。这几个阶段对应着物理概念的引入、定义和运用。

过程为：创设物理情境，引入物理概念。常见的情境引入有以下几种方式：设问引入、故事引入、实验引入、现象引入等。概括本质属性，定义物理概念，在这一过程中教师应让学生认识到以下问题：事物的本质属性往往被现象掩盖、物理概念的抽象性、物理概念含有人为的和创造的成分、概念定义的阶段性和模糊性、概念定义的方法。运用物理概念，加深对概念理解：运用概念解释现象、运用概念解答习题、把新概念与相似概念进行对比区分、把新概念与相关的旧概念进行对比联系、寻找概念定义的情境与实际的物理现象的联系与区别。

在概念教学中教师要抓好引入、定义和应用三个重要环节，让学生清楚地知道这个物理概念是来源于什么样的物理情境，为什么要建立这个物理概念，为了解决什么样的物理问题，这个概念的本质与哪些其他概念有联系，可以应用到什么样的物理情境中去，怎样应用等。

《物理通报》2008 年第 12 期

物理课程资源

概　况

新课程的实施离不开课程资源的支持，对物理课程资源开发和利用的研究具有重要意义。

在年鉴的编写过程中，通过对所收录文章的整理和分析，涉及课程资源的开发与利用的文章有 140 多篇，约占年鉴文章总数的五分之一。其中约有 130 篇关于实验课程资源的开发与利用，还有十多篇文章将物理学史作为一种课程资源。可以发现，关于实验课程资源的开发与利用成为物理课程资源研究的重点。

综观 2008 年各类物理教育杂志中关于实验资源开发与利用的文章，大致从以下三方面进行了阐述：物理实验教学及其改革的研究、物理实验资源的开发、数字化物理实验系统的应用与实验设计等。

物理实验教学及其改革的研究

本年鉴收录的 140 多篇关于实验课程资源的开发与利用的文章中，有五十余篇是关于物理实验教学及物理实验教学改革研究的，占三分之一还要多。概括来讲，文章主要分为以下几个方面：

1. 对新课改下中学物理实验教学现状的分析和思考

新课程更加重视实验教学，对物理实验及实验教学提出了很高的要求，但是目前的中学物理实验教学的现状却并不乐观，存在一定的问题，未能真正体现实验教学应有的教育功能。多篇文章对目前高中物理实验教学现状做了全面分析和深入思考，总结了中学物理实验教学的现状及存在的问题，并提出了一些建议和对策。部分文章也对农村初中物理实验教学的现状以及存在的问题做了研究和反思。

2. 对新课改下的物理实验教学方法、物理实验的改进与创新等方面的研究

通过对物理实验教学现状的分析和反思，必须对当前的物理实验教学进行改进和革新，因此，探讨物理实验教学的方法就显得非常重要。研究新课改下的物理实验教学方法、物理实验的改进与创新的文章也不在少数，大致可归纳为以下几方面：（1）对新课程改革下物理实验教学进行反思和探索；（2）分析在新课程改革的背景下，目前实验教学存在的问题，然后结合新课程理念与实验教学的实践，提出中学物理教学实验的改进与创新方向、途径、方式、原则；（3）通过对中学物理实验教学现状的分析，根据新课改对物理实验教学的改革和发展提出的要求，对中学实验教学方法、实验改进的方式探索及方法介绍。

3. **新课标下如何培养学生物理实验能力、创新能力的研究**

实验本身就是一种基本的科学方法，物理实验作为物理教学的基本手段，在提高学生动手能力、培养学生的创新意识方面有着不可或缺的作用，同时对物理教学目标的完成也起着重要的作用。多篇文章就如何培养学生的实验能力、创新能力，提出了一些方法和建议，对怎样培养学生科学方法、提高学生实验能力进行了研究。

物理实验资源的开发

关于物理实验资源的开发的文章，主要又可以分为物理实验的改进、开发以及自制教具这几个方面。

随着新课程理念的不断推广，用传统的实验方式调动学生的思维已跟不上新课改的步伐。自高中物理课改实施以来，各地教师都在积极开展对新课程物理实验的研究，年鉴收录的文章中，除了很多关于中学物理教材上一些重要物理实验改进的文章以外，也收录了一系列有关新课程高中物理实验的开发与教学研究的文章，详细介绍了一系列针对新课程物理教学所遇到的实际问题而开展的实验开发和教学研究的部分成果。

物理实验资源不仅限于实验室的现有设备，学生身边的物品和器具也是重要的资源。年鉴也收录了很多篇介绍如何从日常生活中开发物理实验、如何利用日常生活器具做物理实验的文章。另外，年鉴还收录了广大物理教师与教育研究者对自制教具的研究成果。自制教具不仅取材方便、制作简单、造价低廉、实用性强，在教学中发挥着重要的辅助手段，还在促进学生智力因素和非智力因素发展、增强学生心理素质、培养学生科学素养、提高实验教师研究能力等方面发挥着成品教具所不具备和不能代替的作用。

数字化物理实验系统的应用与实验设计

随着科技的不断发展，多媒体计算机和数字化信息系统在科学教育中显示出巨大发展潜力。年鉴也收录了很多关于数字化物理实验系统的应用与实验设计方面的研究成果，文章体现了 DIS

实验系统“采集便捷，计算准确，实时呈现”的优势，弥补了传统实验的不足，收到了良好的教学效果。

物理学史在教学中的开发与应用

各类物理教育杂志中关于物理学史的开发与利用的文章，大致涉及对物理学史教育功能的思考；探寻在课堂中渗透物理学史的方式、途径及原则；对具体物理史事探讨等几方面。这些文章反映出将物理学史作为一种课程资源，合理的开发与利用可以促使学生更好地理解、评价、欣赏科学事业，激发其探究科学的热情、勇气和欲望，培养其坚忍不拔的意志，进一步培养学生的人文素质、科学素质、创新素质、思想素质。

论文摘要

物理课堂中渗透物理学史的方式及思考

韩静波

考虑到不同史料有不同的教学效果以及同一史料面对不同教学对象等因素，利用物理学史进行课堂教学这一模式可细分出以下三种教学方式。

第一，“物理学史—归纳”方式。教学流程：1. 提出问题→2. 回顾历史→3. 重演历史（过程呈现→归纳总结）→4. 形成概念→5. 概念运用。特点分析：“物理学史—归纳”方式是以历史为背景，以大量比较一致的史料为题材，对教学的内容进行分析、概括和提炼，归纳抽取出概念规律。这是物理学史教学的常用方式，它比较简单、便捷。上课时，教师娓娓道来，学生的思维强度较低，有很好的故事性和情趣性。

第二，“物理学史—冲突会话”方式。教学流程：1. 提出问题→2. 回顾历史→3. 重演历史（呈现观点→形成冲突→会话辨析）→4. 建立概念→5. 概念规律运用。特点分析：会话是协作过程中不可缺少的环节，是达到意义建构的重要手段之一。这种教学模式对师生的要求都很高。它要求教师深刻领会先哲的观点，特别是“错误观点”；要求学生具有较好的科学理性和思辨能力。

第三，“物理学史—探究”方式。教学流程：1. 提出问题→2. 回顾历史→3. 重演历史（猜想与假说→设计实验→进行实验→分析与论证）→4. “创造概念”→5. 概念规律运用。特点分析：“物理学史—探究”方式是对历史最具体的重演，是很好的过程体验教学方式。但是教学过程往往比较费时、费力，同时也要求对应的物理学史内容本身具有很深刻的方法和思想。

《教育理论与实践》2008年第6期

探讨物理实验数据的处理方法与技巧

李志成

物理实验数据的处理与设计要根据实验的目的、原理，设计实验模式，结合被测量之间的相互关系，考虑实验结果的表示方法。常见的实验数据的处理方法与技巧有以下几种：

平均值法，即取算术平均值，是为减小偶然误差而常用的一种数据处理方法。

公式法及逐差法，将实验数据直接代入已知公式即可。

列表法，是用控制变量来求出未知量，将实验数据填入事先画好的表格中，可以简明地表示出有关物理量之间的关系，便于检查测量结果和运算是否合理，有助于发现和分析问题。

图解法，根据实验数据通过列表、描图、求斜率和坐标轴上的截距，表示所求未知量。

图解法主要问题是拟合曲线，一般可分六步来进行：整理数据、选择坐标纸、坐标分度、作散点图、拟合曲线、注解说明。图解法利用方程式表示实验结果，形式上紧凑，便于作数学上的进一步处理。图解法一般可分以下四步进行：确立数学模型、改为直线方程、求出直线方程未定系数、将确定的两个未定系数代入数学模型即得到直角坐标系的经验方程。实际处理实验数据时，可视情况选用上述一种或多种方法，灵活运用。

《中学物理》2008年第2期

研究油膜法估测分子的大小实验成功与否的几个关键

罗桂新

用油膜法估测分子的大小，实验的药品要选用高纯度的，粉末应选用较细、密度较大、洒在水中能明显看到一层像毛玻璃一样的粉膜的粉剂为好。采用1 ml一次性注射器。并配制合适的油酸酒精溶液，油酸与酒精比例不是固定不变的，它由粉剂的性质、盘子规格、注射针头共同决定。

试验过程中，洒粉的厚度以刚刚看不清盘子的底部为宜。粉膜过厚、厚薄不均匀都会容易导致不圆滑或粉膜断裂或呈放射星状；粉膜太薄容易造成油膜飘忽不定、分界不清，影响描图和计测。滴液时要控制好推活塞的力度，避免出现溶液从针头中成线状射出。为了描图时减小视差，盘中水面尽可能接近玻璃板但不能接触，眼要正视所描图案，不要斜视，待油膜稳定后，用深色水性笔将油膜图案描出，描图准确与否影响计算油膜面积。

实验后不要忘了用洗洁精把盘子上的油渍洗掉并冲洗干净。然后对试验进行数据分析和误差分析。

《中学物理》2008 年第 3 期

浅谈开展家庭物理小实验的意义和方法

张留民

物理实验改革是物理课程与教学改革的重要组成部分，家庭物理小实验正是在新的教改形势下应运而生的。家庭物理小实验能提高学生学习的主动性和自觉性，加深理解和巩固掌握所学的知识，培养学生探究知识的能力；能将课内学习和课外学习有机地结合起来，扩大学生的知识领域，培养学生的独立能力、实验能力。

教师要有计划、有目的地引导学生开展家庭物理实验，要时刻注意激发学生对物理的兴趣，激励学生自己动手实验的主动性，同时，鼓励学生广泛收集器材，建立和充实家庭实验室，对实验的每一个环节都要预先周密考虑好。每次实验都必须要求学生认真记录实验现象和数据，撰写实验报告和感想，并定期组织实验的交流与评价。

开展物理家庭小实验极大地提高了学生探究物理现象的热情和兴趣，培养了学生合作意识和能力、创新意识和能力、独立的物理实验的设计和操作技能，也培养了学生的科学精神和科学素养。

但是，教师在创设小实验时，一定要结合学生特点，突出实验内容和实验形式的趣味性，使实验系列化、多样化，要选取仪器简单、材料少、省时省力、现象明显、取材容易、操作简单、贴近生活，贴近社会的小实验。

《中学物理》2008 年第 6 期

新课程高考物理实验题

王　慧　袁海泉

目前，课程改革是我国基础教育改革的核心问题。2004 年秋，广东、山东、宁夏、海南四省区率先进入了高中新课改，文章对2007年四省区高考物理实验试题进行了具体分析，旨在帮助教师、考生更好地了解新课程，更好地进行物理新课程的实验。

各省新课程高考物理实验题的内容及要求各不相同。新的高考方案中，山东、宁夏的物理学科包含在理科综合中，海南和广东的物理学科作为选考科目单独命题，但物理实验的考查均占据较大的比例。新高考物理实验题有以下特点：1. 实验题分数高，比例增大，体现了物理新课程全面提高学生科学素养的课程理念。2. 重视电学实验的考查。四省区不约而同地考查了电阻的测量。3. 注重实验过程的考查。今年的高考物理试卷中重视对实验步骤的考查，体现了新课程的课程目标。4. 重视各方面的能力考查。四省区的物理实验题主要考查了学生的实验探究能力、自行设计实验的能力、对实验结果的处理能力等。

中学物理新课程实验教学应注意认真研读高中物理课程标准，深入钻研新教材，领会新课标精神，准确把握新课程理念和新课程对实验教学的要求，重视基本实验教学和基本仪器使用。在实验教学中重视能力培养。重视实验过程的教学与评价。

《中学物理》2008年第7期

验电器与静电计可以互相替代吗

梁会琴

验电器和静电计是研究静电场特性的两种重要实验仪器，但并不完全相同，它们在构造、原理和用途等方面都存在一些差异。

第一，构造有差异。常用的金箔验电器，是在玻璃瓶口处有一橡胶塞，塞中插一根金属杆，杆的上端有一金属球，下端悬挂一对金箔（或铝箔）。而常用的布劳恩静电计是在一绝缘底座上装一鼓形铁壳，铁壳的前面装有透明玻璃，后面装有标有刻度的毛玻璃，在金属壳中绝缘地安装一根金属杆，杆的上端为金属小球，金属杆下部的水平轴上装有金属指针，可绕水平轴灵活转动。

第二，工作原理有差异。验电器的工作原理是当验电器金属杆的上端金属球带电后，电荷将沿金属杆移动到箔片，由于同种电荷的排斥力使箔片张开，它是从力的角度来反映导体带电的情况。静电计中的金属杆和指针与金属外壳之间绝缘，相当于电容器的两个电极，将一个带电量为＋Q的带电体与静电计相连，指针表面的电荷受到电场力的作用，使得指针偏转，指针张角大小能定性地反映静电计两极间的电势差的大小。

第三，用途不同。验电器的主要作用是检验物体是否带电，它可以检验导体是否带电，导体所带电性以及比较不同导体的电势高低。静电计完全具备验电器的各种作用，此外还可以定量测量两导体的电势差和导体的电势以及直流电路中的电势差。在物理实验中，若检验物体是否带电时，一般用验电器；若定量测量两导体之间的电势差，必须用静电计。静电计可以替代验电器检验物体是否带电，但验电器不能替代静电计定量地测量两个导体之间的电势差。

《中学物理》2008 年第 8 期

应用数字化实验系统促进高中物理教学改革

董钟惠

随着高中新课程实验的全面铺开，多数学校都建立了数字化探究实验室，为高中的实验革新创造了有利条件。所谓“数字化实验系统”是指信息技术、传感器技术和计算机结合在一起的新型实验技术，它是实验技术的发展与改革，与传统实验方法相辅相成，提高了课堂教学的效率，能够促进探究性学习。

如牛顿第二定律实验，仅仅用打点对纸带的处理，就需要很多时间，然后在坐标纸上描点、画出图像，费时费力。用数字化实验系统，在一节课中可以完成纸带打点、描绘图像，节省大量时间用于深入讨论物理规律的意义。又如描绘小灯泡的伏安特性曲线，使用电流传感器、电压传感器可一次性完成数据采集、图像描绘。如果进行曲线拟合，还可以讨论曲线变化的规律。还有一些实验，过去由于实验仪器水平只能进行定性研究，或只能做演示实验，有了数字化实验系统就可以改为定量实验或改为学生实验。

使用数字化实验系统进行实验不仅可以完成传统的实验内容，更有传统实验方法难以做到的特有功能。在使用数字化实验系统的过程中不仅可以将现代化的实验技术与传统的实验仪器相结合，更主要的是能解决课堂探究费时与教学课时紧张的矛盾，并提高了对概念、规律的深入理解，更好地发挥新教材的优势，体现了新课程的理念。

《中学物理》2008 年第 11 期

物质波是德布罗意提出的吗

梁汉儒

关于物质波普通高中物理课本上说是由德布罗意提出的，而且他假设了波长和动量之间的关系式。但郭奕玲，沈慧君编纂的《物理学史》和申先甲先生审编的《物理学史》都说："德布罗意并没有明确提出物质波这一概念，他认为这是一种假想的非物质波；也没明确提出波长和动量之间的关系式。"郭奕玲，沈慧君编纂的《物理学史》是这样解释的："德布罗意只认为是一种假想的非物质波，可究竟是一种什么波，德布罗意在他的博士论文结尾处特别声明：'我特意将相波和周期性现象说的比较含糊，就像光量子的定义一样，可以说只是一种解释，因此最好将这一理论看成是物理内容尚未说清楚的一种表达方式，而不能看成是最后定论的学说。'"因此，作者认为德布罗意只是根据光的波粒二象性，大胆地提出实物粒子也应具有波动性，至于这种波的本质是什么，德布罗意并没有下结论，只是认为可能是一种非物质的相波，并非物质波。

物质波的概念是在薛定谔方程建立之后，在诠释波函数的物理意义时，才由奥地利物理学家薛定谔提出。申先甲先生审编的《物理学史》中说，波长与动量的关系式在德布罗意的论文中并没有提出来，只是后来人们发觉这一关系在他的论文中隐含了。该关系式最早由康普顿在 1923 年提出，鉴于这一关系在他的论文中已经隐含了的原因，后人为了纪念德布罗意，将这一公式命名为德布罗意公式。

《中学物理》2008 年第 4 期

谈电压表、验电器、静电计的教学设计

华佩东

验电器、静电计、电压表是研究电学知识的重要实验仪器，但对于这三种仪器在结构、作用方面的异同，多数学生并不十分清楚，在处理这三种仪器的有关问题中经常错误百出。如果仅仅对这些仪器在结构和作用方面的差异作简要辨析，学生接受起来不太容易，兴趣也不是很浓厚，事后的印象也不深刻，时间稍长又将三者又混为一谈。

为此，作者先设计了两道有关这些仪器的习题，里面"暗礁"丛生，学生一不小心就会"出险"。在纠正学生错误之前，首先应分析比较验电器和静电计在结构上的差异，其次利用三个小演示实验分析研究验电器和静电计在使用中的不同，最后通过一个小演示实验研究比较电压表与静电计在使用中的不同。至此，根据以上对三种仪器的研究分析，学生能够正确地给出事先设计的两道习题的答案。

目前绝大多数学生注重做习题而忽视对知识的理解和掌握，如果一味地传授知识，往往收不到良好的效果。这堂课借助学生乐于接受的习题，配合演示实验的教学，收到了很好的效果。

《物理教师》2008 年第 1 期

略谈实验设计教学中的“四要素”

毛邦庭

学生设计实验方案，既是一个“温故而知新”的过程，更是训练思维、培养创新能力的过程。实验设计教学能让学生跳出“照方抓药”、模仿重复的实验教学模式，让学生自己“当家做主”，开动脑筋想点子，拓展思维视角，从而使学生的原有书本知识得到深化和提升，促进学生智能水平的发展，达到培养学生创新能力的目的。

那么，如何提高学生的实验设计能力呢？只要将“教材内容、实验器材、科学方法与教师评价”四要素有机地结合起来，组成一个完整统一的整体，让学生“思”“学”并进，启发学生不断转换思维视角，考虑各种设计方案的科学性和可行性，并从中优选“新颖、独特、恰当”的实验方案，就能提升学生的实验设计能力和创新能力。

在进行实验设计教学时应遵循“四要素”：一是设计内容的选择应以促进学生的知识提升为前提；二是设计器材的选择应以适合学生的理解能力为依托；三是设计方法的选择应以激发学生的运用能力为根本；四是设计方案的评价应以激励学生积极思维为目标。

在具体教学的过程中，要从学生的实情出发，以促进学生的智能发展为中心，以训练学生的思维和谐为目的，以实验方案的设计为手段，循序渐进地激发学生的探究意识和兴趣，从而提升学生的创新能力。

《物理教师》2008 年第 2 期

论物理学家失误的教育功能

袁吉光

过多渲染物理学家严谨的科学精神和杰出贡献，固然会引起中学生的崇拜，但也可能使他们产生高不可攀的敬畏心理。如果在物理课堂中适度地引入物理学家的失误，讲讲物理学家工作、生活中的失误或瑕疵，让物理学家们从圣坛走向人间，会给中学生心理上起到架桥设坡的功效，破除对物理学家科学研究高不可攀的畏惧心理，也会心生亲近而激发迎难而上的勇气。其具体教育功能如下：树立正确科学观，尊重客观规律，相信科学，反对迷信，合理运用科学为人类谋利益；克服僵化保守思想，敢于打破陈规旧习，立足于探索与创新；培养严谨认真的科学态度，建立完善合理的知识结构；塑造良好的心理素质，树立优秀的科学伦理道德观念。

科学探索中失误不可避免，物理学家的失误为后来者插上了此路不通的路标，指出了歧路所在。分析他们造成失误的原因，从中吸取教训，谨防这些造成失误的原因形成，杜绝失误出现的时机，就会在很大程度上避免许多失误的发生，也就能使中学生从侧面受到科学态度和科学精神的熏陶，敢于质疑，勇于创新，对生活、学习以及日后的工作产生潜移默化的影响。

《物理教师》2008 年第 1 期

结合物理学史开展科学方法教育的途径和原则

张志坚

提高中学生科学素质是中学物理教学的核心内容，其中如何搞好科学方法教育，使学生形成良好的科学态度、具有科学的精神和价值观，已成为中学物理新课程实施中重要的研究课题。物理学史具有“物理科学内容，历史科学方法”的鲜明特色，它对于学生了解物理知识的来龙去脉和学习物理学的研究方法，培养思维能力、分析能力和辩证唯物主义观点都具有重要的作用。

在实践中如何结合物理学史开展科学方法教育？现从教育的途径与原则这两个方面做一些探索。结合物理学史开展科学方法教育的途径主要有五点：一是在序言课中引入物理学史，激发学生学习科学方法的兴趣；二是在一个教学单元结束时，从历史上科学方法的角度来优化学生的知识结构；三是利用课余时间开展物理学史讲座，全面提高学生的科学素养；四是发挥学生的积极能动作用，鼓励学生搜集史料；五是以物理学史为背景的练习题，作为科学方法训练的素材。结合物理学史开展科学方法教育应遵循的原则主要有：史料引入的科学性原则、方法教育的渗透性原则、适宜性原则、体验性原则以及循序渐进原则。

《物理教师》2008 年第 2 期

启发式综合教学改革二十五年——许国樑教育思想概览

母小勇

许国樑教授针对传统物理教学的“注入式”“教学目标单一和教学方法单一”和“忽视实验在物理教学中的地位”这三大弊端，提出了“启发式综合教学”的教学思想。

启发式综合教学的核心思想包括三方面的内容。

一是物理教学过程的“三体”模型，物理教学过程中包含着教师、学生和客体三个方面的相互作用，在此更强调“教师—学生”和“学生—客体”之间的相互作用，并提出要增加学生在课堂中的独立活动时间。

二是物理课堂教学结构思想，物理课堂教学结构的基本环节包括：提出问题，进行猜想、指导方法，引导学习、辨疑解难，得出结论、巩固应用，深化认识。启发式综合教学对实施物理课堂教学的基本要求是：使学生自始至终具有浓厚的学习物理的兴趣和求知欲；突出对学生能力和心理品质的培养；提倡“边学边实验”教学形式。

三是物理教学过程整体优化思想，具体表现在三个方面：强调物理教学过程的系统优化；重视情感和技能因素对学生物理认知活动的影响；重视实验在物理教学中的地位，提出物理教学要以实验为基础，重视物理实验的教学，甚至提出把实验作为物理教学的重要内容。

启发式综合教学阐述了以“综合”为标志的物理教学过程整体优化的理论。这里的“综合”就是指“优化组合”，包含两个方面的内容：对教学目标而言，要求在教学过程中采取一定的措施，使学生在知识、技能、心理品质三方面协调发展；对教学策略而言，要求在教学过程中综合运用各种教学方法、教学手段和教学形式，为贯彻和实现全面发展的培养目标服务。

《物理教师》2008 年第 6 期

对中学物理实验教学进行改革的尝试

王较过　李　明

改变传统的教育观，树立新的教育观念，实施素质教育，就要不断提高对实验教学基础地位的认识，从提高实验教学的效果、激发学生学习兴趣、提高学生的能力出发，认真改进、大力加强实验教学，把物理教学真正转移到以实验为基础上来。

要上好实验课，课前实验准备是非常重要的环节，对学生提出明确具体的要求，要让学生带着一定的任务来做实验。有了具体要求，学生实验时才有规可循，才能加深对原理的理解，学生通过实验准备做到实验前心中有数。

只有让学生先动脑筋，课堂上才会动手。在教学中，尽可能增加学生动手实验的机会，开始几个实验可以详细地给出实验的各个环节。例如：实验原理、实验目的、实验步骤、数据表格、实验报告的书写模式等。先让学生打好基础，养成按一定程序有条不紊地进行实验的习惯；然后逐步引导学生在理解实验原理和内容的基础上，自己独立地列出实验步骤、选择实验仪器、自制试验表格等，从而提高学生的实验能力和素养。

在学生掌握了一些基本实验技能后，应根据教材实验特点和青少年的心理要求，精心设计课外活动的内容，有计划、有目的地组织好课外活动，以配合课堂实验教学，做到既注意内容和形式的统一，又注意活动的趣味性。

《物理教学探讨》2008 年第 3 期

基于新课程背景下的个性化实验教学探究

徐　省

从物理学的产生与发展过程看，物理实验自始至终处于极其重要的位置。在新课程标准要求中，如何发挥实验在物理教学中的作用，是个值得研究的课题。

传统的实验教学中存在一些弊端：（1）实验教学实践侧重基本实验技能，过多强调实验操作规范化。学生在实验中往往“动手不动脑”，出现单纯的机械操作。（2）我国实验教学的一个怪现象是“录像实验”和“黑板实验”。用“录像实验”详细讲解实验要点、步骤，代替学生动手操作；用“黑板实验”讲原理与设计思想。学生在实验中“动脑不动手”。（3）在新课程的新教材中增加了探究性实验，教师似乎也比较注重探究性实验，然而往往有不少实验探究只停留在表面，没有深入探究。要学生真正体验科学上的探究，还存在不少的困难。

个性化的实验教学应该包括多样化的实施途径：在常规物理实验课堂中，适当增加实验的开放性，允许学生采用不同的实验原理做实验，学生可以自主选择实验仪器，为学生个性化的创造力提供平台；研究性学习、课题研究小组作为必要补充，相关研究性学习课题能够吸引学生参加；以课外兴趣小组、实验专题研修等形式作为必要补充。对于科学探究有浓厚兴趣的学生，进行专门个性化培养，给真正喜欢实验的学生提供更广阔的发展空间。

《物理教学探讨》2008 年第 4 期

高中物理新课程实验教学的现状分析与思考

顾建新

为了解新课程实施以来学校实验教学的现状和学生对物理实验学习的态度，作者对一所四星级普通高中（省重点）的三个年级学生进行了问卷调查，调查了学生对物理实验的认识和学习体会以及学校和教师开展物理实验的现状。

由学生问卷调查统计数据可以发现学生普遍对实验还是比较感兴趣，同时也暴露了物理实验教学中存在的不足：1. 老师做演示实验时只有 20%左右的学生能同步思考实验说明的问题、学习相应的操作技能，而更多的学生是等实验现象的发生；2. 在做物理实验时，搞清实验原理、步骤，偶尔尝试完善和改进原有实验步骤和方法的只有 20%；3. 随着高考的日益临近，学生对实验的兴趣趋减，总认为实验对提高解题能力、应考能力的帮助不大。

为此，作者对实验教学提出了几点建议：1. 切实转变实验教学观念；2. 有效改变传统教育模式，创设新的实验教育情境，要以学生的综合发展为中心；3. 着力提高教师自身素质，教师要有物理学理论、教育学、心理学和教学法的知识，还必须脚踏实地亲手实践，有刻苦钻研和勇于创新的精神；4. 注重培养学生实验能力，在实验教学的实施过程中，要注意以下三点：变“观看”为“观察”；变“验证、测量”为“探索”；变“封闭式的实验管理”为“开放式的实验管理”。

《物理教学探讨》2008 年第 6 期

新课程理念下的中学物理实验教学改革探讨

郑桂容　孟桂菊

中国基础教育最为突出的弊端之一，就是忽视了对学生进行动手能力的培养。因此，借新课程标准推行的东风，加紧改革中学物理实验教学，是为急务。

应试教育下中学物理实验教学存在的弊端主要有：包办性，整个实验都完全是一种“教师主体”；单一性，中学物理实验大多数是单一的验证性实验，实验走在理论的后面，而缺少对于物理现象进行归纳、探寻物理规律的探索性实验；局限性与落后性，中学物理实验大多数与科技前沿距离太远。受到教材、场地、实验器材以及时间的局限，实验停留在课本上和实验室里。

新课程标准对物理教学有了新要求，促使物理实验从内容到形式都发生了较大的变化，体现在物理实验的趣味化、生活化、微型化和社会化。

中学物理实验教学改革应该做到以下几点：1. 改“包办性”为“独立性”。学生的独立实验，是巩固物理知识，培养学生思维、动手能力，发挥学生主动性的重要途径之一。2. 改“单一性”为“多向性”。具体来讲应做到改验证性实验为探索性实验，加强理论和实践的联系。3. 改“局限性”为“开放性”。具体表现包括：第一，开放实验室，给学生创造更多的动手机会。第二，开放思想，给学生提供更多的探究机会。第三，开拓实验空间，引导学生积极探索。4. 改“落后性”为“现代性”。

《物理教学探讨》2008 年第 6 期

DISLab 在中学物理探究式教学中的应用

谭　红　陈晓莉

DISLab 是朗威数字化信息系统实验室的简称，其最重要的特点是实验的真实性和现代化相结合，有利于学生对现代实验技术思想和方法的理解，培养学生动手实践能力和创新意识。

朗威数字化信息系统实验室 V5.0 是由计算机系统、硬件（传感器、数据采集器和附件）、软件（教材专用实验软件和教材通用实验软件）所构成的实验体系。

DISLab 具有实时、准确、直观、高效、可行的特点。DISLab 与传统实验方法的根本区别是实验数据的采集、处理、描述等同步进行，体现了教育思想和认知规律的要求。DISLab 实验可以降低实验和学习的难度，拓宽中学物理实验探究的范畴；可以丰富教学方式，激发学生学习兴趣；可以体现科学探究理念，达成新课标教学目标。

最后，文章介绍了应用 DISLab 进行探究式教学案例——超重和失重。实验探究步骤：1. 将一只力传感器接入数据采集器；2. 点击教材专用软件主界面上的实验条目“超重失重”，打开超重与失重软件；3. 点击“传感器调零”把力传感器进行调零后，在力传感器挂钩上挂上重 5～10 N 的钩码，点击“开始记录”，钩码静止时，看到一条直线，数值大小等于钩码的重力；4. 让传感器和钩码一起沿垂直方向加速上升一段距离，然后静止下来；

5. 让传感器和钩码一起沿垂直方向加速下降一段距离，然后静止下来，得到实验结果。

《物理教学探讨》2008 年第 7 期

初中物理演示实验设计原则初探

张辅周

演示实验是初中物理教学中的重要组成部分，作者对初中物理教学中演示实验设计的原则进行了初步探讨。

一、目的性原则。不同的教学环节，不同的教学对象，不同的教学内容应选用或设计不同的演示实验，达到引入课题、建立新概念、进行问题研析、探究未知规律、突破难点、实践运用等目的。

二、直观性原则。初中学生的形象思维能力强于逻辑思维能力，因此，演示实验应特别注重直观性。

三、简便性原则。演示实验的设计应排除次要因素的干扰，突出研究对象的实时性，抓住主要矛盾，应充分体现简便这一要求。

四、可靠、安全原则。实验设计的可靠、安全是演示实验成功的最重要保证。

五、趣味性原则。生动有趣的演示实验给学生留下深刻难忘的记忆，从而提高实验的观察效果，使教学取得成功。

六、启发性原则。演示实验设计应利用学生的感性认识，恰到好处地激化“矛盾”，使学生上升到理性认识。

七、源于生活原则。教师应该让学生感到教学活动过程的快乐与和谐，还能培养学生自觉参与、主动学习的情感。

八、接近学生实际原则。学生能力分层次，来源分地域，智力分高低，经验分多少，因此实际演示实验要考虑学生的实际水平和能力，因材施教，让层次功底不同的学生都能从中或多或少有所收益。

九、创新性原则。演示实验的教学指导中，应给更多学生创造登台操作、演示的机会，提供学生动手动脑和锻炼实践的舞台。

《物理教学探讨》2008 年第 11 期

论新课程理念下物理实验的改进

张亚莲

新课程理念下实验教学重要性显得尤为突出，用传统的实验方式调动学生的思维已跟不上新课改的步伐。文章主要谈论了作者在改进实验方式进行的探索及所得到的方法。

一、一物多用改目的。可以利用同一器材，结合不同的物理原理，得出不同的实验结果。

二、殊途同归变原理。每一个实验都有其依据的实验原理，有许多实验依据不同的实验原理能达到同一实验目的。常见的有依据不同的原理测出同一物理量、观察到同一实验现象或得到相同的实验结果。

三、操作稳定需要控制。在实验操作过程中，会有一些动态步骤难以达到我们预先设定的目的，造成较大的误差，影响到实验预先设定的目的，影响实验结果的正确性。因此改变控制方法能有效改变粗放的操作。

四、同一实验多样做。在实验目的、实验原理、实验方法都相同的情况下，改变实验的器材，达到灵活理解知识的目的。

五、条件改变显惊奇。演示实验面对全班同学，实验现象往往不太理想，适当改变实验条件使现象放大，更加清晰直观。

六、设计实验真本领。相同的实验目的与原理，也可以有不同的设计。改进实验设计，以取得更好的教学效果。

通过以上方法改进物理实验教学，让学生在实验中收获知识，培养能力发展思维，形成科学研究的方法，使新课改的目标在实验设计中得到落实，学生的素质得到提高。

《物理教学探讨》2008 年第 11 期

论新课标下学生物理实验能力的培养

冯亚民　蔡萍莉

新的课程标准对学生物理实验能力提出新的要求，更加重视学生对物理实验的理解。实验观察能力、操作能力，分析和处理实验数据能力，设计能力和实验创新能力的培养是关键。

过去，虽然在主观上也很重视实验教学，但对某些根本性问题认识不足，缺乏认真的钻研和探索，忽略对学生实验能力的培养，主要表现在下述几个方面：1. 在教学中，演示实验不同程度地存在着为演示而演示的形式主义倾向；2. 忽视探索性实验的作用，不愿意花时间和精力去引导学生发现和探索物理规律；3. 某些学校由于条件的限制而没有开放性的实验室，使学生验证机会受到限制；4. 在练习方面没有注意反映物理这一学科以实验为基础的“练”的特点，教师根本没有布置实验和实践性的作业。

探索实验教学改革方向，可以从两方面入手。首先，要加强平时实验教学，提高学生实验能力。具体来讲，应该：改革演示实验；注重学生实验；提高科学探究的质量；加强实验习题教学。其次，重视学生课外实验，提高学生实验能力。应该做到以下几点：1. 以课堂教学为基础，注意课内知识向课外实验的延伸；2. 重视教材中的阅读材料，积极拓展新课标课题学习前的课外实验；3. 加强物理课外实验与其他学科的横向联系；4. 鼓励学生加强课外小实验、小制作，倡导学生利用日常器具做实验。

《物理教学探讨》2008 年第 12 期

新课程背景下物理学史的教育功能的思考

曹红梅

在物理教学中结合物理学史的教育是国内外物理教育工作者所共同关注的问题。作者谈论了对新课程背景下物理学史的教育功能的思考。

第一，利用“物理学史”，重现物理概念、原理、定律的建立过程，对学生进行科学方法的熏陶和科学精神的培养，而不仅限于知识的传承。

第二，利用“物理学史”培养学生的质疑、批判精神和创新能力。物理学史大量的事例表明，不囿于传统理论和传统观念，不迷信权威和书本，是科学创新的思想前提，是科学前进的动力。在物理教学中，渗透这些物理学家质疑、批判、创新的物理学史，对于培养学生的质疑、批判精神和创新能力是大有裨益的。

第三，利用“物理学史”激发学生尝试科学探究的兴趣。利用“物理学史”，重视物理学的探究过程，让学生去感悟科学探究的艰辛和乐趣，体验科学探究过程的喜怒哀乐，脱掉科学探究的神秘外衣，从而激发学生尝试科学探究的兴趣。

第四，利用“物理学史”培养学生科学精神的同时培养学生的人文精神。物理学史是一部完整的物理奋斗史，作为一线的物理教师，通过物理学史的教学，使学生受到科学和人文相结合的教育，让学生在学习过程中在情感、态度与价值观等方面得到熏陶，培养学生健全的人格，也使学生对科学的本质、功能、性质等对社会的影响，有更深刻的理解。

《物理教学探讨》2008 年第 11 期

借“验证机械能守恒定律”谈物理实验复习

吴 俊

考纲中虽然规定了19个实验，但是每年高考实验命题不断创新、改造，与新课程理念逐步协调并轨，成为高考的亮点之一。力学实验共8个，在复习中要抽象出本质的东西，即模块，将这种浓缩的模块应用到变化的实验中，这样就使复习的目光聚焦了，源于课本高于课本的思路得以呈现出来，思维品质就能得到提升。

下面作者以“验证机械能守恒定律”为例谈谈具体的操作过程。首先要明确实验的目的和条件，找到切合实际的原理，这是实验的灵魂所在。对某一物体，若只有重力（或系统内弹簧的弹力）做功，其他力不做功（或其他力做功的代数和为零），则该物体的机械能守恒。对某一系统，物体间只有动能和重力势能及弹性势能的相互转化，系统跟外界没有发生机械能的传递，机械能也没有转变成其他形式的能，则系统的机械能守恒。满足上述条件，比较初始机械能和后来的机械能就能验证机械能是否守恒。

在实验原理的指导下，利用打点计时器来验证机械能守恒定律或利用光电门器件来验证，还可利用验证“碰撞中动量守恒”的装置来验证。得到实验数据后，整理数据，在误差分析中评价、反思，进一步拓展实验的外延。

综上所述，验证机械能守恒定律要以实验原理为依托，抽象模型、发散应用、丰富实验的内涵。

《中学物理教学参考》2008年第3期

如何在凸透镜成像规律的教学中引入探究实验

雷宏志 陈子亮

“探究凸透镜成像规律”是人教版义务教育课程标准实验教科书《物理》第一册第三章第三节的内容，是初中教学中疑惑较多、知识结构较难形成的内容。其成因为：对实验不理解；实验中缺乏知识形成的思维训练过程，缺乏对规律的探索发现，成像规律不是在实验过程中发现的，而是靠后续的死记硬背；教材编写没有质的突破，对教师教学没有积极影响，不是带着问题朝着解决问题的方向进行实验设计，而是在教材既定实验步骤的基础上进行，谈不上科学探究。因此，教师必须引导学生在探究实验过程中，自主发现凸透镜成像情况跟凸透镜的焦距、物体到凸透镜的距离有关。

在初步得出凸透镜成像规律的基础上，再组织如下问题的讨论：1. 在实验数据中可以看到“当 $u>2f$ 时有 $2f>v>f$”与“当 $2f>u>f$ 时有 $v>2f$”，即物距与像距可以交换，运用光的可逆性原理分析，使学生轻松地记住物距与像距相互依赖的变化规律。2. 为什么要在每个物距的区域中选择两个具体物距进行实验探究？通过讨论训练学生的思维品质，体验科学探究的方法。

本节内容的设计，采用引导与发现的探究方法进行，符合学生的认知规律，寻找解决问题的关节点，是突破教学难点的基本方法。要求学生创新，教师自己首先得有创新精神与创新能力，只要勤于思考，敢于创新，所有教学难点、重点都可以找到解决的突破口。

《中学物理教学参考》2008 年第 4 期

浅谈新课改下演示实验的设计

袁小春

物理演示实验在中学物理教学中占有重要地位。在新课改理念的指导下应让学生亲自感受物理演示实验的实际装置和真实现象，在物理现象和物理概念之间建立联系；运用演示实验引导学生像物理学家那样去观察、思考、探究物理世界的奥秘，并学会从物理现象中发现规律的科学方法。

物理演示实验设计的基本要求有：目的明确，符合课题要求；知识性和趣味性融为一体，令人深思；直观形象，效果明显；仪器简单，操作简便。物理演示实验设计的基本方法：首先要确定教学目标；然后选择教学策略，包括实验仪器、内容、步骤等的选择；最后要总结实验中所显现的物理原理，设想激发学生兴趣、引导学生思考的方法。

物理演示实验教学设计的基本程序：选择进行演示实验的课题—确定实验教学目标—设计实验的具体方案—调试实验仪器—对教学设计做必要的修改。物理演示实验教学中应注意的问题有以下几点：首先创设条件，完成新课改物理教学大纲规定的演示实验；其次认真备课，明确演示的目的和要求；接着对已有实验进行改进，提高物理演示实验的效果，然后开发与设计一些新的实验项目，以满足教学需要；再次要加强演示实验与现代信息技术的密切配合；最后要加强边教边实验的教学模式，让学生真正参与实验学习。

《中学物理教学参考》2008年第6期

“实验：探究加速度与力、质量的关系”教学与思考

顾庆欲

新课程教材中的探究性实验课，体现了《课程标准》中的让学生学会“在学习中探究”“在探究中学习”的核心内容。在教学实践中，怎样让这些探究性实验课发挥其探究教学的作用，使学生进入真正的探究角色，是物理教师进行探索的新课题。

“实验：探究加速度与力、质量的关系”是人教版高中《物理1》中的探究性实验课，不但其探究内容（牛顿第二定律）是高中物理“知识与技能”目标的重点，而且是整个高中阶段物理学习中让学生亲自体验科学探究“过程与方法”的第一次探究活动。其探究过程的成功与否，既关系到对牛顿第二定律的学习，也直接影响学生今后对科学探究活动的兴趣。因此，本探究教学的设计必须保证在学生中形成浓厚的探究氛围，保证激发学生对探究活动的兴趣，进而保证探究成功。

了解学生的探究基础，是教师正确定位、合理设计教学过程，保证探究成功的前提，本探究课是动态变化过程，如何根据学生的探究基础和《课程标准》的要求，培养学生兴趣，有效地组织引导学生进入探究角色、参与探究，感悟科学探究的思想与方法，是本探究课教学的重点和关键。在科学探究教学中，教师要重视少数甚至是个别学生对科学探究的异想，更要重视每个学生所做的每一点探究工作，肯定他们的努力，让每个学生都能积极地参与科学探究，把科学探究教学活动真正开展起来。让学生在探究中明白：失败和放弃与成功一样重要，没有失败就没有成功的机会，学会放弃才会与成功同行。

《中学物理教学参考》2008年第10期

用静电计开发的几个演示实验

卞志荣

静电计又叫电势差计或指针验电器，它是中学静电实验中常用的半定量测量仪器。人教版普通高中课程标准实验教科书《物理》选修3－1突出了物理实验研究方法——控制变量法。因此，对常用仪器实验功能的开发和拓展就显得尤为重要，不仅是对学

生探究能力和实验能力的培养，同时也是对教师自身素养的提高。

以静电计开发演示实验的例子有：将静电计的金属球与被测带电体相连接，静电计外壳接地，此时静电计指针偏转示数即带电体的电势；利用静电计用“感应法”可检验导体所带电性；使两个静电计其中一个带电，用被测物体连接两个静电计的金属球可鉴别物体是导体还是绝缘体；用验电器连杆把两个不带电的静电计连接起来，用带电的玻璃棒或橡胶棒靠近一个静电计的金属球，可演示静电感应或感应起电；静电计还可以演示导体表面是等势面实验；演示电荷只分布在导体外表面；演示尖端部分电荷密度较大的实验；静电计也用来检验电压的性质；测静电计这个电容器的耐压值；还可以用静电计测电路中高电压等。

《中学物理教学参考》2008 年第 11 期

物理实验备课环节不容轻视——备课不充分降低效率的个案对比分析

汤金波

物理是以实验为基础的自然科学。新课程标准与教学大纲、新教材与老教材相比，一个突出特点就是突出了实验的地位。虽然教师认识到实验的重要性，但是在实验教学中还是存在各种各样的问题。

所以教师首先应该在课前准备好与实验有关的全部仪器、材料；其次在课前反复操作直至熟练，对于实验中可能出现的故障做到心中有数，并能及时排除；第三要考虑除大纲和教材规定的实验外，还可补充哪些小实验，或对现有的实验做必要的改进以提高教学效果。

新课程对学生的操作实验比较重视，学生操作实验不再像以往的教学大纲下的学生实验那样严肃而规范，而是更注重趣味性，更贴近学生生活，更简单易行，更突出某一方面的教学功能，教师要妥善理解和把握。

另外，处理好小实验、小制作和教学效率的关系要注意以下几点：小实验和小制作与教学内容有机结合与操作目的统一；一般由学生个人或小组在课外进行；教师指导学生在实验前做好准备，并做好实验记录与分析；要求学生写出实验报告；与学生及时交流与评估反馈。

《中学物理教学参考》2008 年第 12 期

优化课程资源 落实课程目标——从沪科版高中物理新教材“怎样分解力”的教学谈起

史景江　马晓明

沪科教版物理教科书的必修和选修内容按各模块独自成册。其中怎样分解力是必修模块（一）中第四章“怎样求合力和分力”的第二节。关注学生体验是贯彻以学生为本教育理念的体现。本节的课题导入可列举学生经历过的事情，使学生自然融入生活化情境中，设身处地地考虑课题。利用学生的经验感受是教学中尊重学生的一种体现，唤醒学生的经验感受才能事半功倍，满足学生自主建构知识的需要。充分利用潜藏于学生头脑中的课程资源符合新课程标准要求。在教学中联系学生生活，不仅有助于唤醒学生的生活经验，以积极的情感体验使学生活动富有情趣，自然的落实情感、态度和价值观教学目标，而且有助于学生把情感、态度价值观的形成当做一个过程性目标成为学生努力学习的精神支柱。

分解力是一个抽象思维过程，将此过程立足于学生熟悉的生活情境之中，运用等效方法使学生认识到分解力的实质，可体现新课程重视过程和方法的教学目标。利用教科书提供的资源，主动顺应课程理念，抓住典型基础知识，有效提高课堂教学效益；正确对待教科书的显著特点，加以合理使用。

教师是创造性利用课程资源的主人，教师需要创造性地使用教科书，重视探究式教学，提高学生的科学素养。科学探究没有固定的格式。探究意识需结合具体内容予以体现，给学生创造一个发表自己独特见解的机会，允许学生提出猜测、自主设计实验方案等。

《中学物理教学参考》2008 年第 12 期

互动式历史小故事运用于高中物理教学

郑晓波

美国学者万达西和罗奇于 1998 年发展了一种新型教学方法“互动式历史小故事”模式（简称 IHVs）：教者谨慎地切割科学史，运用互动方式设计、呈现历史小故事来描述某单一事件的科学本质，每次用 10～15 分钟讲授一个 IHV。尽管国内学者已经注意到这种方法，并对此法进行了介绍，但这种方法在教学中的具体实施却并不多见；而且，国内有关互动式历史小故事的课程资源缺乏，不利于这种教学方法的推广。

文章运用伦琴发现 X 射线的历史编写 IHV，一来尝试应用这种教学方法，二来也为这种课程资源建设提供材料。感受科学家实事求是的科学精神和他们作出科学发现时的喜悦心情。这样做不仅能激发学生学习物理学的热情，而且能激发学生对物理学史的兴趣，例如对其他几种“射线”发现历史的好奇；更重要的是还能帮助学生认清科学探究本质中的非固定性。

《中学物理教学参考》2008 年第 4 期

原子结构的探索过程及启示

吴兴龙

原子究竟是什么？科学家是怎样认识原子的？探询这一科学研究过程不仅能帮助学生正确认识原子，树立正确的原子观，更能从这个过程中体会科学研究的真谛。

根据科学实践和当时的实验观测结果，物理学家发挥了丰富的想象力，提出了各种不同的原子模型。1901 年法国著名物理学家佩兰提出了行星结构模型；1902 年德国物理学家勒纳德提出了中性微粒动力子模型；英国著名物理学家、发明家 W. 汤姆生于 1902 年提出了实心带电球原子模型；J.J. 汤姆生提出葡萄干蛋糕原子模型；日本物理学家长冈半太郎 1903 年提出一种他称之为“土星模型”的结构——围绕正电核心有电子环转动的模型。以上这些模型可在一定程度上解释当时的一些实验事实，但不能解释以后出现的很多新的实验结果，所以都没有得到进一步的发展。卢瑟福在放射性吸收实验发现 α 射线，提出了原子模型像一个太阳系。波尔在卢瑟福模型的基础上提出了电子在核外的量子化轨道，解决了原子结构的稳定性问题。1915 年德国物理学家索末菲把波尔的原子理论推广到电子椭圆轨道，并考虑了电子质量随其速度而变化的狭义相对论效应，所导出的光谱精细结构同实验相符。

实验是物理学发展的动力和源泉，也是检验物理理论正确与否最直接、最根本的标准。科学需要创新，创新不仅需要勇气，更需要坚实的物理实验和敏锐的洞察力作为基础。而我国的物理教学和物理学研究较为轻视实验教学和实验研究，这值得每位物理学工作者反思。

《中学物理教学参考》2008 年第 9 期

中国古代对热的认识与利用

薛海凤

近代热学的发展，揭开了冷热变化的奥秘和热运动规律。我国古代在对热的认识与利用方面，也曾为人类作出过卓越的贡献。

《论衡》是我国东汉著名唯物主义哲学家王充的重要著作，他非常注意汲取当时的自然科学知识，认真观察和广泛探讨了各种自然现象，提出了深刻而独特的见解，对我国古代物理学的发展作出了重要贡献。在《论衡》中就记载了他对冷热现象的思辨性解释。关于热传递在《论衡·寒温》中他认为“夫近水则寒，近火则温，何则？气之所加，远近之差也”。即热传导是气的作用中“远近有差”，这是一个了不起的见解。同时还指出了物体“温”“寒”的传递和距离呈相反变化。关于 $Q=cm\Delta t$ 他在《论衡·感虚》中指出，物体吸收或放出较大的热量 Q 必须有较长时间的积累，他认为温度变化引起雨露霜雪物态的变化。他还在《论衡·是应》中阐述在大气中不可能自动产生某种机制，使温度降到低于周围环境的温度。

汉武帝时刘安等写的《淮南万毕术》中有关于热气球的设想；而五代时热能已运用到军事通信，南宋范成大的《石湖居士诗集》也提到孔明灯、走马灯。这些反映出当时人们已经会利用空气受热后上升、冷空气下沉的道理。利用空气导热性能差的特点来制造保温器，在我国历史上也是很悠久的。南宋的洪迈在《夷坚甲志》中就有记载，我国古代制造的保温器从原理上已相当于现代的保温瓶。

《中学物理教学参考》2008 年第 9 期

欧洲大陆之旅对法拉第的影响

赵海艳

迈克尔·法拉第（1791—1867），1791 年 9 月 22 日出生于伦敦，由于家境贫寒，只断断续续上了几年学。1813 年 3 月，法拉第作为戴维的助手，幸运地得到了陪伴戴维去欧洲大陆旅行的机会。汉弗莱·戴维（1778—1829）是 19 世纪初最杰出的英国化学家之一，他是电化学的创始人，在旅行中戴维和法拉第对碘这种新物质进行了研究，并且研究了金刚石的结构。法拉第从碘的发现中受到了很大的激励，因为这是他第一次亲身参与科学发现。法拉第从中学到了一些科学实验的方法，体会到科学发现离自己并不遥远。从这件事上，法拉第认识到科学还有很多未知的、值得探索的地方。碘的发现给法拉第上了生动的一课，激励他不断去探索、发现。

从欧洲大陆回来后法拉第开始独立进行化学分析并做一些化

学讲座。到 1819 年法拉第已经是一个应用化学家了；1821 年法拉第进入了电磁学的研究领域；1831 年，法拉第发现电磁感应现象，从而确定了电磁感应的基本定律，这是现代电工学的基础；1833～1834 年，法拉第发现电解定律。法拉第还发现了磁致旋光效应（也叫“法拉第效应”），创建了力线思想和场的概念，为麦克斯韦电磁场理论奠定了基础。

通过以上材料的分析，可以看出，1813～1815 年的欧洲大陆之旅对于法拉第是一次很好的学习机会。在这次旅行中法拉第学到了许多宝贵的技能、实验方法和哲学思想，受到了有价值的教育，这为他以后在物理、化学方面的研究奠定了坚实基础。对法拉第而言，在使自己成为一个科学家的过程中，这次旅行是最好的培养方式，为他将来的科学研究做了最好的准备。

《中学物理教学参考》2008 年第 10 期

利用网络资源整合初中物理课程

高秀容

为了能把广大初中物理教师从烦琐的寻找课件和收藏课件的痛苦中解放出来，作者根据几年来使用多媒体教学的一些切身感受，设计了这套《初中物理教学平台》，其目的就是想把那些平常自己认为教学效果较好的课件能够快速进行分类收藏，简单的鼠标拖动就可以很轻松地把你想要的课件分类收藏好，下次使用时只要一打开目录就能一目了然，能非常方便地使用。

这套《初中物理教学平台》不仅适用于教师教学、学生课前自学和课后复习，还适用于教师收藏和更新课件。该系统选定 Adobe Director 为系统开发平台，其特点有：支持格式广泛；操作简单；查询方便；导航灵活；系统安全性高；界面友好；跨平台运行。该系统共分为力学、光学、声学、热学、电和磁以及核物理共 6 块内容。每个部分均按照仪器的使用和典型实验来安排，每个仪器和实验的介绍均可以使用动画、图片或者视频等素材资源。该系统演示模块的界面大致分为三个区域：系统顶端的章节快速导航区、左侧的当前章节和资源展示区。

《物理教学》2008 年第 8 期

初中物理教学中如何丰富习题资源

顾建元

《国家基础教育课程改革纲要（试行）》要求学校和教师积极

开发并合理利用校内外各种课程资源，并明确凡是有利于学生自主学习和全面发展的资源都应该加以利用和开发。

习题资源是课程资源之一，在新课程实施过程中，我们感到适合于基础教育改革目标和理念、学生发展需要、社会发展需要、学习内容整合需要的习题资源明显不足，靠收集一些好试题根本不能满足新课程教学的需要。教师作为课程资源的开发的主体之一，新课程的实施需要教师合理开发和利用习题资源。而且，创新习题、改造“陈题”是充实新课程习题资源的有效途径，但作者认为一线教师应该把改造“陈题”作为主要方式。

就如何有效改造“陈题”，丰富“陈题”内涵，从而充实新课程习题资源，作者有自己的看法。融入生活事例，变机械记忆为灵活应用；渗透人文关爱，变注重知识为知识与人文结合；变换情境条件，变脱离现实为符合生活实际；丰富题干表达，变远离教材与学生为以生为本；收集实验数据，变规律应用为科学探究规律；变换题设条件，变探究指向唯一为适度开放；变换设计方式，变原理应用为实验方案评价。

《物理教学》2008 年第 4 期

初中物理学生分组实验教学法

宋学庆

针对目前实验教学的效果不佳，实验教学的目标难以达到这一现状，作者提出了“初中物理学生分组实验教学法”。

第一步：“养”，实验效果欠佳的原因是学生在实验过程中缺乏思维的参与，因此教师要教会学生养成良好的实验思维习惯。根据实验的正确的思维过程，实验报告的项目和顺序应该为：实验名称、实验目的、实验内容、实验原理和方法、实验步骤、实验器材、实验记录和数据处理、实验结果。

第二步：“讲”，通过教师“讲”好实验的每一个思维环节，使学生明确每一个环节的具体内容，训练学生整体把握实验的思路。

第三步：“说”，学生按照实验的思维过程，逐一“说”清每一思维环节的具体内容和应注意的问题，使学生完全掌握整个实验。

第四步：“做”，实验是将“说的理论”应用于实践，是一个动手的过程。

第五步：“写”，学生“写”好实验报告是提高初中物理实验能力的重要环节，它不仅能检查学生对实验的整体把握情况和实验的完成情况，还能反映学生的实验能力。

第六步："考"，初中物理实验能力学期考核，以该学期的实验为考核内容，通过抽签形式确定被检验的实验。检验成绩作为学生该学期实验能力的考核成绩。

《物理教学》2008 年第 4 期

初中物理先课外实验后教学的课改尝试

吴春男

实验是物理教学的重要手段，实验的特点是真实、直观、形象和生动，易于激起学生的学习兴趣。文章从以下几个方面介绍先课外实验后进行教学的课改尝试。

一、课外实验是课堂教学的重要补充，能激发学生学习物理的兴趣。

二、课外实验能弥补课堂实验的不足，能提高学生的观察能力和实验动手能力。

三、利用物理课外实验，可以加强学生对课内知识的理解和巩固。

四、课外实验能更好地贯彻从生活走向物理，从物理走向社会的新课改理念。

五、实施先课外实验后教学模式的一些措施和方法：课外实验的组织；课外实验内容的指导；课外实验仪器的准备；课外实验的检查、评估。要求学生按实验小组上交简单的实验报告，主要内容是观察到实验现象和得出的结论，目的是检查学生完成课外实验的情况，为课堂教学中的展开讨论、分析和论证、归纳总结物理概念和规律提供证据。整堂课采用讨论式教学，调动了学生的积极性和主动性，活跃了课堂气氛，同时培养了学生的语言表达能力，提高了教学效果。

《物理教学》2008 年第 8 期

农村初中物理实验教学的现状及思考

焦　健

新教材、新理念给物理基础教育带来了生机和活力，新课程改革开展地如火如荼。然而，广大农村初中因种种原因，物理实验教学面临诸多困难。

农村初中物理实验教学的现状：1. 相当一部分农村初中没有标准的物理实验室，教学仪器设备陈旧、缺乏，无法适应新课程的教学要求，教师无法进行必要的演示实验，学生无法动手探究。2. 农村初中物理教师思想观念落后，在实验教学中受传统教学思想的严重影响，习惯于用传统的教学模式去设计探究实验，甚至将演示实验、探究实验改为讲授实验，没有想方设法设计符合学生实际的实验；教学方法落后，实验探究能力的培养成为空话；进修培训面临困难，农村教师的培训更多集中在语文、数学、英语上，很少有过物理教师培训，况且农村初中选送或集体培训普遍走过场，不到位。3. 中考实验探究题成为考察趋势，这就要求我们在平时教学中，要注意知识的探究、注重过程与方法，而目前的农村初中物理实验无法满足这些。

改变农村物理实验教学应从以下方面考虑：1. 重视实验室建设。加强政府投入，进一步改善农村办学条件；结合农村实际，创造条件，保证实验的顺利进行。2. 加强农村初中物理教师队伍建设。理论武装自己，理论指导教学实践；创造条件，增加农村物理教师进修培训的机会。3. 利用多媒体技术，提高物理实验教学效率。创设物理情境，使学生进入物理世界；利用网络、多媒体技术，机动灵活地进行物理实验教学。

《物理教学》2008 年第 11 期

农村初中物理实验教学存在的问题及对策

张为民

当前部分农村初中受客观条件的限制及应试教育的影响，不重视实验教学，学生动手能力差。作者就农村初中物理实验教学存在的问题及对策表达了自己的观点。

一、存在的问题。1. 依赖仪器，唯仪器至上，实验变通能力差。2. 不注意培养学生良好的实验习惯。3. 不注重基本实验方法的训练与渗透。

二、几点对策。1. 以实验为基础，突出实验的协作性。2. 实验教材中要注重培养学生养成科学的习惯、掌握研究问题的基本方法。3. 为提高学生的创造能力，将部分验证性实验改为探究性实验。把测量、验证性实验设计成探究性实验，可引导学生在探索中创造，大大提高了学生的兴趣。4. 做好课外小实验、小制作，培养学生的创造性思维。用学生熟悉的生活用品做实验，学生必须弄懂实验原理，寻求合适的器材，进行部分加工、组装，在操作过程中不仅培养了学生的动手能力，更重要的是培养了学生的创造性思维。5. 改变实验模式、充分发挥实验室课程资源优势。以往的学生实验都是全班做同样的实验，一个实验小组有多人，实验时只有少数人动手，大多数学生只能旁观。随着实验仪器的充实和班额的减少，逐步改成同种类实验或多种类单人实验。

《物理教学》2008 年第 3 期

生活小实验是演示实验的极好补充

严青荣

对于物理教学，只以课本中所安排的演示实验是远远不能满足教学需要的，因此教师有必要自行设计或引导学生设计生活小实验。

生活小实验主要有以下四个特点：一是简单易行，即可以使用身边随手可得的物品进行探究活动和各种物理实验，以帮助学生理解难懂的理论知识，同时也拉近了物理与生活的距离；二是趣味性强，生活小实验与生活联系紧密且能激发学生的好奇心与求知欲；三是取材方便，简单改装常用物品就能完成小实验；四是与演示实验互补，可以把抽象的物理实验直观化，有助于学生的理解。

生活小实验与学生生活是很贴近的，教师可以通过以下三种途径进行实施：布置生活小实验作业，作业大体分两类，一是动手的小实验，启发学生利用方便易得的材料做一些简单、安全的实验。二是动脑的生活小实验方案的设计和交流，开展生活小实验竞赛活动，即开展自制教具和小制作活动，并定期对自制教具进行评奖。三是根据新教材引导。由于新教材中增加了很多随堂生活小实验，教师在教学中可以多角度的创造条件，让学生在动手、动脑、去伪存真中悟出道理，得出结论。

因此，生活小实验对于培养创新精神有着深远的意义。

《物理教学》2008 年第 4 期

充分发挥物理实验在新课程中的作用

徐　彤　杨志军

新课程强调通过实验感受来学习物理，更应充分地发挥物理实验的教育功能。

一、新课的引入——注重以实验的方法引入，激发学生的学习兴趣。在物理教学中，新课引入对学生接受新知识、掌握新知识起着不可忽视的作用。而新课引入的成败、关键是能否调动起学生的积极性，引起学生的学习兴趣。通过实验引入新课大致有

两种类型：一种是通过一些演示或学生实验，让同学观察到与预期结果不同的结论，帮助学生清除错误的前概念，抓住反馈及时矫正，帮助学生建立正确的概念；另一种是通过实验提出问题，引领学生进入新课的学习。

二、课堂教学——通过各种实验提高学生的理解和创新能力。演示实验能化抽象为具体，化枯燥为生动，把要研究的物理现象清楚地展示在学生面前。能引导学生观察、思考、配合讲授使学生认识物理概念和规律，达到事半功倍的效果。在课堂教学中我们应注意以下几方面：发掘、设计演示实验；增加演示实验的层面；将演示实验改为边教边实验（随堂实验）。

三、课后实验——结合新教材，增设学生课外探究性实验。要求学生完成课外简易实验；把某些演示实验设计为探索性实验；用传感器进行课外探究。

《物理教学》2008 年第 1 期

刍议物理对比实验的教学效应

周家军　沈建东

运用物理对比实验，开展探究活动，有利于激发学生学习物理的兴趣，有利于培养学生的科学思维能力和探究能力。这样，既能加强直观教学又能优化探究过程，充分发挥物理实验的教学功能，帮助学生建立概念、理解规律、突破难点。

一、利用对比试验激发思维、形成概念。物理学中有许多概念常常借助于物理实验而得出。但从实验现象到物理概念的建立往往跨度很大，因此，如何引导学生对比分析实验现象、形成概念是物理概念教学的出发点。

二、利用对比实验领悟物理规律。有步骤地进行对比观察实验，不但增强了学生的体验机会，更重要的是为学生构建物理规律提供了必要的帮助，使学生原有的错误观念和当前面临的客观事实产生认知冲突，从而导致旧知识结构的解体和新知识结构的形成，通过自主探究，总结得出实验规律。

三、利用对比实验突破教学难点。利用一些辅助性的对比实验，运用实验手段去引导学生洞察实验现象是突破教学难点的有效方法之一。通过实验的比较，学生头脑中物理表象清晰有序，思维活动凭借表象的中介作用达到了抽象概括，从而在领悟物理概念的同时建立了具体概念。

四、利用对比实验考查学生的探究能力。在新课程对应的教学目标下，对“科学探究”和“科学内容”的考查成为笔试命题的中心内容，其考查方法之一就是，设置实验情景的对比考查学生的分境与评价能力。

《物理教学》2008 年第 1 期

探究式教学中如何设计实验

魏广生

“探究式教学”在提出问题、猜想与假设后就要进行制订计划与设计实验。让学生经历制订计划与设计实验的过程是非常重要的。探究式教学设计实验的步骤如下：

一、分析清楚探究假设中的物理概念。为了便于设计实验，需要先辨析清楚假设中的物理概念，否则设计便无从下手。

二、分析该探究要解决哪几个问题。在理清探究假设中的物理概念后，我们就可以分析假设，弄清楚到底要解决哪几个具体问题。

三、针对问题提出设计方案。具体问题找到了，然后就要针对问题提出设计方案。不同的学生提出不同的设计方案，这一提出方案的过程就是学生讨论的过程，在这一过程中学生思维得到发散，对学生在以后的工作、生活过程中解决具体问题时培养出较好的思维习惯。

四、评此方案，找出最佳方案。在学生讨论提出各种方案后，我们可以根据学生所提出的方案选出最好方案，选择最好方案的原则就是：方案容易操作，没有危险，现象明显，能解决假设的问题从而得出结论。

五、在实验过程中进一步完善方案。学生讨论、比较得到方案，尽管理论上来说应当是比较好的方案了，但实际操作的过程中，还会出现一些意想不到的问题，所以我们要在实验过程中进一步来完善方案。

《物理教学》2008 年第 3 期

物理实验中研究性学习的探索

赵惠松

文章通过改进物理实验这个载体，将研究性学习引入到物理实验中。让学生在物理实验中提炼出像科学家研究问题一样的科学研究方法，学习科学家那种孜孜不倦的科学精神，体会科学家实验的艰辛。在物理实验情感交流以及价值观的基础上培养学生的科学思想、科学方法和科学创新意识，全面提高教师和学生的科学素养。同时师生共同参与设计或学生自行设计实验方案，可以探索学生分组探究实验的方法，也可以培养学生的创新能力。

新课程注重使学生掌握科学思想、科学方法。方法通常指解决某个问题的程序，理解某个方法并不等于会运用这个方法，运用某一方法的前提是具有运用这种方法的意识，这种意识的建立难以通过“讲”来完成，它需要经历相应“过程”的体验。平时的教学过程要非常重视这种科学思想、科学方法的渗透。

具体可采用以下方法：将部分规律课由老师演示探索过程改为以学生为主的探究体验；将部分验证性实验改为学生分组探索实验；课堂外开展物理研究性学习的探索，可采用的形式有：配合学校举办科普周，开展实验方案设计和现场操作大赛；开展“小创作、小发明”活动；征集“科技小论文”活动；通过宣传橱窗，推广创造性成果。

《物理教学》2008年第2期

物理演示实验教学策略

茅日樱　杨海鹰

为了培养学生的创新能力，突出学生的主体地位，教师应针对性地对演示实验教学进行创新设计，以教材中的实验为依托，拓展其思路，通过多种形式的实验活动来培养学生的创新能力。

1. 发掘、设计演示实验。教材原有的实验不能完全满足培养学生创新能力的需要，因此，选择适当的时机增加演示实验，加强教学的直观性，使之有利于学生创新能力的培养。

2. 研究、改进演示实验。教材中有些演示实验的效果不是很好，教师可不拘泥于教材的安排，组织学生一起参与对演示实验的改进。

3. 增加演示实验的层面。教材中提供的往往是单层次的、单侧面的实验内容。从培养学生创新能力的角度来看，教师有必要进行适当的扩展和补充，尽量让学生从不同方面去认识物理规律的全貌。

4. 增强演示实验的趣味性与可见度。教师要抓住学生的好奇心，补充做一些典型的趣味实验，引导学生对物理现象的进一步研究，从而培养他们的创新能力。

5. 增强演示实验的开放性。在演示实验的内容上增加实际生活中的应用演示，可把传统课堂封闭的小系统融入到社会这个开放的大系统中去，开拓学生的观察视角和思维广度，促进学生创新能力的培养。

6. 创设问题情境，展现实验设计思想。教师要善于发掘演示实验的有效因素，创设问题情景，鼓励学生对以前的现成实验进行大胆的质疑。

7. 将演示实验改为随堂的探索性实验。

8. 用计算机模拟演示实验。

《物理教学》2008 年第 3 期

新课程教学理念下的实验改进与创新

臧文彧

文章分析了在新课程改革的背景下，目前实验教学存在的问题。总结为三方面：现成仪器欠缺或不够完善；学生的观察与实验能力较差；教师的实验操作能力与实验知识水平较低，对实验教学的重视程度不够。

作者结合新课程理念与实验教学的实践，提出了中学物理教学实验的改进与创新方向、途径、方式、原则。可总结如下：

1. 实验改进与创新，应注重提高学生的科学素养，突出科学探究，立足学生发展的中学物理新课程的基本理念，它为我们指明了实验改进与创新的方向，即实验的改进要有利于知识的意义建构、有利于与学生生活的联系、有利于学生探究能力的培养、有利于学生好奇心与求知欲的培养、有利于技术创新教育。

2. 实验改进与创新的途径主要有以下几种：改进现有实验、开发突破重点与难点实验、开发低成本实验、开发玩具的教学功能、开发游戏活动。

3. 实验改进与创新的方式，应从实验目的、实验原理、实验器材和实验设计等环节入手，才能使实验取得新的教学效果。

4. 实验改进与创新应遵循科学性、安全性、可靠性、简易性和明显性原则。

《物理教学》2008 年第 4 期

实验教学贯穿到习题课中的尝试

王　强　金友仁

实验教学不能只局限于单纯的实验探究、实验分析，可以把实验教学贯穿到习题课中去，以借助实验对习题进行定性分析，然后再做定量分析，以达到趣味、直观地掌握物理知识的目的。

把实验贯穿到习题课中主要有四个作用：

一是直观性，比如讲声学题时，即需要解决装不同深度水的瓶子的音调问题时，可以用实例演示，这样实验可以让学生一听、一看就明白。

二是可靠性，例如在解决电压表串联接入电路时电路中电流的大小问题时，教师不应一味地从理论上讲原因，应该找合适的器材做一个实验，为解决此问题增强了可靠性。

三是趣味性，对于物理设计题，比如如何用滑动变阻器控制两只灯泡，教师可以对学生的想法进行实验验证，让学生在实验中增加学习物理的兴趣。

四是探索性，师生通过实验分析试题，在逐步深入讨论的过程中，学生自己得出结论，掌握物理规律，并培养了动手动脑的能力，也更具有探索问题的能力。

《物理教学》2008 年第 5 期

实验探究的教学模式

杨仕明

实验探究教学就是引导学生像科学家搞科研那样进行知识的学习与获取，这是实现《课程标准》中“过程与方法目标”的主要手段。探究思维程序就是这些探究活动的程序和步骤。这种思维程序主要由以下七个要素构成，即：“提出问题—猜想与假设—制订计划与设计实验—进行实验与收集证据—分析与论证—评估—交流与合作。”

但是，如果整个初中阶段都采取这种程序的探究过程，未免枯燥、乏味，久而久之，学生将失去探究的兴趣。因此，可以采用另外几种实验探究模式。一、实验—归纳探究模式。思维程序：实验观察—事实知识—排除、分类—归纳—结论。二、猜想—反驳探究模式。思维程序：问题—猜想—反驳—批判。三、假说—演绎探究模式。思维程序：问题—搜索事实—形成假说—推论—验证推论—结论。四、问题—解决探究模式。思维程序：实际问题—收集方法—分类归纳—形成假说—实验检验。

《物理教学》2008 年第 8 期

新课程下实验题的新考法

赵凤池

近几年全国各省市的中考物理试题都从不同角度、不同层面上加强了与实验有关的考测。从题量上，实验题目比例有了明显的增加。从考测范围上，既注重了教材中的学生实验，又包括了许多演示实验。更重要的是做到了“源于教材而高于教材”，注重了对学生的操作、处理数据、分析故障、设计实验等能力的全面考察，并融合了不少科学方法和创新思想。

从命题设计上，突出了开放性、综合性和探究性，并出现了下列新题型：

1. 现场动手测量型。这种题型不仅考察了学生的基础知识，又考察了学生的动手测量技能。

2. 实验探索型。这种题型有效地考测了学生灵活运用所学知识的能力，避免生吞活剥、死记硬背。

3. 开发设计型。这类题型对素质教育的深化、创造精神、创造能力的培养起到了积极的导向作用。

4. 综合考查型。

5. 故障判断型。培养学生判断故障的能力是实验教学的重要目的之一，这就要求我们在教学中重视对学生分析错误和判断故障能力的培养。

6. 思维归纳型。这类题型促使教师在教学中加强对学生分析、归纳等思维能力的培养。

7. 科学方法考察型。这类题型注重的不是实验结论，而是实验过程和实验手段。

《物理教学》2008 年第 6 期

在认知冲突的实验中引入新课

徐立海　吴永灵　徐招茂

认知冲突是指人原有知识与经验感受到新的事件或新的客体后所产生的对立性矛盾。一旦引发这种认知冲突，就会引起学生认知心理的不平衡，就能激起学生的求知欲和好奇心，使学生产生解决冲突获得心理平衡的动机。学生在生活中凭直觉和不够严密的概括形成了原始的认知结构，教师运用学生熟悉的生活素材来创建问题情境，使学生意识到新经验与原有观念不一致，从而使他们产生学习的心理需求。

在物理教学中，揭示学生原有认知结构与新概念对立的重要手段是实验。教师要了解学生原有的认知结构，找准学生原有认知结构中的混淆点、易错点、盲点和缺失点，再运用生活素材和实验手段创设必要的问题情境，引导学生尝试用原有的知识和经验对当前的现象进行解释，发现不能解释的问题，由此就引发了学生的认知冲突，从而可以激发学生的探究欲望和学习的热情。

教学经验表明，此时是引入新课的最佳时机。

如何在物理教学中有效地创设问题情境呢？可采用以下方法：运用生活素材制造冲突；运用惊奇实验制造冲突；针对学生原有的认知不足制造冲突。

《物理教学》2008年第6期

中学物理教学中引用虚拟仪器技术

郭少勇

虚拟仪器（Virtual instrument）技术是以计算机的软件和硬件为测试平台，可代替传统硬件物理仪器。虚拟仪器技术的应用给传统的物理实验教学模式和学生的学习方式带来了巨大的变化，也大大提高了课堂效率，使教师和学生能够集中精力并将时间用于实验的执行、数据分析及结论的总结上，而不必将大量时间花在实验系统设备的搭建上。

随着现代教育技术的发展，基于计算机技术的虚拟仪器技术开始被引入不同层次的教学课堂，开创了多媒体技术与仿真技术相结合的新途径。作者在熟练使用多媒体技术开展中学物理教学的基础上，依照《课标》相关精神，结合学校教学实际，尝试了几种虚拟仪器在中学物理教学中的应用。

采用虚拟仪器技术可以使教学活动中的师生沉浸其中，全身心地投入教与学，促进中学物理教学模式和学生学习方式的改进，同时又开阔学生的视野，激发了学生的兴趣，提高了学生的实验、操作能力。

《物理教学》2008年第6期

利用生活资源培养学生的科学探究能力

侯新森　廖菊琼

文章就如何利用生活资源培养学生的科学探究能力，做了深入的分析和探讨，并提出如下建议：

一、引导学生观察生活现象，激发兴趣，培养观察意识。在生活中进行科学探究，首要的事情是“问题”要来源于观察和思考，所以，首先要学会观察生活。生活中的物理现象随处可见，但学生缺乏观察意识和技巧，需要教师具体引导。

二、分析物理现象，提出探究问题并进行合理猜想。在观察的基础上，要求学生选择自己观察到的一种物理现象，提出一个探究问题，并进行合理的猜想。提问是一种能力，开始时，学生根本不知道怎么提出问题，需要在教师的具体指导下，进行合理的猜想。

三、培养“选取实验器材，制订探究方案”的能力。猜想是否正确，要由实验来验证。实验时需要器材，实验器材的选取有时需要有意控制变量，这对于学生来说有一定难度。实验前，一定要制订一个实验方案。教师先示范指导，然后学生针对自己的问题和猜想，模仿老师的方法，制订实验方案，选取实验器材。

四、培养“操作实验，收集证据”的能力。操作实验时，学生感到困难的是收集证据时需要设计一个记录表格，教师需要告诉学生设计表格的一般方法。

五、培养“分析实验证据，得出结论”的能力。学生通过操作实验，得到实验证据后，想要得出结论往往还感到较为困难。教师通过举例、示范，使学生掌握了分析实验证据得出结论的一般方法，方法掌握以后，经过多次训练，能力就会逐渐提高。

六、培养“评估与交流”的能力。评估与交流可以培养学生合作交流意识，团队精神，口头表达沟通能力，综合分析能力，正确评价自我能力等。

《物理教学》2008 年第 3 期

用身边物品做物理实验

耿志东　唐友兵

教师在平时的教学中，应鼓励学生充分利用身边物品做物理实验，自己动手，自主探究，以不断获取新知识。善于利用身边物品做实验，不但能够弥补实验器材的不足，而且由于其易于取材、操作简便等特点，对学生各方面能力的发展都有一定的促进作用，主要表现在以下几个方面：

1. 激发学习兴趣。通过就地取材的方法，让学生体会到实验器材自己就有，实验也并不一定都要到实验室做，只要留心，生活中处处有物理，从而大大激发学生学习物理的兴趣。

2. 培养观察能力。通过对同一现象的多次观察，不仅能培养学生的实验观察能力，还能培养学生的恒心和毅力。

3. 训练科学思维。新课程物理十分重视科学探究，许多科学的结论都是在实验探究过程中获得的，所以教师要鼓励学生，在可能的情况下，应充分利用身边的物品自制、组装实验器材，自己体验科学探究的过程，然后再分析得出结论。

4. 引发创新意识。教师应对学生加以引导，对生活中的一些现象进行点拨，使学生对物理知识产生正确的认识，有自己的发现，甚至还会激发学生更深层次的创新意识。

《物理教学》2008 年第 10 期

用演示实验培养学生的观察能力

宋丽霞　马昌法

演示实验不仅是物理教学的工具与手段，更是中学物理教学的重要内容。如何在演示实验中培养和提高学生的观察能力，关键注意以下几点：

1. 创设良好的观察环境。演示实验要直观、鲜明、清晰，这就要注意实验装置的位置和仪器的摆放位置。同时，教学仪器应选大型的，刻度要粗些，读数的数字要大些，以增加可见度。

2. 考虑学生的感知，适当控制演示的操作。做演示实验时，要随时注意学生观察时的反馈信息，如：是否看得清楚？是否了解要观察些什么？是否知道老师为什么要这样操作等，以便及时调整演示操作。对于设计不合理，效果不显著或给学生错误信息的演示要及时停止，并以恰当的方式加以弥补。

3. 加强观察指导，观察任务具体化。教师要保证演示实验取得应有的演示教学效果，使学生印象深刻。教师在演示过程中，对学生观察的引导是关键。这也是培养和提高学生观察能力的一条重要途径。加强观察指导，观察任务具体化；细分演示阶段，观察任务具体化；抓住语言的表达，准确表述实验现象。

《物理教学》2008 年第 7 期

“有效”是传统实验与 DIS 实验的结合点

许　文

传统的物理实验是学生获取物理知识最直接的手段、最真实的经验和最好的感性材料，是培养学生基本实验技能必不可少的渠道，也是一种有效的教学手段，其意义非常重大和深远。

但传统实验面临 DIS 实验的挑战，如何使 DIS 与传统实验有机结合，让 DIS 的技术优势突破传统实验难以克服的难点，优化传统实验结构，使教学效果达到最优化，这是我们当今教学中所面临的一个现实问题。DIS实验是一种全新的实验手段体系，与传统实验相比，它更具有以下优势：实验手段数字化；测量呈现实时化；现象规律可视化；操作测量简单化。

DIS实验是教学中的一把“双刃剑”，如果使用不当，不仅会得不到应有的教学效果，还会给教学带来负面影响。DIS实验与传统实验相结合，某种程度上改变了我们的教学理念，也决定了教学效果的好坏，对教学产生了深远的影响。它们的结合具有互补性和有效性。

信息化教学以崭新的方式和强大的功能为教学打开了一片广阔的天空，在物理教学中，让学生手脑并用，从中得到充分的情感体验，立足于学科要求，回归学科本色。

《物理教学》2008年第12期

浅谈中学物理实验教学

王明河

物理实验中包含有丰富的物理思想，它解决问题的途径和方法对我们有很大的启示；做好学生实验，可以帮助我们提高运用所学知识分析、解决问题的能力。

高中物理实验教学现状：传统的应试教育暂时无法取消，现行高考制度的制约，实验器材短缺、实验人员素质参差不齐，鉴于上述诸多因素，现行的中学物理实验教学很难全面贯彻中学物理教学大纲的精神，从而难以培养出全面发展的高素质人才。然而21世纪的竞争，关键是人才的竞争，因此，对中学物理实验教学做一些尝试性的改革很有必要。

中学物理实验教学改革尝试：加强实验室及人员管理，建立一套完善的实验室管理机制，要有一名副校长负责实验室工作，加大对实验人员的培训力度，学校要关心实验教师和实验技术人员。定期开放实验室，增设选修课，实验教学要保质保量地完成教学计划内的课堂实验，还要加强学生实验操作的考查力度。

《物理通报》2008年第1期

初中物理演示实验有效教学探讨

李安发

物理是一门以实验为基础的科学，它把深刻的科学道理蕴藏在各种丰富多彩妙趣横生的物理实验和物理现象中。初中物理实验教学的形式主要有演示实验、学生实验和课外实验等。所有实验中，演示实验所占的比重最大。演示实验需要的教具简单容易操作，场地要求不高，实验现象却很直观有趣，是物理教学中重要而有效的常用教学手段。

演示实验通常是指在课堂上结合教学内容，由教师操作演示，学生观察思考，寓教于乐，寓理于谐的一种形象的教学方法，也是物理区别于其他学科的一个重要特征。

在实际的物理实验教学中，很多老师的演示实验并没有达到教学要求的效果。所以文章作者提出了改善演示实验教学效果的几条建议：首先是善于改进实验，确保实验成功。对于实验的改进又包括对实验器材进行改进和对实验细节进行改进；其次是要因地制宜，指导学生自制教具。改进实验是物理教师在备课时必须要做而且要做好的一项重要工作，它直接关系到实验的成败和课堂教学的效果。一个成功的实验可以节省教师很多时间；再次是演示实验与电化教学等其他手段相结合，提高实验现象的明显度；最后要抓住要害，精辟分析讲解。

《物理通报》2008 年第 3 期

谈新课标下物理实验的新理念

张新中

物理实验是物理学发展的基础。在新一轮课程改革的教学中，物理实验的重要性越来越突出。物理规律的发现和物理学的建立都必须以严格的实验为基础并得到实验的验证。因此，在平时的教学中要重视物理实验的作用。

物理实验具有很强的开放性，为学生提供了求异、求新、求变的良好探究、创新的平台。物理实验丰富的、新奇的实验现象，真实、直观、形象和生动的特点易于激发学生的兴趣、好奇心及求知欲望，刺激学生展开丰富想象。

教师在实验设计上需要掌握好以下几点：改变学生的学习状态，让学生成为学习的主人；增加实验的灵活性，注重培养学生的创新思维；实验设计应尽量简单易懂；合理地把课件和实验整合起来；课堂上应充分设计问题；注重学生情感、态度和价值观的培养；注重培养学生应用物理知识解决实际问题的能力。

新课程的改革呼唤创新，教师要突破教材和课堂的限制，尽一切可能地设计出新型的、简单的、符合科学的、具有探究性的物理实验，充分发挥实验的教育功能，培养学生的实践能力与探究创新精神。要改变实验的评价机制，关注学生的实验过程，从可持续发展的高度出发，发现和发展学生多方面的潜能，将实验评价转变为学生自主性学习的有力促进因素。

《物理通报》2008 年第 5 期

物理实验教学中创新能力的培养

张泽灵

新课程理念下的物理实验教学，是学生科学探究活动的过程。科学探究活动就是要让学生亲身经历基本的科学探究过程，学习科学的探究方法，让学生在学习中体验物理，在体验中感受物理，从而培养学生发现问题、解决问题的能力，使学生获得终身学习物理的兴趣，养成良好的学习习惯，培养学习创新能力，真正让学生充分感觉物理的美，体会成功的愉悦。

传统教学模式，教师是主角，学生是配角，教师是表演者，学生是参与者，总是直接给出结果，而往往忽视了认识发展的中间过程，这不利于发挥学生学习的主动性。为突破传统的课堂教学模式，作者在课堂教学上做了大胆改革，从形式到内容都进行了尝试。首先，在思想上更新观念，在课堂教学中进行角色转换，让学生来唱主角，教师甘当配角，让学生来逗哏，教师做捧哏；其次，教师不再大篇幅地讲授，把课堂上的大部分时间还给学生，让他们亲自动手去实践，在实践中学会自我思考和探索。如何培养出创新人才是当今教学研究的重要课题。培养学生的创新能力，要从以下几个方面入手：培养学生观察能力、动手能力使之打好创新基础；增加分组实验使之增强创新体验；加大探究性实验力度使之激活创新思维；培养实践能力使之总结创新成果；开放实验环境使之提高创新能力。

《物理通报》2008 年第 5 期

物理实验教学中的科学方法教育

李桂福　梁志国

实验不仅是一种重要的科学研究方法，在中学物理教学中，它还是学生学习物理知识的重要方法和对学生进行科学方法教育的重要载体。科学研究方法体现在探索与发现知识的历程中，不亲身经历这种探索的过程，就很难发现其中的方法要素及关键之所在，无法体会某些可以意会、难以言传的奥妙之处。

中学物理实验中采用的科学研究方法很多，较为典型的有比较法、控制变量法、转换法等。

比较法是物理实验中采用最广的一种科学方法。通常所说的测量其实就是比较法。在具体的实验教学中教师不仅要教会学生使用测量工具，还要使学生体会到测量的意义和价值，养成通过科学测量，让数据“说话”的良好习惯和科学态度。

控制变量的研究方法是所有物理研究方法中最基础的方法，此方法贯穿于任何实验方法之中。为了引起注意和重视该方法，才将其提出作为一种方法重点研究。

转换法能将困难的、复杂的情况转换成容易的、简单的情况。这在物理学的研究中起到非常大的作用，是思想转换的体现。把不能或不便测量的量转换成能够或便于测量的量，如弹簧测力计、压强计、温度计、电表以及数字化实验中常用的传感器等都应用了转换法。

《物理通报》2008 年第 5 期

新课程下中学物理实验课堂教学行为的转变

华雪侠　姜利娜　杨亚静

课堂教学行为问题是教育研究中一个永恒的话题，自从人类有了教学活动，就未停止过对它的探索。在理论上，物理实验课堂教学行为研究是物理教学理论的微观研究，它有助于物理教学理论研究的深化和细化；在实践上，物理实验课堂教学行为研究是在课堂教学行为中去发现问题，并寻求问题解决的思路，不断追求教学的有效性。

新课程改革对于物理教学也提出了更高的目标和要求，新课程倡导这样的课程和教学理念，即在课程目标上注重提高全体学生的科学素养；在课程结构上重视基础；在课程内容上体现时代性、基础性、选择性；在课程实施上注重自主学习，提倡教学方式多样化；在课程评价上强调更新观念，促进学生发展。并提出了知识与技能，过程与方法，情感、态度与价值观的三维目标。

新物理课程标准的主旨要求：学校的教育教学要按照人的发展和社会发展的共同需要，调动学生学习的主动性，注重开发学生的智力潜能，形成学生全面发展个性的教育。这里主要从教学行为的 4 个维度考虑实验教学行为的变化。

由此在教学活动中教师要创设体现学生积极主动的实验教学氛围；提倡个性化的实验教学内容设计思路和方法；形成探究式的实验教学过程；注重实验教学中培养学生终身的探索兴趣；产生多元化的教学评价。

《物理通报》2008 年第 5 期

物理教学中学生实验设计能力的培养

杨连武

在课堂教学中培养学生的实验设计能力对提高学生的实验能力和顺利进行科学实验具有重要意义。文章从三个方面探讨物理教学中对学生实验设计能力的培养：

1. 让学生自己设计实验方案，经历实验设计过程，学会实验设计。

一方面，要明确实验设计的目的性、科学性、操作性、安全性、准确性原则，并根据大部分的实验细致地总结出实验设计的方法和步骤：周密思考，分解课题；辨明条件，确定原理；排除干扰，控制变量；学会技巧，妙用方法；组装仪器，便于实验。另一方面，也阐述了激发实验设计动机的方法：利用兴趣，激发实验设计的内部动机；利用成功欲望，激发实验设计的外部动机并且留出实验设计的时间等。

2. 让学生对已有的实验方案进行评价，找出缺点和不足，优化实验设计，从以下几个方面着手：评价方案要遵循实验设计的原则，让学生充分地交流与讨论，让学生进行比较和鉴别。

3. 实验结束后，让学生反思实验过程和结果，改进实验设计：反思、分析实验过程，反思、比较实验的结果和结论。

《物理通报》2008 年第 6 期

创新性物理实验模式初探

李　琴　黄致新　刘　娟　邹莎莎

为了探索并建立以问题和课题为核心的教学模式，倡导以本科生为主体的创新性实验改革，调动学生的主动性、积极性和创造性，激发学生的创新思维和创新意识，教育部近期提出了开展大学生创新性实验的行动计划，各高校纷纷响应。

文章在分析国内外物理实验教学模式现状的基础上，提出了创新性实验模式的特点及其具体实施过程。

国内物理实验教学模式的现状：近年来国内各高校实行综合性、设计性、研究性实验模式给传统的物理实验教学注入了新的活力，使其从传统呆板的灌输式的教学模式中走出来，在实验教学中融入了创造性、主体性、探索性的特色，在培养学生的动手能力和创新意识方面越来越呈现出独特的教育功能。

创新性实验模式的实施原则：兴趣驱动，自主实验，重在过程。

创新性实验模式的具体实施过程为：转换到组织再到重新组织先前的知识。具体是：一、学生确定将要进行的课题，通过对综述性资料的学习，对将要进行的实验课题有个基本的了解；二、在具体实验的过程中丰富自己对实验的了解，并自主进行实验，对实验过程中遇到的困难或者问题进行小组讨论汇报等，在做中学，提高各方面的能力；三、如有疑问，返回课堂，对实验的相关知识进行更深层的理解，完善知识体系；四、撰写实验报告，如有可能将实验成果以论文形式发表。

《物理通报》2008年第10期

高中物理实验教学现状及思考

寿千里

文章首先对中学物理实验教学现状进行分析，在此基础上对物理实验教学进行了反思，并提出了实验教学改革面临的挑战。

中学物理实验教学现状：演示实验和学生实验的作用被轻视，过分强调知识本位，缺失设计性实验，实验教学评价体系亟待建立和完善。当前的中学物理实验教学的现状却未能真正体现实验教学应有的教育功能，并未真正成为“知识与技能”“过程与方法”“情感态度和价值观”三维目标培养的集大成者。

对物理实验教学的反思：鉴于中学物理实验的重要性，必须对当前的物理实验教学进行革新，促进学生对物理知识的掌握和能力的开发，并且也为学生进入高一级学校深造准备实验技能和创新能力。所以必须改革物理实验教学的评价体系；必须加强对设计性实验的重视；加强学生实验信息处理能力的培养；在实验中培养学生大胆假设的习惯。

实验教学改革面临的挑战：原有实验教学思想的思维残留，使大部分教师还停留在旧有的教学理念下，要想改变过来不是一朝一夕的事情，因此还有很多工作要做。实验教学的评价体系的建立和完善还需要一定的时间，特别是对实验教学的评价方式、手段是一个系统的问题，亟待建立健全。实验教学适合当前要求的评价方式的全面展开，必然大大增加教师的工作量和难度。

《物理通报》2008 年第 11 期

基于 MST 软件的数字白板系统在物理教学中的应用

周　香

MST(Multimedia Smart Teacher) 软件是韩国 Liztech 公司开发的多媒体课件开发工具。该软件可以利用计算机的手写板和麦克风作为输入设备，将教师“粉笔＋黑板”的授课过程记录下来并原貌重现。基于 MST 软件的数字白板系统不仅具备电子白板的一般功能，同时也为声音、图片、动画、教学软件等各种教学资源整合在课堂教学中的使用构建了平台。

在物理教学中应用该系统，使信息技术在物理教学中的应用提高到了一个新的层次，有利于实施互动教学，有助于培养学生的“情感、态度与价值观”和科学探究能力。

基于 MST 软件的数字白板系统在物理教学中有非常广泛的应用，例如构建物理模型，建立教学资源库，及时全面地得到有效的反馈信息，等等。只要我们在教学中不断探索，就能应用数字白板系统解决许多物理教学中的实际问题，从而全面提高物理教学的效果。

《物理通报》2008 年第 2 期

浅谈应用多媒体技术进行物理课堂的有效教学

李春梅　郑修林　韩　娟

恰当应用多媒体技术进行物理课堂有效教学的理论依据包括有效教学理论、巴班斯基教学过程最优化理论。

在教学中利用多媒体技术，可以精心设计引入新课环节，诱发学生的求知欲；在教学过程中利用多媒体技术，可以帮助学生理解和掌握物理知识。

利用多媒体技术可以实现教学的及时反馈的作用。习题教学是物理教学中重要的组成部分，是培养能力、发展智力的重要手段。因此每节课都可以充分利用多媒体技术可见度大、能同时容纳较多内容等优点进行习题教学，及时显示正确答案并合理设置声音、动画，以增强趣味性，使学生在课堂的最后时间仍然处于一种积极的学习状态之中。

利用多媒体技术教学时应该注意的问题：课件只能在必要的时候作为教学的一种补充，而不能用多媒体课件完全替代传统教学。能够直接用实验器材演示并且效果较好的绝对不能用课件呈现在学生面前。

《物理通报》2008 年第 9 期

验证感生电场存在的实验

赵 斌

在“感生电动势与动生电动势”中，教材提出了“磁场变化时产生了电动势，哪一种作用扮演了非静电力的角色”。问题提出后，直接给出物理学家麦克斯韦的结论：磁场变化时会在空间激发一种电场——感生电场。这样容易使正处于思维发散状态下的学生思维戛然而止，显得很突然，也很武断，不利于学生探究能力的培养，也难以让人信服。为此，作者设计了验证感生电场存在的实验，可以达到这个目的，增强教学效果。文中从实验的设计思路及实验器材、验证原理、实验方法这几个方面对验证感生电场存在的实验做了详细介绍。

感生电场存在的实验很少在大学、中学教材和期刊中见到，其原因是极不容易获得较强的、持续的感生电场。赫兹实验虽能够验证感生电场存在，却较难做，且说服力远不够。这个验证实验实际是不同功能的仪器的组合实验，利用亥姆霍兹线圈的交变磁场对运动的带电粒子的作用效果研究感生电场的存在，直接将抽象的问题直观化，将抽象概念形象化，效果明显，能说明问题，易于学生探究和认识。

《物理实验》2008 年第 1 期

利用 Adobe Audition 1.5 测重力加速度

朱林珍

在高一《物理》（人教版）“自由落体运动”中，教材介绍了用频闪照相来测定重力加速度，但这种方法在普通高中是无法进行的，作者介绍了利用声学处理软件 Adobe Audition 1.5 记录小球自由落体运动的时间，再通过直线运动公式计算重力加速度的方法。该方法可以将运动时间精确到 0.001 s，从而能够更精确地计算出重力加速度。

文章从实验器材及实验过程、实验数据处理这几方面，对用 Adobe Audition 1.5 测重力加速度的实验作了具体详尽的介绍。

现代信息技术与物理课程整合越来越密切，信息技术是实验改进的重要途径。首先表现在与计算机平台所特有的优势及衍生的良好教学效果；在观察环节，计算机可以极大地扩展实验的可视性和重复性，在课堂很难做的实验可以借助信息技术清楚地采集下来反复观察；在数据采集上利用计算机，可以得到较好的实验结果。

《物理实验》2008 年第 2 期

利用声音传感器测量重力加速度

许　红　王建中

在中学物理实验中，测量重力加速度是一个比较重要的实验，常用的测量方法很多，如单摆法、自由落体法、滴水法、平抛法等。这些常用的测量方法，一般都需要对某段时间和长度进行测量。然而，人工测量时间往往不准确，给结果带来较大误差。

文章选取朗威 Dislab 数字实验系统，重新设计实验，采用声音传感器来计时，减少人工计时的误差。此测量方法操作方便简捷，易于在中学物理实验教学中实施。该文分别从实验原理、装置与测量过程、结果与讨论这几个方面做了详细介绍。最后还对影响实验结果的主要因素从三个方面做了分析说明。从测量结果来看，与其他常用方法相比，此方法的精度比较高，能够满足一般教学性物理实验的要求。

《物理实验》2008 年第 2 期

彩虹现象的演示

李志有　孙敬姝　梁　浩　刘国松　王秉超

彩虹是人们常见的一种自然界的光学现象。古时人们赋予彩虹许多神奇的传说，而现实中的彩虹是由于阳光照射在半空中的球形雨滴，发生反射与折射时产生色散而形成的。很多人认为只有雨后才能出现彩虹，其实并不全面。在晴朗的天气下，背对阳光我们也可以在瀑布附近，喷水池上方等看到彩虹。也就是说只要空气中存在形成彩虹的条件，就可能出现彩虹。

文章拟用人工方法实现在实验室对彩虹现象的观测，加深学生对大气中光学现象的认识，加强学生对彩虹形成原理的理解，这对于拓宽学生思维，培养学生的综合素质能力都具有重要意义。

文章详细介绍了彩虹的形成原理，设计了彩虹演示实验装置，并对该演示装置的原理和构造、实验的具体操作及彩虹现象的观测做了详细说明。通过该实验装置，可以方便地演示自然界中的彩虹现象，使学生了解彩虹的形成原理，并熟练掌握折射定律、反射定律和色散的概念，加强学生理论联系实际的能力。

《物理实验》2008 年第 3 期

新课标下的高中物理探究式实验教学

林衍斌　郭年粉　石东方

探究式实验教学，就是在教师的指导下，学生应用已经学过的知识，自己设计实验，或在教师的指导下通过实验来探索物理规律，从而获得新知识并且加以应用的方法。教师在教学过程中要启发诱导学生自主建构知识进行实验探究活动，要创设能引起学生兴趣和问题的情景，指导学生注意观察周围世界和生活实际中的物理现象，使学生有思考、质疑、表述、探究、讨论问题的机会，让学生通过个人、小组、集体等多种方式进行解难释疑的探究，在这一过程中掌握知识、技能和方法。

探究式实验教学可以让学生体会到物理的乐趣，并在愉快地掌握知识的同时锻炼他们运用知识的能力，对学生以后成才有着非常重要的影响。作者结合自己在新教材新教法中的实践，谈了探究式实验教学如何在物理课堂中实施。具体有以下几方面：课堂上求探究，在课堂上让学生亲自动手探索其中奥妙，既能提高教学质量，又能培养学生思维能力；改“测量”型、“验证”型实验为探究性实验，在平时的实验教学中培养学生的发散思维、换元思维、转向思维和创优思维等思维能力；教学内容要从学生的主体经验和人生经历出发，为学生设计志趣相投的探究主题。另外，将一些分组实验改成探究性实验，利用课外活动小组，积极开展探究性小实验。

在物理课程的实验教学中，“将实验与科学探究有效地结合起来”成为了新课标下的主旋律，教师应该根据实际情况，选择适合探究的实验，并对探究过程进行合理的规划，引导学生顺利进行科学探究，从而培养学生的创新意识和实践能力，培养学生的科学素养与人文素养。

《物理实验》2008 年第 3 期

新课标下中学物理实验教学方法的探讨

帅厚梅　王　华

新课标明确指出：物理学由实验和理论两部分组成，物理实验是人类认识世界的一项重要活动，是进行科学研究的基础。高中物理课程应该促进学生自主学习，让学生积极参与，乐于探究，勇于实验，勤于思考。新课标的理念重视学生的学习过程和良好习惯的养成，新形势对物理实验教学的改革和发展提出了新的要求。因此，探讨物理实验教学的方法就显得非常重要。

作者简要分析了中学物理实验教学的现状，根据新课改对物理实验教学的改革和发展提出的要求，分别从演示实验、分组实验、课外实验这三个方面，对中学实验教学方法做了探讨、并把教学方法应用到具体实验中，让读者能够形象地理解教学方法。在实验教学过程中突出学生主体，促进学生自主学习，让学生积极参与，乐于探究，勇于实验，勤于思考。通过实验教学激发学生学习兴趣，提高学生动手能力、观察能力和思维能力，培养学生探索创新能力。

《物理实验》2008 年第 4 期

描述简谐运动轨迹实验的改进方案

姜建伟

人教课标版选修 3－4 物理教材“简谐运动”一节，设计了两个“做一做”实验：一个是用数码相机和计算机绘制竖直方向上弹簧振子的运动图像，另一个是用传感器和计算机描绘气垫导轨在水平方向上做简谐运动的图像。这两个实验应用计算机对实验数据进行处理，数据分析可靠，精确度较高，丰富了实验的手段，提高了实验可信度。

然而，在实验中也存在一些问题和不足，文章首先从三个方面对实验中存在的主要问题做了阐述。接着作者提出解决问题的方案，并利用生活中常用的器材，对竖直方向上的弹簧振子的实验装置进行了改进。改进后的实验装置在弹簧振子两端加 2 个滑环，并用铁丝穿过滑环，以防止弹簧振子在振动过程中旋转，且可以减小摩擦；同时又用磁性笔代替绘图笔，由慢速电机（旋转可调）牵引磁性黑板，以实现描述弹簧振子的运动轨迹的目的。改进后的实验装置在振动过程中，能够直接描绘出弹簧振子运动的轨迹，使学生在初次接触弹簧振子时就能够实时观察到做简谐运动物体的图像。文中对实验器材的制作与准备做了详尽的说明，也对实验过程做了具体介绍。

实践证明，使用本实验装置进行简谐运动轨迹的描述，器材简单，制作容易，效果明显，解决了长期以来在高中物理实验教学中不能直接画出简谐运动轨迹的实验难题。

《物理实验》2008 年第 5 期

单摆的振动图像演示装置

朱向阳　施国富

文章在研究电火花计时器的打点原理和墨粉纸盘替代品的基础上，根据在电火花计时器里高压正、负极间产生火花放电时，负极的电子定向运动到正极，使途中所遇的墨粉带上负电而飞向正极，飞向正极的墨粉在途中由于受阻于纸带而附着在纸带上，形成放电点迹的原理，制作了利用电火花描绘“单摆的振动图像”的演示装置。

该装置用电火花计时器作单摆的高压电源，使单摆的针尖和铜片间产生火花放电，并且在单放机带动而做匀速直线运动的纸带上产生放电点迹，形成单摆的振动图像。根据振动图像探究单摆的振动周期与振幅、摆长和摆的质量是否有关。文中从制作材料及装置结构、实验原理、制作方法、装置组装、演示方法五个方面，对该演示装置做了详细介绍。

本实验装置所需器材易找，实验室一般装备有 25 套电火花计时器，很好地解决了高压电源的问题，利用单放机驱动纸带，解决了纸带做匀速直线运动的实验要求。装置部件的制作、加工简单，无需复杂的工艺，便于推广。用该装置不但能清晰、准确地描绘出“单摆做简谐运动的图像”，还能利用电火花计时器的打点计时功能，巧妙地演示、探究“单摆振动的周期跟哪些因素有关”。克服了砂漏摆、水摆的诸多弊端。

实验过程中如遇点迹不明时，可移动底板改变炭粉条上的放电位置。用过一段时间后，应在炭粉条上添加炭粉，炭粉干后即可使用。

《物理实验》2008 年第 6 期

测定空气的密度

魏喜武

在中学物理教学中，常用天平、量筒或其他器具测量固体、液体的密度，却不能测出空气的密度，因为用天平很难准确地测出一定体积的空气的质量。为此，作者设计了测定空气密度实验的简易装置：将塑料桶用带有玻璃管的橡皮塞封上，将直玻璃管和另一个水平放置的内含有一段小水柱的玻璃管用橡皮管相连，上下移动塑料桶，读出直玻璃管中小水柱移动的距离，即可计算出空气密度。

取 1 个家用塑料桶，把塑料桶的塑料盖换用橡皮塞，在橡皮塞中插 1 根两端开口的直玻璃管，管的另一端用 1 根橡皮管与另 1 根直玻璃管相连接，把相连接的直玻璃管固定在铁架台上，并保持在水平位置，在水平直玻璃管的背面再固定 1 块矩形白色硬纸板。轻轻按一下橡皮管（也可用滴管），让水平位置的玻璃管吸进一小段红色的水柱（约 1～2 cm），并在白色硬纸板上记下水柱的初始位置。把塑料桶从铁架台的下方不断上移，可发现水平玻璃管中的水柱也不断外移。水柱封住在塑料桶中空气的质量没变，水柱向外移动，说明塑料桶内空气的体积增大，压强减小。若忽略水柱与玻璃管之间的摩擦力，可认为塑料桶内的空气与大气相连。因此，可得出随高度增加，大气压强减小。设塑料桶在铁架台下方时，桶中空气的压强为 p_0，体积为 V_0（状态Ⅰ）。当移到某一高度时，塑料桶中的空气压强为 p_h，体积为 V_h（状态Ⅱ）。由于状态Ⅰ到状态Ⅱ是等温变化，根据等温变化的理想气体方程 $p_0V_0=p_hV_h$，再根据相关公式进行推导，进而就可得出空气密度。

《物理实验》2008 年第 7 期

电磁感应定律实验新探

郭　巍

电磁感应定律已创立一百多年了，可中学物理实验教学依旧只在重复着法拉第当年做过的几个定性实验，作者针对传统电磁感应定律无法量化研究的缺点，对电磁感应实验进行了改革创新，取得了满意的实验效果。

该实验装置以电动机及传送带驱动小磁铁穿越线圈，代替常规实验以手动控制磁铁的插拔速度，并以电脑录音设备代替灵敏电流计实施观测。感应电流由电脑麦克风插口输入电脑，电脑录音软件 Cool Edit Pro 2.0 实时记录电磁感应发生的全过程，从而将动态变化的感生电流转换为静态的脉冲频谱。依据感生电流脉冲的间隔，可调控、测定小磁铁穿越线圈的速度；依据脉冲的宽度，可知电磁感应发生的时间；依据脉冲的振幅，可判断感生电动势的大小。进而探究或验证电磁感应定律。

文章从实验操作、实施效果、制作要点这几个方面做了详细介绍，还对制作实验装置过程中必须注意的几点做了补充说明。本实验的电路并非纯电阻电路，感应线圈与电脑声卡及显示器构成的电路，由于耦合电容及电感具有移相作用，致使磁通量、感应电流、感应电动势彼此存有相位差，因此，视频观测的是感应电流图像，而非感应电动势的图像，感应电流与感应电动势并不同步，两者之间的相位差为 $\pi/2$。

综上所述，利用电脑及录音软件录制感应电流频谱，量化研究电磁感应定律，具有良好理论价值和实用价值。

《物理实验》2008 年第 7 期

铝棒发音的实验研究

罗志恒

作者学校建成并开放了科学探究实验室，里面的趣味物理实验吸引了很多高中学生的注意。特别是其中的铝棒发音实验，用一只手的拇指和食指捏在铝棒的中点处，再用另一只手的拇指和食指蘸一点松香粉，紧捏住铝棒，从中点处向一端抹动，反复几次，可以听到铝棒发出很纯的声音，而且响度越来越大，停止抹动以后，声音可以持续很长时间。学生们看过后都很惊讶，没想到小小的一根铝棒竟能发出很响的声音。

实验原理如下：手指紧捏住铝棒，不停地向相同方向抹动铝棒，铝棒受到纵向（沿棒的方向）的连续扰动会产生纵波（介质振动的方向与波的传播方向相同的波），入射波与从介质边界（铝棒的两端）反射回来的反射波发生干涉，形成驻波。手捏着铝棒的中点，由于手的约束，该处的介质不易做纵向振动，所以铝棒中点处一定是波节。铝棒的两端是 2 种介质（铝和空气）的界面处，铝是波密介质，空气是波疏介质，所以铝棒的两端一定是波腹。假设铝棒的长度为 L，由于铝棒中点为波节，两端点为波腹，而且相邻的波节或波腹间的距离是波长的一半，所以铝棒长度 L 是半波长的奇数倍，根据公式可知，铝棒中每种形式的驻波振动后，在铝棒中产生与驻波波长相等的声音。其中波长最大

(频率最小）的声音叫基音，其他的声音叫泛音，而基音的寿命最长，泛音很快就衰减消失，所以我们听到的持续的声音是基音。

借助多媒体音频软件 Cool Edit 2000 进行了实验验证，对实验数据分析可得：根据实验原理用公式计算得到的基音的频率和用软件测出的铝棒发音的频率基本上是相符的。并得出结论：铝棒越长，发出的声音频率越低；铝棒发音的频率与横截面关系不大；铝棒发出的声音主要是基音；声音在铝棒中传播的速度 v 是由材料决定的。

《物理实验》2008 年第 7 期

查理定律实验的改进

冉晓红

现行高中物理“粤教版”教材“气体实验定律”一节中关于查理定律的实验与探究，应用了数字化信息系统实验（DIS Lab 系统）来探究查理定律（在“沪科版”教材研究气体实验定律时同样也利用 DIS 系统，在教师用书中详细介绍了利用 DIS 研究查理定律的方法），按照所介绍的实验装置和方法实验时，教学效果不够理想。文章首先通过分析实验过程，指出了其中的几点主要原因。

针对教材中利用 DIS 系统研究气体实验定律的不足，作者经过研究和多次实践，对实验装置进行了改进，总结出一种可操作性强、效果好，而且还能很好地体现绝对零度的实验方法。将温度传感器插入锥形瓶中，直接测量了气体的温度，减小了实验误差，同时利用 Multilab 软件对温度传感器和压强传感器采集的数据进行描点拟合，提高了精确度；实验数据由电脑自动采集，既节省时间又保证采样准确及时，同时节约用水。

实验中要注意以下事项：本实验的关键在于锥形瓶的气密性，尽可能减少交接处，并将所有可能漏气之处都用气体密封胶进行密封；如果在课堂上酒精灯加热过慢，可选用电热水壶，把锥形瓶直接放到装有水的电热水壶中进行加热。条件好的学校，可到化学实验室借用水浴锅加热，效果会更好。

《物理实验》2008 年第 8 期

利用磁钢与铝质硬币演示楞次定律

杨春叶　刘贵兴

目前，我们国家的硬币有铜质、铁质、铝质 3 种。其中铝质硬币是由铝镁合金制成，密度较小，质量较小，因此惯性相对较小，所以，此类铝质硬币受到外力作用时，它的运动状态很容易发生改变，但是这种铝质硬币具有良好的导电性，不含铁钴镍物质，所以无论磁性多强的磁钢，对它都没有磁力作用。但在某些磁钢与铝质硬币的实验中，磁钢对铝质硬币会表现出很明显的引力和斥力，学生在此类实验中，往往会有疑惑。作者利用磁钢和硬币设计了操作简易的磁学演示实验，通过磁钢对铝镁合金制成的硬币的作用力的研究，帮助学生理解楞次定律。

文章首先介绍了探究内容：当磁钢和铝质硬币之间有相对运动时，研究磁钢对铝质硬币产生的作用力。接着对实验装置做了具体介绍，对圆柱形磁钢对 1 角硬币的引力和斥力、马蹄形磁钢对 1 角硬币的作用、圆柱形磁钢对浮水硬币的作用这三个实验的探究过程，做了详细阐述和说明。

总之，上述各实验可以作为教师课堂演示实验，也可以作为学生课后实验，方便学生理解楞次定律，使物理学习更加生动。

《物理实验》2008 年第 10 期

利用力传感器测量单摆周期

周　勇　李更磊　郑小平

在用秒表测量单摆周期时，由于人的反应时间以及测量时对摆球位置判断上存在误差，使得测量结果不够精确。尽管教材上采用测量多次全振动总时间取平均值的方法来计算单摆的周期，但其影响还是难以消除。并且由于实验时间较长，单摆可能会变成椭圆摆或受外界条件的影响，周期发生改变，同样会影响测量结果。

文章提出了一种利用力传感器来测量单摆周期的方法。在该方法中，将对单摆周期的直接测量转化为对摆线张力水平分量 T_H 的周期的测量，进而通过两者之间的关系求得单摆的周期。文中从实验原理、实验过程、实验装置、实验操作这几个方面，对利用力传感器测量单摆周期的实验做了详细说明。从实验过程和结果来看，这种测量单摆周期的方法操作简单，在精确度方面也比传统的方法有很大提高，实验重复性好，易于在中学物理实验教学中实施。能够满足一般教学性物理实验的要求。

原则上来讲，对单摆周期的测量不仅可以转化为对摆线张力水平分量 T_H 周期的测量，也可以转化为对摆线张力竖直分量 T_V 的周期的测量（单摆的振动周期是 T_V 周期的 2 倍），但是由于

$T_V(\theta)$ 在 $-\theta_0 \leqslant \theta < \theta_0$ 上的变化幅度很小，其变化幅度约为相应水平分量变化幅度的 θ_0（弧度制）倍，得到的 T_V-t 图中的极值点不易确定，从而会增大实验的误差甚至造成测量失败，所以文章选择对 T_H 进行测量，取得了较满意的效果。

《物理实验》2008 年第 10 期

“气体压强的产生”模拟演示器

朱向阳　刘明海

在玻璃筒内装入一些塑料小球，这些小球代表气体分子。在小球上面放一轻质活塞，用电动机带动振动器使小球运动。当电动机启动后，活塞受到小球的撞击，悬浮在一定的高度。改变电动机的转速，观察活塞高度的变化。这是“司南版”普通高中课程标准实验教科书《物理》里“模拟气压的产生”的演示实验。该演示实验模拟气体压强产生的现象形象生动、趣味性强，但由于目前教材中“模拟气压的产生”演示实验所需的实验装备在中学尚未普及，多数学校实验室尚未装备该实验器材，所以无法在课堂上做此实验。

为了解决这一问题，形象生动地演示该实验，我们利用日常易得物品制作了简易的“气体压强的产生”模拟演示器，实验效果良好。文中从“气体压强的产生”模拟演示器的制作材料、制作方法、演示方法三个方面，对该模拟实验演示器进行了详细介绍。

《物理实验》2008 年第 11 期

分析和验证牛顿第二定律的实验系统误差

王　剑

作为牛顿力学的基石，牛顿第二定律有着重要的意义。验证牛顿第二定律实验是高中首个用控制变量法定量验证的实验，其实验原理虽然简单，但数据收集方法多样，数据处理方法丰富，实验误差来源复杂，使该实验在中学物理中具有独特的地位。多数高中教材采用的方法为：滑块（小车）的质量远大于砝码（小桶）的质量时，小车的拉力用砝码（小桶）的重力来代替，并且在误差分析时将这一误差当成主要误差来分析。然而作者认为这一系统误差并不是本实验误差的主要来源。

文章在理论推导的基础上，利用计算机数值模拟作图的方法，对验证牛顿第二定律的实验中理想值和理论值进行了分析，证明了该实验的最主要误差是平衡摩擦力时轨道的角度过大或过小造成的误差，并运用了现代信息技术手段进行精确实验，分析了实验中的最大相对误差。以有效控制实验的精确性。

另外，对于实验中的误差，多数教师和学生只能以“在误差范围内，实验结果成立”的结论结束实验，这样不利于培养学生追求真理的科学精神和尊重客观事实、事实求是的科学态度，这是与新课程标准中培养学生情感、态度、价值观背道而驰的，同时也是与物理学本身的特点相违背的。

为此，文章尝试从理想值、修正后的理论值和实验值出发，充分利用计算机的数据记录和处理功能，详细分析了牛顿第二定律的误差。

《物理实验》2008 年第 12 期

简易楞次定律演示仪的改进

韩静波

文章介绍了对楞次定律演示仪的几次改进情况，并分析了改进中存在的利弊，提出了直接用铜丝绕制成线圈代替原演示装置中的铝环，可有效地解决涡流现象带来的问题。该实验的改进过程可提高师生的动手能力，体验创新过程带来的喜悦心情，激发和培养学生的创新能力，同时也可弥补条件欠缺的地区没有楞次定律演示仪的缺陷。

什么样的演示实验和实验仪器是最好的？作者认为不能简单地定论，但应有以下考虑：实验仪器和操作过程都应尽量简洁；实验效果要明显、清晰；实验所需材料尽量是日常生活中随手可及的物品；要让学生易于了解实验目的。相对而言，现在有些演示实验，仪器都是组装好的，虽然演示效果比较明显，但学生看不到组合仪器内部的构造，学生不易理解实验内涵。而本实验的改进仪器，完全可以在课堂上当场用 1 根导线绕制 2 个圆环，调节其转动效果，演示这个实验，并且可以将时间控制在 5 分钟内，即便出现问题也可当场解决。

注重学生的参与，排解问题的过程也是一次很好的学习过程。另外，改进仪器对农村中学仪器的短缺也有帮助。一般在农村学校，教学仪器十分短缺，购买仪器的经费相对紧缺，自制教具显得十分必要。文章所述的第二代或第三代演示仪，制作都比较简单，所需费用也很少。

《物理实验》2008 年第 9 期

巧用数码相机使运动定格

王仁泉

数码相机，不仅可以为我们的生活留下精彩的瞬间或片断，如果能够在物理教学过程中加以巧妙使用，还可以让我们获得意想不到的收获。许多实验过程持续时间短，速度快，不便于观察，用数码相机的摄像功能摄录运动的全过程，再逐帧播放，即可清晰再现实验结果，便于客观准确地得出结论。文章介绍了几个可利用数码相机改进的实验。

“匀变速直线运动的研究”的“自由落体运动”一节的“做一做”中，介绍了使用“傻瓜”照相机的方法，要估算照相机的曝光时间，用数码相机的摄像功能拍下小球下落的过程，然后逐帧播放，就会出现课本上的图样。“曲线运动”的“探究平抛运动的规律”一节的“做一做”中，要求观察两球是否同时落地。如果将过程拍摄下来，逐帧播放，就可以看到 2 个球几乎一直在同一水平线上。

在演示真空条件下羽毛和铁片同时下落的牛顿管实验时，同样面临着“看不见”“看不清”的问题，可以将这个过程拍成视频，利用逐帧播放的功能就可以让学生更直观地观察实验现象。

物理教学中通过做实验来强化理论知识，给学生感性的认识。如果一些实验不适宜在课堂做，可以预先进行拍摄，既可以直接在课堂上将数码相机连入电脑逐帧播放，演示给学生看，也可以以录像的形式保存在电脑里，利用一些播放器中的逐帧播放功能分解开来，既活跃了课堂气氛，又让学生获得了感性的认识。

《物理实验》2008 年第 9 期

用 DIS 系统验证玻意耳定律实验的误差分析

崔卫国　徐　锐

在进行玻意耳定律实验时，传统的器材操作烦琐，测量步骤较多，实验数据误差较大，常常不能确信产生误差的原因所在。DIS 实验系统的出现给中学物理实验带来革命性的改变，在进行气体实验定律的探究或验证时，先进的测量仪器便成为首选。

在一次研究等温条件下气体的压强随体积变化的关系时，作者采用了压强传感器来采集实验数据，虽然测量的精度提高了，但实验数据拟合直线不经过原点，总是存在一定的偏离，这是什么原因造成的呢？作者通过分析误差产生的原因，认为该情况是由于传感器管道中留有的少量气体引起的，并对实验数据进行了修正，修正后的拟合直线通过原点，较好地验证了玻意耳定律。

《物理实验》2008年第9期

液体压强计的改进

廖杰庭

在初中物理教材中，“探究液体压强的特点”的演示实验是液体压强中的重点，实验成功与否，直接影响该知识点的掌握。根据多年的教学经验，作者深深地体会到压强计性能的好坏直接影响该实验的成功与否，而现有的压强计存在很多不尽如人意的地方。

作者在文中谈了对该实验用到的压强计的认识和改进。为了解决液体压强计中U形管液面难以调平的问题，作者对该装置进行了改进，将U形管改为勺形管，并固定在有刻度的展示板上，同时将探头固定在可上下滑动的横杆上，使其可以沿着有刻度的金属杆移动。改良后的压强计具有操作稳定、方便读数、有利于数据分析的优点，提高了实验效果和教学效率，但缺点是结构复杂，不便携带。文中从压强计的结构及使用方法、压强计的缺点、压强计的改进、改良压强计的演示步骤这几个方面做了具体介绍。

使用改进后的压强计，实验前不必浪费过多的时间去调整U形管左右液面是否相平，探头的深度容易控制，而且师生都更容易读出探头的深度和压强的大小变化，缩短了实验操作时间和记录实验数据的时间。实验的连贯性增强了，获得的实验数据更有利于进行实验分析，提高了实验效果和教学效率。

《物理实验》2008年第8期

分层多级教学策略在初中物理探究实验中的应用

于　眉　张锡娟　朱海星

分层次教学法秉承因材施教的教学方法，承认学生的客观差异。根据新课程标准，设置不同层次的教学目标，采用不同的教学方法，给予不同层次的辅导，使每个学生都能在原有的基础上有所提高。特别是农村初级中学，学生来自十几所学校，学识与能力参差不齐，这就需要根据不同的教学内容、不同的学生采用不同的教学方法。这样，既有利于全体学生的有效参与，也有利于不同程度的学生的潜能有效地发挥，是有效提高学生素质的重要途径。

针对班级授课模式下的初中物理探究性实验教学过程中，同一班级的学生在探究实验的各个环节中所表现出的实验探究能力存在的客观差异，作者根据分层次进行探究实验教学的策略，并结合物理学科的特点做了一些有益的探索，下面简要介绍如下：第一，教师应依据学生的差异对学生进行较为科学的分层。第二，对教学目标进行分层，一方面，要依据新课程标准制定出探究实验的基本要求，即各层次学生都必须达到的统一目标；另一方面，要分层次设置每课时具体的教学目标。第三，课堂探究实验教学分层，作者主要采用“学生定向自学、教师集中导学、小组分开探究、教师个别辅导”的教学策略。其他分层包括设问、练习、作业、检测分层和评价分层。在实验探究教学中，分层评价学生主要采用以下 2 种方式：课堂表现性评价、课外表现性评价。

《物理实验》2008 年第 6 期

初中生物理实验能力的发展特点及其培养

陈芳桂

物理实验能力是指运用实验理解、验证物理理论观点以及借助物理实验获得新认识的能力，它由实验基本能力、实验迁移能力和实验科研能力构成，包括发现、选择和明确课题的能力，选用实验方法和设计实验方案的能力，使用仪器和实验操作的能力，观察实验的能力，实验思维的能力，收集资料数据的能力，分析、研究和处理实验资料、数据的能力，发现物理实验规律的能力，等等。

在《全日制义务教育物理课程标准（实验稿）》的前言中，强调了物理课程“将通过科学探究的学习方式，让学生体验科学探究活动的过程和方法，发展初步的科学探究能力”，而科学探究能力的核心就是实验能力。可见，学生实验能力的培养在初中物理教学活动中占有举足轻重的地位。

文章分析了初中生物理实验能力发展的特点，指出了在初中实验教学中应重点培养第一级和第二级实验能力。并对初中物理教学中培养学生的实验能力的方法和策略做了阐述，具体有以下几方面：要培养学生掌握科学的研究方法，使学生掌握“提出问题—猜想和假设—制订计划—设计实验—观察与实验—获取事实与证据—检验与评价—表达与交流”的科学研究方法，还要培养学生掌握分析、推理、综合、归纳等科学思维方法；根据初中生实验能力发展的特点，应循序渐进地培养学生的物理实验能力；通过创设宽松的课堂实验环境、实施激励性评价、开放物理实验室等办法，创设培养环境。

《物理实验》2008年第5期

开放的实验室成为学生科学探究的乐园

任美林

物理是一门实验科学，物理实验室是进行实验教学的重要场所，也是完成教学任务不可缺少的组成部分，不仅给学生创造了科学探究的良好环境，而且在探究过程中，学生通过观察、分析和讨论，学到了实验技能，发展了思维能力，培养了科学态度。文章就开放实验室的意义、作用和做法等进行了研究和探讨。

开放实验室可以给学生提供一个实验操作的平台，在设计实验中能培养学生思维的逻辑性，在实验操作中能培养学生的技能，还可以让学生积极主动地获取知识和解决问题，在培养科学思维、方法和素养的同时，也为培养创新精神和实践能力提供了服务平台。开放实验室还可以充分发挥学生学习的自主性，让学生在实验的天地里自由翱翔，培养科学探究能力，从而在学习过程中体验、掌握科学研究的基本方法，学生可以根据自己的学习水平，按能力组合进行实验，根据自己的兴趣、爱好和准备程度，选择不同的内容进行实验，从而提高学生的学习兴趣和效率。

开放实验室应当是有序开放的，要先确定开放实验的类型和形式；学生要在教师指导下进行实验；要充分开发和利用实验室课程资源，提倡使用身边的物品进行实验；同时还应建立有效的激励机制。

开放实验室是实施素质教育，加强和改革实验教学的有效途径。实验室不但要在时间、空间上保证完成教材所要求的实验，而且要拓展实验室的功能，充分开发和利用实验室课程资源，让实验室真正成为学生科学探究的乐园，使实验室在培养学生科学素养、创新精神和实践能力方面发挥新的作用。

《教学仪器与实验》2008年第2期

生活小实验——演示实验的极好补充

严青荣

物理教学以观察、实验为基础，而课本中所安排的演示实验，还远远不能满足教学需要，特别是在一些教学的重点、难点的理解、掌握上，现行教材有些实验比较难做。在农村中学教学设备不完善或根本没有的情况下，教师自行设计或引导学生设计生活小实验就显得十分必要。

生活小实验存在于日常生活之中，简单易行，取材方便，用身边随手可得的物品进行物理实验和各种探究活动，可以拉近物理学与生活的距离，让学生深切地感受到科学的真实性，感受到科学和社会、科学和日常生活的关系。生活小实验与生活联系紧密且趣味性很强，在课堂上运用生活小实验将获得意想不到的效果。在教学中教师因地制宜地自行设计或引导学生设计生活小实验，与演示实验互补，有利于重、难点的理解与掌握，还可以帮助学生开拓思路，提高兴趣。

生活小实验的实施可以从布置生活小实验作业、开展生活小实验竞赛活动和以新教材为引导开发生活小实验三方面进行。

生活小实验与演示实验互补，有利于重、难点的理解与掌握；有利于学生运用所学知识处理实际问题；有利于培养理论联系实际的能力，使学生感受成功的喜悦，促进他们学习物理的原动力释放。它是物理演示实验教学中的一种极好的补充，对发展学生的爱好和特长，培养创新精神有着深远的意义。

《教学仪器与实验》2008 年第 2 期

高中物理电学设计性实验探究

吴　伟　李敏惠

高中物理电学设计性实验是近年来在高考中常考不衰的题目之一。这类对能力要求较高的实验设计性题目会使经验欠缺的高中学生感到十分棘手。其主要具有如下几个特征：与教材内容一致，注重基础知识和基本技能的掌握；主要侧重于电阻（包括电表及电源内阻）的测定，题目具有一定综合性和创新性。因此，在教学中强化学生的基础知识和基本技能就十分重要。除采取开放实验室，分发实验的基础知识训练题单等方式促使学生熟练掌握电学实验的基础知识和基本技能外，还可以将实验归类分析，掌握其内涵，这样才能应对不同要求的设计性实验。

电学设计性实验常常涉及的基础知识和题目类型可归纳为：电压表的改装实验、电流表内接法和外接法、电阻的测定这三个方面，大多数电学设计性实验题目均围绕电阻的测定来做文章，因而做好有关电阻测定的专题总结非常重要。作者在进行教学和实验时，把这类问题进行了归纳，并结合近几年高考电学设计性实验题目，对上述几个问题进行了较为深入的探究，最后通过对一个典型题目的分析，把总结出来的方法加以综合应用。

《教学仪器与实验》2008 年第 3 期

哪些实验适合用现代教育技术进行辅助教学

尹和丰

利用现代教育技术辅助教学，可以增加更多的图片、声音、动画、视频信息，并能使教学更加生动、形象、直观、有趣，有利于提高教学效果。但计算机模拟实验容易给学生造成一种错觉，认为物理现象就是用电脑模拟出来的；而有些学生根本就不相信电脑模拟出来的东西，这给物理教学增加了一定的难度。怎样才能充分地利用现代教育技术？是不是每个实验都需要用多媒体来辅助教学？如何更好地做好现代教育技术和多媒体教学的整合，达到一个最佳效果，这是一个很值得探讨的课题。

通过大量的实验研究，对比分析教学效果，在下列情况下利用现代教育技术加以辅助，可达到更好的效果：只能看到宏观的现象，而无法观察到微观现象的发生过程，对学生而言，似懂非懂，根本不能彻底理解其发生原因、过程的实验；过程瞬间就完成，学生根本来不及观察的实验。这类实验，就要利用多媒体技术加以处理，如先对实验过程进行摄像，然后再利用慢放功能重现，也可以利用电脑模拟动画来展示发生过程。

在学校根本无法完成，只能靠模型来解释的实验，就可以通过实况录像或是电脑动画演示来加深理解。器材较小，实验现象不是很明显，坐在后面的学生根本无法看到的实验，采用实物展台来演示，可以大大改进实验效果；操作步骤较多，学生动手能力又不是很好，而老师又不可能对每位学生都进行单独辅导，这时候就可以利用多媒体辅助教学。

《教学仪器与实验》2008 年第 3 期

牛顿第二定律演示实验的新改进

朱成巧　王健浩

研究牛顿第二定律的演示实验，是高中物理教学中最重要的实验之一。学校实验室中配置的这个演示实验器材，是根据现行高中物理教材中的方案设计的。这个方案采用的是把两辆小车并排放置于两条水平的力学轨道上，两小车的前后两端各系上细绳，前端的细绳通过定滑轮挂上钩码以拉动小车，后端的两条细绳通过同一夹子，以便同时控制两小车的运动和停止。这个演示实验看起来容易，但做过这个实验的老师们都深有体会：这个实验调节困难、稳定性差，实验误差往往大于学生能接受的范围，要在课堂上取得令学生信服的实验结果十分不易。因此，近年来，很多物理老师和生产厂家都在改进夹子结构上下了很多工夫，但改进后的实验效果仍难令人满意。作者提出了一种对牛顿第二定律演示实验改进的新方法。

文章首先分析了实验室中配置的研究牛顿第二定律的演示实验器材存在的问题，指出其存在的不足之处，如：两辆小车的启动与止动往往很难做到同时；实验中很难使两小车受到的摩擦力平衡，从而加大了实验误差；不能让全体学生直接看出实验结果，这对于课堂演示实验而言是一个很大的遗憾。接着详细介绍了根据实验室现成的力学轨道小车改制的实验装置的构造及其优越性，并对改进后的实验装置具有的四大优点做了具体阐述。最后，作者还对该实验装置的不足之处以及解决方法做了详细说明。

该实验的改制取材容易，改制方法简单。经多次实验表明：该实验操作较原先的实验更加方便快捷，实验的准确度和成功率比原先的实验有了很大的提高。

《教学仪器与实验》2008 年第 3 期

浅议在科学教学中培养学生创新能力的途径和方法

孔云明

创新能力是在学习他人知识和技能的基础上，提出独创见解和发明发现的能力。它标志着知识、技能的飞跃，是一个人基本素质和智力高度发展的体现。创新能力包含观察、思维、想象、分析、概括、探索等方面。在科学教学中，实验是核心。实验教学是一项集观察、思维、操作、分析、概括于一体的多功能实践能力。那么，如何在实验教学中培养学生的创新能力呢？作者认为，可以从以下几方面着手。

一方面，应充分放手，在课堂教学中创设一种开放式的教学氛围，把实验的主动权交给学生，让学生积极主动地参与到问题中去，从而让他们自己去发现问题，解决问题。

另一方面，在科学实验课中，对学生的实验探究活动也要及时调控，灵活应变。放手让学生动手操作不是一味地信马由缰，任学生随心所欲想到哪儿，就做到哪儿，而应围绕教学目标展开。在探究活动中，如果问题难度较大，学生知识层次达不到的话，应适可而止。另外，还要注意学生提出的问题和实验内容是否有联系，联系的程度紧密与否，如脱离太远要巧妙中止，以减少无谓的讨论，提高课堂效率。

总之，科学课堂中，实验的机会很多。教师要善于把握时机，勇于把这些机会留给学生，使他们在动手操作的过程中产生创造性思维，获得创造性成果。让学生真正成为学习的主人，学会学习，从而去发掘他们向往渴慕的科学宝藏。

《教学仪器与实验》2008 年第 3 期

新课程　新实验　新认识（Ⅲ）——新课程高中物理实验的开发与教学研究

司烈翔　赵力红　孙晓飞

随着以数字信号为特征的现代信息技术的迅猛发展，与数字信号相关的电子产品已进入了我们的生活。《高中物理课程标准》把“简单逻辑电路”列为选修 3－1 模块的新增内容，并在选修 3－2“传感器”中强化了其应用。在教学中，要通过实验让学生理解逻辑电路的原理，把它们在生活中的应用重现出来，引导学生自主设计简单有趣的控制电路（如电子鸟等）。

作者针对人教版物理教材选修 3－1 中的“简单逻辑电路”和选修 3－2“传感器”中涉及逻辑电路的教学内容，开发了“逻辑电路原理系列实验”，这些实验均取自于教材中的教学内容、例题和习题等，操作方便，效果明显。在此基础上，作者还成立了《“逻辑电路和传感器”的拓展应用》的课题组，同学们边学习，边设计，边制作，边调试，边研究，取得非常好的学习效果，其成果在杭州市高中物理课题研究成果评比中荣获一等奖。

文章以“逻辑电路原理与应用”的系列实验为专题，并以“与门”原理演示、“非门”原理演示、火警报警电路、温度报警电路（非门应用）、自动通风控制电路、水位报警器等实验为例，对逻辑电路原理及其在生活中的应用做了阐述，对每个实验分别从实验来源、原理与电路、器材、操作说明、我们的认识这几个方面做了详细而具体的说明介绍。

《教学仪器与实验》2008 年第 3 期

新课程　新实验　新认识（Ⅳ）——新课程高中物理实验的开发与教学研究

赵力红　沈忠立

地球是个巨大的磁体，它周围空间存在的磁场叫地磁场。地磁场的强度并不大，地面附近的磁感强度很弱。地磁场产生原因到目前还没有最终定论，但可以肯定自然界的许多现象与地磁场息息相关。新课标和新教材涉及许多与地磁场相关的物理知识和实践活动。为此，作者在磁场、电磁感应内容的教学过程中，怀着浓厚的兴趣在高二年级中开展了“感受地磁场”的课题研究，全部活动均取自人教版教材中的教学内容（包括实验、习题和科学漫步等）。活动的针对性强，有力地促进了教学质量的提高，颇受学生们的欢迎，并获得杭州市高中物理课题研究优秀成果一等奖。

文中详细介绍了“感受地磁场”的课题中研究的几个实验：摇绳能发电吗，开门时能有电流吗，研究地磁场的方向，模拟绳系卫星发电，地磁场在变化吗。对每个实验分别从实验来源、实验原理、实验器材、实验操作说明这几个方面做了具体阐述，每个实验的最后“我们的认识”里面，还对实验的现象以及效果做了介绍。

“感受地磁场”的课题研究，增强了学生间交流合作的能力，并且让学生们切身体会到：真正要探究一个问题，确实是艰辛的。

《教学仪器与实验》2008 年第 4 期

新课程　新实验　新认识（Ⅴ）——新课程高中物理实验的开发与教学研究

余云峰　赵力红

《普通高中物理课程标准（实验）》指出：“教师应该积极开发适合自己教学的实验项目，并尽可能利用各种实验资源，用各种不同型号、规格的仪器做实验。”随着科技发展，越来越多的新型材料问世，为物理实验的进一步改进提供了广阔的前景。在高中物理课程标准实验教科书（如人教版、上海科技教育版和上海市教材等）中，涉及许多有关新型磁性材料的教学内容。如用钕铁硼永磁铁做电磁感应等实验；介绍了软磁性材料和硬磁性材料的应用；采用居里点磁性合金（如感温铁氧体）的温度传感器（如应用于电饭锅）等。利用新型磁性材料做实验，可以使原来的实验现象变得更加明显和有趣，也为开展探究活动提供了新的平台，因而教学效果也特别好。

文章详细介绍了用钕铁硼永磁铁做的探究强磁铁在铝管内的下落实验、有趣的电磁阻尼和电磁驱动实验，以及磁性合金居里点的探究和应用、探究安培力实验的改进，分别从实验原理、器材准备、操作说明这几个方面对每个实验做了详细介绍，在每个实验的最后，还就我们对该实验的认识、实验的优点以及实验中需要注意的问题做了总结和说明。

《教学仪器与实验》2008 年第 5 期

新课程　新实验　新认识（Ⅵ）——新课程高中物理实验的开发与教学研究

吕士明　赵力红

在《普通高中物理课程标准（实验）》第三部分“内容标准”的教学活动建议中，多次提及要运用所学的物理原理和研究方法来设计控制装置，解决一些与生产和生活相关的实际问题。如：用光敏二极管和微型话筒制作楼道灯的光控-声控开关；利用集成块制作简单的实用装置；用电磁继电器安装一个自动控制电路；调查日常生活中传感器的应用，对其中一种的工作原理、技术意义、经济效益进行分析；利用传感器制作简单的自动控制装置等。在人教版、上海教科版等高中物理课程实验教科书中，安排了不少设计控制装置的教学内容。这些新增加的内容非常适合学生开展课题研究或课外活动。

文章首先对传感器的一般模式做了简单介绍，传感器应用的一般模式为：放大、转换电路，执行机构，显示器和计算机系统。然后，作者介绍了在高二新课程物理教学中，师生共同设计和制作的各式控制装置：高温报警器、口哨声控开关、书写台灯自动控光、用灯光显示声音的强度、电阻性传感器控制装置、红外防盗报警器、接近开关（烟雾报警器）。这个过程引发了学生很大的探索兴致，突破了传感器等新增内容的教学难点，取得了较好的教学效果。

总之，通过活动同学们可以了解传感器和控制装置在生活和生产中的应用，了解科学与技术、经济和社会的互动作用，提高了他们运用物理知识和科学探究方法解决问题的能力。

《教学仪器与实验》2008 年第 6 期

新课程　新实验　新认识（Ⅷ）——新课程高中物理实验的开发与教学研究

赵力红　司烈翔

《普通高中物理课程标准（实验）》对光学的内容作了较大的调整。新标准大幅削减了传统几何光学的内容，增加了物理光学的知识，并引导学生全面认识光的波、粒本性。人教版等教材突出了光学实验在光学教学中的地位和作用，倡导用现代技术手段来研究光的衍射、干涉和偏振等现象。

文章对高中教材中的光学实验以专题选粹的形式做了详细介绍，并以光的衍射实验、用传感器做双缝干涉实验、偏振光的实验研究、用传感器研究光敏电阻与光强关系、测定 CD 光盘的光栅常量实验这五个实验为实例，对每个实验分别从实验目的、实验设计、实验器材、实验过程、实验分析以及实验注意事项这几方面，做了具体的说明和阐述。

光的衍射现象比较多见，在教学中运用身边的材料制作简易的器材，在课堂上边讲边让学生体验光的各种衍射现象，教学效果很好；用传感器做双缝干涉实验，通过该实验观察双缝干涉现象中的光强度分布规律，加深对“光波动学说及双缝干涉”的理解；新课程对光的偏振内容扩展较多，实验室的偏振片太小，可见度低，为此，笔者去厂家采购了许多大型的偏振片，发给学生使用，先采用边讲边实验的定性观察方法，再用传感器来定量研究偏振光的强度变化，教学效果不错；用传感器研究光敏电阻与光强关系，可以帮助学生熟悉光敏电阻的特性，了解通过光敏电阻的电流与光照强度的关系；通过测定 CD 光盘的光栅常量，可以使学生较为深入地学习物理实验的有关理论、方法和技能，提高学生的实验素养，激发学生实验探究的兴趣。

《教学仪器与实验》2008 年第 8 期

新课程　新实验　新认识（Ⅸ）——新课程高中物理实验的开发与教学研究

赵力红　司烈翔

《普通高中物理课程标准（实验）》增加了许多新的热学内容。如要求学生了解半导体技术在生活、生产中的应用，了解和关注纳米材料的特性和应用，了解记忆形状合金材料的相关知识，了解液晶的主要性质及其在显示技术中的应用。还要求学生进一步掌握热力学第二定律（熵增原理）等。在教学中，要求学生从宏观和微观两个角度认识热现象的规律，会应用统计思想和能量转化与守恒规律解释现象、处理问题。通过一系列的实验演示，并结合生活和生产实际，使学生进一步认识能源开发、消耗和环境保护等方面的问题，树立可持续发展意识，培养对社会负责的态度。

传统的许多热学实验不太好做，我们可以采用新技术和新材料改进实验的演示。文章荟萃了几个采用新技术和新材料改进的热学实验，如：借助数码显微仪（MOTIC 数码显微互动教学系统，分辨率高，采用 USB2.0 接口），供全班同学观看布朗运动中的颗粒移动的高清晰图像，效果非常显著。如果没有数码显微系统，文中还介绍一种用密立根油滴实验中的显微镜系统观察烟的布朗运动实验的方法。运用温度和压强传感器，探求气体参数关系，使得传统的气体定律的教学获得了相当大的改进。用在电子市场上购买的一些半导体热电堆（或制冷片）等半导体材料演示制冷。还可以用它通过热电转换模拟热机来辅助教学，说明热力学定律，效果非常好。文章还对每个实验的设计、制作以及操作过程做了详细说明。

《教学仪器与实验》2008 年第 9 期

新课程　新实验　新认识（X）——新课程高中物理实验的开发与教学研究

陈峻峰　赵力红

变压器在实际生产和生活中有广泛的应用。上海科教版等教材专门安排了一章《电能的输送与变压器》内容。《普通高中物理课程标准（实验）》要求“通过分组实验，探究变压器电压与匝数的关系”，“了解从变电站到住宅的输电过程，知道远距离输电时应用高电压的道理”；并建议参观当地的小型电厂，观察变电站和高压输电线路。在教学中，我们要充分利用现有实验器材，尽可能以实物的形式进行教学，使学生在电磁感应理论的基础上理解互感现象，加深对变压器与生活实际的联系。

文章介绍了五个跟变压器有关的系列实验：变压器中铁芯的作用、变压器线圈两端的电压与匝数的关系、模拟电压互感器、把吊扇调速器改制为自耦变压器、远距离输电模型，并从材料和制作、实验过程、演示过程、实验效果等方面对每个实验做了详细说明介绍。通过上述物理实验的生活化（物化）改造，解决了新课程实施过程中存在的实验仪器不足的问题，拉近了物理课程和生活的距离，破解了先进设备的神秘感，降低了学生认知的难度。

《教学仪器与实验》2008 年第 10 期

高中物理生态化教学资源的开发和利用

韩叙虹

物理生态化教学是指物理教师整体协调与组织教学系统内外诸多要素，主动开发和利用各种课程资源，营造对学习者有意义的真实情境，组织有利于发展学习者主体性、独特性和社会性的活动，将学习者的学习与个体发展置于开放性的，与其他成员、物理环境和社会环境不断互动的物理课堂教学系统之中，从而促进学习者有效达成物理教学目标的过程。

物理生态化课堂教学在内容设计上要求把“学校物理”与实际生活紧密联系起来，在充分利用好学校条件资源的基础上，筛选现实环境中可利用的、与教学内容关联的“潜在资源”来创设真实或接近真实的物理学习情境。由此可见，为了维持物理课堂生态系统的平衡发展，优化教学过程，生态化课堂教学要求既要利用现有的课程资源，又要因地制宜，多渠道、多方式地开发新的物理教学资源，特别是开发身边潜在的物理教学资源。

具体可以从以下几方面着手：重视教科书等文字教学资源的开发和利用；倡导非常规物理实验教材的应用，开发日常生活中的物理教学资源；计算机辅助物理实验系统的应用；加快多媒体课程资源的开发和利用。最后文章以“超重和失重”为例，谈了实践中如何进行教学资源开发和利用。

《教学仪器与实验》2008 年第 4 期

更新教育观念　创设互动课堂

王宜心

传统课堂教师主宰课堂的模式已不能完全适应新世纪学生素质发展的需要，不利于学生实践能力及创新精神的培养。要转变学生的学习方式，培养具有实践能力和创新精神的新型人才，教师须及时更新自己的教育教学理念和课堂教学模式，大胆尝试，创设互动课堂，全面推进素质教育。

一方面，教师要转变教育观念，要努力构建学生的主体地位，积极引导学生参与到教学活动中来，要精心设计，创设情境，充分调动学生学习的积极性，让每个学生都参与教学的全过程，在教师的启发诱导下积极思考并提出问题、解决问题，使学生的智慧潜能得到开发、素质得到提高。其次，教师应从“授业”中解脱出来，以一个组织者、引导者、参与者的身份出现在课堂教学中，变教师带着教材走入学生为教师带着学生走入教材。再次，教学要大胆创新、大胆实践，改变课堂教学结构模式化、程序化、讲授表演化的套路，使教学从实际出发，机动灵活，讲究实效。应该教给学生自我更新知识的能力，适应时代竞争的能力。

另一方面，要转变教学方法、创设“互动”课堂教学模式，把教育活动看做是师生进行一种生命与生命的交往、沟通，把教学看做是一个动态发展着的教与学统一的相互活动过程。

总之，创设互动课堂，需要教师勇于探索，要注重以学生为主体，从学生的兴趣入手，全方位地设计课堂教学过程，开发学生潜能，发展学生个性，进一步培养学生创造力和实践能力。

《教学仪器与实验》2008 年第 4 期

农村中学物理探究教学的实践与思考

王成友

初中物理新课程已经实施好几年，由于应试教育观念客观存在、实验器材的严重短缺、农村学生知识面狭窄，能力参差不齐等客观因素，农村中学物理探究教学在不同程度上受到制约，严重阻碍了科学探究的实施。我们在正视客观问题的基础上，努力提高对科学探究的认识，结合教学实际，积极挖掘农村可利用资源，因地制宜地在农村中学开展科学探究。在物理教学中开展科学探究的方法有：

首先，搭建适合学生探究的平台。着眼于低起点、迈小步探究活动，从单个要素的部分探究逐渐过渡到内容较为完整的探究，从简易性、指导性探究逐渐过渡到学生的自主探究。在充分利用实验室器材的基础上，发动教师自制实验仪器，鼓励学生自制学具，利用自制实验仪器开展课堂实验探究。其次，充分利用农村生活资源，引导学生观察生活和农业生产中的现象，探究其中的物理问题。有计划地引导学生开展家庭小实验，作为课堂实验探究的有力补充。农村现代远程教育工程的实施，为农村初中利用动画课件和仿真实验室进行虚拟探究实验提供了便利的条件。对于实验器材缺乏的农村中学来说，虚拟实验不失为科学探究的一种很好的补充手段。

总之，农村中学要勇于克服困难，结合农村中学的实际情况，采用多种适宜的方式，积极挖掘可利用资源，促进科学探究的健康开展，使学生的科学素养和创新能力得到应有的培养。

《教学仪器与实验》2008 年第 4 期

浅谈利用实验导入新课

郭运泽

实验导入是物理课堂导入的最主要的方法，它的主要任务是在学生和新的学习课题之间创设理想的诱发情境，激发学生学习兴趣和愿望，使其具有课题意识，明确学习目的，动员必要的已有经验和认识，运用学会的学习方法。

实验导入的方法有很多种，惊奇现象导入法是一种相当普遍的实验导入方法。它利用学生意想不到的奇特现象，唤起学生的注意，引起学生思考，从而产生强烈的求知欲望而导入新课。除此之外，还有黑箱导入法，配合故事导入法，解决实际问题导入法和实验竞赛导入法，实验复习导入法等。

实验导入的类型很多，依据主要是教学内容的特点和学生的情况，同一个课题可以有许多不同的导入方法。实验导入的基本结构大体是：创设实验情境—激发思维冲突—明确学习目标—铺设达标阶梯。这些导入的环节并不是死板的模式，要灵活多变地加以应用。

运用实验导入新课，是课堂实验教学的开端，而一个良好的开端具有十分重要的意义。一般来说，优秀的课堂实验导入方案应做到以下几点：创设情境和谐，能引起学生的注意和兴趣；课题意识明确，能激发学生的学习欲望；衔接自然，能调动学生知识、方法上的准备；实验与语言配合密切，能引导观察和积极思考；导入时间掌握得当、紧凑。

《教学仪器与实验》2008 年第 4 期

用显微镜测玻璃的折射率

孙阿明

现行高中物理实验中的“玻璃折射率的测量”，是采用“插针法”测定折射率的。“插针法”要求大头针必须竖直插在木板上，这对学生的耐心是一个挑战，学生往往为了使大头针竖直且前后在一条视线上，花费大量时间。另外，“插针法”很难测量液体的折射率。

文章介绍了一种用显微镜测量折射率的有效方法。此实验原理简单，易于学生理解；实验操作方便，适合高中学生的操控能力；在对学生进行实验探究的活动实施过程中，拓展了学生的实验思维，延伸了实验器材的作用和性能，提高了学生对实验的兴趣，也丰富了传统高中物理实验的方法。此实验原理在测液体的折射率时有独特的优势，并且上述实验的方法比起“插针法”应该更具有普遍性。

《教学仪器与实验》2008 年第 4 期

小实验在物理课堂中的应用

程　焕　刘万强

情景教学是物理教学的一种重要手段。教学中“情景”设置多种多样，当然最具体、最生动、最有吸引力的还是小实验。小实验由学生直接参与，让学生有一种身临其境的体验，获得的知识来自于他们的直接经验，不但可以激发学生的学习兴趣，而且有助于培养学生的各种能力，发挥学生的潜能，同时还能对学生进行物理思想与方法的教育和培养。

运用小实验所创设新颖、有趣的情景，导入新课，有助于吸引学生，使学生的思维快速地集中到课堂中来，从被动学习变为主动地学习，达到教学的目标。巧妙利用小实验所展示的实验现象，抓住疑点；巧妙地运用设疑技巧，适时引导学生发现问题，从中感悟物理世界，有助于纠正学生已形成的错误认识，建立正确的物理概念，充分挖掘物理教学的丰富内涵。让学生亲手操作一些小实验，不仅增加了实验的真实性，也增强了对学生的吸引力。而对直接参与的实验者来说，既满足了好奇心，也有了成功的体验，从中感悟到物理世界的奇妙。

新课程理念把培养学生的合作学习能力和探究能力放到特别重要的位置，关注学生在探究式学习及探究的过程中，思维能力特别是创造性思维能力是否得到培养。在物理课堂教学中，老师必须选择时机，精心设计能培养学生的合作、探究能力的小实验。

很多物理知识虽然来自于生活实际，但却高于生活实际，凭学生自己的生活经验以及现有的知识很难理解。教师则可以通过精心设计一些小实验，增加学生对知识的感性认识，从而使知识变得容易理解和掌握，最终使学生能灵活应用知识。

《教学仪器与实验》2008 年第 5 期

单摆周期与等效引力加速度关系定性演示装置

沈　晨　孟巍杰　钟良发

单摆的运动规律是高中物理必修内容之一，探究单摆的周期公式是每个中学生要做的基本实验。然而一直以来，中学物理教材中很少介绍如何研究单摆的运动周期 T 与重力加速度 g 之间的关系，中学实验室里也没有专门的实验器材。文章设计的装置以铁球作为摆球，并在其下方用永磁体布置一个在局部范围大致匀强的磁场，以此基本模拟可调的重力加速度环境，提供了一种廉价、易做、有效的实验手段，填补了上述的空白，可以直观、方便地定性对比单摆运动周期 T 与小球所受的等效引力加速度 g 之间的关系，并得出结论：g'的大小与 T 值有关；g'值越大，T 值越小。

文章介绍了如何利用生活中常见的木板底座、镀锌金属杆支架、废旧喇叭磁铁、小钢球、风筝线等材料，制作单摆周期与等效引力加速度关系定性演示装置。并对装置的制作方法以及使用方法做了详尽的说明介绍。

《教学仪器与实验》2008 年第 5 期

拓宽现有教学仪器使用范围　改进物理实验教学

韩独石

目前，我国中小学教学仪器研制、配备落后于教材的不断改革。究其原因，是多方面因素造成的：一是教材改革超前，教学仪器配备滞后；二是教材内容改变使部分仪器不再需要；三是前几年配备的教学仪器有些因质量等原因已不能再用；四是部分仪器因维修跟不上而废弃；五是新的教学仪器研制工作没有及时赶上教改之需；六是因资金问题，特别是贫困地区中小学无力购置所需仪器。在这种情况下开展自制教具活动就显得尤为重要，将简单的能自制的教具采取自制办法解决，节省下可贵的资金去购置无条件自制的教具，是缓解教具配备跟不上课改的措施之一。而利用现有教学仪器零部件组制（装）急需的新教具和新装置的方法，更应提倡和推广。由于这类教具和装置易装易拆、操作简单，所以它们既能拓宽现有仪器使用范围，又能节省资金，还能启发培养师生的创新意识和动手能力。

作者近年来在高中物理实验教学实践中根据教材要求，对利用现有仪器零件组制所需教具和组装实验装置方面做了许多尝试性工作，先后组装成 30 多种教具并全部用于教学。文章详细介绍了模拟傅科摆、废篮球代替皮唧作气源、琴弦上的驻波演示装置、共振筛装置、研究玩具电机的能量转化装置 5 种教具的制作方法，供有兴趣的师生们在自制教具时作参考。

《教学仪器与实验》2008 年第 5 期

波传播实质演示仪

黄树清　许淑云　陈　静

波传播实质演示仪可以用来模拟波的传播，展示波的传播实质。本教具参考了走马灯的构造原理，用2个转轴，采用跑道式的旋转方法将实际波形投影出来，演示了整个波形的传播过程。利用光栅原理解决了如何从整个波形到一个个质点，即捕捉了质点，从而解决了波传播的实质是质点偏离平衡位置的振动这个难点。当未加光栅部分时，学生看到完整的波传播图像，加上光栅部分反映了其本质——即可观察到各个质点在其平衡位置上下振动而没有前进，只不过把运动形式传给下一个质点，从而清晰地反映了波传播的本质。这是此演示仪的突破点。

文章从制作材料、制作方法、使用方法对该演示仪进行了详细说明和介绍。该仪器操作方便、形象直观，让学生的思维豁然开朗，有利于建构物理模型，且外观设计巧妙，易于引起学生兴趣，进而激发学生探索物理世界的兴趣。

《教学仪器与实验》2008年第6期

自制教具的特征及发展研究

肖兆权　洪爱军

教具是指具有教学特点，能体现教育思想和教学方法的实物、模型等直观教学器具以及实验训练器材。它与教材、教师并称为教育的三大基石。自制教具是指教师和学生自己动手制作的教具，它除了具有教具的科学性、教育性、安全性外，还具有经济性、简易性、教学性、灵活性等独特性。

自制教具是成品教具的必要补充。新课程标准强化了实验教学的地位和作用，各类实验需要大量的仪器和物品，全部依赖成品教具，显然不够，必须自制一定数量的教具，补充和完善成品教具的不足。自制教具可以改善成品教具的不足。另外，还在促进学生智力因素和非智力因素发展，增强学生心理素质，培养学生科学素养等方面发挥着成品教具所不具备和不能代替的作用。

我国教学仪器设备缺乏在当前和今后一个时期仍然是一个普遍存在的问题。在加大教育投入，尽力配备教具的同时，学校必须发挥能动性作用，走自己动手、自制教具的发展之路。一方面，要定位自制教具为实物教学科研成果；另一方面，还要鼓励教师自制教具；对优秀自制教具，要进行交流和推广，使其在更大的范围内转化为教学资源，提升其使用价值和影响力。

总之，自制教具以其取材方便、制作简单、造价低廉、实用性强等优点，在教学中发挥着重要的辅助作用。掌握自制教具的内涵及特征，积极地研制和利用自制教具，是新课程改革背景下教师乃至教育工作者必须认真对待的课题。

《教学仪器与实验》2008 年第 2 期

探究牛顿第三定律的几个小实验

刘彦贺

“牛顿第三定律”在高中物理教材中占有非常重要的地位。学生在学习了牛顿第三定律以后，往往对研究对象仍然分辨不清，经常混淆物体系间的内力和外力。最难的是学生不清楚物体系间单个物体的受力以及物体之间力的关系。经过本节课对物理现象的分析总结恰好能够解决以上所有的疑问。但现行教材中所提供的感性材料尤其是让学生自己动手操作的材料太少，而传感器之类的实验器材在很多学校尤其是农村中学几乎没有，所以很难保证学生能够取得很好的课堂学习效果。

针对以上情况，我们利用常见的弹簧测力计、橡皮筋、条形磁铁、细玻璃棒、长木板、小木块、细绳套等器材，设计了几个小的探究实验，让学生亲自动手操作，感受作用力和反作用力的关系。通过实验探究作用力和反作用力的定性关系和定量关系，在此基础上引导学生自己总结归纳出牛顿第三定律，从而能取得事半功倍的效果。

本设计注重学生学习过程的亲身体验，体现了“自主性学习”和“探究性学习”的教学思想。其主要特点有：1. 安排学生分组探究实验，代替以前的演示实验，让所有学生都参与进课堂教学活动中，提高学生学习的积极性和主动性。2. 在学法上以学生为主体，突出学生自主发现问题，开展合作探究，进行实验探究，引导分析总结等，较好地将新课程理念结合于教学实际中。3. 实验器材简单易收集，即使是条件比较差的学校，也能开展分组实验，进行探究。

《教学仪器与实验》2008 年第 6 期

增强直观教学意识　培养形象思维能力

张南方

在物理教学中，直观性教学与学生形象思维能力的培养有着密不可分的联系，直观性不仅仅是一种很好的教学手段，更是学生产生形象思维的源泉。然而，在我国现行的物理教学中，还未摆脱忽视直观教学、轻视物理现象和物理实验、不注重学生形象思维能力培养的倾向，物理教学成了习题教学。虽然学生的基础知识很扎实，但学生的认知结构不完整，不知道物理学是与实验、现象和实际情况联系在一起的科学，尽管他们精于解题、擅长考试，但却不善于动手实验，更不善于创新。在物理教学中又应怎样从直观性入手培养学生的形象思维能力呢？关键是要树立一种新的观念，即在理论与实验的关系上，要重视实验，真正把实验放在应有的位置，以激发学生的形象思维，提高思维的效果。

在物理教学中应该强化直观性教学，尽量创造让学生动手做实验的机会，有意识地让学生多做一些探究性实验，教师也可以将一些验证性的演示实验适当地改造成探究性演示实验，尽可能地向学生提供更多的形象思维的材料，让学生体会探究与发现的乐趣，培养学生的形象思维能力；应该让学生学会创造，积极创造条件为学生设置解决实际问题的情境，将他们置身于探究、创造的情境中去；还要及时帮助学生建构起模型，使物理模型真正成为学生科学的认识活动中的中介物，从而使学生在形象思维和抽象思维的交互作用中激发出灵感，达到思维水平的较高层次。

《教学仪器与实验》2008 年第 6 期

弹簧振子周期的探究——用力传感器探究振子质量对实验误差的影响

雷　霞　刘　克

精确的实验测定表明，对于弹簧质量不可忽略的振动系统的振动周期总是略大于理论公式给定的值。这一差异显然是忽略了弹簧质量的缘故。一般认为把弹簧质量的三分之一加到振子质量上即可作为简谐振动处理。在高中物理测量弹簧振子周期的实验中均忽略弹簧质量。当振子质量和弹簧质量满足什么关系时，忽略弹簧质量，采用理论公式可以使实验误差控制在 5%以内？什么情况下实验效果最佳呢？

基于此目的，文章首先根据考虑弹簧质量的周期公式经过理论推导，得出一个结论。然后用力传感器进行实验验证。将力传感器接入数据采集器，固定于铁架台上，悬挂同一型号的弹簧和不同质量的砝码组成不同周期的弹簧振子于力传感器下，使其上下振动，采集振动时间与恢复力。对实验结果进行分析后，实验结论与理论推导一致的条件是：当弹簧质量和振子质量的比值小于等于 0.307 5 时，实验中忽略弹簧自身质量，利用理论公式计算弹簧振子的理论周期，可使实验误差控制在 5%以内，且比值越小误差越小，实验现象越明显。希望此结论在教师进行演示实验或指导学生实验时，对教师能有所帮助。

《教学仪器与实验》2008 年第 7 期

电容器和电容的实验和教学

刘彬生

新课标高中物理课本选修 3-1（人教版）第一章第 8 节“电容器和电容”，其主体内容继承了原教材的优点，同时增加了一些新的要素和要求，体现了新课标的理念。文章首先对教材中的“电容器和电容”这一章节进行了详细的介绍和深入的分析。并从电容器的充放电、电容概念的引入、影响平行板电容器电容的因素、电容器的串并联、电容器的应用这几个方面的实验以及教学进行分析、论述，并介绍了一些新的实验方案。

文章紧密结合新教材，深入研究、探讨传统实验和新实验中的各种问题，提出多种实验方案，特别是应用新器材、新技术对传统实验方法的改进，与传统方法的对比等；在强调理论设计的同时，注重实用性，给读者提供了有效、便捷的实验方案和实验技巧。

《教学仪器与实验》2008 年第 7 期

改进实验方法　优化实验教学

李自珍　宋芳林

物理实验教学具有很强的科学性和技巧性。实验课的教学目的不是单纯地去验证某个规律或定律，而是通过实验教学拓展学生的视野，开启学生思维方式，培养学生的动手、动脑和解决问题的能力，这在实施素质教育的过程中显得尤其重要。

说到高中物理实验，众多教师深感实验器材多，操作难度大，花费精力多，收效甚微。为此，部分教师对物理实验课没有足够的信心，再加上对实验课教材和教学方法缺乏深入的研究，器材使用不熟练，组织教学不得法，实验方法不够灵活，从而导致实验成功率低，学生对实验课兴趣不高。作者根据多年的高二物理实验课教学的实践，就如何上好实验课并通过实验课教学提高学生学习物理的兴趣提出如下建议：

首先，充分准备，打破常规，不断改进实验课教学方法的过程，夯实学生基础，为实验课教学搭桥铺路。如利用一定的时间开展电学实验基础课“热身活动”，利用课外活动时间，让学生轮流参观电学仪器室，开展物理与现代科学技术的讲座等。

其次，在已有“热身”基础上，采用“让学生动起来”的办法，创造更多的机会，让学生亲自设计和完成他们力所能及的实验，既满足了学生成功的需要，又让学生体验到了自我价值。并以“测电阻”的学生实验为例，做详细讲解。

最后，利用课外活动时间进行生活中的物理现象知识讲座，并结合物理课和实验教学，让实验教学更加贴近生活。

《教学仪器与实验》2008 年第 7 期

新课改背景下的高中物理探究式教学

吴春良

新课程理念把学生的自主性探究问题提到了突出的位置，要求在课堂教学中由以教师的教为主变为以学生的学为主，充分发挥学生的主体作用和学习的主动性，还要求变重结果教学为重过程教学，让学生真正体验知识的获取过程，在探究过程中培养科学的思维方法，锻炼获得知识的能力，为学生的发展打下良好的基础。这就决定了物理教学中科学探究的重要性。

探究式教学模式，就是强调“情景—探究—体验—应用”的课程教学模式。即教师在教学过程中创设一种类似科学研究的情景和途径，让学生通过主动探索、发现和体验，学会对大量信息进行收集、分析和判断，从而培养其开拓精神和创造能力。教师和学生都是教学过程的有机构成部分，都是课程实施中最具活力的部分。“教”和“学”怎样遵循探究式教学的新模式呢?

首先，要突出主体性。这是实施新课程教学的目的之一，也是探究式教学首先要解决的问题。学生是学习的主体，成功的教学只有通过学生自己的学习活动才能实现。

其次，要强调合作性，合作学习是一种有效的教学策略。教学过程中，教师应根据实际教学需要，选择有价值的、会产生争论的、且个人难以完成的内容，让学生在独立思考的基础上进行合作。

最后，要重视体验性，在探究教学中，教师应当重视学生的探索过程，让学生亲身体验、亲自经历，提出开放性问题。教师的任务是引导、组织好活动，及时把握问题讨论的方向，集中学生的注意力，抓住机会培养其探究能力，并要求学生给出探究的结果及评价。

《教学仪器与实验》2008 年第 7 期

自制教具与培养创新型人才的探究

姚永和

在新形势下，如何使自制教具工作更好地适应课改的需求，为教育教学起到积极的作用，值得深入探究。新课标更加注重对学生知识与技能、过程与方法、情感态度与价值观的培养，更加注重能力的培养和创新意识的提高。自制教具作为实验教学工作的一部分，对教育教学工作的开展有着深远的影响。通过自制教具活动，教师可以更加清楚地了解原有教具使用方法和功能的不足，从而引导学生对现有教具进行改进和创新，达到对学生动手能力、创新意识和探究习惯培养的目的。

学生动手能力和创新能力的培养，要靠教师的引导和启发。在自制教具活动中，教师可根据教材的内容，给学生提供更多的素材，让学生利用身边的实验材料，启迪学生的创新思维，以此增强学生的学习积极性，加深理解所学的知识，从小培养学生的创新精神。另外，让学生动手做演示实验，增强学习兴趣。课前让学生做好实验预习工作，梳理好实验理论知识，做到有的放矢进行实验教学；实验时，尽量让学生动手，教师适时引导，培养学生的创新意识。文章还举例介绍了会弯曲的光线、“飞机升空原理”演示器、“浮力原理演示器”的制作过程。

总之，新课程的改革和实施，为实验教学的改进和自制教具的创新提供了广阔的发展空间；科学技术的迅猛发展为自制教具活动提供了更多值得借鉴和利用的条件。我们要更新观念，重视对学生能力和创新意识的培养，通过自制教具更好地开展实验教学，为培养创新型人才作出贡献。

《教学仪器与实验》2008 年第 6 期

平抛系列实验器

鲍福顺　贾艳芹　张新忠

文章首先对教具——平抛系列实验器的特点和用途做了介绍。本教具包括：平抛竖落演示器、平抛竖落实验器和平抛实验器。用该教具能完成高一物理关于平抛的所有实验，不仅很好地解决了实际教学中的难点，而且学生在探究由点到线的实验过程中，培养并提高了探究能力。实验现象明显，可见度大，精确度高，操作简便，更重要的是不用纸和复写纸，降低了实验经费。该教具可在不同的高度和以不同的速度验证平抛运动的竖直分运动是自由落体运动；可以验证平抛运动的水平分运动是匀速直线运动；还可以求出平抛运动的初速度。

接着文章对每个实验器具分别从制作材料、制作方法、使用方法三个方面做了详细、具体的介绍。该教具在第六届（海尔杯）全国优秀自制教具评选活动中获二等奖。

《教学仪器与实验》2008 年第 8 期

实用型水气压计的制作及使用

林保银

大气压与人们的生活和生产联系很紧，对大气压知识的正确理解及对其大小的正确测量是初中生必须掌握的、最基础的科学知识和技能。我校在《初中生家庭科学小实验室的建设和使用研究》的课题研究中，发动教师和学生设计并制作了一支“实用型水气压计”。该装置的制作填补了中学实验仪器的空缺。因为水银有剧毒，国家已停止了“托里拆利实验”仪器的使用。“实用型水气压计”的制作成功，代替了“托里拆利实验”仪器，让学生直接感受“大气压能够托起约 10 m 高的水柱”，使学生建立“大气压”的概念较容易，它的安装和使用，作为校园文化的一部分，有利于广大师生科普意识的提高和科普知识的普及。另外，“实用型水气压计”还具有环保无毒，实验现象明显，操作简单，学生可参与等诸多优点。

文章从“实用型水气压计”制作、使用实用型水气压计的意义、与传统的水银气压计的比较、设计思路和制作方法、制作过程中解决的技术难关、使用方法、实际测量情况及误差这几个方面，对“实用型水气压计”做了详尽的说明和介绍。

《教学仪器与实验》2008 年第 8 期

新课程改革下物理实验教学探索

吴宇春

新课程改革的实施对物理实验教学提出了更高的要求：把物理实验教学与理论教学内容有机结合，将实验穿插在教学内容中；把许多验证性实验改为探究性实验，加大了实验的挑战性和不确定性，实现了实验方案、器材使用要求的开放性。但是在教学实践过程中却出现了一些始料不及的情况，导致学生动手做实验的机会反而少了，与新课程标准倡导的“学生主动参与、乐于探究、勤于动手”宗旨背道而驰。

怎样才能把新课改的理念落到实处？文章对新课程改革下物理实验教学进行了反思和探索，从如何在课堂上恰当运用简易实验开展探究活动；如何加强实验设计能力训练；怎样开放实验室、开设第二课堂三方面进行了论述。

新课程改革的实施，需要教师不断努力地探索，在反思中进步，在总结中完善，并不断地更新自我。物理实验应吸收新课改理念，进行改革和完善，教师应解放思想，大胆尝试，积极进行探索和创新，努力使物理实验成为培养学生独立自主学习和提高能力的重要环节。

《教学仪器与实验》2008 年第 8 期

液体传声的实验装置

张大明

声音可以在固体、液体、气体中传播。教材对固体、气体能传声的实验介绍较多，但对液体传声实验的介绍却非常少。设想如果能有悬浮在液体中的物体发声，且不露出液体表面，不接触容器的底和侧壁，这样，不仅可以避开气体和固体传声之嫌，还可以在课堂上让同学们耳闻目睹，能非常有效地说明液体是可以传声的。

为此，作者设计并自制了液体传声实验的装置，并从工作原理、元件选取、制作方法、使用方法这几个方面作了详细的介绍。该实验装置具有以下优点：各元件成本低，容易买到，制作方法简单；功率小，能够长时演示；既适合教师课堂演示又适合学生分组实验使用。

《教学仪器与实验》2008 年第 8 期

浮力探究仪

苏青联

浮力探究仪具有以下特点：根据弹簧压缩的长度跟受到的压力成正比（胡克定律）的原理制成，十分直观地显示出浸在液体中的物体受到的浮力的大小、方向、作用点（力的三要素）；改变了全国各种版本的物理课本上的浮力的传统教法（称重法），变浮力概念的实验分析法为直观显示法，变阿基米得原理的实验验证法为科学探究法，不但大大降低了教学难度，而且更便于学生进行探究式学习，让他们从中感受到观察实验、科学猜想、控制变量、定性比较、定量分析、科学推理等多种科学方法的教育。

教学中，可以用它来做探究实验：探究什么是浮力，探究浮力的大小跟哪些因素有关，探究浮力的大小与物体的体积、形状、物重、密度、是否实心等基本属性以及物体浸没在液体中的深度是否有关，探究浮力的大小与物体排开液体的体积和密度的关系，探究浮力的大小与物体排开的液重的定量关系等。

文章从制作材料、制作方法、使用方法这三个方面对浮力探究仪的制作和使用做了详细介绍。该探究仪在第六届（海尔杯）全国优秀自制教具评选活动中获二等奖。

《教学仪器与实验》2008 年第 9 期

感应电流的产生条件实验改进

李志强

由于受初中学习及使用较多的右手定则的影响，学生对“感应电流的产生条件”的认识易停留在“是否切割磁感线”上，从而影响以后的楞次定律、法拉第电磁感应定律以及交变电流的学习。如果突破这一点，能使学生的认识和思维空间得到拓展。文章通过改进感应电流产生条件的实验，加深了学生对感应电流产生条件的认识。

作者首先介绍了实验器材：带直流放大器的灵敏电流表（自制）1 只，蹄形磁铁 1 个，磁导率良好的磁封闭片 1 片，线框 1 只，小磁针 1 个。

接着对感应电流产生条件的三个演示实验的具体教学演示过程做了详细介绍。

最后还谈了作者对本实验的点滴体会：本实验通过改变物理过程的条件来揭示物理现象的内涵，过程连贯，对思维梯度作了一定的安排，易于学生接受，在服务于课堂教学的同时，较好地达到了育人的目的。

《教学仪器与实验》2008 年第 9 期

关于牛顿第二定律实验的讨论

吴月江　汪维澄

牛顿第二定律实验是高中物理的重点实验之一，可以说是高中物理教学中的一个“经典”实验。但由于器材条件、课时及实验本身等方面原因，做好该实验并不容易。近年来有不少关于本实验改进的文章发表，老师们提出了很多有创见的新设计。在新课改理念下，新教材关于本实验的内容也做了相应调整，鼓励探究、拓展思路和方法，而不局限于某一固定的实验设计。

文章就各种实验设计的特点、误差等方面作了一些分析、比较和讨论。列举了上述一些牛顿第二定律实验的方案，如：传统设计、气垫导轨上进行的实验、直接测拉力的方案一、直接测拉力的方案二、一个折中方案、新教材人教版的一个方案，这些实验方案各有其特点。教学过程中，老师和学生都应放开思路，勇于创新，打破千篇一律的实验模式，教师可根据自己学生的情况、实验室条件的情况来安排本实验。

总之，由于本实验要探究三个物理量之间的关系，而且实验中有各种因素影响，成功地完成本实验的确需要下一点工夫。但在处理各种问题的过程中学生也会有很多收获，因此，在这个实验上多花点时间是值得的。

《教学仪器与实验》2008 年第 9 期

如何做好砂摆演示实验

吕进勇

人教版高中物理第九章“机械振动”中第三节“简谐运动的图像”，是这部分内容的重点和难点。较之于以前学过的直线运动的规律和图像，其情况比较复杂。因而对于初学者来说，理解起来有一定的难度。使学生有效地掌握这部分内容的重要手段，就是做好简谐运动规律的演示实验。

教材上这部分内容传统的演示实验是“砂摆”实验。表面上看，该实验取材方便，制作简单，易于操作，现象明显。可作者在教学过程中从未发现教师亲自动手做此实验，只是讲解例图而已。本着对实验教学求真务实的态度，作者自己动手制作了一个砂摆，按照教参上的说明，装上干燥的细砂做实验，结果却以失败告终。作者百思不得其解，并由此认为教师不做该实验也是情有可原的。后来作者考虑，课本上既然以此实验说明简谐运动，肯定具有其可行性。只是在某些环节上没有把握好，以致实验失败。经过反复探究，终于总结出该实验成功的经验。

文中将影响砂摆实验的五个重要因素总结为：精选砂料，精制砂摆漏斗，精调漏斗口径，砂摆、拖板间距要适当，拖动拖板要得当。上述五个因素，相互制约，相辅相成。最关键的是精选砂料，而其他几个因素也不容忽视，忽略其中任何一个方面，都会影响实验的效果。

《教学仪器与实验》2008 年第 9 期

数字化实验系统在高中物理教学中应用的探究与思考

俞丽萍

数字化信息系统实验室（简称DIS实验室）是由“传感器＋数据采集器＋实验软件包＋计算机”构成的新型数字化物理实验系统。高中物理新教材中的一些演示实验和“做一做”等师生互动栏目中都第一次出现了用计算机描绘图像的内容。DIS顺应了新课标提出的要求，得到了广大物理教师的认可和欢迎。

作者所在学校在2006年引进了数字化教学实验系统，并组建了数字化物理实验室，为广大师生学习和应用数字化物理实验搭建了很好的平台。通过两年的实践研究，在物理团队的共同努力和合作下，在这方面积累了一定的经验，同时也引发了一些理性的思考。

DIS具有“采集便捷，计算准确，实时呈现”的优势，新课程背景下，用好DIS可以弥补传统实验的不足，收到良好的教学效果。利用DIS强大的作图功能，以图像的表达方式呈现相关物理量的动态变化过程，可以帮助学生实现概念的转变，突破教学难点；利用DIS开发新实验，填补传统实验空白；DIS可以实现“测量—记录—呈现”一体化，快速得到实验结论，从而节省时间，提高效率；利用DIS强大的数据处理功能，可以将传统的理论推导转变为实验探究，为学生开展探究性实验提供了新的素材。

作者还阐述了关于DIS应用的几点思考，认为：DIS不可能也不应该替代传统实验；DIS的使用效率有待提高；还应努力实现DIS与传统实验的有机整合，实现优势互补。

《教学仪器与实验》2008年第9期

电磁驱动演示器及其教学建议

朱向阳　刘明海

在磁场运动时带动导体一起运动，这种现象称为电磁驱动。电磁驱动是利用穿过闭合导体的磁通量发生变化时，闭合导体中产生的感应电流在磁场中受到安培力的作用，使闭合导体发生运动的。电磁驱动技术在实践中有很多应用，如感应电动机、感应式电能表、汽车上用的电磁式速度表等，都是利用电磁驱动的。

作者设计、制作了一套电磁驱动演示器，用于高二物理《电磁感应》相关内容的教学。该演示仪用小电动机带动2个钕铁硼超强磁铁快速转动，使靠近磁铁的 3 个铝盘在电磁驱动下沿不同方向快速旋转起来。其演示现象新奇、有趣，激发了学生学习的求知欲和探究精神。

文章从装置介绍、制作方法、演示方法三个方面，对该电磁驱动演示器做了详细说明介绍。并建议将该演示实验安排在“楞次定律的应用”一节中进行教学，通过观察演示现象和指导学生运用所学电磁学知识解释实验现象产生的机理，提高学生综合运用知识去分析和解决实际问题的能力，加深对楞次定律的理解。除此以外，还介绍了对圆盘驱动原理的一些教学建议。

《教学仪器与实验》2008 年第 10 期

物理实验无处不在——浅谈开发实验资源的策略

白孝忠

新课程改革旨在转变学生的学习方式，是一场“学习方式的革命”。丰富的课程资源则是本次改革顺利进行的根本保证，没有课程资源作为改革的坚实后盾，再美好的愿望也只能是空中楼阁。实验资源是物理课程资源的重要组成部分，它决定物理课程资源质的提升，其重要性不言而喻。文章从以下四个方面阐述了开发物理实验资源的策略，以期抛砖引玉。

经典实验的推陈出新。在日常教学中，经典实验最能说明物理原理，现象出乎学生意料，教师喜欢演示，学生乐于观察、思考。这些实验在物理教学中发挥的作用不可替代，可谓经典。

自制教具是开发实验资源的一个重要途径，它往往是教师立足学生基础，借助常见的生活用品，为突破教学重难点，经过大量的脑力和体力劳动创造出来的，是弥足珍贵的实验资源。

物理习题的唤醒启发。物理习题是巩固学生知识，发展学生思维能力，培养学生分析、解决问题能力的有效载体。在物理习题中往往显性或隐性地蕴藏着实验教学的契机，我们却忽略了。唤醒这些实验教育因子，可以为我们拓宽实验资源提供灵感和思路。

综合实践活动，特别是一些科普类的实践活动与初中物理紧密相关，这些活动中蕴藏着巨大的物理实验资源，如果注意收集、整理，将能从中获得大量的小实验，对课堂实验起到极好的补充。

除上述方法外，还有一些常用的开发策略，比如一物多用、变废为宝、巧妙利用玩具、魔术等。总之，只要我们具有一双慧眼，留心日常生活，注意收集、整理，开发实验资源的思路就会越走越宽。

《教学仪器与实验》2008年第10期

向心与离心运动现象实验器的制作

陈兆华

在讲授物体的向心与离心运动现象时，教材中没有直观的实验，学生对其运动现象的产生认识很模糊，致使对向心与离心运动现象有关的知识很难掌握。为解决这个问题，作者研制出了一个“向心与离心运动现象实验器”，用它进行实验观察，学生能十分直观明了地掌握向心与离心运动现象产生的原因，从而提高教学质量。

文章从实验仪器的制作、使用、原理三个方面对其做了详细说明。

最后，还介绍了本仪器具有的优点：制作所需的材料易取，结构简单，容易制造，实验操作简便，可视度大，直观性强，生动形象，能直观地表现出物体所做的离心运动现象和向心运动现象，还能使学生深刻地认识和理解物体要做离心运动或向心运动所满足的条件，避免了学生认为转动角速度大是物体做离心运动的原因的错误认识。

《教学仪器与实验》2008年第10期

用易拉罐自制的简易仪器探究静电现象

侯　丹　李春密

生活中的静电现象很多，包括摩擦起电、静电感应、静电屏蔽等。一般来说，使物体带电的方式主要包括摩擦起电、接触带电和感应带电等。生活中，摩擦起电的例子很多，也较易捕捉观察，而接触带电和感应带电的实例较少，而且在观察过程中容易被忽略。因此可通过一些由易拉罐自制的简易实验仪器对上述两种现象进行探究，探索静电现象，发现隐藏在静电现象背后的物理本质，带学生走进静电世界。

文章详细介绍了三种用易拉罐自制的简易实验仪器，并分别对每个简易实验仪器从具体制作、实验的探究过程、实验说明三个方面做了详细介绍。

三个探究过程的设计思路来源于生活，所用材料均为学生在生活中易取、易得的东西。对学生来说：通过自己动手制作探究实验仪器，变被动学习为主动学习；在探究过程中，增强了对物理现象的感性认识，加深了对物理概念和过程的理解，具有情感教育的重要价值。对教师来说，变日常生活中的废物为学生探究活动的主要工具，合理、充分地利用了教学资源，帮助学生感受到物理知识就存在于生活之中，它是亲切、有趣、有用的；还帮助学生养成主动利用身边物品进行科学探究的意识和习惯，培养学生乐于探究生活中的物理现象的态度，体现了新课程标准“从生活走向物理，从物理走向社会”的基本理念。

《教学仪器与实验》2008 年第 10 期

自感的实验和教学

刘彬生

人教版新课标高中物理课本（选修 3－2）第四章第 6 节的内容是“互感和自感”。其主体内容继承了原来教材的优点，同时增加了一些新的要素和要求，体现了新课标的理念，如：知识更加完整、充实；加强了思考与讨论；在“做一做”栏目中，介绍了使用数字化实验系统（简称 DIS）做实验的方法，借助传感器观测通电时线圈中电流的变化状况并且由图线显示出来。

学生学习互感现象并不困难，因为只要求做定性的理解。教学的重点和难点在于自感现象，自感现象不仅在技术上有广泛的应用，而且也是学习后面课程中交流电路和电磁振荡等知识的基础。要全面认识自感现象，理解产生自感现象的原因；要通过实验认识自感线圈的通、断电是一种典型的暂态过程，知道电感元件中的电流不能突变；掌握自感电动势的产生机理和怎样确定自感电动势的大小和方向，掌握自感系数这个比较抽象的概念；通过实验感受到磁场具有能量，知道自感线圈是一种储能元件。教师要掌握相关理论及其应用方面的知识指导教学实践。对于各种各样的实验方法，能认清其原理及优缺点，根据教学条件选择使用或改进，并且设计出新的实验。

文章依据相关的理论知识分析，抓住实验教学中的突出问题，对几种用常规仪器做的自感实验进行分析、评述，并提出利用性能较高的数字化实验系统做自感实验的实验设计方案。

《教学仪器与实验》2008 年第 10 期

测大气压值实验的评析

陈　彬

学习大气压强时，教师都要带领学生学习大气压值的测量。

目前，由于初中物理教材的版本较多，因而测量大气压值的实验也不相同。文章首先介绍了人教版和苏科版两种教材中测大气压值的实验。并认真研读、对比两种教材中的相关实验，发现以下几方面特点：两个实验都摒弃了托里拆利用水银实验的做法，以人为本，更加注重人的生命安全；都强化探究，更加注重学生的发展，满足每位学生的发展需求，使学生经历基本的科学探究过程，学习科学探究方法，培养学生的探索精神、实践能力以及创新意识，发展初步的科学探究能力，同时也能进一步激发学生的学习兴趣和求知欲。

文中评析了人教版和苏科版初中物理教材中测大气压值的实验，相比之下，作者更欣赏苏科版实验的设计方案。从新课改的角度看，苏科版教材实验是按照科学研究的步骤来设计，其中包含提出问题、制订计划与设计实验、进行实验与收集证据、分析与论证、评估等，步骤完整、条理清晰。而人教版实验内容叙述简单，缺乏一些必要的清晰的步骤说明以及实验数据的记载表格，需要学生自主开发，增加了学生探究的难度，对学生的要求较高。

通过对两种教材中测量大气压值实验的对比，我们充分体会到了新课程理念的落实，对学生科学探究能力的培养以及为学生终身发展服务意识的增强。两种教材若能相互借鉴、相互融合、不断优化，必将更好地适应并促进学生的发展。

《教学仪器与实验》2008 年第 12 期

借助生活物品开展物理实验

王伟真

人教版高中物理课程实验教材必修课共 2 册 7 章，选修课共 5 册 19 章，编入演示实验 56 个，实验探究 37 个，“做一做”实验 47 个。与原教材相比，新教材形成了以探究式实验和随堂实验为主线，演示实验和课外实验为辅线的教学实验体系。让这些实验开展起来，是实现学生在探究学习中加深对科学过程与方法的认识，提高探究未知世界的能力这一目的的重要一环。但在开展以上实验的过程中，我们会遇到缺少实验器材等各种问题。不过，实验室的课程资源不仅限于实验室的现有设备，学生身边的物品和器具也是重要的资源。利用日常器具做实验，不但具有简便、直观等优点，而且有利于学生动手，发展学生的实验技能，培养学生的创新意识。

文章从实验分析、解决办法、实验器材、注意事项、实验数据及处理、误差分析、实验改进的优点等方面，对新教材中的探究加速度与力、质量的关系，探究功与速度变化的关系，感受向心力这 3 个新课程高中物理实验做了详细分析，并利用硬币、圆珠笔套、果冻等日常生活物品作为实验器材，具体展示了整个实验的开展过程，既改进了原有实验的不足，减少由于器材问题引起的困难，扩大了可做实验的范围；又拉近了科学与学生的距离，使学生感到科学就在自己身边，对科学产生亲近感。

《教学仪器与实验》2008 年第 12 期

旋转的液体实验改进

金英生

《普通高中物理课程标准实验教科书》选修 3-1 第 93 页“旋转的液体”实验：在玻璃皿的中心放一个圆柱形电极，沿边缘内壁放一个圆环形电极，把它们分别与电池的两极相连，然后在玻璃皿中放入导电液体，如盐水。如果把玻璃皿放在磁场中，液体就会旋转起来。

若按教材所说的器材做此实验，不足之处有：实验现象微乎其微；实验过程中氯化钠水溶液电解释放出有剧毒的氯气，对环境和学生的健康极为不利；蹄形磁铁挡住视线，可见度低；磁场强弱无法改变。

为此，作者对此实验进行了改进。改进后的实验现象理想，而且可以演示安培力的大小、方向的决定因素等。改进的实验具有以下优点：材料易取，制作简单，操作容易，现象有趣，实验安全，无副作用；既可用于验证性实验，也可用于探究性实验，大大地激发了学生的科学探究热情和创作热情。文章从实验装置、材料与制作、装置特点、实验操作几方面对改进的实验做了详细介绍。

《教学仪器与实验》2008 年第 12 期

用数码相机研究自由落体运动和平抛运动

吴月江

自由落体运动和平抛运动是高中力学的重点内容。前者是匀变速直线运动的典型，后者是曲线运动的典型。为了直接记录、显示上述运动物体不同时刻在空间中的位置，常采用频闪照相法，该方法对于研究二维运动颇具优越性。但由于传统照相的诸多不便，无法在课堂上实施，所以一般仅仅是观看现成的照片。数码相机的普及使课堂上现场拍摄并研究这类运动成为可能。

文章介绍了如何使用普通数码相机（要求能手动设定快门速度和光圈大小）、相机三脚架、频闪光源、自制演示板（可用类似实验装置改制）、钢球等仪器来研究自由落体运动和平抛运动，如果学校有条件，可将该实验作为学生分组实验来进行，并替代现行的平抛运动实验。

《教学仪器与实验》2008 年第 12 期

用自制仪器定量探究影响安培力大小的因素

孙　涛

人教版高中物理第二册第十五章“磁场”第二节“安培力—磁感应强度”一节中设计了一个演示实验，研究了被悬挂起来的通电直导线在三块相同且并列放置的蹄形磁铁中所受的安培力，并依据导线的摆角不同来判断所受安培力的大小。实验可见度小、难以操作，且只是定性分析得出安培力大小与电流大小、导线长度之间的关系。另外《普通高中物理课程标准》选修 3-1 模块中，第三个二级主题“磁场”内容标准写道：“利用电流天平或其他简易装置，测量或比较磁场力。”可是，如何才能定量探究安培力大小与各影响因素之间的关系，并且能测量、比较安培力大小呢？带着这个问题，作者经过认真思考自行设计了一个实验仪器。通过此仪器不但可以测量和比较安培力大小，还可以定量探究安培力大小与各影响因素之间的关系。

该仪器具有 3 个优点：巧用等臂电流天平特性，将看不见的磁场力转化为弹簧秤的示数读出来，增大了实验的可见度；利用单刀双掷开关控制磁场中导体的长度，增加了实验的操作性；此实验仪器定量探究了 $F \propto BIL$ 的关系，帮助学生建立磁感应强度的概念。

文章从设计与探究思想、仪器结构与制作、安装与调试三个方面对该仪器做了具体介绍，还用该仪器对影响安培力大小的三个因素进行了探究。总之，将此自制实验仪器运用于物理课堂实验教学过程中具有启发性、探究性，更好地体现了新课程知识与技能、过程与方法的教学理念，激发了学生动手制作教具的兴趣，培养了学生分析解决问题的能力。

《教学仪器与实验》2008 年第 12 期

娱教技术与中学物理实验教学整合的初步探讨

郭晓萍　鲍亚培

娱教（Edutainment）思想与“寓教于乐”的快乐教育一脉

贯通，不但具有深厚的历史积淀和文化渊源，还具有丰富的理论依据和实践基础。将目前极具发展潜力的娱教技术引入中学物理实验教学，可为传统的、枯燥的学科注入新鲜的血液，弥补学科的技术不足；还可缩小与国外教学和社会技术水平的差距，改变学科发展滞后的现状。而采用相对成熟和适切的学科为载体，也会使娱教更容易操作和评价，从而更好地融入学校教育，进而使娱教技术、思想、理论和评价体系更丰富和完善。二者的有机结合还可为学习者提供良好的体验学习环境和实践平台，促进探究学习与合作学习的进行，也利于使用者进行 DIY 设计，提高教育者的信息化水平和业务素质，还能促进教学手段、教学方法和教学模式的改革与完善。特别是基于网络的娱教技术的应用，有利于促进传统学科优质资源的共享，实现教育公平化、现代化与信息化。

文章对娱教技术在我国的应用现状进行调研，并综合国内外现状，对娱教产品以及目前国内中学物理实验教学的特点进行分析，探讨二者有机结合的可行性与必要性，寻找整合的切入点，进而促进新技术的引入和增强传统学科的活力。

作者认为娱教技术与中学物理实验教学的整合主要体现在以下几个方面：玩具类娱教工具的研究与应用，利用自制娱教工具教学，与新技术、新材料和新能源结合的娱教技术，还对娱教在中学物理实验教学中应用效果进行了研究。

《教学仪器与实验》2008 年第 12 期

测量电源电动势和内阻的探讨

汪维澄

人教版新课标教材《物理选修 3－1》第二章实验 9 为“测定电池的电动势和内阻”。实验方法中介绍了如何测定水果电池的电动势和内阻，也指出了如果水果电池不太稳定，可测量干电池的电动势和内阻。文章主要就教材中的方法对测量电源电动势和内阻作了一些探讨。

研究闭合电路欧姆定律使我们认识到电路分为外电路和内电路，在内、外电路上静电力所做的功之和等于电源内部非静电力所做的功，电动势等于内外电路电势降落之和。在此基础上解决了电源的路端电压与电源输出的电流的关系，$U-I$ 图像反映了电源内阻对电源外特性的影响，也正是借助这一关系完成了电动势和内阻的间接测量。

测量电动势的简单、实用、精确的方法，是在电源空载时，用电压表直接测量路端电压U，即作为电动势E值。若电压表内阻为电源内阻的1 000倍（通常都可以做到），则路端电压U与电动势E的相对误差仅为1/1 000。因此，伏安法不是测量电动势必须和良好的方法，而测量内阻时却往往是必须用的。

《教学仪器与实验》2008年第11期

演示实验中发挥学生主体性策略的实践

倪志强

物理学是一门实验科学，它需要从生活和自然中提取素材，并通过实验来展现出其本质、规律和内在联系。新课程标准要求学生能自主地参与科学探索。让学生更多地参与到演示实验中，符合新课标要求和教学规律。

学生参与演示实验历来是被动的，参与度低。学生的参与度不仅取决于学生的主体意识和活动能力，更取决于教师采取怎样的教学策略。随着课题组对《新课标下发挥学生主体性策略的物理教学实践研究》研究的深入，得出：教师以科学的教学理念为指导，掌握并实施主体性策略，会提高学生的演示实验参与水平，提高课堂的教学效率，进而促进全体学生的发展。

文章结合作者的教学实践，指出了让学生更多地参与到演示实验中来的一些做法：一、让学生成为演示实验的参与者，包括让学生充当实验器材、让学生充当测量工具、让学生模拟研究对象；二、让学生成为实验方案的设计者；三、让学生成为实验的总结者。

《教学仪器与实验》2008年第11期

例谈几种实验测量仪器的教学

龙 军

初中物理测量仪器的教学，教师大多采用讲授的方式，即首先讲授测量仪器的结构，然后讲测量仪器的用法、读法及注意事项等。这种教学方式没有关注学生认知事物的规律，学生的思维得不到激发，创新能力得不到有效培养，只能被动接受、机械记忆。

作者从学生有效学习的角度出发，从知识准备和情感准备、新旧知识的联系、学习所得和进行内化这三方面着手，结合测量仪器的特点和学生的认知规律，对测量仪器教学的有效性进行了探索。采用在“做”中学和在“用”中学两种教学策略：在“做”中学，使学生在制作过程中学会使用；在“用”中学，使学生在实际操作中学会使用。这种教学策略，能充分调动学生的思维，激活学生的智慧，形成实验探究方案并逐步内化。学生在“做”或“用”的过程中，自然达成教学目标，主动获得智能发展。

文章分别以温度计和弹簧测力计的教学，以及天平和电流表（电压表）的教学为例，对两种教学策略做了详细说明和介绍。

《教学仪器与实验》2008 年第 6 期

加强对初中学生的实验室常规教育

王建申

实验教学是全面实施素质教育，培养学生实验技能、创新能力和科学素质的重要举措之一。随着新课程改革的实施和实验室教学条件的逐步改善，应最大限度地发挥实验室的功能，使实验教学有序地进行，真正发挥科学育人的效应。这就对实验教师提出了更高的要求。

学生分组实验课，由于涉及的人多、仪器多，教师不易组织课堂教学，经常出现教师在上面讲课，学生在下面随便摆弄设备和药物、不按操作规程进行实验，造成课堂纪律混乱，教学仪器损坏较多，以及安全隐患等不良现象。要想真正地管理好学生分组实验，须有一套可行的制约措施来加强管理。

作者根据自己多年的工作实践，积累了几点管理学生分组实验的经验，并在文中做了详细介绍。如对初中学生进行实验室规划和定人定座、清点器材、填写记录、规范操作的常规教育，促使实验教学有秩序地进行，推进素质教育的实施和课改的顺利进行，另外还对学生进行实验常规教育的具体做法做了介绍。

总之，建立规章制度是前提，有效的制约手段才是关键。通过进行实验常规教育，使学生严格按“定人定座”“清点器材”“填写记录”“操作规范”等实验课的常规流程去做，能对执行规章制度起到有效促进作用，是学生实验教学管理行之有效的方法。

《教学仪器与实验》2008 年第 8 期

巧用鸡蛋的物理实验

李海军

中学物理的课程目标是提高全体学生的科学素养。通过物理课程的学习，学生不仅应掌握物理知识、实验技能，了解物理研究的过程与方法，而且还应具有物理学习甚至研究的情感态度与价值观。其中最重要的是能领略自然界的美妙与和谐。美国物理学家费曼曾说："学过科学以后，你周围的世界仿佛变了样子。"这才是科学教育的真谛。

新课程提倡的"从生活走向物理"的思想并不仅仅是为了提高学生学习物理兴趣的权宜之策，而是对物理教育本真的追求。鸡蛋只是生活中常见的一种物质，生活中的许多其他物质都可以作为实验材料。只要教师注意观察，勤于思考，善于动手，就可以开发出很多有趣的实验。文章列举了几个与鸡蛋有关的实验，在教学实践中可以有效地激发学生的物理学习兴趣，加深对概念的理解。

《教学仪器与实验》2008 年第 6 期

磁悬浮现象的实验设计

陈凤林

上海科技出版社出版的义务教育课程标准实验教科书九年级《物理》，第十六章第一节"磁是什么"，提出关于磁极间的相互作用规律在生活、生产中有许多的应用，磁悬浮列车就是其中一个典型。

教学中如果能增加磁悬浮现象的演示或分组实验，会很好地激发学生的学习兴趣。作者介绍了一个趣味性强、效果显著的实验设计，可以很好地培养学生的动手能力及分析解决问题的能力。建议教师可以在课余时间指导学生完成制作与实验。

实验器材有硬纸盒盖、环形磁铁、中性笔笔芯、透明胶带和牙膏盒。

具体制作是：在硬纸盒盖左右两侧分别对称放置 4 个环形磁铁，并用透明胶带在硬纸盒四周缠绕一圈，固定磁铁。在中性笔笔芯上套 2 个环形磁铁，因环形磁铁的内径较大，可以在中性笔笔芯上相应位置缠绕透明胶带，使磁铁不晃动即可。两磁铁间距与硬纸盒盖左右磁铁间距等同。将中性笔笔芯水平放置于硬纸盒磁铁上方约115 cm处，笔尖处用牙膏盒挡住。装配好器材后，轻轻松手，笔芯会悬浮空中；如轻轻转动笔芯末端，笔芯能快速旋转，因阻力小，旋转时间会很长。

最后，文章还对实验中要注意的事项以及解决办法做了介绍。

该实验还可以进一步延伸：中性笔笔芯在两处受向上的斥力，实现笔芯悬浮比较容易。实验还可以提高难度，用三个环形磁铁实现笔芯的悬浮。这时调整环形磁铁在笔杆上的位置，以达到平衡尤为重要，对学生动手能力是一种挑战，同时可以培养学生耐心、细致的学习态度与习惯。

《教学仪器与实验》2008年第6期

物理教学评价

概　况

中学物理教学评价具有促进学生知识能力提高、促进物理教师职业化发展和改进物理教学实践的功能。评价体制可以牵动整个教育体制，在物理教学评价方面的改革与推进的成果很大程度上体现了物理教学改革的步伐与成果。2008年的各类教育杂志中，涌现了大量的涉及物理教学评价的研究成果，对此，我们将这些文章做了系统的整理、分类，主要有以下特点。

重视试卷评价的理论

1. 终结性评价（试卷）的探讨

高中物理新课标提出了三种不同的课程内容即基础性、选择性和时代性的内容，综合国内外的经验，可以分别采用封闭式评价、开放式评价以及表现式评价这三种不同的评价方式。

现在中学教学评价的形式主要有终结性评价和过程性评价。对物理教学来说终结性评价仍是目前主要的评价形式，试题是评价的主要实施形式。由于一般习题的呈现形式是已被抽象的物理情境，因而使物理能力测量的有效性难以得到保证。所以有些学者提出对原始物理问题测量工具的编制与研究应当进行适当的讨论。试题评价是与我们现在的教育现实相匹配的，仍然有其存在和发展的价值。所以，在大力倡导发展性评价的新形势下，坚持以课程标准为依据，以新课程理念为准绳，以推进课程改革为宗旨，以促进师生的共同成长为目标，充分发挥试题评价的导向作用，具有非常重要的现实意义。

2. 对试卷结构类型的新思考

试卷的结构与题型要与高考保持一致，其中试卷的特点最好能体现新课程理念、侧重结合生活实际、有教材内容改编的题目、要凸现对物理方法的考查；注意试卷的整体难度、区分度和长度；注意突出考查物理学科的主干、核心内容，加大对能力的考查。

创设与学生自身能力发展相结合的评价

关注学生掌握知识的评价：学生是学习的主体，学生的知识和能力的提高是教育评价的主要内容。不少教师从单纯的试题分析开始转向探讨学生的物理观察能力、归纳能力与学生自身因素的关系，诸如提出了学生质疑能力的调查，学生物理观察和归纳能力的分析等，将教学评价和学生现有能力结合考虑，是值得教学评价关注的一个方面。

在发展性评价中，现在备受关注的有表现性评价和档案袋评价。表现性评价能够实时地、可靠地评估学生在复杂任务中的表现，评估他们在有意义的情境中运用相关知识和技能进行推理和解决问题的情形，并评估他们的科学探究能力。物理教育中表现性评价可以分为 4 种主要的任务类型：比较研究、组分识别、分类研究、观察研究。探究日志是学生对自己探究过程的记录，包含着学生对探究过程的直接记录和对探究过程的思考记录。同时，探究日志是开放的，没有结构的限制，让学生可以更详细全面地记录自己的探究过程，也为学生表达自己的想法和观点提供了一个很好的展示平台。它被包含在档案袋评价中。

强调与其他国家和地区评价的对比

对其他国家和地区教学评价的关注，主要集中在对中国香港、美国和英国等教育比较发达的地区和国家教育评价的介绍上。如对我国香港高考 TAS 实验表现评价的研究和香港高考（物理科）评价改革的研究、英国 GCE 物理 A 水平考试述评、英国 CIE 高中物理A－level考试简介、美国教育进步评估中的科学评估等，可以说内容比较细致和广泛，对基础教育的教学评价及教学实践方面都有很好的借鉴作用。在课程评价方面，相应地用对比研究方法研究了国外的课程评价，如 SOLO 分类法和 PTA 量表法。

2004 年以来，国家开始允许地方结合各地实情在高考中进行自主命题。江苏、广东、上海、北京等省市地区先后开展了这项研究，积累了宝贵的经验，形成了一定的自主发展的模式。这些自主命题的省市在进行新课程改革的过程中，迈出的步伐都比较大，取得的经验也比较丰富，值得借鉴和学习。因此，每年高考过后，都会涌现出一些优秀的评价高考试卷的文章。

论文摘要

原始物理问题测量工具：编制与研究

邢红军　陈清梅

我国物理能力测量一直沿用习题形式。由于习题的呈现形式是已被抽象的物理情境，因而使物理能力测量的有效性难以得到保证。基于此，作者编制了原始物理问题测量工具并选取中学生进行了抽样测量。

原始物理问题测量工具的编制主要从以下四个方面展开：将实际生活中的现象与物理知识有机结合编制而成；根据新闻报道中的真实事件加以编制；根据历史上真实发生的事件改编而成；根据高中物理教材的相关内容编制而成。

作者运用此测量工具，采取随机抽样的方法选取了高三的学生进行测试，通过认知作业的统计分析得出如下结论：中学生解决原始物理问题的能力非常薄弱，学生的物理能力培养存在着很大问题，中学物理教育的科学方法教育存在很多问题。

物理能力测试在一定意义上属于心理测量的范畴，具有较强的物理学专业性与心理学专业性。文章编制的原始物理问题测量工具只是物理能力测量研究中的“一小步”，但在物理能力测量的观念上却是“一大步”。其意义在于，不仅把物理能力测量工具的编制从习题拓展到原始问题，体现了生态化的研究取向，而且为改变我国基础物理教育领域长期存在的“题海战术”现象，提供了一种新的思路和有益的启示。

《课程·教材·教法》2008 年第 11 期

从一道高考试题看高考物理命题创新趋势

杨利平

在近几年全国高考物理试题中，出现了一些创新题型，高考创新命题思路已成为了热点。高考物理创新试题具有以下几个特点：出题背景多样、复杂化；题型展现灵活化；能力考查综合化、立体化；试题理论联系实际——科学化。对2007年高考物理（上海卷）第16题进行剖析，发现它有创新立意的特点。因为这道题的思考量较大，要求考生根据题目给出的条件，作综合分析，要求较高，有一定难度，但又没有超出考纲的要求，所以整个解题思路对学生对物理过程与物理方法的理解是否全面、完整进行了系统考查，能充分体现学生的分析概括能力、发散思维、创新思维能力及科学探究能力。创新试题命题的拓展趋势是多维开放式的命题，要求物理教学必须为学生创设宽松、和谐、开放的多维学习环境，突出学生主体地位，激活学习的能动性，启迪思维的广阔性，提高学生的科学素质，促进学生树立创新精神，优化思维品质。高考命题创新趋势是在新物理课程理念下产生的，充分体现了新课程理念的精髓，高考物理创新试题的时代性、开放性、实践性、探究性和导向性，对高中物理教学具有十分重要的指导意义。

《物理教师》2008年第3期

基于现场观察的科学探究能力的评价研究

罗国忠

现场观察被国际科学教育工作者公认为是最有效的科学探究能力评价方式，然而，迄今为止我国中学物理还是通过单一低效的纸笔测验来评价学生的科学探究能力。作者以单摆为例，在借鉴国际经验基础上，构建了一套现场观察评价体系，并分析了学生在动手探究中的表现水平及特点。

研究的对象是具有一定探究学习经历的178名初三学生。构建的现场观察评价体系包括探究的任务、教师用的观察核查表和访谈问题及评分标准，先预评，随后进行了实评。

研究给出了学生在进行实验、概括结论及评估3个要素的评分结果，并就学生在每一要素（或关键成分）的表现水平及特点进行逐一分析、讨论。其中，进行实验是科学探究的核心部分，作者又将它解析成自变量、控制变量、因变量进一步考察。

研究表明，学生实验操作能力具有一定的情景相关性，概括结论及评估的能力具有一定的背景依赖性，这意味着，科学探究能力不完全是一般性的认知能力，难以用脱离情境的纸笔测验可靠、有效地来进行测评。学生在科学探究考试中能得高分，但一动手探究就出问题，归根到底这是由于脱离实际的纸笔测验所获得的探究信息是片面、不可靠的。只有让学生在真实情境中动手探究，教师运用观察和访谈的方法，才能获得学生可靠而真实的探究能力的评价。

《物理教师》2008 年第 6 期

高中物理新课程学业评价对策研究

吴维宁　朱行建

高中物理新课标提出了 3 种不同的课程内容即基础型内容、拓展型内容及探究型内容，综合国内外的经验，可以分别采用封闭式评价、开放式评价以及表现式评价这三种不同的评价方式。

文章介绍了两种国外的评价方法：SOLO 分类法和 PTA 量表法。SOLO 分类法是一种基于问题解决、等级描述式的，具有开放式评价功能的评价方法。它具有 3 个特征：一是可用于开放性问题；二是量的评测与质的考查相结合；三是目标表述简单清晰便于师生识读。其核心思想是：学生对于某一个具体问题的学习水平，取决于他（她）对于相关知识掌握的数量（学了多少）与质量（学得多好）。

PTA 量表法是一种具有表现式评价功能的评价方法。它是一种标准参照的评价工具，其评分标准可以用来评价多种学生表现。PTA 是一项具体任务，也就是说，对于每一个作业和测验有不同的标准，既可以用于外部统一考试，也可以为课堂作业建立评定标准。一般说来，制订 PTA 量表有 3 个步骤：一是确定可能对评价起重要作用的要素；二是编制测试学生每一个要素的评价量表；三是对量表进行试测与修改。它的编制过程主要就是确定基本要素及其等级划分的过程。

文章最后通过两个实例，介绍了上述两种评分方法在高中物理学业评价中的具体运用。

《物理教师》2008 年第 6 期

发挥试题评价对教学导向作用的思考

顾建元

试题评价仍是目前主要的评价形式，充分发挥试题评价对教学的导向作用，能够引领教师改进教学方式、转变教学行为，更好地实施新课程教学。

一方面，试题应与课程改革目标相协调，这需要严格控制试题的难度，恰当设置试题的梯度以及重视基础知识与技能，侧重基本方法和能力。另一方面，试题应与新课程的理念相一致。首先，试题要贴近学生生活，强调知识应用，从而培养学生学以致用和 STS 观点。其次，实施新课程的试题应体现《课程标准》所提出的“注意学科渗透，关心科技发展”的基本理念。再次，试题要注重科学探究，培养科学方法。另外，试题要刻意适度开放，发展思维能力，开放性试题有利于引领学生多角度和多样性地思考问题，有利于培养学生思维的多向性和多样性，有利于促进学生掌握科学的思想方法，从而培养学生的创新精神和创新能力。最后，试题要坚持教育性，体现与时代同步，应坚持从人的生存和发展的需要出发来思考问题，从时代和社会发展的需要来考虑教学目标和方法，挖掘物理教学的人文资源，以教育学生关爱生命、保持自我、增强环保意识、树立可持续发展的观念。

总之，在大力倡导发展性评价的新形势下，坚持以课程标准为依据，以新课程理念为准绳，以推进课程改革为宗旨，以促进师生的共同成长为目标，充分发挥试题评价的导向作用，具有非常重要的现实意义。

《物理教师》2008 年第 6 期

高一物理学生质疑能力的调查与分析

潘淑贤　娄　雪　熊建文

在当前新课标的理念下，在物理教学中培养学生的质疑能力至关重要。作者通过对高一年级学生进行问卷调查，利用 SPSS 对调查问卷进行分析，发现当前高一学生的质疑意识并不强，主动提问的学生所占比例不高；学生提问的内容范围局限比较大，过度相信教材，而对课外非学业性的资料更少产生质疑，缺乏质疑精神；学生在产生疑问后并不喜欢向教师提出疑问。此外，不少教师认为成绩好的学生质疑能力强，而忽略较差成绩的同学的质疑能力培养，这不利于学生群体中提问气氛的形成。通过对学生的个别访谈，作者得出初步结论，认为影响学生质疑能力因素主要有两个方面：一是教师教学指导思想和教育方法落后，物理教学围绕高考转；二是学生思想上有顾虑。

在调查研究基础上作者提出了在物理教学中培养学生质疑能力的几项策略：其一，教师在教学中营造宽松、平等、和谐的师生关系，让学生敢于提问，乐于提问；其二，以"小组合作探究""课堂自主探究"为研究性学习组织形式，创设良好的情境引导学生主动质疑，坚持以学生为主，教师为辅；其三，培养学生思考习惯，指导质疑方法。

总之，教师应在考虑影响学生质疑能力的多方面因素的基础上，采取适合的教学策略来引导学生突破定势思维，使学生养成良好的质疑品质，敢于质疑，最终能使学生把提出问题和解决问题变成一种习惯，能自主地进行探究性学习。

《物理教师》2008 年第 7 期

高中物理学业不良的界定、成因及转化研究——基于学生发展的需要

陈庆军　王书方

如何界定学业不良，目前各国没有统一的标准。此次课题将高中物理学业不良者界定为：语文、数学、英语三科总分位于班级的前 35%，物理成绩在班级位于 65%以后。

物理学业不良形成主要有以下几个方面的成因：一是校内外评价的影响。二是学生的心理和学习行为的影响，包括学生缺少恒心和毅力的影响、思维的认知加工方式的影响、学生学习行为上的影响、建模能力相对不足的影响。三是教师的教学方法和教学行为的影响：教学方法不当、要求过高、任务过多、速度过快。四是教材编写不足的影响。

物理学业不良的转化对策有：培养学习兴趣；面向全体学生，教师要重视对学生实际情况的分析研究，充分了解个体能力与整体的差距，使之和谐发展；提高建模能力，长久地保持学习物理的浓厚兴趣；从生活走向物理，增加学生学习物理知识的自觉性。

要想正确的界定"物理学业不良"应该明确：学生的物理学业不良是物理学习过程中某一阶段的不良，不是智力、学习机会等因素造成的；具有学科倾向性；不同学生的物理学业困难、成

因各不相同，遇到的具体困难也不尽相同。

对于转化策略，要发挥更好的作用，这需要教材编制专家编出适合学生认知特点的物理教材，教育专家研究出适合我国中学生特点的教育理论，教师要针对不同的学习困难，采取不同的转化策略。只有这样，才有利于培养学生学习物理的兴趣，促使学生有效地掌握知识，培养技能以及良好的素质，从而让学生减缓学习压力，使学习过程成为一个积极、主动的求索和建构过程。

《物理教师》2008年第9期

物理教育中四种类型的表现性评价

潘苏东

表现性评价能够实时地、可靠地评估学生在复杂任务中的表现，评估他们在有意义的情境中运用相关知识和技能进行推理和解决问题的能力，并评估他们的科学探究能力。

物理教育中表现性评价可以分为4种主要的任务类型：比较研究、组分识别、分类研究、观察研究。

比较研究类表现性评价需要学生通过实验在某些属性上比较2个或者多个物体，同时要控制其他的变量。评价是否成功主要根据2个方面：适用程序的科学合理性和问题答案的精确性，给学生评分的重点是学生研究的程序，用于操作、控制和测量变量的实验程序的科学合理程度。组分识别类表现性评价需要检验一个物体来确定其组成部分，以及这些部分是如何组织起来的。评价学生的焦点是学生的确认证据和否认证据、以及学生用于搜集这些证据的程序。在学生用于确定组成部分存在或者不存在的证据的适当性和收集这些证据的程序科学合理性上给学生评分。分类研究类表现性评价是为了一定的目的，根据一系列物体的关键属性对物体进行分类，即根据属性来创建一个分类方案的评价，包括一个过程、最终结果、以及一个应用。观察研究类表现性评价是在一段时间内观察和系统地记录一个物体的属性或者模拟一个无法被操作或者控制过程的评价，包括观察一个现象、使用一个确定如何收集这些数据的模型和描述所获得的结果。

《物理教师》2008年第9期

中学物理观察能力及物理归纳能力的性别差异分析

李　鹂　续佩君

物理能力是指物理学习中必然获得发展的直接影响个体完成相应物理学习任务的心理特征，它包括物理观察能力、物理实验能力、物理思维能力三大部分。

作者通过对《物理能力测量研究》一书中所得的物理观察、归纳能力测量的数据进行一系列分析，得出物理能力性别差异的分析结论及相关能力培养的建议如下：男、女中学生的物理能力存在比较明显的性别差异，特别是物理实验能力，男生明显高于女生，但这并不是生理上的原因，注意培养的方式、方法是可以提高女生的物理实验能力的。男、女中学生的物理观察能力和物理归纳能力没有显著强弱差异，但因为受生理因素的影响，女生观察比男生细致、全面，而男生在抽象归纳、应用数理方法上较女生有优势。这方面不应该追求男女生达到同样的水平。男生的物理观察能力个体差异十分显著，这主要是受个体心理因素的影响，所以培养时更要注重心理导向，如毅力的培养等。男、女生的物理归纳能力整体偏低，女生的物理归纳能力分布跨度大，个体差异十分显著，所以要关注女生非智力因素对其能力提高的影响，因材施教。

总之，男、女中学生的物理能力存在一定的性别分化，但并没有明显的强弱差异，而是有各自的特点，我们在物理教学中培养学生的物理能力时更应该强调个体非智力因素对其能力培养的影响，不能以性别论高低。此外，在因生理因素导致的差异方面，可以有意识地对其进行强化训练或设法在别的方面予以适当弥补，使学生的物理能力得以均衡发展。

《物理教师》2008 年第 9 期

试题的命制原则研究

朱建廉

试题命制是教师在履职行为中的“经常性”活动，是教师工作中极具“严肃性”的行为。分析教学实践中试题命制的现状，有违背试题命制原则的现象，因而针对试题的命制原则作一些理性研究，很有必要性。

作者引用各类考试中所命制的试题为例，认为试题的命制应该遵循以下原则：试题整体的“科学性”原则；题设条件的“一致性”原则，即将一些呈并列关系的题设条件一并给出时，要关注到其间的“一致性”；题设数据的“自洽性”原则，有时不得不在“物理学”已经“完备”了的基础上另外再多给出一些数据，最应关注的就是题设数据的自洽性；试题表述的“通俗性”原则，否则晦涩的文本表述影响试题的解答，将干扰试题命制中考查功能的精心设置；背景过程的“现实性”原则，即作为试题的背景过程必须是现实中能够合理发生的；背景模型的“客观性”原则即命制试题时所构建的模型必须是客观真实的；考查功能的“目标性”原则，是指在试题命制的过程中用于规范和制约试题命制者的主观意图对试题考查功能的客观影响；技术参量的“主观性”原则，信度、效度、难度、区分度等这些技术参量可以在试题使用后的统计中客观确认，但仅就试题的命制而言，就只能在意识层面上被试题命制者主观控制；试题赋分的“公平性”原则，即试题的“考查容量”与相应的“试题赋分”之间应该相适应；试题呈现的“美观性”原则，可以在试题呈现的外在结构、文字表述、知识背景、逻辑线索等不同的层面上追求美观。

《物理教师》2008 年第 10 期

浅谈高中物理模拟试卷的命制方法和技巧

杨昌林

命题前要好好领会高考的地位、作用、性质以及试卷的编写原则。其中高考物理学科主要考查学生的理解能力、推理能力、综合分析能力、运用数学处理物理问题的能力、实验能力。在拟定内容、题型、分数三项细目表时，要注意层次分类合理、比例恰当。

在命题时应注意：试卷的结构与题型要与高考保持一致，其中试卷的特点最好能体现新课程理念、侧重结合生活实际、能有课本改编题、要凸现对物理方法的考查；注意试卷的整体难度、区分度和长度；注意突出考查物理学科的主干、核心内容，加大对能力的考查。

改编试题是对原有试题进行改造，使之从形式上、考查功能上发生改变而成为新题，具体做法如下：转换题型、重组整合、改变考查目标。一般情况下，改编而来的题目难度会相应提高，但由于是对现有材料的深度挖掘，带有一定的新颖性和创造性，这是其优点。新编试题重点体现在一个“新”字上，即创设新情景，呈现新材料，设问新颖、思维性强。新编试题一般遵循“高起点、低落点”的基本原则，材料越新、越尖端，其难度也相对较低。

降低试题难度的策略：改是非题为选择题，改多项选择题为单项选择题；在非选择题中增加铺垫性的设问，即多设问，赋分值减低。增加试题难度的策略有：改选择题为非选择题、改单项选择题为多项选择题；减少设问，增加赋分值等。另外要注意题型技巧。

《物理教师》2008 年第 12 期

运用“探究日志”评价中学生的科学探究能力

李雪梅　范春玲

探究日志是学生对自己探究过程的记录，包含着学生对探究过程的直接记录和对探究过程的思考的记录。同时，探究日志是开放的，没有结构的限制，让学生可以更详细全面地记录自己的探究过程，也为学生表达自己的想法和观点提供了一个很好的展示平台。

运用探究日志评价中学生的科学探究能力的过程，可以从以下几个方面进行：让学生参与到具体的探究活动中，动手探究；对探究日志的范围要有一定的要求，一般中学生的探究日志包含的内容有：个人或小组的探究计划、小组里每个成员的责任和出勤记录、参考书或其他资料的使用情况、探究的进程；制定评价探究日志的评分标准，文章从七个维度列出了评分标准的表格；按照制定的评分标准实施评价。

在评价中有几个需要注意的问题：（1）对学生的探究日志进行调控。首先督促学生记录探究日志，然后激励学生在探究日志里较为全面地展示自己的探究情况。（2）对探究活动时间的安排。教师或研究者可根据自己教学的进度或研究的需要，有计划地、合理地安排好学生在课堂上或课外的探究时间。（3）评价是手段，提高学生的科学探究能力才是目的。让学生记录探究日志，一方面是给研究收集资料，更为重要的是促使学生思考自己的探究过程，提高其科学探究能力。

《物理教学探讨》2008 年第 4 期

香港高考“TAS 实验表现评价”研究

许雪梅

自 2002 年香港正式开始课程改革以来，高考物理科评价改

革由原来的纸笔测试走向多样化，出现了教师评审制（TAS）。TAS包括实验表现和实验报告两个评核范围，总分共计为100分。

TAS工作单给出了评核的任务，一般包括目的、仪器、原理、误差评估、问题和讨论等要素。学生熟知该做什么，实验操作就会比较熟练。一般先安装实验器材，进行观察和测量。接着操作实验仪器，记录结果，描述观察，有时会做数字估算。当学生遇到困难，教师可提供协助。这时教师可依据所提供协助的程度酌情扣减分数。学生必要时和同伴合作，保持实验室有序，并遵守安全守则。

教师评核学生TAS课堂表现的任务包括：观察学生实验过程中的操作表现、实验技巧、记录在工作单上的数据是否错误、是否超时。教师评核实验表现的量表包括五个方面内容：安全地进行实验的步骤；有效率及有组织地完成实验；纯熟地操作仪器；适当运用仪器获取准确的量度和读数；对科学探究持正面态度。

教师评核实验报告的量表包括如下内容：报告书内步骤和技巧的评述；实验结果的记录和呈现；实验结果和结论的阐释。

从调查研究的结果看，高中的日常教学确实更加重视学生的实验教学，学生的实验技能得到了提高，促进了学科知识的学习。TAS在以下几个方面作出了贡献：强化了课堂实践的中心；培养教师评价技能，促进教师专业发展；为学习者和教师提供学习诊断、解释，促进学生更好地达到学习目标。

《物理教学探讨》2008年第5期

PISA2006：国际学生科学素养的首次全面评价

赖小琴

国际学生评价项目PISA2006是对全球15岁学生科学素养的首次全面评价，其目的是要检查学校科学教育为学生未来的成人生活做准备的情况，评价的内容着眼于学生科学知识和能力的发展。PISA2006评价的特点表现在四个方面。

首先，评价的目标着眼于未来生活。PISA评价的目标是检查义务教育将近结束时，学校教育为学生未来生活做准备的情况。所以PISA评价不是考查学生能否复述所学的特定学科知识，而是考查他们能否把所学的向外类推到新的、与学校有关或无关的情境中。

其次，评价的内容着眼于知识与能力的发展。PISA2006 评价的内容经过了精心选择，只满足下列要求：与真实生活情景相关；代表了重要的科学概念，可以持久地运用；适合 15 岁孩子的发展水平。

再次，首次评价学习科学的态度。PISA2006 对科学态度评价的主要内容有：对科学探究的支持；作为科学学习者的自信；对科学的兴趣；对资源和环境的责任。这些领域考查了学生对科学的态度和价值观以及责任感意识。

最后，界定了科学熟练程度水平的基线。PISA2006 依据学生的表现结果，把科学熟练程度的水平分为 6 个等级，在不同的水平上，学生的科学知识及其应用知识的能力水平不同。

PISA2006 评价为我国基础教育改革的科学素养评价和研究提供了有益的启示。评价的目标要明确，评价的内容要均衡，只有重新认识评价的价值，并有了明确的评价目标和内容，重构的评价体系才能真正为科学教育教学和研究提供参考。

《物理教学探讨》2008 年第 11 期

物理新课程学生学习评价实施中几个问题的探讨

陈峰 林钦

文章提出现在教学评价存在一些问题，反思、改进物理课程学生学习评价实践中的问题，主要从以下几个方面入手。

第一，应该充分明确评价指导思想。学习评价应以促进学生在知识与技能、过程与方法、情感态度与价值观方面的发展为目的，要重视形成性评价与终结性评价的结合，注意：重视评价的诊断、激励和发展功能；促进学生全面发展，关注学生的个体差异；倡导多主体参与评价，采用多样化的评价方式。

第二，要准确把握评价内容。在知识与技能方面，应该重视评价学生对概念、原理、规律的理解，对物理实验基本技能的掌握，还应重视评价学生运用物理知识分析解决生产、生活中实际问题的能力。过程与方法方面，应注重评价学生在学习概念、规律过程以及运用物理知识和科学方法解决实际问题的情况。要特别注意形成性评价与终结性评价的结合；情感、态度与价值观上，教师在教学过程中应该通过多种方式和不同的内容来评价真实情况和发展状况。

第三，合理运用评价方法。评价方法的选择与使用要符合评

价目的、内容的需要，教师要了解不同评价方法的特点和功能，合理运用多种评价方法，客观地评价学生的学业成就和发展状况。具体来说可以通过作业、测验、成长记录、作品进行综合评价。

第四，要正确对待评价结果。首先，应该认识评价与考试的区别，解决以考试代评价问题。其次，新课程在考试结果处理方面，要求教师做出具体的解释和指导，不得公布学生考试成绩并按考试成绩排名。

《物理教学探讨》2008 年第 12 期

高中物理新课程教学评价的探索实践

陈　胜

依据《普通高中物理课程标准（实验）》规定的“知识与技能，过程与方法，情感、态度与价值观”三维课程目标，作者结合新课程物理教学的实际，对新课程标准与原教学大纲、新教材与以往教材进行了深入对比分析，尝试逐步建立和完善促进学生全面发展、教师不断提高的教学评价体系。

课堂教学是实施素质教育的主渠道，也是实施新课改的主阵地。在实施新课程标准的今天，课堂教学的成功与否直接关系到新课改的成败；而课堂教学评价的科学性、导向性，又直接影响着课堂教学的质量与效率。

以一个物理课堂教学评价表为例，表中一改过去只注重教师“教”和偏重教学结果的倾向，在课堂教学的评价及权重上更突出了全面性、发展性和主体性。

对学生的学习进行评价，除了评价学生在课堂教学中的表现以外，对他们在平时学习活动中的表现进行评价也是一项重要的指标。它有利于充分调动学习者平时学习的积极性，克服“重学习结果轻学习过程”的倾向。

强调探究学习，培养创新精神，是新课程标准的一个重要特点和亮点，开放性地展示探究过程及其成果，接受来自各方面的评价，以体现评价的多元性、激励性、主体性、实效性。

而新课程背景下对学生的综合测评中，考试成绩仍应占有相当比例；多元化教学测评在实践中尝试将课堂的口试、面试与期中期末的考试相结合，充分体现测试评价的多样化。

《中学物理教学参考》2008 年第 Z1 期

浅谈如何进行试卷命题和评价

张渊斌

目前学校普遍存在两方面问题：一方面，考试卷是教师东拼西凑而成的或用商业性试卷。这些试卷陈题旧题多，缺乏时代感，让学生陷入“题海战”，严重影响了教学效果。另一方面，教师在考后只注重对成绩的定量分析，忽视对试卷质量的评价，制约了教师专业水平的发展。一份好的试卷应该体现新课程理念，能激发学生的求知欲，训练学生思维，为实现新课程三维目标服务。命题质量能体现教师的教学理念和专业，掌握命题的基本框架和命题评价的基本方法是教师必不可少的基本功。文章以高一物理教师一次新课程物理模块的命题比赛以及对试卷命题质量的评价为例，谈谈如何进行试卷命题和评价。

赛前必须制订好试卷命题比赛的方案，将《命题双向细目表》(样表)、《命题质量评价表》等材料发给教师参考，以便他们了解命题及评价的基本要素。评价模式有：制定评价标准，进行试卷初评；现场陈述答疑，实施互动评价；选择测试班级，进行现场测试。

若教师在拟定《命题双向细目表》时存在有明显的经验不足问题，则有待于经常性的训练；而限带资料、允许带入其他资料或使用网络，会使命题及评价陷入两难境地，有待于进一步探索；各种评价量表中的评价内容和权重设计不尽合理，有待于进一步调配和完善；教师认为比赛后拓展了自身的专业潜能，但因整个操作过程复杂，组织一次活动有诸多不便，有待于进一步优化。多开展试卷命题比赛和评价活动，有利于教师业务水平的提高，值得推广与普及。

《中学物理教学参考》2008 年第 4 期

写好试卷评语 夯实讲评效果

荀红侠

高中物理的学习中，每个学生基本都要经历众多考试，及时准确地评价教学成效及其问题与不足，能有效详尽地反馈学生的学习情况。教师恰如其分的试卷评语能激发学生潜能，是引导学生进步的有效途径之一。同一个人在通过充分激励后，所发挥的能力相当于激励前的 3 倍至 4 倍。因此书写评语时应把握评价的目的，遵循鼓励为主的原则，分清学生的学习层次和成绩优劣，因题、因人、因学而异，言简意赅地指出问题提出的要求，引起重视强化改正，从而达到提高。针对性的评语能起到鞭策警示的作用，达到纠正错误、解决问题的目的；个性化的评语能有效融洽课堂氛围，沟通师生感情，进一步激发学生的学习兴趣和热情；画龙点睛的评语能有效地点拨学生的心智；有目的的评语能有效地减轻教师的工作负担；有深意的评语能有效地引导学生钻研知识、追求真理，培养创新、探究能力。教师评语试卷时要谨记：评语不能嘲笑、讽刺、挖苦学生；不能隐晦、随意、夸张，忌不可操作性，使学生无所适从；不能成为教师宣泄的机会，给学生身心、情绪带来不良影响；评语不能一律表扬或批评，应做到对题不对人，详略得当，中肯实在，但不能引起误解和矛盾。试卷评语较好地从思路、能力、习惯、情感、品质多方面评估、引导学生，是凝聚教师心血的创造性劳动，对学生增加学习兴趣、加深知识理解、启迪科学思维、促进全面发展益处甚多，这种方式既符合素质教育的要求，又在评价过程中深刻体现着素质教育。

《中学物理教学参考》2008 年第 7 期

精心设计和引导是教学成功的关键——对一节导入课题的教学案情分析

郁　生

一位年轻教师在“光的折射”课中，导入课题进行光从空气中射入水中的折射探究时所暴露出的问题有：第一，导入新课时没有从学生的实际出发精心设计生活场景；第二，没有精心设计学生实验；第三，教师没有引导到位。教师只有围绕课程改革的核心理念“以学生发展为本”，从学生全面发展的需要出发，注重学生的学习状态和情感体验，注重教学中学生主体地位的体现和主体作用的发挥，才能实现师生共同发展。从案例分析中看出：导入情景要贴近学生生活实际，使全体学生都有亲身经历和体验，这样才能引发学生认知冲突，产生疑惑，从而激发学习兴趣；在物理课堂上，为了体现科学探究过程，需要制订探究实验方案，在学生实验难点的突破上要优化和细化。教师高超的引导艺术有利于学生探究能力的发展，教师的正确引导要伴随学生探究的全过程：在探究前，要把实验步骤、观察目标向学生交代清楚，对实验重点、难点应做必要的演示或让学生观看视频；在探究中，教师要巡视各个小组分类分层引导，帮助学生在实验中提高思维水平，培养科学探究的能力和良好的习惯；在探究后，要引导学生分析论证得出结论。只有精心引导，自主探究才会有序、有效。否则，便成了自由无效的活动，浪费宝贵时间。初中物理探究性强，如果教师对每一次探究活动都去精心设计和引导，就能真正体现新课程理念，师生就能同构共生，教师的课堂定是学生最爱。

《中学物理教学参考》2008 年第 7 期

高考物理对“过程与方法”目标考查的探索——广东省实施新课程后高考自主命题的实践

乐洪勇

广东省近三年高考物理为落实“以能力立意”命题思想，引导考生重视学习过程，关注思维方法，重点考查了学生的物理思维过程、获取物理知识的过程以及解决物理问题的方法，其试题对“过程与方法”目标的考查有不少创新之处。

学生的学习过程是一个接受知识、发现问题和分析问题的过程。把“发现问题”“解决问题”的过程和方法引入纸笔考试，让学生体会到学习过程的重要性，充分体现对过程进行评价的功能和价值。广东省物理考核中以教材为基础将实验装置进行新颖的改进，突出考查了学生对实验过程的理解情况；重视思维能力，考查对知识的认知过程；同时试题设置新颖情境考察对物理过程的分析和处理；近年来加强物理学史，引导学生关注科学发展过程。广东省物理高考集中考查了科学思维方法、处理问题方法和科学研究方法等。广东省物理高考命题从构思、素材、设问、答卷方面对“过程与方法”这一维度目标的考查做了较深入的思考与研究，以能力立意为指导思想，所命试题体现了传承与创新的改革特色和学科特色，所以出现了较多基础知识与科学技术、社会实际相结合，问题解决过程与科学方法相结合、科学知识与人文精神相统一的试题。这些试题情境过程新颖，富有时代气息，有利于激发中学生学习的兴趣，培养思考、诘问、评判、创新的精神，在课程改革的进程中起到了良好的导向作用。

《中学物理教学参考》2008 年第 4 期

能力立意与能力考核——2008 年物理高考（上海卷）解读

杨鸣华　张主方

《2008 年考试说明（物理）》设立了知识技能和能力考核两大目标。其中能力考核目标，从原五大能力概括为四大能力并细化

为十五种分类能力，《说明》中对每种分类能力的考核都给出了示例样题。具体的能力考核目标表述如下：1. 物理思维能力；2. 物理实验能力；3. 综合应用能力；4. 科学探究能力。能力目标的细化使考核更具操作性和针对性，从而使能力立意的指导思想真正地、具体地体现出来，并借以推动和促进高考与教学的改革。

在2008年的高考物理（上海卷）中能力考核的内容全面，覆盖面广；能力考核有一定的层次性，在同一大题中能力考核的学习水平有一定的梯度，对同一能力的考核在不同试题中的难易水平不同。影响试卷能力考核有效性的因素有：应用数学处理物理问题能力的考核所占比例过高；试卷中某些知识内容的考核超出了教材和课程标准的要求；某些技能的考核过高、过于重复，个别试题的要求或题意不清。

鉴于以上解读，作者认为在能力立意的思想指导下，2008年高考物理（上海卷）基本实现了能力考核目标，并在能力考核水平上实现了一定的分层，此举有利于今后能力的测量和评价。但今年全市均分93.4分，与期望值相比偏低，其原因与上述分析中提到的问题相关。因此，作者认为，若能把握好能力考核的"度"，使各种能力考核的比例恰当，控制知识和技能的考核不超出课程标准，统筹处理好这些细节，那么在达到能力考核目标的同时，对均分的控制会更有把握，对今后教学的导向作用会沿着更正确、更健康的方向发展。

《中学物理教学参考》2008年第9期

关注物理课程改革，彰显首都高考特色——2008北京高考理科综合测试物理试题评析

程　嗣

综观2008年北京理综试卷的物理试题，题目常规、回归经典，突出双基、考查能力，注重探究、设问新颖，试卷平稳、关注发展。试题素材源于教材、挖掘教材，又不拘泥于教材。试题结构合理、保持相对稳定。整套试卷突出"新、活、巧"三个字，具有"新而不偏、活而不怪、巧而不难"的优点，同时"稳中求变、变中求新、新中求实、体现课改"。这份试卷对首都高中物理教学和新旧教材平稳过渡以及新课程的进一步实施，起到积极的引领和指导作用。

具体地说，2008年高考北京理综卷物理试题，在注重主干知识的同时突出了学科能力的考查，在考查学生物理学科知识的同

时突出了对学生创新精神和动手实践能力的考查，对中学物理教学进一步培养和提高学生综合素质提出了更高的要求。试题考查重点、试题形式基本保持稳定，试题的题量、题型、分值与上年一致，整体表述准确、科学、简洁，部分试题的呈现方式、问题设置有所创新。试题知识点的考查比较全面，基础题、中档题、难题比例恰当，体现了“以能力立意”的命题原则，总体难度与 2007 年相当。试题注重对物理基础知识、基本技能和学生科学素养的考查，关注科学技术与社会经济的发展和环保及能源开发利用，有利于激发学生学习物理学的兴趣，形成科学的价值观和养成实事求是的科学态度。就物理试题而言，它是一份符合首都中学物理教学实际，促进北京高考改革及中学物理教学的良性互动，全面实施素质教育，让中学师生满意而成熟的高考试题。

《中学物理教学参考》2008 年第 9 期

关注前沿科技的 2008 年中考试题

刘庆贺

通过科学教育让学生初步认识科学及相关技术对社会发展、自然环境及人类生活的影响，从而使学生形成可持续发展的意识、将科学服务于人类的意识等是新课程所追求的目标之一。在中考中出现了以人类正在进行或准备进行的探索、科学上的重大发明或发现、新材料的发现及其应用等为命题材料，主要考查学生收集信息、分析信息和处理信息的能力。解答这类问题，需要明确材料提炼出知识要点，与所学物理知识进行有效结合，最后解决问题。贴近前沿科技的中考试题有着鲜明的特点：一是材料新颖：试题注重创设物理情景是学生未接触过、不熟悉的知识和方法，考查学生的能力；二是表现形式多样：借助文字、图片、表格等多种形式提供信息，考查学生获取信息的能力；三是起点高，落点低；四是注重情感、态度、价值观的培养：通过试题不仅考查学生理解和应用物理知识的能力，更注重学生学习兴趣、学习态度的培养；注意渗透热爱祖国，为国争光的意识；渗透环保、节能、社会责任感意识等；五是回答起来并不复杂：学会对所学知识或方法的迁移，透过现象看本质，提取有价值的信息，概括出其中所蕴涵的物理问题或规律。若试题主要是文字，要求学生抓住与物理有关的文字，从中准确把握与物理知识有关的信息。若试题中有图片，应结合所学物理知识，运用简练的语言对图片中的物理现象进行说明或分析。若有表格，要能从表格中读取对解答问题有用的信息，一般解决方法就是带着问题对表格所提供的数据进行综合分析。

《中学物理教学参考》2008年第10期

英国GCE物理A水平考试述评

杜明荣　廖伯琴

GCE考试是英国普通教育证书（General Certificate of Education）考试的简称，起源于19世纪50年代，分为一般水平考试和高级水平考试。其中A水平考试为高中学生而设，同时兼有毕业、升学、求职等多种功能，其成绩是大学招生、用人单位雇人的主要依据。目前，在英国提供GCE考试的服务机构主要有：评价与资格联盟（AQA）、卓越教育委员会（Edexcel）、牛津剑桥考试中心（OCR）、北爱尔兰课程考试评价委员会（CCEA）、威尔士联合教育委员会（WJEC）。它们全是非官方的组织，其中AQA是最大的一家。下面以AQA提供的GCE物理A考试说明为参考，介绍GCE物理A水平考试的概况。

评价目标：GCE物理A水平考试的评价目标分为四个层次，分别是：（1）对知识的理解；（2）对知识的综合应用与评价；（3）实验与探究；（4）对不同领域的知识与技能的综合应用。

考试内容：GCE物理A水平考试的内容范围共涉及十个学习模块。

AQA公司提供的GCE物理A水平考试中，在考试单元3和单元5安排了实验与探究能力的评价，共占A水平考试12.5%的比重，主要评价学生以下4个方面的能力：（1）编制计划的能力；（2）实施计划的能力；（3）分析论据得出结论的能力；（4）评价论据和过程的能力。

《物理通报》2008年第1期

课改背景下物理作业评价改革初探

常永宏

作业练习是课堂教学的重要组成部分，它是教学中不可缺少的实练环节。物理作业是学生消化、巩固、掌握、迁移所学物理知识，培养和强化各种能力的必要训练；是反馈物理教学信息、检测物理教学效果、优选物理教学方法的重要手段；是学生获取物理知识和提高学习能力的有益活动。物理作业的评价是学生学习方向的一个重要导向。近几年来，我们按照“激发兴趣、养成习惯、培养能力、学会创新”的思想，对传统的评价作业的方式进行了改革，使用了“符号＋等级”的评价方式。实践证明，改革方案可行、效果良好。

物理作业评价原则是有效实施评价的“航标”，它直接影响学生作业的优劣、习惯的形成、思维能力的发展。在评价过程中，要坚持三个原则：方向性原则、激励性原则、可行性原则。

物理作业评价改革的方法：物理作业评价的形式不能单一，而要有多样性，从而促进“教”与“学”的双向互动，达到和谐的统一与提高。具体方式有：符号评价、等级评价、自我评价、学生评价，其中学生评价又包括小组互评和全班互评。

物理作业评价改革产生的积极效果：发挥了学生的主体作用，养成了良好的作业习惯，建立了平等的师生关系，激活了学生的创新思维。

《物理通报》2008 年第 1 期

改变实验教学评价理念 促进学生科学素养发展

姜方良

实验教学是课堂教学的重要组成部分，其优劣直接影响教育教学的质量和效能。实验教学评价是教师与学生联系的重要纽带之一，教师可以通过教学评价传递给学生教学信息，也可以反馈回学生的学习信息。受应试教育的影响，传统的实验教学评价存在许多不足，在评价的功能、主体、内容、形式和方法这几个方面很难与新课程的实验教学评价相适应。因此必须从以上几个方面入手转变实验教学评价的理念。

评价的核心问题是评价标准的科学性和评价方法的合理性。确定科学、合理的评价标准，是科学实验教学评价的重要步骤。应把教育性、科学性、思想性、艺术性这四个方面作为实验教学评价的标准，实施科学实验教学的评价标准。为适应以培养和发展学生科学素养为宗旨的科学新课程的需要，应建立促进学生科学素养全面发展的、“评价目的发展观、评价内容多元化、评价方式多样性”的实验教学评价体系。根据上述实验教学评价原则，作者在科学实验教学中对实验教学评价进行了初步的尝试。并以实验活动“用天平称物体的质量”和学期或单元综合评价为例加以分析。

总之，要在实验教学中引入评价策略，利用实验教学评价引导和激励学生关注教师关心的各种教学问题；在实验探究的过程中，充分发挥认识的能动作用，突破固定的逻辑通道，不断以新颖的方式和多角度的思维转化来寻求获得新成果的活动，在实验设计、实验操作和实验讨论等环节中促进学生的科学素养形成和发展。

《教学仪器与实验》2008 年第 3 期

初中物理实验评价体系的构建

李春密

实验是物理学的基础，也是物理教学中的重要内容和教学方式，在培养学生的动手操作能力和创新能力方面起着很重要的作用。为了更好地开展实验教学，充分发挥实验教学的功能和作用，提高实验教学的实效性，加强实验评价体系的研究是非常必要的。在新评价理念的背景下，物理实验评价体系的建立是基于促进学生发展的基本理念，更加注重发挥实验评价的持续性教育功能，强化了学生自我评价的成分；另外，还考虑到评价对教师发展的能动作用，强化了教师在评价中的主导作用。通过编制每个实验的教师评价表，加强了评价环节的反思氛围，鼓励教师和学生及时总结、反思实验的教学过程，同时也加强了教师和学生在实验内外的互动和交流。新的实验评价体系不仅要求师生在实验过程中实现对话和互动，还希望通过各个评价表将师生之间的反思、互动、交流延续到实验之外。

文章试图构建初中物理实验学生评价体系和教师评价体系。本实验评价体系以追求客观性和科学性为目标价值取向，注重实验实施过程中师生共建的过程价值取向，兼顾学生在实验中的自我评价和创造性体验的主体价值取向这三者的有机结合。在此指引下，分别构建了学生自我评价和教师评价两个体系。每个体系均采用分级式评价的方式逐级明确实验目标和要求，以期协助师生全面、科学地评价实验过程，加强师生交流，促进学生实验能力的发展。

《教学仪器与实验》2008 年第 8 期

2008 年高考试卷集

2008 年普通高等学校招生全国统一考试
理科综合能力测试·全国Ⅰ卷（物理部分）

一、选择题（本题共 8 小题，共 48 分。在每小题给出的四个选项中，有的只有一个选项正确，有的有多个选项正确，全部选对的得 6 分，选对但不全的得 3 分，有选错的得 0 分）

14. 如图所示，一物体自倾角为 θ 的固定斜面顶端沿水平方向抛

出后落在斜面上。物体与斜面接触时速度与水平方向的夹角 φ 满足（　　）

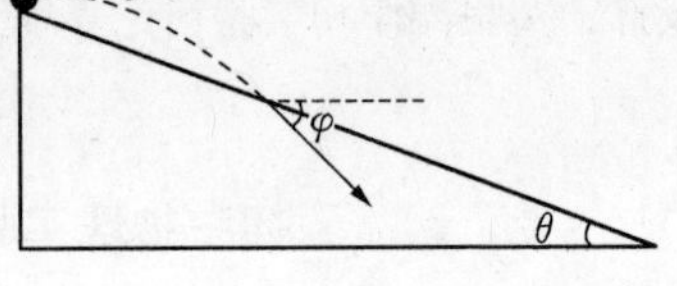

A. $\tan\varphi=\sin\theta$

B. $\tan\varphi=\cos\theta$

C. $\tan\varphi=\tan\theta$

D. $\tan\varphi=2\tan\theta$

15. 如图，一辆有动力驱动的小车上有一水平放置的弹簧，其左端固定在小车上，右端与一小球相连，设在某一段时间内小球与小车相对静止且弹簧处于压缩状态，若忽略小球与小车间的摩擦力，则在此段时间内小车可能是（　　）

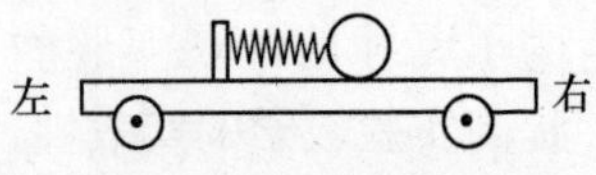

A. 向右做加速运动　　B. 向右做减速运动

C. 向左做加速运动　　D. 向左做减速运动

16. 一列简谐横波沿 x 轴传播，周期为 T。$t=0$ 时刻的波形如图所示。此时平衡位置位于 $x=3$ m处的质点正在向上运动，若 a、b 两质点平衡位置的坐标分别为 $x_a=2.5$ m，$x_b=5.5$ m，则（　　）

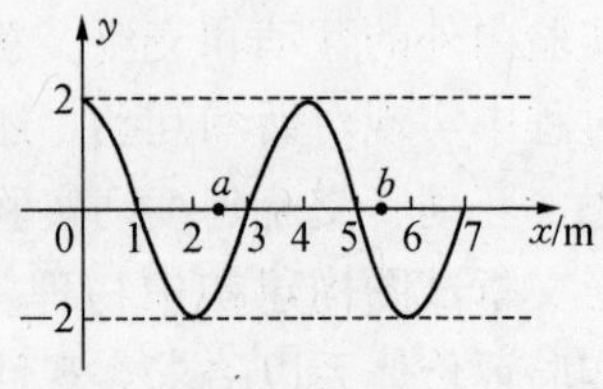

A. 当 a 质点处在波峰时，b 质点恰在波谷

B. $t=T/4$ 时，a 质点正在向 y 轴负方向运动

C. $t=3T/4$ 时，b 质点正在向 y 轴负方向运动

D. 在某一时刻，a、b 两质点的位移和速度可能相同

17. 已知太阳到地球与地球到月球的距离的比值约为 390，月球绕地球旋转的周期约为 27 天。利用上述数据以及日常的天文知识，可估算出太阳对月球与地球对月球的万有引力的比值约为（　　）

A. 0.2　　B. 2　　C. 20　　D. 200

18. 三个原子核 X、Y、Z，X 核放出一个正电子后变为 Y 核，Y 核与质子发生核反应后生成 Z 核并放出一个氦（$^{4}_{2}He$），则下面说法正确的是（　　）

A. X 核比 Z 核多一个原子

B. X 核比 Z 核少一个中子

C. X 核的质量数比 Z 核质量数大 3

D. X 核与 Z 核的总电荷是 Y 核电荷的 2 倍

19. 已知地球半径约为 6.4×10^{6} m，空气的摩尔质量约为 29×10^{-3} kg/mol，一个标准大气压约为 1.0×10^{5} Pa。利用以上数据可估算出地球表面大气在标准状况下的体积为（　　）

A. 4×10^{16} m^3　　B. 4×10^{18} m^3

C. 4×10^{30} m^3　　D. 4×10^{22} m^3

20. 矩形导线框 $abcd$ 固定在匀强磁场中，磁感线的方向与导线框所在平面垂直，规定磁场的正方向垂直地面向里，磁感应强度 B 随时间变化的规律如图所示。若规定顺时针方向为感应电流 I 的正方向，下列各图中正确的是（　　）

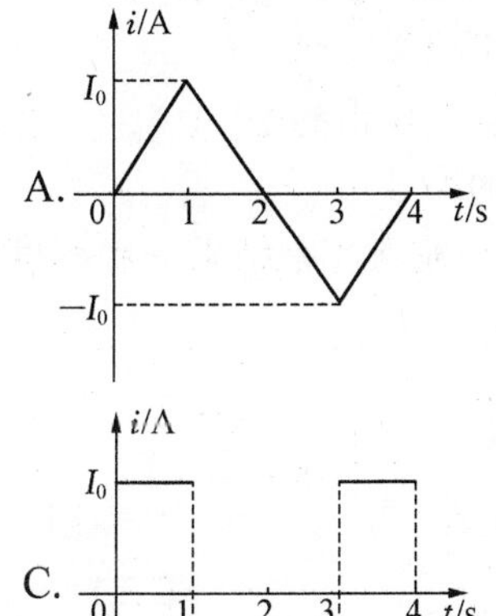

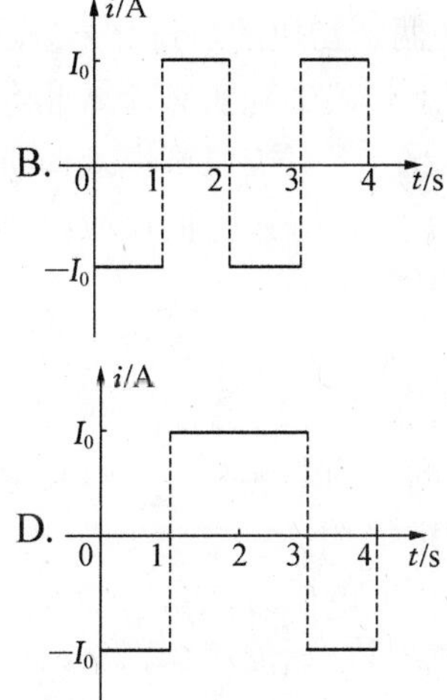

21. 一束由红、蓝两单色光组成的光线从一平板玻璃砖的上表面以入射角 θ 射入，穿过玻璃砖自下表面射出。已知该玻璃对红光的折射率为 1.5。设红光与蓝光穿过玻璃砖所用的时间分别为 t_1 和 t_2，则在 θ 从 0°逐渐增大至 90°的过程中（　　）

A. t_1 始终大于 t_2　　B. t_1 始终小于 t_2

C. t_1 先大于后小于 t_2　　D. t_1 先小于后大于 t_2

二、非选择题（共 10 大题，共 174 分）

22. (18 分)

Ⅰ. (6 分) 如图所示，两个质量各为 m_1 和 m_2 的小物块 A 和 B，分别系在一条跨过定滑轮的软绳两端，已知 $m_1>m_2$，现要利用此装置验证机械能守恒定律。

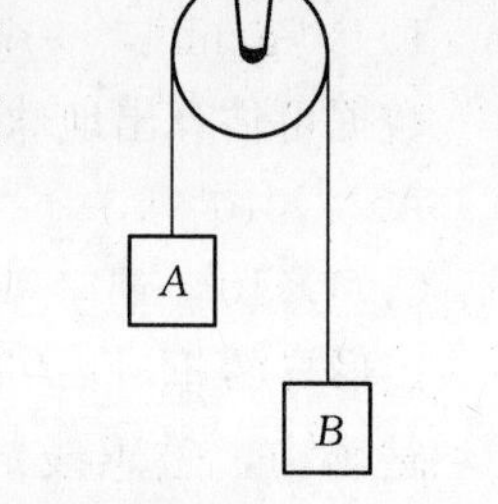

(1) 若选定物块 A 从静止开始下落的过程进行测量，则需要测量的物理量有________。(在答题卡上对应区域填入选项前的编号)

① 物块的质量 m_1、m_2；

② 物块 A 下落的距离及下落这段距离所用的时间；

③ 物块 B 上升的距离及上升这段距离所用的时间；

④ 绳子的长度。

(2) 为提高实验结果的准确程度，某小组同学对此实验提出以下建议：

① 绳的质量要轻；

② 在“轻质绳”的前提下，绳子越长越好；

③ 尽量保证物块只沿竖直方向运动，不要摇晃；

④ 两个物块的质量之差要尽可能小。

以上建议中确实对提高准确程度有作用的是________。(在答题卡上对应区域填入选项前的编号)

(3) 写出一条上面没有提到的对提高实验结果准确程度有益的建议：________________________。

Ⅱ．(12 分) 一直流电压表，量程为 1 V，内阻为 1 000 Ω，现将一阻值为 5 000～7 000 Ω 之间的固定电阻 R_1 与此电压表串联，以扩大电压表的量程。为求得扩大后量程的准确值，再给定一直流电源（电动势 E 为 6～7 V，内阻可忽略不计），一阻值 R_2＝2 000 Ω 的固定电阻，两个单刀开关 S_1、S_2 及若干导线。

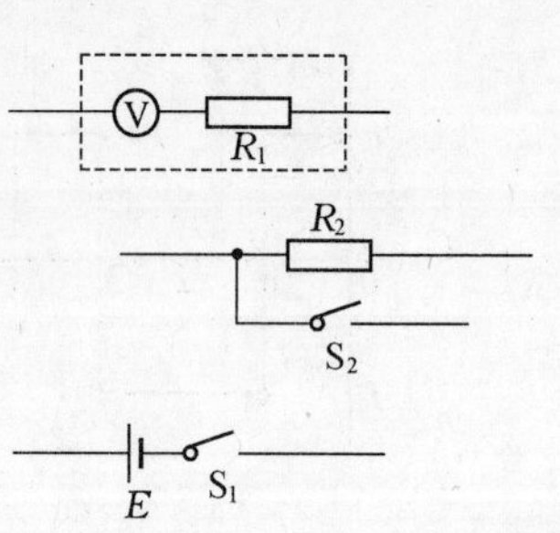

(1) 为达到上述目的，将答题卡上对应的图连成一个完整的实验电路图。

(2) 连线完成以后，当 S_1 与 S_2 均闭合时，电压表的示数为 0.90 V；当 S_1 闭合，S_2 断开时，电压表的示数为 0.70 V，由此可以计算出改装后电压表的量程为________ V，电源电动势为________ V。

23. (14 分)

已知 O、A、B、C 为同一直线上的四点、AB 间的距离为 l_1，BC 间的距离为 l_2，一物体自 O 点由静止出发，沿此直线做匀速运动，依次经过 A、B、C 三点，已知物体通过 AB 段与 BC 段所用的时间相等。求 O 到 A 的距离。

24. (18分)

图中滑块和小球的质量均为 m，滑块可在水平放置的光滑固定导轨上自由滑动，小球与滑块上的悬点 O 由一不可伸长的轻绳相连，轻绳长为 l_1 开始时，轻绳处于水平拉直状态，小球和滑块均静止。现将小球由静止释放，当小球到达最低点时，滑块刚好被一表面涂有黏性物质的固定挡板粘住，在极短的时间内速度减为零，小球继续向左摆动，当轻绳与竖直方向的夹角 $\theta=60°$时小球达到最高点。求

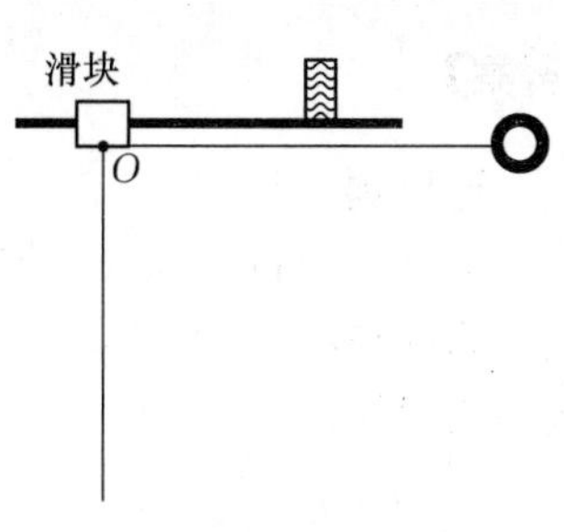

(1) 从滑块与挡板接触到速度刚好变为零的过程中，挡板阻力对滑块的冲量；

(2) 小球从释放到第一次到达最低点的过程中，绳的拉力对小球做功的大小。

25. (22分)

如图所示，在坐标系 xOy 中，过原点的直线 OC 与 x 轴正向的夹角 φ 为 $120°$，在 OC 右侧有一匀强电场：在第二、第三象限内有一匀强磁场，其上边界与电场边界重叠、右边界为 y 轴、左边界为图中平行于 y 轴的虚线，磁场的磁感应强度大小为 B，方向垂直纸面向里。一带正电荷 q、质量为 m 的粒子以某一速度自磁场左边界上的 A 点射入磁场区域，并从 O 点射出，粒子射出磁场的速度方向与 x 轴的夹角 $\theta=30°$，大小为 v，粒子在磁场中的运动轨迹为纸面内的一段圆弧，且弧的半径为磁场左右边界间距的两倍。粒子进入电场后，在电场力的作用下又由 O 点返回磁场区域，经过一段时间后再次离开磁场。已知粒子从 A 点射入到第二次离开磁场所用的时间恰好等于粒子在磁场中做圆周运动的周期。忽略重力的影响。求

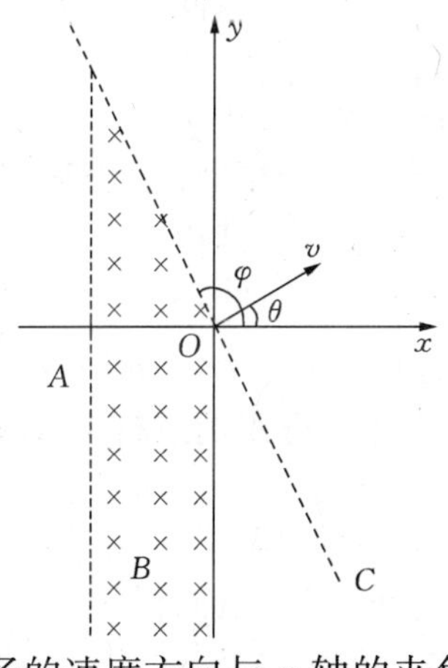

(1) 粒子经过 A 点时速度的方向和 A 点到 x 轴的距离；

(2) 匀强电场的大小和方向；

(3) 粒子从第二次离开磁场到再次进入电场时所用的时间。

【答案】

一、选择题

14. D　15. AD　16. C　17. B　18. CD　19. B　20. D　21. B

二、非选择题

22.（18 分）

Ⅰ.（6 分）

(1) ①②或①③

(2) ①③

(3) 例如："对同一高度进行多次测量取平均值"；
"选取受力后相对伸长量小的绳"等。

Ⅱ.（12 分）

(1) 略

(2) 7　6.3

23.（14 分）

设物体的加速度为 a，到达 A 的速度为 v_0，通过 AB 段和 BC 段所用的时间为 t，则有

$$l_1=v_0t+\frac{1}{2}at^2 \quad ①$$

$$l_1+l_2=2v_0t+2at^2 \quad ②$$

联立①②式得

$$l_2-l_1=at^2 \quad ③$$

$$3l_1-l_2=2v_0t \quad ④$$

设 O 与 A 的距离为 l，则有

$$l=\frac{v_0^2}{2a} \quad ⑤$$

联立③④⑤式得

$$l=\frac{(3l_1-l_2)^2}{8(l_2-l_1)} \quad ⑥$$

24.（18 分）

(1) 设小球第一次到达最低点时，滑块和小球速度的大小分别为 v_1、v_2，则由机械能守恒定律得

$$\frac{1}{2}mv_1^2+\frac{1}{2}mv_2^2=mgl \quad ①$$

小球由最低点向左摆动到最高点时，则由机械能守恒定律得

$$\frac{1}{2}mv_2^2=mg(1-\cos 60°) \quad ②$$

联立①②式得

$$v_1=v_2=\sqrt{gl} \quad ③$$

设所求的挡板阻力对滑块的冲量为 I，规定动量方向向右为正，有

$$I=0-mv_1$$

解得

$$I=-m\sqrt{gl} \quad ④$$

(2) 小球从开始释放到第一次到达最低点的过程中，设绳的拉力对小球做功为 W，由动能定理得

$$mgl+W=\frac{1}{2}mv_2^2 \quad ⑤$$

联立③⑤式得

$$W=-\frac{1}{2}mgl \quad ⑥$$

小球从释放到第一次到达最低点的过程中，绳的拉力对小球做功的大小为$\frac{1}{2}mgl$。

25. (22 分)

(1) 设磁场左边界与 x 轴相交于 D 点，与 CO 相交于 O' 点，则几何关系可知，直线 OO' 与粒子过 O 点的速度 v 垂直。在直角三角形 $OO'D$ 中 $\angle OO'D=30°$。设磁场左右边界间距为 d，则 $OO'=2d$。依题意可知，粒子第一次进入磁场的运动轨迹的圆心即为 O' 点，圆弧轨迹所对的圆心角为 30°，且 $O'A$ 为圆弧的半径 R。

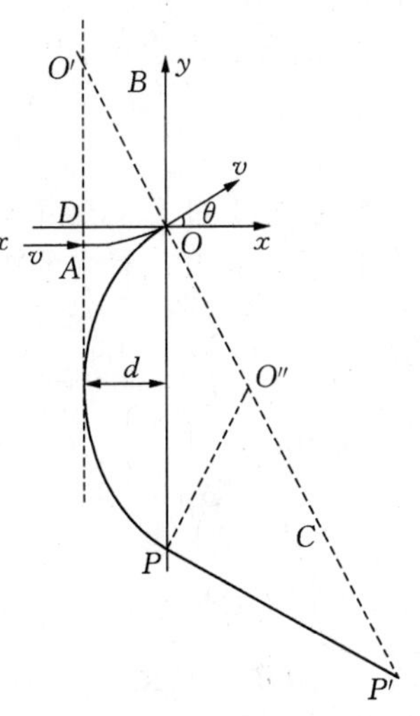

由此可知，粒子自 A 点射入磁场的速度与左边界垂直。

A 点到 x 轴的距离

$$\overline{AD}=R(1-\cos 30°) \quad \cdots ①$$

由洛伦兹力公式、牛顿第二定律及圆周运动的规律，得

$$qvB=\frac{mv^2}{R} \quad ②$$

联立①②式得

$$\overline{AD}=\frac{mv}{qB}\left(1-\frac{\sqrt{3}}{2}\right) \quad ③$$

(2) 设粒子在磁场中做圆周运动的周期为 T，第一次在磁场中飞行的时间为 t_1，有

$$t_1=\frac{T}{12} \quad ④$$

$$T=\frac{2\pi m}{qB} \quad ⑤$$

依题意，匀强电场的方向与 x 轴正向夹角应为 $150°$。由几何关系可知，粒子再次从 O 点进入磁场的速度方向与磁场右边夹角为 $60°$。设粒子第二次在磁场中飞行的圆弧的圆心为 O''，O''必定在直线 OC 上。设粒子射出磁场时与磁场右边界交于 P 点，则 $\angle OO''P=120°$。设粒子第二次进入磁场在磁场中运动的时间为 t_2，有

$$t_2=\frac{1}{3}T \quad ⑥$$

设带电粒子在电场中运动的时间为 t_3，依题意得

$$t_3=T-(t_1+t_2) \quad ⑦$$

由匀变速运动的规律和牛顿定律可知

$$-v=v-at_3 \quad ⑧$$

$$a=\frac{qE}{m} \quad ⑨$$

联立④⑤⑥⑦⑧⑨可得

$$E=\frac{12}{7\pi}Bv \quad ⑩$$

(3) 粒子自 P 点射出后将沿直线运动。设其由 P' 点再次进入电场，则由几何关系知

$$\angle O''P'P=30° \quad ⑪$$

三角形 OPP' 为等腰三角形。设粒子在 P、P' 两点间运动的时间为 t_4，有

$$t_4=\frac{\overline{PP'}}{v} \quad ⑫$$

又由几何关系知

$$\overline{OP}=\sqrt{3}R \quad ⑬$$

联立②⑫⑬式得

$$t_4=\sqrt{3}\frac{m}{qB}$$

2008年普通高等学校招生全国统一考试
理科综合能力测试·全国Ⅱ卷（物理部分）

一、选择题（本题共8小题，共48分。在每小题给出的四个选项中，有的只有一个选项正确，有的有多个选项正确，全部选对的得6分，选对但不全的得3分，有选错的得0分）

14. 对一定量的气体，下列说法正确的是（　　）

A. 气体的体积是所有气体分子的体积之和

B. 气体分子的热运动越剧烈，气体温度就越高

C. 气体对器壁的压强是由大量气体分子对器壁不断碰撞而产生的

D. 当气体膨胀时，气体分子之间的势能减小，因而气体的内能减少

15. 一束单色光斜射到厚平板玻璃的一个表面上，经两次折射后从玻璃板另一个表面射出，出射光线相对于入射光线侧移了一段距离。在下列情况下，出射光线侧移距离最大的是（　　）

A. 红光以30°的入射角入射　　B. 红光以45°的入射角入射

C. 紫光以30°的入射角入射　　D. 紫光以45°的入射角入射

16. 如图，一固定斜面上两个质量相同的小物块 A 和 B 紧挨着匀速下滑，A 与 B 的接触面光滑。已知 A 与斜面之间的动摩擦因数是 B 与斜面之间动摩擦因数的2倍，斜面倾角为 α。B 与斜面之间的动摩擦因数是（　　）

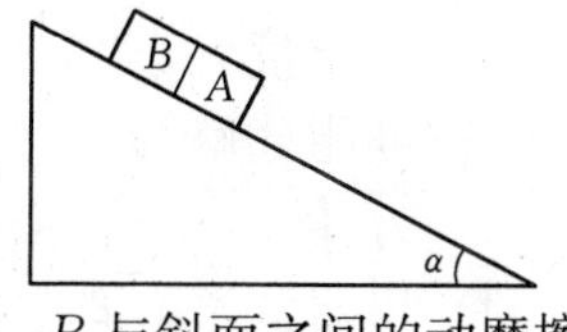

A. $\frac{2}{3}\tan\alpha$　　B. $\frac{2}{3}\cot\alpha$　　C. $\tan\alpha$　　D. $\cot\alpha$

17. 一列简谐横波沿 x 轴正方向传播，振幅为 A。$t=0$ 时，平衡位置在 $x=0$ 处的质元位于 $y=0$ 处，且向 y 轴负方向运动；此时，平衡位置在 $x=0.15$ m 处的质元位于 $y=A$ 处。该波的波长可能等于（　　）

A. 0.60 m　　B. 0.20 m

C. 0.12 m　　D. 0.086 m

18. 如图，一条很长的、不可伸长的柔软轻绳跨过光滑定滑轮，绳两端各系一小球 a 和 b。a 球质量为 m，静置于

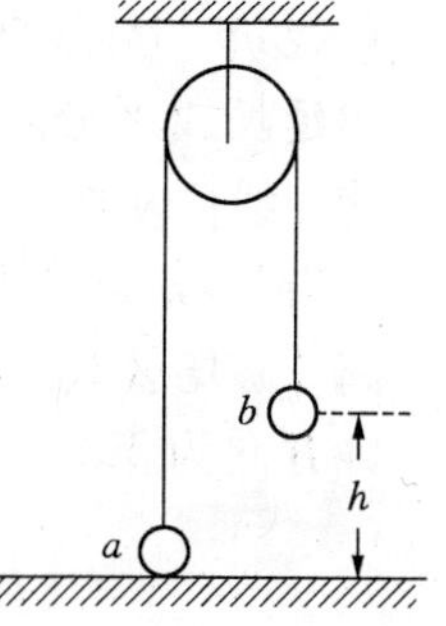

地面；b 球质量为 $3m$，用手托住，高度为 h，此时轻绳刚好拉紧。从静止开始释放 b 后，a 可能达到的最大高度为(　　)

A. h　　　B. $1.5h$

C. $2h$　　　D. $2.5h$

19. 一平行板电容器的两个极板水平放置，两极板间有一带电量不变的小油滴，油滴在极板间运动时所受空气阻力的大小与其速率成正比。若两极板间电压为零，经一段时间后，油滴以速率 v 匀速下降：若两极板间的电压为 U，经一段时间后，油滴以速率 v 匀速上升。若两极板间电压为 $-U$，油滴做匀速运动时速度的大小、方向将是（　　）

A. $2v$、向下　　　B. $2v$、向上

C. $3v$、向下　　　D. $3v$、向上

20. 中子和质子结合成氘核时，质量亏损为 Δm，相应的能量 $\Delta E=\Delta mc^2=2.2$ MeV 是氘核的结合能。下列说法正确的是(　　)

A. 用能量小于 2.2 MeV 的光子照射静止氘核时，氘核不能分解为一个质子和一个中子

B. 用能量等于 2.2 MeV 的光子照射静止氘核时，氘核可能分解为一个质子和一个中子，它们的动能之和为零

C. 用能量大于 2.2 MeV 的光子照射静止氘核时，氘核可能分解为一个质子和一个中子，它们的动能之和为零

D. 用能量大于 2.2 MeV 的光子照射静止氘核时，氘核可能分解为一个质子和一个中子，它们的动能之和不为零

21. 如图，一个边长为 l 的正方形虚线框内有垂直于纸面向里的匀强磁场；一个边长也为 l 的正方形导线框所在平面与磁场方向垂直；虚线框对角线 ab 与导线框的一条边垂直，ba 的延长线平分导线框。在 $t=0$ 时，使导线框从图示位置开始以恒定速度沿 ab 方向移动，直到整个导线框离开磁场区域。以 i 表示导线框中感应电流的强度，取逆时针方向为正。下列表示 i-t 关系的图示中，可能正确的是(　　)

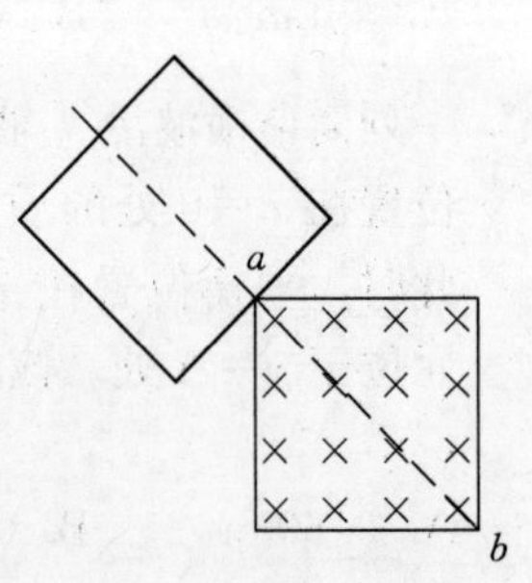

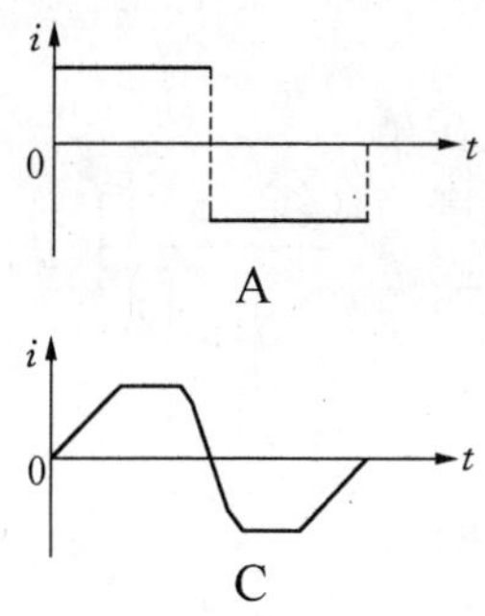

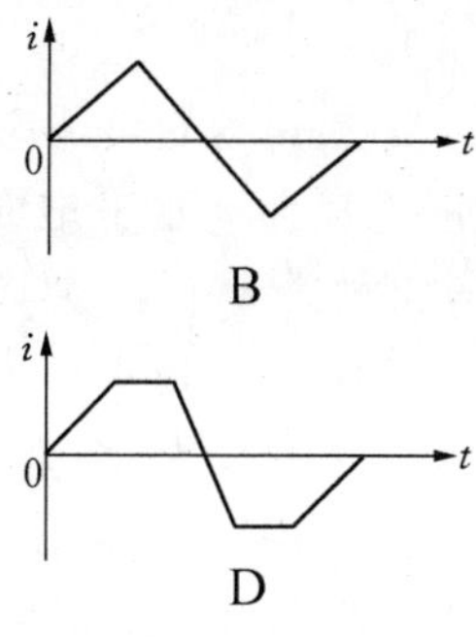

C　　D

二、非选择题（72 分）

22.（18 分）

（1）（5 分）某同学用螺旋测微器测量一铜丝的直径。测微器的示数如图所示，该铜丝的直径为_______mm。

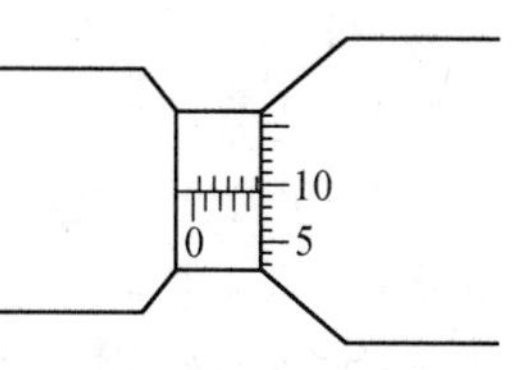

（2）（13 分）右图为一电学实验的实物连线图。该实验可用来测量待测电阻 R_x 的阻值（约 500 Ω）。图中两个电压表量程相同，内阻都很大。实验步骤如下：

电阻箱　R_x　S　E

① 调节电阻箱，使它的阻 R_0 与待测电阻的阻值接近；将滑动变阻器的滑动头调到最右端。

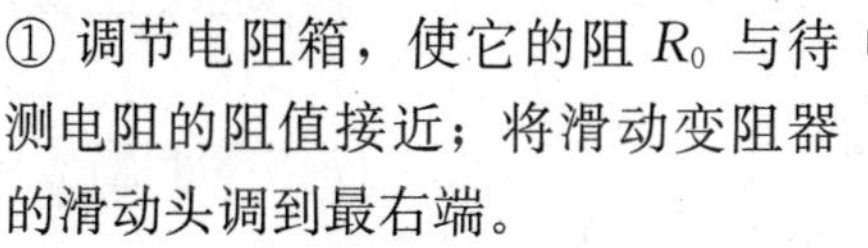

② 合上开关 S。

③ 将滑动变阻器的滑动头向左端滑动，使两个电压表指针都有明显偏转。

④ 记下两个电压表 V_1 和 V_2 的读数 U_1 和 U_2。

⑤ 多次改变滑动变阻器滑动头的位置，记下 V_1 和 V_2 的多组读数 U_1 和 U_2。

⑥ 求 R_x 的平均值。

回答下列问题：

（Ⅰ）根据实物连线图在虚线框内画出实验的电路图。

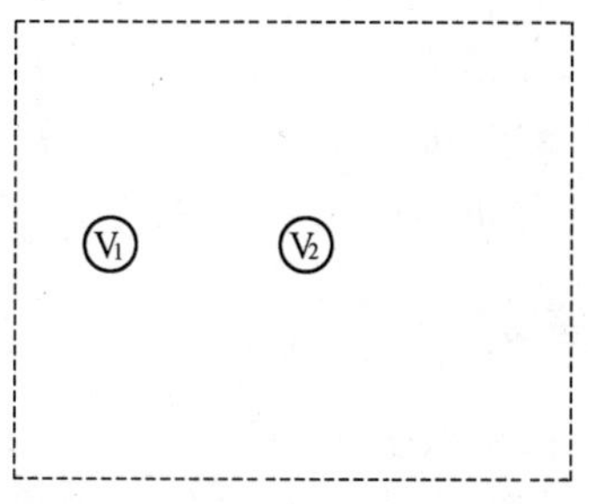

（Ⅱ）不计电压表内阻的影响，用 U_1、U_2 和 R_0 表示 R_x 的公式为 R_x=__________。

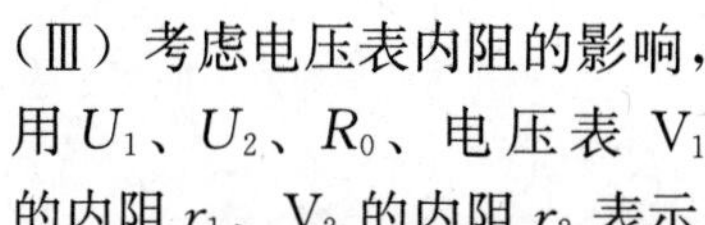

（Ⅲ）考虑电压表内阻的影响，用 U_1、U_2、R_0、电压表 V_1 的内阻 r_1、V_2 的内阻 r_2 表示 R_x 的公式为 R_x=___________。

23. (15 分)

如图，一质量为 M 的物块静止在桌面边缘，桌面离水平地面的高度为 h。一质量为 m 的子弹以水平速度 v_0 射入物块后，以水平速度 $v_0/2$ 射出。重力加速度为 g。求：

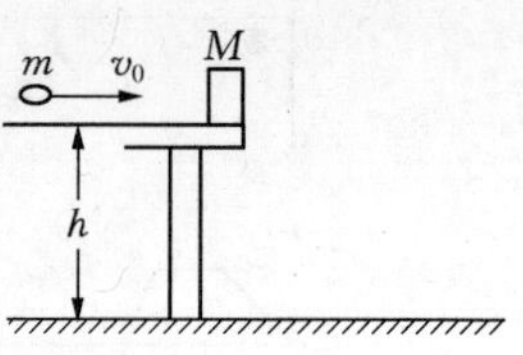

(1) 此过程中系统损失的机械能；

(2) 此后物块落地点离桌面边缘的水平距离。

24. (19 分)

如图，一直导体棒质量为 m、长为 l、电阻为 r，其两端放在位于水平面内间距也为 l 的光滑平行导轨上，并与之密接；棒左侧两导轨之间连接一可控制的负载电阻（图中未画出）；导轨置于匀强磁场中，磁场的磁感应强度大小为 B，方向垂直于导轨所在平面。开始时，给导体棒一个平行于导轨的初速度 v_0，在棒的运动速度由 v_0 减小至 v_1 的过程中，通过控制负载电阻的阻值使棒中的电流 I 保持恒定。导体棒一直在磁场中运动。若不计导轨电阻，求此过程中导体棒上感应电动势的平均值和负载电阻上消耗的平均功率。

25. (20 分)

我国发射的"嫦娥一号"探月卫星沿近似于圆形的轨道绕月飞行。为了获得月球表面全貌的信息，让卫星轨道平面缓慢变化。卫星将获得的信息持续用微波信号发回地球。设地球和月球的质量分别为 M 和 m，地球和月球的半径分别为 R 和 R_1，月球绕地球的轨道半径和卫星绕月球的轨道半径分别为 r 和 r_1，月球绕地球转动的周期为 T。假定在卫星绕月运行的一个周期内卫星轨道平面与地月连心线共面，求在该周期内卫星发射的微波信号因月球遮挡而不能到达地球的时间（用 M、m、R、R_1、r、r_1 和 T 表示，忽略月球绕地球转动对遮挡时间的影响）。

【答案】

一、选择题

14. BC　15. D　16. A　17. AC　18. B　19. C　20. AD

21. C

二、非选择题

22.（18 分）

(1) 4.593（5 分。4.592 或 4.594 也同样给分）

(2)（Ⅰ）电路原理图如图所示（6 分。其中，分压电路 3 分，除分压电路外的测量部分 3 分）

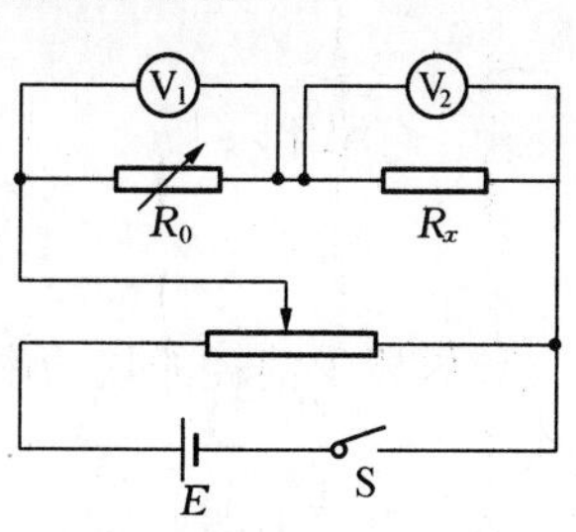

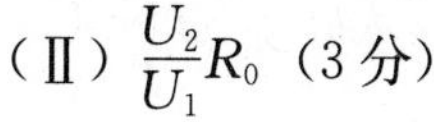

（Ⅱ）$\dfrac{U_2}{U_1}R_0$（3 分）

（Ⅲ）$\dfrac{U_2R_0r_1r_2}{U_1r_2(R_0+r_1)-U_2R_0r_1}$

（4 分）

23.（15 分）

(1) 设子弹穿过物块后物块的速度为 V，由动量守恒得

$$mv_0=m\frac{v_2}{2}+MV \qquad ①$$

解得 $V=\dfrac{m}{2M}v_0$ ②

系统的机械能损失为

$$\Delta E=\frac{1}{2}mv_0^2-\frac{1}{2}m\left(\frac{v_2}{2}\right)^2-\frac{1}{2}MV^2 \qquad ③$$

由②③式得

$$\Delta E=\frac{1}{8}\left(3-\frac{m}{M}\right)mv_0^2 \qquad ④$$

(2) 设物块下落到地面所需时间为 t，落地点距桌边缘的水平距离为 s，则

$$h=\frac{1}{2}gt^2 \qquad ⑤$$

$$s=Vt \qquad ⑥$$

由②⑤⑥式得

$$s=\frac{mv_0}{M}\sqrt{\frac{h}{2g}} \qquad ⑦$$

评分参考：第（1）问 9 分。①③④式各 3 分。第（2）问 6 分，⑤⑥⑦式各 2 分。

24.（19 分）

导体棒所受的安培力为

$$F=IlB \qquad ①$$

该力大小不变，棒做匀减速运动，因此在棒的速度从 v_0 减小至 v_1 的过程中，平均速度为

$$\bar{v}=\frac{1}{2}(v_0+v_1) \qquad ②$$

当棒的速度为 v 时，感应电动势的大小为

$$E=lvB \tag{3}$$

棒中的平均感应电动势为

$$\bar{E}=l\bar{v}B \tag{4}$$

由②④式得

$$\bar{E}=\frac{1}{2}Bl(v_0+v_1) \tag{5}$$

导体棒中消耗的热功率为

$$P_1=I^2r \tag{6}$$

负载电阻上消耗的平均功率为

$$\bar{P}=I\bar{E}-I^2r \tag{7}$$

由⑤⑥⑦式得

$$\bar{P}=\frac{1}{2}BIl(v_0+v_1)-I^2r \tag{8}$$

评分参考：①式 3 分（未写出①式，但能正确论述导体棒做匀减速运动的也给 3 分），②③式各 3 分，④⑤式各 2 分，⑥⑦⑧式各 2 分。

25.（20 分）

如图，O 和 O' 分别表示地球和月球的中心。在卫星轨道平面上，A 是地月连心线 OO' 与地月球面的公切线 ACD 的交点，D、C 和 B 分别是该公切线与地球表面、月球表面和卫星圆轨道的交点。根据对称性，过 A 点在另一侧作地月球面的公切线，交卫星轨道于 E 点。卫星在经过 $\overset{\frown}{BE}$ 时发出的信号被遮挡。

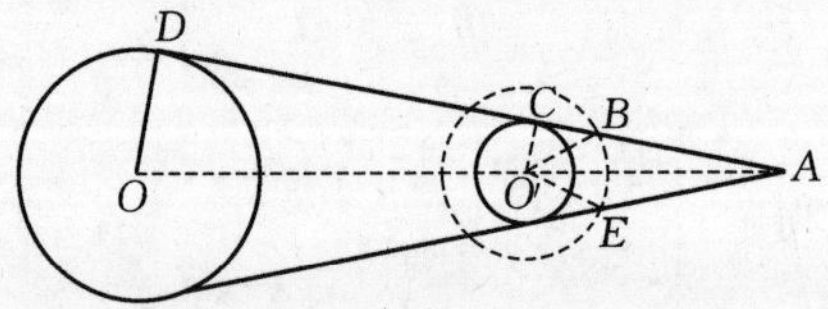

设探月卫星的质量为 m_0，万有引力常量为 G，根据万有引力定律有

$$G\frac{Mm}{r^2}=m\frac{4\pi^2}{T^2}r \tag{1}$$

$$G\frac{mm_0}{r_1^2}=m_0\frac{4\pi^2}{T_1^2}r_1 \tag{2}$$

式中，T_1 是探月卫星绕月球转动的周期。由①②式得

$$\left(\frac{T_1}{T}\right)^2=\frac{M}{m}\left(\frac{r_1}{r}\right)^2 \tag{3}$$

设卫星的微波信号被遮挡的时间为 t，则由于卫星绕月做匀速

圆周运动，应有

$$\frac{t}{T_1}=\frac{\alpha-\beta}{\pi} \quad ④$$

式中，$\alpha=\angle CO'A$，$\beta=\angle CO'B$。由几何关系得

$$r\cos\alpha=R-R_1 \quad ⑤$$

$$r\cos\beta=R_1 \quad ⑥$$

由③④⑤⑥式得

$$t=\frac{T}{\pi}\sqrt{\frac{Mr_1^3}{mr^3}}\left(\arccos\frac{R-R_1}{r}-\arccos\frac{R_1}{r_1}\right) \quad ⑦$$

评分参考：①②式各4分，④式5分，⑤⑥式各2分，⑦式3分。得到结果 $t=\frac{T}{\pi}\sqrt{\frac{Mr_1^3}{mr^3}}\left(\arcsin\frac{R_1}{r_1}-\arcsin\frac{R-R_1}{r}\right)$的也同样给分。

2008年普通高等学校招生全国统一考试理科综合能力测试·北京卷（物理部分）

一、选择题

13. 下列说法正确的是（　　）

A. 用分光镜观测光谱是利用光折射时的色散现象

B. 用X光机透视人体是利用光电效应

C. 光导纤维传输信号是利用光的干涉现象

D. 门镜可以扩大视野是利用光的衍射现象

14. 一个质子和一个中子聚变结合成一个氘核，同时辐射一个γ光子。已知质子、中子、氘核的质量分别为m_1、m_2、m_3，普朗克常量为h，真空中的光速为c。下列说法正确的是(　　)

A. 核反应方程是${}_1^1\text{H}+{}_0^1\text{n}\rightarrow{}_1^3\text{H}+\gamma$

B. 聚变反应中的质量亏损$\Delta m=m_1+m_2-m_3$

C. 辐射出的γ光子的能量$E=(m_3-m_1-m_2)c$

D. γ光子的波长$\lambda=\frac{h}{(m_1+m_2-m_3)c^2}$

15. 假如全世界60亿人同时数1 g水的分子个数，每人每小时可以数5 000个，不间断地数，则完成任务所需时间最接近（阿伏伽德罗常数N_A取$6\times10^{23}\ \text{mol}^{-1}$）（　　）

A. 10年　　B. 1千年　　C. 10万年　　D. 1千万年

16. 在介质中有一沿水平方向传播的简谐横波。一顶点由平衡位置竖直向上运动，经0.1 s到达最大位移处，在这段时间内波

传播了 0.5 m。则这列波（　　）

A. 周期是 0.2 s　　B. 波长是 0.5 m

C. 波速是 2 m/s　　D. 经 1.6 s 传播了 8 m

17. 据媒体报道，“嫦娥一号”卫星环月工作轨道为圆轨道，轨道高度 200 km，运行周期 127 分钟。若还知道引力常量和月球平均半径，仅利用以上条件不能求出的是（　　）

A. 月球表面的重力加速度　　B. 月球对卫星的吸引力

C. 卫星绕月球运行的速度　　D. 卫星绕月球运行的加速度

18. 一理想变压器原、副线圈匝数比 $n_1:n_2=11:5$。原线圈与正弦交变电源连接，输入电压 u 如图所示。副线圈仅接入一个 10 Ω 的电阻。则（　　）

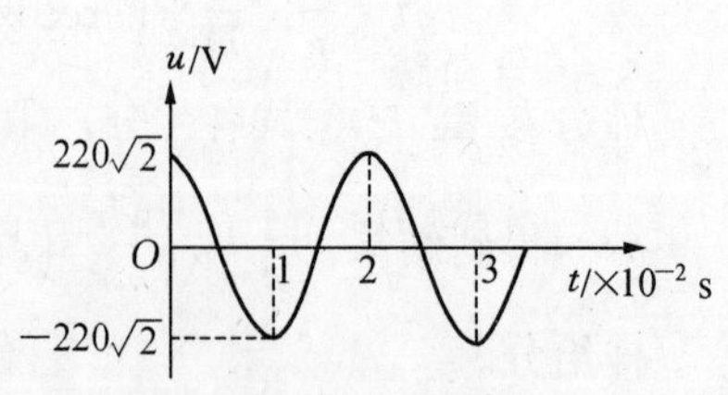

A. 流过电阻的电流是 20 A

B. 与电阻并联的电压表的示数是 $100\sqrt{2}$ V

C. 经过 1 分钟电阻发出的热量是 6×10^3 J

D. 变压器的输入功率是 1×10^3 W

19. 在如图所示的空间中，存在场强为 E 的匀强电场，同时存在沿 x 轴负方向，磁感应强度为 B 的匀强磁场。一质子（电荷量为 e）在该空间恰沿 y 轴正方向以速度 v 匀速运动。据此可以判断出（　　）

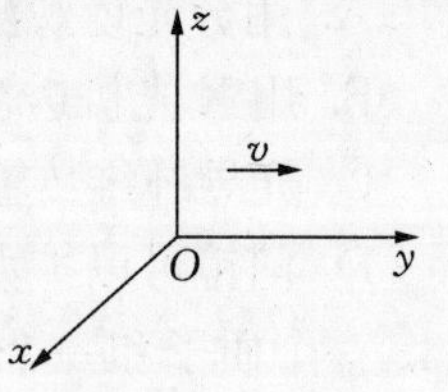

A. 质子所受电场力大小等于 eE，运动中电势能减小；沿 z 轴正方向电势升高

B. 质子所受电场力大小等于 eE，运动中电势能增大；沿 z 轴正方向电势降低

C. 质子所受电场力大小等于 evB，运动中电势能不变；沿 z 轴正方向电势升高

D. 质子所受电场力大小等于 evB，运动中电势能不变；沿 z 轴正方向电势降低

20. 有一些问题你可能不会求解，但是你仍有可能对这些问题的解是否合理进行分析和判断。例如从解的物理量单位，解随某些已知量变化的趋势，解在一些特殊条件下的结果等方面进行分析，并与预期结果、实验结论等进行比较，从而判断解的合理性或正确性。

举例如下：如图所示。质量为 M、倾角为 θ 的滑块 A 放于水平地面上。把质量为 m 的滑块 B 放在 A 的斜面上。忽略一切摩擦，有人求得 B 相对地面的加速度 $a=\frac{M+m}{M+m\sin^2\theta}g\sin\theta$，式中 g 为重力加速度。

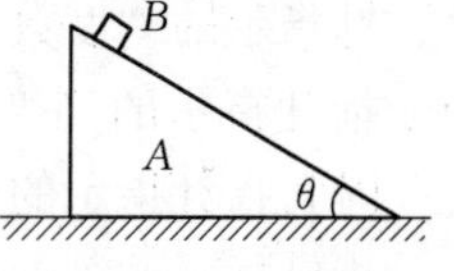

对于上述解，某同学首先分析了等号右侧量的单位，没发现问题。他进一步利用特殊条件对该解做了如下四项分析和判断，所得结论都是“解可能是对的”。但是，其中有一项是错误的。请你指出该项。（　　）

A. 当 $\theta=0°$时，该解给出 $a=0$，这符合常识，说明该解可能是对的

B. 当 $\theta=90°$时，该解给出 $a=g$，这符合实验结论，说明该解可能是对的

C. 当 $M\geqslant m$ 时，该解给出 $a=g\sin\theta$，这符合预期的结果，说明该解可能是对的

D. 当 $m\geqslant M$ 时，该解给出 $a=\frac{g}{\sin\theta}$，这符合预期的结果，说明该解可能是对的

二、非选择题

21.（18 分）

（1）用示波器观察某交流信号时，在显示屏上显示出一个完整的波形，如图。经下列四组操作之一，使该信号显示出两个完整的波形，且波形幅度增大。此组操作是（　　）（填选项前的字母）

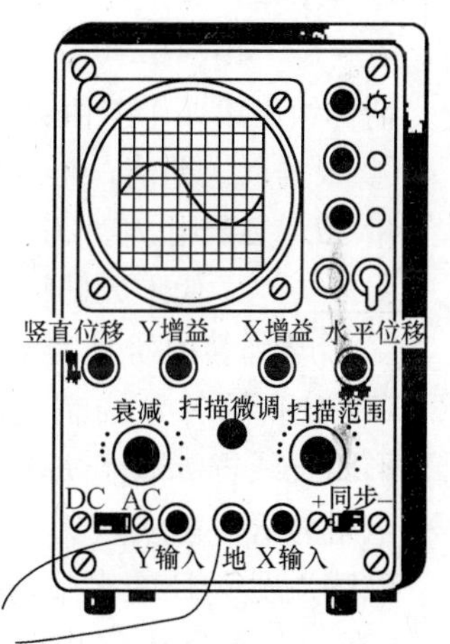

A. 调整 X 增益旋钮和竖直位移旋钮

B. 调整 X 增益旋钮和扫描微调旋钮

C. 调整扫描微调旋钮和 Y 增益旋钮

D. 调整水平位移旋钮和 Y 增益旋钮

（2）某同学和你一起探究弹力和弹簧伸长的关系，并测弹簧的劲度系数 k。做法是先将待测弹簧的一端固定在铁架台上，然后将最小刻度是毫米的刻度尺竖直放在弹簧一侧，并使弹簧另一端的指针恰好落在刻度尺上。当弹簧自然下垂时，指

针指示的刻度数值记做 L_0，弹簧下端挂一个 50 g 的砝码时，指针指示的刻度数值记做 L_1；弹簧下端挂两个 50 g 的砝码时，指针指示的刻度数值记做 L_2……挂七个 50 g 的砝码时，指针指示的刻度数值记做 L_7。

① 下表记录的是该同学已测出的 6 个值，其中有两个数值在记录时有误，它们的代表符号分别是________和________。

测量记录表：

代表符号	L_0	L_1	L_2	L_3	L_4	L_5	L_6	L_7
刻度数值/cm	1.70	3.40	5.10		8.60	10.3	12.1	

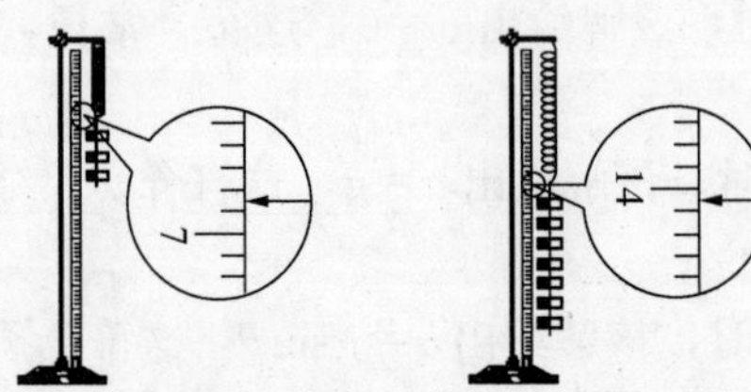

② 实验中，L_3 和 L_7 两个值还没有测定，请你根据上图将这两个测量值填入记录表中。

③ 为充分利用测量数据，该同学将所测得的数值按如下方法逐一求差，分别计算出了三个差值：$d_1=L_4-L_0=6.90$ cm，$d_2=L_5-L_1=6.90$ cm，$d_3=L_6-L_2=7.00$ cm。

请你给出第四个差值：$d_4=$________$=$________ cm。

④ 根据以上差值，可以求出每增加 50 g 砝码的弹簧平均伸长量 ΔL。ΔL 用 d_1、d_2、d_3、d_4 表示的式子为：$\Delta L=$____________，代入数据解得 $\Delta L=$________ cm。

⑤ 计算弹簧的劲度系数 $k=$________ N/m。（g 取 $9.8\ \mathrm{m/s^2}$）

22\. （16 分）均匀导线制成的单位正方形闭合线框 $abcd$，每边长为 L，总电阻为 R，总质量为 m。将其置于磁感强度为 B 的水平匀强磁场上方 h 处，如图所示。线框由静止自由下落，线框平面保持在竖直平面内，且 cd 边始终与水平的磁场边界平行。当 cd 边刚进入磁场时，

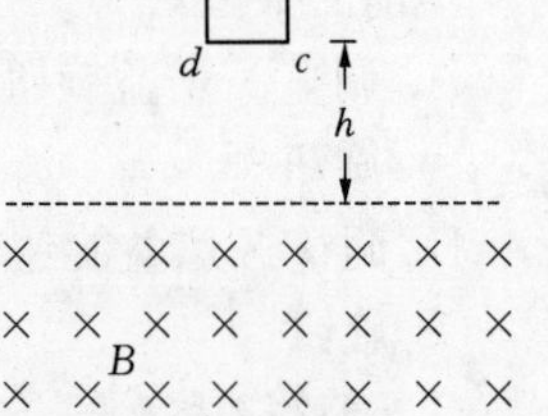

（1）求线框中产生的感应电动势大小；

（2）求 cd 两点间的电势差大小；

（3）若此时线框加速度恰好为零，求线框下落的高度 h 所应满足的条件。

23.（18分）风能将成为21世纪大规模开发的一种可再生清洁能源。风力发电机是将风能（气流的动能）转化为电能的装置，其主要部件包括风轮机、齿轮箱，发电机等。如图所示。

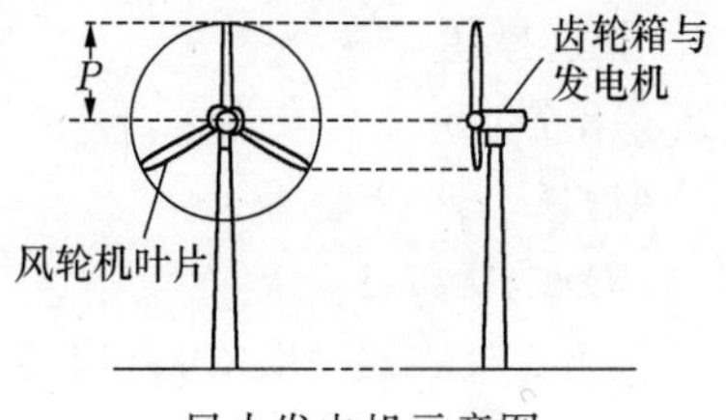

风力发电机示意图

(1) 利用总电阻 $R=10\ \Omega$ 的线路向外输送风力发电机产生的电能。输送功率 $P_0=300\ \mathrm{kW}$，输电电压 $U=10\ \mathrm{kW}$，求导线上损失的功率与输送功率的比值；

(2) 风轮机叶片旋转所扫过的面积为风力发电机可接受风能的面积。设空气密度为 ρ，气流速度为 v，风轮机叶片长度为 r。求单位时间内流向风轮机的最大风能 P_m；在风速和叶片数确定的情况下，要提高风轮机单位时间接受的风能，简述可采取的措施。

(3) 已知风力发电机的输出电功率 P 与 P_m 成正比。某风力发电机的风速 $v_1=9\ \mathrm{m/s}$ 时能够输出电功率 $P_1=540\ \mathrm{kW}$。我国某地区风速不低于 $v_2=6\ \mathrm{m/s}$ 的时间每年约为 5 000 h，试估算这台风力发电机在该地区的最小年发电量是多少千瓦时。

24.（20分）有两个完全相同的小滑块 A 和 B，A 沿光滑水平面以速度 v_0 与静止在平面边缘 O 点的 B 发生正碰，碰撞中无机械能损失。碰后 B 运动的轨迹为 OD 曲线，如图所示。

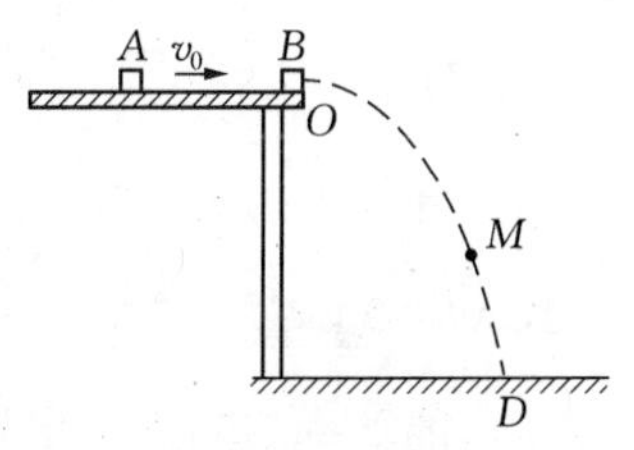

(1) 已知滑块质量为 m，碰撞时间为 Δt，求碰撞过程中 A 对 B 平均冲力的大小。

(2) 为了研究物体从光滑抛物线轨道顶端无初速下滑的运动，特制作一个与 B 平抛轨道完全相同的光滑轨道，并将该轨道固定在与 OD 曲线重合的位置，让 A 沿该轨道无初速下滑（经分析，A 下滑过程中不会脱离轨道）。

a. 分析 A 沿轨道下滑到任意一点的动量 p_A 与 B 平抛经过该点的动量 p_B 的大小关系；

b. 在 OD 曲线上有一 M 点，O 和 M 两点连线与竖直方向的夹角为45°。求 A 通过 M 点时的水平分速度和竖直分速度。

【答案】

一、选择题

13. A　14. B　15. C　16. D　17. B　18. D　19. C　20. D

二、非选择题

21. (18 分)

(1) C

(2) ① L_5；L_6

② 6.85(6.84—6.86)；14.05(14.04—14.06)

③ L_7-L_3；　7.20(7.18—7.22)

④ $\frac{(d_1+d_2+d_3+d_4)}{4\times4}$；1.75

⑤ 28

22. (16 分)

(1) cd 边刚进入磁场时，线框速度 $v=\sqrt{2gh}$

(2) 此时线框中电流 $I=\frac{E}{R}$

cd 两点间的电势差 $U=I\left(\frac{3}{4}R\right)=\frac{3}{4}Bl\sqrt{2gh}$

(3) 安培力 $F=BIL=\frac{B^2L^2\sqrt{2gh}}{R}$

根据牛顿第二定律 $mg-F=ma$，由 $a=0$

解得下落高度满足 $h=\frac{m^2gR^2}{2B^4L^4}$

23. (18 分)

(1) 导线上损失的功率为 $P=I^2R=\left(\frac{P_0}{U}\right)^2R=\left(\frac{300\times10^3}{10\times10^3}\right)^2\times10\ \text{W}=9\ \text{kW}$

损失的功率与输送功率的比值 $\frac{P}{P_0}=\frac{9\times10^3}{300\times10^3}=0.03$

(2) 风垂直流向风轮机时，提供的风能功率最大。

单位时间内垂直流向叶片旋转面积的气体质量为 ρvS，$S=\pi r^2$

风能的最大功率可表示为

$P_{风}=\frac{1}{2}(\rho vS)v^2=\frac{1}{2}\rho v\pi r^2v^2=\frac{1}{2}\pi\rho r^2v^3$

采取措施合理，如增加风轮机叶片长度，安装调向装置保持风轮机正面迎风等。

(3) 按题意，风力发电机的输出功率为 $P_2=\left(\frac{v_2}{v_1}\right)^3\cdot P_1=\left(\frac{6}{9}\right)^3\times540\ \text{kW}=160\ \text{kW}$

最小年发电量约为 $W=P_2t=160\times5\,000\ \text{kW}\cdot\text{h}=8\times10^5\ \text{kW}\cdot\text{h}$

24. (20 分)

(1) 滑动 A 与 B 正碰，满足

$mv_A - mv_B = mv_0$ ①

$\frac{1}{2}mv_A^2 + \frac{1}{2}mv_B^2 = \frac{1}{2}mv_0^2$ ②

由①②，解得 $v_A = 0$，$v_B = v_0$，

根据动量定理，滑块 B 满足　　$F \cdot \Delta t = mv_0$

解得　　$F = \frac{mv_0}{\Delta t}$

（2）a. 设任意点到 O 点竖直高度差为 d。

B 由 O 点分别运动至该点过程中，只有重力做功，所以机械能守恒。

选该任意点为势能零点，有

$E_A = mgd$，$E_B = mgd + \frac{1}{2}mv_0^2$

由于 $p = \sqrt{2mE_k}$，有 $\frac{P_A}{P_B} = \sqrt{\frac{P_{kA}}{E_{kB}}} = \sqrt{\frac{2gd}{U_0^2 + 2gd}} < 1$

即　$P_A < P_B$

A 下滑到任意一点的动量总和小于 B 平抛经过该点的动量。

b. 以 O 为原点，建立直角坐标系 xOy，x 轴正方向水平向右，y 轴正方向竖直向下，则对 B 有

$x = v_0 t \cdot y = \frac{1}{2}gt^2$

B 的轨迹方程 $y = \frac{g}{2v_0^2}x^2$

在 M 点 $x = y$，所以 $y = \frac{2v_0^2}{g}$ ③

因为 A、B 的运动轨迹均为 OD 曲线，故在任意一点，两者速度方向相同。设 B 水平和竖直分速度大小分别为 v_{Bx} 和 v_{By}，速率为 v_B；A 水平和竖直分速度大小分别为 v_{Ax} 和 v_{Ay}，速率为 v_A，则

$\frac{v_{Ax}}{v_A} = \frac{v_{Bx}}{v_B}$，$\frac{v_{Ay}}{v_A} = \frac{v_{By}}{v_B}$ ④

B 做平抛运动，故 $v_{Bx} = v_0$，$v_{By} = \sqrt{2gy}$，$v_B = \sqrt{v_0^2 + 2gy}$ ⑤

对 A 由机械能守恒得 $v_A = 2gy$ ⑥

由④⑤⑥式得 $v_{Ax} = \frac{v_0\sqrt{2gy}}{\sqrt{v_0^2 + 2gy}}$，$v_{Ay} = \frac{2gy}{\sqrt{v_0^2 + 2gy}}$

将③代入得 $v_{Ax} = \frac{2\sqrt{5}}{5}v_0$，$v_{Ay} = \frac{4\sqrt{5}}{5}v_0$

2008 年普通高等学校招生全国统一考试
物理试题·江苏卷

一、单项选择题：本题共 5 小题，每小题 3 分，共计 15 分，每小题只有一个选项符合题意。

1. 火星的质量和半径分别约为地球的$\frac{1}{10}$和$\frac{1}{2}$，地球表面的重力加速度为 g，则火星表面的重力加速度约为（　　）

A. $0.2g$　　B. $0.4g$　　C. $2.5g$　　D. $5g$

2. 2007 年度诺贝尔物理学奖授予了法国和德国的两位科学家，以表彰他们发现“巨磁电阻效应”。基于巨磁电阻效应开发的用于读取硬盘数据的技术，被认为是纳米技术的第一次真正应用。在下列有关其他电阻应用的说法中。错误的是（　　）

A. 热敏电阻可应用于温度测控装置中

B. 光敏电阻是一种光电传感器

C. 电阻丝可应用于电热设备中

D. 电阻在电路中主要起到通过直流、阻碍交流的作用

3. 一质量为 M 的探空气球在匀速下降，若气球所受浮力 F 始终保持不变，气球在运动过程中所受阻力仅与速率有关，重力加速度为 g。现欲使该气球以同样速率匀速上升，则需从气球吊篮中减少的质量为（　　）

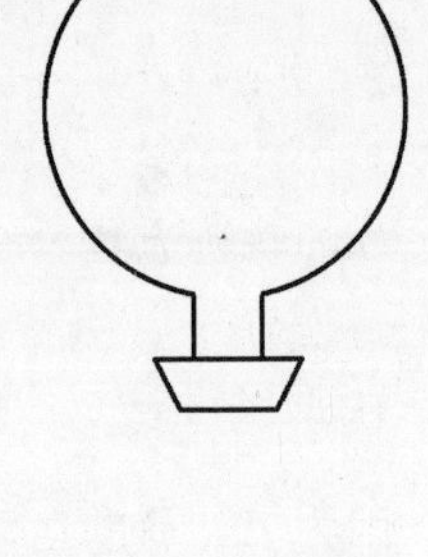

A. $2\left(M-\frac{F}{g}\right)$　　B. $M-\frac{2F}{g}$

C. $2M-\frac{F}{g}$　　D. 0

4. 在如图所示的逻辑电路中，当 A 端输入电信号“1”、B 端输入电信号“0”时，则在 C 端和 D 端输出的电信号分别为（　　）

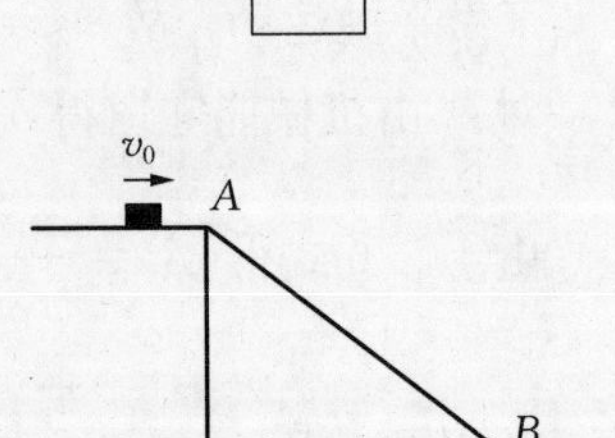

A. 1 和 0　　B. 0 和 1

C. 1 和 1　　D. 0 和 0

5. 如图所示，粗糙的斜面与光滑的水平面相连接，滑块沿水平面以速度 v_0 运动。设滑块运动到 A 点的时刻为 $t=0$，距 A 点的水平距离为 x，水平速度为 v_x。由于 v_0 不同，从 A 点到 B 点的几种可能

的运动图像如下列选项所示，其中表示摩擦力做功最大的是(　　)

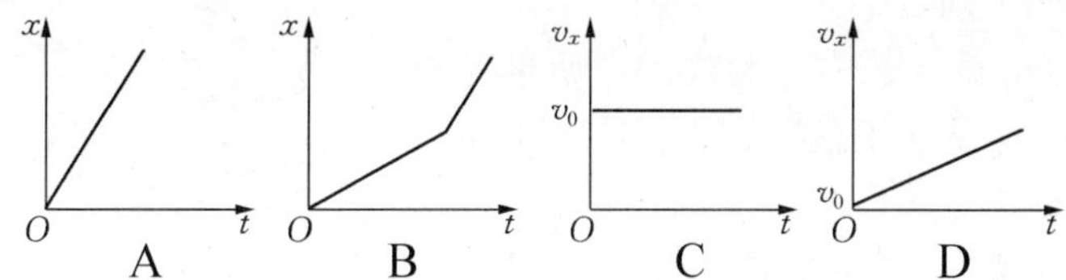

二、多项选择题：本题共 4 小题，每小题 4 分，共计 16 分。每小题有多个选项符合题意，全部选对的得 4 分，选对但不全的得 2 分，错选或不答的得 0 分。

6. 如图所示，实线为电场线，虚线为等势线，且 $AB=BC$，电场中的 A、B、C 三点的场强分别为 E_A、E_B、E_C，电势分别为 φ_A、φ_B、φ_C，AB、BC 间的电势差分别为 U_{AB}、U_{BC}。则下列关系中正确的有(　　)

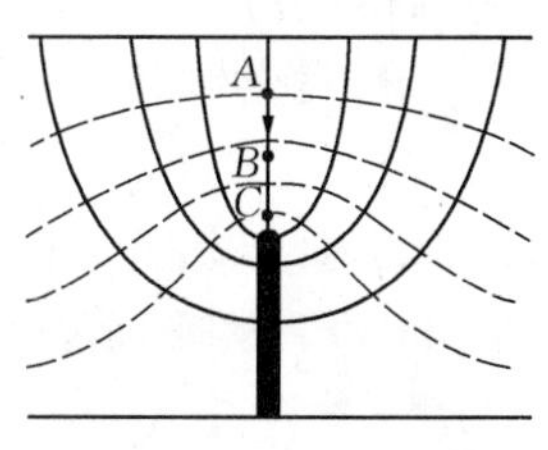

A. $\varphi_A>\varphi_B>\varphi_C$　　B. $E_C>E_B>E_A$

C. $U_{AB}<U_{BC}$　　D. $U_{AB}=U_{BC}$

7. 如图所示，两光滑斜面的倾角分别为 30°和 45°，质量分别为 $2m$ 和 m 的两个滑块用不可伸长的轻绳通过滑轮连接(不计滑轮的质量和摩擦)，分别置于两个斜面上并由静止释放；若交换两滑块位置，再由静止释放。则在上述两种情形中正确的有(　　)

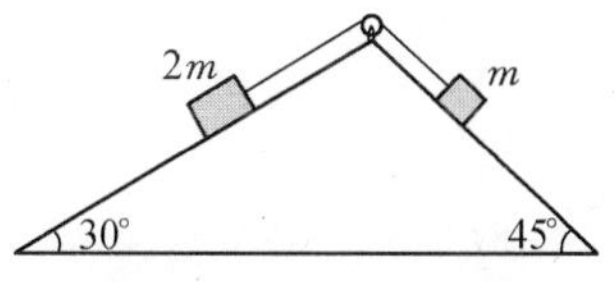

A. 质量为 $2m$ 的滑块受到重力、绳的张力、沿斜面的下滑力和斜面的支持力的作用

B. 质量为 m 的滑块均沿斜面向上运动

C. 绳对质量为 m 滑块的拉力均大于该滑块对绳的拉力

D. 系统在运动中机械能均守恒

8. 如图所示的电路中，三个相同的灯泡 a、b、c 和电感 L_1、L_2 与直流电源连接，电感的电阻忽略不计。开关 K 从闭合状态突然断开时，下列判断正确的有(　　)

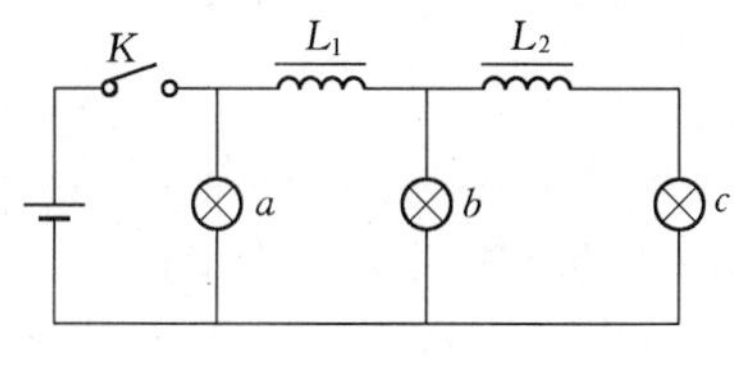

A. a 先变亮，然后逐渐变暗　　B. b 先变亮，然后逐渐变暗

C. c 先变亮，然后逐渐变暗　　D. b、c 都逐渐变暗

9. 如图所示，一根不可伸长的轻绳两端各系一个小球 a 和 b，跨在两根固定在同一高度的光滑水平细杆上，质量为 $3m$ 的 a 球置于地面上，质量为 m 的 b 球从水平位置静止释放。当 a 球对地面压力刚好为零时，b 球摆过的角度为 θ。下列结论正确的是（　　）

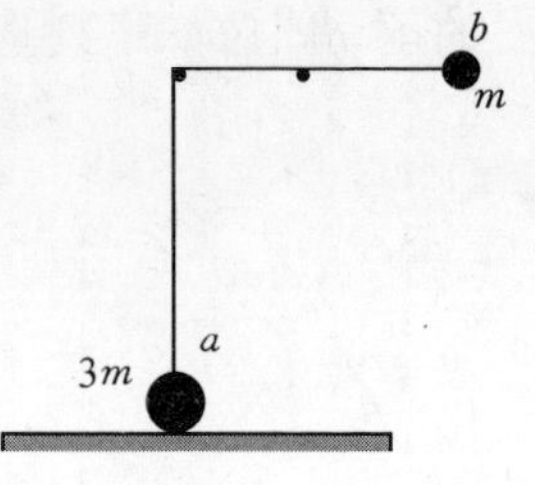

A. $\theta=90^\circ$

B. $\theta=45^\circ$

C. b 球摆动到最低点的过程中，重力对小球做功的功率先增大后减小

D. b 球摆动到最低点的过程中，重力对小球做功的功率一直增大

三、简答题：本题分必做题（第 10、第 11 题）和选做题（第 12 题）两部分，共计 42 分，请将解答填写在答题卡相应的位置。

必做题

10.（8 分）某同学想要了解导线在质量相同时，电阻与截面积的关系，选取了材料相同、质量相等的 5 卷导线，进行了如下实验：

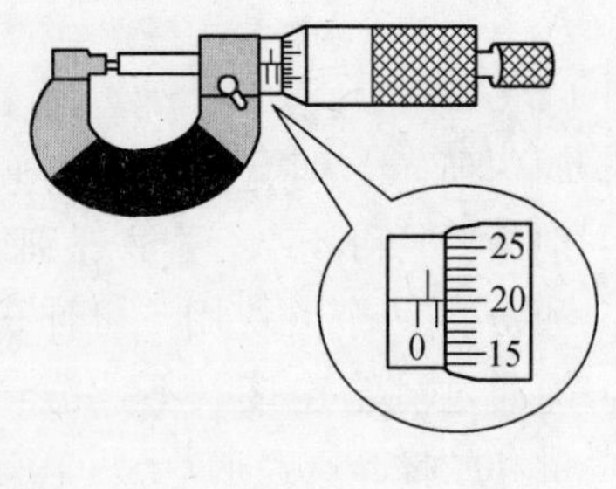

（1）用螺旋测微器测量某一导线的直径如图所示。

读得直径 $d=$__________ mm。

（2）该同学经实验测量及相关计算得到如下数据：

电阻 R/Ω	121.0	50.0	23.9	10.0	3.1
导线直径/mm	0.801	0.999	1.201	1.494	1.998
导线截面积/mm²	0.504	0.784	1.133	1.753	3.135

请你根据以上数据判断，该种导线的电阻 R 与截面积 S 是否满足反比关系？若满足反比关系，请说明理由；若不满足，请写出 R 与 S 应满足的关系。

（3）若导线的电阻率 $\rho=5.1\times10^{-7}\ \Omega\cdot\text{m}$，则表中阻值为 $3.1\,\Omega$ 的导线长度 $l=$__________ m。（结果保留两位有效数字）

11. (10 分) 某同学利用如图所示的实验装置验证机械能守恒定律弧形轨道末端水平，离地面的高度为 H。将钢球从轨道的不同高度 h 处静止释放，钢球的落点距轨道末端的水平距离为 s。

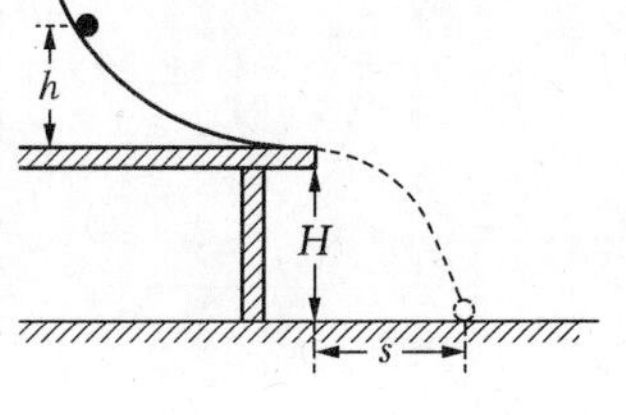

(1) 若轨道完全光滑，s^2 与 h 的理论关系应满足 $s^2=$__________。(用 H、h 表示)

(2) 该同学经实验测量得到一组数据。如下表所示，请在坐标纸上作出 s^2-h 关系图。

$h/10^{-1}$ m	2.00	3.00	4.00	5.00	6.00
$s^2/10^{-1}$ m^2	2.62	3.89	5.20	6.53	7.78

(3) 对比实验结果与理论计算得到的 s^2-h 关系图线 (图中已画出)。自同一高度静止释放的钢球，水平抛出的速率__________(填“小于”或“大于”) 理论值。

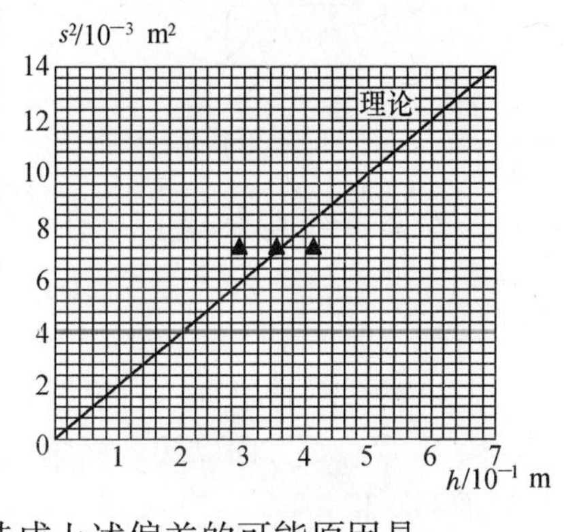

(4) 从 s^2-h 关系图线中分析得出钢球水平抛出的速率差十分显著，你认为造成上述偏差的可能原因是______________________________。

12. 选做题 (请从 A、B 和 C 三小题中选定两小题作答，并在答题卡上把所选题目对应字母后的方框涂满涂黑。如都作答则按 A、B 两小题评分。)

A. (选修模块 3-3) (12 分)

(1) 空气压缩机在一次压缩过程中。活塞对气缸中的气体做功为 2.0×10^5 J，同时气体的内能增加了 1.5×10^5 J。试问：此压缩过程中，气体__________(填“吸收”或“放出”) 的热量等于__________J。

(2) 若一定质量的理想气体分别按下图所示的三种不同过程变化，其中表示等压变化的是__________(填“A”“B”或“C”)，该过程中气体的内能__________。(填“增加”“减少”或“不变”)。

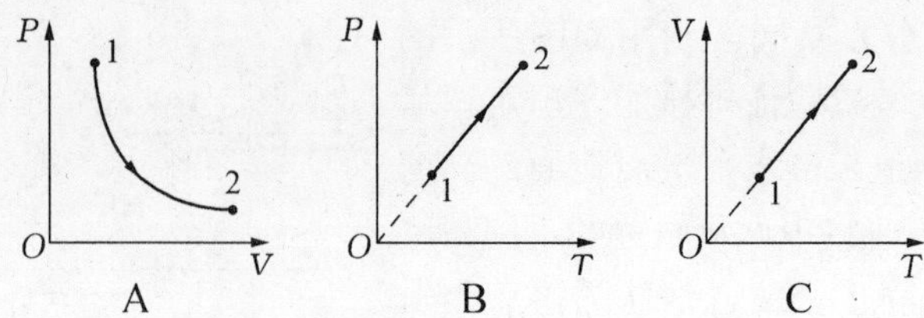

(3) 设想将 1 g 水均匀分布在地球表面上，估算 1 cm^2 的表面上有多少个水分子？(已知 1 mol 水的质量为 18 g，地球的表面积约为 5×10^{14} m^2。结果保留一位有效数字)

B. (选修模块 3－4) (12 分)

(1) 一列沿着 x 轴正方向传播的横波，在 $t=0$ 时刻的波形如图甲所示。图甲中某质点的振动图像如图乙所示。

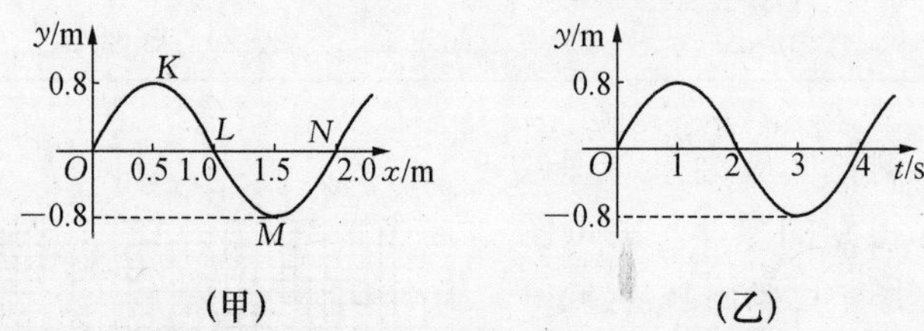

质点 N 的振幅是______ m，振动周期为______ s。图乙表示质点______(从质点 K、L、M、N 中选填) 的振动图像。该波的波速为______ m/s。

(2) 惯性系 S 中有一边长为 l 的正方形 (如图 A 所示)，从相对 S 系沿 x 方向以接近光速匀速飞行的飞行器上测得该正方形的图像是__________。

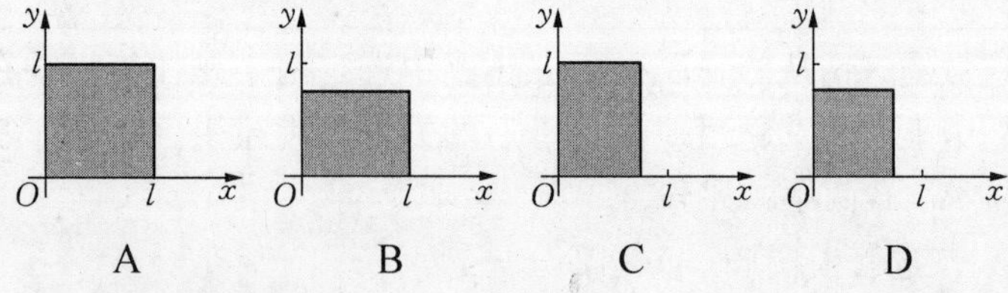

(3) 描述简谐运动特征的公式是 $x=$__________。自由下落的篮球经地面反弹后上升又落下，若不考虑空气阻力及在地面反弹时的能量损失。此运动__________ (填“是”或“不是”) 简谐运动。

C. (选修模块 3－5) (12 分)

(1) 下列实验中，深入地揭示了光的粒子性一面的有____________。

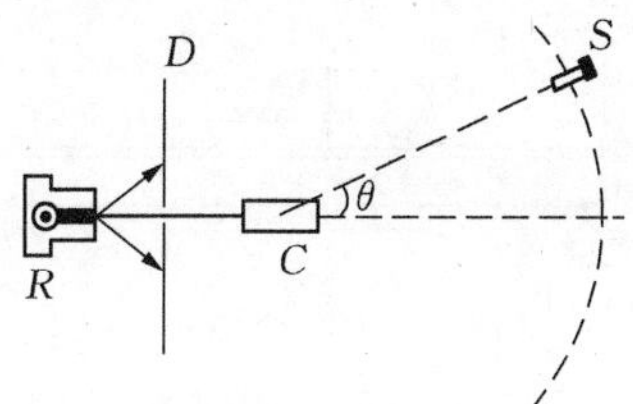

A. X射线被石墨散射后部分波长增大

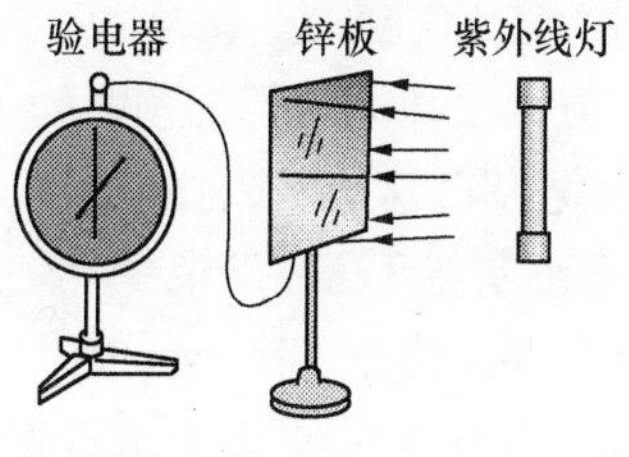

B. 锌板被紫外线照射时有电子逸出但被可见光照射时没有电子逸出

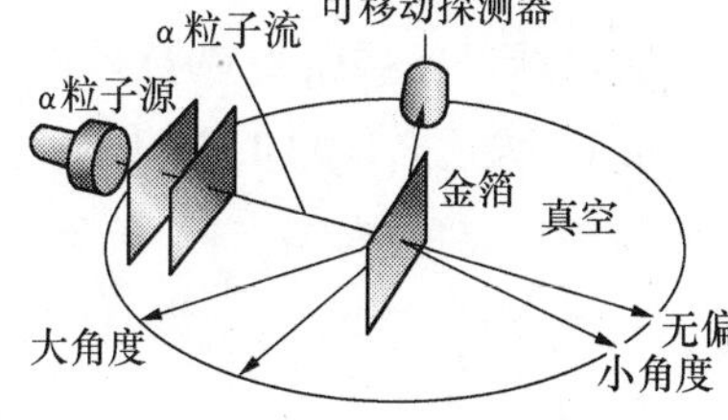

C. 轰击金箔的α粒子中有少数运动方向发生较大偏转

D. 氢原子发射的光经三棱镜分光后，呈现线状光谱

(2) 场强为 E、方向竖直向上的匀强电场中有两小球 A、B，它们的质量分别为 m_1、m_2，电量分别为 q_1、q_2，A、B 两球由静止释放，重力加速度为 g，则小球 A 和 B 组成的系统动量守恒应满足的关系式为__________。

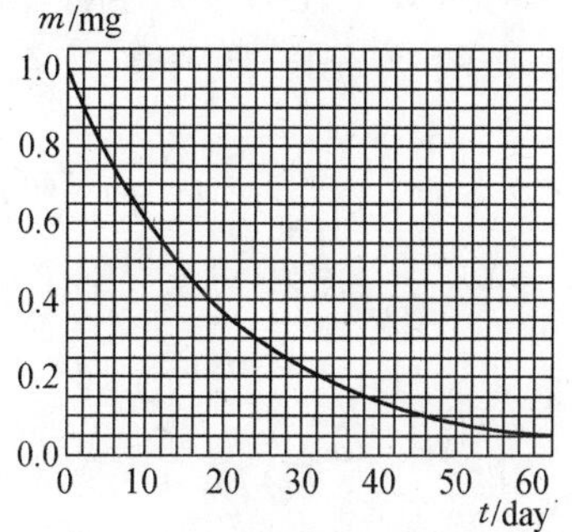

(3) 约里奥·居里夫妇因发现人工放射性而获得了1935年的诺贝尔化学奖，他们发现的放射性元素 $^{30}_{15}P$ 衰变成 $^{30}_{14}Si$ 的同时放出另一种粒子，这种粒子是__________。$^{32}_{15}P$ 是 $^{30}_{15}P$ 的同位素，被广泛应用于生物示踪技术。1 mg $^{32}_{15}P$ 随时间衰变的关系如图所示，请估算 4 mg 的 $^{32}_{15}P$ 经多少天的衰变后还剩 0.25 mg?

四、计算题（本题共3小题，共计47分。解答时请写出必要的文字说明、方程式和重要的演算步骤，只写出最后答案的不能得分。有数值计算的题，答案中必须明确写出数值和单位）

13. (15分) 抛体运动在各类体育运动项目中很常见，如乒乓球运动。现讨论乒乓球发球问题。设球台长 $2L$、网高 h，乒乓球反弹前后水平分速度不变，竖直分速度大小不变、方向相反，且不考虑乒乓球的旋转和空气阻力（设重力加速度为 g）。

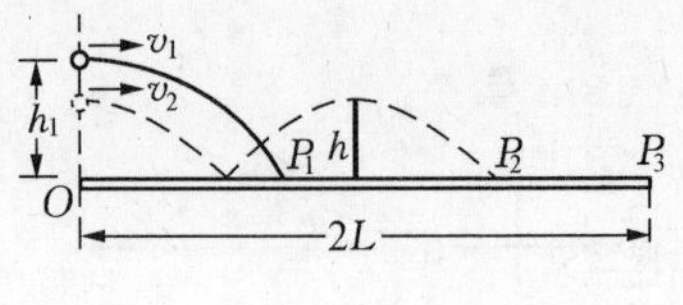

(1) 若球在球台边缘 O 点正上方高度为 h_1 处以速度 v_1 水平发出，落在球台的 P_1 点（如图实线所示），求 P_1 点距 O 点的距离 x_1。

(2) 若球在 O 点正上方以速度 v_2 水平发出后，恰好在最高点时越过球网落在球台的 P_2 点（如图虚线所示）。求 v_2 的大小。

(3) 若球在 O 点正上方水平发出后，球经反弹恰好越过球网且刚好落在对方球台边缘 P_3 处，求发球点距 O 点的高度 h_3。

14. (16 分) 在场强为 B 的水平匀强磁场中，一质量为 m、带正电 q 的小球在 O 点静止释放，小球的运动曲线如图所示。已知此曲线在最低点的曲率半径为该点到 x 轴距离的 2 倍，重力加速度为 g。求

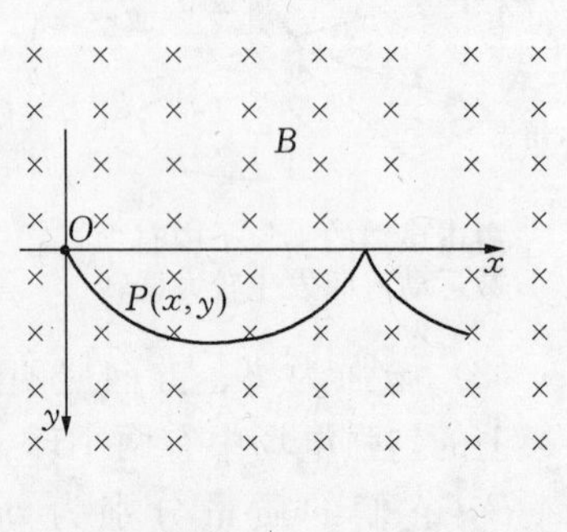

(1) 小球运动到任意位置 $P(x,\ y)$ 的速率 v。

(2) 小球在运动过程中第一次下降的最大距离 y_m。

(3) 当在上述磁场中加一竖直向上场强为 $E\left(E>\dfrac{mg}{q}\right)$ 的匀强电场时，小球从 O 点静止释放后获得的最大速率 v_m。

15. (16 分) 如图所示，间距为 l 的两条足够长的平行金属导轨与水平面的夹角为 θ，导轨光滑且电阻忽略不计。场强为 B 的条形匀强磁场方向与导轨平面垂直，磁场区域的宽度为 d_1，间距为 d_2。两根质量均为 m、有效电阻均为 R 的导体棒 a 和 b 放在导轨上，并与导轨垂直。(设重力加速度为 g)

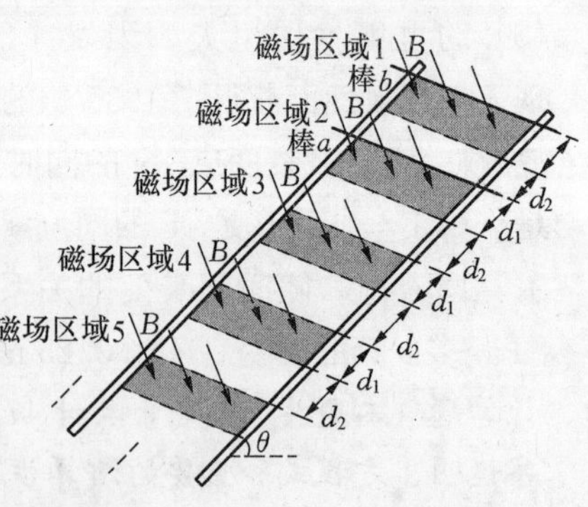

(1) 若 a 进入第 2 个磁场区域时，b 以与 a 同样的速度进入第 1 个磁场区域。求 b 穿过第 1 个磁场区域过程中增加的动能 ΔE_k。

(2) 若 a 进入第 2 个磁场区域时，b 恰好离开第 1 个磁场区

域，此后 a 离开第 2 个磁场区域时，B 又恰好进入第 2 个磁场区域，且 a、b 在任意一个磁场区域或无磁场区域的运动时间均相等。求 a 穿过第 2 个磁场区域过程中，两导体棒产生的总焦耳热 Q。

(3) 对于第 (2) 问所述的运动情况，求 a 穿出第 k 个磁场区域时的速率 v。

【答案】

一、单项选择题（共 15 分）。

1. B　2. D　3. A　4. C　5. D

二、多项选择题，全题 16 分。每小题全选对的得 4 分，选对但不全的得 2 分，错选或不答的 0 分。

6. ABC　7. BD　8. AD　9. AC

三、简答题（共 42 分）。

10.

(1) 1.200

(2) 不满足，R 与 S^2 成反比（或 RS^2＝常量）。

(3) 19

11.

(1) $4Hh$

(2)（见右图）

(3) 小于

(4) 摩擦，转动（回答任一即可）

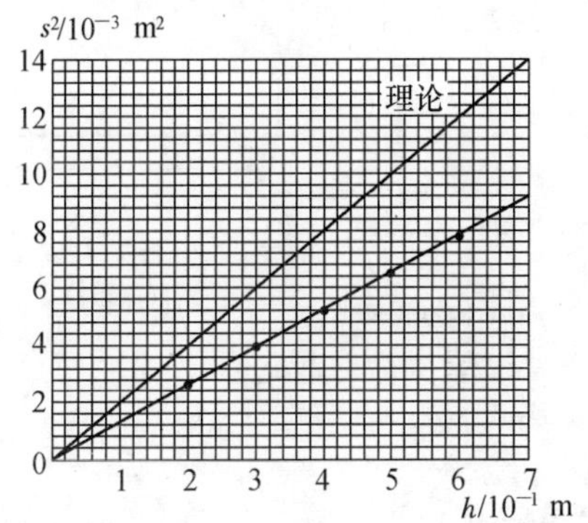

12A.

(1) 放出；5×10^4

(2) C，增加

(3) 1 g 水的分子数 $N=\dfrac{m}{M}N_A$

1 cm^2 的分子数 $n=N\dfrac{S}{S_0}\approx7\times10^3$

（6×10^3～7×10^3 都算对）

12B.

(1) 0.8；4；L；0.5

(2) C

(3) $A\sin\omega t$；不是

12C.

(1) AB

(2) $E(q_1+q_2)=(m_1+m_2)g$

(3) 正电子，$t=56$ 天（54～58 天都算对）

四、计算题（共 47 分）。

13. (1) 据平抛规律得：$h_1=\frac{1}{2}gt_1^2$

$$x_1=v_1t_1$$

解得：$x_1=v_1\sqrt{\frac{2h_1}{g}}$

(2) 同理得：$h_2=\frac{1}{2}gt_2^2$

$$x_2=v_2t_2$$

且：$h_2=h$

$$2x_2=L$$

解得：$v_2=\frac{L}{2}\sqrt{\frac{g}{2h}}$

(3) 如图，同理得：$h_3=\frac{1}{2}gt_3^2$

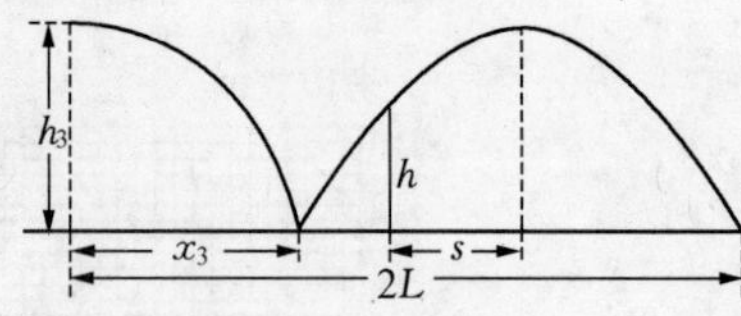

$$x_2=v_3t_3$$

且：$3x_3=2L$

设球从恰好越过球网到最高点的时间为 t，水平距离为 s，有：

$$h_3-h=\frac{1}{2}gt^2$$

$$s=v_3t$$

由几何关系得：$x_3+s=L$

解得：$h_3=\frac{4}{3}h$

14. (1) 由动能定理得：$mgy=\frac{1}{2}mv^2$

解得：$v=\sqrt{2gy}$

(2) 设在最大距离 y_m 处的速率为 v_m，有：$qBv_m-mg=m\frac{v_m^2}{R}$

解得：$v_m=\sqrt{2gy_m}$

$$R=2y_m$$

得：$y_m=\frac{2m^2g}{q^2B^2}$

(3) 小球运动如图所示

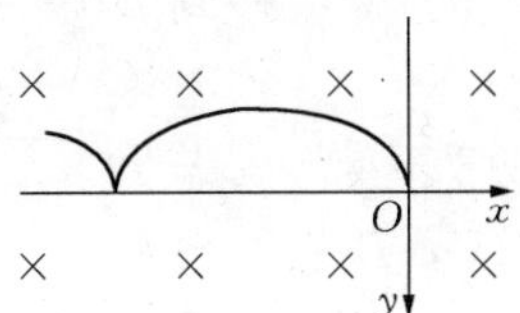

由动能定理得：$(qE-mg)|y_m|=\frac{1}{2}mv_m^2$

由圆周运动得：$qBv_m+mg-qE=m\frac{v_m^2}{R}$

且：$R=2|y_m|$

解得：$v_m=\frac{2}{qB}(qE-mg)$

15. (1) a 和 b 不受安培力作用，由机械能守恒得

$$\Delta E_k=mgd_1\sin\theta$$

(2) 由能量守恒得：

在磁场区域有：$\frac{1}{2}mv_1^2+Q=\frac{1}{2}mv_2^2+mgd_1\sin\theta$

在无磁场区域：$\frac{1}{2}mv_2^2=\frac{1}{2}mv_1^2+mgd_2\sin\theta$

解得：$Q=mg(d_1+d_2)\sin\theta$

(3) 在无磁场区域有：$v_2-v_1=gt\sin\theta$

且：$\frac{v_1+v_2}{2}=\frac{d_2}{t}$

在有磁场区域，对 a 棒：$F=mg\sin\theta-BIl$

且：$I=\frac{Blv}{2R}$

则有：$\sum\Delta v=\sum\left[g\sin\theta-\frac{B^2l^2v}{2mR}\right]\Delta t$

解得：$v_2-v_1=gt\sin\theta-\frac{B^2l^2}{2mR}d_1$

2008 年普通高等学校招生全国统一考试
物理试题 · 上海卷

一、(共 20 分) 填空题

A 类题（适合于一期课改教材的考生）

1A. 某行星绕太阳运动可近似看做匀速圆周运动，已知行星运动的轨道半径为 R，周期为 T，万有引力恒量为 G，则该行星的线速度大小为_________；太阳的质量可表示为_________。

2A. 如图所示，把电量为 -5×10^{-9} C 的电荷，从电场中的 A 点移到 B 点，其电势能________（选填“增大”“减小”或“不变”）；若 A 点的电势 $U_A=15$ V，B 点的电势 $U_B=10$ V，则此过程中电场力做的功为________J。

3A. 1991 年卢瑟福依据 α 粒子散射实验中 α 粒子发生了________（选填“大”或“小”）角度散射现象，提出了原子的核式结构模型。若用动能为 1 MeV 的 α 粒子轰击金箔，则其速度约为________ m/s。（质子和中子的质量均为 1.67×10^{-27} kg，1 MeV$=1\times10^6$ eV）

B 类题（适合于二期课改教材的考生）

1B. 体积为 V 的油滴，落在平静的水面上，扩展成面积为 S 的单分子油膜，则该油滴的分子直径约为________。已知阿伏伽德罗常数为 N_A，油的摩尔质量为 M，则一个油分子的质量为________。

2B. 放射性元素的原子核在 α 衰变或 β 衰变生成新原子核时，往往会同时伴随________辐射。已知 A、B 两种放射性元素的半衰期分别为 T_1 和 T_2，经过 $t=T_1\cdot T_2$ 时间后测得这两种放射性元素的质量相等，那么它们原来的质量之比 $m_A:m_B=$________。

3B. 某集装箱吊车的交流电动机输入电压为 380 V，则该交流电电压的最大值为________V。当吊车以 0.1 m/s 的速度匀速吊起总质量为 5.7×10^3 kg 的集装箱时，测得电动机的电流为 20 A，电动机的工作效率为________。（g 取 10 m/s^2）

公共题（全体考生必做）

4. 如图所示，在竖直平面内的直角坐标系中，一个质量为 m 的质点在外力 F 的作用下，从坐标原点 O 由静止沿直线 ON 斜向下运动，直线 ON 与 y 轴负方向成 θ 角（$\theta<\pi/4$）。则 F 大小至少为________；若 $F=mg\tan\theta$，则质点机械能大小的变化情况是____________。

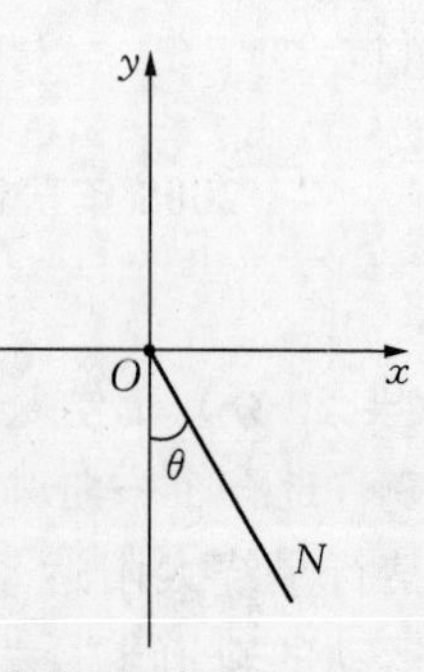

5. 在伽利略羊皮纸手稿中发现的斜面实验数据如表所示，人们推测第二、第三列数据可能分别表示时间和长度。伽利略时代的

1个长度单位相当于现在的$\frac{29}{30}$ mm，假设1个时间单位相当于现在的0.5 s。由此可以推测实验时光滑斜面的长度至少为________ m，斜面的倾角约为________度。(g取10 m/s^2)

表：伽利略手稿中的数据		
1	1	32
4	2	130
9	3	298
16	4	526
25	5	824
36	6	1 192
49	7	1 600
64	8	2 104

二、(40分)选择题。本大题分单项选择题和多项选择题，共9小题。单项选择题有5小题，每小题给出的四个答案中，只有一个是正确的，选对的得4分；多项选择题有4小题，每小题给出的四个答案中，有两个或两个以上是正确的，选对的得5分，选对但不全，得部分分；有选错或不答的，得0分。把正确答案全选出来，并将正确答案前面的字母填写在题后的括号内。填写在括号外的字母，不作为选出的答案。

Ⅰ. 单项选择题

6. 在下列4个核反应方程中，x表示质子的是(　　)

A. ${}^{30}_{15}\mathrm{P}\to{}^{30}_{14}\mathrm{Si}+x$　　B. ${}^{238}_{92}\mathrm{U}\to{}^{234}_{90}\mathrm{Th}+x$

C. ${}^{27}_{13}\mathrm{Al}+{}^{1}_{0}\mathrm{n}\to{}^{27}_{12}\mathrm{Mg}+x$　　D. ${}^{27}_{13}\mathrm{Al}+{}^{4}_{2}\mathrm{He}\to{}^{30}_{15}\mathrm{P}+x$

7. 如图所示，一根木棒AB在O点被悬挂起来，$AO=OC$，在A、C两点分别挂有两个和三个钩码，木棒处于平衡状态。如在木棒的A、C点各增加一个同样的钩码，则木棒(　　)

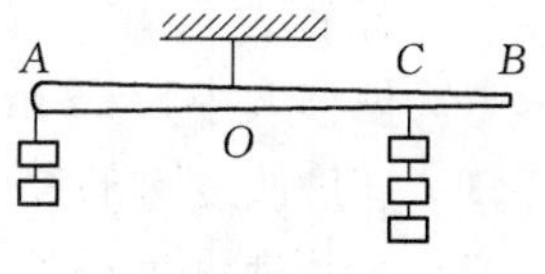

A. 绕O点顺时针方向转动

B. 绕O点逆时针方向转动

C. 平衡可能被破坏，转动方向不定

D. 仍能保持平衡状态

8. 物体做自由落体运动，E_k代表动能，E_p代表势能，h代表下落的距离，以水平地面为零势能面。下列所示图像中，能正确

反映各物理量之间关系的是（　　）

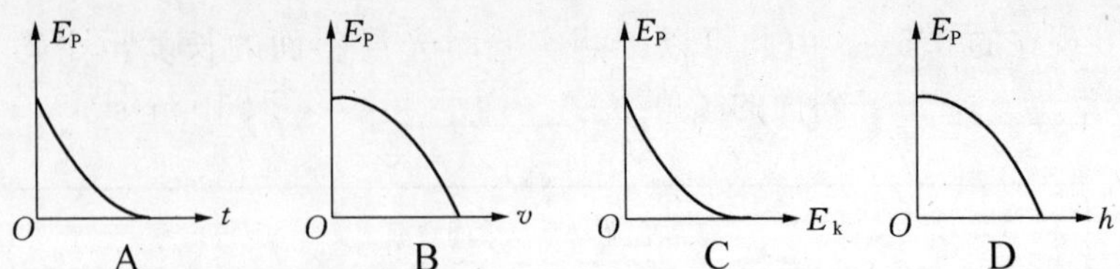

9. 已知理想气体的内能与温度成正比。如图所示的实线为汽缸内一定质量的理想气体由状态 1 到状态 2 的变化曲线，则在整个过程中汽缸内气体的内能（　　）

A. 先增大后减小

B. 先减小后增大

C. 单调变化

D. 保持不变

10. 如图所示，平行于 y 轴的导体棒以速度 v 向右匀速直线运动，经过半径为 R、磁感应强度为 B 的圆形匀强磁场区域，导体棒中的感应电动势 ε 与导体棒位置 x 关系的图像是（　　）

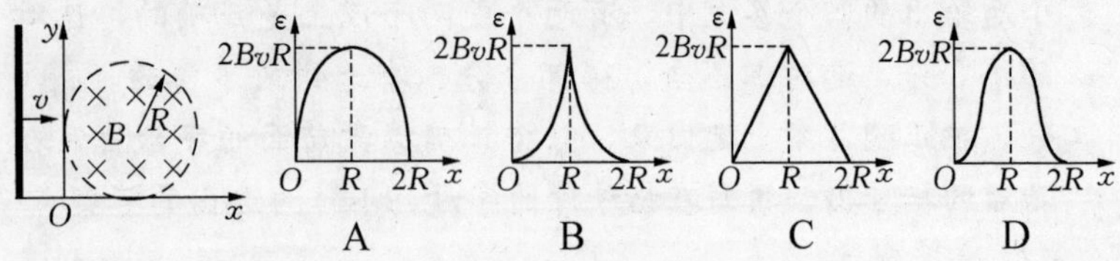

Ⅱ. 多项选择题

11. 某物体以 30 m/s 的初速度竖直上抛，不计空气阻力，g 取 10 m/s^2。5 s 内物体的（　　）

A. 路程为 65 m

B. 位移大小为 25 m，方向向上

C. 速度改变量的大小为 10 m/s

D. 平均速度大小为 13 m/s，方向向上

12. 在杨氏双缝干涉实验中，如果（　　）

A. 用白光作为光源，屏上将呈现黑白相间的条纹

B. 用红光作为光源，屏上将呈现红黑相间的条纹

C. 用红光照射一条狭缝，用紫光照射另一条狭缝，屏上将呈现彩色条纹

D. 用紫光作为光源，遮住其中一条狭缝，屏上将呈现间距不等的条纹

13. 如图所示，两端开口的弯管，左管插入水银槽中，右管有一段高为 h 的水银柱，中间封有一段空气，则（　　）

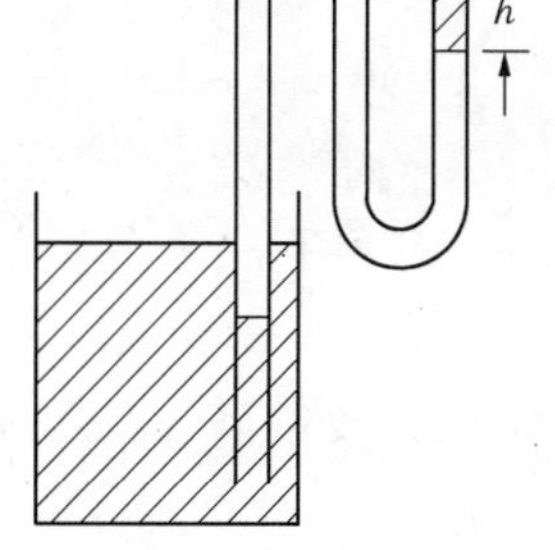

A. 弯管左管内外水银面的高度差为 h

B. 若把弯管向上移动少许，则管内气体体积增大

C. 若把弯管向下移动少许，则右管内的水银柱沿管壁上升

D. 若环境温度升高，则右管内的水银柱沿管壁上升

14. 如图所示，在光滑绝缘水平面上，两个带等量正电的点电荷 M、N，分别固定在 A、B 两点，O 为 AB 连线的中点，CD 为 AB 的垂直平分线。在 CO 之间的 F 点由静止释放一个带负电的小球 P（设不改变原来的电场分布），在以后的一段时间内，P 在 CD 连线上做往复运动。若（　　）

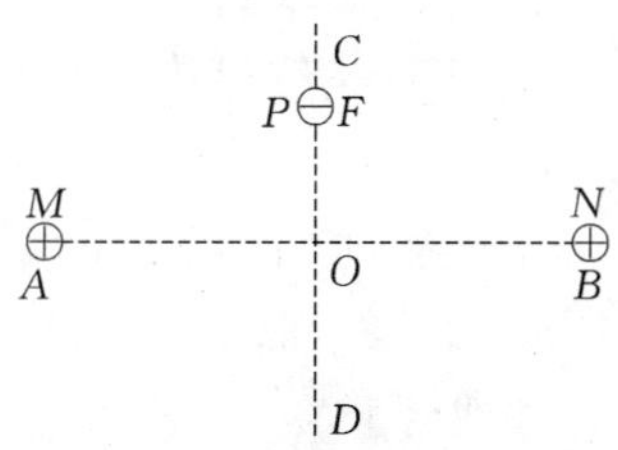

A. 小球 P 的带电量缓慢减小，则它往复运动过程中振幅不断减小

B. 小球 P 的带电量缓慢减小，则它往复运动过程中每次经过 O 点时的速率不断减小

C. 点电荷 M、N 的带电量同时等量地缓慢增大，则小球 P 往复运动过程中周期不断减小

D. 点电荷 M、N 的带电量同时等量地缓慢增大，则小球 P 往复运动过程中振幅不断减小

三、（30 分）实验题

15.（4 分）如图所示，用导线将验电器与洁净锌板连接，触摸锌板使验电器指示归零。用紫外线照射锌板，验电器指针发生明显偏转，接着用毛皮摩擦过的橡胶棒接触锌板，发现验电器指针张角减小，此现象说明锌板带__________（选填“正”或“负”）电；若改用红外线重复上实验，结果发现验电器指针根本不会发生偏转，说明金属锌的极限频率__________（选填“大于”或“小于”）红外线。

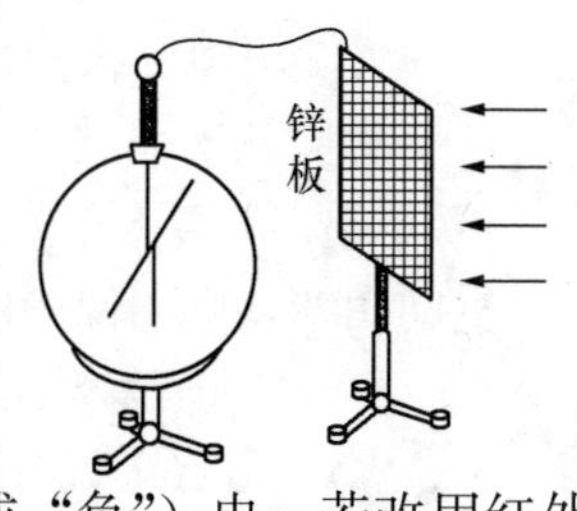

16. (4 分，单选题) 用如图所示的实验装置观察光的薄膜干涉现象。图 a 是点燃的酒精灯（在灯芯上撒些盐），图 b 是竖立的附着一层肥皂液薄膜的金属丝圈。将金属丝圈在其所在的竖直平面内缓慢旋转，观察到的现象是（　　）

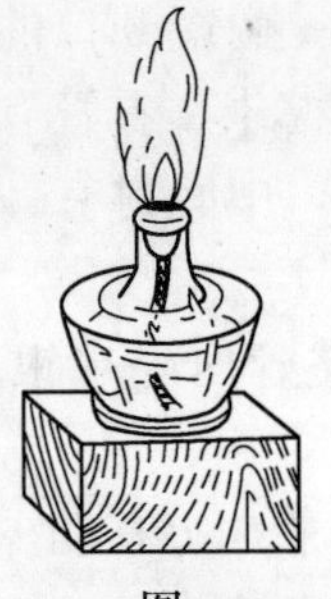
图 a

图 b

A. 当金属丝圈旋转 30°时干涉条纹同方向旋转 30°

B. 当金属丝圈旋转 45°时干涉条纹同方向旋转 90°

C. 当金属丝圈旋转 60°时干涉条纹同方向旋转 30°

D. 干涉条纹保持原来状态不变

17. (6 分) 在“用单摆测重力加速度”的实验中，

(1) 某同学的操作步骤为：

a. 取一根细线，下端系住直径为 d 的金属小球，上端固定在铁架台上

b. 用米尺量得细线长度 l

c. 在摆线偏离竖直方向 5°位置释放小球

d. 用秒表记录小球完成 n 次全振动的总时间 t，得到周期 $T=t/n$

e. 用公式 $g=\frac{4\pi^2 l}{T^2}$ 计算重力加速度

按上述方法得出的重力加速度值与实际值相比__________（选填“偏大”“相同”或“偏小”）。

(2) 已知单摆在任意摆角 θ 时的周期公式可近似为 $T'=T_0\left[1+a\sin^2\left(\frac{\theta}{2}\right)\right]$，式中 T_0 为摆角趋近于 0°时的周期，a 为常数。为了用图像法验证该关系式，需要测量的物理量有__________；若某同学在实验中得到了如图所示的图线，则图像中的横轴表示__________。

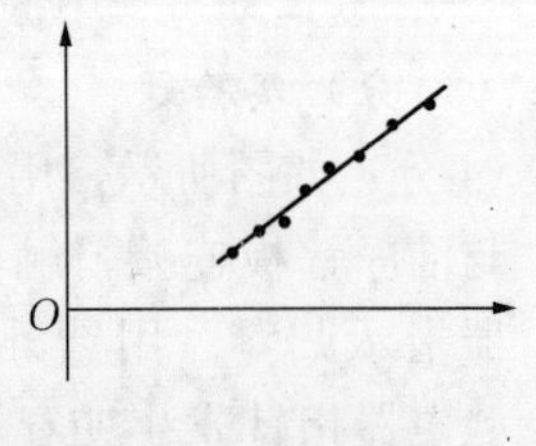

18. (6 分) 某同学利用图 a 所示的电路研究灯泡 L_1 (6 V，1.5 W)、L_2 (6 V，10 W) 的发光情况（假设灯泡电阻恒定），图 b 为实物图。

(1) 他分别将 L_1、L_2 接入图 a 中的虚线框位置，移动滑动变阻器的滑片 P，当电压表示数为 6 V 时，发现灯泡均能正常发光。在图 b 中用笔线代替导线将电路连线补充完整。

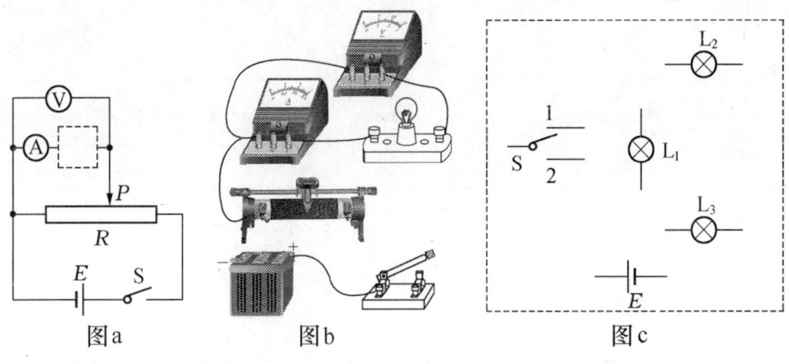

图a　　图b　　图c

(2) 接着他将 L_1 和 L_2 串联后接入图 a 中的虚线框位置，移动滑动变阻器的滑片 P，当电压表示数为 6 V 时，发现其中一个灯泡亮而另一个灯泡不亮，出现这种现象的原因是________________________。

(3) 现有如下器材：电源 E(6 V，内阻不计)，灯泡 L_1(6 V，1.5 W)、L_2(6 V，10 W)，L_3(6 V，10 W)，单刀双掷开关 S。在图 c 中设计一个机动车转向灯的控制电路：当单刀双掷开关 S 与 1 相接时，信号灯 L_1 亮，右转向灯 L_2 亮而左转向灯 L_3 不亮；当单刀双掷开关 S 与 2 相接时，信号灯 L_1 亮，左转向灯 L_3 亮而右转向灯 L_2 不亮。

19. (10 分) 如图所示是测量通电螺线管 A 内部磁感应强度 B 及其与电流 I 关系的实验装置。将截面积为 S、匝数为 N 的小试测线圈 P 置于螺线管 A 中间，试测线圈平面与螺线管的轴线垂直，可认为穿过该试测线圈的磁场均匀。将试测线圈引线的两端与冲击电流计 D 相连。拨动双刀双掷换向开关 K，改变通入螺线管的电流方向，而不改变电流大小，在 P 中产生的感应电流引起 D 的指针偏转。

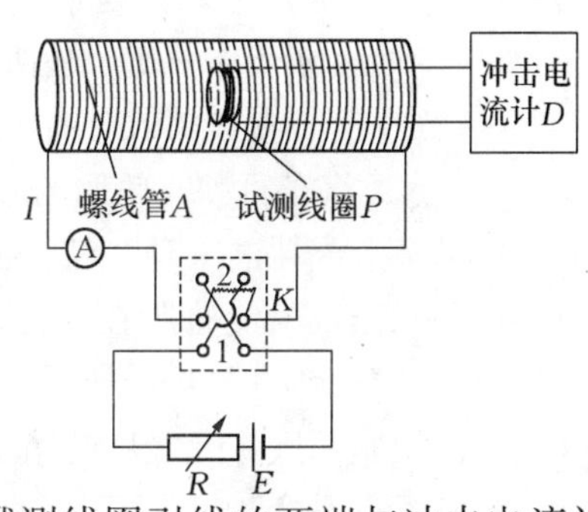

(1) 将开关合到位置 1，待螺线管 A 中的电流稳定后，再将 K 从位置 1 拨到位置 2，测得 D 的最大偏转距离为 d_m，已知冲击电流计的磁通灵敏度为 D_φ，$D_\varphi=\frac{d_m}{N\Delta\varphi}$，式中 $\Delta\varphi$ 为单匝试测线圈磁通量的变化量。则试测线圈所在处磁感应强度 $B=$________；若将 K 从位置 1 拨到位置 2 的过程所用的时间为 Δt，则试测线圈 P 中产生的平均感应电动势

ε=__________。

实验次数	电流 I/A	磁感应强度 $B/10^{-3}$ T
1	0.5	0.62
2	1.0	1.25
3	1.5	1.88
4	2.0	2.51
5	2.5	3.12

(2) 调节可变电阻 R，多次改变电流并拨动 K，得到 A 中电流 I 和磁感应强度 B 的数据，见上表。由此可得，螺线管 A 内部磁感应强度 B 和电流 I 的关系为 B=______________。

(3)（多选题）为了减小实验误差，提高测量的准确性，可采取的措施有（　　）

A. 适当增加试测线圈的匝数 N

B. 适当增大试测线圈的横截面积 S

C. 适当增大可变电阻 R 的阻值

D. 适当延长拨动开关的时间 Δt

四、(60 分) 计算题。本大题中第 20 题为分叉题，分 A 类、B 类两题，考生可任选一题。若两题均做，一律按 A 类题计分。

A 类题（适合于一期课改教材的考生）

20A. (10 分) 汽车行驶时轮胎的胎压太高容易造成爆胎事故，太低又会造成耗油上升。已知某型号轮胎能在−40 ℃～90 ℃正常工作，为使轮胎在此温度范围内工作时的最高胎压不超过 3.5 atm，最低胎压不低于 1.6 atm，那么在 t=20 ℃时给该轮胎充气，充气后的胎压在什么范围内比较合适？（设轮胎容积不变）

B 类题（适合于二期课改教材的考生）

20B. (10 分) 某小型实验水电站输出功率是 20 kW，输电线路总电阻是 6 Ω。

(1) 若采用 380 V 输电，求输电线路损耗的功率。

(2) 若改用 5 000 V 高压输电，用户端利用 $n_1:n_2=22:1$ 的变压器降压，求用户得到的电压。

公共题（全体考生必做）

21. (12 分) 总质量为 80 kg 的跳伞运动员从离地 500 m 的直升机上跳下，经过 2 s 拉开绳索开启降落伞，如图所示是跳伞过程中的 v-t 图，试根据图像求：(g 取 10 m/s^2)

(1) $t=1$ s 时运动员的加速度和所受阻力的大小。

(2) 估算 14 s 内运动员下落的高度及克服阻力做的功。

(3) 估算运动员从飞机上跳下到着地的总时间。

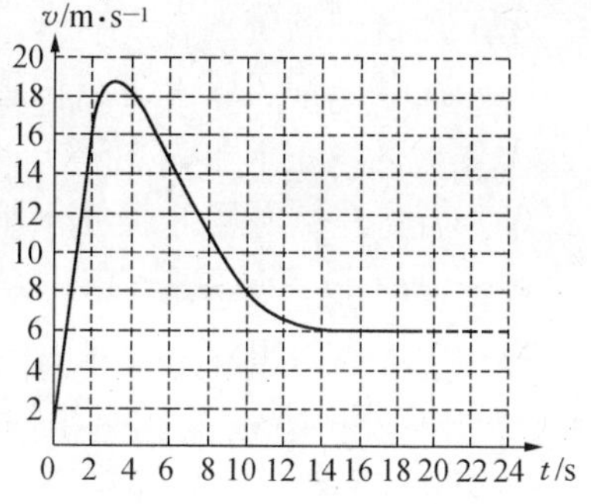

22. (12 分) 有两列简谐横波 a、b 在同一媒质中沿 x 轴正方向传播，波速均为 $v=2.5$ m/s。在 $t=0$ 时，两列波的波峰正好在 $x=2.5$ m 处重合，如图所示。

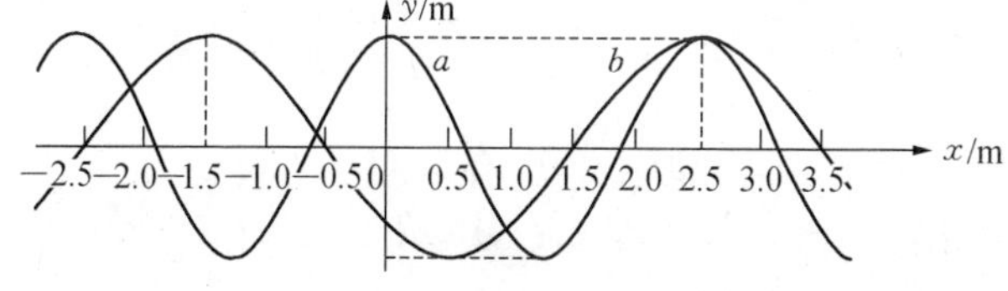

(1) 求两列波的周期 T_a 和 T_b。

(2) 求 $t=0$ 时，两列波的波峰重合处的所有位置。

(3) 辨析题：分析并判断在 $t=0$ 时是否存在两列波的波谷重合处。

某同学分析如下：既然两列波的波峰存在重合处，那么波谷与波谷重合处也一定存在。只要找到这两列波半波长的最小公倍数，即可得到波谷与波谷重合处的所有位置。

你认为该同学的分析正确吗？若正确，求出这些点的位置。若不正确，指出错误处并通过计算说明理由。

23. (12 分) 如图所示为研究电子枪中电子在电场中运动的简化模型示意图。在 Oxy 平面的 $ABCD$ 区域内，存在两个场强大小均为 E 的匀强电场Ⅰ和Ⅱ，两电场的边界均是边长为 L 的正方形(不计电子所受重力)。

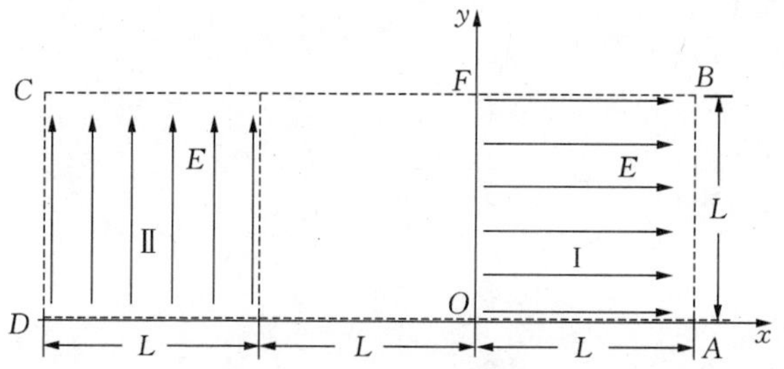

(1) 在该区域 AB 边的中点处由静止释放电子，求电子离开

$ABCD$区域的位置。

(2) 在电场Ⅰ区域内适当位置由静止释放电子，电子恰能从$ABCD$区域左下角D处离开，求所有释放点的位置。

(3) 若将左侧电场Ⅱ整体水平向右移动$L/n(n\geqslant 1)$，仍使电子从$ABCD$区域左下角D处离开（D不随电场移动），求在电场Ⅰ区域内由静止释放电子的所有位置。

24. (14分) 如图所示，竖直平面内有一半径为r、内阻为R_1、粗细均匀的光滑半圆形金属环，在M、N处与相距为$2r$、电阻不计的平行光滑金属轨道ME、NF相接，EF之间接有电阻R_2，已知$R_1=12R$，$R_2=4R$。在MN上方及CD下方有水平方向的匀强磁场Ⅰ和Ⅱ，磁感应强度大小均为B。现有质量为m、电阻不计的导体棒ab，从半圆环的最高点A处由静止下落，在下落过程中导体棒始终保持水平，与半圆形金属环及轨道接触良好，平行轨道足够长。已知导体棒ab下落$r/2$时的速度大小为v_1，下落到MN处的速度大小为v_2。

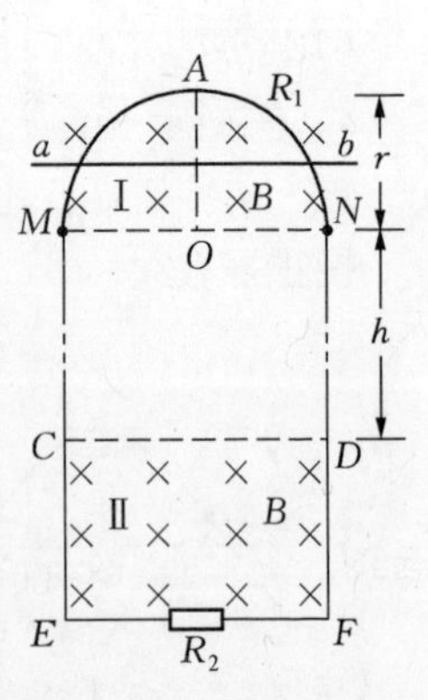

(1) 求导体棒ab从A下落$r/2$时的加速度大小。

(2) 若导体棒ab进入磁场Ⅱ后棒中电流大小始终不变，求磁场Ⅰ和Ⅱ之间的距离h和R_2上的电功率P_2。

(3) 若将磁场Ⅱ的CD边界略微下移，导体棒ab刚进入磁场Ⅱ时速度大小为v_3，要使其在外力F作用下做匀加速直线运动，加速度大小为a，求所加外力F随时间变化的关系式。

【答案】

一、填空题（共20分）

1A. $\dfrac{2\pi R}{T}$，$\dfrac{4\pi^2R^3}{GT^2}$

2A. 增大，-2.5×10^{-8}

3A. 大，6.9×10^6

1B. $\dfrac{v}{S}$，$\dfrac{M}{N_A}$

2B. γ，$2^{T_2}:2^{T_1}$

3B. $380\sqrt{2}$，75%

4. $mg\sin\theta$，增大、减小都有可能

5. 2.04，1.5

二、选择题（共40分）

Ⅰ. 6. C　7. D　8. B　9. B　10. A

Ⅱ. 11. AB　12. BD　13. ACD　14. BCD

三、实验题（共30分）

15. 正，大于

16. D

17. (1) 偏小

(2) T'(或 t、n)、θ，T'

18. (1) 如图 b

(2) 由于 R_{L_1} 比 R_{L_2} 小得多，灯泡 L_2 分得的电压很小，虽然有电流通过，但功率很小，不能发光。

(3) 如图 c

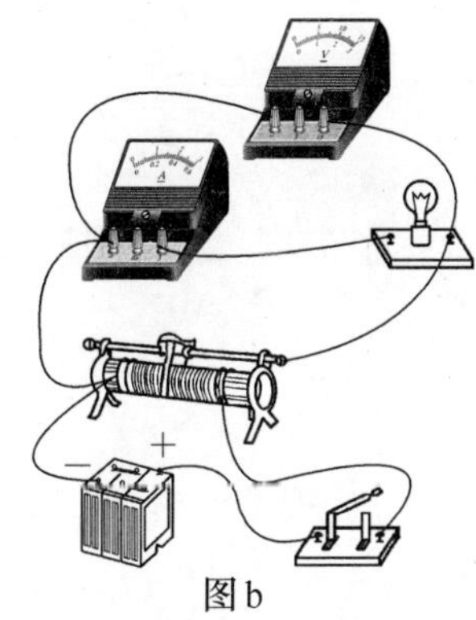

图b

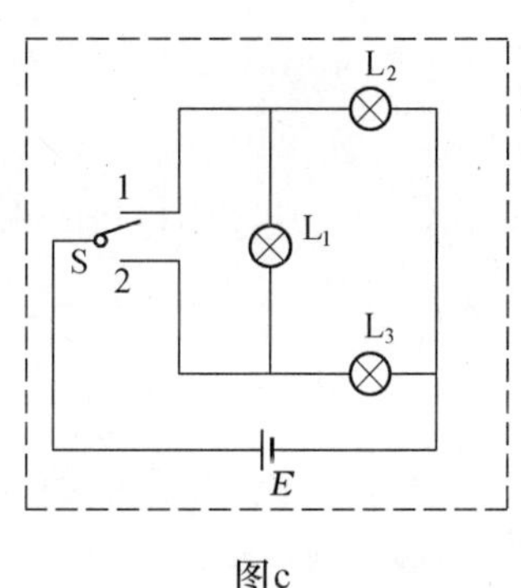

图c

19. (1) $\frac{d_m}{2ND_\varphi S}$，$\frac{d_m}{D_\varphi \Delta t}$

(2) $0.00125I$

(3) A，B

四、计算题（共60分）

20A. (10分)

解：由于轮胎容积不变，轮胎内气体做等容变化。

设在 $T_0=293$ K 充气后的最小胎压为 P_{min}，最大胎压为 P_{max}。依题意，当 $T_1=233$ K 时胎压为 $P_1=1.6$ atm。根据查理定律

$\frac{P_1}{T_1}=\frac{P_{min}}{T_0}$，即$\frac{1.6}{233}=\frac{P_{min}}{293}$

解得：$P_{min}=2.01$ atm

当 $T_2=363$ K 是胎压为 $P_2=3.5$ atm。根据查理定律

$\frac{P_2}{T_2}=\frac{P_{max}}{T_0}$，即$\frac{3.5}{363}=\frac{P_{min}}{293}$

解得：$P_{max}=2.83\ \text{atm}$

20B. (10 分)

解：(1) 输电线上的电流为 $I=\frac{P}{U}=\frac{20\times10^3}{380}\ \text{A}=52.63\ \text{A}$

输电线路损耗的功率为

$P_{损}=I^2R=52.63^2\times6\ \text{W}\approx16\ 620\ \text{W}=16.62\ \text{kW}$

(2) 改用高压输电后，输电线上的电流变为 $I'=\frac{P}{U'}=\frac{20\times10^3}{5\ 000}\ \text{A}=4\ \text{A}$

用户端在变压器降压前获得的电压 $U_1=U-I'R=(5\ 000-4\times6)\text{V}=4\ 976\ \text{V}$

根据 $\frac{U_1}{U_2}=\frac{n_1}{n_2}$

用户得到的电压为 $U_2=\frac{n_2}{n_1}U_1=\frac{1}{22}\times4\ 976\ \text{V}=226.18\ \text{V}$

21. (12 分)

解：(1) 从图中可以看出，在 $t=2$ s 内运动员做匀加速运动，其加速度大小为

$a=\frac{v_t}{t}=\frac{16}{2}\ \text{m/s}^2=8\ \text{m/s}^2$

设此过程中运动员受到的阻力大小为 f，根据牛顿第二定律，有 $mg-f=ma$

得　$f=m(g-a)=80\times(10-8)\text{N}=160\ \text{N}$

(2) 从图中估算得出运动员在 14 s 内下落了

$39.5\times2\times2\ \text{m}=158\ \text{m}$

根据动能定理，有 $mgh-W_f=\frac{1}{2}mv^2$

所以有 $W_f=mgh-\frac{1}{2}mv^2=\left(80\times10\times158-\frac{1}{2}\times80\times6^2\right)\text{J}\approx1.25\times10^5\ \text{J}$

(3) 14 s 后运动员做匀速运动的时间为

$t'=\frac{H-h}{v}=\frac{500-158}{6}\ \text{s}=57\ \text{s}$

运动员从飞机上跳下到着地需要的总时间

$t_{总}=t+t'=(14+57)\text{s}=71\ \text{s}$

22. (12 分)

解：(1) 从图中可以看出两列波的波长分别为 $\lambda_a=2.5$ m，$\lambda_b=4.0$ m，因此它们的周期分别为

$T_a=\frac{\lambda_a}{v}=\frac{2.5}{2.5}\ \text{s}=1\ \text{s}\quad T_b=\frac{\lambda_b}{v}=\frac{4.0}{2.5}\ \text{s}=1.6\ \text{s}$

(2) 两列波的最小公倍数为 $S=20\ \text{m}$

$t=0$ 时，两列波的波峰重合处的所有位置为

$x=(2.5\pm20k)\text{m}$，$k=0$，1，2，3，…

(3) 该同学的分析不正确。

要找两列波的波谷与波谷重合处，必须从波峰重合处出发，找到这两列波半波长的整数倍恰好相等的位置。设距离 $x=2.5\ \text{m}$ 为 L 处两列波的波谷与波谷相遇，并设

$L=(2m-1)\frac{\lambda_a}{2}\quad L=2n-1$，式中 m、n 均为正整数

只要找到相应的 m、n 即可

将 $\lambda_a=2.5\ \text{m}$，$\lambda_b=4.0\ \text{m}$ 代入并整理，得

$\frac{2m-1}{2n-1}=\frac{\lambda_a}{\lambda_b}=\frac{4.0}{2.5}=\frac{8}{5}$

由于上式中 m、n 在整数范围内无解，所以不存在波谷与波谷重合处。

23. (12分)

解：(1) 设电子的质量为 m，电量为 e，电子在电场Ⅰ中做匀加速直线运动，出区域Ⅰ时的为 v_0，此后电场Ⅱ做类平抛运动，假设电子从 CD 边射出，出射点纵坐标为 y，有

$eEL=\frac{1}{2}mv_0^2$

$\left(\frac{L}{2}-y\right)=\frac{1}{2}at^2=\frac{1}{2}\frac{eE}{m}\left(\frac{L}{v_0}\right)^2$

解得 $y=\frac{1}{4}L$，所以原假设成立，即电子离开 $ABCD$ 区域的位置坐标为 $\left(-2L，\frac{1}{4}L\right)$。

(2) 设释放点在电场区域Ⅱ中，其坐标为 $(x，y)$，在电场Ⅰ中电子被加速到 v_1，然后进入电场Ⅱ做类平抛运动，并从 D 点离开，有

$eEx=\frac{1}{2}mv_1^2$

$y=\frac{1}{2}at^2=\frac{1}{2}\frac{eE}{m}\left(\frac{L}{v_1}\right)^2$

解得 $xy=\frac{L^2}{4}$，即在电场Ⅰ区域内满足方程的点即为所求位置。

(3) 设电子从 $(x，y)$ 点释放，在电场Ⅰ中加速到 v_2，进入

电场Ⅱ后做类平抛运动，在高度为 y' 处离开电场Ⅱ时的情景与（2）中类似，然后电子做匀速直线运动，经过 D 点，则有

$eEx=\frac{1}{2}mv_2^2$，$y-y'=\frac{1}{2}at^2=\frac{1}{2}\frac{eE}{m}\left(\frac{L}{v_2}\right)^2$

$v_y=at=\frac{eEL}{mv_2}$，$y'=v_y\frac{L}{nv_2}$

解得 $xy=L^2\left(\frac{1}{2n}+\frac{1}{4}\right)$，即在电场Ⅰ区域内满足方程的点即为所求位置。

24.（14 分）

解：（1）以导体棒为研究对象，棒在磁场Ⅰ中切割磁感线，棒中产生感应电动势，导体棒 ab 从 A 下落 $r/2$ 时，导体棒在重力与安培力作用下做加速运动，由牛顿第二定律，得

$mg-BIL=ma$，式中 $l=\sqrt{3}r$

$I=\frac{Blv_1}{R_{总}}$

式中 $R_{总}=\frac{8R\times(4R+4R)}{8R+(4R+4R)}=4R$

由以上各式可得到 $a=g-\frac{3B^2r^2v_1}{4mR}$。

（2）当导体棒 ab 通过磁场Ⅱ时，若安培力恰好等于重力，棒中电流大小始终不变，即

$mg=BI\times 2r=B\times\frac{B\times 2r\times v_t}{R_{并}}\times 2r=\frac{4B^2r^2v_t}{R_{并}}$

式中　$R_{并}=\frac{12R\times 4R}{12R+4R}=3R$

解得　$v_t=\frac{mgR_{并}}{4B^2r^2}=\frac{3mgR}{4B^2r^2}$

导体棒从 MN 到 CD 做加速度为 g 的匀加速直线运动，有

$v_t^2-v_2^2=2gh$

得　$h=\frac{9m^2gr^2}{32B^4r^4}-\frac{v_2^2}{2g}$

此时导体棒重力的功率为

$P_G=mgv_t=\frac{3m^2g^2R}{4B^2r^2}$

根据能量守恒定律，此时导体棒重力的功率全部转化为电路中的电功率，即

$P_{电}=P_1+P_2=P_G=\frac{3m^2g^2R}{4B^2r^2}$

所以，$P_2=\frac{3}{4}P_G=\frac{9m^2g^2R}{16B^2r^2}$

(3) 设导体棒 ab 进入磁场Ⅱ后经过时间 t 的速度大小为 v'_t，此时安培力大小为 $F'=\frac{4B^2r^2v'_t}{3R}$

由于导体棒 ab 做匀加速直线运动，有 $v'_t=v_3+at$

根据牛顿第二定律，有

$F+mg-F'=ma$

即 $F+mg-\frac{4B^2r^2(v_3+at)}{3R}=ma$

由以上各式解得 $F=\frac{4B^2r^2}{3R}(at+v_3)-m(g-a)=\frac{4B^2r^2a}{3R}t+\frac{4B^2r^2v_3}{3R}+ma-mg$

2008年普通高等学校全国招生统一考试
物理试题·广东卷

一、选择题（本大题共12小题。每小题4分，共48分。在每小题给出的四个选项中，有一个或一个以上选项符合题目要求，全部选对的得4分，选不全的得2分，有选错或不答的得0分。）

1. 伽利略在著名的斜面实验中，让小球分别沿倾角不同、阻力很小的斜面从静止开始滚下，他通过实验观察和逻辑推理，得到的正确结论有（　　）

A. 倾角一定时，小球在斜面上的位移与时间成正比

B. 倾角一定时，小球在斜面上的速度与时间成正比

C. 斜面长度一定时，小球从顶端滚到底端时的速度与倾角无关

D. 斜面长度一定时，小球从顶端滚到底端所需的时间与倾角无关

2. 铝箔被 α 粒子轰击后发生了以下核反应：$^{27}_{23}\text{Al}+^{4}_{2}\text{He}\rightarrow\text{X}+^{1}_{0}\text{n}$。下列判断正确的是（　　）

A. $^{1}_{0}\text{n}$ 是质子　　B. $^{1}_{0}\text{n}$ 是中子

C. X是 $^{28}_{14}\text{Si}$ 的同位素　　D. X是 $^{31}_{15}\text{P}$ 的同位素

3. 运动员跳伞将经历加速下降和减速下降两个过程，将人和伞看成一个系统，在这两个过程中，下列说法正确的是（　　）

A. 阻力对系统始终做负功

B. 系统受到的合外力始终向下

C. 重力做功使系统的重力势能增加

D. 任意相等的时间内重力做的功相等

4. 1930 年劳伦斯制成了世界上第一台回旋加速器，其原理如图所示，这台加速器由两个铜质 D 形盒 D1、D2 构成，其间留有空隙，下列说法正确的是（　　）

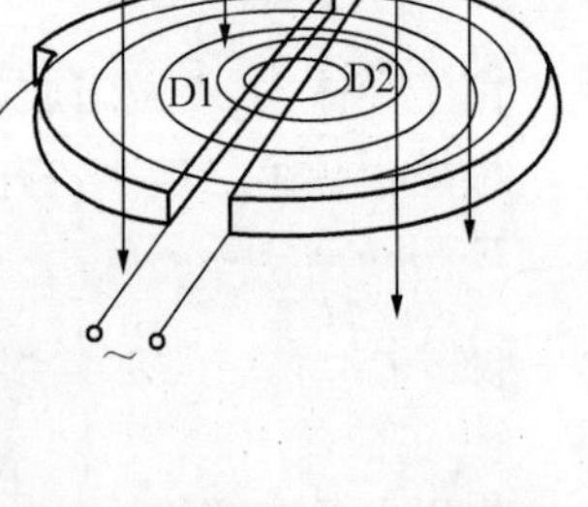

A. 离子由加速器的中心附近进入加速器

B. 离子由加速器的边缘进入加速器

C. 离子从磁场中获得能量

D. 离子从电场中获得能量

5. 小型交流发电机中，矩形金属线圈在匀强磁场中匀速转动。产生的感应电动势与时间呈正弦函数关系，如图所示，此线圈与一个 $R=10\ \Omega$ 的电阻构成闭合电路，不计电路的其他电阻，下列说法正确的是（　　）

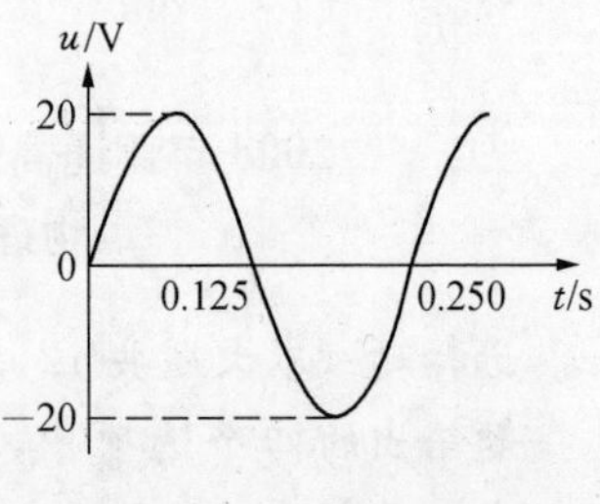

A. 交变电流的周期为 0.125 s　　B. 交变电流的频率为 8 Hz

C. 交变电流的有效值为$\sqrt{2}$ A　　D. 交变电流的最大值为 4 A

6. 有关氢原子光谱的说法正确的是（　　）

A. 氢原子的发射光谱是连续谱

B. 氢原子光谱说明氢原子只发出特定频率的光

C. 氢原子光谱说明氢原子能级是分立的

D. 氢原子光谱的频率与氢原子能级的能量差无关

7. 电动势为 E、内阻为 r 的电源与定值电阻 R_1、R_2 及滑动变阻器 R 连接成如图所示的电路，当滑动变阻器的触头由中点滑向 b 端时，下列说法正确的是（　　）

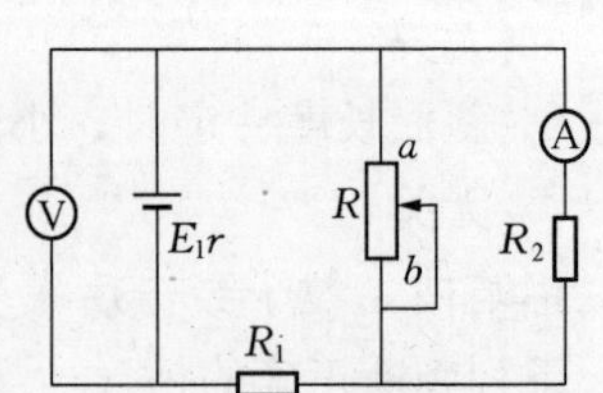

A. 电压表和电流表读数都增大

B. 电压表和电流表读数都减小

C. 电压表读数增大，电流表读数减小

D. 电压表读数减小，电流表读数增大

8. 图中的实线表示电场线，虚线表示只受电场力作用的带正电粒子的运动轨迹，粒子先经过 M 点，再经过 N 点，可以判定

( )

A. M 点的电势大于 N 点的电势

B. M 点的电势小于 N 点的电势

C. 粒子在 M 点受到的电场力大于在 N 点受到的电场力

D. 粒子在 M 点受到的电场力小于在 N 点受到的电场力

9. 带电粒子进入云室会使云室中的气体电离，从而显示其运动轨迹。图是在有匀强磁场云室中观察到的粒子的轨迹，a 和 b 是轨迹上的两点，匀强磁场 B 垂直纸面向里。该粒子在运动时，其质量和电量不变，而动能逐渐减少，下列说法正确的是（ ）

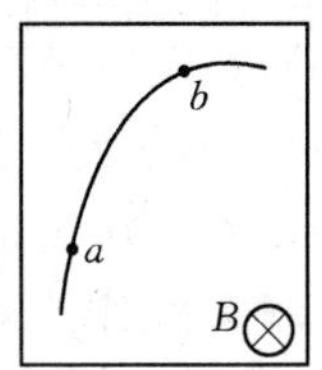

A. 粒子先经过 a 点，再经过 b 点

B. 粒子先经过 b 点，再经过 a 点

C. 粒子带负电

D. 粒子带正电

10. 某人骑自行车在平直道路上行进，图中的实线记录了自行车开始一段时间内的 $v-t$ 图像，某同学为了简化计算，用虚线作近似处理，下列说法正确的是（ ）

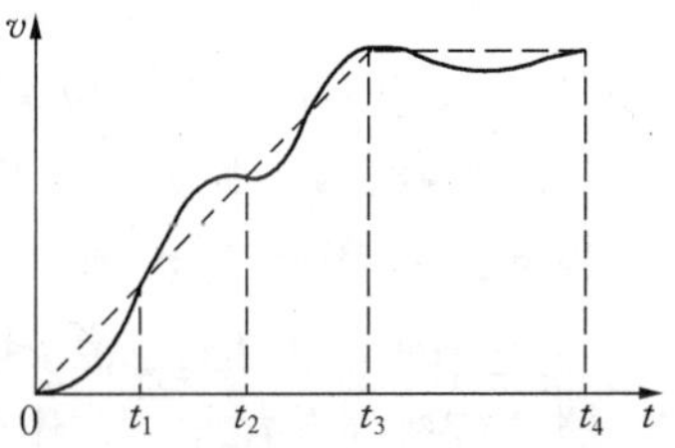

A. 在 t_1 时刻，虚线反映的加速度比实际的大

B. 在 $0\sim t_1$ 时间内，由虚线计算出的平均速度比实际的大

C. 在 $t_1\sim t_2$ 时间内，由虚线计算出的平均速度比实际的大

D. 在 $t_3\sim t_4$ 时间内，虚线反映的是匀速运动

11. 某同学对着墙壁练习打网球，假定球在墙面上以 25 m/s 的速度沿水平方向反弹，落地点到墙面的距离在 10 m 至 15 m 之间，忽略空气阻力，取 $g=10\ m/s^2$，球在墙面上反弹点的高度范围是（ ）

A. 0.8 m 至 1.8 m　　B. 0.8 m 至 1.6 m

C. 1.0 m 至 1.6 m　　D. 1.0 m 至 1.8 m

12. 图是“嫦娥一号”奔月示意图，卫星发射后通过自带的小型火箭多次变轨，进入地月转移轨道，最终被月球引力捕获，成为绕月卫星，并开展对月球的探测，下列说法正确的是（ ）

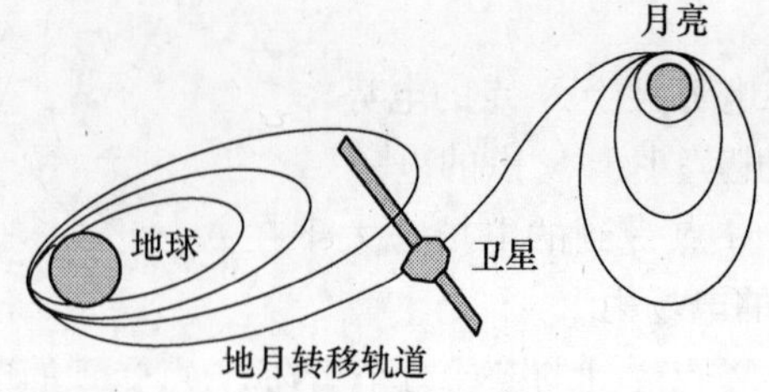

A. 发射“嫦娥一号”的速度必须达到第三宇宙速度

B. 在绕月圆轨道上，卫星周期与卫星质量有关

C. 卫星受月球的引力与它到月球中心距离的平方成反比

D. 在绕圆轨道上，卫星受地球的引力大于受月球的引力

二、非选择题（本题共8小题，共102分。按题目要求作答。解答题应写出必要的文字说明。方程式和重要演算步骤。只写出最后答案的不能得分。有数值计算的题，答案中必须明确写出数值和单位。）

（一）选做题

13、14两题为选做题，分别考查3-3（含2-2）模块和3-4模块，考生应从两个选做题中选择一题作答。

13.（10分）

（1）如图所示，把一块洁净的玻璃板吊在橡皮筋的下端，使玻璃板水平地接触水面，如果你想使玻璃板离开水面，必须用比玻璃板重力______的拉力向上拉橡皮筋，原因是水分子和玻璃的分子间存在______作用。

（2）往一杯清水中滴入一滴红墨水，一段时间后，整杯水都变成了红色，这一现象在物理学中称为______现象，是由于分子的______而产生的，这一过程是沿着分子热运动的无序性______的方向进行的。

14.（10分）

（1）大海中航行的轮船，受到大风大浪冲击时，为了防止倾覆，应当改变航行方向和__________，使风浪冲击力的频率远离轮船摇摆的__________。

（2）光纤通信中，光导纤维传递光信号的物理原理是利用光的__________现象，要发生这种现象，必须满足的条件是：光从光密介质射向__________，且入射角等于或大于__________。

（二）必做题

15～20题为必做题，要求考生全部作答。

15.（11分）某实验小组探究一种热敏电阻的温度特性。现有器材：直流恒流电源（在正常工作状态下输出的电流恒定）、电压表，待测热敏电阻、保温容器、温度计、开关和导线等。

(1) 若用上述器材测量热敏电阻的阻值随温度变化的特性，请你在实物图上连线。

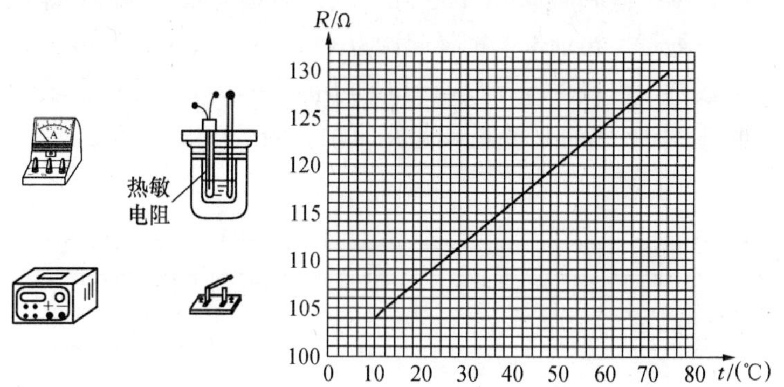

(2) 实验的主要步骤：

① 正确连接电路，在保温容器中注入适量冷水，接通电源，调节并记录电源输出的电流值；

② 在保温容器中添加少量热水，待温度稳定后，闭合开关，__________，__________，断开开关；

③ 重复第②步操作若干次，测得多组数据。

(3) 实验小组算得该热敏电阻在不同温度下的阻值，并据此绘得 $R-t$ 关系图线，请根据图线写出该热敏电阻的 $R-t$ 关系式：$R=$__________$+$__________t(Ω)（保留 3 位有效数字）

16. (13 分) 某实验小组采用如图所示的装置探究“动能定理”，图中小车中可放置砝码，实验中，小车碰到制动装置时，钩码尚未到达地面，打点计时器工作频率为 50 Hz。

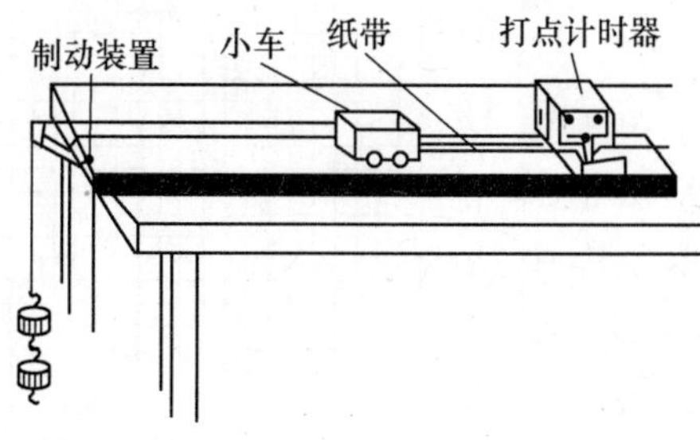

(1) 实验的部分步骤如下：

① 在小车中放入砝码，把纸带穿过打点计时器，连在小车后端，用细线连接小车和钩码；

② 将小车停在打点计时器附近，__________，__________，

小车拖动纸带，打点计时器在纸带上打下一列点，____________________；

③ 改变钩码或小车中砝码的数量，更换纸带，重复②的操作。

(2) 图是钩码质量为 0.03 kg，砝码质量为 0.02 kg 时得到的一条纸带，在纸带上选择起始点 O 及 A、B、C、D 和 E 五个计数点，可获得各计数点到 O 的距离 s 及对应时刻小车的瞬时速度 v，请将 C 点的测量结果填在表 1 中的相应位置。

表 1　纸带的测量结果

测量点	s/cm	v/(m·s^{-1})
O	0.00	0.35
O	1.51	0.40
O	3.20	0.45
O	——	——
O	7.15	0.54
O	9.41	0.60

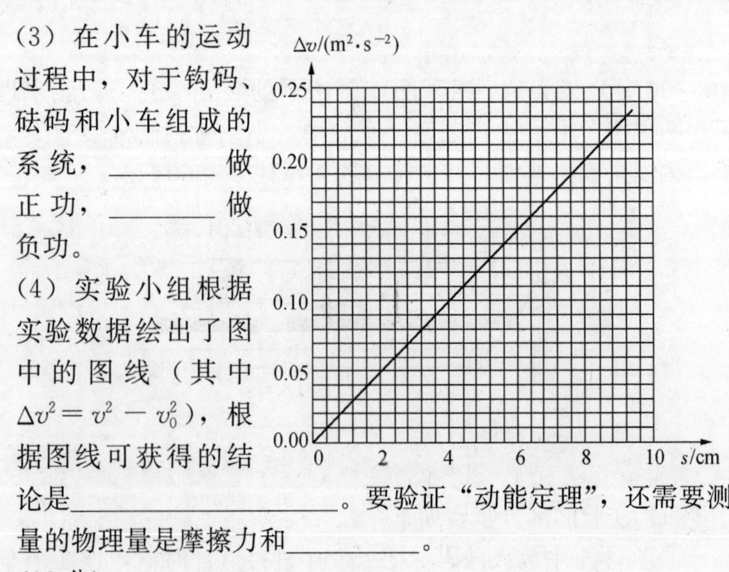

(3) 在小车的运动过程中，对于钩码、砝码和小车组成的系统，__________做正功，__________做负功。

(4) 实验小组根据实验数据绘出了图中的图线（其中 $\Delta v^2 = v^2 - v_0^2$），根据图线可获得的结论是______________________。要验证“动能定理”，还需要测量的物理量是摩擦力和____________。

17. (18 分)

(1) 为了响应国家的“节能减排”号召，某同学采用了一个家用汽车的节能方法。在符合安全行驶要求的情况下，通过减少汽车后备箱中放置的不常用物品和控制加油量等措施，使汽车负载减少。假设汽车以 72 km/h 的速度匀速行驶时，负载改变前、后汽车受到的阻力分别为 2 000 N 和 1 950 N，请计算该方法使汽车发动机输出功率减少了多少？

(2) 有一种叫“飞椅”的游乐项目，示意图如图所示，长为 L 的钢绳一端系着坐椅，另一端固定在半径为 r 的水平转盘边缘，转盘可绕穿过其中心的竖直轴转动。当转盘以角速度 ω 匀速转动时，钢绳与转轴在同一竖直平面内，与竖直方向的夹角为 θ，不计钢绳的重力，求转盘转动的角速度 ω 与夹角 θ 的关系。

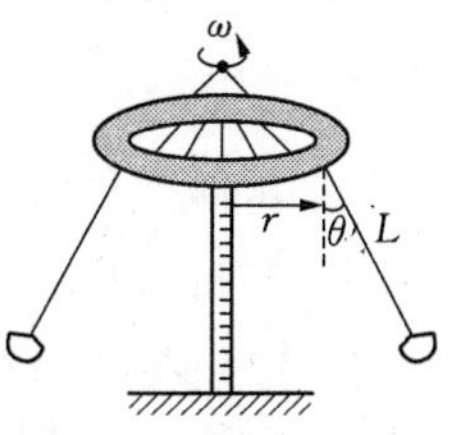

18. (17 分) 如图 a 所示，水平放置的两根平行金属导轨，间距 $L=0.3$ m。导轨左端连接 $R=0.6\ \Omega$ 的电阻，区域 $abcd$ 内存在垂直于导轨平面 $B=0.6$ T 的匀强磁场，磁场区域宽 $D=0.2$ m。细金属棒 A_1 和 A_2 用长为 $2D=0.4$ m 的轻质绝缘杆连接，放置在导轨平面上，并与导轨垂直，每根金属棒在导轨间的电阻均为 $r=0.3\ \Omega$，导轨电阻不计，使金属棒以恒定速度 $v=1.0$ m/s 沿导轨向右穿越磁场，计算从金属棒 A_1 进入磁场 ($t=0$) 到 A_2 离开磁场的时间内，不同时间段通过电阻 R 的电流，并在图 b 中画出。

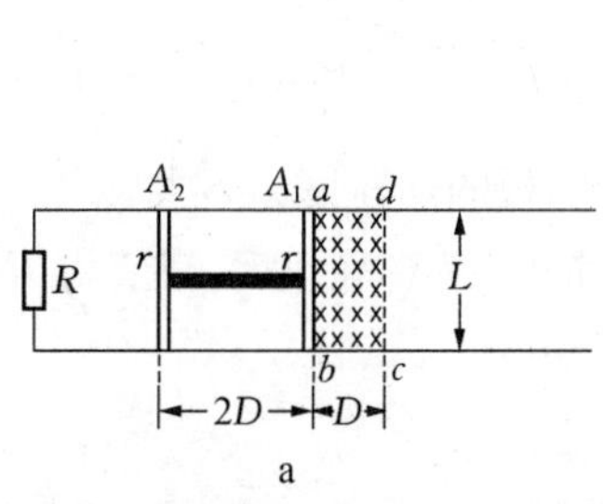

a

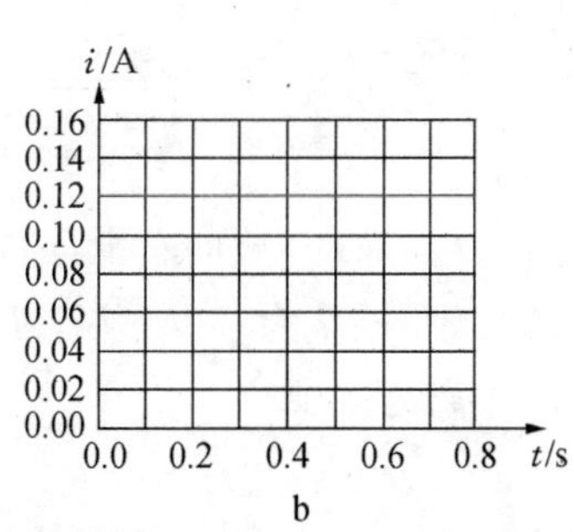

b

19. (16 分) 如图 a 所示，在光滑绝缘水平面的 AB 区域内存在水平向右的电场，电场强度 E 随时间的变化如图 b 所示。不带电的绝缘小球 P_2 静止在 O 点。$t=0$ 时，带正电的小球 P_1 以速度 v_0 从 A 点进入 AB 区域，随后与 P_2 发生正碰后反弹，反弹速度大小是碰前的 $\frac{2}{3}$ 倍，P_1 的质量为 m_1，带电量为 q，P_2 的质量 $m_2=5m_1$，A、O 间距为 L_0，O、B 间距 $L=\frac{4L_0}{3}$。

已知$\frac{qE_0}{m_1}=\frac{2v_0^2}{3L_0}$，$T=\frac{L_0}{t_0}$。

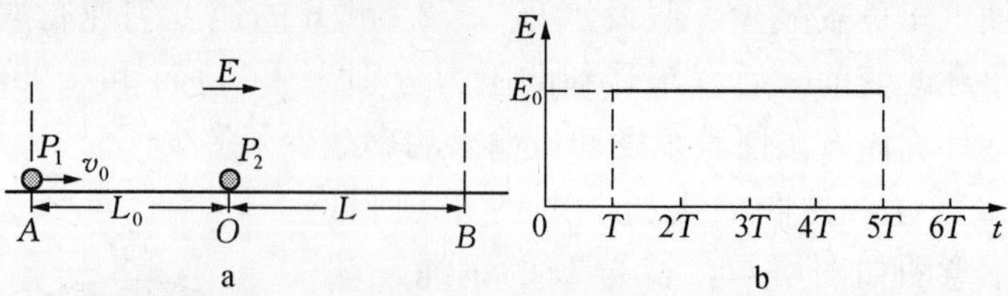

(1) 求碰撞后小球 P_1 向左运动的最大距离及所需时间。

(2) 讨论两球能否在 OB 区间内再次发生碰撞。

20. (17 分) 如图所示，固定的凹槽水平表面光滑，其内放置 U 形滑板 N，滑板两端为半径 $R=0.45$ m 的 1/4 圆弧，A 和 D 分别是圆弧的端点，BC 段表面粗糙，其余段表面光滑，小滑块 P_1 和 P_2 的质量均为 m，滑板的质量 $M=4m$。P_1 和 P_2 与 BC 面的动摩擦因数分别为 $\mu_1=0.10$ 和 $\mu_2=0.40$，最大静摩擦力近似等于滑动摩擦力，开始时滑板紧靠槽的左端，P_2 静止在粗糙面的 B 点，P_1 以 $v_0=4.0$ m/s 的初速度从 A 点沿弧面自由滑下，与 P_2 发生弹性碰撞后，P_1 处在粗糙面 B 点上，当 P_2 滑到 C 点时，滑板恰好与槽的右端碰撞并与槽牢固粘连，P_2 继续滑动，到达 D 点时速度为零，P_1 与 P_2 视为质点，取 $g=10$ m/s^2。问：

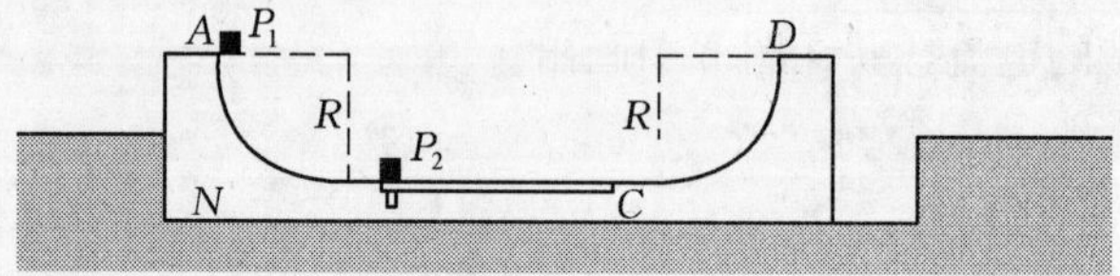

(1) P_2 在 BC 段向右滑动时，滑板的加速度为多大?

(2) BC 长度为多少? N、P_1 和 P_2 最终静止后，P_1 与 P_2 间的距离为多少?

【答案】

一、选择题

1. B　2. BD　3. A　4. AD　5. D　6. BC　7. A　8. AD
9. AC　10. BD　11. A　12. C

二、非选择题

(一) 选做题

13. (1) 大　吸引力

(2) 扩散　热运动　增强

14. (1) 速度　频率

(2) 全反射　光疏介质　临界角

(二) 必做题

15. (1) 图略

(2) ② 记录电压表电压值、温度计数值

(3) 100　0.395

16. (1) ② 接通电源、释放小车　断开开关

(2) 5.06　0.49

(3) 钩码的重力　小车受摩擦阻力

(4) 小车初末速度的平方差与位移成正比　小车的质量

17. (1) 解析：$v=72\ \text{km/h}=20\ \text{m/s}$，由 $P=Fv$ 得

$P_1=F_1v=f_1v$　①

$P_2=F_2v=f_2v$　②

故 $\Delta P=P_1-P_2=(f_1-f_2)v=1\times10^3\ \text{W}$

(2) 解析：设转盘转动角速度 ω 时，夹角为 θ，

坐椅到中心轴的距离：$R=r+L\sin\theta$　①

对坐椅分析有：$F_{心}=mg\tan\theta=mR\omega^2$　②

联立两式　得 $\omega=\sqrt{\dfrac{g\tan\theta}{r+L\sin\theta}}$

18. 解析：

$0\sim t_1(0\sim0.2\ \text{s})$

A_1 产生的感应电动势：$E=BDv=0.6\times0.3\times1.0\ \text{V}=0.18\ \text{V}$

电阻 R 与 A_2 并联阻值：$R_{并}=\dfrac{R\cdot r}{R+r}=0.2\ \Omega$

所以电阻 R 两端电压 $U=\dfrac{R_{并}}{R_{并}+r}E=\dfrac{0.2}{0.2+0.3}\times0.18\ \Omega=$

$0.072\ \Omega$

通过电阻 R 的电流：$I_1=\dfrac{U}{R}=\dfrac{0.072}{0.6}\ \text{A}=0.12\ \text{A}$

$t_1\sim t_2(0.2\sim0.4\ \text{s})$

$E=0$，$I_2=0$

$t_2\sim t_3(0.4\sim0.6\ \text{s})$ 同理：$I_3=0.12\ \text{A}$

19. 解析：(1) P_1 经 t_1 时间与 P_2 碰撞，则 $t_1\ \dfrac{L_0}{v_0}$

P_1、P_2 碰撞，设碰后 P_2 速度为 v_2，由动量守恒：$m_1v_0=$

$m_1\left(-\dfrac{2}{3}v_0\right)+m_2v_2$

解得 $v_1=2v_0/3$ (水平向左)　　$v_2=v_0/3$ (水平向右)

碰撞后小球 P_1 向左运动的最大距离：$s_m=\frac{v_1^2}{2a_1}$ 又：$a_1=\frac{qE_0}{m_1}=\frac{2v_0^2}{3L_0^2}$

解得：$s_m=L_0/3$

所需时间：$t_2=\frac{v_1}{a_1}=\frac{L_0}{v_0}$

（2）设 P_1、P_2 碰撞后又经 Δt 时间在 OB 区间内再次发生碰撞，且 P_1 受电场力不变，由运动学公式，以水平向右为正：

$s_1=s_2$ 则：$-v_1\Delta t+\frac{1}{2}a_1\Delta t^2=v_2\Delta t$

解得：$\Delta t=\frac{3L_0}{v_0}=3T$（故 P_1 受电场力不变）

对 P_2 分析：$s_2=v_2\Delta t=\frac{1}{3}v_0\cdot\frac{3L_0}{v_0}=L_0<L=\frac{4L_0}{3}$

所以假设成立，两球能在 OB 区间内再次发生碰撞。

20.（1）P_1 滑到最低点速度为 v_1，由机械能守恒定律有：

$\frac{1}{2}mv_0^2+mgR=\frac{1}{2}mv_1^2$ 解得：$v_1=5\ \text{m/s}$

P_1、P_2 碰撞，满足动量守恒，机械能守恒定律，设碰后速度分别为 v_1'、v_2'

$mv_1=mv_1'+mv_2'\quad \frac{1}{2}mv_1^2=\frac{1}{2}mv_1'^2+\frac{1}{2}mv_2'^2$

解得：$v_1'=0\quad v_2'=5\ \text{m/s}$

P_2 向右滑动时，假设 P_1 保持不动，对 P_2 有：$f_2=u_2mg$（向左）

对 P_1、M 有：$f=(m+M)a_2$，$a_2=\frac{f}{m+M}=0.8\ \text{m/s}^2$

此时对 P_1 有：$f_1=ma<f_m$，所以假设成立。

（2）P_2 滑到 C 点速度为 v_2'，由 $mgR=\frac{1}{2}mv_2'^2$ 得 $v_2'=3\ \text{m/s}$

P_1、P_2 碰撞到 P_2 滑到 C 点时，设 P_1、M 速度为 v，对动量守恒定律：

$mv_2=(m+M)v+mv_2'$　解得：$v=0.40\ \text{m/s}$

对 P_1、P_2、M 为系统：$f_2L=\frac{1}{2}mv_2^2-\frac{1}{2}mv_2'^2+\frac{1}{2}(m+M)v^2$

代入数值得：$L=1.9\ \text{m}$

滑板碰撞后，P_1 向右滑行距离：$s_1=\frac{v^2}{2a_1}=0.08\ \text{m}$

P_2 向左滑行距离：$s_2=\frac{v_2'^2}{2a_2}=1.125\ \text{m}$

所以 P_1、P_2 静止后距离：$\Delta s=L-s_1-s_2=0.695\ \text{m}$

2008 年普通高等学校招生全国统一考试
理科综合能力测试·重庆卷（物理部分）

一、选择题

14. 放射性同位素钍 232 经 α、β 衰变会生成氡，其衰变方程为 ${}^{232}_{90}\text{Th}\rightarrow{}^{230}_{86}\text{Rn}+x\alpha+y\beta$，其中（　　）

A. $x=1$，$y=3$　　B. $x=2$，$y=3$

C. $x=3$，$y=1$　　D. $x=3$，$y=2$

15. 某同学设计了一个转向灯电路，如图示，其中 L 为指示灯，L_1、L_2 分别为左、右转向灯，S 为单刀双掷开关，E 为电源。当 S 置于位置 1 时，以下判断正确的是（　　）

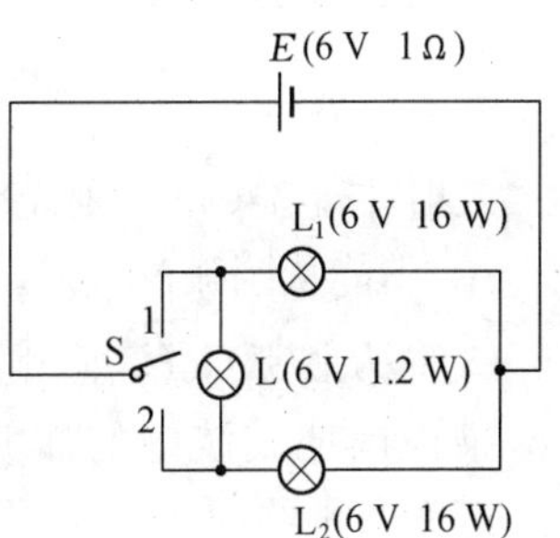

A. L 的功率小于额定功率

B. L_1 亮，其功率等于额定功率

C. L_2 亮，其功率等于额定功率

D. 含 L 支路的总功率较另一支路的大

16. 地面附近有一正在上升的空气团，它与外界的热交换忽略不计。已知大气压强随高度增加而降低，则该气团在此上升过程中（不计气团内分子间的势能）（　　）

A. 体积减小，温度降低　　B. 体积减小，温度不变

C. 体积增大，温度降低　　D. 体积增大，温度不变

17. 下列与能量有关的说法正确的是（　　）

A. 卫星绕地球做圆周运动的半径越大，动能越大

B. 从同种金属逸出的光电子的最大初动能随照射光波长的减小而增大

C. 做平抛运动的物体在任意相等时间内动能的增量相同

D. 在静电场中，电场线越密的地方正电荷的电势能一定越高

18. 如图示，粗糙水平桌面上有一质量为 m 的铜质矩形线圈。当一竖直放置的条形磁铁从线圈中线 AB 正上方等高快速经过时，若线圈始终不动，则关

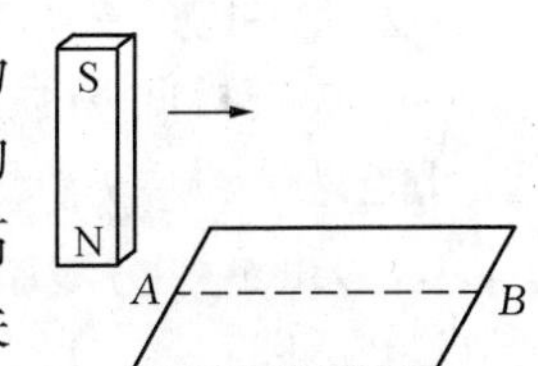

于线圈受到的支持力 F_N 及在水平方向运动趋势的正确判断是（　　）

A. F_N 先小于 mg 后大于 mg，运动趋势向左

B. F_N 先大于 mg 后小于 mg，运动趋势向左

C. F_N 先小于 mg 后大于 mg，运动趋势向右

D. F_N 先大于 mg 后小于 mg，运动趋势向右

19. 如图是一个$\frac{1}{4}$圆柱体棱镜的截面图，图中 E、F、G、H 将半径 OM 分成 5 等份，虚线 EE_1、FF_1、GG_1、HH_1 平行于半径 ON，ON 边可吸收到达其上的所有光线。已知该棱镜的折射率 $n=\frac{5}{3}$，若平行光束垂直入射并覆盖 OM，则光线（　　）

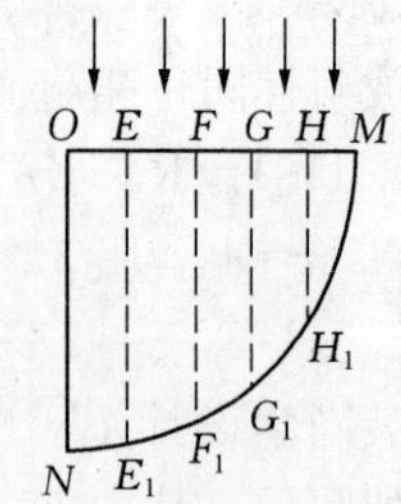

A. 不能从圆弧$\overset{\frown}{NF_1}$射出　　B. 只能从圆弧$\overset{\frown}{NG_1}$射出

C. 能从圆弧$\overset{\frown}{G_1H_1}$射出　　D. 能从圆弧$\overset{\frown}{H_1M}$射出

20. 某地区地震波中的横波和纵波传播速率分别约为 4 km/s 和 9 km/s。一种简易地震仪由竖直弹簧振子 P 和水平弹簧振子 H 组成，如图示。在一次地震中，震源在地震仪下方，观察到两振子相差 5 s 开始振动，则（　　）

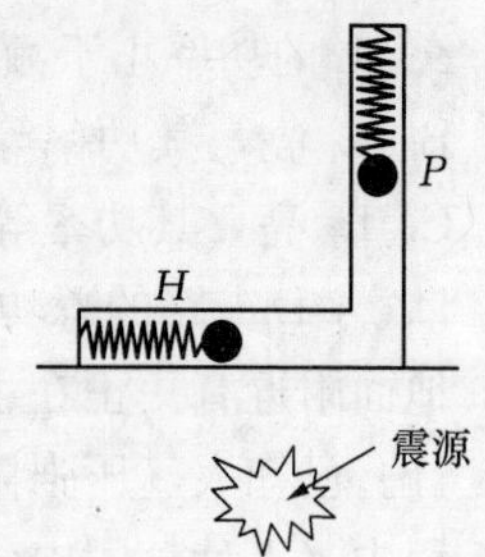

A. P 先开始振动，震源距地震仪约 36 km

B. P 先开始振动，震源距地震仪约 25 km

C. H 先开始振动，震源距地震仪约 36 km

D. H 先开始振动，震源距地震仪约 25 km

21. 如图 1 是某同学设计的电容式速度传感器原理图，其中上板为固定极板，下板为待测物体，在两极板间电压恒定的条件下，极板上所带电量 Q 将随待测物体的上下运动而变化，若 Q 随时间 t 的变化关系为 $Q=\frac{b}{t+a}$（a、b 为大于零的常数），其图像如图 2 所示，那么图 3、图 4 中反映极板间场强大小 E 和物体速率 v 随 t 变化的图线可能是（　　）

A. ①和③　　B. ①和④

C. ②和③　　D. ②和④

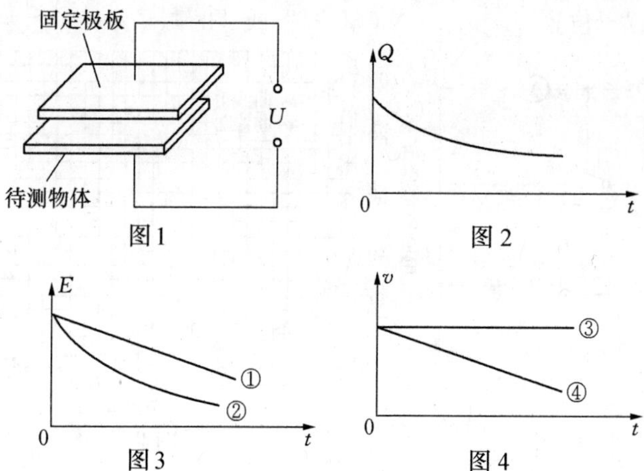

图1　图2

图3　图4

二、非选择题

22.（请在答题卡上作答）（17 分）

（1）某实验小组拟用如图 1 所示装置研究滑块的运动。实验器材有滑块、钩码、纸带、米尺、带滑轮的木板，以及由漏斗和细线组成的单摆等。实验中，滑块在钩码作用下拖动纸带做匀加速直线运动，同时单摆垂直于纸带运动方向摆动，漏斗漏出的有色液体在纸带上留下的痕迹记录了漏斗在不同时刻的位置。

① 在图 2 中，从__________纸带可看出滑块的加速度和速度方向一致。

② 用该方法测量滑块加速度的误差主要来源有：__________、__________（写出 2 个即可）。

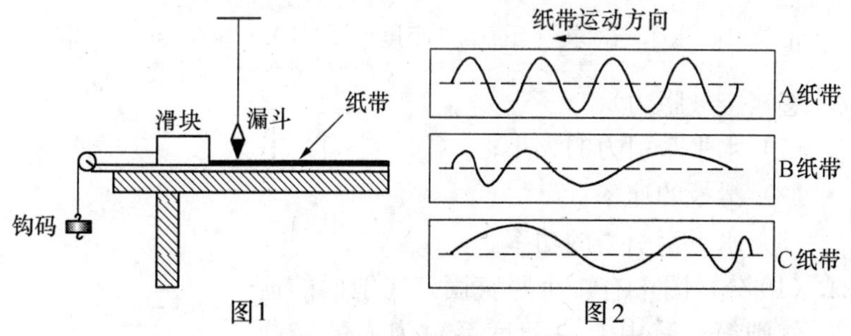

图1　图2

（2）某研究性学习小组设计了图 3 所示的电路，用来研究稀盐水溶液的电阻率与浓度的关系。图中 E 为直流电源，K 为开关，K_1 为单刀双掷开关，V 为电压表，A 为多量程电流表，R 为滑动变阻器，R_x 为待测稀盐水溶液液柱。

① 实验时，闭合 K 之前将 R 的滑片 P 置于__________（填“C”或“D”）端；当用电流表外接法测量 R_x 的阻值时，K_1

应置于位置________（填“1”或“2”）。

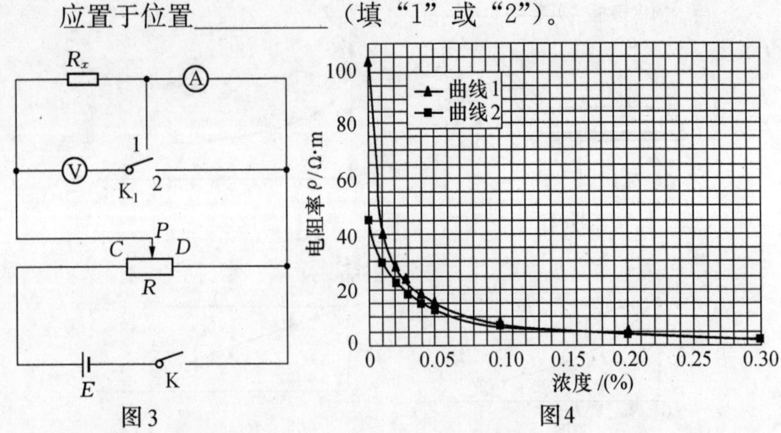

图3　　　　图4

② 在一定条件下，用电流表内、外接法得到 R_x 的电阻率随浓度变化的两条曲线如图 4 所示（不计由于通电导致的化学变化）。实验中 R_x 的通电面积为 20 cm²，长度为 20 cm，用内接法测量 R_x 的阻值是 3 500 Ω，则其电阻率为________ Ω · m，由图中对应曲线________（填“1”或“2”）可得此时溶液浓度约为________%（结果保留 2 位有效数字）。

23.（16 分）滑板运动是一项非常刺激的水上运动，研究表明，在进行滑板运动时，水对滑板的作用力 F_x 垂直于板面，大小为 kv^2，其中 v 为滑板速率（水可视为静止）。某次运动中，在水平牵引力作用下，当滑板和水面的夹角 $\theta=37°$ 时，滑板做匀速直线运动，相应的 $k=54$ kg/m，人和滑板的总质量为 108 kg，试求（重力加速度 g 取 10 m/s²，sin 37°取 $\frac{3}{5}$，忽略空气阻力）：

（1）水平牵引力的大小；

（2）滑板的速率；

（3）水平牵引力的功率。

24.（19 分）图中有一个竖直固定在地面的透气圆筒，筒中有一劲度系数为 k 的轻弹簧，其下端固定，上端连接一质量为 m 的薄滑块，圆筒内壁涂有一层新型智能材料——ER 流体，它对滑块的阻力可调。起初，滑块静止，ER 流体对其阻力为 0，弹簧的长度为 L，现有一质量也为 m 的物体从距地面 $2L$ 处自由落下，与滑块碰撞后粘在一起向下运动。为保证滑

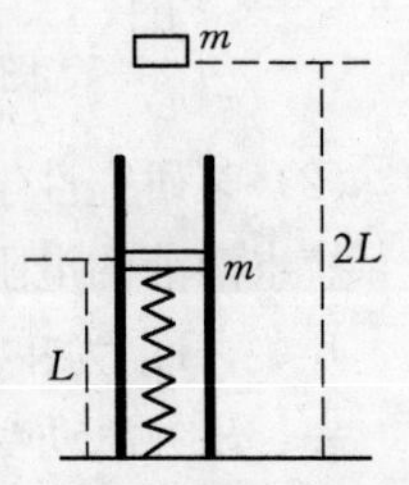

块做匀减速运动，且下移距离为$\frac{2mg}{k}$时速度减为0，ER流体对滑块的阻力须随滑块下移而改变。试求（忽略空气阻力）：

（1）下落物体与滑块碰撞过程中系统损失的机械能；

（2）滑块向下运动过程中加速度的大小；

（3）滑块下移距离d时ER流体对滑块阻力的大小。

25.（20分）图为一种质谱仪工作原理示意图。在以O为圆心，OH为对称轴，夹角为2α的扇形区域内分布着方向垂直于纸面的匀强磁场。对称于OH轴的C和D分别是离子发射点和收集点。CM垂直磁场左边界于M，且$OM=d$。现有一正离子束以小发散角（纸面内）从C射出，这些离子在CM方向上的分速度均为v_0。若该离子束中比荷为$\frac{q}{m}$的离子都能汇聚到D，试求：

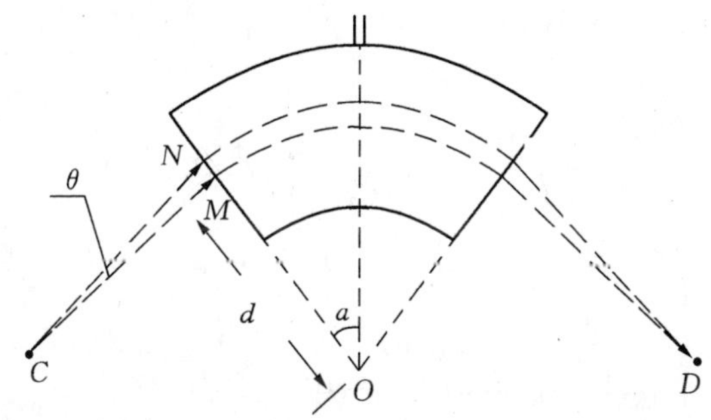

（1）磁感应强度的大小和方向（提示：可考虑沿CM方向运动的离子为研究对象）；

（2）离子沿与CM成θ角的直线CN进入磁场，其轨道半径和在磁场中的运动时间；

（3）线段CM的长度。

【答案】

一、选择题

14. D　15. A　16. C　17. B　18. D　19. B　20. A　21. C

二、非选择题

22.（1）① B

② 摆长测量、漏斗重心变化、液体痕迹偏粗、阻力变化……

（2）① D　1

② 35　1　0.011～0.014均可

23. 解：

(1) 以滑板和运动员为研究对象，其受力如图所示由共点力平衡条件可得

$F_N\cos\theta=mg$ ①

$F_N\sin\theta=F$ ②

由①、②联立，得

$F=810\ \text{N}$

(2) $F_N=mg/\cos\theta$

$F_N=kv^2$

得 $v=\sqrt{\dfrac{mg}{k\cos\theta}}=5\ \text{m/s}$

(3) 水平牵引力的功率

$P=Fv=4\,050\ \text{W}$

24. 解：

(1) 设物体下落末速度为 v_0，由机械能守恒定律

$mgL=\dfrac{1}{2}mv_0^2$

得 $v_0=\sqrt{2gL}$

设碰撞后共同速度为 v_1，由动量守恒定律

$2mv_1=mv_0$

得 $v_1=\dfrac{1}{2}\sqrt{2gL}$

碰撞过程中系统损失的机械能力

$\Delta E=\dfrac{1}{2}mv_0^2-\dfrac{1}{2}2mv_1^2=\dfrac{1}{2}mgL$

(2) 设加速度大小为 a，有

$2as=v_1^2$

得 $a=\dfrac{kL}{8m}$

(3) 设弹簧弹力为 F_N，ER 流体对滑块的阻力为 F_{ER}受力分析如图所示

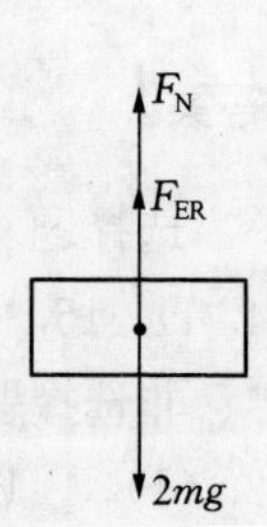

$F_S+F_{ER}-2mg=2ma$

$F_S=kx$

$x=d+mg/k$

得 $F_{ER}=mg+\dfrac{kL}{4}-kd$

25. 解：

(1) 设沿 CM 方向运动的离子在磁场中做圆周运动的轨道半

径为R，则由 $qv_0B=\frac{mv_0^2}{R}$，

$R=d$

得 $B=\frac{mv_0}{qd}$，磁场方向垂直纸面向外

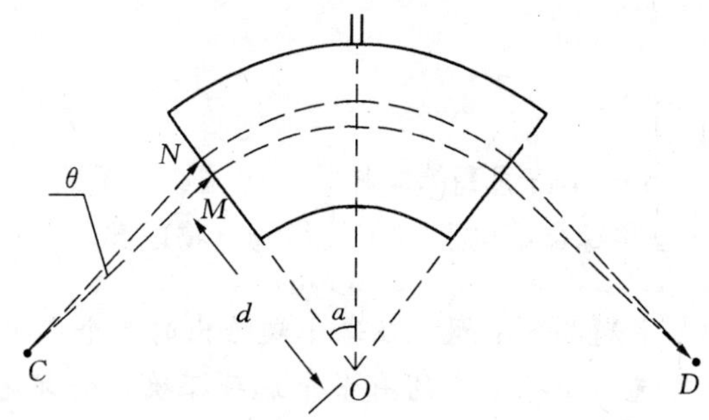

(2) 设沿CN运动的离子速度大小为v，在磁场中的轨道半径为R'，运动时间为t

由 $v\cos\theta=v_0$

得 $v=\frac{v_0}{\cos\theta}$

$R'=\frac{mv}{qB}=\frac{d}{\cos\theta}$

方法一：设弧长为s

$t=\frac{s}{v}$

$s=2(\theta+\alpha)\times R'$

$t=\frac{2(\theta+\alpha)\times R'}{v_0}$

方法二：离子在磁场中做匀速圆周运动的周期 $T=\frac{2\pi m}{qB}$

$t=T\times\frac{\theta+\alpha}{\pi}$

$=\frac{2(\theta+\alpha)}{v_0}$

(3) 方法一：$CM=MN\cot\theta$

$\frac{MN+d}{\sin(\alpha+\beta)}=\frac{R'}{\sin\alpha}$

$R'=\frac{d}{\cos\theta}$

以上3式联立求解得

$CM=d\cot\alpha$

方法二：设圆心为A，过A做AB垂直NO，

可以证明 $NM=BO$

$\because NM=CM\tan\theta$

又$\because BO=AB\cot\alpha$

$=R'\sin\theta\cot\alpha$

$=\frac{d}{\cos\theta}\sin\theta\cot\alpha$

$\therefore CM=d\cot\alpha$

2008 年普通高等学校招生全国统一考试 理科综合能力测试·四川卷（物理部分）

一、选择题（本题共 8 小题。在每小题给出的四个选项中，有的只有一个选项正确，有的有多个选项正确，全部选对的得 6 分，选对但不全的得 3 分，有选错的得 0 分）

14. 下列说法正确的是（　　）

A. 物体吸收热量，其温度一定升高

B. 热量只能从高温物体向低温物体传递

C. 遵守热力学第一定律的过程一定能实现

D. 做功和热传递是改变物体内能的两种方式

15. 下列说法正确的是（　　）

A. γ 射线在电场和磁场中都不会发生偏转

B. β 射线比 α 射线更容易使气体电离

C. 太阳辐射的能量主要来源于重核裂变

D. 核反应堆产生的能量来自轻核聚变

16. 如图，一理想变压器原线圈接入一交流电源，副线圈电路中 R_1、R_2、R_3 和 R_4 均为固定电阻，开关 S 是闭合的。V_1 和 V_2 为理想电压表，读数分别为 U_1 和 U_2；A_1、A_2 和 A_3 为理想电流表，读数分别为 I_1、I_2 和 I_3。现断开 S，U_1 数值不变，下列推断中正确的是（　　）

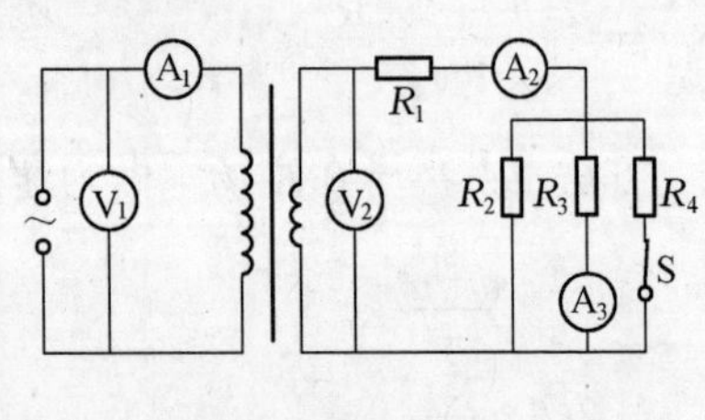

A. U_2 变小、I_3 变小　　B. U_2 不变、I_3 变大

C. I_1 变小、I_2 变小　　D. I_1 变大、I_2 变大

17. 在沿水平方向的匀强磁场中，有一圆形金属线圈可绕沿其直径的竖直轴自由转动。开始时线圈静止，线圈平面与磁场方向既不平行也不垂直，所成的锐角为 α。在磁场开始增强后的一个极短时间内，线圈平面（　　）

A. 维持不动

B. 将向使 α 减小的方向转动

C. 将向使 α 增大的方向转动

D. 将转动，因不知磁场方向，不能确定 α 会增大还是会减小

18. 一物体沿固定斜面从静止开始向下运动，经过时间 t_0 滑至斜面底端。已知在物体运动过程中物体所受的摩擦力恒定。若用 F、v、s 和 E 分别表示该物体所受的合力、物体的速度、位移和机械能，则下列图像中可能正确的是（　　）

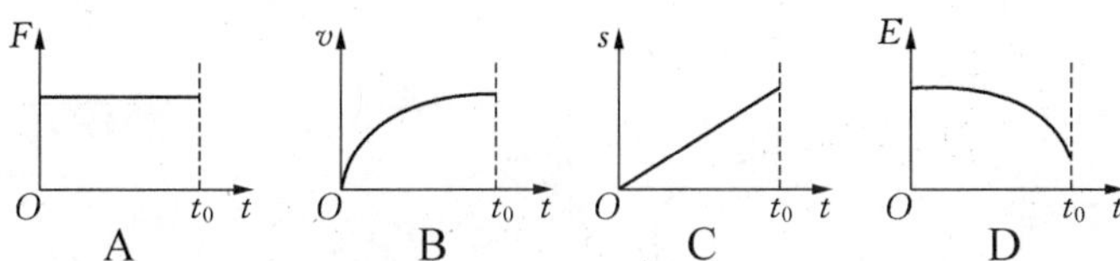

19. 一列简谐横波沿直线传播，该直线上的 a、b 两点相距 4.42 m。图中实、虚两条曲线分别表示平衡位置在 a、b 两点处质点的振动曲线。从图示可知（　　）

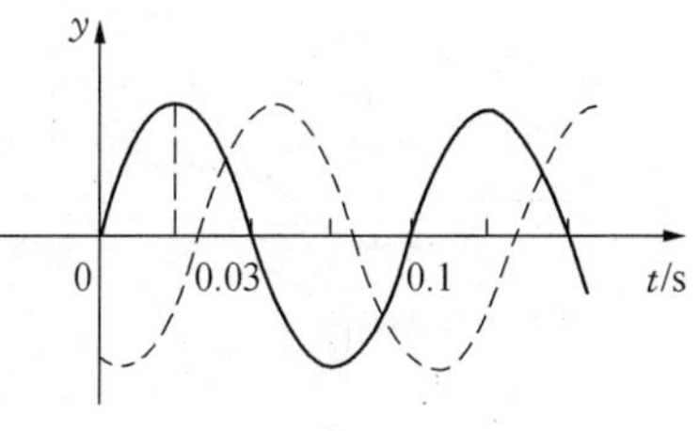

A. 此列波的频率一定是 10 Hz

B. 此列波的波长一定是 0.1 m

C. 此列波的传播速度可能是 34 m/s

D. a 点一定比 b 点距波源近

20. 1990 年 4 月 25 日，科学家将哈勃天文望远镜送上距地球表面约 600 km 的高空，使得人类对宇宙中星体的观测与研究有了极大的进展。假设哈勃望远镜沿圆轨道绕地球运行。已知地球半径为 6.4×10^6 m，利用地球同步卫星与地球表面的距离为 3.6×10^7 m 这一事实可得到哈勃望远镜绕地球运行的周期。以下数据中最接近其运行周期的是（　　）

A. 0.6 小时　　B. 1.6 小时　　C. 4.0 小时　　D. 24 小时

21. 如图，一束单色光射入一玻璃球体，入射角为 60°。已知光线在玻璃球内经一次反射后，再次折射回到空气中时与入射光线平行。此玻璃的折射率为（　　）

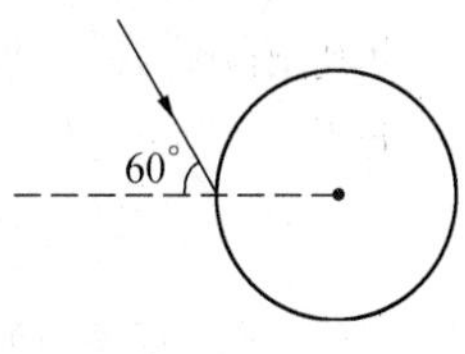

A. $\sqrt{2}$　　B. 1.5　　C. $\sqrt{3}$　　D. 2

二、非选择题

22. (17 分)

Ⅰ.（9 分）一水平放置的圆盘绕过其圆心的竖直轴匀速转动。盘边缘上固定一竖直的挡光片。盘转动时挡光片从一光电数字计时器的光电门的狭缝中经过，如图 1 所示。图 2 为光电数字计时器的示意图。光源 A 中射出的光可照到 B 中的接收器上。若 A、B 间的光路被遮断，显示器 C 上可显示出光线被遮住的时间。

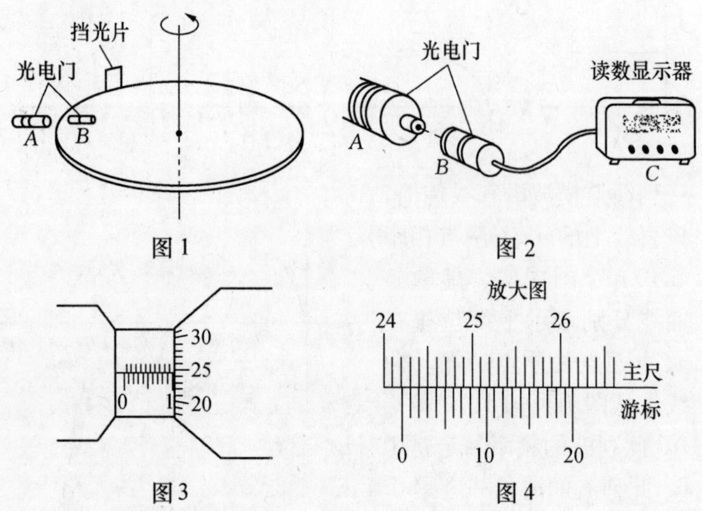

挡光片的宽度用螺旋测微器测得，结果如图 3 所示。圆盘直径用游标卡尺测得，结果如图 4 所示。由图可知，

(1) 挡光片的宽度为________ mm。

(2) 圆盘的直径为________ cm。

(3) 若光电数字计时器所显示的时间为 50.0 ms，则圆盘转动的角速度为________弧度/秒（保留 3 位有效数字）。

Ⅱ.（8 分）图为用伏安法测量电阻的原理图。图中，V 为电压表，内阻为 4 000 Ω；mA 为电流表，内阻为 50 Ω。E 为电源，R 为电阻箱，R_x 为待测电阻，S 为开关。

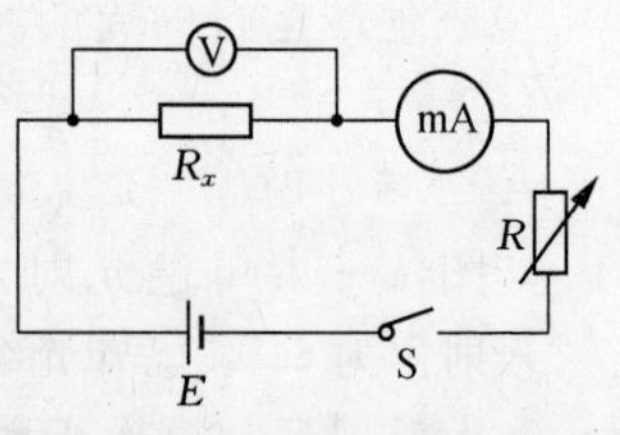

(1) 当开关闭合后电压表读数 $U=1.6$ V，电流表读数 $I=2.0$ mA。若将 $R_x=\frac{U}{I}$ 作为测量值，所得结果的百分误差是________。

(2) 若将电流表改为内接。开关闭合后，重新测得电压表读数和电流表读数，仍将电压表读数与电流表读数之比作为测量值，这时结果的百分误差是__________。$\left(\text{百分误差}=\left|\dfrac{\text{实际值}-\text{测量值})}{\text{实际值}}\right|\times 100\%\right)$

23. (16 分)

A、B 两辆汽车在笔直的公路上同向行驶。当 B 车在 A 车前 84 m 处时，B 车速度为 4 m/s，且正以 2 m/s^2 的加速度做匀加速运动；经过一段时间后，B 车加速度突然变为零。A 车一直以 20 m/s 的速度做匀速运动。经过 12 s 后两车相遇。问 B 车加速行驶的时间是多少？

24. (19 分)

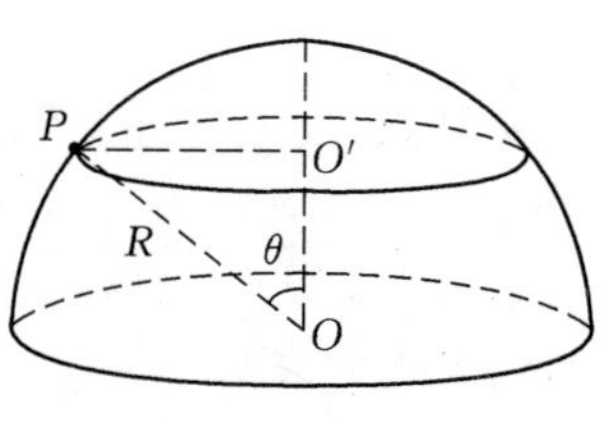

如图，一半径为 R 的光滑绝缘半球面开口向下，固定在水平面上。整个空间存在匀强磁场，磁感应强度方向竖直向下。一电荷量为 $q(q>0)$、质量为 m 的小球 P 在球面上做水平的匀速圆周运动，圆心为 O'。球心 O 到该圆周上任一点的连线与竖直方向的夹角为 $\theta\left(0<\theta<\dfrac{\pi}{2}\right)$。为了使小球能够在该圆周上运动，求磁感应强度大小的最小值及小球 P 相应的速率。重力加速度为 g。

25. (20 分)

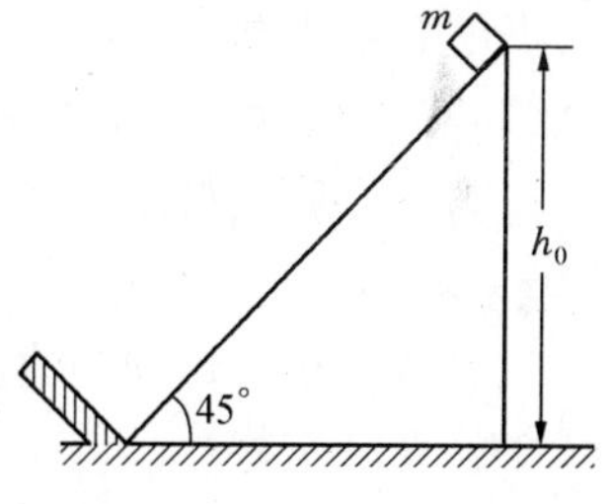

一倾角为 $\theta=45°$ 的斜面固定于地面，斜面顶端离地面的高度 $h_0=1$ m，斜面底端有一垂直于斜面的固定挡板。在斜面顶端自由释放一质量 $m=0.09$ kg 的小物块（视为质点）。小物块与斜面之间的动摩擦因数 $\mu=0.2$。当小物块与挡板碰撞后，将以原速返回。重力加速度 $g=10$ m/s^2。在小物块与挡板的前 4 次碰撞过程中，挡板给予小物块的总冲量是多少？

【答案】

一、选择题

14. D　15. A　16. BC　17. B　18. AD　19. AC　20. B
21. C

二、非选择题

22.（17分）

Ⅰ.（1）10.243 （2）24.220 （3）1.69

Ⅱ.（1）20% （2）5%

23.（16分）

设A车的速度为v_A，B车加速行驶时间为t，两车在t_0时相遇。则有

$$s_A=v_At_0 \quad ①$$

$$s_B=v_Bt+\frac{1}{2}at^2+(v_B+at)(t_0-t) \quad ②$$

式中，$t_0=12$ s，s_A、s_B分别为A、B两车相遇前行驶的路程。依题意有

$$s_A=s_B+s \quad ③$$

式中$s=84$ m。由①②③式得

$$t^2-2t_0t+\frac{2[(v_B-v_A)t_0-s]}{a}=0 \quad ④$$

代入题给数据

有$v_A=20$ m/s，$v_B=4$ m/s，$a=2$ m/s^2，

$$t^2-24t+108=0 \quad ⑤$$

式中t的单位为s。解得

$$t_1=6\text{ s},\ t_2=18\text{ s} \quad ⑥$$

$t_2=18$ s不合题意，舍去。因此，B车加速行驶的时间为6 s。

24.（19分）

据题意，小球P在球面上做水平的匀速圆周运动，该圆周的圆心为O'。P受到向下的重力mg、球面对它沿OP方向的支持力N和磁场的洛伦兹力

$$f=qvB \quad ①$$

式中v为小球运动的速率。洛伦兹力f的方向指向O'。根据牛顿第二定律

$$N\cos\theta-mg=0 \quad ②$$

$$f-N\sin\theta=m\frac{v^2}{R\sin\theta} \quad ③$$

由①②③式得

$$v^2-\frac{qBR\sin\theta}{m}v+\frac{gR\sin^2\theta}{\cos\theta}=0 \quad ④$$

由于v是实数，必须满足

$$\Delta=\left(\frac{qBR\sin\theta}{m}\right)^2-\frac{4gR\sin^2\theta}{\cos\theta}\geqslant 0 \quad ⑤$$

由此得

$$B \geqslant \frac{2m}{q}\sqrt{\frac{g}{R\cos\theta}} \quad ⑥$$

可见，为了使小球能够在该圆周上运动，磁感应强度大小的最小值为

$$B_{\min}=\frac{2m}{q}\sqrt{\frac{g}{R\cos\theta}} \quad ⑦$$

此时，带电小球做匀速圆周运动的速率为

$$v=\frac{qB_{\min}R\sin\theta}{2m} \quad ⑧$$

由⑦⑧式得

$$v=\sqrt{\frac{gR}{\cos\theta}}\sin\theta \quad ⑨$$

25. (20分)

解法一：设小物块从高为 h 处由静止开始沿斜面向下运动，到达斜面底端时速度为 v。

由功能关系得

$$mgh=\frac{1}{2}mv^2+\mu mg\cos\theta\frac{h}{\sin\theta} \quad ①$$

以沿斜面向上为动量的正方向。按动量定理，碰撞过程中挡板给小物块的冲量

$$I=mg-m(-v) \quad ②$$

设碰撞后小物块所能达到的最大高度为 h'，则

$$\frac{1}{2}mv^2=mgh'+\mu mg\cos\theta\frac{h'}{\sin\theta} \quad ③$$

同理，有

$$mgh'=\frac{1}{2}mv'^2+\mu mg\cos\theta\frac{h'}{\sin\theta} \quad ④$$

$$I'=mv'-m(-v') \quad ⑤$$

式中，v' 为小物块再次到达斜面底端时的速度，I' 为再次碰撞过程中挡板给小物块的冲量。由①②③④⑤式得

$$I'=kI \quad ⑥$$

式中 $k=\sqrt{\frac{\tan\theta-\mu}{\tan\theta+\mu}}$ ⑦

由此可知，小物块前 4 次与挡板碰撞所获得的冲量成等比级数，首项为

$$I_1=2m\sqrt{2gh_0(1-\mu\cot\theta)} \quad ⑧$$

总冲量为

$I=I_1+I_2+I_3+I_4=I_1(1+k+k^2+k^3)$ ⑨

由 $1+k+k^2+\cdots+k^{n-1}=\dfrac{1-k^n}{1-k}$ ⑩

得 $I=\dfrac{1-k^4}{1-k}2m\sqrt{2gh_0(1-\mu\cot\theta)}$ ⑪

代入数据得 $I=0.4(3+\sqrt{6})\text{N}\cdot\text{s}$ ⑫

解法二：设小物块从高为 h 处由静止开始沿斜面向下运动，小物块受到重力，斜面对它的摩擦力和支持力，小物块向下运动的加速度为 a，依牛顿第二定律得

$mg\sin\theta-\mu mg\cos\theta=ma$ ①

设小物块与挡板碰撞前的速度为 v，则

$v^2=2a\dfrac{h}{\sin\theta}$ ②

以沿斜面向上为动量的正方向。按动量定理，碰撞过程中挡板给小物块的冲量为

$I=mv-m(-v)$ ③

由①②③式得

$I=2m\sqrt{2gh(1-\mu\cot\theta)}$ ④

设小物块碰撞后沿斜面向上运动的加速度大小为 a'，依牛顿第二定律有

$mg\sin\theta+\mu mg\cos\theta=ma'$ ⑤

小物块沿斜面向上运动的最大高度为

$h'=\dfrac{v^2}{2a'}\sin\theta$ ⑥

由②⑤⑥式得 $h'=k^2h$ ⑦

式中 $k=\sqrt{\dfrac{\tan\theta-\mu}{\tan\theta+\mu}}$ ⑧

同理，小物块再次与挡板碰撞所获得的冲量

$I'=2m\sqrt{2gh'(1-\mu\cot\theta)}$ ⑨

由④⑦⑨式得 $I'=kI$ ⑩

由此可知，小物块前 4 次与挡板碰撞所获得的冲量成等比级数，首项为

$I_1=2m\sqrt{2gh_0(1-\mu\cot\theta)}$ ⑪

总冲量为 $I=I_1+I_2+I_3+I_4=I_1(1+k+k^2+k^3)$ ⑫

由 $1+k+k^2+\cdots+k^{n-1}=\dfrac{1-k^n}{1-k}$ ⑬

得 $I=\dfrac{1-k^4}{1-k}2m\sqrt{2gh_0(1-\mu\cot\theta)}$ ⑭

代入数据得 $I=0.4(3+\sqrt{6})\mathrm{N\cdot s}$ ⑮

2008年普通高等学校招生全国统一考试 理科综合能力测试·山东卷（物理部分）

一、选择题（本题包括7小题。每小题给出的四个选项中，有的只有一个选项正确，有的有多个选项正确，全部选对的得4分，选对但不全的得2分，有选错的得0分）

16. 用轻弹簧竖直悬挂质量为 m 的物体，静止时弹簧伸长量为 L。现用该弹簧沿斜面方向拉住质量为 $2m$ 的物体，系统静止时弹簧伸长量也为 L 。斜面倾角为30°，如图所示。则物体所受摩擦力（　　）

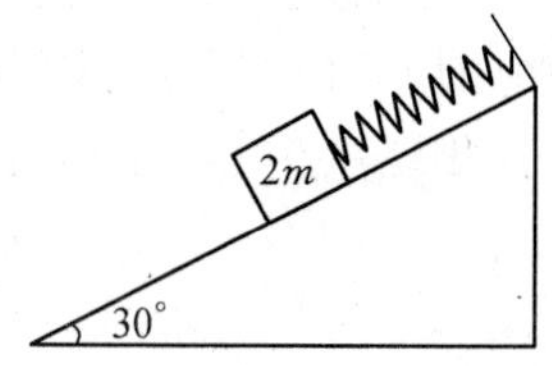

A. 等于零

B. 大小为$\frac{1}{2}mg$，方向沿斜面向下

C. 大小为$\frac{\sqrt{3}}{2}mg$，方向沿斜面向上

D. 大小为 mg，方向沿斜面向上

17. 质量为1 500 kg的汽车在平直的公路上运动，$v-t$ 图像如图所示。由此可求（　　）

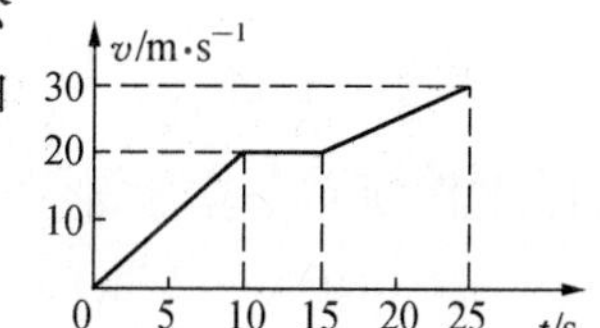

A. 前25 s内汽车的平均速度

B. 前10 s内汽车的加速度

C. 前10 s内汽车所受的阻力

D. 15～25 s内合外力对汽车所做的功

18. 据报道，我国数据中继卫星“天链一号01星”于2008年4月25日在西昌卫星发射中心发射升空，经过4次变轨控制后，于5月1日成功定点在东经77°赤道上空的同步轨道。关于成功定点后的“天链一号01星”，下列说法正确的是(　　)

A. 运行速度大于7.9 km/s

B. 离地面高度一定，相对地面静止

C. 绕地球运行的角速度比月球绕地球运行的角速度大

D. 向心加速度与静止在赤道上物体的向心加速度大小相等

19. 直升机悬停在空中向地面投放装有救灾物资的箱子，如图所示。设投放初速度为零，

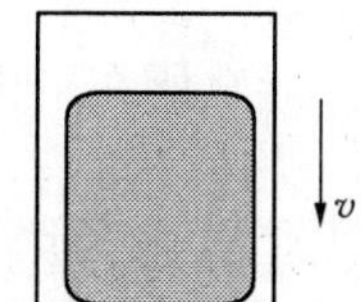

箱子所受的空气阻力与箱子下落速度的平方成正比，且运动过程中箱子始终保持图示姿态。在箱子下落过程中，下列说法正确的是（　　）

A. 箱内物体对箱子底部始终没有压力

B. 箱子刚从飞机上投下时，箱内物体受到的支持力最大

C. 箱子接近地面时，箱内物体受到的支持力比刚投下时大

D. 若下落距离足够长，箱内物体有可能不受底部支持力而“飘起来”

20. 图 1、图 2 分别表示两种电压的波形。其中图 1 所示电压按正弦规律变化。下列说法正确的是（　　）

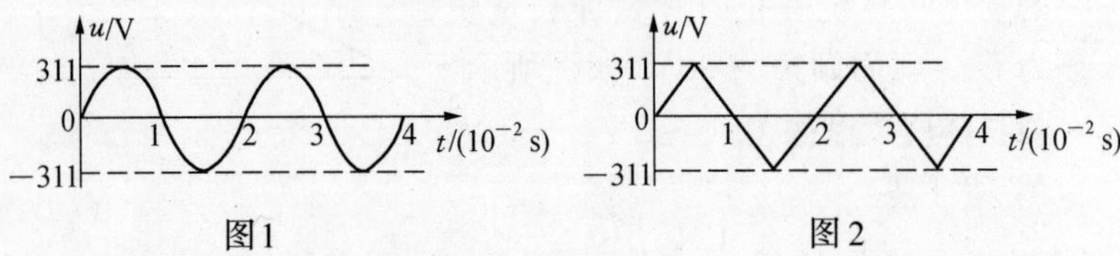

A. 图 1 表示交流电，图 2 表示直流电

B. 两种电压的有效值相等

C. 图 1 所示电压的瞬时值表达式为：$u=311\sin 100\pi t$ V

D. 图 1 所示电压经匝数比为 10∶1 的变压器变压后，频率变为原来的$\frac{1}{10}$

21. 如图所示，在 y 轴上关于 O 点对称的 A、B 两点有等量同种点电荷 $+Q$，在 x 轴上 C 点有点电荷 $-Q$，且 $CO=OD$，$\angle ADO=60°$。下列判断正确的是（　　）

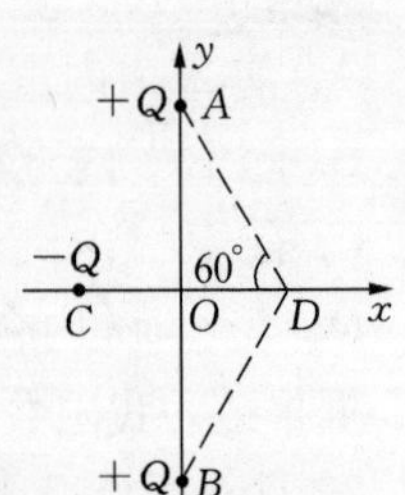

A. O 点电场强度为零

B. D 点电场强度为零

C. 若将点电荷 $+Q$ 从 O 移向 C，电势能增大

D. 若将点电荷 $-Q$ 从 O 移向 C，电势能增大

22. 两根足够长的光滑导轨竖直放置，间距为 L，底端接阻值为 R 的电阻。将质量为 m 的金属棒悬挂在一个固定的轻弹簧下端，金属棒和导轨接触良好，导轨所在平面与磁感应强度为 B 的匀强磁场垂直，如图所示。除电阻 R 外其余电阻不计。现将金属棒从弹簧原

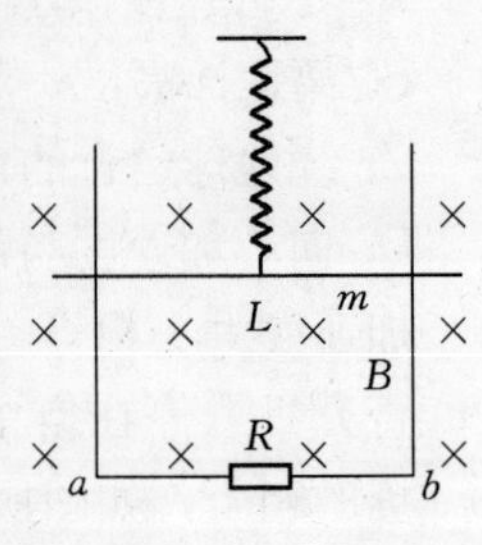

长位置由静止释放。则（　　）

A. 释放瞬间金属棒的加速度等于重力加速度 g

B. 金属棒向下运动时，流过电阻 R 的电流方向为 $a\to b$

C. 金属棒的速度为 v 时，所受的安培力大小为 $F=\dfrac{B^2L^2v}{R}$

D. 电阻 R 上产生的总热量等于金属棒重力势能的减少

二、非选择题

【必做部分】

23.（12 分）2007 年诺贝尔物理学奖授予了两位发现“巨磁电阻”效应的物理学家。材料的电阻随磁场的增加而增大的现象称为磁阻效应，利用这种效应可以测量磁感应强度。若图 1 为某磁敏电阻在室温下的电阻—磁感应强度特性曲线，其中 R_B、R_0 分别表示有、无磁场时磁敏电阻的阻值。为了测量磁感应强度 B，需先测量磁敏电阻处于磁场中的电阻值 R_B。请按要求完成下列实验。

（1）设计一个可以测量磁场中该磁敏电阻阻值的电路，在图 2 的虚线框内画出实验电路原理图（磁敏电阻及所处磁场已给出，待测磁场磁感应强度大小约为 0.6～1.0 T，不考虑磁场对电路其他部分的影响）。要求误差较小。

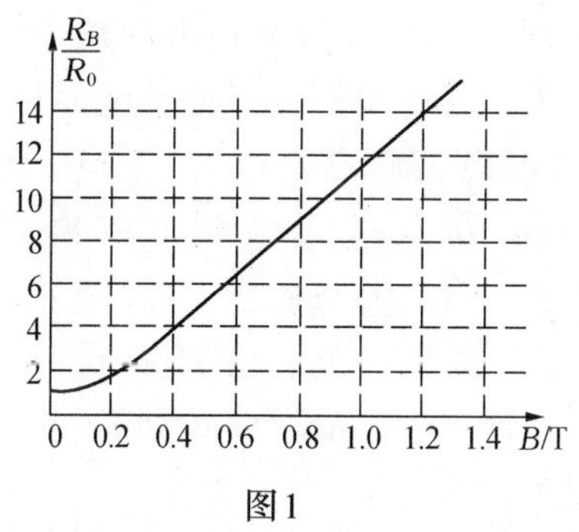

图1

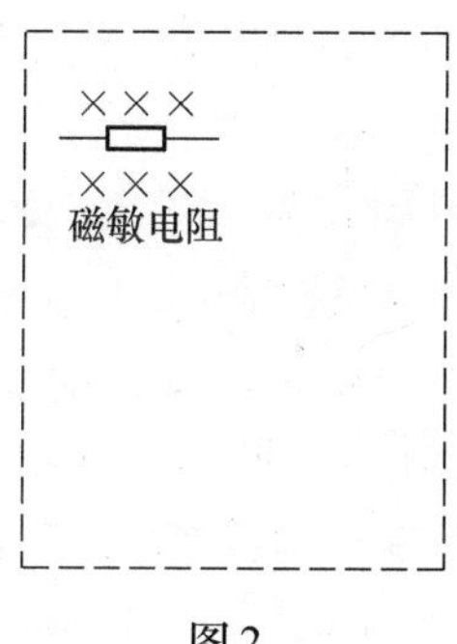

图2

提供的器材如下：

A. 磁敏电阻，无磁场时阻值 $R_0=150\ \Omega$

B. 滑动变阻器 R，全电阻约 20 Ω

C. 电流表 A，量程 2.5 mA，内阻约 30 Ω

D. 电压表 V，量程 3 V，内阻约 3 kΩ

E. 直流电源 E，电动势 3 V，内阻不计

F. 开关 S，导线若干

（2）正确接线后，将磁敏电阻置入待测磁场中．测量数据如下表：

	1	2	3	4	5	6
U/V	0.00	0.45	0.91	1.50	1.79	2.71
I/mA	0.00	0.30	0.60	1.00	1.20	1.80

根据上表可求出磁敏电阻的测量值 R_B=__________ Ω，结合图 1 可知待测磁场的磁感应强度 B=__________ T。

(3) 试结合图 1 简要回答，磁感应强度 B 在 0 ～0.2 T 和0.4～1.0 T 范围内磁敏电阻阻值的变化规律有何不同?

(4) 某同学查阅相关资料时看到了图 3 所示的磁敏电阻在一定温度下的电阻—磁感应强度特性曲线（关于纵轴对称），由图线可以得到什么结论?

图 3

24. (15 分) 某兴趣小组设计了如图所示的玩具轨道，其中“2008”，四个等高数字用内壁光滑的薄壁细圆管弯成，固定在竖直平面内（所有数字均由圆或半圆组成，圆半径比细管的内径大得多），底端与水平地面相切。弹射装置将一个小物体（可视为质点）以 v=5 m/s 的水平初速度由 a 点弹出，从 b 点进入轨道，依次经过“8002”后从 p 点水平抛出。小物体与地面 ab 段间的动摩擦因数 μ=0.3，不计其他机械能损失。已知 ab 段长 L=1.5 m，数字“0”的半径 R=0.2 m，小物体质量 m=0.01 kg，g=10 m/s^2。求：

(1) 小物体从 p 点抛出后的水平射程。

(2) 小物体经过数字“0”的最高点时管道对小物体作用力的大小和方向。

25. (18 分) 两块足够大的平行金属极板水平放置，极板间加有空间分布均匀、大小随时间周期性变化的电场和磁场，变化规律分别如图 1、图 2 所示（规定垂直纸面向里为磁感应强度的正方向）。在 $t=t_0$ 时刻由负极板释放一个初速度为零的带负电的粒子（不计重力）。若电场强度 E_0、磁感应强度 B_0、粒子的比荷 $\frac{q}{m}$ 均已知，且 $t_0=\frac{2\pi m}{qB_0}$，两板间距 $h=\frac{10\pi^2 mE_0}{qB_0^2}$

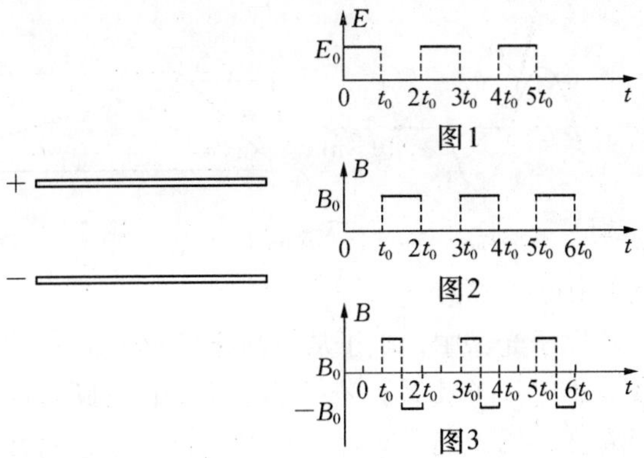

图1

图2

图3

(1) 求粒子在 $0 \sim t=t_0$ 时间内的位移大小与极板间距 h 的比值。

(2) 求粒子在极板间做圆周运动的最大半径（用 h 表示）。

(3) 若板间电场强度 E 随时间的变化仍如图 1 所示，磁场的变化改为如图 3 所示。试画出粒子在板间运动的轨迹图（不必写计算过程）。

【选做部分】

36. (8 分)【物理 3－3】

喷雾器内有 10 L 水，上部封闭有 1 atm 的空气 2 L。关闭喷雾阀门，用打气筒向喷雾器内再充入 1 atm 的空气 3 L（设外界环境温度一定，空气可看做理想气体）。

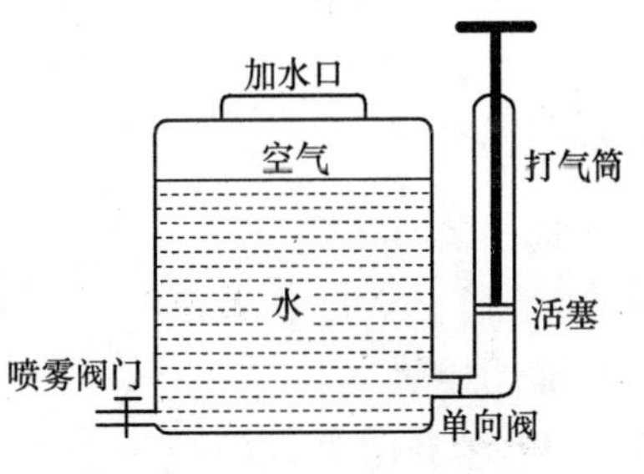

(1) 当水面上方气体温度与外界温度相等时，求气体压强，并从微观上解释气体压强变化的原因。

(2) 打开喷雾阀门，喷雾过程中封闭气体可以看成等温膨胀，此过程气体是吸热还是放热？简要说明理由。

37. (8 分)【物理 3－4】

麦克斯韦在 1865 年发表的《电磁场的动力学理论》一文中揭示了电、磁现象与光的内在联系及统一性，即光是电磁波。

(1) 一单色光波在折射率为 1.5 的介质中传播，某时刻电场横波图像如图 1 所示。求该光波的频率。

(2) 图 2 表示两面平行玻璃砖的截面图，一束平行于 CD 边的单色光入射到 AC 界面上，a、b 是其中的两条平行光线。光线 a 在玻璃砖中的光路已给出。画出光线 b 从玻璃砖中首次出射的光路图。并标出出射光线与界面法线夹角的度数。

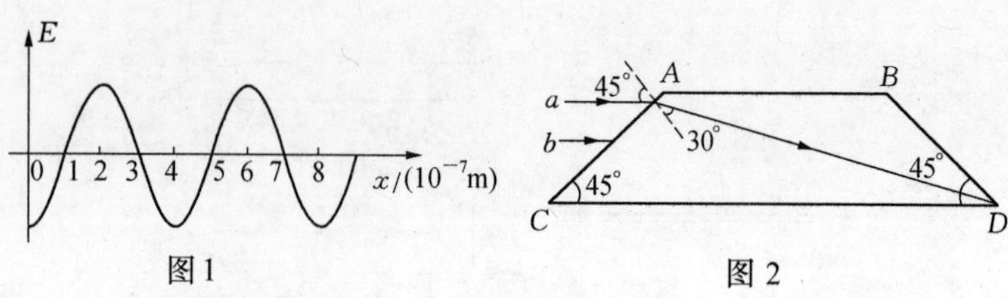

图1　　　　　　　　　　　　　　　　图 2

38. (8 分)【物理 3－5】

(1) 在氢原子光谱中。电子从较高能级跃迁到 $n=2$ 能级发出的谱线属于巴耳末线系。若一群氢原子自发跃迁时发出的谱线中只有 2 条属于巴耳末线系，则这群氢原子自发跃迁时最多可发出__________条不同频率的谱线。

(2) 一个物体静置于光滑水平面上，外面扣一质量为 M 的盒子，如图 1 所示。现给盒子一初速度 v_0，此后，盒子运动的 $v-t$ 图像呈周期性变化，如图 2 所示。请据此求盒内物体的质量。

图1　　　　　　　　　　　　　　　　图2

【答案】

一、选择题

16. A　17. ABD　18. BC　19. C　20. C　21. BD　22. AC

二、非选择题

23. (1) 如右图所示

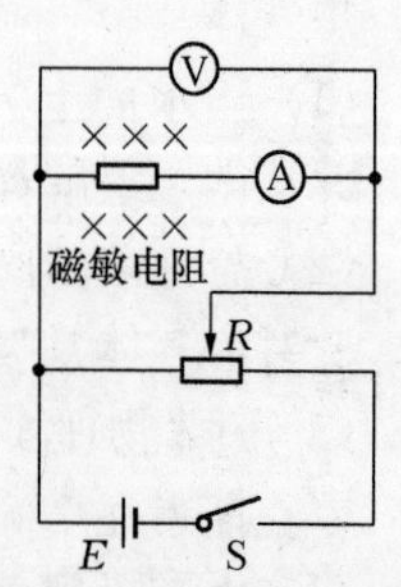

(2) 1 500，0.90

(3) 在 0～0.2 T 范围内，磁敏电阻的阻值随磁感应强度非线性变化（或不均匀变化）；在 0.4～1.0 T 范围内，磁敏电阻的阻值随磁感应强度线性变化（或均匀变化）。

(4) 磁场反向。磁敏电阻的阻值不变。

24. 解：(1) 设小物体运动到 p 点时的速度大小为 v，对小物体由 a 运动到 p 过程应用动能定理得

$$-\mu mgL-2Rmg=\frac{1}{2}mv^2-\frac{1}{2}mv_0^2 \quad ①$$

小物体自 p 点做平抛运动，设运动时间为 t，水平射程为 s 则

$2R=\frac{1}{2}gt^2$ ②

$s=vt$ ③

联立①②③式，代入数据解得

$s=0.8\ \text{m}$ ④

(2) 设在数字“0”的最高点时管道对小物体的作用力大小为 F。取竖直向下为正方向

$F+mg=\frac{mv^2}{R}$ ⑤

联立①⑤式，代入数据解得

$F=0.3\ \text{N}$ ⑥

方向竖直向下

25. 解法一：(1) 设粒子在 $0\sim t_0$ 时间内运动的位移大小为 s_1

$s_1=\frac{1}{2}at_0^2$ ①

$a=\frac{qE_0}{m}$ ②

又已知 $t_0=\frac{2\pi m}{qB_0}$，$h=\frac{10\pi^2 mE_0}{qB_0}$

联立①②式解得 $\frac{s_1}{h}=\frac{1}{5}$ ③

(2) 粒子在 $t_0\sim 2t_0$ 时间内只受洛伦兹力作用，且速度与磁场方向垂直，所以粒子做匀速圆周运动。设运动速度大小为 v_1，轨道半径为 R_1，周期为 T，则

$v_1=at_0$ ④

$qv_1B_0=m\frac{v_1^2}{R_1}$ ⑤

联立④⑤式得

$R_1=\frac{h}{5\pi}$ ⑥

又 $T=\frac{2\pi m}{qB_0}$ ⑦

即粒子在 $t_0\sim 2t_0$ 时间内恰好完成一个周期的圆周运动。在 $2t_0\sim 3t_0$ 时间内，粒子做初速度为 v_1 的匀加速直线运动，设位移大小为 s_2

$s_2=v_1t_0+\frac{1}{2}at_0^2$ ⑧

解得 $s_2=\frac{3}{5}h$ ⑨

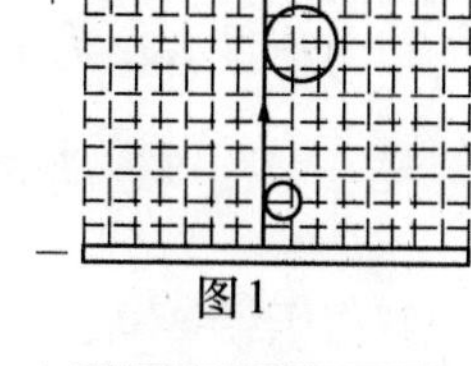

图 1

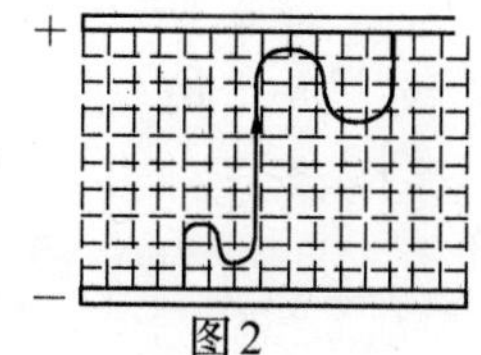

图 2

由于 $s_1+s_2<h$，所以粒子在 $3t_0\sim4t_0$ 时间内继续做匀速圆周运动，设速度大小为 v_2，半径为 R_2。

$v_2=v_1+at_0$ ⑩

$qv_2B_0=m\dfrac{v_2^2}{R_2}$ ⑪

解得 $R_2=\dfrac{2h}{5\pi}$ ⑫

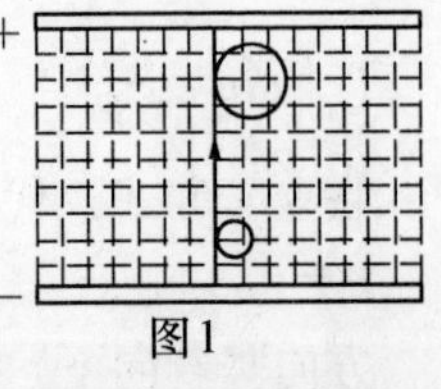

图1

由于 $s_1+s_2+R_2<h$，粒子恰好又完成一个周期的圆周运动。在 $4t_0\sim5t_0$ 时间内，粒子运动到正极板（如图 1 所示）。因此粒子运动的最大半径 $R_2=\dfrac{2h}{5\pi}$。

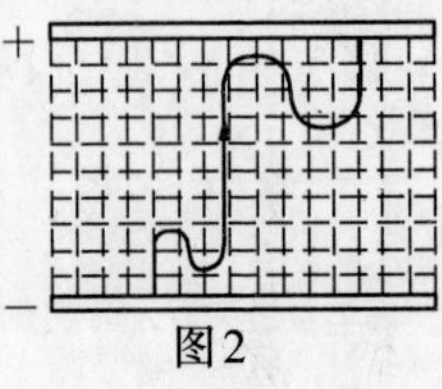

图2

(3) 粒子在板间运动的轨迹如图 2 所示。

解法二：由题意可知，电磁场的周期为 $2t_0$，前半周期粒子受电场作用做匀加速直线运动，加速度大小为 $a=\dfrac{qE_0}{m}$。方向向上。

后半周期粒子受磁场作用做匀速圆周运动，周期为

$T=\dfrac{2\pi m}{qB_0}=t_0$

粒子恰好完成一次匀速圆周运动。至第 n 个周期末，粒子位移大小为 s_n

$s_n=\dfrac{1}{2}a(nt_0)^2$

又已知 $h=\dfrac{10\pi^2 mE_0}{qB_0^2}$

由以上各式得 $s_n=\dfrac{n^2}{5}h$。

粒子速度大小为 $v_n=ant_0$。

粒子做圆周运动的半径为 $R_n=\dfrac{mv_n}{qB_0}$。

解得 $R_n=\dfrac{n}{5\pi}h$。

显然 $s_2+R_2<h<s_3$。

(1) 粒子在 $0\sim t_0$ 时间内的位移大小与极板间距 h 的比值 $\dfrac{s_1}{h}=\dfrac{1}{5}$。

(2) 粒子在极板间做圆周运动的最大半径 $R_2=\frac{2}{5\pi}h$。

(3) 粒子在极板间运动的轨迹图见解法一中的图 2。

36. 解：(1) 设气体初态压强为 p_1，体积为 V_1；末态压强为 p_2，体积为 V_2，由玻意耳定律

$p_1V_1=p_1V_1$ ①

代入数据得

$p_2=2.5\ \text{atm}$ ②

微观解释：温度不变，分子平均动能不变，单位体积内分子数增加，所以压强增加。

(2) 吸热。气体对外做功而内能不变。根据热力学第一定律可知气体吸热。

37. 解：(1) 设光在介质中的传播速度为 v，波长为 λ。频率为 f，则

$f=\frac{v}{\lambda}$ ①

$v=\frac{c}{n}$ ②

联立①②式得 $f=\frac{c}{n\lambda}$ ③

从波形图上读出波长 $\lambda=4\times10^{-7}$ m，代入数据解得

$f=5\times10^{14}$ Hz。 ④

(2) 光路如图所示。

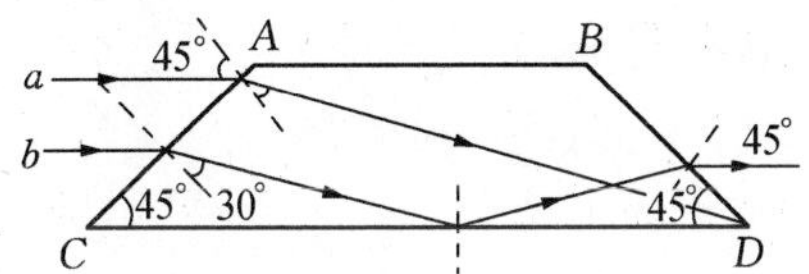

38. 解：(1) 6

(2) 设物体的质量为 m，t_0 时刻受盒子碰撞获得速度 v，根据动量守恒定律

$Mv_0=mv$ ①

$3t_0$ 时刻物体与盒子右壁碰撞使盒子速度又变为 v_0，说明碰撞是弹性碰撞

$\frac{1}{2}Mv_0^2=\frac{1}{2}mv^2$ ②

联立①②式解得

$m=M$ ③

(也可通过图像分析得出 $v_0=v$，结合动量守恒，得出正确结果)

2008 年普通高等学校招生全国统一考试
理科综合能力测试·宁夏卷（物理部分）

一、选择题（每小题 6 分）

14. 在等边三角形的三个顶点 a、b、c 处，各有一条长直导线垂直穿过纸面，导线中通有大小相等的恒定电流，方向如图。过 c 点的导线所受安培力的方向（　　）

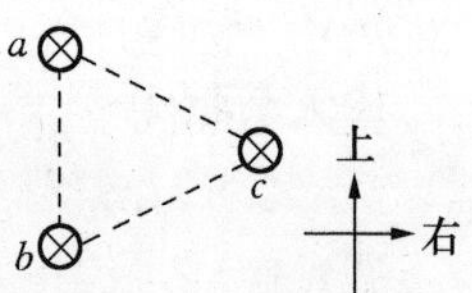

A. 与 ab 边平行，竖直向上　　B. 与 ab 边平行，竖直向下

C. 与 ab 边垂直，指向左边　　D. 与 ab 边垂直，指向右边

15. 一个 T 型电路如图所示，电路中的电阻 $R_1=10\ \Omega$，$R_2=120\ \Omega$，$R_3=40\ \Omega$。另有一测试电源，电动势为 100 V，内阻忽略不计。则（　　）

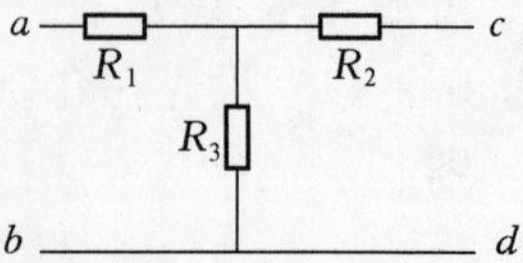

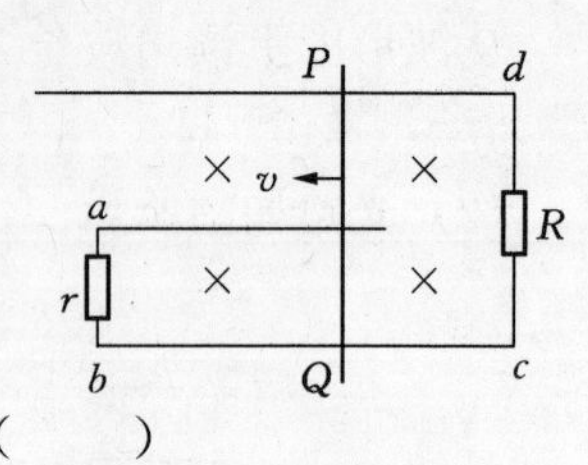

A. 当 cd 端短路时，ab 之间的等效电阻是 40 Ω

B. 当 ab 端短路时，cd 之间的等效电阻是 40 Ω

C. 当 ab 两端接通测试电源时，cd 两端的电压为 80 V

D. 当 cd 两端接通测试电源时，ab 两端的电压为 80 V

16. 如图所示，同一平面内的三条平行导线串有两个电阻 R 和 r，导体棒 PQ 与三条导线接触良好；匀强磁场的方向垂直纸面向里。导体棒的电阻可忽略。当导体棒向左滑动时，下列说法正确的是（　　）

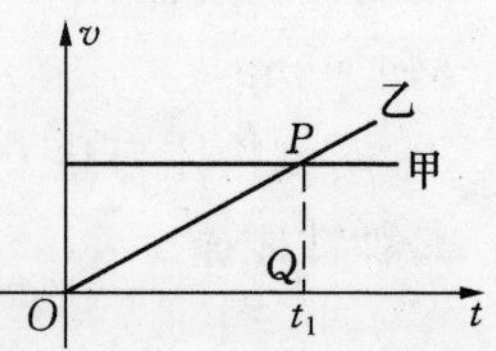

A. 流过 R 的电流为由 d 到 c，流过 r 的电流为由 b 到 a

B. 流过 R 的电流为由 c 到 d，流过 r 的电流为由 b 到 a

C. 流过 R 的电流为由 d 到 c，流过 r 的电流为由 a 到 b

D. 流过 R 的电流为由 c 到 d，流过 r 的电流为由 a 到 b

17. 甲乙两车在公路上沿同一方向做直线运动，它们的 $v-t$ 图像如图所示。两图像在 $t=t_1$ 时相交于 P 点，P 在横轴上的投影为 Q，$\triangle OPQ$ 的面积为 S。在 $t=0$ 时刻，乙车在甲车前面，相距为 d。已知此后两车相遇两次，且第一次相遇的时刻为 t'，则下面四组 t' 和 d 的组合可能是（　　）

A. $t'=t_1$，$d=S$　　　　B. $t'=\frac{1}{2}t_1$，$d=\frac{1}{4}S$

C. $t'=\frac{1}{2}t_1$，$d=\frac{1}{2}S$　　　　D. $t'=\frac{1}{2}t_1$，$d=\frac{3}{4}S$

18. 一滑块在水平地面上沿直线滑行，$t=0$ 时其速度为 1 m/s。从此刻开始滑块运动方向上再施加一水平面作用力 F，力 F 和滑块的速度 v 随时间的变化规律分别如图 a 和图 b 所示。设在第 1 秒内、第 2 秒内、第 3 秒内力 F 对滑块做的功分别为 W_1、W_2、W_3，则以下关系正确的是（　　）

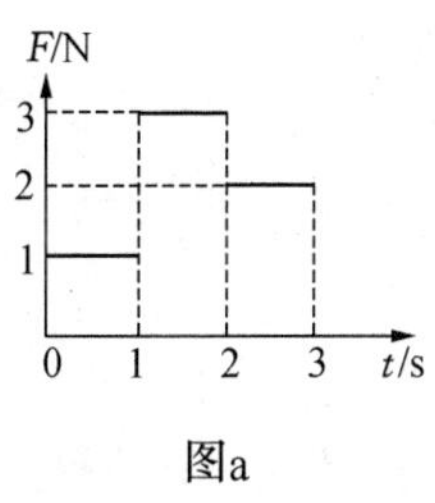

图a

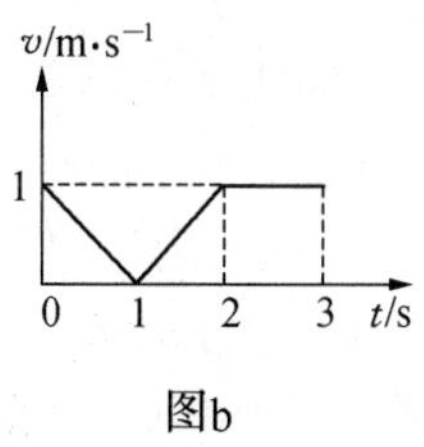

图b

A. $W_1=W_2=W_3$　　　　B. $W_1<W_2<W_3$

C. $W_1<W_3<W_2$　　　　D. $W_1=W_2<W_3$

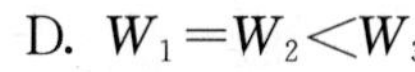

19. 如图 a 所示，一矩形线圈 $abcd$ 放置在匀强磁场中，并绕过 ab、cd 中点的轴 OO' 以角速度 ω 逆时针匀速转动。若以线圈平面与磁场夹角 $\theta=45°$时（如图 b）为计时起点，并规定当电流自 a 流向 b 时电流方向为正。则下列四幅图中正确的是（　　）

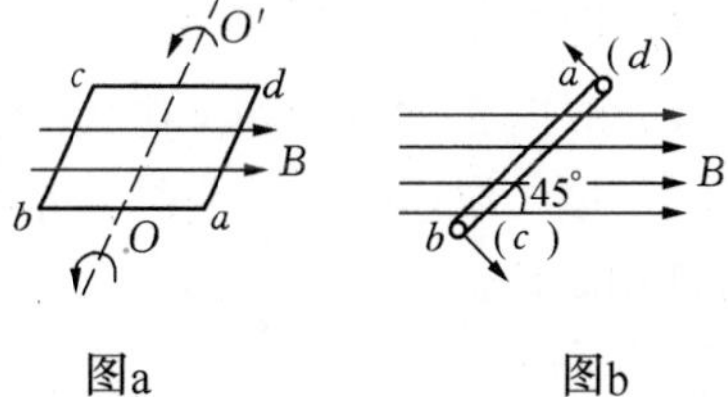

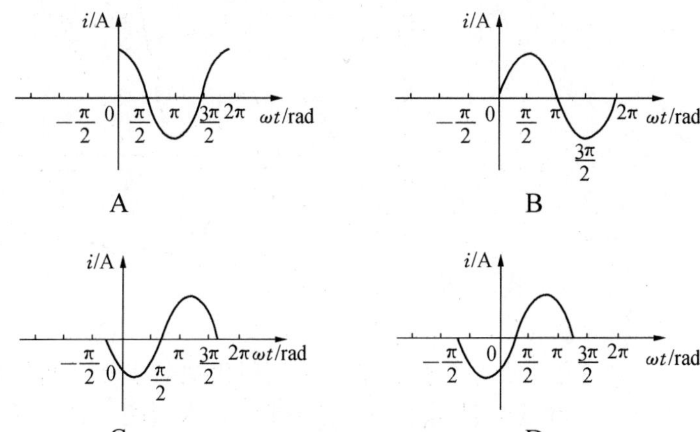

20. 一有固定斜面的小车在水平面上做直线运动，小球通过细绳与车顶相连。小球某时刻正处于图示状态。设斜面对小球的支持力为N，细绳对小球的拉力为T，关于此时刻小球的受力情况，下列说法正确的是（　　）

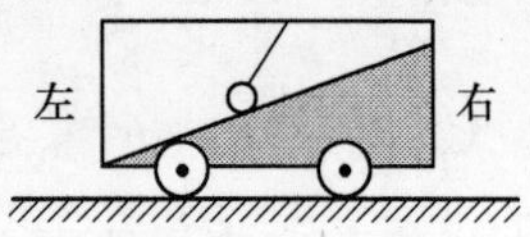

A. 若小车向左运动，N可能为零

B. 若小车向左运动，T可能为零

C. 若小车向右运动，N不可能为零

D. 若小车向右运动，T不可能为零

21. 如图所示，C为中间插有电介质的电容器，a和b为其两极板；a板接地；P和Q为两竖直放置的平行金属板，在两板间用绝缘线悬挂一带电小球；P板与b板用导线相连，Q板接地。开始时悬线静止在竖直方向，在b板带电后，悬线偏转了角度α。在以下方法中，能使悬线的偏角α变大的是（　　）

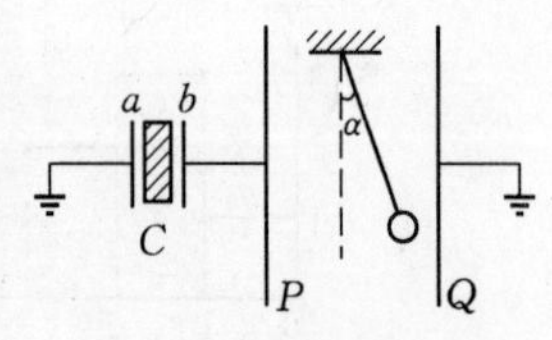

A. 缩小a、b间的距离

B. 加大a、b间的距离

C. 取出a、b两极板间的电介质

D. 换一块形状大小相同、介电常数更大的电介质

二、非选择题

22. (15分)

Ⅰ. 右图为一正在测量中的多用电表表盘。

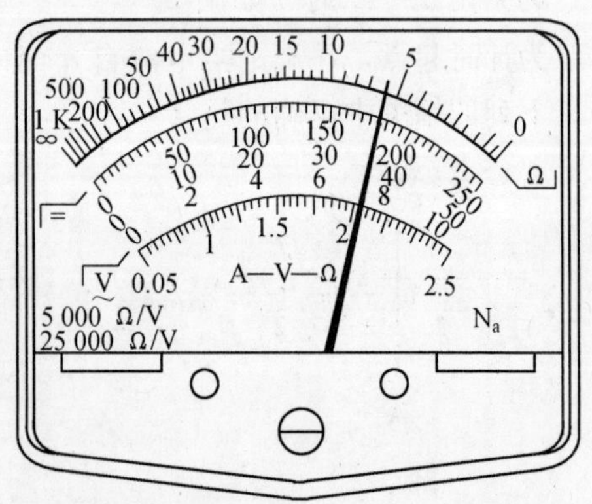

(1) 如果是用×10 Ω挡测量电阻，则读数为________Ω。

(2) 如果是用直流10 mA挡测量电流，则读数为______mA。

(3) 如果是用直流5 V挡测量电压，则读数为_______V。

Ⅱ. 物理小组在一次探究活动中测量滑块与木板之间的动摩擦因数。实验装置如图，一表面粗糙的木板固定在水平桌面上，一端装有定滑轮；木板上有一滑块，其一端与电磁打点

计时器的纸带相连；另一端通过跨过定滑轮的细线与托盘连接。打点计时器使用的交流电源的频率为 50 Hz。开始实验时，在托盘中放入适量砝码，滑块开始做匀加速运动，在纸带上打出一系列小点。

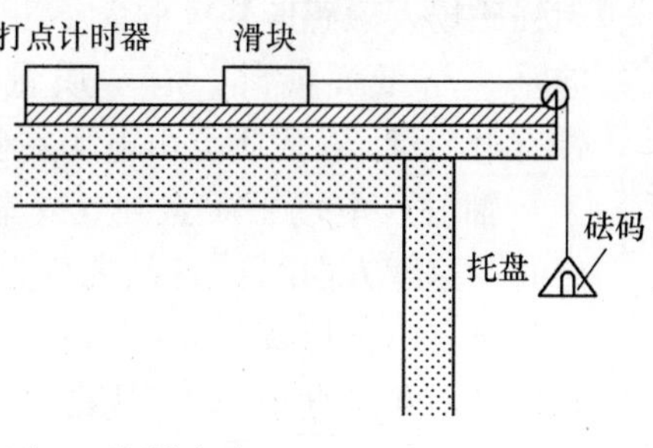

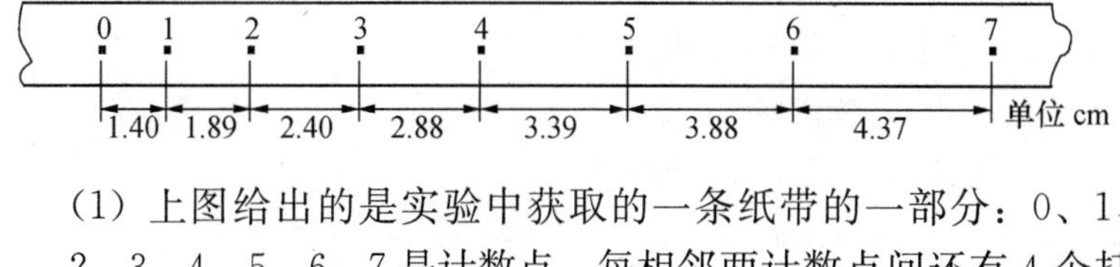

(1) 上图给出的是实验中获取的一条纸带的一部分：0、1、2、3、4、5、6、7 是计数点，每相邻两计数点间还有 4 个打点（图中未标出），计数点间的距离如图所示。根据图中数据计算的加速度 $a=$__________（保留三位有效数字）。

(2) 回答下列两个问题：

① 为测量动摩擦因数，下列物理量中还应测量的有__________。(填入所选物理量前的字母)

A. 木板的长度 l　　　　B. 木板的质量 m_1

C. 滑块的质量 m_2　　　　D. 托盘和砝码的总质量 m_3

E. 滑块运动的时间 t

② 测量①中所选定的物理量时需要的实验器材是__________。

(3) 滑块与木板间的动摩擦因数 $\mu=$__________（用被测物理量的字母表示，重力加速度为 g）。与真实值相比，测量的动摩擦因数__________（填“偏大”或“偏小”）。写出支持你的看法的一个论据：____。

23. (15 分)

天文学家将相距较近、仅在彼此的引力作用下运行的两颗恒星称为双星。双星系统在银河系中很普遍。利用双星系统中两颗恒星的运动特征可推算出它们的总质量。已知某双星系统中两颗恒星围绕它们连线上的某一固定点分别做匀速圆周运动，周期均为 T，两颗恒星之间的距离为 r，试推算这个双星系统的总质量。(引力常量为 G)

24. (17 分)

如图所示，在 xOy 平面的第一象限有一匀强电场，电场的方向平行于 y 轴向下；在 x 轴和第四象限的射线 OC 之间有一

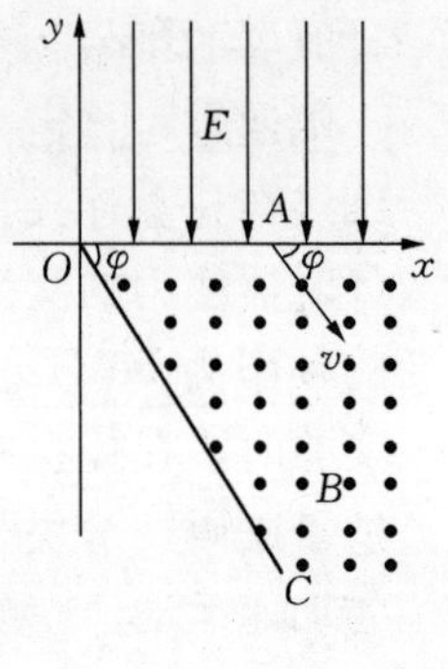

匀强磁场，磁感应强度的大小为 B，方向垂直于纸面向外。有一质量为 m，带有电荷量 $+q$ 的质点由电场左侧平行于 x 轴射入电场。质点到达 x 轴上 A 点时，速度方向与 x 轴的夹角为 φ，A 点与原点 O 的距离为 d。接着，质点进入磁场，并垂直于 OC 飞离磁场。不计重力影响。若 OC 与 x 轴的夹角也为 φ，求

(1) 粒子在磁场中运动速度的大小。

(2) 匀强电场的场强大小。

30. [物理选修 2-2] (15 分)

(1) (5 分) 图示为某一皮带传动装置。主动轮的半径为 r_1，从动轮的半径为 r_2。已知主动轮做顺时针转动，转速为 n，转动过程中皮带不打滑。下列说法正确的是__________。(填入选项前的字母，有填错的不得分)

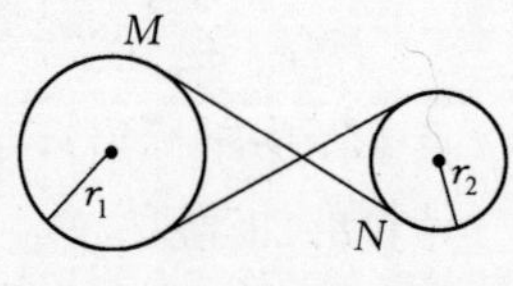

A. 从动轮做顺时针转动　　B. 从动轮做逆时针转动

C. 从动轮的转速为 $\frac{r_1}{r_2}n$　　D. 从动轮的转速为 $\frac{r_2}{r_1}n$

(2) (10 分) 一足够长的斜面，最高点为 O 点，有一长为 $l=1.00$ m 的木条 AB，A 端在斜面上，B 端伸出斜面外。斜面与木条间的摩擦力足够大，以致木条不会在斜面上滑动。在木条 A 端固定一个质量为 $M=2.00$ kg 的重物（可视为质点），B 端悬挂一个质量为 $m=0.50$ kg 的重物。若要使木条不脱离斜面，在下列两种情况下，OA 的长度各需满足什么条件？

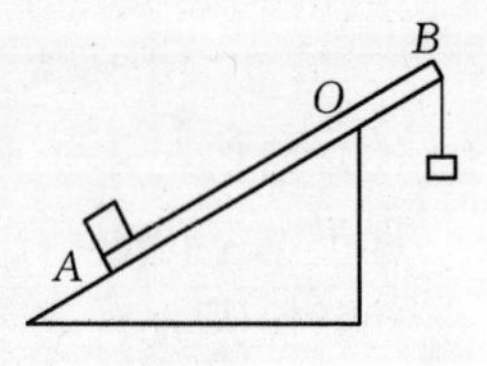

(Ⅰ) 木条的质量可以忽略不计。

(Ⅱ) 木条质量为 $m'=0.50$ kg，分布均匀。

31. [物理选修 3-3] (15 分)

(1) (6 分) 如图所示，由导热材料制成的气缸和活塞将一定质量的理想气体封闭在气缸内，活塞与气缸壁之间无摩擦，活塞上方存有少量液体。将一细管插入液体，由于虹吸现象，活塞上方液体逐渐流出。在此过程中，大气压强与外界的温度保持

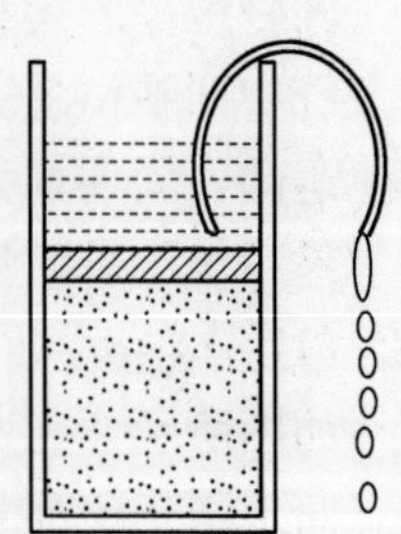

不变。关于这一过程，下列说法正确的是__________。(填入选项前的字母，有填错的不得分)

A. 气体分子的平均动能逐渐增大

B. 单位时间气体分子对活塞撞击的次数增多

C. 单位时间气体分子对活塞的冲量保持不变

D. 气体对外界做功等于气体从外界吸收的热量

(2)(9分)一定质量的理想气体被活塞封闭在可导热的气缸内，活塞相对于底部的高度为h，可沿气缸无摩擦地滑动。取一小盒沙子缓慢地倒在活塞的上表面上。沙子倒完时，活塞下降了$h/4$。再取相同质量的一小盒沙子缓慢地倒在活塞的上表面上。外界天气的压强和温度始终保持不变，求此次沙子倒完时活塞距气缸底部的高度。

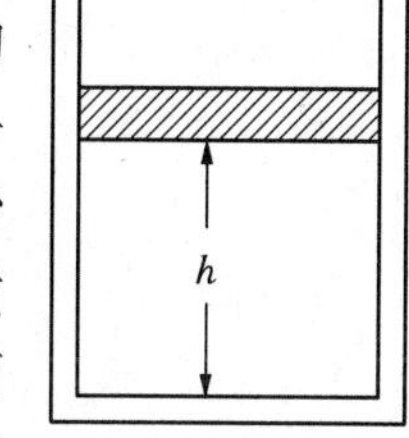

32. [物理选修3-4](15分)

(1)(6分)下列关于简谐振动和简谐机械波的说法正确的是__________。(填入选项前的字母，有填错的不得分)

A. 弹簧振子的周期与振幅有关

B. 横波在介质中的传播速度由介质本身的性质决定

C. 在波传播方向上的某个质点的振动速度就是波的传播速度

D. 单位时间内经过媒质中一点的完全波的个数就是这列简谐波的频率

(2)(9分)一半径为R的1/4球体放置在水平桌面上，球体由折射率为$\sqrt{3}$的透明材料制成。现有一束位于过球心O的竖直平面内的光线，平行于桌面射到球体表面上，折射入球体后再从竖直表面射出，如图所示。已知入射光线与桌面的距离为$\sqrt{3}R/2$。求出射角θ。

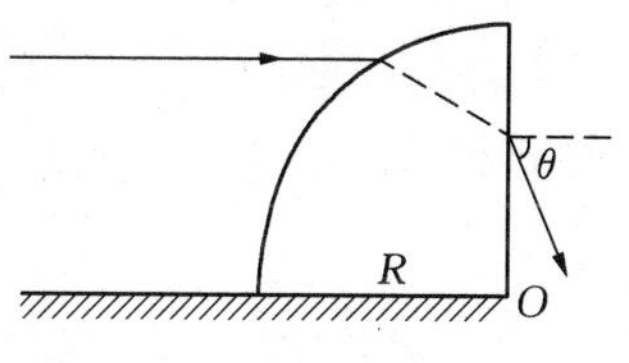

33. [物理选修3-5](15分)

(1)(6分)天然放射性元素$^{239}_{94}Pu$经过________次α衰变和__________次β衰变，最后变成铅的同位素__________。(填入铅的三种同位素$^{206}_{82}Pb$、$^{207}_{82}Pb$、$^{208}_{82}Pb$中的一种)

(2)(9分)某同学利用如图所示的装置验证动量守恒定律。图中两摆摆长相同，悬挂于同一高度，A、B两摆球均很小，质量之比为1∶2。

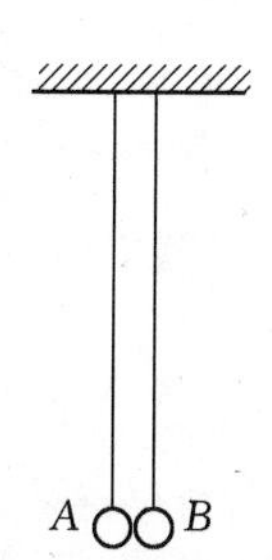

当两摆均处于自由静止状态时，其侧面刚好接触。向右上方拉动 B 球使其摆线伸直并与竖直方向成 45° 角，然后将其由静止释放。结果观察到两摆球粘在一起摆动，且最大摆角成 30°。若本实验允许的最大误差为 $\pm 4\%$，此实验是否成功地验证了动量守恒定律？

【答案】

一、选择题

14. C　15. AC　16. B　17. D　18. B　19. D　20. AB

21. BC

二、非选择题

22. Ⅰ.（1）60

（2）7.18

（3）3.59

Ⅱ.（1）0.495～0.497 $\mathrm{m/s^2}$

（2）① CD（1 分）；　② 天平

（3）$\dfrac{m_3 g-(m_2+m_3)a}{m_2 g}$　略

23.（15 分）

设两颗恒星的质量分别为 m_1、m_2，做圆周运动的半径分别为 r_1、r_2，角速度分别为 ω_1，ω_2。根据题意有

$\omega_1=\omega_2$　①

$r_1+r_2=r$　②

根据万有引力定律和牛顿定律，有

$\dfrac{Gm_1m_2}{r^2}=m_1 w_1^2 r_1$　③

$\dfrac{Gm_1m_2}{r^2}=m_2 w_2^2 r_2$　④

联立以上各式解得

$r_1=\dfrac{m_2 r}{m_1+m_2}$　⑤

根据角速度与周期的关系知

$\omega_1=\omega_2=\dfrac{2\pi}{T}$　⑥

联立③⑤⑥式解得

$m_1+m_2=\dfrac{4\pi^2}{T^2G}r^3$　⑦

24.（17 分）

（1）质点在磁场中的轨迹为一圆弧。由于质点飞离磁场时，

速度垂直于 OC，故圆弧的圆心在 OC 上。依题意，质点轨迹与 x 轴的交点为 A，过 A 点作与 A 点的速度方向垂直的直线，与 OC 交于 O'。由几何关系知，AO' 垂直于 OC'，O' 是圆弧的圆心。设圆弧的半径为 R，则有

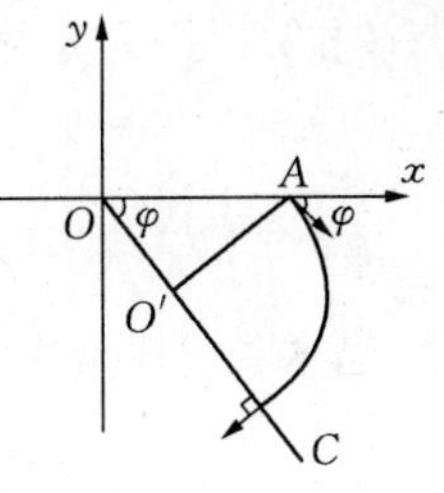

$R=d\sin\varphi$ ①

由洛伦兹力公式和牛顿第二定律得

$qvB=m\dfrac{v^2}{R}$ ②

将①式代入②式，得

$v=\dfrac{qBd}{m}\sin\varphi$ ③

(2) 质点在电场中的运动为类平抛运动。设质点射入电场的速度为 v_0，在电场中的加速度为 a，运动时间为 t，则有

$v_0=v\cos\varphi$ ④

$v\sin\varphi=at$ ⑤

$d=v_0t$ ⑥

联立④⑤⑥得

$a=\dfrac{v^2\sin\varphi\cos\varphi}{d}$ ⑦

设电场强度的大小为 E，由牛顿第二定律得

$qE=ma$ ⑧

联立③⑦⑧得

$E=\dfrac{qB^2d}{m}\sin^3\varphi\cos\varphi$ ⑨

30. [物理选修 2-2] (15 分)

(1) B C

(2) (10 分)

(Ⅰ) 当木条 A 端刚刚离开斜面时，受力情况如图 a 所示。设斜面倾角为 θ，根据力矩平衡条件，若满足条件

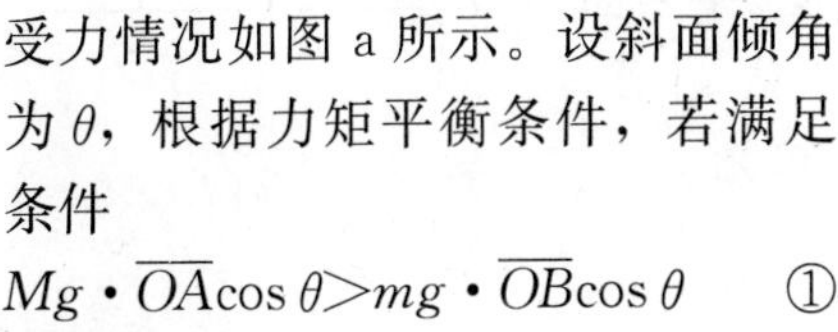

$Mg\cdot\overline{OA}\cos\theta>mg\cdot\overline{OB}\cos\theta$ ①

木条就不会脱离斜面。根据题意

$\overline{OA}+\overline{OB}=l$ ②

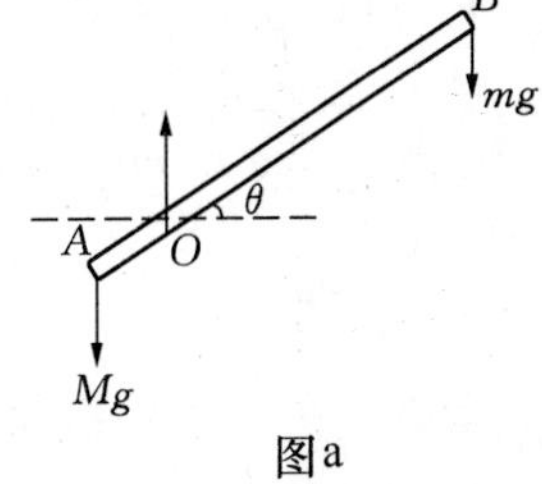

图a

联立①②并代入已知条件得

$\overline{OA}>0.20\ \text{m}$ ③

（Ⅱ）设 G 为木条重心，由题意可知

$\overline{AG}=\frac{1}{2}l$ ④

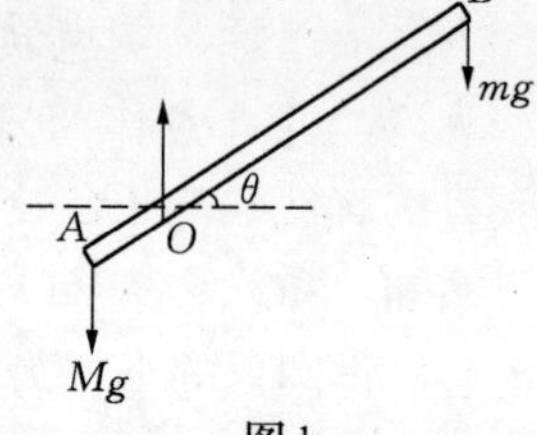

图 b

当木条 A 端刚刚离开斜面时，受力情况如图 b 所示。

由（Ⅰ）中的分析可知，若满足

$Mg\cdot\overline{OA}\cos\theta>mg\cdot\overline{OB}\cos\theta+m'g\cdot\overline{OG}\cos\theta$ ⑤

木条就不会脱离斜面。联立②④⑤并代入已知条件得

$\overline{OA}>0.25\ \mathrm{m}$ ⑥

31. ［物理选修 3－3］（15 分）

（1）D

（2）设大气和活塞对气体的总压强为 p_0，加一小盒沙子对气体产生的压强为 p，由玻马定律得

$p_0h=(p_0+p)\left(h-\frac{1}{4}h\right)$ ①

由①式得

$p=\frac{1}{3}p_0$ ②

再加一小盒沙子后，气体的压强变为 p_0+2p。设第二次加沙子后，活塞的高度为 h'

$p_0h=(p_0+2p)h'$ ③

联立②③式解得

$h'=\frac{3}{5}h$ ④

32. ［物理选修 3－4］（15 分）

（1）BD

（2）设入射光线与 1/4 球体的交点为 C，连接 OC，OC 即为入射点的法线。因此，图中的角 α 为入射角。过 C 点作球体水平表面的垂线，垂足为 B。依题意，$\angle COB=\alpha$。又由 $\triangle OBC$ 知

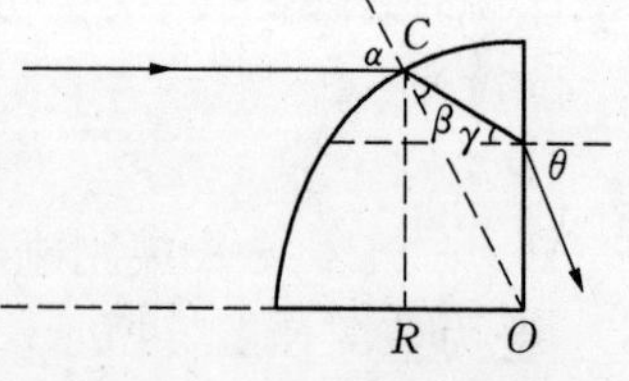

$\sin\alpha=\frac{\sqrt{3}}{2}$ ①

设光线在 C 点的折射角为 β，由折射定律得

$\frac{\sin\alpha}{\sin\beta}=\sqrt{3}$ ②

由①②式得

$\beta=30^\circ$ ③

由几何关系知，光线在球体的竖直表面上的入射角 γ（见图）为 30°。由折射定律得

$$\frac{\sin\gamma}{\sin\theta}=\frac{1}{\sqrt{3}}$$ ④

因此

$$\sin\theta=\frac{\sqrt{3}}{2}$$

解得

$\theta=60^\circ$

33. [物理选修 3－5]（15 分）

（1）8　4　$^{207}_{22}\mathrm{Pb}$

（2）设摆球 A、B 的质量分别为 m_A、m_B，摆长为 l，B 球的初始高度为 h_1，碰撞前 B 球的速度为 v_B。在不考虑摆线质量的情况下，根据题意及机械能守恒定律得

$h_1=l(1-\cos 45^\circ)$ ①

$$\frac{1}{2}m_Bv_B^2=m_Bgh_1$$ ②

设碰撞前、后两摆球的总动量的大小分别为 P_1、P_2。有

$P_1=m_Bv_B$ ③

联立①②③式得

$P_1=m_B\sqrt{2gl(1-\cos 45^\circ)}$ ④

同理可得

$P_2=(m_A+m_B)\sqrt{2gl(1-\cos 30^\circ)}$ ⑤

联立④⑤式得

$$\frac{P_2}{P_1}=\frac{m_A+m_B}{m_B}\sqrt{\frac{1-\cos 30^\circ}{1-\cos 45^\circ}}$$ ⑥

代入已知条件得

$$\left(\frac{P_2}{P_1}\right)^2=1.03$$ ⑦

由此可以推出

$$\left|\frac{P_2-P_1}{P_1}\right|\leqslant 4\%$$ ⑧

所以，此实验在规定的范围内验证了动量守恒定律。

学 科 动 态

会议及交流活动

2008年全国基础教育工作会议

会议时间：2008年4月14～15日

会议地点：浙江杭州

会议主题：基教工作重点转向注重内涵、提高质量

参会人员：各省、自治区、直辖市教育厅分管厅长，基础教育处处长，计划单列市教育局分管局长，教育部副部长陈小娅、基础教育司司长姜沛民、师范司司长管培俊等领导同志

举办单位：教育部

会议内容：

一、当前基础教育正站在一个新的历史起点上，加强管理、深化改革、提高质量成为新时期基础教育的中心工作。

"十五"以来，党和国家把农村教育作为教育工作的重中之重，建立了"在国务院领导下，由地方政府负责，分级管理，以县为主"的体制，实施了"普九"工程、寄宿制学校改造工程、远程教育工程、实施了"两免一补"，我国农村基础教育发生了巨大变化。农村基础教育的变化概括起来主要是两方面：一是我国义务教育取得了从基本普及到全面普及的历史性成就；二是我国农村义务教育建立了由公共财政予以保障的运行机制，彻底实现了农村教育人民办到农村教育政府办的转变。

会议认为，在农村义务教育得到重大发展的同时，我国普通高中教育、幼儿教育、特殊教育的事业规模也得到了较大发展，办学条件得到了改善，基础教育课程改革得到了稳步推进。

会议提出，在基础教育快速发展、义务教育已经普及、保障机制逐步完善、学校面貌发生深刻变化的新的历史起点上，加强管理、深化改革、提高质量应成为新时期基础教育的中心工作。

陈小娅部长提出，把中心工作转到注重内涵、提高质量上

来，要反思和检讨我们的教育观和评价观。教育行政部门要很好的落实自己的责任，怀着崇高的教育理想，无论外部环境如何变化，关注实施素质教育、关注提高教育教学质量，用积极的评价引导学校面向全体学生，全面提高教育质量。

二、要以深化基础教育课程改革为核心，大力加强中小学创新精神和实践能力的培养，全面提高基础教育质量和现代化水平。

关于课程改革，陈小娅部长提出：课程改革已实施七年，七年多的改革实践说明，课程改革是教育变革中最有希望的变革，最近几年，对课程改革确实存在不同的意见和看法，可谓是仁者见仁，智者见智，这是改革触及深层次出现的正常反响。省级教育行政部门应明确课程改革是一项非常重要的工作，要投入更多的力量研究、指导、推进课程改革。

会议认为，省级教育行政部门要全面规划和深入推进本地区义务教育和普通高中课程改革，认真总结经验，形成基本制度。要普遍建立以校为本的教学研究制度，要强化各级教研部门的研究、指导、服务职责、要切实加强教师培训，把实施新课程作为提高教师队伍专业水平的机遇和平台。

要下决心扭转单纯依靠升学率评价基础教育质量的状况，逐步建立起以全体学生为评价对象，以完成本学段内国家规定的教育内容、达成国家规定培养目标为评价标准，以合格率、完成率和学生综合素质等为主要指标的综合评价体系。要狠抓中考改革，教育部要进一步组织力量对基础教育学业水平考试和学生综合素质评价进行研究，省级教育行政部门要认真总结本地区中考改革的经验，狠抓中考改革的实施和落实。

三、全面提高农村中小学教育质量，实施完整合格的基础教育。

会议认为，提高教育质量首先是要提高农村中小学教育质量，建立以质量为导向的投入机制，制定符合当地实际和发展要求的城乡一体化的新的办学标准，全面加强农村中小学建设。

要针对当前农村中小学存在的音体美、计算机、通用技术、外语等学科合格教师缺乏的现状，采取广泛应用远程教育、尽快补充合格教师、组织短缺专业教师巡回讲课、派遣大学生志愿者等多种方式，力争在“十一五”期间，做到每一个学校开齐、开足国家规定的课程，让每一个孩子接受完整合格的基础教育，并将此作为新时期学校建设和教育投入的重点，整体提升农村教育质量。

四、严格学校常规管理，切实减轻中小学生课业负担。

会议交流了山东省教育厅严格加强学校管理，规范学校办学行为的经验。山东省教育厅制定下发了《山东省普通中小学基本管理规范》，对中小学办学行为提出了明确要求，在执行过程中，以普通学校为突破口，通过专项督查、暗访抽查、来函来电随查等，进行检查，9 所违规学校被撤销省级规范化学校称号，27 所学校被全省通报批评或校长受到行政记大过、行政警告等纪律处分。山东省的经验受到陈小娅部长的充分肯定。

会议要求，各级教育行政部门要针对当前存在的问题，制定中小学管理规范，推进学校内部管理制度建设，加强学校常规管理，对不执行国家规定的课程计划、组织补课、组织征订复习资料等行为，要坚决予以制止。

要加强学校安全管理和安全教育，要根据《中小学幼儿园安全管理办法》，建立学校安全管理制度，做好各项安全防范措施。要加强学生的法制、安全教育和心理健康教育，认真开展以提高中小学生自护、自救、防灾、逃生能力为主题的教育活动，增强教师和学生的防范意识和能力。

五、全面加强各级教育行政部门的能力建设，努力提高管理水平。

会议要求，各级教育行政部门要把加强管理、深化改革、提高质量摆上今后基础教育工作重要议事日程，把工作重心由规模发展过渡到内涵发展上来，形成更加关注教学、更加关注质量、更加关注学校管理、更加关注教育改革工作的新格局。以质量为核心，统筹新时期基础教育工作全局；以加强管理为抓手，促进基础教育精细化管理和提高办学水平；以深化改革为动力，促进基础教育由“有学上”跨入“上好学”的新阶段。

会议认为，省级教育行政部门要根据当地实际，研究制定本地区提升基础教育质量的总体方案，每年进行专门工作部署，确定各自工作重点，集中解决几个突出问题。中西部地区当前要立足于提高农村中小学整体教育质量，加强常规管理。在中部城市和沿海发达地区要加大制度创新和教育创新力度，不断提高教育现代化水平。要重点加强县级教育行政部门的能力建设，进一步明确以县为主管理的主要职责，负责县域内的学校管理和质量管理。

2008 年中国物理学会“秋季会议”

会议时间：2008 年 9 月 19～21 日

会议地点：山东济南

参会人员：国内外的 300 多所高校的共约 1 500 名代表

举办单位：中国物理学会主办、山东大学承办

会议内容：开幕式上山东大学校长展涛发表了热情洋溢的欢迎辞，国家自然科学基金委员会数理学部常务副主任汲培文介绍了国家自然科学基金对物理学科和物理期刊的资助情况，中国物理学会 2008 年秋季学术会议组委会召集人张杰回顾了中国物理学会秋季会议的发展历史并介绍了本次会议组织和参会等情况。

接下来清华大学范守善院士、美国 Argonne 国家实验室卢征天教授、复旦大学封东来教授、中国科学院近代物理研究所肖国青教授和欧洲物理学会理事长 Friedrich Wagner 教授分别作了“碳纳米管：从材料研究到应用探索”“Simple Atom，Extreme Nucleus：Laser Trapping and Probing of Helium－8”“复杂量子材料微观机理的实验揭示”“HIRFL－CSR 及其物理和应用研究”和“The Path to ITER”大会特邀报告。

从 19 日下午开始在山东大学理科综合楼分 16 个分会进行粒子物理、场论与宇宙学，核物理与加速器物理，原子分子物理，光物理，等离子体物理，纳米与介观物理，表面与低维物理，半导体物理，强关联与超导物理，磁学，软凝聚态物理与生物物理，量子信息，计算物理，复杂体系与交叉学科，电介质物理，科学仪器与实验技术 16 个当代物理学发展的主要方面进行专题讨论。

19 日晚上 7：30 在山东大学科学会堂中国探月工程首席科学家欧阳自远院士做客山东大学“大家讲坛”，作了题为“空间探测进展与中国的嫦娥工程”的学术报告，为广大师生和参会代表系统介绍了空间探测方面的进展，国际上月球探测的新动向，中国的探月工程以及“嫦娥一号”卫星的初步科学成果等。

同时，会议期间还将举行科学通报编委会会议、科学基金政策研讨会和女物理工作者会议等。

2008 年物理教育支边活动

活动时间：2008 年 7 月 18～19 日

活动地点：新疆乌鲁木齐市、奎屯市、昌吉市

参会人员：中国教育学会物理教学专业委员会相关人员、当地有关部门领导、教师

举办单位：中国教育学会物理教学专业委员会

活动内容：学会组织了三场物理教育教学专题报告。中国教育学会物理教学专业委员会常务副秘书长张宪魁教授在乌鲁木齐

市作了题为"新课程物理教师的教学技能"的报告；中国教育学会物理教学专业委员会副秘书长、北京师范大学李春密教授在奎屯市作了题为"中学物理实验教学与设计研究"的报告；中国教育学会物理教学专业委员会副秘书长、北京市特级教师苏明义老师在昌吉市作了题为"高考物理复习中的习题教学"的报告。这些报告对当地的教学起到了切实的指导作用，受到了当地教师的欢迎。

由中国教育学会物理教学专业委员会倡导，人民教育出版社向新疆三个地区的教师及中学生赠送了大量教育图书、杂志；上海市中小学数字化实验系统研发中心及山东远大网络多媒体公司捐赠了六套朗威牌数字化信息系统实验室设备；学英语报、学习方法报《物理周刊》提供了部分资金及物理教学报纸和光盘。

在 2008 年中国教育学会物理教学专业委员会年会开幕式上，郭玉英理事长代表学会向新疆部分学校捐赠教学用书、光盘和数字化实验室设备等，乌鲁木齐市童兆玲副市长代表学校接受捐赠，童副市长代表市政府和教育局感谢学会组织的第一次教育支边活动能够在新疆开展。

专家的报告带去了新理念、新经验；赠送的有关书刊、教学实验设备等教学资源为当地师生理解和实施新课程提供了资源支持。

中国教育学会物理教学专业委员会 2008 年年会

会议时间：2008 年 7 月 20～24 日

会议地点：新疆乌鲁木齐市

会议主题：总结经验，开拓创新，深入开展新理念下的物理教学研究

参会人员：全国各地的一百多名代表

举办单位：中国教育学会物理教学专业委员会主办、新疆教育学会中学物理教学研究会、新疆生产建设兵团教育学会物理教学专业委员会、乌鲁木齐市物理学会承办

会议内容：1. 召开第七届理事会、学术委员会及会刊、会报负责人会议；2. 总结第七届理事会 2008 年工作；3 专家学术报告；4. 第七届科研规划课题、重点课题汇报；5. 理事会讨论学会 2009 年工作计划；6. 开展了物理教育支边活动，在三个地区开展专家讲座及捐赠活动。

在开幕式上，郭玉英理事长首先致辞。乌鲁木齐市童兆玲副市长出席了开幕式并作了重要讲话。她代表市政府和教育局感谢

学会组织的第一次教育支边活动能够在新疆开展。介绍了新疆及乌鲁木齐市的教育发展情况。郭玉英理事长代表学会向新疆部分学校捐赠教学用书、光盘和数字化实验室设备等。

常务副秘书长张宪魁先生作了工作报告，报告认真总结了第七届理事会 2008 年的工作。2008 年学会的各项工作的开展推动了新课程改革，促进了物理教育科研工作，促进了教师之间的交流和专业发展。报告还提出了 2009 年学会的工作计划。

郭玉英理事长作了题为“提升物理教育科研质量，迎接学会成立 30 周年”的学术报告。

梁树森副理事长、秦晓文副秘书长、赵伟新老师介绍了规划课题、重点课题的研究情况。部分规划课题召开了研讨会，大家都积极地参加课题研究，提出了很多好的建议。

理事会最后讨论了 2009 年学会工作的要点，确定了 2009 年学会的工作计划。

2008 年全国初、高中物理课程改革经验交流会

会议时间：2008 年 10 月 30～11 月 1 日

会议地点：浙江省宁波市

参会人员：全国各地的初、高中物理教师、物理教研员以及部分高校教师共三百多人

举办单位：中国教育学会物理教学专业委员会、人民教育出版社、北京师范大学出版社

会议内容：中国教育学会物理教学专业委员会副秘书长张宪魁教授主持了开幕式。宁波市教育局陈文辉副局长代表宁波市教育局对大会的召开表示热烈的祝贺，并向与会代表介绍了宁波市的基本情况。宁波中学李永培校长代表承办学校向与会代表致欢迎词。中国教育学会物理教学专业委员会秘书长、人民教育出版社物理室主任彭前程编审也在会上发言。

大会邀请中国空间技术研究院研究员、《国际太空》杂志副主编庞之浩编审作了题为“神奇的神七”的报告。

来自各省、市的九十多名代表按探究式教学、实验教学、校本教研、信息技术与物理教学的整合等不同专题进行了分组交流。这些交流展示了物理教育工作者课改以来积累的经验和教训，他们的深入思考也引发了与会代表的热烈讨论，这些必将对代表们将来的物理教育工作起到推动作用。

有四位教师在大会上作了教学观摩课。著名物理特级教师姜水根老师对高中观摩课作了深入的剖析和点评。浙江省物理教研

员梁旭老师组织大家讨论了初中观摩课并作了精彩点评。十多个学校、教研单位在大会上进行了优秀教育成果展示。

闭幕式上，初、高中组各推荐一名老师在大会上作经验介绍，有两个小组的主持人作了小组交流的总结性发言。中国教育学会物理教学专业委员会副理事长陶洪教授作了总结性发言，并对中学物理教师如何进行科研提出了非常中肯的建议。

闭幕式上宣布了 2008 年全国中学物理教育优秀论文评比获奖名单，并颁发了优秀论文、大会交流、成果展示的证书。大会对人民教育出版社、北京师范大学出版社、宁波中学在人力、物力上给予的大力支持表示衷心的感谢，并给承办单位赠送了锦旗。

华东六省一市物理 2008 年年会
暨中学物理课程改革学术研讨会

会议时间：2008 年 10 月 25～28 日

会议地点：上海交通大学附属中学

参会人员：赵凯华、张大昌等专家、六省一市物理教研员和部分教师代表

举办单位：华东六省一市物理教学专业委员会联合年会主办、上海市教育学会物理教学专业委员会、上海市教育委员会教学研究室、《物理教学》杂志和上海市交通大学附属中学承办

会议内容：1. 举行了三场专题报告，分别是赵凯华教授的“素质教育与应试教育”、杨再石教授的“TACOMA 大桥坍塌的成因”、俞允强教授的“宇宙中的微波背景辐射”。2. 华东六省一市进行了物理课堂教学交流展示，其中高中课有 5 节、初中课有 4 节。3. 进行了朗威 DIS Lab 实验系统展示和“模拟物理实验室”软件系统展示。4. 进行了 2008 年华东六省一市物理教学专业委员会论文的评选和《物理教学》杂志论文的评选。5. 举办了中学物理改革学术研讨。

年会加强华东六省一市课程改革和物理课堂教学成果的经验交流，推动华东六省一市物理教育教学工作的深化，促进物理教师的专业化发展；同时也庆贺《物理教学》杂志创刊 30 周年。

闭幕式由中国教育学会物理教学专业委员会副理事长张主方主持。中国教育学会物理教学专业委员会原理事长、学术委员会主任张大昌，中国教育学会物理教学专业委员会副秘书长张宪魁、苏明义，上海市教育委员会基教处副处长颜慧芬出席闭幕式并作了热情洋溢的讲话。在闭幕式上，下届年会承办地区山东省

代表田序海邀请各位代表明年山东济南再相聚。

第四届西部十二省（区）市物理学会联合学术交流会

会议时间：2008年7月15～20日

会议地点：新疆乌鲁木齐

参会人员：西部十二省区市和河北、湖南、福建、江苏等地区约60个单位的100余位代表

举办单位：西部十二省（区）市物理学会主办，中科院新疆理化所、新疆物理学会、新疆大学物理学院、新疆师范大学数理信息学院联合承办

会议内容：中国工程物理研究院经福谦院士参加会议并做特邀报告，新疆理化所副所长蒋同海、新疆物理学会理事长常爱民、新疆物理学会副理事长张军以及西部各省区市物理学会理事长、秘书长等参加会议。

本次会议共收到学术论文67篇，经过专家评审，录用47篇。并分别在新疆大学学报（自然科学版）正刊和增刊上发表所有科研类论文。大会共交流20篇口头报告，涉及非线性光学材料、纳米材料、团簇物理、重离子束辐射技术在生物中的应用等多个前沿学科。此外大会还就教学类论文进行了评选，评出教学类优秀论文11篇。

本次研讨会着眼于近年来物理学科的最新发展，交流物理学各分支学科的最新科研成果及物理教学、教改经验；展示了西部物理学研究的成果与进展，促进了西部科研单位和大（中）专院校及中学之间的物理学科的合作与交流，以期进一步提高西部地区物理教育和科研水平。

中国物理学会第九届物理教学委员会第一次扩大会议

会议时间：2008年11月7～10日

会议地点：北京大学

会议主题：谈物理人才的培养

参会人员：工作在科学研究第一线的物理学家、活跃在教学第一线的中青年教师共100余人

举办单位：中国物理学会物理教学委员会

会议内容：中国科协副主席赵忠贤、中国物理学会理事长杨国桢、中国工程院副院长杜祥琬等5位院士到会作了报告。他们从国家取得的重大科研成果和未来发展的需要，到国内外人才培养的经验对比，全方位多角度地阐述了基础物理教学的重要性。

各位院士都认为，目前我国从事基础物理教学和研究的人才不是多余而是不足，物理教学不仅要培养研究型人才还要加强培养物理应用型人才。

第 39 届国际物理奥林匹克竞赛

竞赛时间：2008 年 7 月 20～29 日

竞赛地点：越南河内

参赛人员：来自 82 个国家和地区近 380 名选手、近 230 名领队和观察员

举办单位：越南（各会员国轮流主办）

竞赛内容：理论和实验

竞赛工作语言：英文、法文、德文和俄文

赛题要求：竞赛题由参加国和地区提供题目，主办国命题。在竞赛前，赛题要保密。竞赛题内容包括中学物理的 4 个部分（力学、热力学和分子物理学、光学及原子和核物理学、电磁学），解题要求用标准的中等数学而不要用高等数学。主办国提出评卷标准并指定评卷人。每题满分为 10 分。各代表团团长同时对自己团员竞赛卷的复制品进行评定，最后协商决定成绩。

评奖标准：以参赛者前三名的平均分数计为 100%，参赛者达 90% 以上者为一等奖，78%～90%者为二等奖，65%～78%者为三等奖，同时发给证书。50%～65%者给予表扬，不满 50%者发给参赛证明。竞赛只计个人名次，不计团体总分。

第 39 届概况：本次竞赛分理论和实验两部分。获得金牌的选手共 46 名，银牌 47 名，铜牌 78 名，表扬奖 87 名，总计获奖选手 258 名。此外还设立了总成绩第一名、理论成绩第一名、实验成绩第一名、女生第一名等多个单项奖。

中国队选手获奖情况：我国选手凭优秀的学科素质，发挥出色，参赛的 5 名选手都获得了金牌。获得金牌的选手分别是谭隆志（华中师范大学第一附属中学），廉骉（山西省实验中学），周权（长沙市第一中学），贺卓然（武汉市第六中学），毕震（大连育明高中）。除获得 5 块金牌外，谭隆志还获得总成绩第一名、理论成绩第一名两项单项奖。这是中国队于 2000 年以后第一次在国际物理奥赛中获得总成绩第一名的成绩。在本次竞赛中，中国队囊括了竞赛总成绩的前 3 名，引起了各参赛国家的关注。在本次竞赛中，中国队和“中华”台北队的全部参赛选手都获得了金牌，是仅有的两支全部队员都获得金牌的代表队。“中华”台

北队还获得了实验总分第一名的单项奖。海峡两岸的两个代表队共获得10块金牌，并获得总分第一、理论第一、实验第一的好成绩，得到了参赛成员的普遍赞扬。

大赛情况：越南政府及越南的有关机构对这次竞赛非常重视，越南政府副总理兼教育部部长 Nguyen Thien Nhan 教授担任本次竞赛委员会的名誉主席。教育部常务副部长 Banh Tien Long 教授任竞赛组织委员会主任，越南考试与教育质量保证总署主任（Director of General Department for Testing and Educational Quality Accreditaion）Nguyen An Ninh 博士任常务副主任，越南物理学会理事长 Phan Hong Khoi 教授任副主任。7月21日在越南国家会议中心的开幕式上，越南国民大会委员长 Nguyen Phu Trong 宣布第39届国际物理学奥林匹克竞赛开幕。Nguyen Phu Trong 委员长和 Nguyen Thien Nhan 副总理先后在开幕式上发表了热情洋溢的讲话。美国麻省理工学院教授、诺贝尔物理学奖获得者弗里德曼（Jerome Isaac Friedman）教授也参加了开幕式并在竞赛期间做了“粒子物理的新视野”的报告，受到了参加竞赛的学生、领队的热烈欢迎。28日在越南国家会议中心举行了闭幕式。越南社会主义共和国 Nguyen Thi Doan 副主席，副总理 Nguyen Thien Nhan 教授等国家领导人，诺贝尔物理学奖获得者弗里德曼等知名学者参加了闭幕式。Nguyen Thi Doan 副主席与弗里德曼教授先后向中国学生颁发了奖状和奖牌。

本次竞赛成绩公布后，中国大陆、台湾地区、香港地区的代表队在一起聚会，互相祝贺，共庆胜利。

第25届全国中学生物理竞赛

参赛对象：对物理学习有兴趣并学有余力的在校普通高中生

举办单位：中国物理协会主办，北京物理学会、北京大学和北京大学附中承办，北京市教委、北京市科协、北京教育科学研究院协办

竞赛宗旨：向中学生普及科学知识，激发他们学习物理知识的兴趣和积极性，为优秀学生提供相互交流和学习的机会，促进学校科学教育改革。

竞赛程序：分为预赛、复赛和决赛3个阶段进行。预赛和复赛理论试题由全国中学生物理竞赛委员会统一命制、统一印刷、统一制定评分标准。预赛满分为200分，竞赛时间为3小时，复赛理论考试满分为160分，时间为3小时，复赛实验由省竞委会

命题和评定成绩，满分为 40 分，实验时间为 3 小时。预赛：2008 年 9 月 7 日（星期日）上午 8：30～11：30 在全国各地统一进行。复赛：理论笔试于 9 月 20 日（星期六）上午 8：30～11：30 在全国各地统一进行，实验考试在西安市举行。决赛：2008 年 10 月 16～23 日在北京市举行。

竞赛结果：此次决赛共有 36 名选手获一等奖、75 名选手获二等奖、99 名选手获三等奖，4 名选手获单项奖。参赛选手大部分被北大、清华等国内著名高校提前录取。

23 日上午举行了颁奖典礼，北京市及北京物理学会、北京大学和北京大学附中等单位的领导、竞赛委员会常委和特邀代表参加并为获奖选手颁奖。颁奖典礼由本次决赛组委会秘书长、北京物理学会秘书长、北京大学物理学院王稼军教授主持，北京物理学会理事长、竞赛组委会主任、北京大学物理学院院长叶沿林作工作总结报告；竞赛委员会副主任、北京大学物理学院林纯镇教授宣读了获奖名单；本次竞赛总成绩最佳奖和女同学最佳奖获得者——浙江选手史寒朵代表获奖选手发言；北京市政府教育督导室副主任刘莉、北京大学校务委员会副主任林钧敬分别代表主办方作了热情洋溢的讲话；全国中学生物理竞赛委员会副主任、复旦大学物理系教授贾起民对本次决赛作了总结发言。颁奖会在热烈和隆重的气氛中落下了帷幕。

吴大猷先生诞辰 100 周年纪念会

会议时间：2008 年 6 月 7 日

会议地点：北京人民大会堂北京厅

参会人员：全国人大常委会原副委员长、中国科协名誉主席周光召先生，著名物理学家、诺贝尔物理奖获得者杨振宁先生和李政道先生，全国政协原副主席朱光亚先生的夫人许慧君先生，中国科学院副院长李静海先生，中国工程院副院长杜祥琬先生，中国科协副主席赵忠贤先生，北京大学原校长陈佳洱先生，清华大学校长顾秉林先生，南开大学原校长母国光先生、党委书记薛进文先生，国务院台湾事务办公室交流局副局长贺之军先生，中国科学院基础局局长李定先生；吴大猷先生的亲属吴大刚夫妇，吴葆之父子，韩汝珊、韩汝琦先生等；台湾“中央研究院物理研究所”的吴茂昆先生、李定国先生；以及专家、学者、新闻媒体的记者、学生等，共计 150 余人

举办单位：中国物理学会、中国科学院数学物理学部、中国

高等科学技术中心、北京大学和南开大学联合主办

会议内容：纪念会由中国物理学会理事长、中国科学院数学物理学部主任杨国桢先生主持。在为期半天的纪念会上，李静海先生首先宣读了中国科学院院长路甬祥先生为本次纪念会发来的贺信。随后，陈佳洱先生作了题为“伟大的学者，伟大的人格”的报告，全面介绍了吴先生的生平及学术方面的贡献；周光召先生发言，生动回忆了与吴大猷先生交往的几件难忘的往事；李政道先生作了题为“百年吴大猷”的报告，声情并茂地感怀恩师——吴大猷先生对其人生及事业的深远影响；朱光亚先生（因身体原因没有到会，由叶铭汉先生代讲）作了题为“深切怀念吴大猷先生”的报告，回忆了几件与恩师共处的点滴趣事；杨振宁先生作了题为“怀念吴大猷先生”的报告，画龙点睛地回顾了往日的师生情谊；母国光先生代表吴大猷先生的母校作了题为“吴大猷先生与南开大学”的报告；韩汝琦先生作为吴大猷先生亲属的代表，作了题为“我们心中的吴大猷”的报告；最后，作为台湾地区物理学界的代表，李定国先生作了题为“缅怀吴大猷先生——台湾学界纪念大师百年诞辰”的报告。九个异彩纷呈的发言让与会者深受鼓舞，强化了他们为中华民族的伟大复兴而更加勤奋努力的决心和意志。

叶企孙先生诞辰110周年纪念大会

会议时间：2008年10月11日

会议地点：清华大学礼堂

参会人员：近30位两院院士、叶企孙先生当年的学生，以及清华大学物理系师生1 000多人

举办单位：清华大学、中国科学院、中国工程院、中国物理学会和北京大学联合举办

会议内容：清华大学校长顾秉林院士率先发言，介绍了叶企孙先生的生平和主要贡献，阐述了叶企孙先生的教育思想对于当今大学培养拔尖创新人才的重要意义，他在发言中着重强调了建设一流师资队伍、建设良好学术环境、因材施教、进行思想品德教育对于培养一流人才的重要性。随后，诺贝尔物理学奖得主李政道先生做了题为《大音希声　大象无形——纪念叶企孙老师诞辰110周年》的演讲，他结合自己在西南联合大学学习的经历，回顾了叶先生在人才培养方面因材施教的教育理念和不拘一格选拔人才的大师风范，表达了对叶企孙先生的深切怀念。纪念会上，北京大学前校长陈佳洱院士、中国科学院副院长李静海院

士、中国工程院副院长杜祥琬院士、中国物理学会理事长杨国桢院士也分别讲话，回顾叶先生对物理学界的重要贡献，表达了对叶先生的敬仰之情。清华大学物理系 1936 届毕业生王大珩院士和 1948 届毕业生李德平院士分别回忆了当年物理系的和谐环境、叶企孙先生和其他名师对学生无微不至的关怀，以及自身所受到的教育等。最后，叶企孙先生的侄子、清华大学物理系 1949 年毕业生叶铭汉院士在会上展示了叶先生不同时期的照片，生动展现了叶企孙先生淡泊名利、追求卓越、爱国奉献的光辉形象。纪念会由清华大学理学院院长、物理系主任朱邦芬院士主持。

第十一届吴健雄科学营活动

活动时间：2008 年 8 月 11～16 日

活动地点：台湾地区南投县溪头台湾大学试验林场

举办单位：吴健雄基金会

大陆代表团成员由北京大学物理学院副院长王若鹏教授、中国科协青少年科技中心副处长姜景一以及全国物理学奥林匹克竞赛国家集训队的 9 名学生组成。

活动内容：科学营每年邀请在物理学、化学、地球科学、生命科学领域的 4 名诺贝尔获奖者和国际著名科学家参加并进行演讲，并引导学生思考，发问，鼓励集体讨论和团队合作，激发青年一代的创意想法。参加科学营的有来自我国台湾地区的优秀的高中学生（主要是高三毕业学生，少部分高二年级学生）和大学本科低年级学生，这些学生都是经过选拔才获得参加科学营的机会。此外马来西亚 5 名、中国香港地区 4 名学生参加，还有来自我国台湾地区各大学的 12 名教授和各优秀高中的理科教师参加活动。

科学营的活动包括以下几类：

（1）著名科学家的主题报告和问答讨论

（2）“夜谈”——各大学的专家与学生的小型研讨会，主要安排在晚上，学生根据兴趣自由选择，话题多样，每晚 7 场，每场限 20 名学生。

（3）面向中学教师的专题报告

（4）学生与著名科学家和教授每天的早餐、午餐和晚餐会

（5）科学创意海报的设计和展示

（6）优秀营员的评审和颁奖。大陆选派的学生中有三人在创意海报活动中获奖

(7) 郊游和夜营观星

整个科学营除了基金会2名工作人员，所有活动由大学生、中学教师志愿者承担组织服务工作。很多志愿者多年参加，经验丰富，因此整个活动组织非常细致周密。大陆首次派员参加，科学营期间得到热情友好的接待，学生被分派到各营队与我国台湾、香港地区和马来西亚的学生一起住宿活动。代表团团长王若鹏教授还参加了夜谈活动和评审工作。科学营的活动是以促进青年人之间建立友谊，帮助他们了解不同的科学领域的研究，培养对科学的兴趣为目的。科学营期间，代表团团长和秘书长与吴健雄基金会董事，本次科学营的执行长，台湾师范大学物理系林明瑞教授进行了简短的会谈，对方提出两个建议：

(1) 欢迎大陆方面每年选派10名在物理学、化学、地球科学、生命科学优秀学生以及2名成人参加活动。费用由双方共同负担。

(2) 2009年亚洲科学营计划在日本举办，日本方面通过吴健雄基金会表达希望中国派员参加。同时建议中国有机构能加入亚洲科学营的委员会，在亚洲青少年科学交流领域发挥大国的主导作用。亚洲科学营由亚洲几家大学、研究机构和非政府组织在内的成员共同创办，吴健雄基金会是其中的成员单位，李远哲教授担任主席，林明瑞教授任秘书长。

贵州省物理学会第八次会员代表大会

会议时间：2008年4月13日

会议地点：贵州贵阳

参会人员：全省各高等院校、中等学校和教研单位等方面的代表

举办单位：贵州省物理学会

会议内容：4月13日上午8时半，举行了隆重的开幕式。大会由第七届副理事令狐荣锋教授主持。贵州师范大学校长伍鹏程教授致辞。贵州省科协副主任路贵同志、贵州省民政厅领导杨正才同志分别作了热情洋溢的讲话，对大会的召开表示衷心的祝贺，并对贵州省物理学会的工作提出了要求。第七届理事长蔡绍洪教授向大会作了工作报告。工作报告回顾和总结了贵州省物理学会四年来所开展的工作，对新一届理事会今后的工作提出了建议。第七届副秘书长周勋教授代表第七届理事会向大会作了学会财务报告。

大会经过充分酝酿、民主协商，选出了贵州省物理学会第八届理事会。新一届理事会由 59 人组成。在第八届理事会第一次会议上选出了由 19 人组成的常务理事会。由常务理事会选出了理事长和副理事长，确定了秘书长和副秘书长。贵州省物理学会新一届理事会，具有广泛的代表性。

新当选的贵州省物理学会第八届理事长吉世印教授在大会闭幕式上作了重要讲话。表示要在贵州省科协和贵州省民政厅的领导和支持下，广泛联系学会会员，积极开展学术交流，团结奋进、开拓创新，使贵州省物理学的各项工作上一个新台阶。

浙江省物理学会第九次代表大会

会议时间：2008 年 5 月 9～10 日

会议地点：杭州

参会人员：全省各高等院校和教研单位等方面的代表

举办单位：浙江省物理学会主办、浙江工业大学理学院承办

会议内容：在开幕式上，承办单位浙江工业大学的领导对会议的召开表示热烈的祝贺，浙江省科协学会部的领导对新一届理事会提出了殷切希望：以换届为契机，高举邓小平理论伟大旗帜，全面贯彻“三个代表”重要思想，在以胡锦涛同志为总书记的党中央领导下，与时俱进，更新观念，振奋精神，开拓进取，在浙江省科协、中国物理学领导下，在挂靠单位支持下，按照省委、省政府提出的“创业富民、创新强省”总战略的要求，新一届理事会一定会开创学会工作的新局面。以优异的工作业绩和良好的精神风貌迎接中国科协和省科协成立 5 周年。

为了进一步促进我省大学物理教学的创新与改革，大会邀请了上海复旦大学物理系主任、教育部长江学者、特聘教授金晓峰作了题为“现代物理教学创新意识的培养”的精彩报告，获得了全体代表的一致好评。

本次会议的议题有三项：

一、鲍世宁副理事长受第八届理事会的委托作《第八届理事会工作报告》，并获得与会代表一致同意通过。

二、赵隆韶秘书长就《浙江省物理学会章程》第五条的修改作说明，《章程》的修改获得全体代表鼓掌通过。

三、选举产生第九届理事会的领导班子，调整、充实学会各分支机构的负责人。

最后，大会要求各位代表把会议的精神传达至本单位的会员，为创业富民、创新强省贡献我们的智慧和力量!

重大课题介绍

中国教育学会物理教学专业委员会
关于2008～2010年全国物理教育科研课题的管理办法

为了更好地组织和开展物理教育科研课题的研究工作，取得更多、更好的研究成果，经理事会和学术委员会研究决定，制定此办法：

1. 申报时间：从2008年1月1日至2008年2月29日（以邮戳为准），过期不予受理。

2. 课题内容：可在课题指南列出的研究范围内，根据自身情况和条件自行命题。也可以根据自己研究的特长自选题目。

3. 评审日程：2008年2月29日前，各申报人将申请书交秘书处，由秘书处将各研究课题进行分类（主要按研究方向分类），3月中下旬以前由学术委员会组织人员进行初审，初审后由秘书处分类寄发给部分理事和学术委员进行评审，4月上旬将评审结果寄回秘书处，最后由秘书处根据各委员的评审结果再次组织相关专家确定科研立项课题，并在《物理教师》和《中学物理》杂志上刊登评审结果。

4. 课题管理：对于立项课题均实行滚动管理，初审暂分为招标课题、重点课题和一般课题。对于招标课题，待课题组开题后，划拨一定的启动经费；对于重点课题和一般课题，前期暂不划拨经费。所有课题均要与我会签订立项协议书。签定完立项协议书后，我会将为所有立项课题颁发立项证明。

2009年下半年进行中期检查交流，各立项课题均需进行中期总结。我会将根据中期检查结果情况，确定资助课题和自筹经费课题。

5. 奖惩办法：对于中期检查合格并取得突出成果的，给予一定的奖励；对于没有取得成果的课题、检查不合格课题或没有参加课题检查者，取消课题研究资格，并通知研究者所在单位。

对于中期检查确定的资助课题，待结题鉴定合格后，由我会追加一定数量的研究经费，取得重大成果的课题，给予奖励。

6. 课题鉴定：招标课题和资助课题由我会组织理事和学术委

员进行鉴定，自筹经费课题由各省市、自治区组织当地理事和学术委员进行鉴定。课题鉴定的具体要求和方法另行发文。

7. 结题办法：课题结题均需要鉴定材料，鉴定合格者，我会将颁发课题结题证书。

8. 其他：课题组为了更好地开展工作，可随时与有关的理事和学术委员沟通联系，保证课题的质量。

9. 未尽事宜，理事会和学术委员会有权做进一步的说明。

10. 本管理办法的解释权在理事会和学术委员会。

中国教育学会物理教学专业委员会
2008 年 1 月

中国教育学会物理教学专业委员会
2008～2010 年全国物理教育科研课题指南

一、主题

总结经验，开拓创新，深入开展新课程背景下的物理教学研究，迎接我会建立 30 周年。

二、课题分类

招标课题、重点课题、一般课题。

三、申报说明

1. 各立项课题 2008 年上半年申报，二年研究，第三年结题出成果（学会成立 30 周年汇总各课题成果）。

2. 秘书处提出几个招标参考课题，首先确定牵头人，提出研究的初步思路，刊登在会刊上招标（教师申报：提出申报的思路，研究的基础，可行性……），组织会议审定，成立课题组，颁发协议书。

3. 各课题组可以根据课题指南申报立项研究课题，经评审后确定重点课题。

4. 根据“课题管理办法”申报、开展研究和结题。成果形式可以是论文、教材、调查报告、优秀成果汇编等各种形式。

四、几个招标参考课题

此类课题事关我国物理教育改革与发展的历史性、全局性、发展性、前瞻性、长远性问题，要以科学发展观为指导，全面总结 30 年来我国物理教育所取得的成绩和经验，深入开展新课程背景下的物理教学研究，以物理教育理论创新和教育改革发展的重要现实问题为重点，协同攻关，形成标志性成果，为我国物理教育实践作出突出贡献。研究者应系统总结已有研究成果，运用适切的研究技术和方法，立论有据，论证有力，结论可信，对策可行，成为精品力作，并在学术界和实践领域产生积极的影响。

1. 中国教育学会物理教学专业委员会30年发展的成就及功能定位研究（重点：如何开展教学研究；包括全国及各省30周年大事记……）；

2. 我国高师物理课程与教学论专业研究生培养研究；

3. 我国中学物理优秀教育传统的继承与创新的研究：

（1）省级以上优秀教学成果的研究。

（2）物理教育教学名师成长历程、教育思想的研究。

（3）中学物理实验的研究。

（4）我国中学优秀教学模式、教学法、教材、教具的研究。

4. 中学（含高初中）物理优秀教学资源开发与利用的研究（集中全国教师的智慧，给教师提供类似小百科全书似的文字、图片、视频资料库，节省教师查找资料的时间，集中精力研究如何利用资源提高课堂教学质量）；

5. 免费政策激励下的物理教师培养和质量提高研究（包括培养方案、质量评价等）；

6. 国际视野下的中国物理教育发展研究，国内外物理教师培养模式的比较研究；

7. 新课程背景下中学物理教学改革创新与物理教师专业发展的系统研究。

五、立项研究课题

（一）物理教育基本理论的研究

物理教育研究的思维方式和技术方法分析；当代物理教育改革思潮研究；物理教育中的科学观和学习观；物理学的本质与物理教育的关系；物理学史与物理教育的关系；物理教育与学生发展的关系；物理教育与科学素养的关系；物理教育过程中的认识论问题；物理教育过程中的方法论问题；物理教育与其他学科教育的关系；其他科学的发展对物理教育的影响。

（二）中学物理教育实践与教学改革研究

某项物理教学改革的科学总结与反思；某个教育理念怎样转化为物理教育行为；物理教学中提高教学实效性的有效途径、措施或方法；用现代教育观念指导物理教学；近现代物理内容的教学；物理教学模式的变革；探究式教学模式；促进观念转变的各种教学策略；指导学生开展与物理内容有关的课题研究；有效教学的策略研究；变革教学方式的条件分析研究；新课改后物理教师教学行为变化研究；科学综合课程教学研究。

（三）中学物理课程、教材建设研究

物理课程改革“三维”教学目标的实践模式研究；新课改后课程标准与教学内容的适切性研究；普通高中物理课程改革深化研究；高中课改物理新教材跟踪比较研究；物理课程结构；物理教材的设计与编写；与物理课程相关的校本课程开发；物理·技术·社会课程开发。

（四）中学物理教师发展的研究

物理教师专业化发展标准研究；物理教师专业化的理论和实践研究；物理教师教学创新能力培养的心理机制研究；在物理教学实践中提高教师的科研能力；在教育科研的过程中提高教师的教学能力；物理教师知识结构的调整与完善；提高物理教师实践能力的途径与方法；提高物理教师科研能力的途径与方法；优秀教师教学经验和风格研究；物理教师的态度对物理教学的影响。

（五）物理学习及学习心理的研究

学生物理学习活动研究；合作学习的实践研究；学生物理学习质量研究；“学困生”转化策略研究；学生物理学习潜能开发与提高学习效能研究；学生学习物理的兴趣与动机；学生科学观念的形成与发展；与重要物理概念相关的学生前概念和相异构想；学生对科学探究过程的理解；学生对物理课程的期望；学生科学态度的形成；学生各种技能和能力的形成与发展；物理学习过程中元认知的作用。

（六）物理教学评价的研究

物理教师专业发展的评价；对学生理解物理概念的评价；对学生科学探究能力的评价；物理教学过程中的形成性评价；学生的自我评价；各种评价工具的开发与合理应用；学生综合素质评价研究；物理教学评价标准研究等。

（七）现代信息技术与物理教学整合的研究

教育技术支持物理新课程改革的成功案例研究；数字化教学资源的开发研究；网络环境下物理知识传播和教学模式研究；信息技术整合的教学模式与策略；物理教师网络教学活动设计研究；开发新型教学软件；对已有课件的创造性应用；用计算机工具软件为教学服务；网络环境下学生的自主学习。

（八）物理教育资源开发与利用的研究

新物理实验和新仪器的开发；校内外物理教育资源的合理利用；利用生活中的废旧物品制作教学用具。

（九）其他

职业教育与物理相关课程开发与教材研究；物理课程对学生职业技能和素养发展的促进研究；与中学物理教与学有关的各种问题的研究。

中国教育学会物理教学专业委员会 2008～2010年全国物理教育科研课题

经第七届理事会组织部分理事和学术委员评审，确定立项研究课题158项，其中重点课题69项，一般课题89项，现公布如下。（招标课题另行公布）

一、重点课题69**项**

重点课题

序号	课题编号	省市	主持人	项目名称	单　　位
1	01001	北京	刘丹杰	物理教育资源开发与利用的研究	北京市海淀区教师进修学校
2	01002	北京	张玉峰	新课程下高中生物理学习兴趣的差异研究	北京市西城区教育研修学院物理教研室
3	02001	上海	褚慧玲	国外中学学业评价与考试研究	上海市教育考试院
4	02002	上海	赵伟新	初中物理教学落实三维课程目标的实践研究	上海市长宁区教育学院
5	02003	上海	陈　奕	初中物理新教材的实验教学研究	上海市辽阳中学
6	02004	上海	张主方	新课程背景下高中物理课堂实验教学资源的开发、整合和应用	卢湾区教师进修学院
7	02005	上海	耿海成	学会发展——物理初任教师教育缄默知识（PCK）形成的研究	上海市青浦教师进修学院
8	02006	上海	赵谊伶	物理教师知识结构调整与完善实证研究	徐汇教师进修学院

续表

序号	课题编号	省市	主持人	项目名称	单　位
9	03001	天津	窦　艳	新课改环境中高中生参与课堂全程建构	天津市塘沽区第一中学
10	03002	天津	孙鸿毅	提高物理教师实践能力的途径与方法的研究	天津市红桥教育中心
11	03003	天津	高　杰	新课程物理有效教学的研究	天津市教育教学研究室
12	05001	河北	康万胜	农村地区初中学生物理科学探究能力培养和评价的研究	河北省蔚县代王城中学
13	05002	河北	郑明泉	农村中学初中物理校本课程的开发	河北省馆陶县文教体局教研室
14	08001	辽宁	王新富	新课程下初中物理课堂教学评价标准研究	大连市第39中学
15	09001	吉林	王爱生 何凤国	“自创性实验”及其有效利用策略的研究	吉林省前郭县蒙古族中学
16	09002	吉林	张雪艳	高中物理教学中远程教育资源的整合与应用研究	吉林省永吉县第四中学
17	10001	黑龙江	郝艳侠	动力心理对高中物理学习影响的研究	黑龙江省齐齐哈尔市依安县实验中学
18	11001	江苏	陈　浩	初中物理实验操作评价方法与策略的研究	江苏省淮安市教学研究室
19	11002	江苏	凌解良	物理课堂教学形成性评价研究	江苏省常熟市中学

续表

序号	课题编号	省市	主持人	项目名称	单　　位
20	11003	江苏	徐志亭	灌南农村中学如何开展初中物理“综合实践活动”课的研究	江苏省灌南县李集中学
21	11004	江苏	朱文军	促进观念转变的各种教学策略	南京市南京树人国际学校
22	11005	江苏	奚　军 惠　宏	职业学校物理课程标准研究	无锡市教育研究中心江苏省锡山职业教育中心学校
23	11006	江苏	周洪池	中学物理实验中的方法研究	江苏省上冈高级中学
24	11007	江苏	叶鹏松	以概念图为支架的初中物理整合教学实践研究	苏州工业园区星湾学校
25	11008	江苏	季希彦	物理新课程自主学习软件系统开发的理论与实践	江苏省大丰高级中学新校区
26	12001	浙江	吴磊峰	基于三维目标的物理模块测验题编制和评价研究	浙江省嘉兴市教育研究院
27	12002	浙江	朱国强	新课程物理数字化实验校本课程开发	浙江省绍兴市第一中学
28	12003	浙江	李岳林 应干华	课题化的中学物理研究性学习实践和研究	浙江省缙云中学
29	12004	浙江	陈勇刚	基于魔灯（Moodle）平台的信息化物理校本课程开发研究	浙江省上虞中学教科处
30	12005	浙江	蔡千斌	教研组协作文化构建的实践与研究	浙江省温岭市新河中学
31	12006	浙江	韩叙虹	新课程下的高中物理课堂有效教学的策略研究	浙江省温州中学

续表

序号	课题编号	省市	主持人	项目名称	单　位
32	14001	福建	吴超男	新课程标准下中学物理教师的自我修养	福建省诏安县教育局教研室
33	14002	福建	江国桢 储方宣	中学物理教学实践及评价的研究	建瓯四中 建瓯教师进修学校
34	15001	江西	彭　晟	加强中学物理教学中学生的科学技术素养培养策略的研究	江西省新余市第六中学
35	15002	江西	肖征鑫	在物理教学中对学生科学探索意识培养的探讨	江西省泰和职业中专
36	16001	山东	杨连武	快乐学物理	济宁学院物理系
37	16002	山东	刘西高	高一学生学习物理的心理障碍研究	山东省东明县教研室
38	16003	山东	胡尊华	实施物理学史教育的意义和方法	山东省鄄城县第二中学驻城校区
39	16004	山东	李岩 鲍建中	初中物理探究实验室的建设与活动开展	山东省济宁学院附中南校区
40	16005	山东	姜进辉	高中物理讲评课中“多维互动”教学模式的实践研究	山东省威海市文化教育教学研究中心
41	16006	山东	李传波	物理教学模式的变革	山东省菏泽市牡丹区第二十一中学
42	16007	山东	沙　贝	在初中物理教学中实施合作学习的实践研究	山东教育学院物理科学与技术系
43	16008	山东	朱思启	信息技术与物理学科整合的模式与策略	微山一中
44	16009	山东	孔祥龙	建设积极有效物理课堂的实践研究	山东省济宁学院附中

续表

序号	课题编号	省市	主持人	项目名称	单　位
45	18001	湖北	朱广林	国内外优秀物理网络资源二次整理和制作网站	湖北省武汉市青山区武钢十六中
46	20001	广东	符东生	初中物理有效教学研究	广州市教育局教学研究室
47	20002	广东	曾立辉	新课程中学物理课堂教学策略研究	广东省揭东县教育局教研室
48	20003	广东	朱小青	初中物理教学资源库的建设与利用	广东省中山市教育局教研室
49	20004	广东	艾连蒂	减轻学生学业负担的有效教学策略研究	广东省广州市真光中学
50	27001	陕西	孙宝英	探究式教学下的物理命题实践研究	陕西省教育科学研究所
51	28001	甘肃	路文柱	“学困生”转化策略研究	甘肃省敦煌市敦煌中学
52	28002	甘肃	王履斌	西部地区中学物理实验的继承与创新	甘肃省兰州市第三中学
53	31001	新疆	孟宪文	新疆区内初中班少数民族学生物理科学思维能力培养的研究	新疆乌鲁木齐市教研中心
54	32001	新疆兵团	王新华	双语教学中信息技术整合的教学模式与策略	新疆乌鲁木齐市兵团教研室
55	35101	高师	黄　晓	HPS视野下的物理教学策略研究	浙江师大教育学院课程与教学系
56	35102	高师	孟昭辉	高师物理专业本科生教学科研能力培养研究	吉林省长春市东北师范大学物理学院
57	35103	高师	李敬林	中学物理课件的研制与开发	唐山师范学院物理系

续表

序号	课题编号	省市	主持人	项目名称	单位
58	35104	高师	环　敏	合作学习在物理教学中的运用实践研究	云南大理学院物理与电子信息学院
59	35105	高师	项　华	信息时代中学物理教师科研能力提高的途径与方法研究	北京师范大学物理学系
60	35106	高师	阴瑞华	中学物理优秀教学资源的设计与开发研究	唐山师范学院物理系
61	35107	高师	高　嵩	中学物理名师教育教学思想成长的研究	山东师范大学物理与电子科学学院
62	35108	高师	孙佩雄	数字化物理实验教学的研究	天津师范大学物电学院
63	35109	高师	郭玉英	中学物理教学中的有效探究教学与教师教学观念和教学能力发展的系统研究	北京师范大学物理系
64	35110	高师	李春密	提高物理课堂教学实效性的教学策略研究	北京师范大学物理系
65	35111	高师	张　伟	内蒙地区初中物理新课程创生资源开发与教师教学行为整合研究	内蒙古师范大学物理与电子信息学院
66	35112	高师	胡象岭	中学生物理学习成败归因特点研究	山东曲阜师范大学物理学系
67	35113	高师	杨　薇	新课程改革实验阶段物理教师专业发展的现存问题与对策分析	沈阳师范大学教师专业发展学院

续表

序号	课题编号	省市	主持人	项目名称	单　位
68	35114	大学	陈清梅	原始物理问题的教学研究	北京中医药大学中药学院物理教研室
69	35115		杨宝山	科学技术课程的优化试验研究	中央教科所

二、一般课题 89 项

一般课题

序号	课题编号	省市	主持人	项目名称	单　位
1	01003	北京	骆玉香	初中校本课程物理内容开发的研究	北京市第八十中学
2	01004	北京	田　健	信息技术支持物理新课程改革的成功案例研究	首都师范大学附属中学
3	01005	北京	邵　军	重要物理概念的前概念、相异构想及其思维推理模型的研究	北京市十一学校
4	03004	天津	董　云	高中生开展物理课题研究的实践与研究	天津市塘沽区紫云中学
5	03005	天津	窦云胜	新课程背景下中学物理教学改革创新与物理教师专业发展的系统研究	天津市塘沽区塘沽一中
6	03006	天津	戴　军	物理课程改革“三维”教学目标的实践模式研究	天津市宝坻区教研室
7	03007	天津	黄建华	中学物理实验的研究	天津市红桥区春河路1号天津市复兴中学
8	03008	天津	林静虹	关于教师的教学策略与学生对物理课程期望的整合	天津市第三中学

续表

序号	课题编号	省市	主持人	项目名称	单位
9	03009	天津	安文成	初中物理课堂教学策略的研究	天津市大港区海滨教育教研中心
10	03010	天津	刁雅俊	合作学习方式在物理教学中的探讨与实践	天津外国语学院附属外国语学校
11	05003	河北	程书林	学生物理学习兴趣开发与提高学习效能研究	河北省邯郸县第一中学
12	05004	河北	李海军	农村初中物理教学课程资源建设	河北省迁安市擂鼓台初级中学
13	07001	内蒙古	奥文华 李建林	现代信息技术与高中物理课堂教学的整合研究	内蒙古鄂尔多斯市一中
14	08002	辽宁	梁　娟	“学困生”转化策略研究	大连市第35中学
15	09003	吉林	毕凤祥	新课程物理学科教学常规研究	吉林省松原市教育学院
16	10002	黑龙江	姚书元	物理实验教学功能开发与研究	哈尔滨市教育研究院
17	10003	黑龙江	那长明	构建新课程物理课堂教学测评体系	哈尔滨市教育研究院
18	10004	黑龙江	崔　峰	普通高中新课程实施中影响学生学好物理的有关因素	黑龙江省同江市第一中学物理教研室
19	10005	黑龙江	李万庆	基于实验的物理探究性学习之实践探索	黑龙江省齐齐哈尔市齐齐哈尔中学
20	11009	江苏	毛水江	物理课堂生态文化的构建研究	江苏省海门市长春中学
21	11010	江苏	单康中	现代信息技术与物理教学整合的研究	江苏省响水县运河镇运河中学
22	11011	江苏	李爱华	物理学习及学习心理的研究	江苏省阜宁县明达中学

续表

序号	课题编号	省市	主持人	项目名称	单位
23	11012	江苏	查立舫	“自主探究、启发导学、双案合一”中学物理教学模式	江苏省宜兴市铜峰中学
24	11013	江苏	许美嵩	新课程背景下的物理课堂教学情景设计	江苏省高邮市第一中学
25	11014	江苏	顾怀金	高中物理图像教学对比研究	江苏省东台市时堰中学
26	11015	江苏	陈连余	新课程标准下物理教师专业素养的完善与提高	南京市金陵中学
27	11016	江苏	邹礼光	物理教学与人文素质培养	江苏省徐州市第三十三中学
28	11017	江苏	彭中乔	在教学中如何发展农村初中学生物理思维品质的研究	江苏省兴化林湖初级中学
29	11018	江苏	鱼兆还	新课程理念下物理课堂教学文化建设的研究	江苏省盐城市盐都区教育局教研室
30	11019	江苏	李光宇	新课改背景下初中物理习题教学设计最优化之探索	江苏省丰县群益中学
31	12007	浙江	黄国龙 杨云生	新课程下习题教学中实施有效教学研究与实践	浙江省镇海中学
32	12008	浙江	赵惠松	物理学科教学中教育性评价的研究	浙江省桐乡市茅盾中学
33	12009	浙江	郑　研	提高物理教师科研能力的途径与方法	浙江省杭州市长征中学
34	12010	浙江	马中江	高中物理情感态度与价值观教学目标表述研究	浙江省茅盾中学
35	12011	浙江	叶美红	高中新课程评课文化的研究	浙江省温岭市新河中学

续表

序号	课题编号	省市	主持人	项目名称	单　位
36	12012	浙江	倪志强	新课程标准下物理教学发挥学生主体性策略的研究	浙江省洞头县第一中学
37	12013	浙江	赵力红	新课程高中物理实验的开发和教学研究	浙江省富阳中学教科室
38	13001	安徽	张贵林	农村初中“留守学生”物理学习兴趣的培养探索与实践	安徽省庐江县罗河镇店桥初级中学
39	13002	安徽	王安昌	多媒体网络环境下中学物理课堂教学模式优化的研究	安徽省寿县新高中
40	13003	安徽	周兆新	小制作、小实验、小论文与学生学习物理的兴趣和潜能	安徽省无为县红庙中心学校
41	13004	安徽	沈泽军	初中物理“预习——展示”型教学模式研究	安徽省五河县沫河口中心学校
42	14003	福建	叶德美	有效问题情境与物理课堂效益关系研究	福建省仙游县教师进修学校
43	14004	福建	刘辉煌 邹兴德	新课程背景下中学物理互动教学的研究	福建省漳州市第八中学
44	14005	福建	陈金贵 林　飞	新课程物理课堂有效教学的策略研究	莆田市莆田四中物理组
45	15003	江西	聂应才	多媒体与中学物理教师教学行为关系的研究	江西省抚州市南丰县第一中学
46	15004	江西	许冬保	物理习题教学及其评价的研究	江西九江第一中学
47	16010	山东	张　辉	探究“导学平台”教学案在物理教学中的实施	山东省聊城市实验中学

续表

序号	课题编号	省市	主持人	项目名称	单位
48	16011	山东	杨洪波	课堂教学中如何让农村学生学会提出问题	山东泗水中册中学
49	16012	山东	隋丰俊 梁吉峰	物理教学过程中运用科学方法培养学生物理思维方式的探索与研究	山东省烟台第一中学
50	16013	山东	于汶江	合作学习的实践研究	山东省菏泽市教研室
51	16014	山东	方士华	三个创新的高中物理实验	山东省高青一中
52	16015	山东	王云山	高中一年级物理学习效能研究	中国海洋大学附属中学
53	16016	山东	刘东辉	《物理教学中提高教学实效性的有效途径、措施或方法》	山东枣庄薛城舜耕中学
54	16017	山东	翟　磊	有效教学策略的研究	济宁第十五中学
55	16018	山东	李敬岚 王为建	新课标背景下的“学困生”转化策略	山东省巨野县第一中学
56	16019	山东	姬忠志	学生物理学习质量研究	山东省滕州市滕北中学
57	16020	山东	李　进	关于中学物理演示实验室建设的研究	山东省邹平县第一中学高中部
58	16021	山东	徐　山 连茂贵	学生对科学探究过程的理解	山东省枣庄市第三中学西校物理组
59	17001	河南	李应起	巧用“模拟显示器件”使楞次定律经典实验教学“抽象环节”直观化——一款效果独特的“多功能楞次定律演示器”	河南省洛阳市宜阳县教育局电化教育馆(北城区)
60	17002	河南	李运喜	我国中学优秀教学模式的研究	河南省辉县一中

续表

序号	课题编号	省市	主持人	项目名称	单　位
61	17003	河南	余晓光	在实验室基础环境下高中物理探究式教学模式的研究	郑州市 101 中学
62	18002	湖北	郭家荣	赏识学生、构建和谐课堂	宜昌市远安县第一高级中学
63	20005	广东	邓德坚	民族地区初中物理"学困生"转化的策略	广东省清远市连山民族中学
64	20006	广东	胡敬麟 谢斐	现代信息技术与物理教学整合的研究	广东省佛山市顺德区伦教街道教育组伦教翁祐中学
65	20007	广东	朱其康	关于开展物理科学作文的课题研究	广东省佛山市南海区桂城平洲二中
66	20008	广东	黄汝湘	"学困生"转化策略研究	广东省郁南县都城镇初级中学
67	22001	广西	叶广新 莫大昌	提高物理教师科研能力的途径与方法	广西贺州市昭平中学
68	23001	四川	罗远洋	中学物理课堂教学指导策略研究	四川省万源市中小学教研室
69	23002	四川	刘德春	新课改后物理教师教学行为（角色）变化研究	重庆市巫山中学
70	24001	贵州	周　欣	初中物理实验教学资源开发和利用的研究	贵州省铜仁市教育局教研室
71	27002	陕西	吕建伟	物理教育资源开发与利用的研究	陕西省西安市 西北工业大学附属中学
72	27003	陕西	胡发金	中学物理教学模式创新与学生学习方式的转变研究	陕西省靖边县第六中学
73	28003	甘肃	韩独石	中学物理自制教具的开发与应用	甘肃省会宁县第一中学
74	28004	甘肃	陈文林	陇南农村中学实验现状调查与研究	甘肃省成县第一中学

续表

序号	课题编号	省市	主持人	项目名称	单位
75	30001	宁夏	孟俊杰	物理学习及学习心理研究	宁夏石嘴山市光明中学
76	30002	宁夏	高　翔	一位物理教师的成长历程	宁夏银川高级中学
77	31002	新疆	黄剑华 卢　锋	当堂诊断影响学生最优发展的实验研究	新疆克拉玛依市第七中学
78	31103	新疆	黄　纯	优秀物理教师教学经验和风格研究	乌鲁木齐新市区教研室
79	31104	新疆	王占庄 张万军	新疆各民族物理教师专业化成长实践的研究	乌鲁木齐市教育研究中心
80	33101	铁路系统	李志贵 刘红娟	运用信息技术实现新课程物理教与学的高效整合	乌鲁木齐七十中学
81	35017	高师	孙立萍	数字化实验系统与中学物理实验的整合	河北省唐山师范学院物理系
82	35018	高师	石凤良	提升中学物理教师科研能力的途径与方法的探讨	河北省唐山师范学院物理系
83	35019	高师	许云凤	新课改下的高中物理教学与大学物理教学的衔接问题研究	山东临沂师范学院物理系
84	35020	高师	高守宝	信息技术与物理教学整合的案例研究	山东师范大学物理与电子科学学院
85	35021	高师	牟　书	中学生解决物理实际问题能力研究	北京联合大学师范学院应用心理学教学部
86	35022	高师	杨　宏	学生物理实践能力评价体系研究	北京建筑工程学院

续表

序号	课题编号	省市	主持人	项目名称	单位
87	35023	高师	彭金松	影响物理探究教学的因素及对策研究	河池学院物理与电子工程系
88	35024	高师	刘文贤	新课程形式下情感、意志和动机等非智力因素在物理教学中的培养	山东师范大学物理与电子科学学院
89	35025	高师	顾江鸿	自制实验的梳理与研究	安徽阜阳师范学院物电学院

中国教育学会物理教学专业委员会
2008 年 4 月 26 日

教师继续教育

论文摘要

自制教具是提高实验教师研究能力的有效途径

刘雅维

新课程对实验教学的要求提高了，对实验教师的要求也发生了新的变化。实验教师的工作不能够只停留在实验室管理上，而应该多参与、多研究实验教学，努力做研究型的实验教师。那么实验教师研究能力的提高应该从何处着手呢？我们从实践中认识到，自制教具是实验教师发挥想象力、创造力，开展专业研究的一个很好的载体。

实验教师作为教学一线教师的得力助手，参与和开展自制教具活动应该是实验室工作的重要内容，也是参与、研究实验教学的一种重要的方式。并且新课程是离不开自制教具的，所以自制教具仍然是实验教师应有的专业技能之一。基于以上考虑，2006 年 9 月至 2007 年 7 月，在中小学教师继续教育中，我们开办了“物理实验教师新课程学习研讨班”，以“做研究型的实验教师”为主题，用新的培训思路和模式，对北京市西城区三十余所中学的物理实验教师进行了为期一年的培训。在培训期间，我们开展了自制教具的实践活动，选择优秀教具样本，为实验教师创设自制教具的软硬件条件，使实验教师不仅对自制教具的意义有了更加深刻的认识，而且动手操作的技能也得到了锻炼，进而增强了实验教师的研究意识。自制教具的成功给老师们带来了喜悦，调动了他们进一步研制教具的积极性，增强了开展研究的信心和勇气。培训后的丰硕成果，证实了在继续教育中开展有针对性和实效性的自制教具活动，是培养实验教师开展教学研究、提高研究能力的一个很好的途径。做研究型的实验教师可以从自制教具开始。

《教学仪器与实验》2008 年第 1 期

农村中学物理教师校本培训模式探究

强利军

校本培训是指基于学校的教师培训或以学校为本的教师培训，是指在教育行政部门和有关业务部门的规划和指导下，以教师的任职学校为培训基地，以全体教师为学员，以提高教师教育能力为主要目标，把培训与教育教学、科研活动紧密结合起来的继续教育形式。

校本培训模式具有以下特点：针对性，能从学校和教师的实际出发，通过培训解决农村学校和物理教师的实际难题，促进教师发展；实践性，它不受场地的限制，可以进行比较持久的培训，学校有了更广阔的继续教育自主权，教师培训不再是外在负担，同时使学校能真正因地制宜的研究教师发展；经济性，其减轻了教师和学校的负担，成功解决了工学矛盾。特别对于贫困地区教育经费紧张，教师收入不高的情况尤其具有重要意义。

在校本培训中，有教育主管部门牵头，使农村物理教师与市区重点中学物理教师“结对子”进行培训，促进校本培训的平衡发展。一方面，选送农村物理教师参加重点学校的校本培训，学习先进的教育理念、管理方式、教学方法、新课程改革的信息。另一方面，城区重点中学选派教学能手、物理学科带头人到农村中学送课、专题讲座，使农村物理教师不花钱、不出门就能受到高水平的指导与培训。

《硅谷》2008 年第 7 期

基于中学物理教师在职进修培训的探讨

符永悦

中小学教师短期培训是一种非学历教育的培训，它不同于提高学历层次的教育，主要是提高在职教师的业务素质和教学理念。这种培训可以有效地提高中小学教师的思想素质、专业知识、教学水平和管理能力，促进教师的成长和发展，实现教师专业化。以课程改革为核心内容的基础教育改革，呈现了全新的教育教学理念，推出了全新课程体系，提出了全新的课程目标。

培训中，教师应结合中学物理学科特色和新课改理念，对进修学员主要培训信息技术环境下教学设计方面的内容。通过培训，使教师了解最新的教学设计理论和技术，切实掌握信息技术环境下的教学设计技术，并能运用于自己的教学实践。

受培训的学员是一个特殊的群体，他们既是教师又是学生。他们在平时的教学中积累了宝贵的教学经验和财富，教师应为学员创造交流的环境，重视反思与评价。教师还应狠抓学员的阶段性考核，从平时的考勤、课堂表现到测试都进行严格的把关，对综合测评成绩不合格者不予发放继续教育合格证书。

新时期我国教师的培养目标已从满足数量转为提高质量。基础教育课程改革是“牵一发而动全身”的一项宏大的系统工程。应对新课程的挑战有着丰富的内涵和具体的要求，教师和学员都要以高度的责任感和满腔热情投入到新课程培训工作中去，让新的教育理念武装每一位教师。

《考试周刊》2008 年第 19 期

物理教师培训纪实

2008 年中小学教师国家级培训计划

为进一步加大教师培训力度，提高教师教育教学能力和整体素质，促进基础教育改革和素质教育的实施，教育部于 7 月 11 日启动实施了“2008 年中小学教师国家级培训计划”。陈小娅副部长主持了启动仪式，周济部长出席仪式并作了重要讲话。周济部长对“2008 年中小学教师国家级培训计划”实施工作进行了部署，强调各地要高度重视教师培训，特别要重视和加强农村教师培训，要把教师培训纳入教育发展总体规划、统筹安排，提供政策支持、经费投入和条件保证，为教师终身学习提供帮助和支持。

一是实施“教育部支持西部边远地区骨干教师培训专项计划”。主要采取教育部专项支持，结合对口支援，以“送培到省，集中培训”的方式，为西部教师进行有针对性的培训。由上海对口云南，江苏对口西藏，广东（广州）对口广西，浙江对口新疆和新疆生产建设兵团，陕西师范大学对口甘肃，西北师范大学对口青海，共计为西部地区集中培训1万名骨干教师，同时通过光盘资源培训近100万名教师。

二是组织实施“教育部援助地震灾区中小学教师培训计划”。采取“送培到省”方式，在6～8月间为四川地震灾区培训2 000名骨干教师。其中包括组织实施地震灾区中小学教师暑期国家级培训，帮助灾区1 500名中小学骨干教师提高教育教学能力，调整身心状态；举办五期地震灾区中小学骨干教师心理康复教育班，培训500名骨干教师，提高他们科学地进行灾后学生心理康复教育的能力。同时要求各有关省市教育行政部门把支持地震灾区中小学教师培训纳入各地对口支援计划。

三是实施“普通高中课改实验省教师远程培训计划”。该计划是教育部专门针对今年进入高中新课程实验的山西、江西、河南、新疆4个省（区）和新疆生产建设兵团高中起始年级教师精心设计并组织实施的远程培训项目，采取分散学习与集中学习相结合的方式，充分利用网络平台，直接培训近8万名教师。培训课程基本覆盖了高中主要学科，包括思想政治、语文、数学、英语、物理、化学、生物、历史、地理、音乐、美术、体育12门学科，以各学科课程标准为主线，结合各学科特点和课堂教学实际，针对新课程实施过程中的重点、难点，等以及突出问题来设计，突出案例分析，强调互动研讨，以促进广大教师准确理解高中新课程和学科课程标准，获得教学改革中的策略，提高教师实施新课程的能力和水平，促进课程改革向纵深发展。

四是实施“中西部农村义务教育学校教师远程培训计划”。该计划是教育部加强农村教师队伍建设，依托“农远工程”，通过以卫星电视为主、计算机互联网为辅的现代远程教育方式，为中西部23个省（区、市）及新疆生产建设兵团的150个县培训20万名农村义务教育阶段语文、数学和体育学科教师设计的远程培训项目。培训内容以一线教师在新课程实施过程中遇到的问题为主线，由各学科的专家、教研员和优秀一线教师共同参与设计制作课程，信息技术与课程相整合，专家引领与案例分析点评相结合，力图针对农村地区教师教学实际需要，提高驾驭新课程教学的能力，使更多的农村教师受益。

五是实施“中小学班主任专项培训计划”。计划采取网络远程培训与集中研修相结合的方式，组织100名中小学骨干班主任进行集中研修并承担相关辅导教师任务，对百县万名中小学班主任进行六个模块的专题培训。突出对班主任日常工作的具体指导，探索班主任培训新模式，帮助改进班主任的教育行为，提高工作实效，促进班主任工作从职业走向专业。

六是实施“中小学体育教师培训计划”。以精专业、懂教学、通技能为培训目标，采取集中面授与学员互动研讨相结合的形式，对西部13个省份600名初中体育教师进行体育项目基础专业技能与基本教学技能培训。重点解决西部中学体育教师的教学基本功、教学技能与课堂教学设计等方面的问题，全面提高西部中学体育教师的专业素养与教学综合能力。

江苏省教育厅《关于2008年中小学教师省级培训工作的通知》

苏教师〔2008〕6号

为贯彻落实《省政府关于进一步加强师资队伍建设的意见》（苏政发〔2007〕125号）精神，加快建设高素质的中小学师资队伍，现就2008年中小学教师省级培训工作通知如下：

一、任务与项目

（一）农村中小学教师素质提升培训

2006～2007年，连续实施苏北农村教师素质提升培训，取得了良好效果。为进一步提高全省农村中小学教师的专业素养和教育教学水平，2008～2010年，将面向全省义务教育阶段学校开展农村教师素质提升培训。

（二）中小学骨干教师培训

1. 优秀教师高级研修。实施江苏省中小学高层次人才培养工程（简称“155工程”）。2008年计划以省为主，省、市共同选拔培养100名左右中小学领军人才；以市为主，省、市共同选拔培养500名左右的特级教师后备人才；以县为主，市、县共同选拔培养5 000名左右学科带头人。培养周期三年。

2. 新课改骨干教师培训。采取过程性培训、送培到县、集中培训及网络培训等方式，培训全省高中语文、数学、外语和综合实践课教师4 000人，经济薄弱县初中教师10 200人，幼儿园教师500人。

3. 教育技术骨干教师培训。培训教育技术中级培训者500人；培训英特尔未来教育核心课程项目学科教师2 000人，师范生400人。

4. 中小学校（园）长高级研修。采取集中研修方式，培训460名中小学校（园）长，其中高中、初中和幼儿园各50人，小学200人，特殊教育学校110人。

（三）中小学班主任培训

1. 网络培训。在去年我厅组织开展万名中小学班主任网络培训的基础上，进一步丰富班主任网络培训课程资源，继续开展中小学班主任网络培训，计划人数10 600人。

2. 农村中小学班主任专题培训。集中培训360人。

（四）教师国际合作培训

2008年中小学英语教师、中小学理科教师、中等职业学校专业教师、学校管理者出国培训共1380人。

（五）“四项配套工程”教师培训

配合实施“四项配套工程”，对省援建的3 650所小学每校培训3人，共培训10 950人。

二、组织和管理

各地参加省级培训的计划，依据当地事业发展规模确定。农村教师素质提升培训、班主任培训、骨干教师培训等工作由省教师培训中心、省教育行政干部培训中心、省中小学教研室等协助落实，教师国际合作培训、“四项配套工程”教师培训、特殊教育学校校长培训由省教育国际交流服务中心、省教育装备与勤工俭学管理中心、省特殊教育师资培训中心协助落实，教育技术培训由省电化教育馆、南京师范大学现代教育技术中心协助落实。省电化教育馆要进一步完善和加强省教师教育网的培训平台建设，保证各项网络培训的顺利实施。

三、工作要求

加强教师培训，提高教师队伍整体素质，是促进教育均衡发展、全面提升教育质量的迫切需要，是建设教育强省、率先基本实现教育现代化的迫切需要。各地要根据本通知精神和当地教师队伍建设的实际，加强对教师培训工作的组织领导，加大教师培训经费的投入力度，突出重点、难点，制订行之有效的教师培训年度计划，确保本地教师培训工作高质量、高水平的开展。

江苏省初中新课程物理学科“送培到县”培训活动

这次培训活动由江苏省教育厅统一组织，由如皋市教育局承办。它是江苏省推进教育均衡发展，加快苏中、苏北地区教师队伍建设的一项创新举措。这次活动邀请了江苏省内多位特级教师、学科带头人作了学术报告；如皋初中、实验初中也为活动提供了两堂优秀的初中物理观摩课；专家们还与教师们进行了对话交流，内容丰富，形式活泼多样。这次活动将以往各地教师集中到省厅培训变为省厅送培训班到县，让更多的教师从中受益，有力地推动了南通市北三县初中物理课程的改革，进一步提升了教师们的专业素养。

江苏省教师培训中心办公室主任邵红军自始至终参与了这次培训活动的组织和指导。市教育局人事科、教研室、电教装备室等部门为培训活动的成功举行，认真做好组织、协调和服务工作，为这次省级培训活动作出了贡献。

湖南省 2008 年普通高中新课程省级骨干教师培训

2008 年 6 月 13～16 日，在新华大酒店举办了为期三天的湖南省高中一年级的新课程培训，受训对象为各县物理教研员、重点中学的优秀骨干教师。高中一年级的培训的主要内容是解读课程标准、专家对教材进行分析并提出教学建议、观看录像后名师评课、新课程实施过程中出现的问题及其对策。人民教育出版社物理室主任彭前程以及人民教育出版社特聘编审、特级教师黄恕伯应邀参加。

26～27 日，70 名骨干教师自始至终参加了高中选修课的培训。高中二年级的培训内容则是专家对教材进行分析并提出教学建议、观看录像后名师评课、新课程实施过程中出现的问题及其对策。人民教育出版社特邀编审、特级教师周誉蔼老师应邀参加。

山东省 2008 年暑期普通高中新课程全员培训

一、培训目标

2008 年暑期普通高中新课程全员培训，通过远程研修与校本培训相结合的模式，在学科课程专家和指导教师引领下，以教师为主体开展学科教学案例分析和问题研讨，帮助广大教师整体把握、准确理解课程标准和有效实施高中新课程，促进山东省高中课程改革向纵深发展。

二、培训课程与资源开发

2008 年普通高中新课程培训共 15 个学科。包括：高中语文、高中数学、高中英语、高中物理、高中化学、高中生物、高中政治、高中历史、高中地理、高中音乐、高中美术、高中体育与健康、高中信息技术、高中通用技术、高中综合实践活动。每个学科六个专题。

各学科教师除学习本学科的内容外，全部教师还要学习 2 个专题的公共课程（由山东教育学院组织开发）。专题一：山东省推进素质教育有关政策及《山东省普通中小学管理基本规范》解读；专题二：《教师职业生活》。

高中政治学科采用教育部委托北京百年树人远程教育有限公司 2008 年开发的课程资源。其他学科课程资源引进教育部课程中心 2007 年委托“新思考网”开发的高中新课程培训资源。

三、培训对象与条件

培训对象为全省普通高中学科教师，以学校为单位集体组织报名，全员培训，原则上不得缺额。根据《山东省普通中小学管理基本规范（试行）》中“落实课程标准，按照国家规定的教育教学内容和课程设置开展教学活动，不随意增减课程和课时”的要求，对学校尚未开设的课程，也要选派教师参加培训。

高中学校要提供教师上网学习条件，教师要具有上网学习交流的能力，能够坚持全过程的远程学习。培训期间平均每天学习视频课程 2 学时，每天参与学校及区域组织的面对面研讨和在线交流研讨时间不少于 4 小时。

四、培训时间

全省高中教师按市地分两批培训。

第一批：7 月 13～25 日（淄博、烟台、东营、枣庄、潍坊、泰安、临沂、聊城）

7 月 13 日，完成公共课程的学习，6 学时；

7 月 14～25 日：完成各学科 6 个专题的研修。

第二批：7 月 27 日～8 月 8 日（济南、青岛、济宁、日照、威海、莱芜、滨州、菏泽、德州）

7 月 27 日，完成公共课程的学习，6 学时；

7 月 28 日～8 月 8 日：完成各学科 6 个专题的研修。

高中政治学科课程学习时间为 10 天，每天 6 学时，共计 60 学时。其他学科课程学习时间为 12 天，每门学科课程分为六个研修专题，每个专题 2 天，每天学习 6 小时（其中观看视频 2 小时，其余时间为教师面对面研讨、提交作业和参与网上研讨时间），共计 72 学时。

每个专题第一天学习通过高中新课程的视频案例分析，引导学员进入情景，直面问题和不同观点，各抒己见，互动交流，并以作业或讨论等形式，发表看法，分享智慧。第二天学习，通过视频讲课、专家文稿、相关文章、评论、课程简报，学员提交作业及互动交流，获得相关理论知识，提高教学能力。各学科研修进度以课程团队制定的课程表为准。

培训期间，研修平台 24 小时开放；集中培训结束后，所有参训教师仍可凭个人账号和密码登录研修平台参与讨论。

五、培训方式

采取远程网络研修和校本培训相结合，集中学习与分散学习相结合的模式。充分发挥网络远程培训的优势，通过网络平台进行学习、管理与互动研讨。充分发挥行政和学校管理优势，推动远程网络为平台的校本培训的深入开展。

—学员学习：包括学习视频课程、参与面对面研讨、参与在线研讨和专题讨论，按要求完成并提交作业，与指导教师及课程专家互动答疑。

—指导教师：组织、督促学员学习，进行学习指导，评判作业，点评学员观点，组织并引领学员进行研讨。

—专家团队：对指导教师进行指导，定期在线与学员进行交流，编辑课程简报，对典型问题进行集中互动答疑。

—网络平台系统：提供学习资源、交流平台，记录学员网上学习时间、作业完成情况、参与互动研讨点评情况、讨论记录和作业成绩等，并根据相关标准进行综合成绩评定。

中学物理教科书

中学物理课程标准实验教科书简介

普通高中课程标准实验教科书

人民教育出版社

一、教材基本情况

总主编：张大昌

使用教材地区分布情况：广东、广西、湖南、湖北、河南、河北、山东、山西、江苏、江西、浙江、新疆、黑龙江、云南、吉林、安徽、宁夏、辽宁、陕西、海南、内蒙古、北京、天津

二、教材主要内容及特色

A. 编写指导思想

此次教材编写在全面贯彻党的教育方针，认真落实《中共中央国务院关于深化教育改革全面推进素质教育的决定》和《国务院关于基础教育改革与发展的决定》精神的前提下，特别注意贯彻以下指导思想。

1. 以《基础教育课程改革纲要（试行）》和《普通高中物理课程标准（实验）》为依据，坚持以学生发展为本的教育思想，为培养全面发展、有科学素养和健全人格的新型人才服务。

2. 根据《纲要》和《课标》中“多样化”“选择性”的精神，编写不同系列、不同风格，各具特色的教材，以便学生根据自己的发展潜能和兴趣爱好进行选择。

3. 教材呈现的方式要有利于学生学习方式和教师教学方式的转变。尽管各个系列教材在概念和规律、科学方法、人文精神、实际应用等方面会各有侧重，但是都要有利于学生学习方式的多样化以及教师教学方式的多样化，有利于生动活泼的教学活动的开展。

4. 注意联系社会、生活的实际，突出科学技术与社会相互联系和影响的观点。教材的编写注意表现科学技术与社会的互动关系，使学生了解科学、技术与社会间的相互作用包括正反两方面的作用。

5. 教材要有新意和时代气息。教材在概念和规律、过程和方法的学习与探究等方面的设计要合理、有趣、有新意，使学生喜欢阅读，愿意参加所设计的活动，在取材上要选择那些鲜活的和能反映时代气息的内容，如学生生活中常见的与物理有关的内容、国内外科技新发展的情况等。

B. 整体设计安排

(一) 在打好基础的同时兼顾差异

1. 重视基础知识、基本概念和规律的教学

高中物理所涉及的内容是非常广泛的。虽然《课标》对课程的基本范畴有所限制，但却是比较宽泛的，教材在完成《课标》中的基本要求前提下，可以对不同的内容有自己的处理方法。本套教材注重对学生今后发展有重要意义的基础知识的选取，重视基本概念和基本规律的教学。例如，明确区分“位置和位移”、加强“矢量”的教学、突出“变化率”的概念、渗透“极限”的思想等。

现代的物理教育不再把关注点放在知识上，而是认为只有对物理学中的基本概念、原理和规律有了较好的理解，才能真正地掌握和运用这些规律，也才能更好地理解和掌握科学的方法。理解规律、掌握方法比记住知识更重要。所以，教材注意将物理内容围绕物理学基本概念、原理和规律展开，避免过多地罗列和陈述识记性的知识。

2. 重视实验及实践活动的设计

物理学离不开实验，实验是物理学必不可少的重要组成部分。物理实验不仅是训练学生实验技能的一个方面，同时也是学生认识、学习和研究事物的有效方法，因此教材非常重视实验的安排与设计。这套教材根据不同实验的特点，特意设计了“演示实验”“实验”“做一做”（或“大家做”，不同模块中名称略有不同）等不同的实验栏目。

“演示”实验一般是由于器材或其他因素所限，主要由教师来做的实验；“实验”栏目中的实验都是要求学生亲自动手做的随堂实验，考虑到时间的因素，此栏目中的实验多以定性的为主；在节的标题中有“实验”二字的实验，如“实验探究小车速度随时间变化的规律”，是全体学生都必须完成的较大的实验。

这类实验有些是验证性的，多数则是探究性的；“做一做”或“大家做”栏目中的实验属于扩展性的实验，不作统一要求，学生可根据自身的情况选做。

教材还注意其他实践活动的合理安排，以提高学生的实践能力。主要的方式有以下几种：(1) 结合所学内容适当安排动手实践活动，如选修 2－1 中测量“地电流”“制作简易无线话筒”等活动的安排；(2) 安排学生课外实践活动，如选修 1－1 第 1 章“节约用电的途径”中布置学生调查用电器的节电情况，并要求学生提出一两个具体的节约用电的途径；(3) 每个模块都设有“课题研究”，以拓展学生学习实践的空间。

3. 为不同潜能学生的发展提供空间

教材除按照《课标》的要求将不同的模块编写成各具特色的教材，以便学生根据自己的能力倾向加以选择外，还在两个共同必修模块里对一些内容做了“弹性”处理，以便为不同智力潜能的学生的发展提供空间。为此教材专门设计了许多开放性的栏目，如“说一说”“做一做”“科学漫步”“STS”等。这些栏目，学生可以根据自己的能力和兴趣有选择地学习。如物理必修 1 第 2 章第 1 节“做一做”中的“用计算机绘制 v-t 图像”，是为那些有条件使用计算机、对利用计算机进行物理研究有兴趣的学生安排的；物理必修 2 第 5 章第 3 节“说一说”中关于“瞬时功率”的讨论，是为那些学有余力、乐于和善于进行理论思考的学生所安排、设计的。另外，像书后的“课外读物”“推荐网站”“课题研究”等，也都具有兼顾差异的考虑。

（二）联系实际，突出 STS 的思想

理论联系实际，是真正学好物理、培养学生的实践能力最有效的途径。只有很好地将学生已有的生活经验同物理问题紧密结合，才能使学生感到物理是生活中的；只有将学到的物理知识应用到实际中去，才能使学生感到物理是有用的；只有用科学、技术、社会相联系的观点看待问题，才能培养出用辩证、发展的眼光对待世界的人。

1. 以学生的生活经验为基础，引入物理问题。无论新的教育理论还是我们这次课改的理念，都特别关注学生的生活经验。为此在教材编写中，我们尽可能以学生已有的社会生活经验为基础来引入相关的物理问题，以唤起学生已有知识与将要学习的知识间的联系，激发学生的学习兴趣，增强他们对科学的亲切感。例如，在物理必修 1 中讲到“时间”和“时刻”的区别、“路程”和“位移”的区别时，教材从上课、下课以及乘坐不同交通工具到同一地点这些非常生活化的例子出发，逐渐展开对这些问题的讨论。

2. 以生活、生产实例创设物理情景

教材注意以生活、生产中的实例来分析物理问题，尽量避免用抽象的分析来阐述问题。这样既便于学生学习、理解，同时也有利于培养理论联系实际的意识和能力。教材注意选取与所学内容密切相关的、典型的和学生感兴趣的素材，用生动活泼的语言展示物理概念和规律及其中的科学思想和方法，展示应用物理知识的情境，使学生对所学的内容有兴趣、有亲切感。例如，物理必修 1 “速度”是以百米运动员的赛跑为例来得出的；“加速度”则分析了飞机起跑的过程；第 1 章第 1 节介绍了“全球卫星定位系统”；另外，习题中也尽可能地安排与实际相关的物理问题，避免过多地使用“小球”“木块”等一些名词。

3. 注意培养学生应用的意识

学习物理要从实际中来，还要到实际中去，这样才能真正地学好物理、用好物理。为此教材在编写中注意了概念和规律的实际应用，注意引导学生运用物理知识解释物理现象，分析和解决各种实际问题。例如在物理必修 1 第 2 章第 3 节的“问题与练习”中，让学生运用所学的知识分析航空母舰上飞机起飞的问题；物理必修 2 中在讲过功率 $P=Fv$ 后，分析了汽车变速箱“换挡”的问题；物理选修 1-1 学过静电的知识后，分析了静电在实际中的一些具体应用，如“静电除尘”“静电喷漆”“静电复印”等。

4. 突出 STS 的思想

科学技术问题都是直接或间接与社会相联系的。强调科学技术的社会意义是当前科学教育的一个重点。这种科学、技术、社会相互联系的观点既可以使学生了解到科学、技术对社会的积极作用，还可以使学生了解科学对社会的不利影响，同时也可以了解科学、技术、社会是如何相互促进和发展的，有利于培养学生用联系、发展的观点看待问题。另外这种科学、技术、社会的问题都是学生日常生活中常遇到的问题，只有广泛地联系这些问题，才能使学生觉得物理是有用的，是活生生的。

为此，教材除了在正文的安排中尽可能注意物理知识与生活、技术、社会的联系，还特意设置了 STS 栏目，介绍、探讨科学技术与社会之间相互关联的问题。如物理必修 1 中的“从伽利略的一生看科学与社会”，既分析了伽利略在数学、物理学、天文学等方面所取得的卓越成就对科学发展及社会进步的伟大意义，同时也分析了当时他所处的历史时代对他正反两方面的影响。

5. 促进信息技术与物理课程的整合

将信息技术渗透于物理教学内容中，改革传统物理教育，培养创新意识。整合物理教学内容，丰富教学环境，实现信息技术与学科教学的整合，这是《课标》中所提倡的。教材对此给予了充分重视，例如，物理必修1第1章第4节“借助传感器用计算机测速度”，物理选修2-1第4章第1节演示中利用“电压传感器”和“计算机”显示交流电压图像，第6章第1节“半波整流电压波形”的演示，等等。

现代信息技术是一种很好的技术手段、一个良好的信息载体，能创设一个生动的以图、文、声、像再现或模拟物理现象的教学情境，可以实现一种理想的学习环境和全新的、能充分体现学生主体作用的学习方式。

（三）关注科学方法，培养科学探究能力

1. 注重科学方法的学习

中学物理的学习除了一些基本的物理知识、技能需要学习、掌握之外，更重要的是通过物理课程的学习，使学生了解和掌握一些基本的思考问题和解决问题的方法。这些方法有一般的“演绎”“归纳”“分析”“推理”等逻辑思维的方法，也有物理学科中一些诸如“观察实验”“等效”“以直代曲”“合成与分解”等方法。教材对这些一般的方法和学科内部的方法都给予了充分注意。例如，除在具体问题的分析中运用这些方法外，还专门在适当的地方以旁批的方式点出一些具体的方法，使学生在潜移默化学习、领会科学方法的同时，增强科学方法的重要性的意识。

2. 重视探究式学习的设计

《课标》中强调探究式学习在物理教学中的作用，对此我们在教材编写中给予了充分的重视。教材力求为学生创造自主探究、合作交流的空间，为教师营造教学创新的环境，为师生互动式教学提供民主的氛围和丰富的资源，促使学生主动探究。例如，物理选修3-1第2章第6节“探究导体电阻与其影响因素的定量关系”，教材在实验中只给出了考虑问题的一些方面，具体的做法需要学生自己设计。另外教材为了强化探究的意识，给出了可供参考的两个方案，以显示探究的灵活性。

为了突出科学探究的本质，避免对探究产生形而上学的认识，教材中没有单独设立“探究”的栏目。因为高中的科学探究较初中的科学探究更广泛、更丰富，如果设置这样一个栏目，似乎不是这个栏目的内容就不是探究了。其实，这套教材从整体上是以探究的思路展开的。

高中物理中的科学探究不全是实验探究，它比初中阶段的探究范围更广泛。为此，教材安排了几个典型的、没有实验活动的科学探究。例如，物理必修 2 第 5 章第 5 节“探究弹性势能的表达式”、第 6 章第 6 节“探究向心加速度大小的表达式”等。

3. 注意将科学史上一些有益的方法适当地在教材中加以反映

教材注重历史和现代的有机结合，使学生既了解历史，知道前人是如何开展科学研究的，从中学习科学的方法；同时也关注现代，知道当今人们怎样开展科学研究和关注哪些问题。为此教材有意识地在适当的地方，通过对现有知识的历史考察，让学生了解科学问题是如何提出的，它的自然原型和理想模型是什么，问题是如何解决的，相应的概念和定律是如何萌生、提炼和发展的，从而达到对知识的深入理解和对科学方法的不断体会。例如，物理选修 1－1 教材在第 2 章第 2 节“电流磁效应的发现”中，将奥斯特如何思考、发现问题的历史足迹呈现给学生，在历史与逻辑的结合下，学生更好地理解物理规律的本质和内涵。

（四）注意开放性，努力促进学生学习方式多样化的实施

1. 注意开放性，发展学生独立思考的能力和创新意识

教材在问题的设计上注意更大的开放性，注意发展学生独立思考的能力和创新的意识，使学生有更多的时间和空间进行自主的学习。例如，物理选修 3－1 第 4 章第 6 节“思考与讨论”中，让学生自己思考带电粒子回旋加速的问题、第 2 章第 6 节“探究导体电阻与其影响因素的定量关系”的两个供选择的探究方案等，都是为了培养学生独立思考和解决问题而设计的。

教材中“说一说”“做一做”“课题研究”这些栏目大多是开放性的，并没有统一的要求。例如，物理 1 第 3 章第 1 节，在学过电磁相互作用后，“说一说”中提出了这样的问题：既然质子带正电，原子核中的质子应该互相推斥，但它们却紧紧地结合在一起，可能是什么原因？学生会猜想，可能有一种更强大的力使它们结合在一起，这为强相互作用的引入作了铺

垫。但是也可能有的学生知道万有引力，因而认为万有引力使核子结合在一起。这没有关系，可以存疑，可以有模糊认识，学下去问题就解决了。存在这样的疑问反而会使后面的学习效果更好。

上面说的例子是对学生个体的学习的开放性。这套教材还注意了学科的开放性，即物理学尽管是成熟的科学，但它仍然不能为一切问题找出答案，旧的问题解决了，新的问题又提出了。例如，在物理2的最后，关于时间和空间到底是什么，关于黑洞的探索，以及最后的问题："相对论和量子力学是哪一种更广泛理论的特殊情形呢？我们现在还不知道……"其目的都不在于让学生对这些问题有什么了解，不过是让学生感到，我们不会终极一切真理。

此外，实验提出了多个案例，由学生依具体情况选择；书后推荐课外读物等，都是这套教材为开放性所作的努力。

2. 为学生学习方式的改变创造条件

改变学生的学习方式是这次课改的一大任务。"改变学习方式"的核心是让学生不做被动的"受教育者"，而是做一个主动的"探索者"。这里说的探索当然包括常说的科学探究，但不限于此，学生的活动也不限于实验活动。学生在学习活动中应该主动地动脑、动手，产生疑问、进行思考、动手操作，相互讨论，等等。

为此教材特意在一些主要课题提出前以及进行中都设计一些问题让学生一起来思考、讨论；专门设有"说一说"或"大家谈"栏目，给学生创造一个相互交流的情景；在"科学漫步""STS"栏目中，多数都设计有开放性的问题，以便学生思考、讨论或进一步自学。如第1章第5节图1.5-3的思考与讨论，教学目的是介绍 v-t 图像的倾斜程度与运动加速度的关系，但这里不是由教师正面讲述，而是从一个问题出发，即从直线的倾斜程度出发，进行讨论。这样不仅促进了学生的主动学习，而且有利于学生形成勤于思考、勇于质疑的习惯。

（五）努力反映科学的文化内涵

科学文化是求真务实，人文文化是求善求美。两者尽管形成的背景、关注的对象以及涵盖的内容不同，但在深层的价值取向上则是相通、互补的。物理课的学习应该是在学习物理内容的同时关注物理与人类社会的关系，了解科学的文化价值。我们在教材编写中对此充分重视。教材的行文在学生可接受的条件下，尽可能体现科学的文化内涵。例如，在"走进课堂前"，编者通过学生和教师的对话，将欧洲文艺复兴时期的文学及科学巨匠达·芬奇及其传世作品《蒙娜丽莎》引入物理课堂；又如，“物理学与人类文明”整篇都将着眼点放在物理学与人类文明的关系上；另外，还专门有“物理学与思维观念”的阐述。这些都想让学生在较高层面上理解科学的意义。再比如在第 1 章第 1 节的“问题与练习”中，宋代诗人陈与义的“飞花两岸照船红，百里榆堤半日风。卧看满天云不动，不知云与我俱东”将物理与文学有机结合。

三、教材资源配套情况

分别配有《教师教学用书》《同步解析与测评》《探究活动报告册》《新教材新学案》《胜券在握新课标高考总复习》，出版了由北京大学赵凯华教授主编的《新概念高中物理读本》。另外还专门配备了教师培训资料包。开设了网上交流平台（www. pep. com. cn)，设立了教师中心、学生中心、学会等栏目。通过人教论坛可以直接同教材编者对话。

四、教材使用反馈情况

教材继承了我国中学物理教材优势，以国际视野追求发展，充分体现了《基础教育课程改革纲要》精神和《普通高中物理课程标准》理念及要求，严格筛选物理学中核心的、有生命力的基础知识、基本技能，以及对学生的科学思维、人生态度、科学情感和价值观有教育意义的基本内容进入教材。教材注重物理学的思想、方法和科学精神的教育，关注学生的兴趣和体验，体现多样化的教学方式，体现了科学、技术与社会的关系，体现了课程及教学内容的多样性和选择性。

五、出版社及主编联系方式

1. 出版社联系人：彭征

电话：010－58758382

邮箱：pengz@pep. com. cn

通信地址：中关村南大街 17 号　人民教育出版社物理室

邮编：100081

2. 主编：张大昌

电话：010－58758391

邮箱：zhangdc@pep. com. cn

山东科学技术出版社

一、教材基本情况

山东科学技术出版社出版的普通高中实验教科书《物理》教

材共分12个模块，分别为必修1、必修2，选修1-1、1-2、2-1、2-2、2-3、3-1、3-2、3-3、3-4、3-5，由理论物理学家、中国科学院院士北京大学教授黄祖洽院士和中国科学院理论物理研究所研究员、博士生导师赵恩广研究员担任名誉主编，由西南大学物理学院博士生导师、教育部“中学物理课程标准研制”课题组组长、全国刊物《物理教学探讨》主编、全国高等物理教育学会副理事长廖伯琴教授任主编，由西南大学赵保钢教授、福建教育学院高山博士、华东师范大学胡炳元教授、福建师范大学陈峰副教授、清华大学刘兵教授、湖南师范大学罗维治教授等担任副主编。几十位著名重点中学的特级和高级教师以及具有研究生学历的一线教师参加研编。现在在福建、山东、海南、新疆、陕西等省区广泛使用。

二、教材编写思路

1. 必修模块《物理1》《物理2》。《物理1》《物理2》是为全体学生设计的，旨在引导学生学习基本的物理内容，了解物理学的思想和研究方法，初步认识物理学对科学技术、经济、社会的影响。在《物理1》中，学生将通过对运动描述、相互作用和运动规律的学习，经历基本的科学探究过程，了解物理学的特点和研究方法，体现物理学对社会的影响。在《物理2》中，学生将通过机械能、曲线运动的规律和万有引力等内容的学习，进一步了解物理学的核心内容，体会高中物理课的特点和学习方法，为以后进一步学习打好基础，为后续模块的选择做准备。

2.《选修1-1》《选修1-2》，通称为选修1系列。以电磁学和热学的核心内容为载体，侧重物理学与社会的相互关联和相互作用，突出物理学的人文特色，注重物理学与日常生活、社会科学以及人文科学的融合，强调物理学对人类文明的影响。在选修1-1中，学生将学习“电磁现象与规律”“电磁技术与社会发展”“家用电器与日常生活”等主题内容；在选修1-2中，学生将学习“热现象与规律”“热与生活”“能源与社会发展”等主题内容。通过这些内容的学习，学生将了解这些物理知识产生的历史背景，由此引发的人类思维、生产方式、生活方式的变革，认识科学技术和社会发展的互动关系，体验科学家不畏艰辛、勇于探索和创新的精神等。

3.《选修2-1》《选修2-2》《选修2-3》，通称为选修2系列。此系列侧重从技术应用的角度展示物理学，强调物理学与技术的结合，着重体现物理学的应用性、实践性。在选修2-1中，学生将学习“电路与电工”“电磁波与信息技术”等内容；在选修2-2中，学生将学习“力与机械”“热与热机”等内容；在选修2-3中，学生将学习“光与光学仪器”“原子结构与核技术”等内容。通过这些内容的学习，学生将了解一些与技术直接相关的物理学知识；认识一些用科学知识解决技术问题的基本途径；在学习物理内容和技术应用的过程中加深对科学技术的亲近感；体会科学与技术相互促进又相互制约的关系及科学技术与社会发展的关系。

4.《选修3-1》《选修3-2》《选修3-3》《选修3-4》《选修3-5》，通称为选修3系列。侧重让学生较系统地学习物理学的基本内容，进一步了解物理学的思想和方法，较为深入地认识物理学在技术中的应用以及对经济、社会的影响。在选修3-1中，学生将学习“电场”“电路”“磁场”等内容；在选修3-2中，学生将学习“电磁感应”“交变电流”“传感器”等内容；在3-3中，学生将学习“分子动理论与统计思想”“固体、液体与气体”“热力学定律与能量守恒”“能源与可持续发展”；在3-4中，学生将学习“机械振动与机械波”“电磁振荡与电磁波”“光”“相对论”等内容；在3-5中，学生将学习“碰撞与动量守恒”“原子结构”“原子核”“波粒二象性”等内容。

三、教材特点

1. 注重基础性，体现高中物理课程培训目标，从“知识与技能”“过程与方法”“情感态度与价值观”三方面综合呈现物理内容，拓展课程的基础性。

2. 体现时代性，加强与现代社会和科技发展的联系，反映经典物理与近代物理的融合，关注物理学技术应用带来的社会问题。

3. 反映选择性，综合城乡课程资源，提供精心设计的栏目，突出不同系列教材的特色，为教师提供丰富的教学资源，为学生有个性的发展提供空间，充分反映课程多样性与选择性。

4. 强调可操作性，将课程改革指导思想、基本理念、课程培养目标灵活的融入各章节，并配有指导性强、丰富多彩的教辅课程资源。

5. 遵循新课标的要求，兼顾公民素养的提高和高校选拔人才的需要，基于课程标准而又不囿于课程标准，准确把握、科学处理教材内容的深广度。

6. 注重科学学习规律，重视化学知识的建构，本套教材非常重视引导学生建构不同知识之间、理论与事实之间、新旧经验之间的有意义的联系。

四、教材配套资源

1. 教材主编和出版社提供了强有力的教材培训和学术支持，分别针对必修教材和选修教材进行以省为单位、以片区为单位和以地市为单位的教材培训，开展针对选修模块化学本内容的高级研修活动，举办有关教材、教学、实验和考试评价的专题研讨交流会议。尽最大努力为实验区学校和一线老师更好地实施新课程搭建良好的平台。

2. 出版社出版了相关的教师用书和复习指导书。现在教师用书 12 册已经配齐，能为教师教学提供很好的教学指导。配套的教辅资料有主编廖伯琴教授主编的《学习手册》和主审的《导与学》，新物理思考网也为大家的学习交流提供了一个很好的平台。

3. 参与校本教研，为一线教师提供最直接的指导。教材编写组也经常组织专家团深入到一线教学中去，直接参与实验区学校的校本教研，与一线教师面对面地交流、讨论，参与教研组的集体备课、听课、评课，做专家报告，为一线教师提供最直接的指导，深受他们欢迎。出版社和教材编写组定期回访实验区，建立课题系统，征建课题学校，对于新教材的重点联系学校将给予更多的专业支持。

五、教材使用反馈情况

“新教材比较充分地体现了新课程的理念和《普通高中物理课程标准》的要求，有鲜明的特色，相对来说更好地实现了三个维度目标的有机整合，做到了既破又立。”

“对于教材要素的选择和使用更加精心，对于学习活动和学习过程的处理更加细腻，从而使教材既充满了新意，又具有较强的可操作性。”

“新教材让我在使用过程中很自觉地过渡到新的教学方式上，如开展探究式教学，组织学生进行合作学习、交流研讨等。”

“新教材不仅开阔了学生的视野，也开阔了我的视野，让我有许多出乎意料的感觉，原来知识之间还有这样的联系，原来知识还可以这样来教、来学!”

“新教材就像浓缩的优秀教学设计，使得我们不用花很长时间准备，平时就可以在自己的班上开展高水平的教学。”

"学生们很喜欢新教材，很欢迎新的教学方式。"

六、出版社及主编联系方式

1. 出版社联系人：刘大诚

电话：0531－82098082

邮箱：dachengliu@163.com

通信地址：济南市玉函路16号山东科技出版社

邮编：250002

2. 主编：廖伯琴

电话：023－68253666

邮箱：bqliao@126.com

通信地址：重庆市北碚区天生路2号西南大学教育科学研究所

邮编：400715

上海科技教育出版社

一、教材基本情况

主编：束炳如、何润伟

教材使用分布情况：宁夏、海南、山东、河南、陕西、内蒙古

二、教材主要内容及特色

教材的编写思路：本教材在编写过程中，始终贯彻"以人为本"的理念，在提升全体高中学生的科学素养的基础上，给学生后续向不同方向的发展提供更加广阔的选择空间；精心设计了师生探究活动的背景和问题串、问题链；明确把科学探究活动、过程和方法作为教材内容，全面落实了课程标准提出的"知识与技能、过程与方法、情感态度与价值观"的三维目标。各分册教材内容严格按照课程标准的要求编写。

教育部对这套教科书的审查意见给予了这样的评价："教科书努力按照高中物理课程标准的要求编写，在促进教育理念更新、学生学习和教师教学模式转变方面做了可贵的尝试，改革上有较大的力度。"并认为其突出优点是："（1）注重了三维目标的贯彻；（2）注重培养学生自主学习、探究学习、合作学习的态度；（3）选材注意了基础性、选择性、时代性；（4）注重了教学评价的设计；（5）尝试从典型情景入手，呈现形式比较新颖、舒畅、和谐，图文并茂；（6）兼顾了科学训练和情感体验，注重了与人文的融合；（7）三个系列的特色明显。"

教材有以下主要特点。

1. 三个系列特色鲜明

共同必修物理1，物理2：通过丰富多彩的物理学习资源，使学生对物理产生亲近感，激发学生的求知欲。通过切实可行的探究和体验、思辨活动，为学生牢固掌握物理基础知识打下扎实的基础，为提升学生科学素养，了解自己的兴趣与发展潜能，为学生后续的发展与选择打好基础。

系列1：通过丰富的学习资源，让学生了解物理科学与人类社会的互动关系，从思想、观念、方法层面上提升学生的科学素养和人文修养。

系列2：通过丰富的学习材料和物理学的技术应用活动，学习与技术直接相关的物理知识，让学生理解物理与技术的互动关系，提升学生技术设计、制作和创新的能力。

系列3：通过丰富的学习资源和理论探究活动，让学生经历物理学的实证研究和理性思维过程，学习物理学的基本内容和研究方法，了解物理学与社会发展、科学技术进步的关系。

2. 重视物理学主干知识和技能的培养

教科书精选学生终身学习必备的基础知识和基本技能，并适当加以拓展；突出主干知识（重要的概念和规律），对核心概念和重要规律，都配以必要的示范性例题和作业；通过实验探究和分析论证，引导学生主动建构新知识，真正理解物理的基本概念；强化物理实验，使学生的基本技能训练能得到较好的落实。在实验探究的基础上，十分注重理论探究，充分体现物理的逻辑思维特点。

3. 创造性地把探究过程与方法作为教科书的内容

教科书充分展示了理论分析和实验探究的方法与过程，让学生经历、感知认识和探究物质世界的过程和方法，以发展学生的科学探究能力、理性思维能力与实际动手能力。注意引导学生积极主动的参与学习过程，勇于提出问题，学习分析问题和解决问题的方法，让他们在学习中学会主动发展。

4. 教材内容呈现具有层次性与开放性

在保证基础知识和基本技术的学习情况下，教科书在“多学一点”“家庭作业与活动”“课题研究”等栏目中提供了不同层次的学习内容和训练活动，以增加学习内容的弹性。

5. 注意物理学与人文、社会的融合

教科书以学生的操作、感知、实验活动导入，或以学生感兴趣的社会生产、生活和现代科学技术现象为研究背景展开，强调广泛联系社会生产、生活，关注现代科学技术的发展，帮助学生了解与物理学有关的社会、环境、文化等问题。教科书通过正文、“信息浏览”“STS”和“多学一点”等栏目，展示高新科学技术成果，引导学生关注物理学和科学发展的前沿。教科书对涉及的重要物理学家都进行了简短的介绍和评述，还用旁白的形式引用著名科学家、哲学家关于自然、社会和科学研究的至理名言，以重视培养学生的人文精神、科学态度和科学世界观。

三、教材资源配套情况

分别配有《教师用书》《学生学习用书》《学生实验手册》《同步导练新学案》《新课标高中物理总复习学案》，出版了《高中物理教学设计和课堂实录（第 1 辑）》，配有实验光盘和一线教师的示范课光盘。另外还专门配备了教师培训资料包。开设了网上交流平台（www. sste. com），设立了教材教法研究、课程资源等栏目。通过电子邮件可以直接同教材主编、分册主编、责任编辑对话。

四、教材使用反馈情况

教师普遍反映这套教科书注重了自然科学与人文科学的结合，行文流畅，可读性很强，“是一本令人爱不释手的好书”。

具体意见有：紧扣课标，重视教材的开放性；强调基础，重视实验探究；培养学习物理的兴趣，突出学生活动，注意师生的互动性；关注科学、技术与社会的关系（STS），渗透人文精神，提高学生的科学素养；教材的信息量大；教材重视了科学史和科学方法的培养。

在曾经做过的问卷调查中，在教材是否落实了《课程标准》要求的科学知识方面的调查中，认为完全落实的占 74%，部分落实的占 26%；教科书的内容陈述对于教师教学方面认为方便和比较方便教师教学的占 68%；教科书的内容陈述对于学生学习理解方面认为学生能很好地理解物理概念的为 19%，认为能较容易让学生理解物理概念的占 67%。

五、出版社及主编联系方式

1. 出版社联系人：李志棣

电话：021 - 64702699

邮箱：lizhidi8@163. com

通信地址：上海科技教育出版社，上海冠生园路 393 号

邮编：200235

2. 教材主编：何润伟

电话：0512－65191692

邮箱：hrw888@vip. sina. com

教育科学出版社

一、教材基本情况

主编：陈熙谋、吴祖仁

使用教材地区分布情况：北京、江苏等

二、教材主要内容及特色

本套教材以“人本主义”“建构主义”等现代教育理论为指导，全面贯彻高中物理课程标准基本理念和内容要求，将提高全体学生科学素质的课程目标与全面发挥物理学的教育功能紧密结合起来。本着改革创新与继承优秀传统相结合的原则，在开展一系列物理教育课题研究的基础上，从改革教材结构和内容呈现方式入手，在教材编写中进行了多个方面的改革创新，形成了具有一定时代特色的模块式结构的高中物理课程标准教材体系。主要特点如下。

（一）注重高一物理入门教学，激发全体同学学习物理热情，注重初、高中物理衔接，“起步低，台阶小，难点分散”

本套教材绪言以图文并茂、通俗易懂、对话情节和亲切的语言，使全体同学在轻松、活泼的状态下，主动地去理解高中物理学习目标和课程设置的基本情况，认识自己在高中物理学习中的主体地位和应采取的科学态度、科学方法。教材从科学与文化层面上向同学们展示了物理学的广阔视野，描绘了物理学对人类文明进步的特殊贡献和巨大推动作用，并使同学们体会物理教育在提高科学素质中的重要基础作用，从而激发同学们积极努力学习物理的热情、信心和决心。

针对多年来高中物理教学分化严重的情况，教材提出了面向全体学生学习的编写原则：关注初、高中物理衔接，不但力学部分中运动的描述、力和相互作用等内容注意初、高中衔接，而且后续的电学中如场的概念、欧姆定律和电源电动势等内容也关注初、高中衔接，在热学、光学等相关部分内容均注意这一点。同时还以“起步低、台阶小、难点分散”为面向全体同学自主学习的基本编写原则，贯穿于整套教材的各个模块和各部分内容之中。

（二）以问题为主线，注重情景创设，激发全体同学自主学习热情，以“过程性活动栏目”结构，促使全体同学经历“过程与方法”

本套教材根据高中物理课程标准内容要求，精心设置四级知识标题，落实知识目标，配合情景创设，将其演化成一个个问题，变成具有挑战性的学习目标。

在情景创设中，提出了“多元情景”和“过程性情景”的理念，前者在内容层面上对情景创设进行了扩展，从生活现象、自然现象、实验现象扩展到科技活动、历史事件和媒体报导等；后者使情景创设的功能，从问题引入扩展到问题解决的过程，再扩展到知识拓展和应用过程。本套教材的情景创设，主要是通过图文结合方式实现的，我们在必修Ⅰ教材正文中设计了约 170 幅图，多数属于展示情景。可见，教材在学生面前呈现了多么丰富的情景！如《运动的描述》的章前页图，运动过程展示十分逼真。又如第一章第 1 节图 1-2-1、图 1-2-4(a)(b)、图 1-2-9、图 1-2-10，既体现了情景创设在内容上的多元性，又体现情景创设的“过程性”，建构了一个丰富多彩的学习物理情景，有力地促进学生观察思考，经历自主学习过程，促进课堂教学向“以学生为主体，教师为主导”的方式转变。

（三）多层次设计“科学探究”，使“科学探究”作为高中物理课程内容得到全面落实，作为一种创新的学习方式得到普遍地推广

编者将科学探究解析为“实验探究”“理性探究”“综合性探究”和“实用性探究”等形式，并进一步体现在“讨论交流”“活动”等探究性活动栏目之中。其中“理性探究”是适应高中学生在数理逻辑演绎能力培养的需要而提出的，在必修模块中用得少些，主要体现在选修Ⅲ系列各模块之中。“综合性探究”一般出现在一章内容结束时，取代传统的“解题应用”内容，如：必修Ⅰ第三章最后一节《汽车安全与牛顿运动定律》就属于这种探究。“综合性探究”既保留了传统教材中的解题应用内容，又增加了科学探究的要求，两者有显著的区别。

“实用性探究”一般均设置在“发展空间”之中，以满足不同兴趣和能力同学在课下学习需要。

（四）突出“物理学科以实验为本”的基本特征，注重物理实验教学的功能开发与实现

本套教材编写中一方面改进了传统教材中部分实验中存在的问题；另一方面增设了许多“随堂实验”和简易实验，扩展学生动手动脑空间。在教材编写研究中，我们发现一些长期编入高中物理教材中的物理实验其实存在一些值得商榷的地方。对此，我们均作了研究和改进。如牛顿第二定律实验，长期来将钩码所受

重力当作对小车的牵引力，致使误差在20%以上，经我们改进后误差已缩小1/10左右。再如，传统教学中，在库仑定律实验中将两个点电荷同时挂在一个杆上，去比较讨论与另一个点电荷的作用是不妥的；安培力实验中磁场对载流导线的作用难以演示；L、C振荡电路实验中所提供的L和C参数产生的振荡电流，电表根本无法显示，等等。对这类实验存在的问题，我们在精心研究后一一作了改进，或重新设计。

（五）突出物理学的科学文化教育功能，注重科学教育与人文教育的结合

本套教材注重全面挖掘和发挥物理学在认识世界，改变世界和为人类提供基础科学素质等方面的教育功能。教材在各部分内容中均注意挖掘物理学的科学思想和教育文化的内涵，使同学们在理解基本知识的同时体会物理学发展与人类文明进步的重大关系，从而在科学世界观、科学价值观、科学态度和科学方法等方面受到教育，如在必修Ⅱ中《圆周运动》一章，我们打破常规，编了一节“圆周运动与人类文明”，把圆周运动与日常生活、生产、科研、文化娱乐，从宏观到微观各个层面的实例联系起来，使学生感受到一个广阔的物理世界。

（六）不同系列和不同模块教材既同时体现高中物理课程的基础性，又分别体现了不同选修系列的特殊教育性

本套教材不同模块，既不是传统高中物理教材内容的简单分割，也不是“三机一泵”式教改历史的重演，在选修系列中，仍然坚持面向全体选修该系列学生的科学素质提高，坚持以问题为主线，注重情景创设，探究式自主学习等基本原则。在这个前提下，选修Ⅰ系列适当降低在理论教学上的要求，突出物理学的人文教育内容，突出物理学的发展对人类文明进步的巨大作用。我们希望通过选修Ⅰ系列高中物理的学习达到这样的目的：这部分同学今后虽然不从事自然科学和技术方面的工作，但他们深深地懂得物理学对于现代社会的基础作用，科学素质对于一个现代公民的基础作用。

同样在选修Ⅱ系列中，我们强调是在学习高中物理基本知识的基础上突出实验动手和技术应用，绝不是以技术为基础联系物理，更不是以技术代替物理。

选修Ⅲ系列五个模块也不是传统高中物理教材内容把必修1、必修2内容减去以后的组合，而是在遵循本套教材编写的上述基本原则的基础上，根据不同模块内容进行精心构建，应该说，认真按选修Ⅲ系列教材进行教学，不仅在知识层面上完全可以达到

传统高中物理水平，而且在对物理知识的理解，知识形成的来龙去脉，及其科学思想、方法和应用等方面都有显著提高。

三、教材资源配套情况

分别配有《物理教师教学用书》《物理学习活动手册》《物理学习与测试》《物理实验报告手册》，出版了《物理培训资源包》《物理教师备课系统》，配有实验光盘和一线教师的示范课光盘。另外还开设了网上交流平台（www. esph. com. cn），设立了最新动态、理论探讨、答疑解惑、课程资源、教师培训等栏目。通过电子邮件可以直接同教材主编、分册主编、责任编辑对话。

四、教材使用反馈情况

紧扣课标，重视教材的开放性；强调基础，重视实验探究；培养学习物理的兴趣，突出学生活动，注意师生的互动性；关注科学、技术与社会的关系（STS），渗透人文精神，提高学生的科学素养；教材的信息量大；教材重视了科学史和科学方法的培养。

在曾经做过的问卷调查中，在教材是否落实了《课程标准》要求的科学知识方面的调查中，认为完全落实的占90%；教科书的内容陈述对于教师教学方面认为方便的占90%；教科书的内容陈述对于学生学习理解方面，85%的学生认为通过教材实现自学（2008 北京实验区问卷数据）。

五、出版社及主编联系方式

1. 出版社联系人：莫永超

   电话：010－64989537

   邮箱 ：wuli@esph. com. cn

   通信地址：教育科学出版社，北京市朝阳区安慧北里安园甲 9 号

   邮编：100101

   网址：www. esph. com. cn

2. 主编：陈熙谋　吴祖仁

   邮箱：wltbmaster@cpenet. org. cn

义务教育课程标准实验教科书

人民教育出版社

一、教材基本情况

主编：彭前程

使用教材地区分布情况：天津、河北、山西、内蒙古、辽

宁、吉林、黑龙江、山东、安徽、江西、福建、河南、广西、广东、湖南、湖北、海南、陕西、甘肃、宁夏、新疆、青海、四川、重庆、云南、贵州

二、教材主要内容及特色

A. 编写指导思想

近年来随着经济的发展，我国教育界的改革和发展是令人兴奋的。1993 年国家制定了《中国教育改革和发展纲要》（以下简称《纲要》），《纲要》中明确指出："国际竞争日趋激烈，科学技术发展迅速。世界范围的经济竞争、综合国力竞争，实质上是科学技术的竞争和民族素质的竞争。从这个意义上说，谁掌握了面向 21 世纪的教育，谁就能在 21 世纪的国际竞争中处于战略主动地位。为此，必须高瞻远瞩，及早筹划我国教育事业的大计，迎接 21 世纪的挑战。" 2001 年 5 月，在《国务院关于基础教育改革与发展的决定》（以下简称《决定》）中又特别提出了"确立基础教育在社会主义现代化建设中的战略地位，坚持基础教育优先发展"的指导方针。

为了更好地贯彻党中央在新时期的教育方针，教育部自 2000 年开始了一轮力度大、范围广的基础教育改革。2001 年 7 月教育部颁布的物理课程标准较好地反映了《纲要》和《决定》中所提出的改革理念。

根据教育改革的新需要，我们在教材编写中，注意贯彻党和国家的教育方针，力求落实好《基础教育课程改革纲要（试行）》中所提出的科教兴国的思想，遵循"教育要面向现代化，面向世界，面向未来"的战略，以全面推进素质教育为宗旨，在改变学生的学习方式、提高学生的实践能力和创新意识方面体现课程标准的基本理念。主要的指导思想可以概括为以下几个方面。

1. 坚持以学生发展为本，培养全面发展的"四有"人才。

2. 培养学生对自然、对科学的兴趣和热爱。

3. 加强实践活动和探究活动，发展学生的实践能力和创新意识。

4. 联系生活、联系社会，突出科学·技术·社会（STS）的观点。

B. 主要特点

（一）突出学生的探究活动，把科学探究的学习和科学内容的学习放到同等重要的地位

科学的本质是对未知事物的探究。通过科学探究活动，学生不仅可以学到科学知识，还可以体验科学的过程，了解科学方

法，可以受到科学价值观的熏陶。科学探究的学习与科学知识的学习一样，都要遵循循序渐进的原则。我们在知识和能力两条线索的安排上都非常注意贯彻这种循序渐进的原则。这套书从序言“科学之旅”中就介绍了伽利略对摆的研究，让学生了解探究是科学研究的过程。继而设置了几个不完全的探究活动，并以旁批的形式表现探究活动的主要环节。例如，在“有趣的声音”中设有“怎样才能使物体发声?”的探究活动，在“色彩斑斓的光现象”中设有“平面镜成像有什么规律?”的探究，在“功勋卓著的电与磁”中有让学生自己“找出电压、电流、电阻三者之间的关系”的探究。由此可见，探究一步一步由浅入深。在上册书的最后，当学生对探究的过程有了较多的感性认识之后，让学生完整地探究串联电路和并联电路的电流关系，这时把探究的程序性知识推到前台。我们希望这种安排有利于学生对于科学探究的学习，同时又照顾到科学知识的连贯性。

学生学习中的大多数探究活动不同于实际生活及科学研究中的探究，其本质区别在于前者的结论是已知的，后者的结论是未知的。从事两种探究时的心理活动不完全一样，体验也就有很大的差别。为了缩小这种差别，对于《标准》不做要求的知识，该书不给出科学结论。例如，第五章串联（并联）电路各点电流的关系，该书是作为教学重点处理的，但全书不出现结论（也希望教师不要给出，这点将在教师用书中强调），由学生自己通过探究得出。《标准》并没有规定这个知识点，因此，这个探究活动的着眼点是学生的参与及程序的正确，在这样的条件下学生能够得出大致正确的结论，至于结论是否完整，表达是否严谨，在其他场合能否运用，这些并不是这个探究活动所强调的。

对于《标准》所要求的知识，有些也要通过学生自己的探究得出，这样的知识在书中都给出结论。但是，在文字处理上一般都淡化结论和探究过程的直接联系，例如，不出现“通过以上探究我们可以得到……”等字样，而由教师在适当时机向学生介绍结论。这样处理的目的同样是缩小学习中的探究与真实探究的差距。

课程改革的核心是学生学习方式的改变，该书加强探究的特点将有助于推动这种变化。

为了突出探究式的学习方式，强调科学与实际、科学与社会的联系，我们特意为这套教材起了一个《探索物理》的副名。

应该说明的是，这套书之所以如此强调探究活动，是因为探究在学生学习知识、掌握方法、体验的过程中有着其他方法不可替代的作用，还因为现在多数的中学物理教学“灌输”式的太多，学生亲身经历、体验、探究得太少。当然学生的学习不可能都是探究式的，这既不符合学生学习的规律，也不可能有那么多的时间。探究必须是适合学生探究的课题和教学中可能做到的，即可以和可能的有机结合。

（二）不过分强调学科自身的逻辑体系和概念、规律的严密性

遵照《标准》的精神，在义务教育阶段，不过分强调学科自身的逻辑体系和概念、规律的严密性，以便学生将更多的精力用在实践、探究和扩展知识面上。

例如，关于反射的规律，《标准》的要求是“通过观察和实验了解光的反射的特征”，按照这样的要求，该书强调了探究活动，而对于反射规律的表述则是“在反射现象中，反射角等于入射角”。这种表述没有提及反射光线是否与入射光线共面，也没有提及反射光线与入射光线分居法线两侧。因而可以说是不完整的，但是这种处理符合《标准》对光的反射的教学要求。由于并没有说这种表述就是“反射定律”，所以科学上是没有错误的。不但没有错误，这样处理更抓住了光在反射时最明显的特征，学生很好理解和记忆，免去了对初二学生较为困难的“共面”及常被遗漏的“分居”，使他们可以更多地专注于探究的过程。这种处理是《标准》基本理念的典型体现。凸透镜成像规律的探究也属于这种情况。

又如，电压的概念在第六章学习，但在第五章提到“学生电源”时就涉及了这一名词。这是考虑到多数初中学生已经或多或少听到过电压这个名词，而对于学生电源的使用并不要求对电压这个概念有较深理解，因而这个概念可以拿来就用。与此类似的还有能量等概念。

（三）从学生兴趣、认识规律和探究的方便出发设计教材的结构

由于不再强调学科本身的逻辑关系，教材结构的安排就有了相当大的灵活性。

传统的教材考虑到学习热、电等内容时要用到力学的知识，所以必须把运动和力的知识放到最前面。按照上面（二）所提及的《标准》的精神，考虑到这些知识与声、光、电等相比稍显枯燥，而声、光、电不仅能吸引学生且便于循序渐进地安排多种探究活动，所以这套书把力学放到了电学的后面。整套书的安排分为“科学之路”“有趣的声音”“色彩斑斓的光现象”“形态各异

的物质世界”“功勋卓著的电与磁”“古老而又现代的力学世界”和“无处不在的能量”七大篇。

在不同的篇章中我们力图设计一些学生喜欢、有趣的活动，如“会跳的小人”“用牙齿听声音”“小小音乐会”等活动；尽可能地安排一些与所学内容有关的有趣、有用的事例，如“蝉是如何发声的?”“唱片是如何记录声音的?”“互联网是怎么回事?”等；另外在每一章的开始，我们都用讲故事的方式将这一章的内容娓娓道来。这所有的安排主要的出发点都是为了引起学生学习的兴趣，使学生喜欢物理、愿意学习物理，为他们今后的学习打下良好的基础。

（四）书中包含许多开放性的问题和实践性课题

我国传统教学注重问题的唯一性，没有唯一答案的问题不上课本，没有固定答案的问题教师不讲。这样久而久之不利于培养学生灵活的思维，而实际中的问题往往是开放性的，没有唯一正确的答案。所以我们在教材编写中特别注意了这方面的问题。

书中开放性问题主要有两类：一类需要学生自己寻找所需的资料、数据（例如该书第 16 页第 2 题）；另一类则没有唯一正确的答案（例如第 38 页第 1 题）或在初中阶段不要求学生学会这个问题的答案（例如第 65 页第 2 题关于望远镜物镜与目镜焦距的关系）。对于前一类，重在学生寻找资料的过程，教师可以提供线索，但绝对不应提供现成的数据；对于后一类，重在学生的思考与探究，教师没有必要提供答案。

“动手动脑学物理”中一半以上的内容都是实践性的问题。

（五）充分体现 STS 的思想，注意人文精神的渗透

科学技术问题都是直接或间接与社会相联系的。强调科学技术的社会意义是当前科学教育的一个重点。该书特意安排了 STS 栏目，介绍、探讨科学技术与社会之间相互关联的问题。这种科学、技术、社会相互联系的观点既可以使学生了解到科学、技术对社会的积极作用，还可以使学生了解科学对社会的不利影响，同时也可以了解科学、技术、社会是如何相互促进和发展的，有利于培养学生用联系、发展的观点看待问题。另外这种科学、技术、社会的问题都是学生日常生活中常遇到的问题，只有广泛地联系这些问题，才能使学生觉得物理是有用的，是活生生的。这套书不仅单独设置了 STS 栏目，在书中其他部分也尽力渗透 STS 的思想和科技人文意识（例如各章的章头语）。

（六）注意联系实际、扩大学生的知识面

教材的编写特别注意理论联系实际。理论联系实际，是真正

学好物理、培养学生的实践能力最有效的途径。只有善于把学到的物理知识应用到实际中去，才能真正把物理知识学好。我们在教材编写中注意了概念和规律的实际应用，注意引导学生运用物理知识解释物理现象，分析和解决各种实际问题。理论联系实际不仅可以使学生深刻地理解物理规律，同时也可以引起学生兴趣，扩大学生的知识面。为此书中特意设立了“科学世界”栏目，用于介绍那些应用性的（例如第 62 页“眼镜的度数”）或细节性的知识。书中还尽可能地在各种栏目中收入了一些非基础的但十分有用或有趣的知识。例如，望远镜和显微镜、楼道灯的自动开关等。

（七）形式生动活泼

这套书力求生动活泼。该书尝试以视觉形象向读者传递更多的信息，为此使用了很多彩色照片。能够用图片表达的就用图片表达而不在文中重复，不追求图文一一对应，以适应当代少年的阅读习惯。

插图人物以漫画形式出现，并有女孩、男孩和老爷爷三个固定的人物形象，有时更以滑稽的卡通方法表现严肃的科学内容（例如第 58 页图 3.3－1），这些做法都是为了贴近初中学生的生活，希望在使他们热爱科学的教育中以及乐观向上的人格发展中能够起些作用。

该书采用彩色印刷，每章都有章首图，并配有散文体的引语，这也是全面发挥教科书的教育功能的一种尝试。

C. 教师要转变教育观念

为了更好地贯彻这次课改的精神，教师在教学中必须转变教育观念。除了《标准》中提到的基本理念外，还应注意与该书使用相关的下述一些具体问题。

（一）不是书上所有的内容都要由教师在课堂上讲授，也不是只有教师讲过的内容才算学过

例如，眼睛的结构和功能在初中生物课中也有涉及，但是研究的角度、写作的风格和强调的侧面都不一样，所以该书仍把眼睛和眼镜作为一节写出。尽管如此，这段内容比较简单，要求也不高，文字又很通俗，所以完全可以让学生自读，最多用十几分钟时间让学生议论一下就可以了。

在 STS、科学世界等栏目中的许多内容都是如此。

（二）不是书上所有字句都要求学生学懂、学会

例如，在介绍电冰箱时提到了“耗电量”“气候类型”（第 80 页），前者是还没有学到的知识，后者则不属于物理学的范畴。

该书有意在电冰箱的技术参数中安排了这些项目并且不加解释，目的是拉近课程与实际的距离。在实际生活中，不知道的，甚至永远不可能弄懂的东西太多了，学生要学会容忍这种状况；不但如此，还要学会从许多不懂的东西中找到能够理解的那部分并能利用。第 80 页的第 3 个问题就是为了这个目的安排的。

（三）各个栏目都应得到重视

为了便于学习，该书的内容分别安排到若干“栏目”之中，但这并不意味着哪些栏目是必须在课上讲的，哪些是可学可不学的。例如，《标准》要求能用水的三态变化解释自然界中的一些水循环现象。有节约用水的意识，该书考虑到这段知识的特点，把它安排在“STS”栏目中了。

三、教材资源配套情况

分别配有《教师教学用书》《同步解析与测评》《探究活动报告册》《新教材新学案》，出版了《课堂教学设计与案例教案》，另外还专门配备了教师培训资料包。开设了网上交流平台（www. pep. com. cn），设立了教师中心、学生中心、学会等栏目。通过人教论坛可以直接同教材编者对话。

四、教材使用反馈情况

教科书目标与国家基础教育改革的基本精神一致，基本符合国家课程标准的理念追求。促进学生在知识与技能、能力与方法、情感态度价值观等方面的全面发展。教科书的内容能激发学生的学习兴趣。教材体系结构趋于合理。教科书难度适合绝大多数学生，使学生能达到课程标准要求。教科书的活动设计能有效地引导教学方式的转变，大部分内容在教学实践中可行。基本上能与人教版其他学科教科书之间达到协调配合。教科书的文字、插图、版式、装帧、印刷等方面适合教学需要。

五、出版社及主编联系方式

1. 出版社联系人：彭征

电话：010－58758382

邮箱：pengz@pep. com. cn

通信地址：中关村南大街 17 号　人民教育出版社物理室

邮编：100081

2. 主编：彭前程

电话：010－58758390

邮箱：pengqc@pep. com. cn

江苏科技出版社

一、教材基本情况

主编：刘炳升、李容

使用地区：江苏、广东、广西、陕西、内蒙古、湖南、云南、安徽、海南、山西、山东、贵州

二、教材主要内容及特色

（一）注重激发学生对物理世界的好奇心和求知欲

初中物理是学生学习科学的入门课程，激发学生的好奇心和求知欲既是为提高公民素质而设置的重要课程目标，又是改变学生缺乏兴趣这一现状的现实需要。本套教材通过多种途径激发学生的好奇心和求知欲。

（二）在选择教材内容时关注科学理性与人文精神的融合

苏科版初中物理教材努力挖掘丰富的人文教育资源，使科学理性与人文精神有机地融合起来。

1. 从整体结构上关注人文精神的渗透

过去，在我们的教材和教学中，有关人文教育的内容多半是"点"式渗透的，即在某些知识点上进行人文教育，这当然是一种途径和方式，但我们还可以从更宽广的视角来考虑这一问题。例如，可通过章导页等形式为教材的某一章提供一个合适的学习背景。

2. 呈现的方式灵活多样

在初中物理教学中进行科学与人文教育有如下一些特点：

（1）以渗透为主　初中物理课程以物理世界为认识对象，它是以学科的逻辑体系和学生的心理特点为依据构建起的符合学生认知规律的体系。由于学习物理课程不能脱离系统的物理知识，因此，在这种课程中进行人文教育主要是渗透性的。

（2）综合性　显而易见，体现科学知识与人文精神结合的内容一定具有综合性。无论是物理与生活、物理与技术、物理与社会、物理与哲学，还是物理与艺术、物理与健康、物理与文学等都无一例外地带有这一特点。

（3）开放性　与物理学相联系的人文主题是极其广泛的。从时间来看，自古到今，物理学不仅联系着人类对自然探究的历史及历史背景，它还向着未来延伸，展望着对未来社会的影响；从学科空间来看，物理学作为自然科学、技术、科学方法论的基础，它必然与其他各学科间存在密切的联系。因此，物理课程中的人文教育具有很强的开放性。

正因为在初中物理教学中进行科学与人文教育具有上述特

点，因此在物理课程中进行人文教育的方式必然是灵活多样的：除了在教材结构上加以考虑外，还可以设置人文性强的栏目，如“生活·物理·社会”“信息库”“综合实践活动”等，也可以在练习中选择具有人文性的内容，或在正文中利用附图和简要说明来呈现相关的内容。

（三）活动的设计力求体现科学探究的本质特征，避免探究的形式化

本套教材在设计探究活动时，比较重视体现科学探究的理念，努力提高学生科学探究的素养和能力，力求使学生认识科学探究对科学发展的作用；同时，也希望通过教材的指引改变机械灌输式的教学方式。在进行探究活动的设计时，关注体现探究的本质特征，不要求统一的探究程式，从而有效地避免了探究的形式化倾向；同时，活动的设计还注重激发学生进行科学探究的动机，让其充分体验探究的过程，从而实现知识的意义建构。

（四）教材结构的设计，关注学科逻辑结构与学生心理发展的统一

1. 教材宏观结构的设计

如何处理好学科知识结构与学生心理特点的矛盾是教材结构设计的一个重要问题。一方面，物理课程对物理学科的依赖关系是显而易见的，因为物理课程是建立在物理学科基础上的，没有物理学科就没有物理课程。随着科学技术的不断发展，知识量的激增，更新速度的加快，如果没有一个合适的策略，就会使教材内容过于庞杂，导致学生负担过重。在这种形势下，教育界的学者们提出了教材内容结构化的对策。教材内容的结构化，有利于学生理解、掌握学科的基本内容，有利于知识的记忆和迁移，从而适应了科学技术迅猛发展的客观要求。另一方面，物理课程、教材结构并不等于物理学科结构，它们必须考虑学生的心理特点和认知规律。从掌握知识的角度来看，物理课程与教材应当力求让学生理解学科的基本结构，而不是支离破碎的、细枝末节的知识，但考虑到学生的学习是自主建构的过程，课程和教材应当帮助学生实现这种建构，因此教材的结构就不应当是简单地呈现物理学科的知识逻辑结构，它还需要考虑学生的心理特点和认知规律，以及不同年龄阶段的课程目标。

初中物理是学生学习物理的启蒙课程，也是学习科学的入门课程。因此，我们在设计苏科版初中物理教材时，主要从以下几个方面做了思考。

(1) 充分关注培养学生学习物理的兴趣，注重激发学生的好

奇心和求知欲，让学生体验探究的过程和乐趣，从而切身感受到物理就在我们身边。

（2）充分关注学生良好物理学习习惯的养成。

（3）适应初中学生的认知特点，关注他们从具体到抽象、从特殊到一般的认识过程。

（4）观念层次目标的达成以渗透为主。

为使上述原则转化为教材的整体设计方案，苏科版初中物理教材从以下三条主线做了进一步的考虑。

（1）以物质、运动和相互作用、能量三大主题构成不同层次又相互联系的逻辑结构体系。

（2）从自然、生活到物理，从物理到社会，在宽广的人文背景中展开物理知识的教学，体现科学理性与人文精神的融合。

（3）展现以自主探究为核心的学习过程，从结构上体现科学探究的思想并处理好科学探究与接受式学习的关系。

2. 教材单元结构的设计

在考虑单元结构设计时，对初中低年级的学生，我们应当考虑到他们从具体到抽象、从特殊到一般的思维特点，但随着年级的增高，他们的演绎思维能力也会逐渐提高。

（五）新颖、独特的教材呈现方式

苏科版初中物理教材呈现方式的主要特点是：图文并茂，以图代文，文字陈述简洁明了，通过设置一些新颖的栏目，提高教材的整体功能。

三、教材资源配套情况

与本教科书配套的有教师用书、学生用书以及相关电子资源，形成了较为完整的教材体系。

（一）教师用书

1.《物理教师教学用书》及《（苏科版）物理教师教学用书配套光盘第二版》

教师用书有教材编写组编写，配套光盘由教材主编组织《（苏科版）物理教师教学用书配套光盘》编写组策划编写。利用最先进的多媒体工具开发了与教参内容相配套的“动画资料库”“视频资料库”“图片资料库”“拓展资料库”四大部分，内容丰富，画面精彩。

光盘采用 Windows 操作方式，方便快捷。所有资料库中的内容都可单独调用，也可自由组合，广大教师教学时可以灵活应用。

2.《初中物理课堂教学设计案例》

3.《继承与创新——初中物理新课程建设的理论与实践研究》

4.《物理教师（初中版）》学术期刊

5.《初中物理教学挂图》

6. 初中物理教学投影片（8、9 年级）

（二）学生用书

1.《物理补充习题》

2.《物理实验》

3.《物理课课练·学习与评价》

4.《物理学习指导》

5.《标准大考卷（初中物理试卷）》

6.《物理教师》教你学

7. 物理探究性学习学生活动材料（分为光学、力学、电学）

（三）配套电子资源

1.《苏科版初中物理培训资料》（含初中物理课程标准和苏科版初中物理教材简介、苏科版《物理》教材介绍及课堂教学片段）

2.《多媒体教学资源库及资源整合案例》

3.《江苏省送优质教学资源下乡工程 课堂教学片》

4.（苏科版）《课堂教学资源库》（光盘版）

5. 江苏省初中物理优质课会课资料

6.《苏科版初中物理课堂教学实录及专家点评》

7. “苏科物理”网站

为了方便实验区的师生们使用苏科版物理教材，江苏省教研室、江苏科学技术出版社、苏科版物理教材编写组共同建立了“苏科物理”网站，网址为：http：//www.skwl.org，提供了强大的资源平台和协作、互动平台，成为教材编写组、出版社与广大师生联系的桥梁和纽带。

网站设置的栏目有：“教育动态”“教学研究”（下设“课标与教材”“教学设计”“教学与评价”“科学探究”等子栏目）“资源下载”“精彩推荐”“教育论坛”等，因其实用性、指导性、可操作性、互动性强等特点，深受实验区师生喜爱。网站投入运行以来，访问量日益增大，目前日访问量已经达到 5 000 次以上，总访问量已经达到 450 万次，对实验区的教学改革起到了很大促进作用。

四、教材使用反馈情况

在几年的课改实践中，通过调查研究并对反馈的意见进行分析可以得出，本套苏科版初中物理教材较好地体现了新课标的理念，有利于学生的发展，有一定的特色和创新之处，受到学生的普遍欢迎和教师的普遍认同。

五、出版社及主编联系方式

1. 出版社联系人：陈卫春

电话：025－83657587

邮箱：ntcwc@126.com

传真：025－83273111

网址：www.pspress.cn

2. 主编：刘炳升

邮箱：njliubsh@163.com

北京师范大学出版社

一、教材基本情况

主编：阎金铎

使用地区：辽宁、河北、北京、陕西、甘肃、湖北、福建、山东、贵州、河南

二、教材主要内容及特色

1. 教材体系

物理实验教科书的体系坚持由浅入深、由现象到本质，符合学生的认知规律和物理课程标准的改革精神。

（1）从宏观上是按照人类认识客观世界的基本思路：从宏观到微观、从静止到运动、从简单到复杂的思路安排教学内容。

（2）从中观上是突出了学生的探究活动：每一章均设计了两类探究，即根据知识内容的特点和学生的能力安排有“大探究”（完整探究）和“小探究”（部分探究）。力求通过这些探究活动使学生认识到科学探究的过程、培养学生的探究能力。以学生的探究活动充当改变学生学习方式和教师教学方式的载体。

（3）从微观上，改变了陈述式的行文，力求给师、生改变教与学的方式提供选择的空间。同时教材中还利用“做一做”“科学窗”“想想议议”和“交流与讨论”等栏目，引导学生积极主动地参与认知过程。

2. 教材的特点

（1）内容的呈现方式多样化，特别是倡导探究学习方式

探究学习方式的实质是学生主动参与到学习过程中，积极地思考、动手实验，充分发挥他们的主观能动性，在教师的帮助和引导下亲身经历探究过程，获得知识和技能，体验探究的乐趣，学习科学探究方法，养成实事求是的科学态度和探索精神。

教材中设计的探究活动，按照学生探究活动所用时间的多少，分为“小探究”和“大探究”。在每节内容中，根据教学需

要，尽量安排“小探究”，在每章中，至少安排一节为“大探究”，节标题冠以“探究”的字样。

(2) 贴近学生生活，适应学生的认知特点

教材中每章、节的开始尽量以学生日常生活中见到的事物或现象引入，引发学生的共鸣、激发他们的兴趣，逐步引导学生探究事物或现象背后隐藏的本质规律，以充分体现“从生活走向物理，从物理走向社会”的理念。

(3) 强调学科综合，关注科技前沿

从学生发展需求出发，注意将科学技术的新成就引入物理课程，增加新题材、新科技成果、图片（含照片），反映时代感。同时，增加联系生活、技术、社会的实际内容。注重学科之间的渗透、人文精神与自然科学的交融；以使学生获得对自然界更加本质的认识，逐步树立科学的世界观。

(4) 提倡学习方式多样化

注重以物理知识和技能为载体，让学生经历科学探究过程，学习科学探究的方法，培养学生的科学探究精神、实践能力、创新意识；努力改变以书本为主、实验为辅的传统教学模式，提倡多样化的教学方式。为此教科书中适当地增加了一些实践活动，包括社会调查、访问、小制作、小实验等。作业中也适当增加了上网查询资料和数据等，鼓励学生选做和相互交流。并适当增大了教材的弹性，在教科书中设立了“科学窗”“阅读材料”等栏目。

(5) 新颖活泼的呈现方式

为了适应初中学生的认知特点，教科书在呈现形式上力求生动活泼、图文并茂；在叙述上力求简明、清晰，富有启发性，且给学生留有思考的余地和空间。

三、教材资源配套情况

与本教科书配套的有《名师伴你成长——课时同步学练测 物理》《伴你学物理》《物理活动手册》《寒、暑假生活》《单元复习与提高》《新课程测试与评价》和《教师教学用书》（含教材配套典型物理现象的视频资料光盘、配套资源光盘）、《伴你教物理》等，形成了较为完整的教材体系。

北京师范大学基础教育教材网，http：//gbjc. bnup. com. cn，提供教育新闻、教材介绍、教学资源及教材论坛等服务，供广大师生讨论交流。

四、教材使用反馈情况

北京师范大学出版社一直致力于新课标理念的推广，每年组

织大量的教材、教学培训及回访。目前北京师范大学出版社初中物理教材实验区对教材的反馈良好，认为教材内容结构编排合理、教材形式新颖活泼，认为培训与回访对教师教学帮助很大。

五、出版社联系方式

出版社联系人：邓丽平

电话：010－58802787

邮箱：dlp@bnup.com.cn

通信地址：北京师范大学出版社基础教育分社

邮编：100875

教育科学出版社

一、教材基本情况

主编：吴祖仁

使用地区：黑龙江、内蒙古、河北、河南、山东、江西、广西、湖南

二、教材主要内容及特色

（一）重视全体学生共同的基础，为开展探究活动创造条件

教科版教科书对全体学生共同的基础知识和技能极为重视。为了使教学过程能顺利开展，为了突出以实验为基础的物理学科特征，体现探究性学习的基本理念，教科书设计了第一章《走进实验室》和第二章《运动和能量》。一开始就引导学生走进实验室，观察新奇物理现象，了解物理实验器材，学习测量知识，鼓励学生建立自己的家庭实验室，为今后进行实验探究创造条件。在第二章，从整体上介绍了物质世界的各种运动，形形色色的能量及相互转化，从而使学生对物理学从整体上有一个初步了解，初步认识物体的微观结构，学会科学描述物体的运动，并初步了解能量的观点，为后续学习过程中形成理性思维打下基础。

（二）注重内容建构和整合，体现“以物理为基础”，关注学科渗透和综合的理科教育思想

教科版教科书强调在局部板块范围内对知识进行科学整合。例如：《压强》《流体的力现象》两章知识，以二力平衡为线索对物体的压强、液体的压强、大气压、浮力、升力等概念及规律进行了结构性整合。在《磁与电》中，将磁现象与电现象联系起来，加强了知识的联系。在《功与机械》部分，以做功为主线探讨机械及其工作的本质，摆脱了以往教科书中，机械的内容同功的内容脱节，功的概念学完之后缺乏具体应用的弊端。

教科书把能量概念贯穿于每一种运动形式之中，把能量的观

点渗透到每一部分内容之中，从而加强了各种运动的内在联系。例如：《在光的世界里》一章中，通过一系列的情境和探究，从能量角度描述了光的传播，从能量角度加深了对焦点、实像和虚像等概念的认识。

教科书注重学科之间的相互渗透与横向交叉。教科版教科书不仅把初中物理与现代物理有关最新成果联系起来，还积极关注与化学、生物、地理、气象、医学等基础学科，与信息技术、能源、交通材料等技术领域的广泛联系，以扩展学生的科学视野，增强时代意识。例如：在《物态变化》一章，涉及了地球的水循环、剧烈天气现象中能量的积聚过程、火山爆发、南极科考等知识。

教科书还重视科学教育与人文教育的结合，重视物理学对人类文明的贡献。教科版教科书从选材到结构，关注了科学与人文的结合。如《电现象》中对电流发现过程的叙述，体现了物理学中重大问题提出和发展的背景；又如，教科书中“物态变化与我们的世界”“改变世界的机械”“改变世界的热机”“改变世界的信息技术”等系列内容，让学生能深刻理解物理学对技术创新和人类文明进步的重大作用，使学生认识到没有物理学的发展就没有现代文明的基本道理。

（三）教科书教学结构力图体现学习活动

目录是教科书结构的具体呈现。教科版教科书目录既有反映学科体系的知识目录，又有展示教学过程的活动目录。翻开教科书，可以看见色彩鲜明的横向知识标题下，纵向排列着一系列充满想象的活动图标。这些设计体现了教科书在知识结构和教学结构的有机结合。

（四）精心设计探究过程，注重落实探究目标

1. 学生的探究是一种学习活动，从科学探究的内容来看，不仅规律需要探究，概念的建立过程也应该进行探究，知识的应用也可以探究。教科书针对这些方面精心创设了探究活动。

例如，为了使学生经历“密度”的概念的建立过程，设计了在“是铁重还是木头重”的问题情境，通过实验计算 1 cm^3 各种物体的质量，让学生悟出“1 cm^3 物体的质量”可以区别不同的物质、描述物质特性的物理量，由此给出密度的概念。这样来学习要比直接告诉学生什么是密度要深刻得多。

又如，教科书中“磁感线”概念建立过程的探究，是以各种学生活动为主线的层层深入的系列探究：首先，从磁极相互作用的实验情境，引出磁场的概念；其次，用一个磁针探究磁体周围

的磁场，动手画磁针方向，认识磁场中某点磁场的方向性；再次，利用铁屑观察磁体周围磁场的平面分布，形成磁感线的概念；最后，应用计算机画出的立体磁感线示意图，感受磁场的三维分布。这一系列的探究活动，可使学生对磁场形成较全面的概念。

2. 学生的科学探究需要学习，从指导学生学习的角度来看，教科版教科书的科学探究分三个层次：示范性探究，有路标引导的科学探究和课题研究式综合探究。

把探究性学习活动置于物理课程改革的中心地位，精心设计探究过程，既要给学生留足自主活动空间，又要在探究过程中给学生设一些“路标”，防止迷失方向，让学生在“做”物理的过程中充分经历探究过程。有“路标”引导的开放型探究是教科版教科书中科学探究的主要形式，也是我们的一个特色。

例如，教科书中“固体熔化过程的规律”的探究活动，是一个开放性的自主探究，为了使结论具有普遍性，各组所选研究材料可能不尽相同。所选的材料是用水浴法加热，还是直接加热？在熔化过程中需要关注什么现象？如果没有“路标”的引导，实验探究是很难在规定时间顺利完成的。为此，教科书中设计了小聪的探究片断、小明的探究片断、学生和老师的对话等“路标”，解决了学生探究中的关键点、易出问题的点，启发学生进行思考与设计。

（五）注重问题情境和应用情境的创设，体现从“生活到物理，从物理到社会”的基本理念

1. 教科版教科书中创设了多元情境，使学生在情境中观察、思考、实验，在交流讨论中提出问题，充分交流合作，进行科学探究。教科书中，创设情境的方式很多，有生活、生产、自然现象等情境的描述，如在“认识晶体”中，一幅漂亮的雪花照片，使学生在美的情境中认识到晶体有着规则的形状；“来自极地的报告”则通过数据和文字描述的情境，使学生感受到物态变化将使陆地急剧减小，给人类带来巨大的灾难；人类发明各种热机，使我们的地球成为一个地球村的图片，会给学生带来心灵的震撼。

根据学生的年龄特点，教科版教科书中还插入了许多用卡通漫画创设的问题情境：小猫钓鱼、小聪和小猫、南极企鹅、小鸟与触电等，这些情境较好地营造了探究氛围，引导学生进入问题探索者这一“角色”。

教科版教科书尽可能把抽象的概念、公式及物理过程同一些

具体的、形象的物理模型及可视性较强的图形联系起来，创设了许多以培养学生形象思维能力为核心的物理情境，例如导体电阻的“石头-水管模型”，汽化和蒸发的分子运动卡通图，从直线电流磁场到通电螺线管磁场的演化过程的多媒体展示等，都力图让学生在这形象化的物理情境中体会、理解物理概念，掌握物理规律。

2. 一个物理实验就是一个完整的物理情境。教科版教科书极为重视物理实验的开展，尽可能把学生们带入到真实的能够产生问题的实验情境中去。不是告诉他们什么叫串联和并联，而是让他们尝试两只灯泡和电池怎样连接可以发光。

3. 课堂教学是一个师生之间、学生之间多边协作的活动过程，这就需要营造一种协作情境。基于这个理念，教科书以小聪和小明为主人公，兴致勃勃地在物理世界中漫游，当两位小朋友争论不休时，也为同学们创设了一个对话协作的情境。生动活泼的卡通图，给学生一种亲切感，能使初学物理的学生减少畏难情绪。

（六）关注过程性评价，将评价纳入教科书结构之中

本套教科书一方面通过反复的“讨论交流”贯穿形成性自我评价，更主要是通过创设“发展空间”改革评价结构，体现评价的多元化，既面向全体学生，又适应不同个性学生的发展。在“发展空间”中，有继承传统评价方式，面向全体学生的“自我评价”，有体现创新精神的“家庭实验室”、有关注社会和科学的“走向社会”“物理在线”，还有体现个性发展的“我的发明”“我的设计”等。

三、教材资源配套情况

分别配有《物理教师教学用书》《物理学生活动手册》《物理同步练》《物理学习与测试》《物理假期作业》，出版了《物理培训资源包》《物理教师备课系统》，配有实验光盘和一线教师的示范课光盘。另外还开设了网上交流平台（www. esph. com. cn)，设立了最新动态、理论探讨、答疑解惑、课程资源、教师培训等栏目。通过电子邮件可以直接同教材主编、分册主编、责任编辑对话。

四、教材使用反馈情况

紧扣课标，重视教材的开放性；强调基础，重视实验探究；培养学习物理的兴趣，突出学生活动，注意师生的互动性；关注科学、技术与社会的关系（STS)，渗透人文精神，提高学生的科学素养；教材的信息量大；教材重视了科学史和科学方法的

培养。

在出版社曾经做过的问卷调查中，在教材是否落实了《课程标准》要求的科学知识方面的调查中，认为完全落实的占 90%；教科书的内容陈述对于教师教学方面认为方便占 90%；在教科书的内容陈述对于学生学习理解方面，91%的学生认为通过教材能够实现自学（数据来自 2006 年赣州实验区问卷）。

五、出版社及主编联系方式

1. 出版社联系人：莫永超

   电话：010－64989537

   邮箱 ：wuli@esph. com. cn

   通信地址：教育科学出版社，北京市朝阳区安慧北里安园甲 9 号

   邮编：100101

   网址：www. esph. com. cn

2. 主编：吴祖仁

   邮箱：wltbmaster@cpenet. org. cn

学 术 期 刊

物理教学

《物理教学》是由中国科学技术协会主管、中国物理学会主办，面向中学物理教师的中等教育类学术期刊，1978 年创刊，1980 年 6 月前为季刊，1983 年 12 月前为双月刊，1984 年 1 月起改为月刊。本刊曾获中国科协优秀期刊，1996 年以来一直被权威部门审定为中文核心期刊。

《物理教学》杂志坚持“物理学科特色突出，教学理论价值落实”的办刊方向，以最大限度服务于提高中学物理教学质量为宗旨。

《物理教学》从 1982 年起已 5 次主办“全国中学物理特级教师会议”，6 次主办“全国中学物理青年教师教学大赛”等全国性会议，在中学物理教学方面具有积极的影响。

【基本信息】

主办单位：中国物理学会

通信地址：上海市中山北路 3663 号华东师范大学内《物理教学》编辑部

邮编：200062

电话（传真）：021－62232813

邮箱：wljx@phy. ecnu. edu. cn

刊号：ISSN 1002－0748，CN 31－1033/G4

【主要栏目】

专论：通俗易懂地介绍物理学的发展及应用，主要邀请中科院及高校相关领域的物理专家撰写，目的是帮助教师更全面、透彻地理解物理。

物理沙龙：采用一文一说方式，内容以相对论、量子理论以及宇宙学等近现代物理知识为主，期望从经典物理出发，沟通其和现代物理之间的联系，为教师储备丰富的课程资源。

教学研究：物理教学的理论研究成果、教学实践中的经验总结；剖析物理课程、教材中存在的问题，提供解决问题的思路和可行方法。

课改进展：介绍课改基本思想、反映物理新课程推广中的应用现状。

初中园地：为初中教学开设的教学研究专栏。针对初中特点，侧重于教与学，扩大研究面。

实验室精英：钻研中学物理实验中出现的一些问题，通过清晰地理论分析、或借助某种辅助手段消除存在的问题。

一题一议：有针对性地解答物理教学中存在的似是而非的一些问题，通过读者的积极参与，对问题进行商榷，以明“是”与“非”。

命题与解题：侧重试题的命题意图、思路、技巧和审题解题方法、答案以及试题的考查效果等方面的研究，旨在以丰富的实例启发师生提高对试题的研究水平。

高考与竞赛：针对高考、初高中物理竞赛辅导等方面的专题研究。

此外该刊还开设有“教学随笔”“物理之窗”“实验拾零”“物理学家与物理学史”“生活与物理”“读者·编者·作者”等栏目。

中学物理

【基本信息】

主办单位：中国教育学会物理教学专业委员会、哈尔滨师范大学

通信地址：哈尔滨市和兴路 50 号《中学物理》编辑部

邮编：150080

电话：(0451) 86329557

邮箱：zhxwl@yahoo. com. cn

刊号：ISSN 1008－4134，CN 23－1189/04

【主要栏目】

教学论坛、教材研究、实验研究、思维训练、教学随笔、问题讨论、解题指南、经验交流、物理与教学、高考研究、错解分析、中学生、微机辅助教学、概念规律辨析、物理与科技等。

物理教学探讨

【基本信息】

主办单位：西南大学物理科学与技术学院

通信地址：重庆市北碚区天生路 1 号《物理教学探讨》杂志社

邮编：400715

电话：023－68252386

邮箱：wljxtt@swu. edu. cn

刊号：ISSN 1003－6148，CN 50－1061/G4

【主要栏目】

专家论坛、教学改革、教材教法研究、课改实验区、科学技术社会、问题讨论、考试研究、现代教育技术、物理实验、课堂内外等。

中学物理教学参考

【基本信息】

主办单位：陕西师范大学

通信地址：西安市陕西师范大学田家炳教育书院陕西师范大学杂志社

邮编：710062

电话：029－85308684

邮箱：hy@cfpe21. com

刊号：ISSN 1002－218X，CN 61－1033/G4

【主要栏目】

教学时空（教学方法、问题争鸣、课例点评、师路心语、研究生苑）；

课程资源（习题研究、实验创新、教育技术、生活物理、史海拾贝）；

高考竞赛（高考纵横、竞赛辅导）；

初中物理（中考速递）等。

物理教师（高中版）

【基本信息】

主办单位：苏州大学、中国教育学会物理教学专业委员会

通信地址：江苏苏州大学《物理教师》编辑部

邮编：215006

电话：0512－65113303

邮箱：wljs@suda. edu. cn

刊号：ISSN 1002－042X，CN 32－1216/04

【主要栏目】

教育理论研究、教材与教法、高考命题研究、物理实验、问题讨论、教师进修园地、物理学家和物理学史、现代教学技术、物理·技术·社会、复习与考试、竞赛园地、大学物理园地等。

学 术 团 体

中国物理学会

中国物理学会是以促进物理学发展和普及为宗旨的学术性、科普性社会团体，是中国科学技术协会的组成部分。

中国物理学会的主要任务是：积极开展学术交流活动，活跃学术思想，促进学科发展，促进物理学人才培养；编辑出版学会学术刊物；大力普及物理知识；捍卫科学尊严，传播科学思想和方法，推广先进技术，开展青少年活动，推动社会主义精神文明建设；开展民间国际学术交流活动，发展同国外的物理学团体和物理学工作者的友好交往；对国家重要的科学技术政策和有关重大的科技项目进行决策咨询，提出建议；反映物理学工作者的意见和要求，维护其合法权益；促进我国物理教学的改进与提高；表彰奖励优秀物理学工作者；兴办符合中国物理学会宗旨的社会公益性事业。

中国物理学会成立于 1932 年 8 月，中国物理学会包括各省、市、自治区地方物理学会 31 个，下属的各分会、专业委员会 27 个。

中国物理学会第九届理事会理事长杨国桢，副理事长（按姓氏笔画为序）张闯、张泽、杜祥琬、赵光达、顾秉林，秘书长王玉鹏，理事 100 名，常务理事 29 人。

根据工作需要，中国物理学会设有学术交流、科普、出版、物理教学、物理名词、咨询六个工作委员会及办公室。

中国物理学会及其分支机构主办的刊物共 22 种，如《物理学报》《物理教学》《物理学进展》《现代物理知识》《国际物理教育通讯》等。

学会和分支机构每年举行 50 多次学术会议及若干次前沿领域报告会。中国物理学会还设立了胡刚复、饶毓泰、叶企孙、吴有训、王淦昌物理奖。1986～2008 年组织参加了 23 届国际物理奥林匹克竞赛。每年组织全国中学生物理竞赛。

1984 年 10 月 8 日，中国物理学会被接纳加入国际纯粹与应用物理联盟（IUPAP），每届我国有 10 多位物理学家任专业委员会委员。1990 年 8 月我会作为发起学会之一创建了亚太物理学会联合会（AAPPS)。学会还与海外华人物理学会、香港物理学会建立了联系，并与美国物理学会和英国物理学会建立了交流与合作关系。通过学会之间的交往，加强了国际合作，进一步提高了学会在国际物理学界的地位。

从 1932 年中国物理学会成立时起，物理学家李书华、叶企孙、吴有训、严济慈、周培源、钱三强、黄昆、冯端、陈佳洱先后担任会长（前期）或理事长。

中国教育学会物理教学专业委员会

中国教育学会物理教学专业委员会成立于 1981 年 11 月 26 日，是一个群众性的学术团体和研究组织，其主要任务就是要通过开展专业的物理教育研究，探索和提高我国基础物理教育的质量，为培养符合时代要求的一代新人服务。

第七届中国教育学会物理教学专业委员会

名誉理事长阎金铎，理事长郭玉英，副理事长高凌飚（宣传)、张主方（教研员)、陶洪（高师)、梁树森（学术)、宋树杰（竞赛)，秘书长彭前程，另外，有常务理事 22 名，理事 73 名。

根据工作需要，中国教育学会物理教学专业委员会下设秘书处、学术委员会、竞赛工作委员会、对外联络委员会、教研员工作委员会、高师工作委员会、铁路工作委员会和职教工作委员会。

物理教学专业委员会主（合）办的主要报刊

会刊

《物理教师》编辑部设在苏州大学

《中学物理》编辑部设在哈尔滨师范大学

《中学生物理报》编辑部设在山东省教学研究室

合办报刊

《物理通报》编辑部设在河北大学

《物理教学探讨》编辑部设在西南大学

《学物理报》编辑部设在哈尔滨师范大学

2008 年举行的主要活动

1. 举办中学应用物理知识竞赛活动。

2. 2008 年 10 月召开全国中学物理教学研究、经验交流大会。

3. 开展教育支边活动。

4. 举办第五届中学物理教学改革创新大赛。

5．开展科学论文评比及科技活动。

6．开展教师专业发展论坛。

7．2008年2月13日与香港物理学会一起举办了第4届泛珠三角及全国名校高中物理竞赛。

8．2008年第七届全国物理教学专业委员会通过向全国招标，确立了69项重点课题、89项一般课题、10项重点规划课题。

中学名校、名师

中学名校

无锡市第一中学

1. **教研组简介**

无锡市第一中学物理组现有成员 27 名，其中有江苏省突出贡献的中青年专家 1 名，江苏省人民教育家培养对象 1 名，特级教师 2 名，教授级高级教师 2 名，无锡市学科带头人 3 名，无锡市教学能手 3 名，具有研究生学历教师 11 名。全组教师年龄结构合理，关系十分融洽，充分体现了老、中、青三结合的教学优势。老教师以严谨、踏实的作风在组内起示范和把关作用，中年教师勇挑重担，发挥骨干带头作用，青年教师虚心学习，在良好氛围中成长迅速。物理组在学校师生中有良好的口碑，为学校的发展作出了重要贡献。

2. **所获荣誉与特色**

近年来全组教师共同努力，在教学科研等各个方面屡获殊荣。近 5 年来，有 3 名教师在全国优质课大赛中获奖，有 12 人在省市级好课大赛中获奖。全组共有一百余篇文章在省级以上刊物上发表，其中核心刊物发表的多篇高质量的文章在中学物理界有广泛影响，如胡平校长在《中学物理实验教育的文化价值简论》一文中提出把实验当作文化来教，引起业内专家的高度重视。同时物理组每年都有 20 多人次文章在省、市教研中心论文评比中获奖。高中物理竞赛中连续多年保持突出地位，在本地区有明显优势。中科院院士钱伟长到学校指导工作时对物理组取得成绩给予肯定，并勉励教师努力培养出国家建设所需要的物理人才。

物理组充分利用学科特点，将信息技术融入到物理实验中，自 2003 年与山东大学合作创建了第一个数字化实验室，开始了数字化实验平台与中学物理实验教学整合的教学试验，在本地区产生了较好的影响。在几年的实践中，物理组不断实践，勇于创新，不断开发和完善用于实验教学的数字化实验平台体系，先后有10多篇相关文章在核心刊物上发表。还和南京师范大学合作创建了创新实验室，使物理组的实验教学不断适应新形势下物理教学的发展需要，走在了全省改革的前列。目前该组已拥有多功能实验室10个，充分满足了物理教学和学生课外研究性学习的需要。该组先后参与了该方面的两个国家级的科研课题，近期《DISlab的教学功能多元开发》又获江苏省课题立项。DIS实验的研究是学校校本课程建设的一大亮点，也是学生非常喜欢的校本选修课之一，为学生课外研究性学习、课外活动搭建了平台。物理组曾多次被评为学校先进教研组，获江苏省先进集体称号。

江苏省苏州中学

1. 教研组简介

江苏省苏州中学物理教研组现由25名教师组成，其中有7名硕士研究生，2名特级教师，17名高级教师，2名全市“学科带头人”。教研组全体成员爱岗敬业，关爱学生，淡泊名利，乐于奉献。追求精诚合作，资源共享，具有较强的团队意识。教研组同人豁达宽容，氛围和谐，顾全大局。

2. 所获荣誉与特色

教科研方面，全组成员近三年在各类重要杂志上公开发表论文约80多篇，还有4篇获省一等奖。辅导学生物理竞赛方面，近五年来，获国际物理奥赛金牌2人，亚洲物理奥赛金牌4人。教师参加教学基本功大赛方面，近五年来，获全国一等奖1人，获全国二等奖3人，获省一等奖3人，获市一等奖4人。

江苏省常州高级中学

1. 教研组简介

江苏省常州高级中学物理教研组由19名教师组成，其中有6名硕士研究生，11名高级教师，1名省“教授级高级教师”，1名“特级教师”，1名“特级教师后备人才”，4名市“学科带头人”，1名市“骨干教师”，1名市“教学能手”，1名市名师工作室领衔人，7名市名师工作室成员。

教研组秉承“存诚、能践”优良校风，全体教研组成员以“一切为了学生的发展”为不懈奋斗的目标：团结奋进、勇于创新、追求卓越、不断创新、顾全大局、淡泊名利、默默奉献。教研组老、中、青三代教师发扬民主平等的优良作风、钻研业务、交流合作、共同进步、创造了优良的业绩，得到校内师生的一致好评。教研组立足教育研究，促进教师成长，加强和高校以及兄弟学校的交流合作，在省内乃至全国都具有一定的影响。

2. 所获荣誉与特色

近年来组内成员主编和参与编写了若干本教材和书籍，2006～2009 年公开发表和获奖的文章有 53 篇，其中省级以上刊物发表和获奖 35 篇。参与了 2 项国家级重点课题、1 项省级重点课题、2 项市级重点课题的研究。已结题课题中 1 项国家级重点课题研究成果获全国二等奖，1 项市级课题获市二等奖。丁岳林老师领衔的名师工作室，与兄弟学校交流密切，多次承担省、市的课程培训和报告讲座活动。中青年教师中 2 人曾获得全国评优课一等奖、2 人曾获得省评优课一等奖，1 人曾获得省评优课二等奖，参与拍摄的市精品录像课 10 节。近五年来辅导学生参加全国中学生物理奥林匹克竞赛有 55 人获得省一等奖，其中 2007 年、2008 年分别获得江苏省团体总分第三名和第二名的好成绩。2008 年辅导学生获得头脑奥林匹克竞赛全国二等奖。教研组还负责学校的科技创新部的活动以及学生自主实验活动开展，培养学生的创造力。2007 年被表彰为市优秀教研组，2009 年被表彰为市优秀工会小组。

南京市金陵中学

1. 教研组简介

南京市金陵中学物理教研组由 21 名教师组成，其中有 2 名特级教师，3 名市级“学科带头人”，1 名省“优秀青年教师”，1 名市“优秀青年教师”。教研组全体成员爱岗敬业，不仅有崇高的职业理想和坚定的职业信念，而且有较强的教学科研能力。全组教师在教学中潜心钻研新课程的理念，重视素质教学，以提高学生科学素养为主要目标，研究不同学生的认知特点，运用现代教学理论精心设计、组织物理课堂教学，全力做到知识的传授、能力的培养、兴趣的激发、德育的渗透的四位统一，严谨务实而灵活多样的教学实践取得了显著的教学效果，并取得了较多的教学研究成果，争得了不少荣誉。

2. 所获荣誉与特色

全组成员参与和主编了 16 本教材和书籍，公开发表文章百余篇。《新课程高中物理演示实验》《名师课堂》在中央电教馆电化教育电子音像出版社出版发行。主持 4 项国家级重点课题，6 个省级课题，10 个市级课题。物理奥赛辅导成绩突出，近五年内有60多位同学在"全国中学生物理竞赛"中荣获一等奖，其中有20位同学取得了全国高校保送资格，2010年严梦媛同学以优异的成绩代表江苏省参加国家奥赛集训队。课堂教学研究成绩喜人，先后有两人参加全国青年教师课堂教学创新大赛并荣获一等奖，5人参加江苏省青年教师课堂教学创新大赛并均荣获一等奖。教研组连续两届被南京市评为"先进教研组"。

南京师范大学附属中学

1. 教研组简介

南京师范大学附属中学物理教研组目前由22名教师组成，其中有硕士研究生学历的教师5人、有本科生学历的教师17人；教授级高级教师1人、高级教师13人；江苏省特级教师1人、南京市学科带头人4人、南京市优秀青年教师2人。长期以来，物理组全体教师以优秀的师德形象、深厚的业务功底、先进的教学理念、高超的教学技艺以及优质的教学成效赢得了学生的爱戴与社会的尊重。

2. 所获荣誉与特色

近年来，教研组秉承学校优秀的教育文化，认真贯彻新课程理念，不断地进行教学改革与创新，优化教学方式，在教育、教学工作中取得了辉煌的业绩。2006年被评为南京市优秀教研组，2007年被评为江苏省优秀教研组。

(1) 浓厚的教科研氛围。近三年，全组成员参与和主编了10多本教材和书籍，参与了3项省级重点课题和3项市级课题及多项校级课题的研究。每学年都会有10多篇文章参与交流或公开发表。

(2) 锐意进取的改革精神。全组成员积极参与新课程改革，并推广新课程改革的成果，2005～2007年连续三年承担了南京市高中物理新课程培训工作，2006年成功承办了"全国高中物理新课程改革经验交流会"，完成了"物理学科新课程实施方案研究"省级课题。组内资深老师开讲座和公开课达数十场，青年教师成长迅速：王峰老师在第三届江苏省教学改革创新大赛中荣获一等奖，陈明老师在第四届全国中学物理教学改革创新大赛中荣获一等奖。

(3) 辉煌的教学成绩。连续五年获得"江苏省物理竞赛金牌总数第一"的称号；先后有172人次获省一等奖，52人次获保送资格，8人次进入省队，3人次进入国家集训队。更有何骥同学在第9届亚洲物理奥林匹克竞赛中一举获得总分第一的优异成绩。我们不仅重视课堂教学，还通过开展丰富多彩的学科活动、成立“IYPT”（“国际青年物理学家竞赛”的简称）学科社团，致力于培养学生的创新意识、协作精神和实践能力。学生的研究性学习论文多次在全国和省、市获奖，更有朱宏宇同学代表中国队参加“国际青年物理学家竞赛”获三等奖。王宁悦同学在国际“起步诺贝尔物理奖”（简称 FS）竞赛中获研究性论文提名奖，这是目前我国中学生在该项比赛中取得的最好成绩。学校因在各级物理竞赛中成绩突出而获得“金牌学校”称号，并被省物理学会确立为“物理奥林匹克竞赛培训基地”。

福建省三明第一中学

1. 教研组简介

三明市第一中学物理组现有教师 18 人，特级教师 1 人，高级教师 6 人，一级教师 7 人，二级教师 5 人。教师中有 1 位全国千百万优秀人才；1 位全国优秀教师，1 位全国模范教师；3 位省、市学科带头人；1 位国家级骨干教师，6 位省、市级骨干教师；2 位省优秀共产党员；1 位市优秀人才，2 位市拔尖人才；5 位市优秀教师，2 位市优秀青年教师；2 位教育硕士。5 人次任市级以上学会理事，近年来有包括现任校长在内的 5 位校级领导出自物理组。是一支师德高尚、素质全面、结构合理的教师队伍。

2. 所获荣誉与特色

该组教师先后承担国家、省、市级教研课题 20 项，其中全国“十五”教育规划重点课题《“滚动制”分层次教学与学年学分制》被中央教科所评为全国二等奖。2000 年以来，在各级 CN 刊物上发表文章 55 篇，在市级以上学术研讨会上交流文章 258 篇，并有多篇论文荣获国家、省、市级奖。刘若嘉校长编写《高中物理竞赛 108 讲》和多棱镜教育丛书《破茧而出》已公开出版发行。十多年来，学校先后 6 次荣获中学生物理竞赛福建省团体冠军，有 17 人次学生荣获全国物理决赛一、二、三等奖，其中 3 人入选国家集训队，连乔同学还荣获第 28 届国际中学生物理奥林匹克竞赛金牌，162 人次获省一、二、三等奖，300 多人次获市级奖。

近年来，有 6 名教师任市高中新课程实施研究指导小组成员（其中担任组长 2 人），开设省、市级公开课或学术讲座 57 次，该组已逐渐成为英才辈出、名师荟萃的省、市高中教育事业的形象窗口，2009 年三明一中物理组被福建省教科文卫体工会工作委员会授予福建省“五一先锋岗”。

中学名师

王永元

1983年7月毕业于苏州大学物理系，先后在江苏省沙溪中学、太仓市第一中学和江苏太仓高级中学任教，现担任学校教务处副主任、苏州物理学科中心副主任，负责苏州物理教学的研究工作，并担任高中物理教学工作；1996年破格评为中学高级教师专业技术职务，2007年又破格评聘为“教授级中学高级教师”正高级专业技术职务。先后获得“江苏省物理特级教师”“苏州市名教师”“苏州市劳动模范”“苏州教育十大年度人物”等荣誉称号。

1. 课题研究

在学术研究方面，先后主持江苏省“十五”重点课题“多媒体辅助中学物理课堂教学的研究”、江苏省“十一五”电教课题“网络资源的开发和研究”和苏州市“十一五”规划课题“学校素材库建设”等研究工作。参与“十五”教育部重点课题“构建环境、人口与可持续发展（EPD）的学校课程”、中国科协“十一五”规划课题“开发校本课程提高学生科学素养的实践研究”等的研究工作、获得“苏州市优秀科研成果一等奖”等市级以上奖励20多项。

在多媒体技术应用、中学物理实验开发等方面获得市级以上奖项30多项，其中有全国一等奖、二等奖各一项，江苏省一等奖三项。

2. 论文发表

几年来，先后在《物理教师》《物理通报》等刊物发表论文22篇，其中代表性论文有：

（1）“精心设计物理实验培养学生积极情感”载《物理通报》2000年第3期；

（2）“超重失重的实验探究”载《物理教师》2005年第7期；

（3）“自由落体运动的探究设计”载《物理教师》2007年第8期；

（4）“红蜡块实验的改进”载《物理教师》2009年第2期；

（5）“浅谈学生创新思维培养的支撑点”载《人教社培训资料》2009年第8期。

3. 出版物

主编并出版发行的书籍有：《人教物理 3－2 教师教学用书》（人民教育出版社）、主编电子出版物《苏科版物理教学参考资料配套光盘（九年级上、下册）》（江苏音像出版社）等。

4. 学术荣誉和社会影响

2009 年 3 月，被确认为江苏省物理教育指导委员会核心成员，2009 年 5 月担任江苏省物理实验研究省级调研员，先后被聘为：

（1）苏州大学物理教育专业“教育硕士”校外指导教师；

（2）苏州市“名教师、名校长”培训班实践导师；

（3）人教版新课程实验教材物理培训团专家；

（4）成立“王永元工作室”并主持苏州物理学科中心的研究工作。

5. 主要学术观点

在新课程教法研究方面，提出“只有让学生积极参与的教学才是有效的教学，只有让学生学会学习的教学才是有意义的教学”。创造性地总结出以问题为中心的教学模式指导下的三步教学策略——“创设问题情境，提出有效问题，组织学生活动”。相关学术观点在全国各地讲学 30 多场，深受广大物理教师的欢迎。

朱建廉

1980 年 7 月毕业于淮阴师范专科学校物理系（专科），1997 年 7 月毕业于南京师范大学物理系（本科）。1980 年分配到江苏省淮阴中学担任高中物理教学工作，1988 年 8 月调至南京市金陵中学。现担任南京市金陵中学学术委员会主任。1997 年评为中学高级教师，2006 年又评为江苏省首批教授级中学高级教师。先后获得“江苏省‘三三三工程’培养对象”“南京市学科教学带头人”“南京市有突出贡献的中青年专家”“江苏省物理特级教师”等荣誉称号。

1. 课题研究

在学术研究方面，先后主持或参与全国、省、市各级教育科学规划课题研究十多项。所研究的课题曾获得“市优秀科研成果一等奖”。

多次在各级优质课评比中荣获一、二等奖。

2. 论文发表

从业以来，先后在《物理教师》《物理教学》《物理通报》

《中学物理》《物理教学探讨》《中学物理教学参考》等刊物上发表教育教学论文约200多篇，其中包括：

（1）“知识·能力·素质”载《江苏教育研究》2006年第1期；

（2）“教学研究成果的四种初级呈现方式”载《中学物理教学参考》2006年第9期；

（3）“关于‘光电子发射率’的几种假设”载《物理通报》2007年第3期；

（4）“试题的命制原则研究”载《物理教师》2008年第10期；

（5）“选做题——挑战公平不容商量”载《物理教师》2008年第11期。

3. 出版物

主编或参与编著并出版发行的书籍有数十本。其中包括：

（1）《高考“3＋x”丛书·物理》（江苏教育出版社2001年1月出版）；

（2）《物理教学研究与案例》（高等教育出版社2006年2月出版）；

（3）《高中物理教学大纲及教材分析》（东北师范大学出版社2001年10月出版）。

4. 学术荣誉和社会影响

（1）中国教育学会物理教学专业委员会理事；

（2）江苏省物理学会理事；

（3）南京市科技学会理事；

（4）南京市物理学会副理事长。

5. 主要学术观点

（1）针对高中物理教学提出“思维引领与问题驱动”的教学模式；

（2）针对教学过程的认识提出了所谓“双主体特征”的相应观点；

（3）针对师生关系的理解提出了所谓“学习共同体”的相应观点；

（4）针对教师教学行为提出“绝不应该剥夺学生自主发现的乐趣”等行为原则；

（5）针对学科教学境界提出“以科学境界求真”“以人文境界向善”“以艺术境界臻美”的相应观点；

（6）针对课程实施提出了诸如“对于教学目标要注意‘过程’与‘结论’的平衡”“对于学习模式要注意‘接受’与‘探

究’的结合”“对于教学设计要注意‘预设’与‘生成’的统一”“对于教学手段要注意‘传统’与‘现代’的融合”、“对于教学评价要注意‘知识’与‘能力’的协调”等观点。

成锦平

1986 年 7 月毕业于江苏教育学院物理系，担任高中物理教学工作，现担任江苏省南通第一中学校长，全面负责学校的行政管理工作，并担任高中物理教学工作；1996 年破格评为中学高级教师，2006 年又破格评聘为江苏首批“中学教授级”正高级专业技术职务。先后获得“全国群众体育先进个人”“江苏省劳动模范”“江苏省物理特级教师”“江苏省教育科研先进个人”等荣誉称号；是“江苏省人民政府督学”“江苏省人民教育家培养对象”“南通市专业技术拔尖人才”。

1. 课题研究

在学术研究方面，先后参与中央电教馆“十一五”立项课题“中学理科数字化实验的理论与实践研究”、江苏省教育科学“十五”规划课题“教育信息化对中学生健全人格发展影响的研究”等省级以上课题 6 项。

2. 论文发表

几年来，先后在《物理教学》等杂志发表论文 21 篇，代表作：

(1)“物理 CAI 的新思维——从课件到积件”载《物理教学》2006 年第 5 期；

(2)“浅谈 BLOG 在物理教学中的应用”载《物理教学探讨》2006 年第 4 期；

(3)“充分利用互联网络，有效扩展物理课堂”载《物理教学》2004 年第 1 期；

(4)“试析质点动力学的基本原理和解题分析”载《江苏教育学院学报》2005 年第 3 期；

(5)“追求教育理想，实现理想教育”载《江苏教育研究》2008 年第 2 期。

3. 出版物

参与编著并出版发行的书籍有：《教育网络化与学生素质发展的探索和实践》（教育科学出版社）、电子出版物《向 45 分钟要效率》（南京师范大学出版社）等。

4. 学术荣誉和社会影响

1998 年 12 月，被选举为“南通市物理学会”副会长，先后被聘为：

（1）南京师范大学物理科学与技术学院“教育硕士”指导教师；

（2）南通大学兼职教授；

（3）江苏省教育学会物理教学专业委员会理事。

5. **主要学术观点**

（1）在物理教学方面，提出了“立足实验、注重探究、发展能力”三原则；

（2）在课堂教学方面，提出了“任务驱动，学程导航”的模式；

（3）在学校管理方面，提出了“系统决策，科学实施”的理念。

周久璘

1978年毕业于扬州师范学院物理系，现担任南京师范大学附属中学副校长，负责学校的教学及教育研究工作，并担任高中物理教学工作。1991年被南京市首批破格评聘为中学高级教师专业技术职务，2006年被评聘为“江苏省首批教授级中学高级教师”专业技术职务。先后获得“南京市学科带头人”“南京市名教师”“江苏省中学物理特级教师”“江苏省有突出贡献的中青年专家”等荣誉称号。

1. **课题研究**

先后参与省“九五”规划重点课题“升学预备教育类型的高中课程改革试验与研究”，省“九五”教育研究课题“应用多媒体技术构建现代化教育模式的探索和研究”，省教育厅课题“普通高中新课程教学管理研究”等研究，是上述课题的主持人或主要负责人，上述课题均已经结题，其中“普通高中新课程教学管理研究”获省教育厅优秀研究成果奖。

1990年，获得南京市优秀物理课堂教学成果奖，1991年，获得南京市一堂好课评比一等奖。

2. **论文发表**

三十多年来，先后在《物理教学》《物理教师》等专业期刊上发表教育教学论文110余篇。其中近期发表的主要论文有：

（1）“探究性教育理念下的中学物理教学”载《中学物理教学参考》2005年第10期；

（2）“让问题成为课堂的中心”载《中学物理教学参考》2005年第11期；

（3）“物理教学的课堂应该成为智慧的课堂”载《物理教师》2006 年第 2 期；

（4）“试论有效实施‘问题拓展式’教学的策略”载《物理教师》2006 年第 9 期；

（5）“做一名有效的教师”载《江苏教育研究》2008 年第 1 期。

3. **学术荣誉和社会影响**

（1）2000 年，被选举为“南京市教育学会物理教学专业委员会”副理事长；

（2）2006 年，被聘为南京师范大学物理专业“教育硕士”校外指导教师；

（3）自 2003 年至今，担任江苏省人民代表大会代表。

4. **主要学术观点**

在课堂教学方面，他认为，智慧是可以培养的，让学生获得知识固然重要，但让学生获得丰富的智慧则更为重要。智慧需要教育的开发与挖掘，教师应当将培养智慧的学生作为自己的职业理想和人生追求。为此，他提出并实践了“以问题为中心”的课堂教学模式：将问题作为学科知识建构的载体，将问题作为发展学科能力的支架，以整体设计的问题链、问题串或问题组恰当地贯穿于教学过程，通过师生对话、学生独立思考或讨论等方式解决问题，而在解决问题的过程中让学生获得思维的体验，促进学生思维的灵动，让学生的智慧伴随着思维的成长而获得丰富。

胡 平

1982 年毕业于江苏师范学院物理系，系中国物理学会会员，江苏物理学会理事，无锡市物理教学学会会长。1996 年被评为江苏省有突出贡献的中青年专家，2000 年被授予无锡市首批名教师称号，2002 年被江苏省委确定为“江苏省 333 工程”培养对象，被江苏省政府评为物理特级教师，2003 年被聘为华东师范大学兼职研究员，2006 年被评聘为江苏省首批教授级高级教师，2007 年被聘为江南大学兼职教授，2008 年被聘为苏州大学硕士生导师。在省级及其他刊物、会议上发表论文 70 余篇，参撰、参编著作 21 部，其中主编 12 本，研究项目深入，学术成绩斐然。

1. **物理实验论的实践与研究**

（1）着眼于实验教育文化价值的研究与实践，发表了《中学物理实验教育的文化价值简论》，在全国第一次把物理实验当作文化来教，提出了实验教育的文化价值在于自由思想、独立风格、民主精神、严谨态度的养成。

(2) 首创"中学物理浸润式实验教学"。中国教育学会物理教学专业委员会会刊《物理教师》2002年第5期刊载其所撰论文《中学物理浸润式实验教学简论》。

(3) 提出了培养学生实验情感的新方法。中国教育学会物理教学专业委员会会刊《物理教师》2001年第5、第6期连续刊载其所撰论文《实验情感的失落、形成与发展》。中国物理教育学会副会长、苏州大学陶洪教授的评价是：站在全国研究与实践的前列。

2. 教师专业化发展的研究与实践

省"十五"课题"普通高中教师可持续发展行动研究"获得较高评价，是课题的领题主持人，省"十一五"重点课题"新课程背景下的教师专业化发展的理论与实践"的领题人、全国教育科学"十一五"规划2009年度教育部重点课题"我校传统教学特色'轻负担高质量'的研究与实践"的课题负责人，并有专著《学校教师发展实践与研究》在高等教育出版社出版，有论文《教师可持续发展意向与行动状况调研报告》《教师职业心态与专业发展需求调研报告》在《全球教育展望》杂志上发表。有文章《我专业成长的心路历程与思考》在《物理教师》杂志上发表。

3. 致力于学校的管理与发展

1996年起任江苏省天一中学副校长。2000年起任江苏省梅村中学校长，他与老师们一起，用8年时间将一所濒于困境的江苏省梅村中学建设成了一所崭新的、现代化的占地近400亩的新校，教师队伍蓬勃向上可持续发展，学校质量社会认可，是省内知名的四星级高中。在社会的信任中，他由梅村中学走向辅仁中学，在半年的时间内完成了辅仁高中新校园新发展的设计，开启了辅仁中学的新发展。2007年年底任无锡市第一中学校长，为无锡市第一中学的新辉煌做出了他自己的努力与贡献。

罗　翀

1993年7月毕业于福建师范大学物理教育专业，2005年被评为中学高级教师，现任福建省三明一中教科处副主任。是三明市第七次党代会代表，优秀物理竞赛辅导教师。先后荣获"福建省青少年科技教育突出贡献奖"科技辅导员、三明市新长征突击手、三明市十大杰出青年提名奖、三明市学科带头人、三明市青年科技奖、三明市拔尖人才等，2009年9月被人力资源和社会保障部、教育部授予"全国模范教师"的光荣称号。

1. **课题研究**

罗翀老师先后承担过六项课题的研究，其中国家级课题子课题 4 项，省级重点课题 1 项，市级重点课题 1 项，为第一完成人：

市级重点课题“促进自主探究——高中物理开展课题研究的实践与探索研究”成果 2007 年 4 月被评为“三明市基础教育科学研究 2004 立项的重点课题”优秀课题一等奖（排名第二），个人被评为市级课题优秀实验教师（排名第一），并作为优秀课题代表在三明市第二届基础教育科学研究课题实验结题工作暨优秀课题成果表彰大会上作《努力实践 以研促教》研究经验汇报，展示研究成果。

另外还有两项全国教育科学“十五”规划课题“创新精神培养与拔尖学生培养关系研究”“‘研究性学习’课程的开设”成果被全国教育科学规划领导小组办公室和全国中学教育科研联合体评为国家级二等奖。

2. **论文发表**

近几年 CN 刊物上发表论文 10 篇，其中国家级 CN 4 篇、省级 CN 6 篇，ISSN 刊物论文 3 篇，省级论文汇编 4 篇、市级汇编 3 篇，有 3 篇论文在省级学术会议上交流。

主要论文有：

（1）“高中物理探索性实验的教学设计与探讨”载《物理教学探讨》2006 年第 9 期；

（2）“试论物理教育中的课题探究教学”载《中学物理教学参考》2006 年专刊；

有 14 篇次论文荣获市级以上学术论文奖，其中全国奖 4 篇，省级奖 8 篇，市级奖 2 篇。

3. **出版物**

普通高中课程标准实验教科书《物理实验册·必修 1》《物理实验册·必修 2》（山东科技版）（福建教育出版社）。还参与编写出版《新编高中物理辅导与训练》《名校学案》《导与学》等物理新课程教学用书 7 本。

4. **学术荣誉和社会影响**

（1）福建省物理学会、教育研究会会员；

（2）三明市普通高中新课程物理学科指导组组长；

（3）三明市高中命题人才库成员；

（4）三明市中级专业技术职务评委库入库委员。

著作、论文索引

著作索引

优秀初中物理教师一定要知道的10件事

吴景霞

什么样的教师，才算得上优秀的教师?

什么样的物理教师，才可以称得上优秀的物理教师呢?

对于“优秀”而言，有人会认为其没有一个统一的标准，而也有人能列出一个长长的单子……

那么，对于讲授初中物理课的教师而言，“优秀”又有哪些含义呢? 北京中学物理高级教师吴景霞，从事中学教育工作30多年后，给出了她心目中的“优秀物理教师”。

中国青年出版社 2008年

物理益智思维游戏

王新义　门淑敏

“益智思维游戏”系列丛书模拟和涵盖了各学科中几乎所有的知识点，让学生从兴趣入手，增强对相关知识的了解和把握，把被动接受知识的旧观念转变为积极主动投入的新模式，通过灵活多变的方式让学生的思维能力在潜移默化中得到提升，达到事半功倍的效果。该书为《物理益智思维游戏》读本。

有针对性地培养良好的学习兴趣及思维方式，远比死记硬背更有效率。物理是研究物质结构、物质相互作用和运动规律的自然科学。学习物理就是要让学生初步学会物理知识与技能，经历基本的科学探究过程，受到科学态度和科学精神的熏陶，从而提高学生的物理科学素质。物理益智思维游戏是用思维游戏的形式，寓教于乐，通过游戏提高学生的思维能力，加深对物理科学的理解，改变以灌输传授知识为主的课堂教学模式，引导学生主动地感受科学环境，认识科学现象，经历科学探究过程，提高学生的学习兴趣和主动思考的能力。

该书强调基础知识和创新思维的有机结合，内容贴合学生学习和生活实际，基于基本学科知识，源于课本，区别于课本，以激发兴趣和提高能力为目标，让思维锻炼更有针对性。

中国时代经济出版社 2008 年

走进高中物理教学现场

官文栎

不仅仅是拿来就用，异彩纷呈的教学设计、课堂实录以及现场争鸣与引领、深化思考等几大模块覆盖教学的全过程，在教学现场中实现从模仿、借鉴到独立思考的三级跳跃，让你成为一名有独立精神的教育思想者。该书编写定位于体现新课程理念的具体化和可操作化，并力求展现基层一线教师在新课程改革中取得的成绩和宝贵经验。在基层一线教师所提供的众多教案中，遴选出具有代表性的案例加以整合，从解决新课程教学的实际问题入手，以真实的教学行为探讨新课程的课堂教学，体现新课程的理念、具体的课程目标、内容、方法和教学策略，希望这些案例能给教师以启迪、帮助和引领。

首都师范大学出版社 2008 年

中学物理新课程教学概论

阎金铎　郭玉英

该书以新课程理念为指导，结合我国目前中学物理课程改革的实际，汲取传统教学精华，贯穿现代教育观念，渗透科学探究的思想方法，充实物理教育研究与改革的最新成果，系统论述了中学物理新课程教学的主要内容和问题。

全书包括以下内容：中学物理新课程简介，中学物理课程资源，中学物理教学过程，物理教学方法，物理实验教学，物理概念教学，物理规律教学，物理练习教学，物理复习教学，物理实践活动教学，物理教学评价，物理教师的备课与教学研究。

该书简明、扼要，以物理教学实例阐述教学思想和理论，精选了丰富的新课程教学案例。可作为高师“中学物理教学论”课程的教材或参考书，也可供教育学院、教师进修学院及中学的物理教师参考。

北京师范大学出版社 2008 年

简明物理学史

王代殊

该书以精练的语言和清晰的框架向读者介绍了物理学从古至今的发展史，力图激发人们对科学的热爱，唤醒人们的创造精神。所引用的哲人语录精辟独到，力透纸背。为引起读者的兴趣，在阐述物理学发展历史的同时，还串接了25个精彩的附录，使该书有详有略，具有看点和可读性。胡锦涛同志指出："以崇尚科学为荣"，而物理学的发展历史正是自然科学史中最辉煌的篇章，该书既可作为一般读者了解自然、走向自然的引桥，也可作为大学工科、文科同学学习的教材和中学物理教师的教学参考书。书后列有附表，以便读者查阅。另有多媒体电子教材，分为课堂教学版和网络学习版两种版本。

中国科学技术出版社2008年

探求理想的教学

王　辉

我国的基础教育贯穿着这样一个清晰的逻辑：教育改革的核心环节是课程改革；课程改革的核心环节是课堂教学；课堂教学的核心环节是教师的专业发展。从这样一种逻辑推演，显然，教师是我国基础教育课程改革的关键，课堂教学是改革的主要场所。

该书的内容涉及高中数学、物理教育教学的多个方面，充分反映出学员对基础教育教学问题广泛的兴趣和深刻思考、深厚的实践积累和相当的理论分析水平，从一个侧面让我们欣赏到了名师的风采。这些成果也是中小学教师、教育硕士学员、高师学生很好的学习材料、参考资料。

中国言实出版社2008年

初中物理课堂教学课型

欧阳芬　彭隆辉

《初中物理课堂教学课型》秉承课程改革目标要求为宗旨，紧紧围绕"初中物理课堂教学课型"这一主题，以充分体现课型教学"优化课堂环节，活化教学资源，绽放师生智慧"的特点，发挥课型教学"激活课堂，提高课堂质量和效果"的功能为编辑出发点。书中渗透了基本课型、教学实践、课型实施流程、实施的关键等内容，对课堂教学中涉及的步骤和环节加以详尽阐述，精选教学设计案例，并适当配以相关教学知识的链接，以求实现将现代教育理念融于课型教学中的旨意。

吉林大学出版社 2008 年

新课程有效教学疑难问题操作性解读：高中物理

吴松年

“新课程有效教学疑难问题操作性解读丛书（高中版）”是为高中教师有效实施新课程、创造优质高效课堂教学而编写的。该丛书集中提炼了高中新课改实验区骨干教师实施新课程有效教学的典型个案，并在课堂教学操作性层面上对教师提出的教学疑难问题给予解读。该丛书可作为高中教师专业化培训用书。

该丛书的最大特点是依据高中新课改有效教学的显著特征，有效解读教学疑难问题，引导教师开展优质高效课堂教学。高中教学具有目标性、共通性、信息性、经验性和竞争性五大基本特征，该丛书凸显了这些显著特征。

该丛书的显著特色是以解决新课程有效教学中的疑难问题为依托，贯穿新课程有效教学理念，以加强课堂教学中的师德建设和教学素养提高为目标，在教学艺术和教学研究的高度上提供了典型的教学个案和可借鉴的教学经验；突出的特点是有极强的课堂有效教学的操作性。

科学教育出版社 2008 年

实验必备：初中物理探究实验（最新版）

闫新民

该书从以下几个方面全面解读了《物理课程标准》的要求：（一）课标要求——本实验《课标》的三维目标。（二）知识预备——进行探究实验所必须具备的知识与技能。包括实验原理、器材的选取、仪器的使用及注意事项，以填空选择的形式出现，便于学生在思考中学习。（三）探究报告——科学探究的一般步骤，便于学生进行科学探究，经历探究的过程，获取新知识。（四）探究拓展——与生活、生产实际相结合，引导学生进行实际的探究实验。主要是方法指导，拓宽学生探究实验的活动范围，提高学习兴趣和能力。（五）探究活动——选择了一些典型的探究实验方面的问题，注意探究的活动经历，优化学习过程，帮助学生提高解决问题的能力。

近年来《物理课程标准》全面实施，从2005年中考试题来看，与探究实验相关的内容所占的百分比越来越大：如青岛占72%，南通占53%，宜昌占42%，北京占48%，上海占45%。该书能培养和提高学生解决探究实验方面问题的能力。

湖北教育出版社 2008年

多元智力观与物理教学策略

陈 娴

《多元智力观与物理教学策略》以多元智力理论为指导，运用实证研究的方法对中学生的多元智力进行了调查，结果表明：现行的中学课程与教学主要围绕学生的一元智力进行培养。据此，《多元智力观与物理教学策略》提出在课程与教学中发展学生多元智力的观点，并结合物理教学的特点，提出了发展学生多元智力的教学策略：机械手策略、图形呈现的策略、自然观察的策略和科学探究的策略，同时，运用这些策略设计了中学物理教学的相关案例。

《多元智力观与物理教学策略》可供从事中学物理、科学教育教学工作的教师、研究人员以及大专院校相关专业的学生参考，也可以作为教师培训的教材。

高等教育出版社 2008年

不可不做的实验：初中物理

陈国芬 胡利华

该书是“锦囊妙解中学生数理化系列”的《不可不做的实验 初中物理》分册，它体现了新课标改革精神，不受任何版本限制。书中体现了系统的实验知识讲解，并配有近年来相应的中考真题和模拟题。全书分为实验基础、基本实验、提高实验、综合实验、小实验与小制作、不可不读的实验题等几个部分。该书内容新颖，题材广泛，目的是要从本质上提高学生的知识理解能力，分析问题和解决问题的能力以及动手实验操作的能力。

机械工业出版社 2008年

不可不做的实验：高一物理

钟庐文

该书是“锦囊妙解中学生数理化系列”的《不可不做的实验

高一物理》分册，它体现了新课标改革精神，不受任何版本限制。书中体现了系统的实验知识讲解，并配有近年来相应的高考真题和模拟题。全书分为实验基础、基本实验、提高实验、综合实验、小实验、不可不读的实验题等几个部分。该书内容新颖，题材广泛，目的是要从本质上提高考生的知识理解能力，分析问题和解决问题的能力以及动手实验操作的能力。

机械工业出版社 2008 年

高中物理新课程的理论与实践

王力邦　帅晓红

《普通高中新课程理论与实践丛书》在深入研究总结全国普通高中课程改革取得的成果和经验的基础上，对国内外高中课程教学理论和实践进行了系统的思考和研究，力图进一步理清课程改革的理论脉络，解决在课程改革实践中所遇到的问题和困惑，希望进一步加强对高中课程改革参与者的专业引领和实践指导。丛书既是高中教师新课程培训教材，也可作为高等院校本科生、研究生进行高中课程改革与实践学习和研究的重要教材。

《高中物理新课程的理论与实践》是其中的一册，全书共分四篇：教育理论篇包括七讲，力图让读者从整体上了解物理课程改革的理论基础；教学策略篇包括七讲，力图让读者了解高中物理新课程的新教法；课程资源篇包括三讲，介绍物理课程资源的认识、开发与利用；教学评价篇包括五讲，介绍中学物理教育教学活动中对教师的教与学生的学的评价的新理念、新方法。各讲包括思考研讨、理论概述、案例分析、教学反思等模块。

高等教育出版社 2008 年

高中物理基础知识全表

吴兴国

高考题型每年都变幻莫测，但扎实的基础知识是以不变应万变的根本。为此，我们依照最新课程标准编辑了本套丛书，将数学、物理、化学的概念、公式、定理按条目归整，做到一目了然，并配编例题进行讲解；将语文、英语、历史、地理、生物、政治的知识汇编成各类表格。方便平日随时记忆、查阅，进行对比性学习。另外，在临近考试前，本套书更可作为你强化记忆的手册，让你的成绩更上一层楼！

海豚出版社 2008 年

思维导图：初中物理

齐 伟 卢银中 黄 斌

思维导图的精髓：促进人类大脑左脑和右脑的合理应用，促进大脑的潜能开发，将大脑的思维过程进行可视化的展示，提高自己的思维水平，改变自己的思维方式和思考模式，让自己用一个开放的头脑接受新鲜的事物，让自己的学习、生活更轻松。

思维导图的影响：目前，在国外教育领域，哈佛大学、剑桥大学的学生都在使用思维导图这项思维工具学习；在新加坡，思维导图已经基本成了中小学生的必修课，用思维导图提升智力能力，提高思维水平已被越来越多的人认可。

东尼·博赞（Tony Buzan）语录："人脑好像一个沉睡的巨人，我们只用了不到1%的脑力。一个正常的大脑记忆容量有大约6亿该书的知识总量，相当于一部大型电脑存储量的120万倍。"

"如果人类发挥出其一小半潜能，就可以轻易学会40种语言，记忆整套百科全书，获得12个博士学位。"

湖南教育出版社 2008 年

思维导图：高中物理

齐 伟 卢银中 黄 斌

思维导图其实就是一种思维工具，它能够帮助我们从复杂的事物中迅速找出重点，从而找到事物的本质。我们的大脑有一种特性，就是比较容易记住直观的事物，但是内容一多就会迷失在众多的信息中，在中学阶段的学习中常会出现这样的问题，这其实是各学科的知识点混在一起，大脑很难处理也很难全面了解所有的信息，这时如果运用思维导图把原来纠结在一起的信息，展开成清晰的脉络，就可以让思绪豁然开朗。

学习过程中有两个要素：第一是重点，第二是联想。事物可以分为表象和本质两个层面，在学习时，重点和非重点就是本质和表象的关系。假如我们的大脑记忆的内容都是重点，那么效率就会高很多，但大多数时候我们看到的只是表象，真正的重点往往隐藏其中。这就是为什么大多数人终其一生而大脑的使用不到百分之一二的原因所在。思维导图可以将事物之间的联系找出来，进而发现关键词，也就是重点，使我们能从本质上掌握所学知识，并能灵活运用。

在战争中，将军们首先要制订出好的战略计划，才能在整个战争中掌握主动。如果把学习比喻成一场战争，战略的制定同样重要。思维导图将赋予你战略家的头脑，它让我们知道在学习或者复习一门学科之前如何规划，如何使思路清晰，从何处展开进攻才能取得最大的战果。高明的战略加上勤奋努力，在学习的战场上必然攻无不克，战无不胜。

湖南教育出版社 2008 年

新编高中物理奥赛实用题典

范小辉

《新编高中物理奥赛实用题典》是为配合《新编高中物理奥赛指导》第四版而量身定做的，它除了对《新编高中物理奥赛指导》中的所有 680 道习题给出详解外，还增加了富有新意的【精题拓展】栏目，以进一步开拓读者的思维与视野，把握高中物理竞赛变化发展的趋势。在具体给出每道习题的解答时，重点放在思维引导、方法总结和能力培养上，希望能真正对使用该书的广大读者起到切实提高分析问题和解决问题能力的作用，以帮助他们在各级各类的竞赛考试中取得好成绩。

该书的最大特点是详细得当，注意方法指导，并十分注重解题规范，对能够一题多解的习题，尽量列出各种解题思路和方法，读者可通过比较，体会其中的妙趣。该书所选习题已经覆盖了高中物理竞赛所需要的各个知识点，包括从 2002 年开始竞赛大纲中新增加的诸多内容。

南京师范大学出版社 2008 年

物理课程与教学研究

朱铁成

该书内容包括物理课程与教学概述、国内外物理课程与教学的改革、物理课程与教学的基本思想等。

中国科学技术出版社 2008 年

全国中学生物理竞赛 1～20 届试题解析——实验分册

全国中学生物理竞赛委员会常委会

全国中学生物理竞赛分类试题解析丛书汇集了第 1～20 届全国中学生物理竞赛理论试题、实验试题及参考解答，并对大部分试题进行了分析评述。丛书按学科内容体系编辑成力学、电学、热学、光学与近代物理及实验等四个分册出版。本套丛书是由全国中学生物理竞赛委员会常委会编写的，该常委会集中了北京大学、清华大学、北京师范大学、复旦大学、首都师范大学等学校的著名教授专家，书中所收入的试题是由他们精心编写和挑选的，具有很高的权威性和指导性。

该书是本套丛书的实验分册，针对 1984～2003 年全国中学生物理竞赛的决赛实验试题进行了具体的剖析。这些试题有相当难度，对训练学生的综合思维能力、提高解题技巧大有裨益。该书可供全国高中学生、中学物理教师及师范院校物理系师生教学参考。

清华大学出版社 2008 年

高中物理新课程教学设计与评析

陈　松

福建省普通教育教学研究室在全省范围内举办了新课程高中物理学科教学设计大赛。在 9 个设区市初选的基础上，省级层面又组织专家认真评选，评出获一等奖 12 篇、二等奖 21 篇、三等奖 27 篇，共 60 篇，从 60 篇中筛选出 33 篇优秀教学设计汇集成该书，反映了福建省高中物理教师践行物理新课程教学的研究成果。

高等教育出版社 2008 年

高中物理教学理论与实践

陶昌宏

全书包括以下内容：高中物理课程的基本性质，高中物理课程的基本理念，高中物理课程的培养目标，高中物理课程的基本结构，物理教师教学基本功的新内涵，物理教育教学中的“启发式”，物理教育教学中的科学探究，物理教学中科学思想方法的培养，物理教学与信息技术的整合，物理教学中的理论联系实际，创设优质的物理教学环境，实验是物理教学的重要内容，个人课堂教学案例与实录。

该书以新课程理念为指导，注意理论联系实际，可供高师学生及中学物理教师参考。

北京师范大学出版社 2008 年

论文索引

物理课程研究

1. 徐祥宝．试论现代课堂观和现代物理课堂教学［J］．物理教师，2008(5)：44-45.

2. 颜有虹，陈莉莉．让校本课程为必修课插上翅膀——高中物理校本选修课程初探［J］．物理教学探讨，2008(3)：29-31.

3. 谭志云．高师教育中开设“中学物理教材分析”课程的必要性［J］．物理教学探讨，2008(5)：16-18.

4. 张恩德，吴江海．德国 KPK 物理课程设计思想评述[J]．物理教学探讨，2008(7)：27-31.

5. 周涌．学习科学方法 体验探究过程 掌握物理结论——高中物理共同必修模块的科学探究及物理实验教学探析［J］．物理教学探讨，2008(7)：29-31.

6. 胡青友．中国内地与香港高中物理新课程目标的比较[J]．物理通报，2008(2)：8-10.

7. 何永健，吴森茂．对中学物理课程改革整合的思考和建议［J］．物理通报，2008(3)：14-17.

8. 黄东升．对初中物理新课改施教中一些现象的反思与看法［J］．物理通报，2008(8)：9-11.

9. 戴金平．谈中学物理教学中的“过程与方法”［J］．物理通报，2008(8)：26-27.

10. 张晓冰．物理新课程的几点思考［J］．中学物理教学参考，2008(1-2)：17-18.

11. 宋嗣林．初高中物理学习差异对比［J］．中学物理教学参考，2008(4)：12-13.

12. 袁吉光．初中物理与其他学科融合浅议［J］．中学物理教学参考，2008(4)：14-15.

13. 钱志，陆建隆，黄永丰．高中物理内容现代化的探讨［J］．物理教学，2008(5)：17-18.

物理教材研究

1. 苗元秀．初中电学内容放在八年级的可行性研究［J］．课程·教材·教法，2008(1)：55-59.

2. 项红专．人教版高中物理新教科书中的科学观［J］．课程·教材·教法，2008(4)：67-70.

3. 孟秀兰，李晓芬，刘华博，等．质疑物理课程知识的绝对化和权威性［J］．课程·教材·教法，2008(6)：58-61.

4. 朱美健．物理教材编写要符合学生的认知规律［J］．课程·教材·教法，2008(8)：50-53.

5. 谭晓，彭征．初中物理教科书中的能量概念比较研究[J]．

课程·教材·教法，2008(12)：53－56.

6. 肖增英．学习课程新理念探究教学新问题——关于普通高中物理课程标准、教材的思考［J］．教育理论与实践，2008(5)：12－14.

7. 周国均．实施新课程标准从“五个转向”做起［J］．中学物理，2008(2)：1－3.

8. 褚军，杨玉超．发挥课本习题的教育功能［J］．中学物理，2008(2)：11－14.

9. 蒋天林．物理新课程中不同栏目在教学中的作用［J］．中学物理，2008(3)：3－4.

10. 陆冠．新课标理念下作业的改革［J］．中学物理，2008(3)：5－6.

11. 陈明全．对人教版高中物理实验教科书（必修）习题特点和功能的初探［J］．中学物理，2008(5)：21－23.

12. 李茹，陈娴．融入元认知理论的美国中学物理教材之研究［J］．物理教师，2008(3)：24、34.

13. 许可．浅谈高中物理必修与选修3的衔接［J］．物理教学探讨，2008(12)：32－33.

14. 蔡铁权．教科版《物理·必修2》编写意图与教学说明［J］．物理通报，2008(2)：3－8.

15. 陈熙谋．教科版《物理·选修3－1》编写介绍［J］．物理通报，2008(4)：2－6.

16. 杨彦欣．创造性优化教材 提高探究物理规律的有效性——对比同一教学内容不同教学设计方案有感［J］．物理通报，2008(11)：8－10.

17. 高兰香，胡炳元．如何提高教师的教材分析能力［J］．物理通报，2008(12)：5－7.

18. 束炳如，何润伟．沪科教版高中《物理课程标准教科书的特色和编写思路》［J］．中学物理教学参考，2008(1－2)：2－6.

19. 王溢然．沪科教版高中《物理》课程标准教科书必修1的编写思路和特点［J］．中学物理教学参考，2008(3)：2－6.

20. 汪延茂．沪科教版普通高中物理课程标准实验教科书《物理3－1》的编写思路和特点［J］．中学物理教学参考，2008(5)：2－6.

21. 吴晓巍，于海波．“人教版”“粤教版”必修本“科学探究”内容的比较与启示［J］．中学物理教学参考，2008(5)：16－18.

22. 刘开念．高中教材中两个值得商榷的说法［J］．中学物理教学参考，2008(7)：25.

23. 杭清平．对人教版课标实验教科书《物理选修 3-3》第八章的编写感悟与教学处理建议［J］．中学物理教学参考，2008(8)：8-10.

24. 朱美健．物理教材编写和中学物理教学要注重无形知识的建构［J］．中学物理教学参考，2008(8)：5-7.

25. 程嗣．关注物理课程改革 彰显首都高考特色——2008 北京高考理科综合测试物理试题评析［J］．中学物理教学参考，2008(9)：42-44.

26. 石军．“沪科教版”高中物理教科书渗透物理学史的探索［J］．中学物理教学参考，2008(11)：9.

27. 王良继．“沪科教版”高中物理实验教科书的开放性[J]．中学物理教学参考，2008(11)：10-11.

28. 周恒芹，张晓娟，贾克章，等．使用沪科教版高中物理教材的体会［J］．中学物理教学参考，2008(12)：2-3.

29. 史景江，徐建国．浅析沪科教版高中物理教科书的特点［J］．中学物理教学参考，2008(12)：5-7.

30. 蒋天林．在困惑和思考中我们与新教材同行［J］．物理教学，2008(1)：12-13.

31. 陈建忠．高中物理新课程实施中的问题［J］．物理教学，2008(1)：23-24.

32. 杨光喜．物理绪言中实验部分的教学［J］．物理教学，2008(1)：60-61.

33. 司德平．一幅插图的商榷［J］．物理教学，2008(1)：63-64.

34. 蔡建秋．新课标高中物理教科书的特点［J］．物理教学，2008(11).

35. 陈刚．一本美国高中物理流行教材——《物理：原理与问题》[J]．物理教学，2008(9).

36. 刘霞飞．新加坡中学物理教材的特点分析［J］．物理教学，2008(12).

物理教学实践

1. 吴伟，王新星．美国学生物理概念研究的发展［J］．课程·教材·教法，2008(2)：82-86.

2. 项华，李永艳．物理图景素养的培养：模型、问题与对策［J］.课程·教材·教法，2008(3)：59-62.

3. 原东生．初中物理科学探究教学现状与策略［J］．课程·教材·教法，2008(5)：60－64.

4. 王全，母小勇．“科学史——探索”教学模式的“重演”论基础［J］．课程·教材·教法，2008(7)：62－66.

5. 解世雄．物理课堂教学设计的几点理论思考［J］．课程·教材·教法，2008(10)：59－63.

6. 朱铁成，胡晓娟．差异性实验及其在物理探究教学中的运用［J］．课程·教材·教法，2008(10).

7. 吴志坚．新课程背景下学生物理学习动机的培养途径［J］．教育理论与实践，2008(8)：57－58.

8. 蔡燃，陈清梅，刑红军．原始问题教学——培养创造性思维的新途径［J］．教育理论与实践，2008(5)：54－55.

9. 何善亮．序言课教学：作为先行组织者了吗？教育理论与实践，2008(4)：50－51.

10. 施永华．浅谈新课程背景下的高中物理集体备课［J］．中学物理，2008(1)：1－3.

11. 陈云彩，黄福琴．浅谈在物理课堂教学中的人性化设计［J］．中学物理，2008(1)：3－5.

12. 葛建光．谈谈高中物理课堂的教学机智［J］．中学物理，2008(1)：9－11.

13. 何月仙．体验是新课标物理教学的重要一环——体验教学案例采撷［J］．中学物理，2008(1)：12－14.

14. 许敏．在学生的失误中挖掘智慧的闪光点［J］．中学物理，2008(1)：17－20.

15. 张成国．高三学生解决物理问题中的消极思维定势及对策［J］．中学物理，2008(1)：30－32.

16. 张晓冰．基础决定高度——谈物理基础教学［J］．中学物理，2008(2)：3－4.

17. 蒋天林．物理研究性学习教学的探索与思考［J］．中学物理，2008(2)：5－8.

18. 李志成．探讨物理实验数据的处理方法与技巧［J］．中学物理，2008(2)：27－29.

19. 梁巧红，赵云波．创设“冲突情景”——改变“错误概念”的有效教学［J］．中学物理，2008(3)：6－7.

20. 罗桂新．油膜法估测分子的大小实验成功与否的几个关键问题［J］．中学物理，2008(3)：22－23.

21. 金逊，汤家合．探究式教学实施过程的建议［J］．中学物理，2008(4)：1－4.

22. 阴瑞华，崔乃忠. 再谈物理概念的形成、分类与定义的方法［J］. 中学物理，2008(4)：5－7.

23. 殷少来. 从学生的问题中发现探究课题［J］. 中学物理，2008(4)：8－9.

24. 陆丽华. 改变评价方法培养参与意识——提高物理课堂教学的针对性和有效性的尝试［J］. 中学物理，2008(4)：13－14.

25. 张恒谦. 比较策略与物理教学［J］. 中学物理，2008(4)：19－21.

26. 张建兰. 在物理教学中渗透创新教育理念［J］. 中学物理，2008(5)：1－3.

27. 陈云彩. 新课程下物理教学过程与方法的思考和策略［J］. 中学物理，2008(5)：3－5.

28. 唐传胜. 课堂教学中落实“三维目标”之管见［J］. 中学物理，2008(5)：6－8.

29. 周久璘. 让质疑成为学生的一种学习习惯［J］. 中学物理，2008(5)：9－12.

30. 胡胜男，张长斌. 新类比思维的价值反思［J］. 中学物理，2008(5)：33－35.

31. 从德周. 在物理教学中培养学生创新思维能力的探索［J］. 中学物理，2008(6)：1－3.

32. 朱其勇. 试论高中物理教学中学生实验探究能力的培养［J］. 中学物理，2008(6)：3－5.

33. 类维平，吴利娟. 谈新课改下物理教师角色的转变与提升［J］. 中学物理，2008(7).

34. 李强. 试论物理学思想在物理教学中的渗透［J］. 中学物理，2008(7).

35. 张彬. 面向课程改革谈教师教学观念的转变［J］. 中学物理，2008(8)：1－3.

36. 施传柱. 新课程理念下的物理“合作探究”模式［J］. 中学物理，2008(8)：3－6.

37. 孟秀兰，李春密，栗苹，张亚茹. 新课程下提高物理习题教学有效性设计探讨［J］. 中学物理，2008(8)：7－9.

38. 杨学切. 有效性——物理教学的价值回归［J］. 中学物理，2008(8)：12－14.

39. 王建忠. 浅谈物理教学中学生自学能力的培养［J］. 中学物理，2008(8)：20－22.

40. 韩叙虹．精心设计提问和问题 创设生态化的问题情境［J］．中学物理，2008(8)：22－24.

41. 李行文．高三物理专题课创新教学初探［J］．中学物理，2008(9)：18－20.

42. 殷汉卿．运用科学探究实验培养学生思维创新能力［J］．中学物理，2008(9)：21－23.

43. 纪予鹏．浅议新课程标准下的物理课堂教学［J］．中学物理，2008(9)：23－25.

44. 韩先煌．学生的问题从哪里来——探究式教学之（学生）提出问题［J］．中学物理，2008(9)：26－28.

45. 崔改霞．对学法指导教学的几点心得体会［J］．中学物理，2008(9)：46－49.

46. 徐祥宝．谈物理概念的教学［J］．中学物理，2008(9)：51－52.

47. 顾庆裕．新课标下的高中物理习题教学探索与思考［J］．中学物理，2008(10).

48. 朱选云．谈物理探究式教学的基本方法［J］．中学物理，2008(10).

49. 韩彦军．让学生参与物理知识的发生及应用过程［J］．中学物理，2008(10).

50. 李尊田．物理教学中“提出问题”能力的培养［J］．中学物理，2008(11)：5－7.

51. 易忠兵．基于统觉理论的抽象概念激趣［J］．中学物理，2008(11)：10－12.

52. 薄惠萍．利用原始物理问题培养学生的创造性思维能力［J］．中学物理，2008(11)：38－39.

53. 王学文，唐顺海，陶连凤．提高物理课堂教学有效性的几点思考［J］．中学物理，2008(12).

54. 钱德来．高中物理教学如何消除学生的心理障碍［J］．中学物理，2008(12).

55. 孙朝平．怎样培养学生物理阅读能力［J］．中学物理，2008(12)．

56. 明道福．谈新课程背景下高中物理学习中预习的利与弊［J］．物理教师，2008(1)：7－9.

57. 王超良．关于自主学习方式的案例与思考［J］．物理教师，2008(2)：1－2.

58. 邢云开．新课程下物理习题教学要素分析［J］．物理教师，2008(2)：9－10.

59. 施国芳．物理教学中应强化学生的问题意识［J］．物理教师，2008(2)：18－19.

60. 程冠军．如何把握物理新课程公开课课题的选题要素［J］．物理教师，2008(2)：11－13.

61. 李秉宽，黄艳娜，潘依波．让问题充满课堂——课程教学中学生主体性作用的发挥［J］．物理教师，2008(3)：1－3.

62. 沈兴云．高三物理复习课中互动式学习的探究——把讲台让给学生［J］．物理教师，2008(3)：12－14.

63. 叶平．探究式课堂教学与“伪探究”［J］．物理教师，2008(3)：4－5.

64. 林钦，宋静．试论物理新课程教学的师生关系［J］．物理教师，2008(3)：44－45.

65. 陈斌．浅谈新课程标准的特点与对教师素质的要求［J］．物理教师，2008(3)：46－47.

66. 陈发军．问题的表征与解决过程对物理教学的启示［J］．物理教师，2008(4)：1－3.

67. 寿千里．论中学物理有效学习模式的构建［J］．物理教师，2008(4)：4－5.

68. 陆金男．从大学物理凸显中学物理概念教学的重要性［J］．物理教师，2008(4)：9－10.

69. 申洁．探究教学设计的模式应用与思路构建［J］．物理教师，2008(4)：14－18.

70. 郑青岳．把科学探究作为课程内容的意义何在［J］．物理教师，2008(4)：19－21.

71. 朱建廉．教学设计中应把握的两种结构［J］．物理教师，2008(4)：23－25.

72. 孙其成．重视探究三维物理问题 培养学生空间想象能力［J］．物理教师，2008(4)：63－66.

73. 胡君芬．学科相融 文理相长——语文与物理的“合作教学”［J］．物理教师，2008(5)：1－6.

74. 刘燕燕．谈高中物理解题的规范化［J］．物理教师，2008(5)：16－19.

75. 何乐晓．高中文科物理教学中的因“材”施教［J］．物理教师，2008(5)：20－24.

76. 沈秋发．相对运动在解题中的应用［J］．物理教师，2008(5)：63－66.

77. 周栋梁．关于“时间和空间的相对性”的教学建议[J]．物理教师，2008(5)：13－15.

78. 韩叙虹．从生态学视角看高中物理课堂教学［J］．物理教师，2008(6)：14－16.

79. 潘岳松，郭怀中．物理缄默知识显性化的教学策略探讨［J］．物理教师，2008(6)：18－19.

80. 裴小红．例谈物理习题教学中创造性思维能力的培养［J］．物理教师，2008(6)：59－60.

81. 付红周．物理教学中抛锚式教学中的“锚”该怎么抛［J］．物理教师，2008(6)：62－63.

82. 陈丽英．谈中学物理教学中渗透辩证唯物主义的教育［J］．物理教师，2008(6)：63－64.

83. 陈林桥．分析物理过程的几种方法［J］．物理教师，2008(6)：50－52.

84. 李书群．对一道习题的探究方式处理与思考［J］．物理教师，2008(6)：21－22.

85. 母小勇．启发式综合教学改革二十五年［J］．物理教师，2008(6)：42－45.

86. 侯新杰，谷自英，李明．灵感思维在物理教学中的作用及培养策略［J］．物理教师，2008(7)：1－2.

87. 吴巧玲．“观察日记”学习物理方式的探究［J］．物理教师，2008(7)：10－12.

88. 周进春．巧妙处理实验教学中的失误［J］．物理教师，2008(7)：15－18.

89. 田密娟．浅谈 ARCS 动机模型在物理教学中的应用[J]．物理教师，2008(8)：1－6.

90. 张锦科，杨孝武．构建有效物理试卷讲评课的策略[J]．物理教师，2008(8)：13－14.

91. 阳美艳，刘晓青．“纠错补正”辨析型物理题的类型分析［J］．物理教师，2008(8)：36－38.

92. 陈庆军．高中物理学业不良的界定、成因及转化研究——基于学生发展的需要［J］．物理教师，2008(9)：1－3.

93. 潘苏东．物理教育中四种类型的表现性评价［J］．物理教师，2008(9)：3－4.

94. 范文明．宽容　反思　开发——有效提高学生物理学习中纠错能力的尝试［J］．物理教师，2008(9)：18－19.

95. 唐洪波，蒋琼琳．拓宽物理教学视角［J］．物理教师，

2008(9)：64－65.

96. 张鹤．营造开放的物理教学课堂［J］．物理教师，2008(10)：9－10.

97. 肖立．从形式走向有效——浅谈物理课堂合作学习的实效性［J］．物理教师，2008(10)：1－2.

98. 徐珺．解读“模型法”“类比法”“科学推理法”“转换法”等科学方法［J］．物理教师，2008(10)：6－8.

99. 梁旭．基于认知结构建构与优化的教学设计［J］．物理教师，2008(11)：1－5.

100. 吴良娟．试论高中物理教学中的文化［J］．物理教师，2008(11)：6－7.

101. 王进峰．创设“悖论”教学情境，激发学生探究热情［J］．物理教师，2008(11)：17－18.

102. 郑青岳．科学探究一定会降低解题能力吗？物理教师，2008(11)：32－33.

103. 车囿达，熊建文．中美高中物理实验课程的对比研究［J］．物理教师，2008(11)：40－42.

104. 张海波．开放型试题题型与解题策略［J］．物理教师，2008(11)：54－55.

105. 管建祥．在物理教学中如何引导学生进行自主、探究和合作学习［J］．物理教师，2008(11).

106. 王海岳．谈中学物理教学的向善教育［J］．物理教师，2008(12)：1－2.

107. 谭宜洁，张军朋．国外对科学认识论的研究及对我国科学教育的启示［J］．物理教师，2008(12)：3－6.

108. 刘德春．物理课堂教学中有效交流的调查与思考［J］．物理教师，2008(12)：7－10.

109. 张锦科．基于考后追踪反思高三复习的误区及启示[J]．物理教师，2008(12)：43－44.

110. 殷少来．论课堂教学中问题处理的层次性［J］．物理教师，2008(12)：56－57.

111. 巴志东．情感、态度、价值观在物理教学中的体现[J]．物理教师，2008(12)：58－60.

112. 韩纪义，王永利．引导质疑的意义、特点与方法［J］．物理教学探讨，2008(1)：19－20.

113. 沈明光．用新课程理念构建“三位一体”的物理教学模式［J］．物理教学探讨，2008(2)：4－7.

114. 蒲成强，陈应双．物理“模型”教学法实践研究［J］．物理教学探讨，2008(4)：36－38.

115. 晏本慧，杭国荣．画物理示意图　解析物理习题的有效手段［J］．物理教学探讨，2008(4)：24－26.

116. 谢夕厚．新课标下“现象”教学模式建构初探［J］．物理教学探讨，2008(9)：25－26.

117. 汪明．物理课堂中“抛锚式”教学模式的实践［J］．物理教学探讨，2008(11)：8－9.

118. 王安民．从问题的教学功能探讨其有效性［J］．物理教学探讨，2008(1)：11－13.

119. 姜玉斌．培养学生审题能力的有效教学策略［J］．物理教学探讨，2008(1)：27－28.

120. 李霄羽．初中物理探究性学习中学习障碍的产生原因及对策分析［J］．物理教学探讨，2008(1)：29－32.

121. 陈明全．新课程物理探究性学习中学生受挫成因及对策研究［J］．物理教学探讨，2008(1)：32－34.

122. 孙丽萍，孙宏涛．渗透人文教育，促进和谐发展——优化中学物理教学效果的探索［J］．物理教学探讨，2008(1)：56－58.

123. 蔡金艳．新课程背景下的高中物理课堂教学［J］．物理教学探讨，2008(1)：16－18.

124. 章维辉．新课程课堂教学的开放、预设与生成［J］．物理教学探讨，2008(1)：22－23.

125. 毛国永．逆向思维在中学物理教学中的运用［J］．物理教学探讨，2008(2)：20－23.

126. 唐立中．高三物理复习教学措施探讨［J］．物理教学探讨，2008(2)：15－17.

127. 唐立中．中学生物理学习中思维障碍的成因和对策[J]．物理教学探讨，2008(3)：3－6.

128. 单晓峰．感悟教学机智 留下精彩瞬间［J］．物理教学探讨，2008(3)：16－18.

129. 徐祥宝．对撰写物理教学设计的新思考［J］．物理教学探讨，2008(3)：19－21.

130. 张铝明．物理习题教学的现状分析及教学建议［J］．物理教学探讨，2008(3)：32－24.

131. 袁海江．课堂教学中不容忽视的一环——物理习题的探究教学［J］．物理教学探讨，2008(3)：36－38.

132. 陈传杰. 课堂教学怎样节约"探究时间"[J]. 物理教学探讨，2008(4)：9-11.

133. 杨小兰. 如何培养学生的物理发散思维能力[J]. 物理教学探讨，2008(4)：14-16.

134. 季希彦. 初探物理答疑课[J]. 物理教学探讨，2008(4)：23-24.

135. 陈钦泳. 新课程中物理课堂教学策略的转变[J]. 物理教学探讨，2008(5)：30-31.

136. 刘艳超，于海波. 新课程背景下"物理规律教学"探析[J]. 物理教学探讨，2008(5)：32-34.

137. 陈佳圭. 关于探究性教学的思考[J]. 物理教学探讨，2008(5)：1-4.

138. 杨运中，杨春明. 物理实验教学中的应"忌"之处[J]. 物理教学探讨，2008(5)：25-26.

139. 姚良炬，朱庆峰. 新课程背景下物理教师角色的转变[J]. 物理教学探讨，2008(5)：14-16.

140. 黄惠菁. 提高物理探究式教学的有效性[J]. 物理教学探讨，2008(5)：5-7.

141. 陈宗造. 论新课程标准下高中物理复习课程教学[J]. 物理教学探讨，2008(5)：44-46.

142. 陈忠煜. 基于高中物理新课程自主学习的研究[J]. 物理教学探讨，2008(6)：11-12.

143. 余志卫. 如何培养学生的过程分析能力[J]. 物理教学探讨，2008(6)：23-24.

144. 梁鉴恒. 物理教学中抽象问题形象化的途径[J]. 物理教学探讨，2008(6)：21-22.

145. 郭槐亮. 在概念课教学中引入探究模式[J]. 物理教学探讨，2008(6)：3-6.

146. 任修红，叶丁. 初中男女学生物理探究式学习自主性的差异现状[J]. 物理教学探讨，2008(7)：3-5.

147. 王汉权. 他山之石，可以攻玉——澳大利亚物理课程教学见闻[J]. 物理教学探讨，2008(7)：31-33.

148. 刘桂荣. 教学目标的叙述与教学方法的选择[J]. 物理教学探讨，2008(7)：6-7.

149. 胡生青，刘路嘉. "似是而非"的错误感觉对物理学习产生的障碍与对策分析[J]. 物理教学探讨，2008(7)：10-12.

150. 沈云燕. "变奏"艺术在物理教学中的应用[J]. 物理

教学探讨，2008(7)：14－16.

151. 王书方，陈庆军．高中物理“学困生”转化初探［J］．物理教学探讨，2008(8)：19－20.

152. 杜馥芬．对高中物理探究性课堂教学的思考［J］．物理教学探讨，2008(8)：15－17.

153. 王承金．新课程背景下高中物理竞赛校本化的构想［J］．物理教学探讨，2008(8)：37－38.

154. 严德友．中学物理实施探究式教学的实践策略［J］．物理教学探讨，2008(8)：12－14.

155. 宋海峰，王海云．提高重点高中女生物理成绩的一点体会［J］．物理教学探讨，2008(8)：25－26.

156. 顾建新．高中物理“生生互动”教学探讨［J］．物理教学探讨，2008(9)：9－11.

157. 邹冠男．例谈信息技术与初中物理教学的整合［J］．物理教学探讨，2008(9)：21－22.

158. 梁新灿．物理辩证思维能力的培养策略研究［J］．物理教学探讨，2008(9)：23－24.

159. 孙朝平．“猜想与假设教学”探析［J］．物理教学探讨，2008(10)：16－18.

160. 冯利．对有效创设探究教学情境的思考［J］．物理教学探讨，2008(10)：4－6.

161. 杨素英．如何对物理教学进行反思［J］．物理教学探讨，2008(10)：19－20.

162. 沈明光．关注物理探究过程 创新多元探究方法［J］．物理教学探讨，2008(11)：10－12.

163. 李丽，李爱玲．初中物理“核心问题”提出策略的教学设计与案例分析［J］．物理教学探讨，2008(11)：16－18.

164. 赵连锁．物理教学中多媒体技术应用误区及解决策略［J］．物理教学探讨，2008(11)：21－22.

165. 徐瑞．利用信息技术改进物理课堂教学［J］．物理教学探讨，2008(11)：53－54.

166. 刘云．如何让课堂充满生命活力［J］．物理教学探讨，2008(12)：3－4.

167. 魏方才．善待学生言语　激发主动参与［J］．物理教学探讨，2008(12)：5－6.

168. 吴兰红．科学探究误区的“四重四轻”［J］．物理教学探讨，2008(12)：11－12.

169. 沈明光．物理教学中应关注观察与思维能力的培养[J]．物理教学探讨，2008(12)：13－15.

170. 刘德春．关于物理课堂“有效教学”的探讨 [J]．物理教学探讨，2008(12)：24－26.

171. 刘健智．物理学科中的对称美及其教学 [J]．物理教学探讨，2008(12)：27－29.

172. 柴守刚．新课标下高中物理教学的新特点 [J]．物理教学探讨，2008(12)：30－31.

173. 胡生青，陈刚．从“问题情境”到“物理图景”的关键——建立合理的物理模型 [J]．物理通报，2008(1)：22－24.

174. 胡双龙．高中物理探究式教学的探讨 [J]．物理通报，2008(1)：24－27.

175. 杨帆．巧设矛盾情景进行创新实践教学初探 [J]．物理通报，2008(1)：19－21.

176. 戴建新．物理教学中的科学猜想与直觉思维 [J]．物理通报，2008(1)：29－32.

177. 徐美．走近新课标——谈预习对探究式教学活动的重要影响 [J]．物理通报，2008(1)：16－19.

178. 梁树森，王文莲，张晓灵．多重表征——建构主义物理教学的新思路 [J]．物理通报，2008(2)：19－21.

179. 包红英．合作学习——“汽化和液化”案例的反思 [J]．物理通报，2008(3)：45－47.

180. 楼松年．例说物理概念教学与思维品质培养 [J]．物理通报，2008(3)：25－28，35.

181. 徐忠寿．浅谈新课标下物理课情感教育的实施 [J]．物理通报，2008(3)：21－24.

182. 倪红飞．让学生学会研究问题 [J]．物理通报，2008(3)：18－21.

183. 尹德利．新课程理念下的物理课堂教学与学生辩证思维能力的培养 [J]．物理通报，2008(3)：33－35.

184. 朱金宝，马张留．新课程问题教学法的实践与思考[J]．物理通报，2008(3)：31－33.

185. 张平．培养自我监控意识 发展解题能力 [J]．物理通报，2008(3)：29－30.

186. 闫想明．提高农村中学物理教学的研究与实践 [J]．物理通报，2008(3)：9－10.

187. 汤家合．创设“悖论”教学情境 培养优秀思维品质 [J]．

物理通报，2008(3)：16-19.

188. 任亚君．谈探究式《科学》课堂的合理引导［J］．物理通报，2008(4)：38-40.

189. 胡生青，杭国荣．谈物理教学中培养学生画图处理问题的习惯［J］．物理通报，2008(4)：28-30.

190. 葛亮，徐在菊．多媒体辅助物理教学弊端及对策分析［J］．物理通报，2008(5)：40-41.

191. 卢福德，王超良．培养学生立体思维能力的实践［J］．物理通报，2008(5)：23-27.

192. 彭中乔．浅谈初中物理教学中问题设计的原则［J］．物理通报，2008(5)：27-29.

193. 陈林海．物理教学中元认知能力的培养策略［J］．物理通报，2008(5)：29-31.

194. 傅雪平．在习题教学中实现“知识与技能”目标的探讨［J］．物理通报，2008(5)：8-11.

195. 吴登平，陈峰．探究教学中教师如何进行有效引导——一则物理教学片断引发的思考［J］．物理通报，2008(5)：2-4.

196. 孙建华．初、高中物理知识的衔接问题［J］．物理通报，2008(6)：14-16.

197. 许利军，王建国．关于理想模型及其在物理学中的作用［J］．物理通报，2008(6)：18-20.

198. 欧永华．试谈高中物理科学方法教育策略［J］．物理通报，2008(6)：26-27.

199. 黄政．高中物理情感目标边缘化的成因分析［J］．物理通报，2008(7)：6-8.

200. 吴存华．漫谈物理教学“生活化”的实施策略［J］．物理通报，2008(7)：16-19.

201. 龙云君，王伦贵．浅谈初中物理教学中学生阅读能力的培养［J］．物理通报，2008(7)：59-61.

202. 文丽，高铁军，卞晓娟．浅议物理教师对提高学生人文素养的影响［J］．物理通报，2008(7)：19-20.

203. 顾康清．新课标物理教学中学生表达能力的培养浅论［J］．物理通报，2008(7)：8-11.

204. 蔡丽珍，王凤梅，陈峰．论物理教学中的科学方法教育［J］．物理通报，2008(8)：2-4.

205. 奚翠香，刘霞．论中学物理探究式教学中的提问艺术［J］．物理通报，2008(8)：16-17.

206. 周晓民，陈孝海. 物理解题中的科学思维方法［J］. 物理通报，2008(8)：45－48.

207. 赵薇. 新课程给高中物理课堂带来的亮点［J］. 物理通报，2008(9)：8－10.

208. 费雷华. 以错因为载体 努力提高教学效率［J］. 物理通报，2008(9)：21－24.

209. 刘善伟，耿庆顺. 把握动态生成 精彩物理课堂［J］. 物理通报，2008(10)：6－7.

210. 王垡. 建构多样化探究模式的尝试［J］. 物理通报，2008(10)：10－12.

211. 吴元香. 新课标下创设物理课堂教学情境的实践与体会［J］. 物理通报，2008(10)：8－10.

212. 李安发. 物理"主干突出、波动前进"教学模式的研究［J］. 物理通报，2008(11)：26－28.

213. 袁晓鹤，陈留庚. 高中物理案例教学的质性分析［J］. 物理通报，2008(11)：31－34.

214. 王书方. 浅谈学困生研究成果及对城镇高中物理学困生转化的启示［J］. 物理通报，2008(12)：8－10.

215. 张大洪. "教学反思"是教师专业发展的有效环节［J］. 物理通报，2008(12)：13－14.

216. 杨绅文. 如何进行物理概念的形成教学［J］. 物理通报，2008(12)：24－26.

217. 梁树森，张晓灵，王文莲. 解决社会生活情景物理问题的思维过程及特点［J］. 中学物理教学参考，2008(3)：7－8.

218. 王少敏. 从分析问题条件谈物理习题教学［J］. 中学物理教学参考，2008(3)：29－30.

219. 钮云坤. 浅析例题评讲中的常见病症［J］. 中学物理教学参考，2008(3)：57－58.

220. 唐传胜. "力的分解"STS 题赏析（习题教学，高中）［J］. 中学物理教学参考，2008(6)：37－38.

221. 沈志斌. 浅谈"数形"转换的教学［J］. 中学物理教学参考，2008(8)：18－19.

222. 魏林明. 提高物理复习课有效性的教学策略［J］. 中学物理教学参考，2008(9)：60－61.

223. 张立银. 论物理习题的演变拓展（高中习题教学）［J］. 中学物理教学参考，2008(10)：21－23.

224. 刘熠，王立勇，邱莹. 例析中学物理解题过程中的目标意识与思维监控［J］．中学物理教学参考，2008(11)：33－35.

225. 傅可钦，王超良．类比策略在物理解题中的作用［J］．中学物理教学参考，2008(12)：25－27.

226. 郑青岳．怎样将习题教学与探究实验结合起来［J］．中学物理教学参考，2008(1－2)：7－8.

227. 林榕，宋阳，李响玲．中学生物理学习困难的教学对策［J］．中学物理教学参考，2008(3)：24－25.

228. 毛国勇，谢学芳．逆向思维在中学物理教学中的应用［J］．中学物理教学参考，2008(4)：15－16.

229. 汤君富．创设课堂教学情境的策略［J］．中学物理教学参考，2008(4)：7－8.

230. 戴金平．新课程背景下的教师行为——让“行动研究”伴随教学实践［J］．中学物理教学参考，2008(5)：7－8.

231. 吴存华．漫谈物理教学“生活化”的实施策略［J］．中学物理教学参考，2008(7)：8－10.

232. 高秀娟．探究影响浮力大小的因素［J］．中学物理教学参考，2008(6)：60－61.

233. 李海燕．“研究产生感应电流的条件”探究式教学实录［J］．中学物理教学参考，2008(6)：19－21.

234. 张恒谦．精心设计科学引导实现习题课的多重教育价值［J］．中学物理教学参考，2008(8)：15－16.

235. 刘欣．刍议“作用力与反作用力做功”［J］．中学物理教学参考，2008(9)：20.

236. 侯银芝．比值定义法在物理学中的应用［J］．中学物理教学参考，2008(7)：12－13.

237. 王爱生．“密度”概念引入教学的研究——基于“自创性实验”的个案研究［J］．中学物理教学参考，2008(9)：51－53.

238. 陈信余．初中物理教材的处理与有效教学［J］．中学物理教学参考，2008(11)：45－47.

239. 白振宇．在科学探究中建构电阻概念的教学尝试与启示［J］．中学物理教学参考，2008(12)：7－9.

240. 李晓东，路永宁．一节规律探究课所提供的教学行动策略［J］．中学物理教学参考，2008(12)：12－14.

241. 何永祥．注意初、高中物理衔接 提高高中物理教学质量［J］．中学物理教学参考，2008(12)：23－24.

242. 王爱生，孟和．自主课题研究是教师专业化成长的有效途径［J］．中学物理教学参考，2008(1－2)：11－12.

243. 尹雄杰. 例说安全意识在物理习题教学中的渗透 [J]. 中学物理教学参考，2008(1-2)：28-30.

244. 吉临荣. 学生应有物理概念建立过程的知情权 [J]. 中学物理教学参考，2008(4)：52-54.

245. 郑宣连. 论物理学习中认知建构的一般过程 [J]. 中学物理教学参考，2008(6)：6-9.

246. 司德平，刘应敏. 高中物理学习中的认知策略初探 [J]. 中学物理教学参考，2008(5)：9-11.

247. 邱基斌. 博客与物理教师专业化发展的整合 [J]. 中学物理教学参考，2008(5)：51-52.

248. 许致虎. 学习电场的九大误区 [J]. 中学物理教学参考，2008(7)：14.

249. 王金霞. “磁偏转”和“电偏转”的差别（高中）[J]. 中学物理教学参考，2008(7)：15-16.

250. 刘晓林. 从物理学角度看四川大地震 [J]. 中学物理教学参考，2008(9)：48-50.

251. 吴存华. 向虚假的科学探究说“不” [J]. 中学物理教学参考，2008(10)：13-15.

252. 潘守理. 中学物理教学中分析综合能力的培养 [J]. 中学物理教学参考，2008(10)：16-18.

253. 殷少来. 浅析逆向思维训练的情境设置 [J]. 中学物理教学参考，2008(10)：19-21.

254. 孙宝英. 高考理综物理试题对高三备考的启示 [J]. 中学物理教学参考，2008(10)：42-45.

255. 毕凤祥. 对“新课程”教学准备流程的研究 [J]. 中学物理教学参考，2008(10)：25-26.

256. 邓敏. 基础物理教学中开放性问题的理论分析 [J]. 中学物理教学参考，2008(11)：2-4.

257. 李文明. 让科学探究中的猜想不再迷茫 [J]. 中学物理教学参考，2008(12)：10-12.

258. 尤青春. 浅谈物理课堂教学中的黑板板书行为（初中）[J]. 中学物理教学参考，2008(6)：10-11.

259. 陈信余. 有效“讨论与交流”的问题设计 [J]. 中学物理教学参考，2008(10)：8-9.

260. 徐芬芬. 浅谈新课程理念下高中物理教学情境的创设 [J]. 中学物理教学参考，2008(8)：13-14.

261. 姜立东. 由案例谈课堂教学应该避免的几类教学形式 [J].

中学物理教学参考，2008(8)：11－12.

262. 刘炳升．探究与接受学习的有机融合——渗透科学探究的思想和方法［J］．物理教学，2008(1)：10－11.

263. 黄振平．关于同步地球卫星的误解［J］．物理教学，2008(1)：14.

264. 蔡蕾．库仑定律的教学——注重三维目标的具体落实［J］．物理教学，2008(1)：20－22.

265. 黄网官．大气压强教学设计［J］．物理教学，2008(1)：25－27.

266. 朱春贵．初中物理的导学策略［J］．物理教学，2008(1)：27－28.

267. 孙红文．精彩新授课引入片段赏析［J］．物理教学，2008(1)：28－29.

268. 王志新．摩擦起电现象——例析新课标［J］．物理教学，2008(1)：33.

269. 柳亚章．从物理应用题得到的启示［J］．物理教学，2008(1)：34.

270. 徐林．中考力学实验探究题的题型解读［J］．物理教学，2008(1)：35－37.

271. 王福星，邹平县．2007年中考电磁波试题赏析［J］．物理教学，2008(1)：38.

272. 黄燕萍．本影和半影［J］．物理教学，2008(1)：39.

273. 周侃，周军．加速度分解不能类比速度分解［J］．物理教学，2008(1)：40.

274. 张玉成．高三复习中高考试题的创新［J］．物理教学，2008(1)：43－45.

275. 李健华．2007年高考中的“动静弹性碰撞”［J］．物理教学，2008(1)：48－50.

276. 邵晋英．一题多解与发散思维［J］．物理教学，2008(1)：51－52.

277. 许冬保．2007年全国理综Ⅱ卷第20题的分析［J］．物理教学，2008(1)：52－53.

278. 程贤楼．2007年高考上海物理卷第23题错解分析［J］．物理教学，2008(1)：53－54.

279. 徐激斌，钱呈祥．力学碰撞中恢复系数取值范围的探讨［J］．物理教学，2008(1)：54－55.

280. 张永武．这道高考题条件不多余，也不能忽视［J］．物理教学，2008(1)：9.

281. 赵砚田．新课标“电势能和电势”听课的反思［J］．物理教学，2008(1)：56－57.

282. 崔峰．电磁感应中靠近与远离的质疑［J］．物理教学，2008(1)：57－58.

283. 冯林栋．“三种观点”在物理解题中的应用［J］．物理教学，2008(1)：59－60.

284. 郗春霞．“等时圆”巧析空中抛、接球［J］．物理教学，2008(1)：63.

285. 王越．电势能——课堂教学实录［J］．物理教学，2008(2)：12－14.

286. 但平安．如何写好一篇“课堂教学设计”方案［J］．物理教学，2008(2)：22－23.

287. 宋志云．巧用分配规律解电功率综合题［J］．物理教学，2008(2)：27.

288. 钮云坤．寻求多种解题途径，培养发散思维［J］．物理教学，2008(2)：28－29.

289. 许亮．温度、热量和内能［J］．物理教学，2008(2)：29.

290. 汤金波．把握知识和能力关系　提高复习效率［J］．物理教学，2008(2)：30－32.

291. 宋文玉．中考物理科技类试题赏析［J］．物理教学，2008(2)：32－34.

292. 张其昌．物理习题解答中的错误和瑕疵［J］．物理教学，2008(2)：35－36.

293. 张大同．有效培养学生的迁移能力［J］．物理教学，2008(2)：37－39.

294. 刘大华．小量分析在中学物理中的应用［J］．物理教学，2008(2)：39－41.

295. 胡频峰．高考中的发电问题［J］．物理教学，2008(2)：44－45.

296. 尚修文．另类匀变速［J］．物理教学，2008(2)：51，47.

297. 徐忠岳．示意图应注意科学性［J］．物理教学，2008(2)：52.

298. 何友邦．试议加速度分解的陷阱［J］．物理教学，2008(2)：53.

299. 陈家俭．“等效”才能“替代”［J］．物理教学，

2008(2)：54－55.

300. 罗志强，李新莲. 反膨胀赋予内能的新涵义 [J]. 物理教学，2008(2)：56－57.

301. 周霞. 趣谈功与能 [J]. 物理教学，2008(2)：57－58.

302. 王明胜. 谈摩擦力的突变 [J]. 物理教学，2008(2)：58－60.

303. 张君，魏勋慧. 求“摆”的速度的最大位置 [J]. 物理教学，2008(2)：60－61.

304. 刘建荣. 物理中的估算问题 [J]. 物理教学，2008(2)：62－64.

305. 杨光喜. 车轮与地面的摩擦力方向 [J]. 物理教学，2008(2)：64.

306. 肖浩. 关于电阻定律内容的比较 [J]. 物理教学，2008(3)：19－20.

307. 周建军. “静电的利用与防范”教学设计 [J]. 物理教学，2008(3)：21－22.

308. 王力范. 一道中考力臂作图题例析 [J]. 物理教学，2008(3)：28.

309. 李春祥，杨杰. 培养学生现代社会意识的中考题例析 [J]. 物理教学，2008(3)：29－30.

310. 孙会民，王文杰. 变力对时间的平均与对位移的平均 [J]. 物理教学，2008(3)：31，30.

311. 余利军. 被追及物体做匀减速直线运动的问题 [J]. 物理教学，2008(3)：32.

312. 郭振勇. 万有引力定律应用中的疑惑点 [J]. 物理教学，2008(3)：33，34，16.

313. 吴长标. 磁场中金属圆盘的等效问题例析 [J]. 物理教学，2008(3)：35－36.

314. 蒋天林. 带电粒子在磁场中运动圆心的确定 [J]. 物理教学，2008(3)：37－38.

315. 周异平. 物理备考八大方略 [J]. 物理教学，2008(3)：39－41.

316. 周恩光. 回顾与展望 [J]. 物理教学，2008(3)：45－48.

317. 刘青驹. 一道高考题带来的困惑 [J]. 物理教学，2008(3)：50，38.

318. 黄燕萍. 水流直径变小 [J]. 物理教学，2008(3)：

52，28.

319. 程如林．“对加速度分解的陷阱”一文的思考［J］．物理教学，2008(3)：53－54.

320. 沈秋发．用微元法求解桶底小孔水流速度［J］．物理教学，2008(3)：54.

321. 戎世忠．对热力学第二定律的理解［J］．物理教学，2008(3)：56－57.

322. 张荣碧．力的图示法的几种常见错误［J］．物理教学，2008(3)：57.

323. 王伟．验证机械能守恒定律实验中应纠正的一个问题［J］．物理教学，2008(3)：57－58.

324. 董井林．原子质量，原子量和质量数［J］．物理教学，2008(3)：58－59.

325. 刘桂荣．浅谈速度的合成与分解［J］．物理教学，2008(3)：59－60.

326. 李世博．设障诱导提高能力［J］．物理教学，2008(3)：60－61.

327. 罗斐春．龟兔赛跑的图像［J］．物理教学，2008(3)：61－62.

328. 潘守理．为培养学生触类旁通而教［J］．物理教学，2008(4)：17－20.

329. 杨小军．教学后记——物理教师成长的脚手架［J］．物理教学，2008(4)：28－30.

330. 李儒春．巧借特殊光线做凸透镜不规则光路图［J］．物理教学，2008(4)：36.

331. 杨元俊．中考电学试题的特点及复习方法［J］．物理教学，2008(4)：37－38.

332. 宋矿生，张海月．水流“吸球”的条件是什么［J］．物理教学，2008(4)：39.

333. 周异平．一道球槽体，十个问与答［J］．物理教学，2008(4)：40－41.

334. 黄国龙．物理竞赛中的复合物理模型［J］．物理教学，2008(4)：42－44.

335. 王兵炎，徐高本．动力学中重叠体问题的分类及求解［J］．物理教学，2008(4)：45－47.

336. 许童钰．回归课本，重视演示实验的教学［J］．物理教学，2008(4)：48－49.

337. 张永武．这道高考题的题设情景是正确的［J］．物理教学，2008(4)：53.

338. 胡生青．对“一对静摩擦力的功到底有多大”的讨论［J］．物理教学，2008(4)：54.

339. 邬晨海．滑板能沿轨道到达 N 点吗［J］．物理教学，2008(4)：54-55.

340. 陈告龙．两种解法，结果迥异［J］．物理教学，2008(4)：55.

341. 高学忠．楞次定律有条件吗［J］．物理教学，2008(4)：55，52.

342. 姜水根．卢瑟福记数 α 粒子［J］．物理教学，2008(4)：56，39.

343. 周圣安．核变化中“守恒”的三个误区［J］．物理教学，2008(4)：57.

344. 王银水．热力学第一定律的难点剖析［J］．物理教学，2008(4)：57-59.

345. 蔡清和．万有引力定律应用中的“随，绕”模型［J］．物理教学，2008(4)：59-61.

346. 高飞．多普勒效应中观察者的接收频率［J］．物理教学，2008(4)：61-62.

347. 陈青云，徐成华．一道不适宜中学生解答的典型题［J］．物理教学，2008(4)：62.

348. 林贵．逻辑门电路的驱动问题［J］．物理教学，2008(4)：62-63.

349. 李坤，陈洪运．牛顿第二定律的改进［J］．物理教学，2008(4)：64.

350. 李刚．关于动量，机械能教学的思考［J］．物理教学，2008(5)：14-16.

351. 王胤．“力的分解”教学设计［J］．物理教学，2008(5)：20-21.

352. 郭庆超．“欧姆表”的教学设计［J］．物理教学，2008(5)：22-23.

353. 郑新忠．电路动态变化的定性分析［J］．物理教学，2008(5)：25-27.

354. 田渭玲．一道能培养学生思维能力的光学作图题［J］．物理教学，2008(5)：31.

355. 王荣根．由一道中考压轴题所引起的思考［J］．物理教学，2008(5)：33－34.

356. 顾之昂，方颖．有关光电效应的几点解释［J］．物理教学，2008(5)：56.

357. 陶东红．关于安培力与洛伦兹力［J］．物理教学，2008(5)：58.

358. 谢敏．一堂由游戏引起的复习课［J］．物理教学，2008(5)：58－59.

359. 杜忠隆．光有几色［J］．物理教学，2008(5)：59.

360. 黄书鹏．探究式课堂教学案例启示［J］．物理教学，2008(5)：56－57.

361. 张志远．“STS”热点题追踪［J］．物理教学，2008(5)：59－60.

362. 黄建云．连续性流体问题计算中的疑惑［J］．物理教学，2008(5)：60－61.

363. 徐立海，徐招茂．楞次定律的教学引入实验［J］．物理教学，2008(5)：62－63.

364. 魏永先．把原理图完善为实验装置［J］．物理教学，2008(5)：63－64.

365. 薛永红，续佩君．文化性：物理课程应有之品性［J］．物理教学，2008(6)：14－16.

366. 董友军．探究习题是提高物理思维的重要方式［J］．物理教学，2008(6)：34－37.

367. 魏方才．初中《科学》探究式课堂教学［J］．物理教学，2008(8)：29－30.

368. 李光宇．初中物理作业的创新［J］．物理教学，2008(7)：31－33.

369. 张永斯．立足初中生特点开展实验探究［J］．物理教学，2008(7)：28，36.

370. 曹立新．网络环境下探究性教学的实践研究——以《地球与太阳系》教学为例［J］．物理教学，2008(7)：21，22，33.

371. 张红珍．科技活动对初中生创造性思维的培养［J］．物理教学，2008(7)：26－28.

372. 韩叙虹．高中生态化物理教学方式［J］．物理教学，2008(10)：8－11.

373. 田海霞．给课程改革中的物理老师的建议［J］．物理教学，2008(7)：11－13.

374. 盛建国．教学中优化问题设计的实践与思考［J］．物理教学，2008(11)：30－32.

375. 张飞，张善贤．经典物理知识教学与科学探究教学的有机整合——“气体的等温变化”授课和心得［J］．物理教学，2008(8)：13－16.

376. 吴存华．漫谈物理教学“生活化”的实施策略［J］．物理教学，2008(10)：14－17.

377. 申洁．美国中学生的物理作业［J］．物理教学，2008(9)：54，37.

378. 杨浩．培养学生的“问题转化”思维［J］．物理教学，2008(10)：24－25.

379. 伊云川．图像在物理教学中的应用［J］．物理教学，2008(11)：43－44.

380. 黄薇．物理教学中的提问艺术［J］．物理教学，2008(11)：23－24.

381. 洪俊．学生是课堂教学的主体［J］．物理教学，2008(9)：34，11.

382. 郭金贵．一堂物理课结尾阶段的教学设计［J］．物理教学，2008(10)：23，16.

383. 刘霁华．以方法为主线的物理教学［J］．物理教学，2008(8)：20－22.

384. 冯利．有效创设探究教学情境［J］．物理教学，2008(11)：27－28.

385. 李芸芸．运用工作单引导学生探究学习——改进高中物理教学的实践探索［J］．物理教学，2008(8)：10－12.

386. 杨晓冬，刘应开．“想想议议”在教学中的作用［J］．物理教学，2008(11)：25－27.

387. 陶昌宏．物理教学的基本特征［J］．物理教学，2008(12)：16－18，23.

388. 吴志山．高中物理学习中“习得性无助”的成因及其干预［J］．中学物理，2008(1)：15－17.

389. 仲伟宽．没有问题如何学习——浅谈提问的种类与技巧［J］．中学物理，2008(6)：16－18.

390. 刘炳升．关注探究教学过程设计［J］．物理教学，2008(2)：10－11.

391. 刘炳升．培养学生提出科学猜想和形成假设的能力［J］．物理教学，2008(3)：7－8.

392. 郭履平．试论研究型物理教师［J］．中学物理，2008

(3)：1-3.

393. 环敏．在合作学习中培养自主学习能力 [J]．中学物理，2008(2)：20-23.

394. 宋阳，林榕．迁移法解决高中物理难点问题 [J]．中学物理，2008(2)：24-25.

395. 刘霁华．物理学科培养学生科学素养问题的探讨 [J]．中学物理，2008(6)：14-15.

396. 袁寿根．浅谈物理试卷讲评课的原则与环节 [J]．中学物理，2008(6)：40-42.

397. 叶利华．新课程理念下的物理说课 [J]．物理教学，2008(3)：9-10.

398. 袁海江．物理习题教学现状分析及教学建议 [J]．物理教学，2008(3)：11-13.

物理课程资源

1. 韩静波．物理课堂中渗透物理学史的方式及思考 [J]．教育理论与实践，2008(6)：53-54.

2. 卢加英．从建构主义观点出发谈信息技术与物理课堂教学的整合 [J]．中学物理，2008(4)：33-34.

3. 梁汉儒．物质波是德布罗意提出的吗 [J]．中学物理，2008(4)：64.

4. 张留民．浅谈开展家庭物理小实验的意义和方法 [J]．中学物理，2008(6)：11-13.

5. 袁吉光．物理学家失误的教育功能 [J]．物理教师，2008(1)：1-2.

6. 张志坚．结合物理学史开展科学方法教育的途径和原则 [J]．物理教师，2008(2)：12-13.

7. 华佩东．谈电压表、验电器、静电计的教学设计 [J]．物理教师，2008(1)：28-31.

8. 毛邦庭．略谈实验设计教学中的“四要素” [J]．物理教师，2008(2)：29-30.

9. 曹红梅．新课程背景下物理学史的教育功能的思考[J]．物理教学探讨，2008(11)：23-25.

10. 王明河．浅谈中学物理实验教学 [J]．物理通报，2008(1)：41-42.

11. 张为民．农村初中物理实验教学存在的问题及对策 [J]．物理教学，2008(3)：26-27.

12. 李安发．初中物理演示实验有效教学探讨 [J]．物理通报，2008(3)：47－49.

13. 张新中．谈新课标下物理实验的新理念［J］．物理通报，2008(5)：46－47.

14. 张泽灵．物理实验教学中创新能力的培养［J］．物理通报，2008(5)：42－43.

15. 李桂福，梁志国．物理实验教学中的科学方法教育［J］．物理通报，2008(5)：48－49.

16. 华雪侠，姜利娜，杨亚静．新课程下中学物理实验课堂教学行为的转变［J］．物理通报，2008(5)：44－46.

17. 杨连武．物理教学中学生实验设计能力的培养［J］．物理通报，2008(6)：33－35.

18. 李琴，黄致新，刘娟，等．创新性物理实验模式初探［J］．物理通报，2008(10)：34－36.

19. 寿千里．高中物理实验教学现状及思考［J］．物理通报，2008(11)：37－39.

20. 周香．基于MST软件的数字白板系统在物理教学中的应用［J］．物理通报，2008(2)：33－35.

21. 李春梅，郑修林，韩娟．浅谈应用多媒体技术进行物理课堂的有效教学［J］．物理通报，2008(9)：38－40.

22. 吴俊．借“验证机械能守恒定律”谈物理实验复习［J］．中学物理教学参考，2008(3)：46－48.

23. 雷宏志，陈子亮．如何在凸透镜成像规律的教学中引入探究实验［J］．中学物理教学参考，2008(4)：58－59.

24. 郑晓波．互动式历史小故事运用于高中物理教学［J］．中学物理教学参考，2008(4)：24－25.

25. 袁小春．浅谈新课改下演示实验的设计［J］．中学物理教学参考，2008(6)：34－35.

26. 吴兴龙．原子结构的探索过程及启示［J］．中学物理教学参考，2008(8)：9－11.

27. 薛海凤．中国古代对热的认识与利用［J］．中学物理教学参考，2008(9)：46－47.

28. 顾庆欲．“实验：探究加速度与力，质量的关系”教学与思考（实验教学）［J］．中学物理教学参考，2008(10)：10－12.

29. 赵海艳．欧洲大陆之旅对法拉第的影响［J］．中学物理教学参考，2008(10)：36－37.

30. 白孝忠．物理实验无处不在——浅谈开发实验资源的策略［J］．中学物理教学参考，2008(10)：48－51.

31. 卞志荣．用静电计开发的几个演示实验［J］．中学物理教学参考，2008(11)：38－39.

32. 汤金波．物理实验备课环节不容轻视——备课不充分降低效率的个案对比分析［J］．中学物理教学参考，2008(12)：38－39.

33. 史景江，马晓明．优化课程资源 落实课程目标——从沪科教版高中物理新教材“怎样分解力”的教学谈起［J］．中学物理教学参考，2008(12)：3－4.

34. 江凡．蛋白质折叠密码和折叠动力学［J］．物理教学，2008(1)：4－5.

35. 徐在新，钱振华．四种基本的相互作用［J］．物理教学，2008(1)：8－9.

36. 韩玉新．气体流速与压强关系演示器［J］．物理教学，2008(1)：32－33.

37. 蔡琦，刘树田．光盘和磁盘的读取方式［J］．物理教学，2008(1)：56.

38. 袁争．给自行车安个计程器［J］．物理教学，2008(1)：61－62.

39. 李参军．完成静电试验的好材料——生料带［J］．物理教学，2008(1)：62.

40. 顾本源．新兴的表面等离子体光子学［J］．物理教学，2008(2)：2－6.

41. 王承书．一生回顾，几点希望［J］．物理教学，2008(2)：7.

42. 王林峰．绿色奥运与物理［J］．物理教学，2008(2)：8－9.

43. 陈雅琴．电磁波通信实验的探究与制作［J］．物理教学，2008(2)：24－26.

44. 蔡清和．2007 年高考实验器材的选择［J］．物理教学，2008(2)：46－47.

45. 韩克忠，高远．曲线运动条件演示仪［J］．物理教学，2008(2)：64.

46. 陈宝甫，温应春．巧用偏振法鉴别水晶石眼镜［J］．物理教学，2008(2).

47. 薛荣坚．结的魅力［J］．物理教学，2008(3)：2－3.

48. 于敏．氢弹研究的团队效应［J］．物理教学，2008(3)：4，13.

49. 李瑞明．巨磁电阻效应及其应用［J］．物理教学，

2008(3)：5－7.

50. 戴永．滑动变阻器及其接法［J］．物理教学，2008(3)：49－50.

51. 苏云逊．关于全球气候变暖和海平面的上涨问题［J］．物理教学，2008(3)：51－52.

52. 沙卫强．中国的航天基地［J］．物理教学，2008(3)：55，32.

53. 魏秉国．巧用手机检修红外遥控发射器［J］．物理教学，2008(3)：62.

54. 王来元．简易偏振观察仪［J］．物理教学，2008(3)：62－63.

55. 张泓筠．导电纸的简易制作法［J］．物理教学，2008(3)：63－64.

56. 汪志杰．变压器在生活中的应用［J］．物理教学，2008(3)：64.

57. 武际可．物理与体育运动两三事［J］．物理教学，2008(4)：2－5.

58. 泸州．电磁炉的简易教学演示［J］．物理教学，2008(4)：21.

59. 余悌华．磁流体发电演示仪［J］．物理教学，2008(4)：22.

60. 唐根宝．电磁感应现象实验的改进［J］．物理教学，2008(4)：23－24.

61. 牟跃娟．共振条件演示器［J］．物理教学，2008(4)：24.

62. 俞俊雄．用数码相机、Movie Maker 处理物理实验过程［J］．物理教学，2008(4)：25.

63. 严青容．生活小实验是演示实验的极好补充［J］．物理教学，2008(4)：30－31.

64. 张秀梅．《大气压强的测量》实验的改进［J］．物理教学，2008(4)：32，33.

65. 白宝成．活塞式抽水机的制作［J］．物理教学，2008(4).

66. 刘晓剑等．工字钉是图钉的理想替代品［J］．物理教学，2008(4).

67. 庄逢甘，周恒．空天安全的若干重大基础问题［J］．物理教学，2008(5)．

68. 庄逢甘．一件永志不忘的事［J］．物理教学，2008(5)：9.

69. 胡安正，杨坤．精确打击飞弹的演示装置［J］．物理教学，2008(5)：19，34.

70. 汤君富．“筷子提米”实验的改进［J］．物理教学，2008(5)：28.

71. 张大同．超声波测速仪［J］．物理教学，2008(5)：41.

72. 高秀容．利用网络资源整合初中物理课程［J］．物理教学，2008(8)：31－32.

73. 吴春男．初中物理先课外实验后教学的课改尝试［J］．物理教学，2008(8)：36－37.

74. 焦健．农村初中物理实验教学的现状及思考［J］．物理教学，2008(11)：29－30.

75. 杨仕明．实验探究的教学模式［J］．物理教学，2008(8)：23－25.

76. 耿志东，唐友兵．用身边物品做物理实验［J］．物理教学，2008(10)：26－27.

77. 宋丽霞，马昌法．用演示实验培养学生的观察能力［J］．物理教学，2008(7)：19－20，45.

78. 许文．“有效”是传统实验与DIS实验的结合点［J］．物理教学，2008(12)：12－13.

79. 赵斌．验证感生电场存在的实验［J］．物理实验，2008(1)：19－20.

80. 朱林珍．利用 Adobe Audition 1.5 测重力加速度［J］．物理实验，2008(2)：19－20.

81. 许红，王建中．利用声音传感器测量重力加速度［J］．物理实验，2008(2)：17－18.

82. 李志有．彩虹现象的演示［J］．物理实验，2008(3)：38－40.

83. 林衍斌，郭年粉，石东方．新课标下的高中物理探究式实验教学［J］．物理实验，2008(3)：23－25.

84. 帅厚梅，王华．新课标下中学物理实验教学方法的探讨［J］．物理实验，2008(4)：18－22.

85. 姜建伟．描述简谐运动轨迹实验的改进方案［J］．物理实验，2008(5)：24－26.

86. 朱向阳，施国富．单摆的振动图像演示装置［J］．物理实验，2008(6)：28－30.

87. 魏喜武．测定空气的密度［J］．物理实验，2008(7)：28.

88. 郭巍．电磁感应定律实验新探［J］．物理实验，2008(7)：

23－24.

89. 罗志恒．铝棒发音的实验研究［J］．物理实验，2008(7)：25－27.

90. 冉晓红．查理定律实验的改进［J］．物理实验，2008(8)：27－28.

91. 杨春叶，刘贵兴．利用磁钢与铝质硬币演示楞次定律［J］．物理实验，2008(10)：11－12.

92. 周勇，李更磊，郑小平．利用力传感器测量单摆周期［J］．物理实验，2008(10)：41－42.

93. 朱向阳，刘明海．“气体压强的产生”模拟演示器［J］．物理实验，2008(11)：31－32.

94. 王剑．分析和验证牛顿第二定律的实验系统误差［J］．物理实验，2008(12)：31－32.

95. 韩静波．简易楞次定律演示仪的改进［J］．物理实验，2008(9)：23－25.

96. 王仁泉．巧用数码相机使运动定格［J］．物理实验，2008(9)：21－22.

97. 崔卫国，徐锐．用DIS系统验证玻意耳定律实验的误差分析［J］．物理实验，2008(9)：19－20.

98. 廖杰庭．液体压强计的改进［J］．物理实验，2008(8)：24－26.

99. 于眉，张锡娟，朱海星．分层多级教学策略在初中物理探究实验中的应用［J］．物理实验，2008(6)：24－27.

100. 陈芳桂．初中生物理实验能力的发展特点及其培养[J]．物理实验，2008(5)：20－23.

101. 任美林．让开放的实验室成为学生科学探究的乐园[J]．教学仪器与实验，2008(2)：44－46.

102. 严青荣．生活小实验——演示实验的极好补充［J］．教学仪器与实验，2008(2)：30－31.

103. 吴伟，李敏惠．高中物理电学设计性实验探究［J］．教学仪器与实验，2008(3)：51－54.

104. 尹和丰．哪些实验适合用现代教育技术进行辅助教学［J］．教学仪器与实验，2008(3)：32.

105. 朱成巧，王健浩．牛顿第二定律演示实验的新改进[J]．教学仪器与实验，2008(3)：15－16.

106. 孔云明．浅议在科学教学中培养学生创新能力的途径和方法［J］．教学仪器与实验，2008(3)：22－23.

107. 司烈翔，赵力红，孙晓飞．新课程 新实验 新认识（Ⅲ）——新课程高中物理实验的开发与教学研究［J］．教学仪器与实验，2008(3)：10－12.

108. 赵力红，沈忠立．新课程 新实验 新认识（Ⅳ）——新课程高中物理实验的开发与教学研究［J］．教学仪器与实验，2008(4)：13－16.

109. 余云峰，赵力红．新课程 新实验 新认识（Ⅴ）——新课程高中物理实验的开发与教学研究［J］．教学仪器与实验，2008(5)：18－21.

110. 吕士明，赵力红．新课程 新实验 新认识（Ⅵ）——新课程高中物理实验的开发与教学研究［J］．教学仪器与实验，2008(6)：11－15.

111. 赵力红，司烈翔．新课程 新实验 新认识（Ⅷ）——新课程高中物理实验的开发与教学研究［J］．教学仪器与实验，2008(8)：14－18.

112. 赵力红，司烈翔．新课程 新实验 新认识（Ⅸ）——新课程高中物理实验的开发与教学研究［J］．教学仪器与实验，2008(9)：20－23.

113. 陈峻峰，赵力红．新课程 新实验 新认识（Ⅹ）——新课程高中物理实验的开发与教学研究［J］．教学仪器与实验，2008(10)：11－14.

114. 韩叙虹．高中物理生态化教学资源的开发和利用［J］．教学仪器与实验，2008(4)：3－6.

115. 王宜心．更新教育观念　创设互动课堂［J］．教学仪器与实验，2008(4)：7－8.

116. 王成友．农村中学物理探究教学的实践与思考［J］．教学仪器与实验，2008(4)：11－12.

117. 郭运泽．浅谈利用实验导入新课［J］．教学仪器与实验，2008(4)：27－28.

118. 孙阿明．用显微镜测玻璃的折射率［J］．教学仪器与实验，2008(4)：20.

119. 程焕，刘万强．小实验在物理课堂中的应用［J］．教学仪器与实验，2008(5)：25－27.

120. 沈晨，孟巍杰，钟良发．单摆周期与等效引力加速度关系定性演示装置［J］．教学仪器与实验，2008(5)：40.

121. 韩独石．拓宽现有教学仪器使用范围　改进物理实验教学［J］．教学仪器与实验，2008(5)：8－10.

122. 黄树清，许淑云，陈静．波传播实质演示仪［J］．教学仪器与实验，2008(6)：45－46.

123. 肖兆权，洪爱军．自制教具的特征及发展研究［J］．教学仪器与实验，2008(2)：5－6.

124. 刘彦贺．探究牛顿第三定律的几个小实验［J］．教学仪器与实验，2008(6)：39.

125. 张南方．增强直观教学意识 培养形象思维能力［J］．教学仪器与实验，2008(6)：3－5.

126. 雷霞，刘克．弹簧振子周期的探究——用力传感器探究振子质量对实验误差的影响［J］．教学仪器与实验，2008(7)：6－7.

127. 刘彬生．电容器和电容的实验和教学［J］．教学仪器与实验，2008(7)：17－21.

128. 李自珍，宋芳林．改进实验方法 优化实验教学［J］．教学仪器与实验，2008(7)：28－30.

129. 吴春良．新课改背景下的高中物理探究式教学［J］．教学仪器与实验，2008(7)：8－9.

130. 姚永和．自制教具与培养创新型人才的探究［J］．教学仪器与实验，2008(6)：28－29.

131. 鲍福顺，贾艳芹，张新忠．平抛系列实验器［J］．教学仪器与实验，2008(8)：47－49.

132. 林保银．实用型水气压计的制作及使用［J］．教学仪器与实验，2008(8)：34－35.

133. 吴宇春．新课程改革下物理实验教学探索［J］．教学仪器与实验，2008(8)：29－30.

134. 张大明．液体传声的实验装置［J］．教学仪器与实验，2008(8)：36.

135. 苏青联．浮力探究仪［J］．教学仪器与实验，2008(9)：44－45.

136. 李志强．感应电流的产生条件实验改进［J］．教学仪器与实验，2008(9)：33.

137. 吴月江，汪维澄．关于牛顿第二定律实验的讨论［J］．教学仪器与实验，2008(9)：23－27.

138. 吕进勇．如何做好砂摆演示实验［J］．教学仪器与实验，2008(9)：41.

139. 俞丽萍．数字化实验系统在高中物理教学中应用的探究与思考［J］．教学仪器与实验，2008(9)：11－14.

140. 朱向阳，刘明海．电磁驱动演示器及其教学建议［J］．教学仪器与实验，2008(10)：3－5.

141. 白孝忠．物理实验无处不在——浅谈开发实验资源的策略［J］．教学仪器与实验，2008(10)：24－27.

142. 陈兆华．向心与离心运动现象实验器的制作［J］．教学仪器与实验，2008(10)：32.

143. 侯丹，李春密．用易拉罐瓶自制的简易仪器探究静电现象［J］．教学仪器与实验，2008(10)：7－8.

144. 刘彬生．自感的实验和教学［J］．教学仪器与实验，2008(10)：15－19.

145. 陈彬．测大气压值实验的评析［J］．教学仪器与实验，2008(12)：33－34.

146. 王伟真．借助生活物品开展物理实验［J］．教学仪器与实验，2008(12)：28－31.

147. 金英生．旋转的液体实验改进［J］．教学仪器与实验，2008(12)：21－22.

148. 吴月江．用数码相机研究自由落体运动和平抛运动[J]．教学仪器与实验，2008(12)：18－20.

149. 孙涛．用自制仪器定量探究影响安培力大小的因素［J］．教学仪器与实验，2008(12)：10－11.

150. 郭晓萍，鲍亚培．娱教技术与中学物理实验教学整合的初步探讨［J］．教学仪器与实验，2008(12)：24－25.

151. 汪维澄．测量电源电动势和内阻的探讨［J］．教学仪器与实验，2008(11)：14－18.

152. 倪志强．演示实验中发挥学生主体性策略的实践［J］．教学仪器与实验，2008(11)：26－28.

153. 龙军．例谈几种实验测量仪器的教学［J］．教学仪器与实验，2008(6)：40－41.

154. 王建申．加强对初中学生的实验室常规教育［J］．教学仪器与实验，2008(8)：41－42.

155. 李海军．巧用鸡蛋的物理实验［J］．教学仪器与实验，2008(6)：33－34.

156. 陈凤林．磁悬浮现象的实验设计［J］．教学仪器与实验，2008(6)：21.

157. 臧文彧．新课程教学理念下的实验改进与创新［J］．物理教学，2008(4).

158. 魏广生．“探究式教学”中如何设计实验方案［J］．物理教师，2008(4)：12－13.

159. 徐彤，杨志军．充分发挥物理实验在新课程中的作用［J］．物理教学，2008(1)：15－17.

160. 李晓勤．主虹虹带实验的模拟研究［J］．物理教学，2008(1)：18－19.

161. 周家军，沈建东．刍议物理对比实验的教学效应［J］．物理教学，2008(1)：30－32.

162. 赵惠松．物理实验中研究性学习的探索［J］．物理教学，2008(2)：15－17.

163. 李林．物理实验六大创新视点［J］．物理教学，2008(2)：18－21.

164. 马晓娟．影响滑动摩擦力大小的因素［J］．物理教学，2008(2)：26.

165. 侯新森，廖菊琼．利用生活资源培养学生的科学探究能力［J］．物理教学，2008(3)：23－25.

166. 屈朝辉．重视培养学生的实验意识［J］．物理教学，2008(3)：24－25.

167. 蔡呈腾．科学探究需要典型实验［J］．物理教学，2008(3)：25－26.

168. 宋学庆．初中物理学生分组实验教学法［J］．物理教学，2008(4)：26－27.

169. 顾建元．初中物理教学中如何丰富习题资源［J］．物理教学，2008(4)：34－35.

170. 王强，金友仁．实验教学贯穿到习题课中的尝试［J］．物理教学，2008(5)：24－25.

171. 郭少勇．中学物理教学中引用虚拟仪器技术［J］．物理教学，2008(6)：17－18.

172. 徐立海．在认识冲突的试验中引入新课［J］．物理教学，2008(6).

173. 赵凤池．新课标下实验题的新考法［J］．物理教学，2008(6)：30－31.

174. 王慧，袁海泉．新课程高考物理实验题［J］．中学物理，2009(7).

175. 钱德来．开发物理课程资源　培养学生创新能力［J］．中学物理，2009(8)：10－11.

176. 梁会琴．验电器与静电计可以互相替代吗［J］．中学物理，2009(8)：25－26.

177. 董钟惠．应用数字化实验系统促进高中物理教学改革[J]．中学物理，2009(11)：29－32.

178. 高文良．电磁感应与STS赏析［J］．物理教学，2008(2)：42－43.

179. 茅日樱，杨海鹰．物理演示实验教学策略［J］．物理教学，2008(3)：14－15.

180. 魏广生．探究式教学中如何设计实验［J］．物理教学，2008(3)：17－18.

物理教学评价

1. 邢红军，陈清梅．原始物理问题测量工具：编制与研究［J］．课程·教材·教法，2008(11)：59－63.

2. 杨昌林．浅谈高中物理模拟试卷的命制方法和技巧[J]．物理教师，2008(12)：2－23.

3. 朱建廉．试题的命制原则研究［J］．物理教师，2008(10)：23－27.

4. 李鹂，续佩君．中学物理观察能力及物理归纳能力的性别差异分析［J］．物理教师，2008(9)：46－47.

5. 吴维宁，朱行建．高中物理新课程学业评价对策研究［J］．物理教师，2008(6)：4－6.

6. 潘淑贤，娄雪，熊建文．高一物理学生质疑能力的调查与研究［J］．物理教师，2008(7)：12－13.

7. 顾建元．发挥试题评价对教学导向作用的思考［J］．物理教师，2008(6)：38－41.

8. 罗国忠．基于现场观察的科学探究能力的评价研究[J]．物理教师，2008(6)：1－6.

9. 杨利平．从一道高考试题看高考物理命题创新趋势[J]．物理教师，2008(3)：61－62.

10. 李雪梅，范春玲．运用"探究日志"评价中学生的科学探究能力［J］．物理教学探讨，2008(4)：5－8.

11. 许雪梅．香港高考"TAS实验表现评价"研究［J］．物理教学探讨，2008(5)：11－13.

12. 赖小琴．PISA2006：国际学生科学素养的首次全面评价［J］．物理教学探讨，2008(11)：4－5.

13. 陈峰，林钦．物理新课程学生学习评价实施中几个问题的探讨［J］．物理教学探讨，2008(12)：7－10.

14. 明荣，廖伯琴．英国GCE物理A水平考试述评［J］．物理通报，2008(1)：10－14.

15. 常永宏．课改背景下物理作业评价改革初探［J］．物理通报，2008(1)：14－16.

16. 陈胜．高中物理新课程教学评价的探索实践［J］．中学物理教学参考，2008(1－2)：8－10.

17. 张渊斌．浅谈如何进行试卷命题和评价［J］．中学物理教学参考，2008(4)：9－11.

18. 荀红侠．写好试卷评语 夯实讲评效果［J］．中学物理教学参考，2008(7)：11－12.

19. 郁生．精心设计和引导是教学成功的关键——对一节导入课题的教学案情分析［J］．中学物理教学参考，2008(7)：56－57.

20. 乐洪勇．高考物理对“过程与方法”目标考查的探索——广东省实施新课程后高考自主命题的实践［J］．中学物理教学参考，2008(4)：44－46.

21. 刘庆贺．关注前沿科技的2008年中考试题（初中）［J］．中学物理教学参考，2008(10)：58－60.

22. 杨鸣华，张主方．能力立意与能力考核——2008年物理高考（上海卷）解读［J］．中学物理教学参考，2008(11)：39－41.

23. 程嗣．关注物理课程改革 彰显首都高考特色——2008北京高考理科综合测试物理试题评析［J］．中学物理教学参考，2008(9)：42－44.

24. 许雪梅，胡炳元，郑美红．香港高考（物理科）评价改革研究［J］．物理教学，2008(5)：50－53.

25. 汪海林．谈高考评阅标准的演变［J］．物理教学，2008(5).

26. 袁勇．英国CIE高中物理A－Level考试简介［J］．物理教学，2008(6).

27. 胡标．新课程理念在物理高考中的体现［J］．物理教学，2008(1)：41－43.

28. 于永建．原创试题、试卷的命制方法［J］．物理教学，2008(2)：48－50.

29. 梁旭．影响试题难度的因素及教学启示［J］．物理教学，2008(3)：42－44.

30. 刘晓青，阳美艳．创新型物理实验题的发展趋势［J］．物理教学，2008(4)：50－52.